当代中国人文大系

宋明理学研究

（增订版）

张立文 著

中国人民大学出版社
·北京·

“当代中国人文大系”
出版说明

改革开放以来，中国社会的变革波澜壮阔，学术研究的发展自成一景。对当代学术成就加以梳理，对已出版的学术著作做一番披沙拣金、择优再版的工作，出版界责无旁贷。很多著作或因出版时日已久，学界无从寻觅；或在今天看来也许在主题、范式或研究方法上略显陈旧，但在学术发展史上不可或缺；或历时既久，在学界赢得口碑，渐显经典之相。它们至今都闪烁着智慧的光芒，有再版的价值。因此，把有价值的学术著作作为一个大的学术系列集中再版，让几代学者凝聚心血的研究成果得以再现，无论对于学术、学者还是学生，都是很有意义的事。

披沙拣金，说起来容易做起来难。俗话说，“文无第一，武无第二”。人文学科的学术著作没有绝对的评价标准，我们只能根据专家推荐意见、引用率等因素综合考量。我们不敢说，入选的著作都堪称经典，未入选的著作就价值不大。因为，不仅书目的推荐者见仁见智，更主要的是，为数不少公认一流的学术著作因无法获得版权而无缘纳入本系列。

“当代中国人文大系”分文学、史学、哲学等子系列。每个系列所选著作不求数量上相等，在体例上则尽可能一致。由于所选著作都是“旧作”，为全面呈现作者的研究成果和思想变化，我们一般要求作者提供若干篇后来发表过的相关论文作为附录，或提供一篇概述学术历程的“学术自述”，以便读者比较全面地了解作者的相关研究成果。至于有的作者希望出版修订后的作品，自然为我们所期盼。

“当代中国人文大系”是一套开放性的丛书，殷切期望新出现的或可获得版权的佳作加入。弘扬学术是一项崇高而艰辛的事业。中国人民大学出版社在学术出版园地上辛勤耕耘，收获颇丰，不仅得到读者的认可和褒扬，也得到作者的肯定和信任。我们将坚守自己的文化理念和出版使命，为中国的学术进展和文明传承继续做出贡献。

“当代中国人文大系”的策划和出版，得到了来自中国社会科学院、北京大学、清华大学、中国人民大学、北京师范大学、复旦大学、南京大学、南开大学等学术机构的学人的热情支持和帮助，谨此致谢！我们同样热切期待得到广大读者的支持与厚爱！

中国人民大学出版社

再版序

“逝川与流光，飘忽不相待。”时光疾速流逝，时无重至，岁不我与。中国人民大学出版社于 1985 年出版拙著《宋明理学研究》，瞬间已过了 30 年。当时这方面的研究专著还不多，又恰逢学界对宋明理学研究较为关注，因此，一时作为一些高校的教科书或必要参考书。精装本与简装本一万多册，也很快售光。后蒙人民出版社领导的关怀，方国根编审的支持，我对其作了修订，被收入“哲学史家文库”，于 2002 年出版。今蒙中国人民大学出版社领导和编辑们对学术著作的虔诚之心，准备重印《宋明理学研究》，这对我将是一次鼓励。

宋明理学是在兼容并蓄儒释道三家之学中孕育，在求索化解当时社会、人生面临严峻冲突和危机中成长，在学者们探赜索隐、钩深致远中建构。如果说程颢的“吾学虽有所受，天理二字却是自家体贴出来”，为理学的创建提出了新观念、新思维、新学风、新称谓，那么张载的“为天地立心，为生民立命，为往圣继绝学，为万世开太平”，则阐明理学的宗旨和方向，是指导理学形而上学思辨和笃行的纲领，也是其核心价值观、宇宙观、天下观、道德观的凸显。其《西铭》的民胞物与思想和“天下为一家”、“中国为一人”的观念，为天下确立文化价值。二程和张载同为理学的奠基者。濂洛关闽作为理学时代思潮的主流，把中华民族的思想、哲学的智慧创造推向高峰。

在当今世界多极化、经济全球化、信息普及化、危机多发化、文化多样化的时代，深入阐发宋明理学理、气、心、性核心话题，弘扬其文化思想的精髓和美德资源，继承创新，开辟未来，振兴中华。

最后衷心感谢中国人民大学出版社领导和付出艰苦编辑的符爱霞编辑。

张立文

于中国人民大学孔子研究院

2015 年 11 月 20 日

序

“为道屡迁”，“唯变所适”。修订完《宋明理学研究》，对“道”与“变”的感受倍加深沉。本书自 1982 年完稿至今日修订，不知不觉已过去将近 20 年。这 20 年社会的发展日新月异，世界的变化一日万里。如果按现代观念来俯察 20 年前的东西，更新替代在所难免，弃之如敝屣在所不惜。宋明理学毕竟是已逝去的历史思潮，理学家的著作也已成历史文本，由这些文本所记录下的宋明理学思潮本身，今人是无法改变的，这是历史的个性、独立性。对于文本中所蕴涵的意蕴，各个时代的诠释者由于其“前见”、“前识”和时代价值取向与学术氛围的差异，而各不相同。

宋明理学作为历史文本，具有不变性、永恒性，再过一千年仍然如斯；作为对历史文本意蕴的解释，则具有时代性、变易性。从这个意义上说，20 年来中国政治、经济、思维和价值观念的巨大变革，必然影响着对历史文本的诠释视角、方法、态度和评价。不变在变易之中，变易在不变之内。这次修订就是在变中求不变，不变中求变。就不变而言，《宋明理学研究》是哲学史中史的范围，文本本身不可变，文本的核心话题、人文语境、语义有其确定性。据此，笔者在审视本书时，修改与不修改的标准是依是否符合文本在特定语境中的本来意义，而非根据后人的诠释；后人的文字、音韵、训诂，只是作为一种参照。至于对文本意蕴的理解，尽量由字而通其意，由意而通其道，力求名实相符。

就变而言，首先，今人对于古人，解释者对于被诠释者，应跨越历史时空差距，进行同情的理解、平等的对话，而不应以批判者、主宰者的心态对待古人和被诠释者，更不应以粗暴的、轻率的态度对待历史和文本。我们要倾听理学“仁且智”者的忧患心声，理解理学“为天地立心”的求索心路，同情理学“为往圣继绝学”的智慧致思，体认理学“为万世开太平”的崇高目标。只有这样，才能探赜索隐，钩深致远。这次修订就是本着这种态度，删去不同情理解、不平等对话的批判式话语和轻率的评价。这种批判式话语和轻率的评价是那发疯的、非理智时代痕迹的遗留。

“青山遮不住，毕竟东流去。”幸运的是，没有这种话语、套语就不能出版的年代已经过去了。在 1982 年秋本书交稿以后，1983 年秋一家权威杂志发表了对拙著《朱熹思想研究》的批判文章，作为“清除精神污染”的靶子。该文说：“唯物主义和唯心主义，是哲学与哲学史中的两个基本概念，正确地把握它们，对科学地评价哲学理论具有重要意义。《研究》（即《朱熹思想研究》）的作者首先在这两个概念上产生了偏差。”什么偏差？是因为“与恩格斯当年批评过的施达克的观念可以说是异曲同工”。这就是说，《朱熹思想研究》与 K. N. 施达克（1858—1926）的《路德维希·费尔巴哈》的观点犯了同样的原则错误。所以恩格斯写了《路德维希·费尔巴哈和德国古典哲学的终结》一书，提出了全部哲学的最高问题和划分唯物主义与唯心主义的标准问题，批判施达克的错误。该文认为，《朱熹思想研究》既与施达克“异曲同工”，还在“主观唯心主义和客观唯心主义这对重要概念的理解上，也同样显得相当模糊”，又发生在恩格斯批判施达克之后，无疑可扣上“反马克思主义”的大帽子。于是该文批判说：“这不仅关系到个人的学风、道德、名誉，更关系到人民的利益。恩格斯告诉我们：‘马克思认为自己的最好的东西对工人来说也还不够好，他认为给工人提供不是最好的东西，那就是犯罪！’”语意所指，即《朱熹思想研究》就是犯罪！对《朱熹思想研究》的批判，不仅损害了我个人的名誉、道德及身心，而且也影响到了本书的出版。幸赖中国人民大学出版社领导和王颖编辑的鼓励和支持，《宋明理学研究》才没有被封杀，于 1985 年得以出版，并在 1987 年获北京市哲学社会科学优秀成果二等奖，又作为大中专教材在全国征订，挽回了一些影响。

其次，人总是在一定时空中生活，人不能超越时空，这就规定了人的生命的有限性。所以庄子感叹：生也有涯，而知也无涯。以有限的生命去面对无限的知识，不可避免地被置于无可奈何的境地。换言之，正因为人生的有限，便决定了“仁且智”的理学家个体知识的有限。这种有限是宋明时期的时代精神的精华的呈现，正是各个有限时期内的时代精神的精华，构成了中国哲学无限发展的历史长河。

宋明理学作为一定时期内的时代精神的精华，标志着理论思维的时间维度，它不能完全跨越时代的有限性，因而今人在诠释、评价宋明理学家时，应把他们放在当时的社会政治、经济、思维结构的环境中，来审视他们的理论思维的价值和意义。我们不能依据现代的理论思维所达到的水平去要求古人，指斥古人，而只能根据他们比之前人的理论思维水平超越与否、有哪些创新等等来理解、分析古人及其文本，体贴、领会那个时代的社会环境、人文氛围，使我们对宋明理学有更深切的体认、更准确的评价。这次修订就基于这种认知，删去理学家所处的时代所不可能有的思想观念，使对文本的诠释，对理学家历史地位、作用、影响的评价更契合事实。

再次，宋明理学家以“为天地立心，为生民立命，为往圣继绝学，为万世开太平”为职志；以建构伦理价值本体，给出安身立命、精神家园为标的；以格物致知、修养心性、自立自律、存理去欲为工夫。他们是当时的社会脊梁和社会良知的担当者，是时代精神和价值理想的创造者。然而，社会不一定是公正的。特别是在宗法等级的伦理型国家中，社会公正是被扼制的。愈是社会的脊梁，对现实社会的不合理愈敏感；愈是社会良知的担当者，对现实社会的腐败愈不满；愈是代表时代精神的精华和价值理想的创造者，愈不被统治集团所认同。尽管理学家二程、朱熹、王守仁都曾厕身于当时的官僚集团，但他们的学说理论都曾被作为异端邪说而遭批判、抨击和禁止。程颐以“邪说诐行，惑乱众听”；朱熹被目为“伪学之魁”，逆党中人，被打入“伪学逆党籍”，不得翻身；王守仁尽管文才武功卓著，无人其匹，然被目为“邪说”、“伪学”，且“下诏禁伪学”，其遭禁命运与朱熹同。由此可知，理论思维上有所创新，敢于对现存的陈旧理论思维进行解构，其命运有的会遭悲剧下场，这难道是社会的公正！然而，历史是捉弄人的，这种现象有时还会重演，但历史也会为人洗刷而贴近公正。

历史是变易的，特别是处在风云变幻的时代，人的价值观念、思维方法、体认视角，都会在自觉和不自觉中发生变化，其对于古代文本的理解、概念的诠释，也会发生转变，而与其以前的思想以及对古代文本、概念的理解、诠释，大异其趣。《宋明理学研究》作为我 20 年前的著作，她是我那个时期对宋明理学的体认，她与我现在的体认有所差异。为了尊重自我，也为了尊重历史，本书整体上保持原状，而只作个别字句段落上的修改和调整，以使其更趋合理。

这次修订，承蒙人民出版社领导的关怀和支持，因方国根副编审的努力而促成，他对书稿作了仔细认真的审读，提了许多宝贵的意见，避免了诸多不妥之处。对于他们的帮助，谨致谢忱。

张立文

于中国人民大学静思斋

2001.1.4

前言

宋明理学思潮，是中国特定历史阶段时代精神精华的凸显，是理论思维发展的趋势。本书试图从这个历史之势中，寻求其自身的所以然之理，体认其理论思维的经验和教训；研究理学如何丰富和发展了中国传统哲学和哲学核心话题（范畴），与这些核心话题（范畴）在一定社会经济结构、政治结构和思维结构影响下结合的方式或构筑的体系；以及这些范畴的逻辑发展或诸范畴间的内在联系，呈现各哲学体系的实质和历史的本来面貌。本书试图对宋明理学的主要代表人物进行较深入的剖析，以便凸显宋明理学发展的主要脉络，并力图对主要代表人物在中国思想史、哲学史上的地位、作用和影响，做出实事求是的说明。

宋明理学，是中国古代哲学发展阶段链中的一个重要阶段，也是人类认知发展历史长河中的一个主要环节。一方面它适应了社会发展的需要，因而被奉为官方意识形态，维护着社会稳定、伦理秩序、价值理想；另一方面亦起着桎梏人们思想和延续宗法统治的作用。因此，明末清初的思想家、哲学家在那所谓“天崩地裂”的时代，坐下来进行历史的反省时，批判性地总结了曾作为官方意识形态的理学。本书试图从理学思潮的历史演变中，诠释其开创、奠基、集大成、解体、总结等整个行程，以体认中国哲学发展的路向、特点、性质和时代精神。

宋明理学内容博大精深，资料浩如烟海。国内外学者评说纷纭，莫衷一是，这是一个好现象。[①] 人们可以从各个不同角度和侧面，进行多层次的探讨和论争，这不仅可以促进研究的深入，而且有益

① 1981年10月在杭州召开全国宋明理学讨论会。1982年7月5日—15日笔者又在美国夏威夷东西方研究中心参加由美国学术联合会、亚洲太平洋研究中心联合召开的“国际朱熹学术会议”。会上国内外学者充分交流了学术观点和研究成果，而有所谓“正宗”与“别子为宗”之争等可谓盛矣。

于中国哲学的发展和繁荣。

本书是在我原先撰写的有关宋明理学的论文的基础上，重新诠释、研究，改写、重写成书的。在成书过程中，承蒙各位学者、专家、同行、朋友和中国人民大学出版社王颖等同志的鼓励和支持，又蒙默明哲先生的帮助，中国人民大学图书馆库本阅览室同志也给予了很多方便，对于他们的情意，深致谢忱。

我学短识浅，本书纰缪疏漏，实恐难免。但我将继续探索，以求完美一些。

作者

1982年秋于北京中国人民大学一处六排

目　录

第一章
绪　论

宋明理学为什么产生？为什么称宋明理学？什么是宋明理学？宋明理学的人文精神是什么？以及怎样演变发展？等等，是我们要探讨的课题。

宋明理学是在北宋出现的一种新的社会思潮，是时代脉搏的体现和时代精神的精华。它原旨是对汉唐以来章句注疏之学、笃守师说、“祖法”不变的反动，从这个意义上说，它是一次思想解放运动。

一、宋明理学所面临的挑战

宋明理学之所以产生，是时代的呼唤，社会的需要，文化的选择。这是因为它成功地回应了当时社会各个方面的挑战，并化解了各个层面的冲突。这个回应和化解与两宋社会经济和自然科学的发展有一定联系。

（一）科技理性与理论思维冲突的凸显

两宋时期，农业、手工业生产水平和技术水平都有很大的提高，耕地面积亦迅速扩大。据《文献通考》记载，宋太祖开宝九年（公元976年），垦田数是二百九十五万三千三百多顷，到宋真宗天禧五年（公元1021年）增至五百二十四万七千五百多顷，45年间，可耕土地增加近一倍。这一方面说明农民群众在改造自然中，发挥了积极的创造精神；另一方面也反映了农业生产技术的提高。从宋代墓葬中已经发现成套的铁制农具，如犁、镬、耧、耙、锄、镰等，这表明农业耕作过程中程序日益细密。湖北黄州（今黄冈）农民制造了秧马，人骑秧马插秧，能减轻弯腰曲背的劳苦，提高工作效率。[1]特别是灌溉技术提高很快，如有翻车（今谓龙骨车），牛转、水转翻车，驴转筒车，高转筒车等，能把水由低处引向高处。当时范大成形象地描述为“下田戽水出江流，高垄翻江逆上沟”，王安石有诗“妇女喜秋凉，蹈车多笑语”，可见水车已普遍使用。

与农业生产的发展相适应，手工业也有很大的发展。以标志生产力发展水平的矿冶业来说，北宋仁宗时，铁的年产量达到 724 万斤。而多数冶铁炉使用石炭（煤）作燃料，不仅加快了冶炼进程，而且提高了产品的质量。冶炼用的鼓风器，据曾公亮的《武经总要》记载，已由皮囊改为木风箱。其他如煮盐、制茶、纺织、瓷器等手工业，也很发达。特别是造船业，内河航行的“万石船”，能载重 12 000 石；外海航行的“客舟”，或朝廷的海船“神舟”，不仅有抛锚、驾驶、起碇、转帆、测深等方面的设备，而且“上平如衡，下侧如刃”，这在当时世界上都是比较先进的。

随着生产的发展，农业科学技术、农业工具技术都有很大发展。与农业科学技术相联系的天文、历法也有很大的进步，随着天文、历法、建筑的发展，数学也在长期的实践中发展起来。在物理学、化学、生物学、地质学、地理学等方面，也有发展和创新。毕昇创造了活版印刷术，比欧洲早四百年；磁针作为指南针，已用于航海；火药被制成“火炮、火箭之类”[2] 和“霹雳炮”、“火枪”等，已用于军事。

在当时科学技术发展的条件下，一些学者在总结前人积累的大量经验的基础上，写出了科学理性著作。如沈括的《梦溪笔谈》，总结了自然科学的理论，记载了人民的发明创造，内容涉及许多领域的科学成就，被英国李约瑟教授称为“中国科学史上的坐标”。其他如陈旉的《农书》、蔡襄的《试茶录》、秦湛的《蚕书》、刘蒙的《菊谱》等，都是总结农业生产经验和成就的学术理论著作；曾公亮的《武经总要》、李诫的《营造法式》、喻皓的《木经》、毕功绩的《水利图经》等，则是总结手工业生产和军器生产经验和成就的著作。

自然科学的不断发展，推进了人们对于客体世界的认知和把握，也为当时理学家的哲学思考提供了科学的依据。不过，理学家的哲

① 参见苏轼：《秧马歌小序》。

② 许洞：《火利》第五十三，《虎钤经》卷六。

学思考的主旨是回应和化解时代所面临的挑战和冲突。这些挑战和冲突表现在价值理想、佛教文明、理论形态转型等几个方面。

（二）价值理想的冲突

唐末藩镇割据，黄巢起义，以及五代十国的长期混战，造成了社会的动乱和分裂，正常的社会秩序被破坏，致使伦常衰败，道德沦丧，理想失落，精神迷惑。“甚矣，五代之际，君君臣臣父父子子之道乖，而宗庙、朝廷，人鬼皆失其序，斯可谓乱世者欤！自古未之有也。”① 又说：“五代，干戈贼乱之世也，礼乐崩坏，三纲五常之道绝，而先王之制度文章扫地而尽于是矣。”② 这就是北宋在价值观念方面所面临的严峻冲突。

为了稳定社会秩序，加强社会凝聚力，宋明理学家必须担当起重整伦理纲常、道德规范，重建价值理想、精神家园的责任。在这个问题上，无论是宋明理学中的主流派程（程颢、程颐）朱（熹）道学，陆（九渊）王（守仁）心学和张（载）王（夫之）气学，还是非主流派的王安石的“新学”，三苏（苏洵、苏轼、苏辙）的蜀学，司马光的涑学等，均获得一致的认同，并成为其学术思想宗旨或重要内容。他们所建构的道德形而上学的哲学逻辑结构，比较切实地化解了当时所面临的价值理想的冲突。

（三）佛教文明的挑战

自汉以来，印度佛教传入中国，与中国传统的儒家伦理道德、社会心理、思维方式、生活习惯发生激烈冲突，与中国血缘的、宗法的典章制度亦发生严峻矛盾。虽有“三武灭佛”运动，但不能从思想上清除佛教的宗教信仰、价值理想、终极关怀之影响。唐代随着寺院经济的发展，佛教各宗派空前繁荣，出现了诸多伟大的宗教家。佛教思辨的哲学逻辑结构较之儒教精致，因而出现儒衰佛盛的状况；中国本土道教以老子《道德经》、庄子《南华经》等元典，吸收佛教的思想和宗教仪式，亦使其宇宙化生理论更为完善，较好地回答了宇宙万物何以化生及化生的过程，也比儒家天命论略胜一筹。

在作为官方意识形态的儒教面临外来佛教和本土道教的双重挑战

---

① 欧阳修：《唐废帝家人传》，《新五代史》卷十六，173 页，北京，中华书局，1992。

② 《晋家人传》，《新五代史》卷十七，188 页，北京，中华书局，1992。

下，如何把儒、释、道三教思想在冲突中融合起来①，以达到“一道德”的需要，这是当时学术思想界所追求的共同目标。自从隋唐提出对三教采取“兼容并蓄”的文化整合的方法以来，一直延续到宋初，还没有哪一种学说把儒、释、道三教真正“兼容并蓄”起来。虽然宋初的孙复和李觏等继承韩愈批佛、道，兴儒学的文化精神，指出佛教“去君臣之礼，绝父子之戚，灭夫妇之义”②。李觏认为，佛存有十害，去佛有十利；去十害而取十利，是国富民乐的万世之策。③但事实上并不能做到去害取利，因为没有一种学说足以回应佛道的挑战，也没有产生一种三教兼容并蓄、融突创新的和合体。

到了程颢提出“吾学虽有所受，天理二字却是自家体贴出来”④。“天理”二字实古已有之，然程氏之所以称“自家体贴出来”，是指他创造了“兼容并蓄”儒、释、道三教的新和合体，即理学理论形态，由此才开创了理学的新时代，并把“兼容并蓄”儒、释、道三教的文化整合的方法落到了实处，对外来印度佛教文化和本土道教文化的挑战，做出了成功的回应。中国传统文化在和合儒、释、道三教文化中，不仅达到了中国文化思想发展的高峰，而且超越国界，传播到朝鲜、日本、越南，并在与传播国传统文化的融合中，成为继生国的官方意识形态。由周敦颐、邵雍、张载、二程奠基的理学，经由朱熹、王守仁、王夫之的努力，而集道学、心学、气学之大成，使儒、释、道三教的文化整合更加完善。此后三教在思想哲学领域的冲突，就不如唐和宋初那样激烈了。

（四）理论形态转型的冲突

宋代国家的统一，社会的安定，经济的发展，自然科学三大发明的完善，推动着社会生产力的发展和经济的繁荣，特别是城镇商品市场的发达，酝酿着理论形态的转型。但这一转型受到传统经学的阻抗，并与汉唐经学发生严重冲突。汉儒治经，偏重注解，名物训诂；唐儒治经，上承汉儒，依注作疏。《五经正义》以“疏不破注”为原则，疏是对注的梳理和解释，笃守“不破”，末流所及，造

① 参见拙著：《理学的思想来源——儒、释、道三教的论争和融合》，见《宋明理学逻辑结构的演化》，15～90页，台北，万卷楼图书公司，1993。

② 孙复：《儒辱》，《泰山学案》，《宋元学案》卷二，100页，北京，中华书局，1986。

③ 参见《富国策第五》，《李觏集》卷十六，141页，北京，中华书局，1981。

④ 《河南程氏外书》卷十二，《二程集》，424页，北京，中华书局，1981。

成“讳言服、郑非”的情境。不仅以“疑经”为背道，而且以“破注”为非法，严重桎梏、束缚着思想界，扼杀了思想的自由创造，而只能陈陈相因，千篇一律。

在此一潭死水中，宋儒一石激起千层浪，大破汉唐“传注”，推翻“疑经”、“破注”的禁锢。不仅“舍传求经”，而且“疑经改经”，撼动了思想界的重重大山。学术思想界萌发了一股新鲜的、生气勃勃的空气，一阵疑经、改经的新风细缊而起，实现了由汉唐训诂之学向宋明义理之学的转变。欧阳修的《易童子问》，疑群经之首的《周易》中《易传》非孔子之言，又撰《毛诗本义》，破毛、郑传注；刘敞《七经小传》，由疑经而改经；司马光疑《孟子》，苏轼讥《尚书》；朱熹以《周易》为卜筮之书，《诗经》有讲男女爱情之事，《尚书》是历史文献等。破除了《五经》为圣人之言的种种光环和权威，实现了思想解放，使中国思想史上出现了罕见的各家异说，学派涌现，竞彩斗艳的繁荣局面，并使得隋唐儒、释、道三教之学向宋明理学的理论形态转生。于是宋明理学便作为有别于先秦百家之学、两汉经学、魏晋玄学、隋唐佛学等独立的理论形态，而登上中国哲学史、思想史的殿堂。

二、宋明理学的称谓、内涵和分系

宋明理学成功地回应和化解了上述三方面的挑战和冲突，凸显了中国传统文化的生命智慧和生命活力。西方学者曾将宋明理学称为新儒学（Neo-Confucianism)，自有其道理。中国学者称其为“道学”、“理学”、“宋学”、“性理之学”、“心性之学”、“义理之学”等。当前国内学术界称“宋明道学”较强劲，究竟如何称谓？我们需从其称谓的历史演变来考察。

（一）宋明理学的称谓

道学之名，北宋已有，约起于元祐年间。程颐在元祐二年（公元1087年）四月《又上太皇太后书》中说：“诚如是，则将见道学日明，至言日进，弊风日革。为益孰大于此?”① 此处“道学”，非

① 《河南程氏文集》卷六，《二程集》，552页。

指特定学派。此前张载曾说："朝廷以道学政术为二事，此正自古之可忧者。"① 可见道学亦非学派之称，是乃与政术相对称的学术。程颢卒后，程颐请孙叔曼为其兄写墓志铭的信中说："又其功业不得施于时，道学不及传之书，遂将泯灭无闻，此尤深可哀也。"② 道学是指道与学而言。然而程颐亦称程颢的学说为道学："呜呼！自予兄弟倡明道学，世方惊疑"③。又说："既而门人朋友为文以叙其事迹，述其道学者甚众"④。这时道学是指程颢的学说，扩而充之也只是指程氏兄弟及其门人而已，内涵狭窄，传播不广，影响不大。

南宋淳熙年间（公元 1174—1189 年），道学甚盛。朱熹等倡道学，而林栗、陈贾等反道学，论争颇烈、朱熹引杨时的话说："道学不明，而王霸之略，混为一途，故闻管仲之器小"⑤。他主张明道学，"道学不明，无一事是当，更无开眼处，奈何奈何！"⑥ 假如道学不明，任何事情都不会做得妥当，更不能增加见识。对此，朱熹虽表示了无可奈何的心情，但更促使其唱明道学的强烈责任感。他继承二程道学，明确称二程之学为道学。"夫以二先生唱明道学于孔孟既没、千载不传之后，可谓盛矣"⑦。由于南宋存在一股反道学的潮流，朱熹曾慨叹："近世道学衰息，售伪假真之说肆行而莫之禁。比见婺中所刻无垢《日新》之书，尤诞幻无根，甚可怪也"⑧。不仅"售伪假真之说肆行"无所忌惮，而且攻击道学之声甚嚣尘上。郑丙上疏："近世士大夫有所谓道学者，欺世盗名不宜信用。"⑨ 道学被视为欺世盗名而遭排斥。

有鉴于此，朱熹在淳熙十五年（公元 1188 年）上封事，对道学作了解释："一有刚毅正直、守道循理之士出乎其间，则群讥众排，指为道学之人而加以矫激之罪，上惑圣聪，下鼓流俗"⑩。道学为一班"刚毅正直"、"守道循理"的有识之士，却被诬之以罪，十数年来以"道学"二字禁锢天下贤人君子，导致社会风气由此日渐败坏。

---

① 《答范巽之书》，《张载集》，349 页，北京，中华书局，1978。

② 《上孙叔曼侍郎书》，《河南程氏文集》卷九，603 页。

③ 《祭李端伯文》，《河南程氏文集》卷十一，643 页。

④ 《明道先生门人朋友叙述序》，《河南程氏文集》卷十一，639 页。

⑤ 《八佾》，《论语集注》卷二。

⑥ 《答张钦夫》，《朱熹集》卷二十四，1046 页，成都，四川教育出版社，1996。

⑦ 《程氏遗书后序》，《朱熹集》，3937 页。

⑧ 《答吕伯恭》，《朱熹集》卷三十三，1408 页。

⑨ 《道学崇黜》，《宋史纪事本末》卷八十。

⑩ 《戊申封事》，《朱熹集》卷十一，475 页。

从南宋道学与反道学的冲突和被打入《伪学逆党籍》的名单来考察，道学的外延是较窄的。据朱熹编的《伊洛渊源录》来看：卷首周敦颐，卷二、三程颢，卷四程颐，卷五邵雍，卷六张载、张戬，卷七吕希哲、范祖禹、杨国宝、朱光庭，卷八刘绚、李籲、吕大忠、吕大临，卷九苏昞、谢良佐、游酢，卷十杨时，卷十一刘安节、尹焞，卷十二张绎等，卷十三胡安国，卷十四程氏门人无记述文字者。实即周、邵、张、程及其门人等。此时道学并不包括"荆公新学"、"蜀学"、"涑学"、"永康、永嘉之学"和陆九渊兄弟的"心学"，甚至将胡宏、张栻的湖湘学派和吕祖谦的"婺学"亦排除在外。朱熹曾说："近年道学外面被俗人攻击，里面被吾党作坏，婺州自伯恭死后，百怪都出。至于子约，别说一般差异底语，全然不是孔孟规模，却做管商见识，令人骇叹。然亦是伯恭自有些拖泥带水，致得如此，又令人追恨也。子静一味是禅，却无许多功利术数。"① 此书作为道学之名盛行之时，明确将陆、吕之学不纳入道学之中。

当时陈亮、叶适、陆九渊对道学都有所批评，而表明自己非道学家。陈亮说："亮虽不肖，然口说得，手去得，本非闭眉合眼，矇瞳精神以自附于道学者也。"② 自认为不附于道学。叶适说："垂谕道学名实真伪之说……皆以学致道而不以道致学。道学之名，起于近世儒者。其意曰：举天下之学皆不足以致其道，独我能致之，故云尔。其本少差，其末大弊矣。"③ 道学之弊在于以天下之学皆不能致道，惟独他们能致道，这样就把道学与"天下之学"对立起来。陆九渊说："世之人所以攻道学者，亦未可全责他。盖自家骄其声色，立门户与之为敌，哓哓腾口实，有所未孚，自然起人不平之心。"④ 道学之所以遭到攻击，不能全责备攻击者，是由于道学自身的毛病："道本日用常行，近日学者却把作一事，张大虚声，名过于实，起人不平之心，是以为道学之说者，必为人深排力诋"⑤。道学者"张大虚声，名过于实"，或骄其声色，自立门户，因而引起其他学者的深排力诋。由此可见，道学主要指周、邵、张、程、朱的学说。

---

① 《与刘子澄》，《朱熹集》卷三十五，1552页。

② 《又甲辰秋书》，《陈亮集》卷二十，280页，北京，中华书局，1974。

③ 《答吴明辅书》，《水心文集》，《叶适集》卷二十七，554页，北京，中华书局，1961。

④ 《语录下》，《陆九渊集》卷三十五，440页，北京，中华书局，1980。

⑤ 同上书，437页。

据此，元丞相脱脱在修《宋史》时，特立《道学传》，置于《儒林传》之前，仅列入周、程、张、邵、朱及其门人，这个名单基本上依据《伊洛渊源录》，惟增朱熹的师传、弟子及张栻。虽遗漏吕大临、蔡元定，但道学主要人物已全在册。陆九渊、吕祖谦、陈亮等则入《儒林传》。这说明在元人心目中，道学与心学、婺学、永康之学不类：一属示隆，一属非示隆之列。为此，程、朱理学，须加正名，称为程朱道学更贴切。

道学之名虽较理学为早，但理学之名，南宋已有，只是未用以总括道学与心学。朱熹说："理学最难，可惜许多印行文字，其间无道理底甚多，虽伊洛门人亦不免如此。"① 这里"理学"不仅指伊洛二程门人，亦指蜀学二苏，且对理学有微辞。但陆九渊以理学为圣贤之学，"惟本朝理学，远过汉唐，始复有师道"②。与秦汉的学绝道丧相对而言。宋宁宗赵扩嘉定年间（公元1214—1220年），魏了翁等上疏请赐周敦颐谥，楼观说："理学之说，隐然于唐虞三代之躬行，开端于孔门洙泗之设教，推广于子思、孟轲之讲明，驳杂于汉唐诸儒之议论，而恢复于我宋濂溪先生周公惇颐。"③ 这里理学是指整个儒家道统，而不是指宋时某一学派的特称。南宋已有"心学"的称谓。陆九渊弟子袁燮的后人袁甫，在《象山书院记》中说："宁宗皇帝，更化之末年，兴崇正学，尊礼故老，慨念先朝鸿儒名师，咸赐嘉谥，风励四方，谓象山陆先生发明本心之学，大有功于业教，赐名文安。"④ "心学"便是"发明本心之学"。元、明时，程、朱道学成为主导意识形态，陆学式微。明中叶，在"道学"日趋僵化的情况下，王守仁另辟路径，阐发陆九渊思想。他认为朱熹与陆九渊都是圣人之徒，何以陆学却遭冷遇？他说：

> 仆尝以为晦庵之与象山，虽其所为学者若有不同，而要皆不失为圣人之徒。今晦庵之学，天下之人，童而习之，既已入人之深，有不容于论辨者。而独惟象山之学，则以其尝与晦庵之有言，而遂藩篱之。……而象山辨义利之分，立大本，求放心，以示后学笃实为己之道，其功亦宁可得而尽诬之。而世之儒者，附和雷同，不究其实，而概目之以禅学，则诚可冤也已！

---

① 《朱子语类》卷六十二。
② 《与李省干》，《陆九渊集》卷一，14页。
③ 《周子全书》卷二十一。
④ 《学校·书院》，《贵溪县志》卷四十三，同治十年版。

故仆尝欲冒天下之讥，以为象山一暴其说，虽以此得罪，无恨。①

他敢冒“天下之讥”，替陆九渊辩诬，发扬其心学，这无疑向当时犹如一潭死水的思想界掷了一块石头，掀起了漪涟的波纹。“心学”影响的扩大，恐怕在明代。王守仁在《象山文集序》（庚辰，正德十五年，公元1520年）中说：“圣人之学，心学也。尧舜禹之相授受曰：‘人心惟危，道心惟微，惟精惟一，允执厥中。’此心学之源也。……故吾尝断以陆氏之学，孟氏之学也。”② 既说明陆九渊“心学”，是“圣人之学”，而非异端；而且以陆学为孔孟道统的真正继承者。到了其门人弟子进行朱、陆异同之辨时，朱熹的“道学”与陆九渊的“心学”，便几同冰炭，甚至以陆学为“道统”的异端，显然“道学”不包括“心学”。

元末张九韶辑集周、邵、张、程、朱之言，辅以荀子以下数十人之说，成《理学类编》一书，但此书不辑陆九渊之言。到明永乐年间，朱棣敕胡广纂修《五经大全》、《四书大全》、《性理大全》，以性理为中心，把程朱道学和陆九渊心学编纂在一起，融合道学与心学。后来王守仁有见于“是朱非陆，天下之论定久矣，久则难变”③的情境，认为陆、朱一样是“圣人之徒”，只是区别在于朱熹“道问学”，陆氏“尊德性”。王守仁企图改变“是朱非陆”的局面，调和朱、陆异同之论，而倡理学。他说：“看得理学不明，人心陷溺。是以士习日偷，世教不振”④。理学有包括道学与心学之意。但王守仁高足王畿说：“我朝理学开端，还是白沙，至先师而大明”⑤。承认陆王心学一系为理学，而与《性理大全》有异。

自明以来，理学称谓流行。黄宗羲在《明儒学案·凡例》中说：“从来理学之书，前有周海门《圣学宗传》，近有孙钟元《理学宗传》，诸儒之说颇备……尝谓有明文章事功，皆不及前代，独于理学，前代之所不及也。”孙奇逢的《理学宗传》，即包括道学和心学，而无道学包括理学和心学之说。清康熙年间编纂的《性理精义》，其中所选宋代“性理学”者39人，陆九渊即为其一。清代所修《抚州

① 《答徐成之（壬午）·二》，《王文成公全书》卷二十一。

② 《王文成公全书》卷七。

③ 《答徐成之》，《王文成公全书》卷二十一。

④ 《牌行灵山县延师设教》，《王文成公全书》卷十八。

⑤ 《复颜冲宇》，《龙溪先生全集》卷十。

府志》和《金溪县志》，都将陆九渊放入《理学传》，而与《儒林传》分开。可见，此时理学已明确地作为道学与心学的总称而被人所理解和广泛运用。

我们之所以采用宋明理学的称谓，是基于这样一些思考。其一，宋明理学已成为约定俗成的名称。虽然运用一个名称最好用出现最早的、当时人惯用的名称，但更重要的是要理解当时人所赋予此名称的特定含义和它在历史发展过程中的演变，特别当称谓出现歧义时，更应该注重其本有的含义。元明清以来，宋明理学蕴涵程朱道学（狭义上亦称理学）和陆九渊心学，而非宋明道学蕴涵理学和心学，已是约定俗成，为人们所认同，不会发生概念上的混乱。

其二，道学名称易混淆。宋明道学之名容易与“道家之学”、“道教之学”相乱。宋徽宗赵佶政和六年（公元 1116 年），“从林灵素之言，立‘道学’，自元士至志士，凡十三品”[①]。此“道学”指道教之学，而非老、庄道家之学的道学。可见这个名称的含义在历史上较混乱而不确定。程朱道学因有《宋史·道学传》的规定，而不会发生歧义。

其三，道学一词未能反映宋元明清时代精神的精华和本质特征。理是这个时代的价值理想和终极关怀，道是这个时代的价值导向和进路。无论是“性即理”、“心即理”，抑或“气即理”。宋明理学各派围绕着对理的不同解释而展开各自哲学体系的建构，各派的哲学逻辑结构又可以宋明理学来统摄。况且自明中叶以来，李贽抨击“假道学”，历清至民国，道学家或道学先生被视为表面道貌岸然，内里欺世盗名或男盗女娼的代名词，为避此嫌，可将“道学”与宋明理学分殊。

（二）宋明理学的内涵

宋明理学是儒、释、道三教长期冲突融合的结晶，由于它吸收中外文化之长，因而发展为中国古代文明的高峰，也发展为世界文明高峰之一，而传播和影响东亚、南亚各国。

理学是道德形而上学的重建，是宋明时期特有的哲学理论思维形态。明末清初，中国社会进入了所谓“天崩地裂”的时代。许多知识分子对严酷的社会现实进行了历史反省，将明灭亡的原因归结

---

① 《道教之崇》，《宋史纪事本末》卷五十一。

为理学的空谈心性。从此，空谈心性、误国殃民，几成宋明理学的历史定论。然而这种观点是片面的，尽管他们确实看到了明朝覆灭的部分思想诱因，但未能说明导致明儒空谈心性更为深刻的社会历史根源，而且单纯让学术思想来担当明亡的历史责任，也不符合历史的实际。五四以来，人们对宋明理学的态度基本上是否定的，所谓“反封建”的批判矛头也主要指向宋明理学。不少人认为，理学是“吃人”的礼教，是替统治者效劳的反动学说，是中国思想史上的一股“浊流”。可以肯定地说，哲学的、思想的批判是促使旧的宗法制度和观念向新的社会意识形态转变的必要手段。但五四以来对宋明理学的批判也有其偏颇——既没有严格区分作为学术文化思潮的理学与作为官方意识形态的理学之间性质上的差别，也没有正确处理学术批判与政治批判之间的不同，导致宋明理学中合理的、有价值的学术文化精神未得到客观地分析和积极地弘扬。可见，对宋明理学精神的理解和把握，对其学术思想内涵和性质的体认，亦是曲折而漫长的。

宋明理学是什么？从朱熹和吕祖谦共同编辑的《近思录》中可窥其梗概。此书章次的确定和材料的取舍，都体现了他们的道学思想，此书共分 14 卷：1. 道体，2. 为学大要，3. 格物穷理，4. 存养，5. 改过迁善、克己复礼，6. 齐家之道，7. 出处进退辞受之义，8. 治国、平天下之道，9. 制度，10. 君子处事之方，11. 教学之道，12. 改过及人心疵病，13. 异端之害，14. 圣贤气象。《近思录》作为理学入门之书，基本上概括了宋明理学的内涵。朱熹说：“盖凡学者所以求端用力，处已治人之要，与夫辨异端，观圣贤之大略，皆粗见其梗概。”① 元代撰《宋史・道学传》，基本上依此而陈述。《近思录》认为，三代之时便以道为政教、职业、讲习，没有一人一物不受道的恩泽，以成其性情。孔子使圣人之道昭明于世，至孟子而无传，道统便中断了。周敦颐得圣贤不传之学，推明阴阳五行之理，掌握天命人性；张载极言理一分殊之旨，道之大原出于天；二程融会贯通帝王传心之奥和初学入德之门；朱熹以格物致知为先，明善诚身为要。后世君主，要恢复天德王道之治，必由此取法，《近思录》从历史发展的角度，说明了“道体”的演变，格物穷理、明善诚身的存养工夫，齐家、治国、平天下之道等。

① 《书近思录后》，《朱熹集》卷八十一，4170 页。

朱熹和吕祖谦所概括的 14 个问题，其基本内涵是以道体为核心，以穷理为精髓，以居敬、明诚为存养工夫，以齐家、治国、平天下为实质，以成圣为目标。据此笔者略述于后：

第一，以道体为核心。所谓道体，就是指在自然现象和社会现象背后或之上，有一个更根本的原理、道理，即形而上的存有。这便是理学家所说的"所当然之则"和"所以然之故"。此"则"与"故"即是原理、道理。"理也者，形而上之道也"①。"所当然"与"所以然"，即形而上存有与自然、社会现象的关系。形而上存有自身是"寂然不动"、"无造作"、"无计度"，然却能"感而遂通"，或"感应之几"，是自然最终的根据和社会的终极关怀。

这个道体，在宋明理学的主流派程朱那里便是理，此理是性与理的融突和合；在陆王那里便是心，此心是心与理的融突和合；在张（载）王（夫之）那里便是气，此气是气与理的融突和合。他们都以道体——理为核心话题（范畴）之一，而构建其主理、主心、主气的哲学逻辑结构。在非主流派王安石那里道体便是道，"道有本有末。本者万物之所以生也，末者万物之所以成也"②；在苏轼、苏辙那里亦是道，"夫道之大全也，未始有名"③。虽各派外在形式各异，但认为自然和社会现象背后有一形而上的道体，则大体都认同。他们都试图以理学思想化解自然、社会和人生的冲突，追求其原因或根据。

第二，以穷理为精髓。"穷理尽性以至于命"，无论是对于自然、社会形而上存有天理的体认，或是人生伦理道德的践行和人格理想的完成，穷理是其根基。在某种意义上说，穷理不仅是对理（道体）的自省和回归，而且是"圣贤气象"的人格理想的自觉，即所谓"脱然有悟处"，"豁然有个觉处"④。穷理既是"欲知事物之所以然与其所然者而已"，亦是"尽性至命"，"寻个是处"⑤，追求性命的根源。因此，理有未穷，知有未尽，不能穷得理，不能尽得性；不能穷得理，不能尽得心。穷理是贯通道体、理、性、命、心的枢纽，是明明德的工夫。所以后来陆世仪概括说："居敬穷理四字，是学者学圣人第一工夫，彻上彻下，彻首彻尾，总只此四字。"⑥ 理既是超

① 《答黄道夫》，《朱熹集》卷五十八，2947 页。
② 《老子》，《王文公文集》卷二十七。
③ 《昆陵易传》卷八。
④⑤ 《朱子语类》卷十八。
⑥ 《思辨录》卷二。

越的形而上存有，又是一种条理、法则、现范；它普遍地统摄一切的所以然，以及建构在所以然基础上的行为准则的所当然。因而，抓住穷理这个精髓，便能连接“天人合一”，“己与天为一”① 的万物与我同体的境界，“万物与我为一，自然其乐无涯”② 的和乐的理想世界。

第三，以存天理、去人欲为存养工夫。理作为人和物之所以为人和物的真正的内在根据，它在神化伦理纲常的同时，把人的存在、人的本性、人的价值，提升为形而上存有的理，从而赋予人生和世界真实、永恒、崇高的价值。这样，人生和社会便获得真、善、美、光明的意义，这便是“大理”，与之相对待的便是人欲，是人的存在、本性、价值未提升的感性情欲的生理层面，处在这个层面的人之所以为人的尊严和价值，并没有获得自觉或自由，这便是“人欲”。尽管人欲并非都是恶或不好，但它所蕴涵的假、恶、丑的倾向是严重的，是居敬、诚心的存养工夫需要消除的东西。

宋明理学中的主流派和非主流派，都在理与欲、义理与功利、公与私等的冲突中，强调理、义理、公的方面，以控制欲、功利、私的方面。主流派程朱、陆王都以“人心惟危，道心惟微，惟精惟一，允执厥中”为圣人心传之秘旨。强调以道心制约人心，以公灭私，以理去欲，以找回唐末五代以来被破坏了的圣人心传的伦理规范和价值理想，在社会政治道德领域中实行文化复古，重新发扬“富贵不能淫，贫贱不能移，威武不能屈”，“一箪食，一瓢饮，人不堪其忧，回也不改其乐”的精神，重建精神家园和价值理想。

第四，以齐家、治国、平天下为实质。理学既具有超越的理性精神，又具有当下的实践精神。他们推崇《论语》、《孟子》、《大学》、《中庸》四书。他们并非以正心诚意、修身养性而独善其身，而是以齐家、治国、平天下为匹夫之责。张载“为天地立心，为生民立道”的精神；程颢的“明于庶物，察于人伦，知尽性至命，心本于孝悌；穷神知化，由通于礼乐。辨异端似是之非，开百代未明之惑”③。人与天、地作为三才，人是天地的中心，天地无心，以人心为心，自然、社会因为人而有价值和意义，“故天地之塞，吾其

---

① 《朱子语类》卷六十一。

② 《朱子语类》卷六十。

③ 《明道先生行状》，《河南程氏文集》卷十一，《二程集》，638页。

体；天地之帅，吾其性”①。这样，人对天地负有特殊的义务，也对生民具有“立道”的特殊责任，这便是人作为人而存在的尊严和价值。人只有把“尽性至命”与孝悌忠信相融合，“穷神知化”与“礼乐”相融合，把“理”这个普遍的原则、原理与人的现实伦理道德、行为规范融合起来，方能实现齐家、治国、平天下的理想目标。

第五，以成圣为目的。宋明理学家大多都以辟佛老、辨异端、弘扬圣人之道为文化使命，“谓孟子没而圣学不传，以兴起斯文为己任”② 为担当。只有兴起圣人之学，才能学做圣人。在中外文化交融中，特别在佛教文化挑战下，出现儒衰佛盛的形势，理学作为对佛教挑战的回应，是民族理论思维的自觉。但狭隘的民族意识对中外文化的交流并非有益，这在当时并非每个人都有这样的认知，而是从民族文化削弱的情感出发，认为是传统儒学的屈辱。韩愈、孙复的批佛都带有情感的色彩。孙复说：“矧以夷狄诸子之法乱我圣人之教，其为辱也大矣”③。张载、朱熹亦都有民族意识，直至王夫之仍指出“羯胡主中国而政毁，浮屠流东土而教乱”④。从另一个层面来看，理学的批佛教，也是民族文化思想精神的一种自省。理学家的这种自省，不是封闭地排拒，而是开放地接纳，所以理学家都出入佛老，又融突佛老于儒，从而建构了有别于佛老的新儒学的理论形态。

理学吸收佛道成佛、成仙的终极价值理想和修炼工夫，提出了儒教成圣的标准、内涵、工夫等等。周敦颐便具体探讨了成圣的可能性和人性的根据，圣人之为圣人的标准，成圣的仁、义、中、正、公的内容以及主静窒欲，改过迁善的成圣工夫。“成圣”由此成为理学的价值理想和终极关怀。

概括地说，宋明理学是指在外来印度文化哲学与本土道教文化哲学挑战下，将元典儒学作为滞留于伦理道德层次的心性之学，从形上学本体论层次给以观照，使传统儒学以心性为核心的伦理道德和价值理想（社会理想和人格理想）建构在具有理性力度的形上学本体论思维之上，通过诠释心性与本体、伦理与天道的连接以及人与生存世界、意义世界和可能世界的关系，使儒家道德学说获得了

① 《正蒙·乾称篇》，《张载集》，62 页。

② 《明道先生行状》，《河南程氏文集》卷十一，《二程集》，638 页。

③ 《泰山学案·儒辱》，《宋元学案》卷二。

④ 《论蓼莪二》，《诗广传》卷三。

形上性和整体性的论述，传统儒学内部的逻辑结构、价值结构、道德结构等经此调整，均获得了新的生命。

（三）宋明理学的分系

从宋明理学的内涵来考察，它已成功地化解了当时所面临的价值理想、外来文明、理论形态转型等三大冲突，而成为体现时代精神的核心话题和人文语境的社会思潮。

宋明理学作为社会思潮，有主流派和非主流派之分，其区别就在于其作用和影响不同，社会效果有异。所谓主流与非主流，简言之是指，一种社会思潮是起主导作用或居主要地位，还是起非主导作用和居次要地位。[①] 濂、洛、关、闽（周、程、张、朱），加上邵雍、张栻、陆九渊、王守仁、王夫之等为主流派；王安石的“新学”，苏轼、苏辙的“蜀学”，吕祖谦的“婺学”，陈亮的永康之学和叶适的永嘉之学等为非主流派。

熙宁前后，一批有识有志之士，不满于当时国家“积贫积弱”的局面，要求革新，以图富国强兵。但由于对革新的具体政策、方法、步骤的看法不同，而产生政治上的分野，形成不同的学派。其中有主流派“关学”张载，“洛学”二程和邵雍；非主流派的“荆公新学”和“蜀学”等，以及司马光的“涑学”。在主流派与非主流派之间，以至各派内部，都存在不同程度的冲突，由此展开程度不同的论争和党争。“新学”曾支配思想学术界数十年，但从宋明理学的全过程而言，仍属非主流派。

非主流派并不是不属于宋明理学范围，宋明理学之能成为思想解放运动和义理心性之学，王安石“新学”的推动之功不可抹煞。在当时，司马光、李觏批孟子，“韩文公、荆公皆好孟子”[②]。王安石复兴孟学，他所作《淮南杂说》“行于时，天下推尊之以比《孟子》”[③]。《四库全书总目》认为，“唐以前《孟子》皆入儒家，至宋乃尊为经。元丰末遂追封邹国公，建庙邹县，亦安石所为”。后来理学家推尊孟子，以《孟子》为四书之一，不能不说与王安石有关。此其一。其二，王安石服膺孟子心性之学，而作《原性》、《性说》、

① 参见张立文：《宋明理学研究》，19、680～683页，北京，中国人民大学出版社，1985。

② 俞文豹：《吹剑录》，《宋人札记八种》，台北，世界书局，1963。

③ 马永卿：《元成语录解》卷上。

《性情》等。认为“未发于外而存于心”为性，“发于外而见于行”为情，发挥思孟的心性之学，阐发思孟学统，与宋明理学要旨相符。

苏氏“蜀学”出入佛、老，而后归宗于儒，这是理学家治学的一般途径。他们弹指佛老之弊，而取其有裨于儒学的内涵，并承认佛老有其存在的合理性，“不去而无害于世者”①。虽然佛老长于形而上之道，儒学长于“礼乐刑政”之器，但应该在冲突中融合，以补儒家治国平天下之策。决不可“舍礼乐刑政”而行佛老之道，否则“其弊必有不可胜言者”②。再者，苏氏“蜀学”弘扬心性之学，“夫《六经》之道，惟其近乎人情，是以久传而不废”③，又主张“夫圣人之道，自本而观之，皆出于人情”④。心性之学离不开人情，“性之于情，非有善恶之别也”⑤。他们强调“复性”的修养工夫，体现了理学的心性义理之学的性格。

吕祖谦“婺学”继承吕氏重史的家传，“中原文献之传，独归吕氏”⑥。吕祖谦由经入史，通过对历史著作的诠释，开启“言性命者必究于史”的浙东史学学风。他企图调和“性命义理”与功利之学的冲突，以及朱熹与陆九渊的冲突，并在调和中博采众议，使自己哲学思想呈现“杂博”的色彩。“理之在天下，犹元气之在万物也。”⑦“天地生生之理，元不曾消灭得尽。”⑧作为不灭的生生之理，犹元气在万物，理与元气究竟是何关系？吕氏既认为“天下只有一个道理”⑨，又认为“圣人之心，万物皆备，不见其外”⑩，万物“皆吾心之发见”⑪。理与心究竟是何关系？吕氏未能建构其自身的哲学逻辑结构，虽与朱熹、张栻被誉为“东南三贤”，但未能以独特的哲学贡献颃颉其间。

永嘉学派（北宋元祐年间）周行己、许景衡等从学程颐，洛学南传永嘉，几与杨时道南学派同时。周行己、郑景望开启程颐道

① 苏辙：《策问（二）》，《栾城三集》卷六。
② 《历代论·梁武帝》，《栾城后集》卷十。
③ 《诗论》，《苏轼文集》卷二。
④ 《中庸论·中》，《苏轼文集》卷二。
⑤ 《东坡易传》卷一。
⑥ 《紫微学案》，《宋元学案》卷三十六。
⑦ 《颍考叔争车》，《东莱博议》卷一。
⑧ 《易说·复》，《东莱文集》卷十三。
⑨ 《杂说》，《东莱文集》卷二十。
⑩ 《齐桓公辞太子华》，《东莱博议》卷二。
⑪ 《卜筮》，《东莱博议》卷二。

学“涵养须用敬”的“克省御物”层面，薛季宣、陈傅良开出“通世致用”层面，叶适融合两者，集永嘉之学的大成，而与朱、陆鼎足而立。叶适思想的价值取向，并不违理学道德形上学的理或道的整体精神，其理学哲学范畴与程、朱同，但诠释有异。永康、永嘉功利的价值取向，是谋公利而非私利，是儒家经世致用思想的发扬，是理学思潮中的功利学派，它与湖湘学派学术思想近似。

王安石、三苏、吕祖谦等虽属宋明理学的非主流派，但在推动理学的发生和由汉唐经学向宋学的转变，以及心性义理之学的倡导中，都有其重要地位和作用，是理学思潮中不可缺少的一个层面。

从“庆历新政”至“熙宁新法”的二三十年间，北宋先后形成了“濂学”、“关学”、“新学”、“洛学”、“蜀学”、“涑学”等。可谓学派聚奎，相得益彰，相互论争，学说精进。但在“熙宁新法”失败以后，元祐初年反对新法的司马光、吕公著等上台，大贬新法派，“新学”便成为禁学。曾慥的《高斋漫录》说：“元祐初，温公（司马光）拜相，更易熙丰政事……公（王安石）问有何新事，对曰：‘近有指挥不得看《字说》。’公曰：‘法度可改，文字亦不得作乎？’”后来新法派虽又上台执政，但已基本属于政治上的党派斗争，于“新学”本身的发展已无太大关系，这样“新学”便衰微了。“蜀学”的苏轼、苏辙，初亦主张改革，但在王安石变法过程中由于方略、方法上的分歧而成为反新法派，在这一点上“洛学”和“蜀学”结成了联盟。然而到新法废除后的元祐时期，洛、蜀两派又势同水火，陷入了政治的党派纠纷之中。此期间虽互有起伏，但二苏的“蜀学”总因其以三教合一为旨归，释、道味道较浓而被目为禅学。于是，“蜀学”便被排于“道学”之外，后全祖望囿于宋明理学的正统观念，而将“新学”和“蜀学”摒出《宋元学案》的正书，附之卷尾。

南宋初年，战和之争压倒了原来北宋时的党争和学派之争。朱熹和陆九渊、吕祖谦等鉴于北宋时政治斗争强烈、左右学派之争之失，而企图从中摆脱出来，进行真正意义上的学术讨论，以便进行理论的创新。这种学术讨论的空气使他们有较多的时间冷静地总结、发展以往哲学理论思维，抽象概括自然知识和社会知识。但也有少顾国事民瘼而空谈性命义理之失，在当时便受到陈亮等的激烈抨击。[①] 朱熹根据其出入佛、道的体会，认为儒学对巩固封建社会后期的秩序较佛、道有效。因此，他以接续儒家“道统”为职志，从“道统”着眼，发挥程颐在程颢《墓表》中说的话，作《伊洛渊源录》和《近思录》，明确宋代“道统”的谱系和各派在“道统”中的地位。这个“道统”谱系虽在一定程度上反映北宋各学派的地位和影响，但也有其片面性。他以二程为中心，上推及其师友周敦颐、邵雍、张载，下接其门徒弟子。而将“新学”、“蜀学”均排之于“道统”之外。

“荆公新法”的失败，学说的论争很快变成了严酷的政治斗争，思想的松动被无休止的党派斗争所冲垮。各派的学说随着政治的起伏而起伏，一时被颁之学官，一时又遭禁受毁，政治风云强烈制约着各派学说的发展。原先思想界那种清新的、生气勃勃的空气减弱了，以至荡然无存；那种原旨意义上的理学的社会思潮，便开始转向了，以至坠入了政治的漩涡。看不到这点，恐亦为一蔽。

宋明理学主流派中，传统上分程朱道学、陆王心学，而无第三系，近人牟宗三增五峰蕺山系，而为三系。其实由胡宏所开的湖湘学统，得张栻而发扬。胡宏会通天人，以天人的根基是性。尽心—知性—知天，性是心与天的中介。从而提出“性天下之大本也”[②]，“性也者，天地之所以立也”[③]，此即性本论的哲学。张栻虽讲性，但性被泛化为太极、理、心、道，“太极，性也”[④]，“有是性则具是道”[⑤]，“有是理者，性也”[⑥]，“人心也，率性立命知天下而宰万物者也”[⑦]。其泛化的结果，是削弱了性本论的特性和淡化了湖湘学派的学派性。因此，张栻以后，湖湘学派虽有承传，但呈离析之势。其原因有：其一，由于遵循“体用合一，未尝偏也”[⑧] 的原则，湖湘学派追求内圣成德与外王事功的合一，但没有在这方面做出突出的理论贡献，没有建构两者合一的独特理论体系，在朱熹集理学之大成之时，张栻又在其思想未臻完善之时而早逝，在后继者中亦未形

---

① 参见《上孝宗皇帝第一书》，《陈亮集》，9页。
② 《知言疑义》，《胡宏集》，328页，北京，中华书局，1987。
③ 同上书，333页。
④ 《答周允升》，《南轩先生文集》卷三十一。
⑤ 《阃范序》，《南轩先生文集》卷十四。
⑥ 《孟子说》卷四。
⑦ 《潭州重修岳麓书院记》，《南轩先生文集》卷十。
⑧ 《与原仲兄书》，《胡宏集》，122页。

成足以凝聚本学派的核心人物。其二，基于此，湖湘弟子纷纷改换门庭，另投名师，如胡宏之子、张栻高弟胡大时，先后从学永嘉学派的陈傅良、闽学朱熹及心学陆九渊，沈有开从学吕祖谦、薛季宣、陈傅良，彭龟年、游九言、张巽等从学朱熹等。这样，湖湘学统未能保持和发扬其"天理人欲同体而异用，同行而异情"的独有学术特色和风格。其三，湖湘弟子继承注重经世致用之传统，"多留心经济之学"[①]，而逐渐疏离学术领域。特别是他们目睹南宋严重的政治危机，积极投身于经世济民的政治和抗金活动，为此做出了重大牺牲和贡献。

正因为这种情况，以胡宏与刘宗周为一系不妥，且历来湖湘学派与浙东学派各有特性，两者旨趣有异。刘宗周师事明代心学家湛若水的弟子许孚远，为心学旁支。他对阳明心学的态度，"始而疑，中而信，终而辩难不遗余力"[②]。早年在顾宪成、高攀龙的影响下崇信朱子学，中年后信奉阳明学，晚年提出慎独诚敬为宗旨的思想，致力于"证其所以为人者，证其所以为心而已"[③] 的探究。尽管他对阳明致良知说有所修正，企图融会心体与性体（理体），但基本上属于心学范围，而与湖湘学派的胡宏等异趣。因此刘氏高足黄宗羲说："五峰之门，得南轩而有耀。从游南轩者甚众，乃无一人得其传。"[④] 假如黄氏老师承胡宏之学统，黄氏恐不能作如此断语。假如刘宗周真的是胡宏学统的继承者，则湖湘学派的地位可因刘氏这样的理学大儒而大大提高和弘扬。正由于湖湘学派无总结性的、集大成的学者承其传，才说"无一人得其传"，而显冷落。所以称胡宏到刘宗周为宋明理学中与程朱、陆王相并列的一系，恐难成立。

综合前人的研究，我曾在 1982 年成书的《宋明理学研究》中提出三系说：一系是程朱道学（亦可称理学）派；一系是陆王心学派；一系是张（载）王（夫之）气学派。程朱道学为一系当无疑，二程（程颢、程颐）中，程颐对朱熹影响最大，但不能否定程颢对朱熹的影响。朱熹编《程氏遗书》，包括程颢语录，且从第一卷至第十卷均为"二先生语"，无加分别，可见二程思想有其内在的一致性。如此，宋明理学主流派可概括为三系，其演变进程是：

---

① 《岳麓诸儒学案》，《宋元学案》卷七十一。

② 《子刘子行状》，《刘子全书》卷三十九。

③ 《人谱》，《刘子全书》卷一。

④ 《南轩学案》，《宋元学案》卷五十。

宋明理学

- 程朱—格物/致知—性即理—性体—道问学—道学（理学）—新理学—理本论—绝对理
- 陆王—易简/工夫—心即理—心体—尊德性—心学—新心学—心本论—主体理
- 张王—明体/达用—气即理—气体—气学—新气学—气本论—客体理

三、宋明理学发展的诸阶段

宋明理学在其自身的演变和发展过程中，经历了开创、奠基、集大成、解构和总结等阶段。

（一）理学的开创

理学的开创与当时“庆历新政”引起的社会改革运动有一定联系。北宋建立了高度中央集权的统一国家，因而也需要一统思想。宋初承袭唐以来三教兼容并蓄的政策，已与社会需要不相适应，而有理学的细缊，周敦颐被推为开山。周氏之所以为开山：一是在回应外来印度佛教文化的挑战中，不是采取韩愈和宋初孙复、李觏等人简单批判拒斥的方法，而是援佛道入儒，吸收佛、道的思辨哲学理论和宇宙生成模式，以及其人生佛性观念，为理学家出入佛道开辟新路，为适应现实社会的需要而提供理论体系。二是周敦颐融会“五经”、《易传》、《中庸》以及佛道思想，阐述了一系列为理学家不断解释的新的核心话题与哲学范畴。其核心是关于孔子弟子所“不可得而闻”的“性与天道”的奥妙，经由周氏的发挥，这些都成为宋明理学所探讨的重要问题。三是提出“立人极”的成德成圣标准，圣人之道的内涵、修养工夫等问题，而成为“道学宗主”。

（二）理学的奠基

其一，二程“洛学”和张载“关学”为宋明理学的奠基者。程颢说：“吾学虽有所受，天理二字却是自家体贴出来”①。之所以讲是“自家体贴出来”，是指二程建立了以理为核心话题的哲学体系，开启了理学的新学风，实现新的理论思维形态的转生。张载以“太虚与气相即”为道体。张、程从不同的层面探索了自然和社会现象背后隐藏的形上学问题，并多层次地论证了理气范畴，凸现了理气范畴在理学中的地位，为理学家追求自然、社会、人生的“所以然”与“所当然”奠定了基础。

其二，在探索自然、社会、人生的内在根据上，二程、张载在道德形上学、伦理人性、格物知行等方面，成为理学所关注的诸多命题的奠基人。二程的“性即理也”、“格物致知”、“知先行后”、“天理人欲”以及其万物“无独必有对”等，张载的“天地之性”与“气质之性”、“德性之知”与“见闻之知”、“理一分殊”、“心统性情”、“虚气相即”等，都成了宋明理学的基本范畴和原理。因此，朱熹赞扬说：“伊川‘性即理也’，横渠‘心统性情’二句，颠扑不破。”②“横渠‘心统性情’一句，乃不易之论。”③ “伊川‘性即理也’，自孔孟后无人见得到此。”④ 以程、张的话为“颠扑不破”的真理，既确定其在理学哲学逻辑结构中的地位，亦确定其在孔孟“道统”中的谱系。又如“诸子说性恶与善恶混，使张、程之说早出，则这许多说话，自不用纷争。故张、程之说立，则诸子之说泯矣”⑤。朱熹认为，张、程关于“天命之性”与“气质之性”的人性论的探讨，“极有功于圣门，有补于后学”⑥。由此可确定，张载为宋明理学的奠基者不可动摇；相反，说其为非理学家恐与历史不符。

其三，张载和二程均充分体现了道体形而上学与伦理学的融合，使伦理道德得到形上学的支撑和论证。“性”（伦理人性）即是“理”（形而上学本体），或“天”（形而上学本体）与“人”（伦理人性）合一之学，构成了道德形上学这个宋明理学的中心课题。张载的代表作《西铭》便体现了把人之为人的“所以然之故”，提升为宇宙（“天地”）的“所以然”，使“人性”与“天地之性”浑然一体。朱

① 《河南程氏外书》卷十二，《二程集》，424 页。

② 《朱子语类》卷五。

③ 《朱子语类》卷一〇〇。

④ 《朱子语类》卷五十九。

⑤⑥ 《朱子语类》卷四。

熹在《西铭》注中说："人之有形有色，无不各有自然之理，所谓天性也。"① 即以"事亲之诚，以明事天之道"②。由"事亲"而推及"事天"，由"诚"而推及"道"，援人性之"诚"于所以然之故的"道"，道就蕴涵着伦理。这种"《西铭》首论天地万物与我同体之意"③ 的理学精神，在二程的思想体系中，亦强烈地体现着。"仁者，浑然与物同体。"④"仁"便是"义、礼、知、信"，即伦理。以"仁"作为统一天地万物的纽结，"仁者，以天地万物为一体，莫非己也"⑤。自然、社会、人生在"仁"的会通中而为一个整体。这种"合内外之道"，体现了理学的精神，但亦造成了天理与人欲的紧张。

其四，辟佛、老。张、程都从形上学理论高度批判佛、老，而不仅仅停留在伦理道德的批判上。在如何吸收、改造和批判、扬弃佛、老思想这个重要问题上，张载与二程虽侧重不同，然两者互补，同为理学奠定基础。

从程、张当时的社会效应和影响来说，北宋惟"洛学"独盛，究其原因：一是二程初亦要求变法，后与吕公著、司马光一起反对王安石新法和"新学"，认为"大患者却是介甫之学"⑥。元祐初，程颐得到他们的推荐而除秘书省校书郎，"太皇太后面谕将以为崇政殿说书"⑦，为哲宗皇帝讲"道学"。"文潞公尝与吕、范诸公入侍经筵，闻先生讲说退，相与叹曰：'真侍讲也'。"⑧ 由于得太皇太后高氏和富弼、文彦博、司马光等"巨公耆儒"的支持和宣扬，"洛学"便得以盛行。二是"洛学"在当时被视为醇儒，而无"蜀学"的那种禅味。程颐在程颢《墓表》中便说，程颢继孟子之后圣人不传之学，使圣人之道复明于世⑨，因此，颇得当政者的推崇。三是门人弟子的积极传道。二程门人很多。据载，"一时人士归其门者甚盛，而先生（程颐）亦以天下自任"⑩。甚至张载死后，其高足亦改换门庭，师事程颐，使"关学"逐渐式微。

---

① 《西铭》，《张子全书》卷之一，国学基本丛书本。

② 朱熹：《西铭解》，《张子全书》卷之一。

③ 朱熹：《西铭注》，《张子全书》卷之一。

④ 《河南程氏遗书》卷二上，《二程集》，16页。这一长段话后来被加上标题，称《识仁篇》。

⑤ 同上书，15页。

⑥ 同上书，38页。

⑦⑧ 《伊川年谱》，《伊洛渊源录》卷四。

⑨ 参见《伊洛渊源录》卷三。

⑩ 《伊川年谱》，《伊洛渊源录》卷四。

（三）理学的集大成

宋明理学经北宋 100 余年的发展，到南宋渐趋成熟，著名理学家辈出。朱熹作为道学的集大成者，是北宋以来道学的总结。朱熹所代表的“闽学”是在南宋学派涌现，众星聚奎中成长起来的。当时浙江有永嘉学派、永康学派、金华学派（婺学），江西有金溪学派（陆学），湖南有湖湘学派等。他们之间互相辩论，切磋学术，或集会，或访问，或通信，往来密切，相互促进。

朱熹、吕祖谦与张栻齐名，被称为“东南三贤”。陈亮曾说：“乾道间，东莱吕伯恭、新安朱元晦及荆州［张栻］鼎立，为一世学者宗师。”① 淳熙间（公元 1174—1189 年）吕祖谦、张栻卒，永嘉之学与闽学及江西之学遂成鼎足而三，全祖望在《水心学案序录》中说：“乾淳诸老既殁，学术之会，总为朱、陆二派，而水心龂龂其间，遂称鼎足。”② 朱熹继二程、张载，成为“道学”之集大成者，陆九渊发挥程颢，而自成“心学”，陈亮、叶适等继王安石的事功和革新思想，而成事功之学。朱、陆卒后，两家各成门户，互为水火。朱、陆异同之争，成为学术界的大公案，一直延续到明清。

朱熹之所以被推崇为理学的集大成者，其原因是：其一，道体的建构。朱熹对自然、社会、人生现象背后的本质及其相互关系，追究其“所当然”与“所以然”问题，并与“理气”相融合。如果说张、程各自从“理气”两个不同方面来把握其宇宙本体的话，那么，朱熹则贯通两方，把“气”纳入“理”的逻辑结构中，使其成为不可缺的有机中介。既避免了张、程各自之失，又多方面、多层次地论证了“理气”这对范畴，使“理气”成为理学的核心范畴之一，并由此而展开了“太极”与“阴阳”、“道”与“器”、“形而上”与“形而下”、“体”与“用”等范畴的证明。他认为“理气”是不离不杂、相依相分的，既确定“理”是现象世界背后隐蔽的本体，“未有天地之先，毕竟也只是理”③，又确定其不离相依，“天下未有无理之气，亦未有元气之理”④，使本体与现象关系具有某种融突的和合性。

① 《与张定叟侍郎》，《陈亮集》卷之二十一，322 页。

② 《宋元学案》卷五十四。

③④ 《朱子语类》卷一。

其二，朱熹的思想体系“致广大，尽精微，综罗百代”[1]，被认为是孔孟以来中国文化之集大成者。他融合儒、释、道及诸子各家之学，而归宗为儒，把自然、社会、人生，以及生存世界、意义世界和可能世界都统摄在其博大的理学逻辑结构之内，是中国哲学发展的一个高峰。他不仅克服了张、程哲学内在的冲突性和理与气之间的紧张，而且提出了一些新的范畴，并对原有的范畴作了新的解释。如果说张、程对许多范畴的解释缺乏明确的规定性的话，那么，朱熹则作了更加严密、完整的解释。朱熹把自然、社会、人生的必然性升格为一种普遍性的原理、道理或天理，而获得形上学品格，圆融了终极世界与经验世界层面的疏离。

其三，形上学的理世界与万物现象世界的相互渗透。这种互相渗透表现为对于万物之性的规定，所以朱熹说人人有一太极，物物有一太极。这种规定性，不仅指万物的性质，而且指人的德性。“理”便是自然、社会、人生的“所以然之故”，“气”亦被赋予“当然之则”的品性。因此，“天命之性”与“气质之性”，“德性之知”与“见闻之知”，“天理”与“人欲”，“道心”与“人心”，“王道”与“霸道”，便来自两个不同的世界，即“理”世界和“气”世界。又依照“理气”不离不杂、相依相分的普遍原则，而使自然、社会、人生都处在融突的关系之中。这样，伦理道德、纲常名教既提升为“理”的本体世界，又表现在现象世界。天（自然）、地（社会）、人（人生）“三才”既为一体，又分殊（差别，核心是等级、尊卑之别），这就克服了张、程之失，更加完备地解释了天、地、人三者之间的关系，而为后来者所取法。

朱熹思想虽然体现了历史的脉搏和时代的精神，成功地化解了当时所面临的重建价值理想、外来文明的冲击和理论形态转型的挑战，但他在世时并没有被社会所认识，而被作为“伪学逆党”受到政治批判。

当朱熹在做张、程哲学之失的缝合、补漏工作而构筑其庞大体系时，陆九渊和陈亮等则从不同的立场、观点出发，从不同的方面批评朱熹哲学逻辑结构的内在矛盾，建立了“心学”和“功利”之学。

朱、陆在世时，有一次重要的思想讨论会，这就是著名的鹅湖

---

① 《晦翁学案》，《宋元学案》卷四十八。

之会。吕祖谦企图化解朱陆之异，其结果是不仅没有化解，反而明确了两者的分歧。陆九龄和陆九渊兄弟认为自己的学说是“易简工夫”，切己自反，直指本心。批评朱熹学说是“支离事业”，烦琐庞杂，不及本体。陆氏明确宣称“古圣相传只此心”，“斯人千古不磨心”。我之心与古圣贤之心，同此心，同此理，其心千古不磨灭。无须“留情传注”，要先立乎其大的本心，批评朱熹格物穷理的支离。他们针对朱熹的心外求理、无极与太极、道与器等，提出“心即理”，太极之上不可加无极，阴阳即道、道器合一等命题，从而建构了“心即理”的心学哲学逻辑结构。

（四）理学的解构

元代，南北统一，理学北传，许衡等起了很大作用。元仁宗皇庆二年（公元 1313 年）十月议行科举[①]，延祐二年（公元 1315 年）廷试进士于京师，以朱熹《四书集注》取士，朱子学渐成官学。这时学者沿南宋朱陆异同之辨，许衡、吴澄宗朱而兼取陆；史蒙卿、郑玉宗陆而兼采朱；詹初、曹建等虽为朱熹及门弟子或再传弟子，却“往来（朱陆）其间”[②]；胡长孺、汤汉“由朱入陆”。朱学与陆学交错发展，吴澄、郑玉、虞集诸人，都主张“和会朱陆”。郑玉曾评论朱陆异同说：“陆子之质高明，故好简易；朱子之质笃实，故好邃密。盖各因其质之所近而为学，故所入之涂有不同尔。及其至也，三纲五常，仁义道德，岂有不同者哉？况同是尧舜，同非桀纣，同尊周孔，同排佛老，同以天理为公，同以人欲为私，大本达道，无有不同者乎？”[③] 此说比较公允。其异是，陆学高明简易，其弊“谈空说妙”，不能尽“致知之功”；朱学笃实邃密，其弊支离泛滥，不能收“力行之效”。其同是，三纲五常，仁义道德，天理人欲，以至大本达道等，根本上是相同的。故以朱、陆均是宋明理学主流派。

元代“设科取士，非朱子之说者不用”[④]，并将其“定为国是”，使“学者尊信，无敢疑贰”[⑤]，故朱子学作为官方意识形态被强化，陆学受到压抑，以至逐渐湮没无闻。明初，“颁科举定式，初场试

---

① 参见《续资治通鉴》卷一九八。

② 《勉斋学案》全祖望按语，《宋元学案》卷六十三。

③ 《送葛子熙之武昌学录序》，《师山文集》卷三。

④ 《儒林一》，《上饶县志》卷十九。

⑤ 虞集：《跋济宁李璋所刻九经四书》，《道园学古录》卷三十九。

《四书》义三道，经义四道。《四书》主朱子《集注》，《易》主程《传》、朱子《本义》，《书》主蔡氏（沈）《传》及古注疏，《诗》主朱子《集传》……”① 朱棣敕胡广等纂修《四书大全》、《性理大全》，都主朱子学。一时宋濂、方孝孺、薛瑄等都为朱学矩矱。再由于官方的倡导，便左右学风，其结果造成：一是，以朱子学为正统，视其他学说为异端邪说，扼杀了学术争鸣的空气，亦限制了朱子学自身的发展。二是，朱子学既为科场所主，便成为士子们死背硬记的教条，猎取功名利禄的工具。朱子学渐次僵化，丧失了作为价值理想和精神家园的功能，削弱了朱子学内在的生命力。三是，朱子学内在道德理性与现实感性之间的冲突更加暴露，由此孕育了王守仁思想的产生。

“有明学术，白沙开其端，至姚江而始大明。”② 黄宗羲此说甚有道理。白沙（陈献章）师事吴与弼。吴与弼“可谓独得圣人之心精者，至于学之之道，大要在涵养性情，而以克己安贫为实地”③。陈献章则“学宗自然，而要归于自得”④。他认为若以理在心外，“吾心”与“此理”怎能“凑泊吻合”？只有把程朱的“理”（道、太极）收摄于心，在吾的应然处讲理。而实承“心学”之传，因此，黄宗羲称陈献章和王守仁“两先生之学，最为相近”⑤。陈氏弟子湛若水与王守仁本有学术往来，然而王守仁从不提与陈氏学术的关系，并以直承陆九渊“心学”之旨自诩。

在朱熹“道学”居统治地位的时候，凡与朱子学不合之处，均被视为异端。虽王守仁“范围朱陆而进退之”⑥，并编《朱子晚年定论》，说明朱熹晚年与陆九渊学旨不违，但实是对朱熹道学的解构。在这种情况下，王守仁以陆九渊为旗帜，不仅是其思想内在逻辑的必然发展，而且是宣扬其学说，减轻舆论压力的需要。虽然程、朱“道学”，陆、王“心学”同属宋明理学主流派，但宋明理学发展到王守仁及其门弟子，便逐渐显现其解体的趋向。

王守仁及其后学之所以是理学的解构者，原因在于：其一，从“道体”说，王氏克服了陆氏的“未精”处，而成为宋明理学中心学

---

① 《选举志二》，《明史》卷七十。
② 《姚江学案》，《明儒学案》卷十。
③ 《师说·吴康斋与弼》，《明儒学案》卷首。
④ 《师说·陈白沙献章》，《明儒学案》卷首。
⑤ 《白沙学案》，《明儒学案》卷五。
⑥ 《师说·王阳明守仁》，《明儒学案》卷首。

的集大成者。在王氏看来，朱熹追求现象形器世界背后或之上的隐蔽的形而上本体理世界，就把形而上学本体理世界与形而下形器世界的理气、道器分二了，理既为形而上世界，是超感性实在的先验本体，又怎样返回感性实密世界？王氏认为，这两个世界的分二，只有在心世界里才能获得一致和合一。这样心便升格为理与气、太极与阴阳、道与器的统摄者。如果说朱熹注重形而上、形而下之分二，则陆、王强调两者的合一，两者各持一端。鉴于这种情况，理学内部便出来一批理学的批判者，如罗钦顺、王廷相以及后来的王夫之、黄宗羲等。他们从陆九渊、王守仁的“道器合一”、“理气”、“太极阴阳”不分形而上、下里得到启迪，并沿此途径而进，提出“理只是气之理”①，“万理皆出于气，无悬空独立之理”②。这种“理气合一”论，既不是以陆、王之“心”为合一基础，亦颠倒了朱熹的“理气”为二，而是以“气”为“理”的合一基础。因而，王守仁的思想引发和开启了理学的解构。

其二，从“理”与“心”的关系上看，朱熹把天地的“所以然之故”和人的伦理道德的“所当然之则”提升为形上学的理之后，此“故”此“则”便成为必然之理，必然便成为应当。现实世界应当如此，如事君当忠，事父当孝，但需要主体人去承担忠和孝的道德行为，主体人应当知孝行孝。但朱熹知行分二，又使道德知识与道德行为之间产生冲突。王守仁认为必然之理与主体承担、知与行都是合一的，从而圆融了冲突。这样一切外在的“天理”、“道心”、“天命之性”都要转化成内在的“心”中的感性欲求，即“人欲”、“人心”了；本来是纯粹崇高的理性神光变成了世俗感性的私欲、物欲等等。“心”即是“理”，“天理”便是“人欲”。这种思想随着明代商品经济的发展而发生，并迅速与之相适应，而促使“理学”不断解构。同时，在理学内部也出来一些提倡“穿衣吃饭，即是人伦物理”③ 的思想家。陈确说：“人心本无天理，天理正从人欲中见，人欲恰好处，即天理也。”④“理学”解构之势已无可挽回。

其三，王守仁从“人人皆可为尧舜”、“满街都是圣人”出发，

---

① 罗钦顺：《困知记》。

② 王廷相：《太极辨》。

③ 李贽：《答邓石阳》，《焚书》卷一，4 页，北京，中华书局，1975。

④ 《无欲作圣辨》，《陈确集》，461 页，北京，中华书局，1979。

要人“学圣”、“为圣”，以成“圣人”为宗旨。然而，既人人可以为尧舜，那么每一个人“为圣”的气质、权利、义务都是平等的、同一的。这样，便无形中破坏了“圣人”的超人的神光，圣人便下降为凡人。“人胸中各有个圣人。”① 这就为凡人争得与圣人平等权利，“圣人”与“众人”均“生知”或“学知”，而无气禀之别，血缘等级之差。同时，圣人泛化，“满街都是圣人”，也就无所谓圣人，丧失了超人的光环和神圣，也就意味着价值理想的失落，精神家园的暗淡。它造成了以主体自我心去否定孔子之言的真理性，客观上起着反对旧权威、旧教条的思想解放的作用；另外高扬自我心去代替外在的“天理”，人们解除了外在的枷锁，获得自我心的自由，即心灵世界的自由，亦必然与现实社会的一切规范发生冲突，而被目为异端。王守仁确实把中国哲学中的心学发展到了一个高峰，但也从宋明理学内部解构了理学。

王守仁死后，王学亦分化了。王畿“悬崖撒手，非师门宗旨所可系缚”，“竟入于禅”②。钱德洪则“把缆放船，虽无大得，亦无大失”③。王艮发展了泰州学派，“阳明先生之学，有泰州、龙溪而风行天下，亦因泰州、龙溪而渐失其传”④。王艮把“百姓日用”与“圣人之道”融合起来。到李贽时则趋向否定“存天理，灭人欲”，而转向王学的反面。王夫之说：“王氏之学，一传而为王畿，再传而为李贽，无忌惮之教立，而廉耻丧，盗贼兴，皆惟怠于明伦察物而求逸获，故君父可以不恤，名义可以不顾。”⑤ “心学”的分化、解构乃是王守仁哲学思辨结构内在逻辑发展的必然。作为理学的整个行程，“心学”的解构，亦标志着整个理学走向解构。

（五）理学的总结

明清之际，中国社会“天崩地解”。明亡，清入主中原，知识分子陷入了悲愤、哀痛之中，一部分有识之士追究明亡的原因，进行历史的反思，或将其归咎于“程朱之害”，或归因于王学末流，指斥心学祸国。

“明朝中叶，以时文取士。……此物既为尘饭土羹，而讲道学

① 《传习录下》，《王文成公全书》卷三。
②③ 《浙中王门学案》，《明儒学案》卷十一。
④ 《泰州学案》，《明儒学案》卷三十二。
⑤ 《乾称篇下》，《张子正蒙注》卷九，282页，北京，中华书局，1975。

者，又迂腐不近人情。……讲正心诚意，大资非笑。于是分门标榜，遂成水火，而国家被其祸。"[①] "宋儒之习气不可师也。"[②] 朱舜水是这样反思和认识的。

"刘石乱华，本于清谈之流祸，人人知之。孰知今日之清淡，有甚于前代者。……以明心见性之空言代修己治人之实学，股肱惰而万事荒，爪牙亡而四国乱，神州荡覆，宗社丘墟。"[③] 顾炎武认为明亡实由理学"明心见性之空言"的流祸所致。

"姚江王氏阳儒阴释，诬圣之邪说；其究也为刑戮之民，为阉贼之党，皆争附焉。而以充其无善无恶、圆融理事之狂妄流害，以相激而相成。"[④] 王夫之认为，王学之末流，乃王守仁思想自身矛盾发展的结果。

"仙佛之害，上蔽庸人；程朱之害，偏迷贤知。"[⑤] 颜元认为程、朱道学之害，甚于佛、道。

在抗清失败、南明腐败的颠沛流离中，王夫之对宋明理学有深入的体验。他出入佛道，以"六经责我开生面"的精神，归宗和发扬儒学为职志。他所谓的"生面"，是试图在儒学，特别是宋明理学中开出新的生命智慧，相对于程朱、陆王而开出新的路向。这便是"希张横渠之正学，而力不能企"[⑥]，他以张载之学是孔孟之后的"正学"。"孟子之功不在禹下，张子之功又岂非疏洚水之岐流，引万派而归墟，使斯人去昏垫而履平康之坦道哉！"[⑦]。故此张子之"正学"，实乃孔孟以来之"正学"，由此而发宋明理学中气学一脉，成为气学的集大成者，把中国哲学中的气学发展到一个高峰。

其一，王氏承张载之学统，在程朱、陆王的理气、太极阴阳、道器、心物等关系中，升格理、太极、道、心的形上层面形势下，王氏升格气、阴阳、器、物的层面，反其道而释之。气、阴阳、器、物究竟是什么？王氏认为可以实有之诚来表示。王氏以气的实有性

---

① 《答林春信问七条》，《朱舜水集》卷十一，383页，北京，中华书局，1981。

② 《答加藤明友问八条》，《朱舜水集》卷十一，382页。

③ 《夫子之言性与天道条》，《日知录》卷七。

④ 《序论》，《张子正蒙注》卷首。

⑤ 《颜习斋先生年谱》卷上。

⑥ 《自题墓石》，《薑斋文集补遗》，《船山全书》第十五册，228页，长沙，岳麓书社，1995。

⑦ 《张子正蒙注·序论》，《船山全书》第十二册，12页。

来统摄理、太极、道，即“理者理乎气而为气之理也”[①]，“道者器之道”[②]，从而建构了细密的气本论哲学逻辑结构。

其二，气的实有性。王氏认为，程朱之学夸大了理的绝对性，而忽视了主体的能动性；陆王之学凸显了理的随意性和心的形上性，而忽视了客体的必然性。王氏认为程朱、陆王都有缺失，理是客观事物的固有属性，只有诚（实有）才能成为形而上本体。诚本体为认知论的成立确立了一个前提。于是，王氏对格致、能所、知行等认知论范畴作了新的发挥和解释，对目所共见、耳所共闻的经验世界的真实无妄作了肯定，建构了诚的认知论。诚在经验世界范围内，语言、词谓在把握经验对象方面具有可靠性和确定性，这就是“实”，名与实相当是知识的基本特征。由此才能有“执名以起用”[③]的有效性。王氏在认知论层面发展了程朱，以至中国古代的认知论。

其三，张载开气学之端。当明中叶程朱道学被官方意识形态所强化以后，其内在的理论破绽亦逐渐显露，其理论思维生命力渐次削弱。在王守仁从心的方面批判程朱道学之际，罗钦顺从程朱理气的关系中，开始了由道学向气学的转向。“理只是气之理”[④]，“仆从来认理气为一物”[⑤]。理气合一，否定理的形上学本体性，理是一种气本体的固有属性或条理。王廷相依据其“实践处用功，人事上体验”[⑥]的宗旨，作《横渠理气辨》，恢复张载气本论的本义，批评程朱对于张载理气关系的误解，指出张载《正蒙》理气辨，乃“阐造化之秘，明人性之源，开示后学之功大矣”[⑦]，王氏绍承张载气学，认为“理根于气，不能独存也”[⑧]。气是“造化”之实体，理以气为根据或根本，是气的一种条理、秩序，并以气为道体，道为气具。王氏继张载、罗钦顺、王廷相、吴廷翰等气学的学统，而集其大成，成宋明理学中气学一系，当可无疑。韩国性理学源于中国，徐敬德继承张载，而宣扬“太虚即气”、“气外无理”说，构成了韩国性理学的主气派；李滉宣扬朱子学，而建构主理派哲学逻

---

① 《孟子·告子上篇》，《读四书大全说》卷十，《船山全书》第六册，1076页。

② 《系辞上传》，《周易外传》卷五，《船山全书》第一册，1027页。

③ 《知性论》，《薑斋文集》卷一，《船山全书》第十五册，83页。

④ 《困知记续》卷上，68页，中华书局，1990。

⑤ 《与林次崖佥宪》，《困知记·附录》，151页。

⑥ 《与薛君采二首》，《王廷相集》，478页，北京，中华书局，1989。

⑦ 《王廷相集》，602页。

⑧ 同上书，603页。

辑结构；奇大升虽与李滉四七理气辨有异，但他仍站在朱子学立场，严厉批判罗钦顺的“理气为一物”说。① 李珥批评李滉四七理气互发论，而主张“气发而理乘之”的主气说，开朱子学中主气派一系。从朝鲜后来主理、主气派的发展来看，可旁证宋明理学中气学派一系的成立。

四、宋明理学范畴结构的演变

宋明时期，理学家在扬弃中国传统哲学基本概念的基础上，丰富和发展了哲学范畴，并构造了存在的基本样式的逻辑结构，这标志着人们在认知和掌握自然、社会、心性现象的关系方面，达到了一个新的阶段。

（一）理学逻辑结构的演变

所谓逻辑结构，是指研究中国哲学范畴的逻辑发展及其诸范畴间的内在联系，是中国哲学范畴在一定社会经济、政治、思维结构背景下所建构的相对稳定的结合方式或逻辑理论形态。②

有鉴于韩愈排佛的思维教训，朱熹认为其失是未能做到从“本然之全体”上辟佛。理学家则在批佛反道的同时，吸收佛、道思想。周敦颐、邵雍援佛、道入儒，企图从“本然之全体”上构建其哲学体系，以回应佛、道的诘难。周、邵的《太极图说》和《先天图》便是这种尝试。《太极图》中最高的一个圆圈，是“自无极而为太极”（无极而太极），“无极”资于“太极”的“动静”而有“阴阳”两仪，“太极动而生阳”，“静而生阴”。“阴阳”相互作用，产生“五行”，然后产生万物，便构成“无极”——“太极”——“阴阳”——“五行”——“男女”——“万物”宇宙生成的图式。这其实是对《周易·系辞传》之“易有太极，是生两仪，两仪生四象，四象生八卦”和《老子》之“道生一，一生二，二生三，三生万物”的诠释和引申。

---

① 参见张立文：《论高峰与朱子哲学的关系》，韩国“第一回高峰哲学国际研讨会”论文。

② 见拙著：《中国哲学逻辑结构论》（修订版），5页，北京，中国社会科学出版社，2002。

周敦颐承道教的宇宙生成、万物化生论与《周易》、佛教融合而构筑其哲学逻辑结构，邵雍则构造了《先天图》的逻辑结构。他说："能造万物者，天地也。能造天地者，太极也。太极其可得而名乎？故强名之曰太极。"① "太极"是天地的造作者，也是其开始，"生天地之始者，太极也"②。"太极"即是"道"，"道为太极"③，而又与"心"相似，"心为太极"④。于是，构成了太极（"道"、"心"）——天地（"阴阳"）——"万物"的逻辑结构。邵雍与周敦颐相较，是易简了。他不仅去掉了歧义纷纭的"无极"，以"太极"为其哲学最高范畴，而且也略去了一些中间环节。但他又说：

> 一物其来有一身，一身还有一乾坤。能知万物备于我，肯把三才别立根。天向一中分体用，人于心上起经纶。天人焉有两般义，道不虚行只在人。⑤

阐述了"万物备于我"的天、地、人三才合一和天人不二的理念。邵雍开宋明易学中的象数学之规模，而影响颇深。

周敦颐的弟子二程，进一步援佛、道入儒，建立了"道学"（理学）体系。程颢把他体贴出来的"天理"（"理"）作为世界万物的根据，是受佛教三论宗、华严宗的启发。尽管先秦以来《周易》之《系辞传》、《文言传》和《孟子》、《庄子》、《荀子》、《韩非子》均论及"理"或天理，然程颢的发明却是对宋代所面临的社会冲突的回应，是人们价值理想的需要和对自然、社会、人生等做出合理解释的要求，二程的"道学"体系提出了"理气"、"道器"、"形而上下"、"格物致知"、"天理人欲"、"道心人心"、"天命之性"与"气质之性"等一系列基本范畴，为朱熹集"道学"之大成奠定了基础，因而深得朱熹的推崇。

二程的四传弟子，朱熹的学生黄榦在《朱子行状》中说："窃闻道之正统，待人而后传，自周以来，任传道之责，得统之正者，不过数人，而能使斯道章章较著者，一二人而止耳。由孔子而后，曾子、子思继其微，至孟子而始著。由孟子而后，周、程、张子继其绝，

---

① 《无名公传》，《邵子全书》卷七。

② 《皇极经世·观物外篇》，《邵子全书》卷六。

③ 《观物外篇》之一。

④ 《观物外篇》之十二。

⑤ 《观易吟》，《击壤集》卷十五。

至先生而始著。”[1] 如果说在二程的哲学体系中，“气”这个范畴还不十分重要，也未构成如朱熹那样完整的逻辑结构的话，那么，朱熹则在二程的基础上形成完整的、系统的哲学逻辑结构。

朱熹哲学逻辑结构的最高范畴是“理”，又曰“道”、“太极”。“理”自身具有“无造作”、“无计度”等属性。它是一个纯然绝对、远离尘世的“净洁空阔”世界，同时也是气、万物赖以存在的宇宙本体。对于这样一个悬空“无着落”的形而上的理，朱熹也曾为其无处“安顿”、“挂搭”、“附著”而反思。于是理便下降到气上，附著于气而在，依气而展开他的哲学逻辑结构；所谓“气”（“阴阳”）则是一个活活泼泼的东西，它具有“流行发育”、“凝聚”、“造作”等等活动力属性。由于气“一分为二”、“动静”、“变化”，它在朱熹哲学逻辑结构中闪烁着辩证性，造作出形形色色的世界万物；所谓“物”，或叫做“事”，它既是自然界、物理的东西，也包括意识、精神、心理的东西。当“气”化生万物时，“理”即随“气”进入“物”中。气作为中介，把理与物相通起来。当然，朱熹的哲学逻辑结构并不止于“物”，“理”在化生万物以后，又通过“格物穷理”的体认方法，破除“物”——“理”之间的障蔽，使“理”自己跟自己相结合，从而复归到“理”（“太极”、“道”）。其图式如下：

从这个“理”——“气”——“物”——“理”的图式中可以得见：

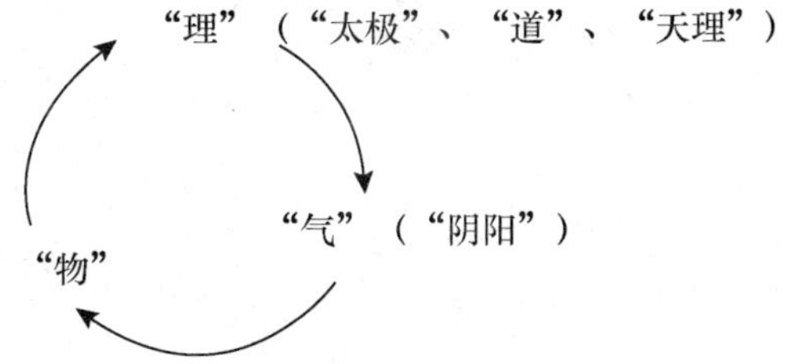

第一，“理”（“太极”、“道”）是朱熹哲学逻辑结构的核心范畴，它是宇宙万物的本原和根据，是人类社会最高的伦理道德原则。“理”借助于“气”这个中介变易为万物，犹如天上的月亮变易为江河湖海中的千千万万个月亮，“理”便印到了万物之中。于是“万物之中各有一太极”[2]。人们对于“理”的体认，是通过对每一事、一物中“理”的体认，达到合而为一的。这样，“理”作为“净洁空阔”的隐蔽，完成了自己的安顿、对待、合一，即从“理”出发，然后又回到“理”。在这里，作为净洁空阔的理的安顿，构成了朱熹哲学的形上学；自己跟自己的对待，

① 《黄勉斋先生文集》卷八，《丛书集成》初编本。

② 《通书·理性命章注》，《周子全书》卷九。

即“理”借助于“气”化生万物，是朱熹“一分为二”、“动静”、“变化”的大化流行过程，这就构成了朱熹的发展观或辩证观；通过“格物”，由“积累”而“贯通”，由浅入深，由粗到精等体认，使“理”自己跟自己合一，从“物”返回到“理”，便构成了朱熹所谓“格物穷理”的体认论，这就是朱熹哲学逻辑结构及其基本范畴间的内在联系。

第二，气是理的“挂搭处”、“安顿处”，“理寓于气”①，理与气“常相依而未尝相离”②。朱熹援气入理，这是其哲学逻辑结构的特点，也是其缺点。他用“不造作”的“理”，借助于气的“聚散”和变动不居而造作万事万物，这是其特点；但理与气毕竟为二而破坏了“理一”的完整性和严密性，从而显现了“理一”的混乱，这是其缺点。

朱熹“气”范畴与气能化生的思想，取自张载哲学。张载说：“太虚不能无气，气不能不聚而为万物，万物不能不散而为太虚。”③“气聚则离明得施而有形，气不聚则离明不得施而无形。”④ 如果从张载的“知太虚即气”⑤出发，则气的凝聚运动便构成了万物，万物又散而回到“太虚”（气），便构成如下的逻辑结构：

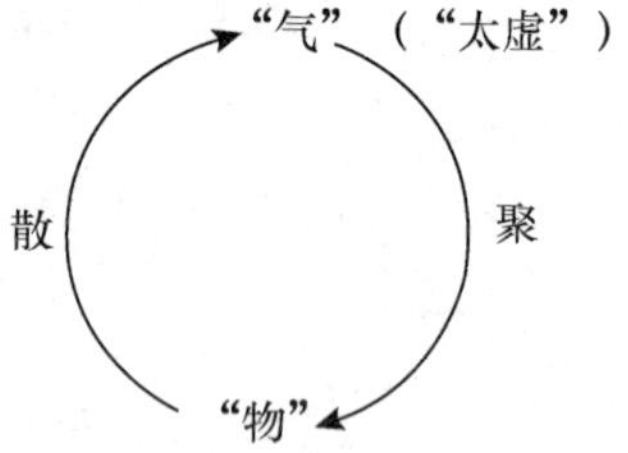

朱熹发挥和丰富了张载气的聚散化生而又回到气的思想，赋予气以凝聚、造作、氤氲的性质之外，又是理的“挂搭处”、“附著处”。他说：“气则能酝酿、凝聚生物也。但有此气，则理便在其中。”⑥“物之生，必因气之聚而后有形，得其浊者为物。”⑦ 气凝聚、酝酿生物，生而后有形。但是当他把张载的“气”（“太虚”）$\xrightarrow{\text{聚}}$“物”$\xrightarrow{\text{散}}$“气”（“太虚”）的逻辑结构纳入其哲学体系时，进行了两个方面的改造：

一方面，朱熹认为，张载《正蒙》以“气”为形而上本体不妥。他说：“伊川所谓横渠之言，诚有过者，乃在《正蒙》。”⑧“《正蒙》所论道体，觉得源头有未是处。”⑨所谓“诚有过者”、“有未是处”，是指“源头”而言。在朱熹看来，如果把作为世界源头

①② 《朱子语类》卷九十四。

③ 《正蒙·太和篇第一》，《张载集》，7页。

④⑤ 同上书，8页。

⑥ 《朱子语类》卷一。

⑦ 《朱子语类》卷十七。

⑧⑨ 《朱子语类》卷九十九。

的“道体”看成“太虚”或“气”，则是以“形而下”为“形而上”了：“如以太虚、太和为道体，却只是说得形而下者。”① 张载以“气”为源头、形而上。朱熹认为，其实是“说得形而下”，而非形而上。所以朱熹在“气”上加“理”，以“理”为源头和形而上。

另一方面，张载以万物散为“太虚”，即物散而回到“气”那里去。朱熹认为万物散后要回到“理”那里去，而不是“气”。这便给张载的“气”头上加“理”。经此改造，而成朱熹逻辑结构中的重要环节。

在朱熹的哲学逻辑结构中，当气开始不断“一分为二”、动静“变化”时，“理搭气而行”或“发育流行”，自然理也“乘气”而“一分为二”、“动静变化”。不过，这个“一分为二”对理来说，却是一个“理一分殊”或“月映万川”的过程，而不是整体与部分、一般与个别的关系。但气在“一分为二”的过程中，却使辩证思想得到了发展，然而，一旦复归到理，以静为主的“理”就限制了辩证思想的继续发展。运动只能在“理”——“理”的圆圈内循环往复，即所谓循环生去。尽管也有“化”和“变”，承认事物可以由渐化而引起顿变，但理是不变的，于是，“气”——“物”过程中的辩证思维，就被“理”——“理”体系窒息了。

第三，当理借助于气而化生万物以后，朱熹所面临的重要问题是，怎样由形而下返回到形而上的理。从物到理的所谓“格物穷理”，就成为朱熹哲学逻辑结构中的有机组成部分和不可缺少的环节。朱熹强调通过“格物”来“穷理”，他在讲“格”一草一木之理的时候，对朱熹来说，似乎是离开了其哲学体系，而讲对事物的体认，他又吸收了自然科学的成果和揭示了人们体认的过程，论述了“积累有渐”到“豁然贯通”和关于体认的诸形式、认知主体修养以及“重行轻知”、“知行互发”等问题。在这个时候，朱熹不愧为一个大学问家；然而，当其从“格物”而达到“穷理”，即从物返回到理时，他的体认则具有先验性。

第四，在朱熹“理”——“气”——“物”——“理”的哲学逻辑结构中，朱熹还展开了他的伦理论、道德论、人性论和历史观的论证。理构成人的“性”，性即理，“性乃在我之理”②。禀于

① 《朱子语类》卷九十九。

② 《理》，《性理字义》卷下。

"理"的"性"为"天命之性";与"气"相杂的"性",叫"气质之性。"理"借"气"而安顿,"天命之性"借"气质之性"而安顿或挂搭。"所谓天命之与气质,亦相衮同。才有天命,便有气质,不能相离……既有天命须是有此气,方能承当得此理,若无此气,则此理如何顿放。"① "天命之性"与"气质之性"的关系,类似于"理"与"气"的关系,此即构成朱熹的人性论;"理"("天理")便是"义理",即没有"物欲"的"道心","气"(气质)便是功利,即具有"物欲"的"人心",此即构成"存天理,灭人欲"的伦理论;三代是"理"("天理")流行,是"王道"政治,三代以后,"人欲横行",是霸道政治,这就构成王霸论的历史观。可见,揭示"理"——"气"——"物"——"理"哲学逻辑结构及其基本范畴的内在联系,就可把握朱熹哲学的本质和特征,其他问题便可迎刃而解。

如果说程、朱道学哲学逻辑结构强调本体的安顿,把此在世界归结为此在之上之先的外在纯粹观念理,那么,陆、王心学哲学逻辑结构强调本体理与主体心的融合,而达无我无物之境。

当朱熹建立其"道学"哲学逻辑结构的同时,"理学"中的"心学"一派也开始形成了。陆九渊援佛教禅宗入儒,初步建立了"心学"体系。当时思想界朱、陆并峙,相互诘难,这不仅有益于理论思维的发展,而且有利于各自哲学体系的完善。从陆九渊经陈献章、湛甘泉,到明中叶的王守仁恢复陆学,成为"心学"的集大成者。

然而,在程朱"道学"颇流行并成为意识形态的情况下,陆王"心学"既有批判程、朱"道学"的方面,也有相妥协,甚至借用程、朱旗帜的一面。现实迫使陆九渊不得不考虑如何解决"心"与"理"的关系问题。于是他发挥了"心即理"的命题,以"心"包"理"。如果说陆九渊在构筑其"心学"逻辑结构时,还没有完全克服朱熹"理"的客观实在性给他心学体系造成的冲突的话,那么,王守仁则化解了这个冲突。

在陆、王那里,自我体贴出来的"心",自我对待,犹如"镜中观花",或"岩中花树"。"明镜"("吾心")变易为花,花依镜而显现,或"意之所在便是物"。然后,"心"自我合一,使"心"的异

① 《朱子语类》卷四。

化物花回归于心镜（“良知”）。这便是“宇宙内事，乃己分内事；己分内事，乃宇宙内事”①，或“盖天地万物与人原是一体”②。如此，便构成了“心”——“物”——“心”的逻辑结构，犹如下图：

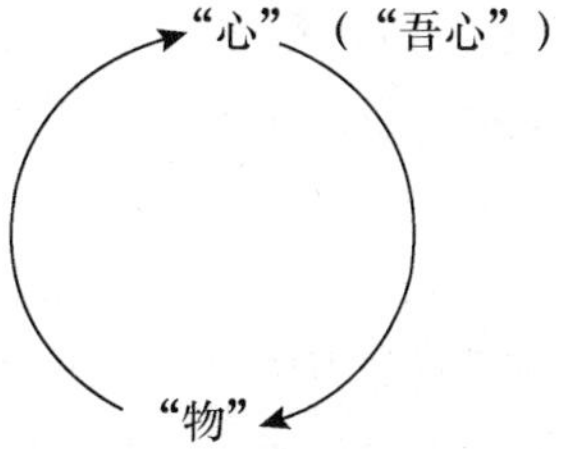

在这个逻辑结构中可以看见：第一，“心”是陆、王哲学逻辑结构的核心范畴，也是其哲学的出发点和终结点。“心”自己规定自己，而“非由外铄我”的“我固有之”。因而“心”不是“理”的化生，而是“心”自己化育自己。它不依赖于外物或理。在这里，朱熹哲学逻辑结构的形上学根据“理”，成为陆、王的“心即理”，“此心”感而遂通，充塞宇宙，而达“此理”。“心即理”的“理”失去了客体性和形上性，这是陆、王对朱熹哲学逻辑结构的批判改造。

第二，由于此“心”的自我规定，便强调了主体“此心”的能动作用。如果说朱熹为了安顿那个“虚底物事”理，而以“理一分殊”、“一分为二”为中介，自上而下地化生，那么，陆、王却较之朱熹“易简”得多，他们纯粹是“此心”的发育流行，以“此心”的发育来解释和化解主体与客体、意识与存在、吾心与宇宙、心与物、性与情的关系。既然陆、王讲万物与“方寸”、吾心与宇宙、意与“事亲”，便承认两者之间有差分，在话语上设置两者的对待，在源头上，在“此心”、“此理”，上下、古今都相同不二。“心之所为，犹之能生之物。”③ “凡意之所发必有其事，意所在之事谓之物”④。“如意在于事亲，即事亲便是一物；意在于事君，即事君便是一物……”⑤尽管他们主张“心即理”，而“无心外之理，无心外之物”，但事君、事亲又是不能否定的主体道德践行的对象。虽然事亲、事君可以处于“未发”的潜意识状态，但当事亲、事君意识显现时，事亲、事君便成为一物，这便是“已发”状态，“已发”的事亲、事君便成为此在的“在场”。从这个意义上可以理解陆、王的哲学逻辑结构：满心而发、充塞宇宙，便是其“心”⟶“物”的演

① 《杂著·杂说》，《陆九渊集》卷二十二，273页。
② 《传习录下》，《王文成公全书》卷三。
③ 《敬斋记》，《陆九渊集》卷十九，228页。
④ 《大学问》，《王文成公全书》卷二十六。
⑤ 《传习录上》，《王文成公全书》卷一。

化；“万物森然于方寸之间”，“天地万物本我一体”，便是其逻辑结构的“物”⟶“心”的自返过程。这样就构成陆、王体用不二的一而二、二而一的思辨形式。

第三，心物如何同体？天地万物本吾一体何以可能？朱熹哲学的逻辑结构是以“格物穷理”为中介而回归形而上的“理”，陆九渊、王守仁哲学的逻辑结构是以“切己自反”或“致良知”为中介，达到天地万物与吾心的合一。这便是“宇宙便是吾心，吾心即是宇宙”①。“夫人者，天地之心，天地万物本吾一体也。”② 何以天地万物本吾一体？“你只在感应之几上看，岂但禽兽草木，虽天地也与我同体的，鬼神也与我同体的。”③ 什么是“感应之几”？王守仁认为，它是“人是天地的心”的那个“灵明”。“灵明”是人与天地万物能感应的、普遍的、同体的精神，是心与物的和合体。

第四，陆、王哲学逻辑结构从“心”资始，经由“物”的中介，最后回复到自身。它是一种适合于终极价值、终极关怀的追求，作为道德形上学，适应了终极真理的形式。当陆、王在构筑自己哲学逻辑结构时，便面临着“道学”和功利学派的挑战，他们不仅要解决朱熹哲学核心范畴“理”与自己哲学逻辑结构中核心范畴“心”的关系，而且要解决“物”与“心”之间的关系问题。他们在批判朱熹“理”范畴时，以“心”包容“理”，论述了“心即理也”的命题；在论“物”的范畴时，以“心”包摄“物”，提出了“天地万物本吾一体”的命题。这既是陆、王逻辑结构对程、朱的发展，又是陆、王哲学之区别于程、朱哲学的标志之一。

“理学”中的程、朱“道学”和陆、王“心学”，综罗、吐纳中国古典理性哲学，又批判吸收佛、道宗教哲学，并把中国本土文明与外来印度佛教文明融合起来。在儒、释、道三教融突中，把我国古代哲学推向了高峰，启迪、影响着理学中气学集大成者王夫之哲学的产生。

王夫之从批判宋明理学出发，追根溯源，对道家老、庄自然哲学，两汉天人之学，魏晋玄学的有无之学，佛教、道教宗教哲学进行了深入分析和批判。他采取入程、朱和陆、王哲学逻辑结构之垒，暴其恃，而见其瑕的方法，把程、朱和陆、王的“理气”、“心物”

---

① 《杂说》，《陆九渊集》卷二十二，273页。

② 《答聂文蔚》，《王文成公全书》卷二。

③ 《传习录下》，《王文成公全书》卷三。

关系颠倒过来。朱熹的逻辑结构为“理”——“气”——“物”——“理”，其中，“理”——“气”在王夫之的逻辑结构中可理解为意识与存在的关系问题。王夫之从两方面进行批判和论证：一方面，理不离气，他说：“理即是气之理，气当得如此便是理。”①又说：“气者，理之依也。气盛则理达”②。“气”是“理”之所依，“理”即“气”之“理”，“理”与“气”相依而不相离。离“理”无“气”，离“气”无“理”，“言气即离理不得”③，“理与气元不可分作两截”④。朱熹之失，就是分“理气”为形而上下。另一方面，由“理气相依”而提出“理在气中”，“理者理乎气而为气之理也，是岂于气之外别有一理以游行气之中者乎！”⑤既然“理”是“理”乎“气”，“气”之外没有别的“理”，那么，“理便在气里面”⑥，“则理在气中”⑦，“从乎气之善而谓之理，气外更无虚托孤立之理也”⑧。说明“理”依“气”，“气”外无“理”。“气”便成为第一哲学。

陆、王哲学逻辑结构“心”——“物”——“心”的核心是“心”与“物”的关系。王夫之颠倒了陆、王的“心物”关系，认为“物”是不创不灭。“车薪之火，一烈已尽，而为焰、为烟、为烬，木者仍归木，水者仍归水，土者仍归土，特希微而人不见尔。”⑨尽管人们看不见，但“物”没有消灭，也不能被创造。“耳苟未闻，目苟未见，心苟未虑，皆将捐之，谓天下之固无此乎？越有山，而我未至越，不可谓越无山，则不可谓我之至越者为越之山也”⑩。不能说“意之所在便是物”，“心”未考虑，“物”就不存在。

王夫之超越了程、朱和陆、王的逻辑结构，重新解释了“理气”和“心物”关系，试图从形上学本体论层面说明“物”的实在性，并提出了“诚”（“实有”）的概念作为其哲学形上学的范畴，“夫诚者，实有者也”⑪。又说：“诚也者，实也，实有之，固有之也。”⑫

① 《孟子》，《读四书大全说》卷十，660页，北京，中华书局，1975。
② 《思问录·内篇》，21页。
③ 《孟子》，《读四书大全说》卷十，724页。
④ 同上书，卷九，600页。
⑤⑥ 《孟子》，《读四书大全说》卷十，684页。
⑦ 《太和》，《张子正蒙注》卷一，9页。
⑧ 《孟子》，《读四书大全说》卷十，660页。
⑨ 《太和》，《张子正蒙注》卷一，7页。
⑩ 《召诰无逸》，《尚书引义》卷五，142页，北京，中华书局，1976。
⑪ 《说命上》，《尚书引义》卷三，70页。
⑫ 《洪范三》，《尚书引义》卷四，116页。

"诚"作为中国传统哲学中的道德范畴，经王夫之的诠释，而成为一般的实有的范畴。它在王夫之的哲学体系中，是一个"极顶字"，是作为表述普遍性、实在性的范畴。

（二）"一两"、"分合"学说

宋明是我国自然科学昌明的时代，理论思维开始超越汉、隋、唐以来"天不变，道亦不变"的桎梏。程、朱和陆、王适应其哲学逻辑结构的需要，在"理"、"心"、"气"与万物的关系中，展开和阐述了辩证思维。张载、王安石、叶适、王廷相、王夫之等在出入佛道中，使中国古代辩证思维不断发展完善。

邵雍用"象数学"解释《易·系辞传》"太极生两仪"时，明确表述为"一分为二"。他说："太极既分，两仪立矣。阳上立于阴，阴下交于阳，四象生矣。阳交于阴，阴交于阳，而生天之四象。刚交于柔，柔交于刚，而生地之四象，于是八卦成矣。八卦相错，然后万物生矣。是故一分为二，二分为四，四分为八，八分为十六，十六分为三十二，三十二分为六十四。……合之斯为一，衍之斯为万。"① 邵雍以"先天象数"来推衍由"太极"生成万物的过程，也就是"一分为二"的过程。万物综合起来便是"一"，分衍开来即是世界万物，这种表述与归纳和演绎相近似。他说："本一气也，生则为阳，消则为阴，故二者一而已矣。……故有一则有二，有二则有四。"② 这里，"二者一而已矣"，"有一则有二"，涉及了对待与统一问题，具有辩证因素。但是，他以⚊、⚋、⚌、⚍、⚎、⚏的"象"和一、二、四、八……的"数"来构成世界的《先天图》时，却是一种抽象的虚拟。一方面，他以"太极"、"道"可以用"加一倍法"的数量上的推衍来表示宇宙的生成。他认为，从形而下的天地来看，是可以分的，"天分而为地，地分而为万物"，"气变而形化"③。从道德形上学的道来看，"道"（"太极"）自身是不可分的，"道不可分也"④。以维护道德形上学（"道"）的完整性。另一方面，邵雍以先天象数为"心法"，"万化万事生乎心也"⑤。把不可分的"心"（"道"）作为其哲学的核心范畴。

如果说邵雍并没有深刻分析"一分为二"的内涵，而重于形式上的推衍的话，那么，张载则有实质性的发展。张载把其表述为

①②③④⑤ 《观物外篇·先天象数第二》，《皇极经世绪言》卷七。

"气"的聚散，提出了"一物两体"的命题。他明确指出运动的原因不在事物外部："凡圜转之物，动必有机；既谓之机，则动非自外也。"① 并进一步探讨了事物运动的根源是事物内部阴阳二气的互相作用。他说："一物两体，气也。一故神（自注：'两在故不测'），两故化（自注：'推行于一'），此天之所以参也。"② 所谓"一"，指对待的统一，"一能合异，以其能合异，故谓之感，若非有异则无合"③。异就是差异，有差异就有对待，即差分；有差分才有合异，合异就是一的功能。换言之，"合"是差异对待的"合一"，如无对待，也就无所谓"合"。"两"即是"参"，两是差分的对待，"两体者，虚实也，动静也，聚散也，清浊也，其究一而已"④。又说："万物虽多，其实一物。无无阴阳者，以是知天地变化，二端而已。"⑤ 无一物无"阴阳"的对待"两端"，即统一物包含着对待"两体"。至于"一"与"两"的关系，他说："不有两，则无一……两不立，则一不可见；一不可见，则两之用息。"⑥ 无"两"，则无"一"；无统一物，则对待的作用也就止息了。有"两端"，才有对待的相互交感作用。有"一"，才能对待合一。"二端故有感，本一故能合。"⑦ "有两，则须有感。"⑧ 张载的"一两"观，闪耀着思维的光辉。

王安石把"两"的概念援入"道"，认为"道立于两……耦之中又有耦焉，而万物之变遂至于无穷"⑨。二程称王安石的"两"的思想为"言乎一事，必分为二，介甫之学也"⑩。二程是沿着邵雍"道不可分"的路数，认为"道"是"非二"的。但二程却是讲对待的："天地万物之理，无独必有对，皆自然而然，非有安排也。"⑪ 正因为"有对"，因而承认"一"与"二"是对待关系："盖天下无不二

① 《正蒙·参两篇》，《张载集》，11页。
② 同上书，10页。
③ 《正蒙·乾称篇》，《张载集》，63页。
④ 《正蒙·太和篇》，《张载集》，9页。
⑤ 同上书，10页。
⑥ 同上书，9页。
⑦ 《正蒙·乾称篇》，《张载集》，63页。
⑧ 《横渠易说·观卦》，《张载集》，107页。
⑨ 《洪范传》，《临川先生文集》卷六十五。
⑩ 《论道篇》，《河南程氏粹言》，《二程集》，1170页。
⑪ 《河南程氏遗书》卷第十一，《二程集》，121页。

者，一与二相对待，生生之本也。”① 这种“分乃二也”，是乃万物生生不息的根本。

朱熹把邵雍的“一分为二”从“先天象数”的迷雾中剥离出来，并把张载“一物两体”从“两”的方面作了深入论证。他较系统地论述了“一分为二”的思想：“《先天图》一边本都是阳，一边本都是阴。阳中有阴，阴中有阳，便是阳往交易阴，阴来交易阳，两边各各相对。……自一为二，二为四……”② 在这里，朱熹阐发邵雍《先天图》中的阴阳对待统一、“合一”、“衍万”的思维理念，他认为，不能只有“阴”没有“阳”，或只有“阳”没有“阴”，“阴阳”对待而又同处在一个统一体中。这便是“一分为二”中“一”的意思：“‘一’是一个道理，却有两端，用处不同。譬如阴阳，阴中有阳，阳中有阴，阳极生阴，阴极生阳，所以神化无穷。”③ 又“如寒则暑便在其中，昼则夜便在其中，便有‘一’寓焉。”④ 阴阳、寒暑既为对待两端，又相互联系、渗透，“一”也便寓于其中了。“一分为二”的“二”，朱熹说：“东之与西，上之与下，以至于寒暑、昼夜、生死，皆是相反相对也，天地间物，未尝无相对者。”⑤ 这种对待“两端”，是自然、社会、人事中的普遍现象，他说：“凡事无不相反以相成，东便与西对，南便与北对，无一事一物不然。明道所以云：天下之物，无独必有对，终夜思之，不知手之舞之足之蹈之，直是可观，事事如此。”⑥不仅一切事物之间存在着“两端”的相反相成，而且在一个事物内部，也存有相反相对。朱熹说：“统言阴阳，只是两端，而阴中自分阴阳，阳中亦有阴阳，乾道成男，坤道成女，男虽属阳，而不可谓其无阴……人身，气属阳，而气有阴阳；血属阴，而血有阴阳。”⑦ 这就是说，“一”自有对，分而为“二”，“二”也各自有对。“一中又自对”，“二又各自为对”⑧。任何事物都存在着对待方面，而对待方面本身，也存在着相反相成的两个方面。“此只是一分为二，节节如此，以至于无穷。”⑨ 把“一分为二”看

① 《损》，《周易程氏易传》卷第三，《二程集》，910页。
② 《朱子语类》卷六十五。
③ 朱熹：《正蒙·参两篇注》，《张子全书》卷二。
④ 《朱子语类》卷九十八。
⑤⑥ 《朱子语类》卷六十二。
⑦ 《朱子语类》卷九十四。
⑧ 《朱子语类》卷九十五。
⑨ 《朱子语类》卷六十七。

成是一个连续无限的过程，有其合理性。但是，朱熹“一分为二”的主旨是就其逻辑结构的“气”——“物”这一环节而言的，其形而上本体“理”（“太极”）是不分的。“本只是一太极，而万物各有禀受，又自各全具一太极尔。如月在天，只一而已，及散在江湖，则随处而见，不可谓月已分也。”① 当他以这个思想说明社会伦理道德关系时，特别强调“君臣父子，定位不易，事之常也”②。又说：“三纲五常，礼之大体，三代相续，皆因之而不能变。”③ 对朱熹来说，“一分为二”最终还是服务于当时社会的三纲五常、等级秩序等永恒的最高原则。

如果说朱熹着重发展了“一物两体”的“两”的方面，则明代的方以智着重发展了“一”的方面。提出了“合二而一”的命题。他说：“曰有，曰无，两端是也。虚实也，动静也，阴阳也，形器也，道器也……尽天地古今皆二也。两间无不交，则无不二而一者。”④ 事物都有对待的“两端”，“两间无不交”，“无不二而一”，对待两端又交合、交媾，“二而一”。因而，方以智把“交”概括为：“交也者，合二而一也。”⑤ 把有无、虚实、动静、阴阳等对待“两端”（“二”）相互交合成一个和合体，就是“合二而一”。方以智承认事物对待的两方面，除了“交”的形式外，还有“轮”和“几”等多种形式。他说：“轮也者，首尾相衔也。”⑥ “首”与“尾”对待双方相互衔接。譬如“东西一气，尾衔而无首”⑦，就是东西、首尾双方合为一气。在他看来，“交”、“轮”对待的“合而为一”就是“几”。“几”是方以智从《周易》中拿来并加以阐发的范畴。《易·系辞下传》第五章云：“几者，动之微，吉之先见者也。”方以智解释说：“微也、危也，权之始也，变之端也。”⑧ 就是变化的始端。“几有动静往来，无不交轮，则真常贯合，于几可征矣。”⑨ “交”、“轮”对待由于真常的贯合，才呈现出“几”来。《三征篇》的副标题为“统、泯、随、交、轮、几”，“统、泯、随”三个概念沿袭自佛教。天台宗第九祖湛然说：“夫三谛者，天然之性德也。中

① 《朱子语类》卷九十四。

② 《甲寅行宫便殿奏札一》，《朱文公文集》卷十四。

③ 《论语集注·为政》。

④ 《三征篇》，《东西均》，17 页，北京，中华书局，1962。

⑤⑥ 同上书，24 页。

⑦ 《开章篇》，《东西均》，2 页。

⑧⑨ 《三征篇》，《东西均》，24 页。

谛者，统一切法；真谛者，泯一切法；俗谛者，立一切法；举一即三，非前后也。”[①] 天台宗的“三谛圆融”，既不肯定“世谛”，也不肯定“真谛”，而以既非“世谛”，又非“真谛”的“中谛”为最高真理。天台宗为了论证现实世界的虚妄不真，而设置两个相互对待的两边，而后再对其加以否定，从而证明现实世界的非真实性。方以智继承天台宗的这种思辨方法，来说明他的“三征”思想。“明天地而立一切法，贵使人随；暗天地而泯一切法，贵使人深；合明暗之天地而统一切法，贵使人贯，以此三因，通三知、三唯、三谓之符，覆之曰交、曰轮、曰几，所以征也。”[②] 他把佛教的“俗”、“真”、“中”三谛，改造为“明”、“暗”、“合”三题；“交”、“轮”、“几”则相当于“立一切法”、“泯一切法”、“统一切法”[③] 的“立”、“泯”、“统”。在这里，“明暗”的统一便是“合”，即“合二而一”。“交”、“轮”、“几”的关系是：“圆∴（读 yī）三点，举一明三，即是两端用中，一以贯之。……上一点为无对待，不落四句之太极，下二点为相对待，交轮太极之两仪，三身、三智、三谛……即真天统天地，真阳统阴阳，太无统有无，至善统善恶之故。无对待在对待中，设象如此，而上一点实贯二者而如环。”[④] 方以智的哲学逻辑结构便成如右图式：下二点

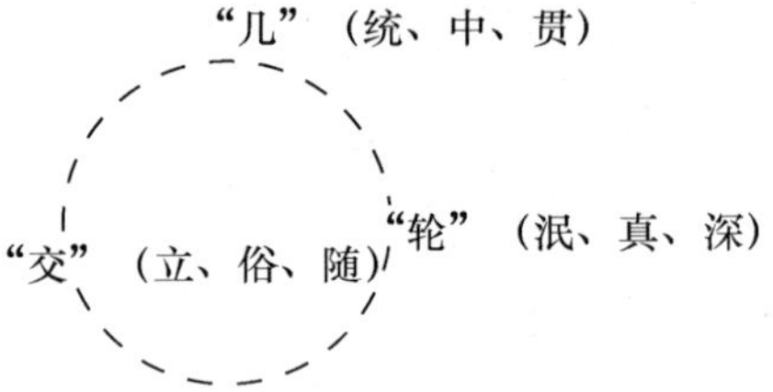

“交”、“轮”相对待，如“太极”的“两仪”（阴、阳）；上一点“几”，无对待。这样，他便把事物分成有对待和无对待两类。“有天地对待之天，有不可对待之天；有阴阳对待之阳，有不落阴阳之阳；有善恶对待之善，有不落善恶之善。”[⑤] 他把没有天地对待的“天”，称为“真天”，没有阴阳对待的“阳”，称为“真阳”，没有善恶对待的“善”，称为“至善”。本身“无对待”的“几”、“真天”、“真阳”

---

① 《始终心要》，《大正藏》卷四十六。

② 《三征篇》，《东西均》，16 页。

③ 按：方以智《三征篇》的“随”、“泯”、“统”，应是“立”、“泯”、“统”之误。从方以智这段话来看，“明”、“暗”、“合”对言，“立”、“泯”、“统”对言，“随”、“深”、“贯”对言，此证之一；其二，根据下文，方以智把“贯”解释为“几”，“随”、“深”相当于“交”、“轮”，也可证“随”为“立”之误。

④ 《三征篇》附记，《东西均》，27 页。

⑤ 《反因篇》，《东西均》，40 页。

是有对待的“交轮”、“天地”、“阴阳”的统一者，而成为无对待的形上学本体。

王夫之批判地吸收了朱熹“一分为二”的思想，对于方以智的“∴”也有所吸收和异议。“哭笑双遮∴字眼，宫商遥绝断纹琴。”①进而论述了“一分为二”和“合二而一”关系的几种形式。王夫之认为，对待双方的“抟聚”，是“合二而一”；对待双方的“分析”是“一分为二”。他说：“《易》曰：一阴一阳之谓道。或曰：抟聚而合之一也；或曰：分析而各一之也。”② 接着解释说：“以为分析而各一之者，谓阴阳不可稍有所畸胜，阴归于阴，阳归于阳，而道在其中。……以为抟聚而合一者，谓阴阳皆偶合者也。”③ “一”分析而为阴阳对待两方（“各一”），就是“一分为二”；阴阳对待两方聚合而为“一”，就是“合二而一”。其形式则为：

第一，“合二而一”是“一分为二”所固有。“盈天地之间，皆器矣，器有其表者，有其里者，成表里之各用，以合用而底于成。……故合二以一者，既分一为二之所固有矣。”④ 一器有表里两面，这是一分为二。合表里有一器之用，是“合二而一”。然“合二而一”是“一分为二”之所固有，即“一分为二”包含“合二而一”。

第二，“合二而一”与“一分为二”相互联系。“夫阴阳之实有二物，明矣。……自其合同而化者，则浑沦于太极之中而为一；自其清浊、虚实、大小之殊异，则固为二。”⑤ 从阴阳变化浑沦于太极之中来看，是“合二而一”；从统一物出现清浊、虚实、大小对待来看，是“一分为二”。因此，两者是事物（阴阳）变化发展过程中所表现的形式。

第三，“合二而一”与“一分为二”是“合”——“分”——“合”的过程。“道之流行于人也，始于合，中于分，终于合，以始终为同时同撰者也。”⑥ 又说：“合者，阴阳之始本一也，而因动静分而为两，迨其成又合阴阳于一也。”⑦ 头一个“合”，即阴阳对待双方共同处于一个统一体中，即“合二而一”。统一体因其动静的对

① 《寄怀青原药翁》，《五十自定篇》。

②③ 《系辞上传第五章》，《周易外传》，177页，北京，中华书局，1977。

④ 《系辞上传第十二章》，《周易外传》，201～202页。

⑤ 《周易内传·发例》。

⑥ 《系辞下传第四章》，《周易外传》卷六，219页。

⑦ 《太和篇》，《张子正蒙注》卷一，21页。

待运动，又“分而为两”，即“一分为二”。结果，“阴阳”对待双方又合而于一，即“合二而一”。由此看来，“合”——“分”——“合”的形式，即是“合二而一”——“一分为二”——“合二而一”的形式。由此，王夫之把古代辩证思维发展到一个新的高度。

（三）“动静”学说的发展

在“一、两”学说基础上，事物两端既对待又统一，是事物运动和变化的根源。基于此，理学家们探讨了“动”、“静”及其关系问题。

据毛奇龄说，南宋初年朱震所进《太极图》是周敦颐《太极图》最早的真本。[①] 此图与《道藏》中《太极先天之图》相似。图的首圈○注曰“阴静”，说明“自无极而为太极”的“无极”是静止的；第三圈○注文为“阳动”，这是说“阳动”的根源来自不动的“阴静”，“静”便成为“动”的支配和制约者。这是从“无极之静”的本原上说的。就“太极”与“五行”的关系说，“动静”相互转化：“太极动而生阳，动极而静，静而生阴，静极复动。一动一静，互为其根。”[②] 尽管承认“阳动”与“阴静”的转化含有辩证思维，但最终是“主静”。特别表现在修养方法上，“圣人定之以中正仁义而主静，立人极焉”[③]。把“主静”作为提高人的道德情操的主要工夫。

张载与周敦颐关于“阳动”的根源是“阴静”，以及把运动的发动处归于事物之外的观点相反，他提出了“动非自外”的理念，“太和所谓道，中涵浮沉、升降、动静、相感之性，是生细缊、相荡、胜负、屈伸之始”[④]。太和自身便蕴涵着动静的交感性，于是发生细缊、屈伸等运动形式。在张载哲学逻辑结构中，“太和”在某种意义上是与道、太虚、气同质。“气块然太虚，升降飞扬，未尝止息，《易》所谓‘细缊’，庄生所谓‘生物以息相吹’、‘野马’者与？此虚实、动静之机，阴阳、刚柔之始。”[⑤] “机”就是机栝，即发动所由的意思，追究发动所由的原因是事物内在性。进而，张载探讨了运动的形态。他认为事物运动存在着“渐”与“著”两种形态。

---

① 参见《西河合集·太极图说遗议》。

②③ 《太极图说》，《周子全书》卷一。

④ 《正蒙·太和篇》，《张载集》，7页。

⑤ 同上书，8页。

"变，言其著，化，言其渐。"[①] "著变"由"渐化"引起，譬如打雷，"雷霆感动虽速，然其所由来亦渐尔"[②]。显著的、迅速的"变"由"渐化"而来。"变"与"化"相互联系、相互转化："'变则化'，由粗入精也；'化而裁之谓之变'，以著显微也。"[③] 由大变（粗）转为精微的"渐化"阶段，再由精微的"渐化"到截断性的"著变"，这便是由"化"到"变"阶段。张载关于变化的两种形式理论，涉及量变到质变的思想，是古代辩证思维发展中别具异彩的一环。

朱熹继承周敦颐而又吸收张载的动静观，提出了"动静无端，阴阳无始"的观点。他说："动静无端，阴阳无始。今以太极观之，虽曰动而生阳，毕竟未动之前须静，静之前又须是动。推而上之，何自而见其端与始。"[④] 他追究动静的端始，而否定运动和静止有端始，把运动和静止看成是一个无限连续序列，并从三个方面进行了论证：(1)"动静"在时空上是无限的。当有人问"动静无端，阴阳无始"的含义时，朱熹回答说："道有个始，他那有始之前，毕竟是个甚么？他自是做一番天地了，坏了后，又恁地做起来，那个有甚穷尽。"[④] 又说："四方上下曰宇，古往今来曰宙。无一个物似宇样大，四方去无极，上下去无极，是多少大？无一个物似宙样长远，亘古亘今，往来不穷。"[⑤] 有始之前又有始，在时间上无穷；天地四边之外又有天地，在空间上也无穷。于是从"动静"产生的前后、四边看是无限的。(2)"动静"不可分。动之前有静，静之前有动，不可分二："太极动而生阳，静而生阴，非是动而后有阳，静而后有阴，截然为两段，先有此而后有彼也。"[⑥] 如果有先后彼此，则"动静"便为有端始。只有把"动静"看成不可分地联系在一起，"动静"才是无端始的。(3)"动静"循环，动而静，静而动，"动"——"静"，"静"——"动"，没有端始。"动静无端，阴阳无始。说道有，有无底在前；说道无，有有底在前，是循环物事。"[⑦] "动静"没有端始。朱熹指出，那种以"动静"有端始的错误，就在于他们把"动静"割裂开来。他说："太极动而生阳，只是如一长物，不免就中间截断说起。其实动之前未尝无静，静之前又未尝无动。"[⑧] 把"动静"截断说起，是导致动静有端始的重要原因。朱熹

① 《横渠易说·乾》，《张载集》，70页。

② 《正蒙·参两篇》，《张载集》，12页。

③ 《横渠易说·系辞上》，《张载集》，208页。

④⑤⑥⑦⑧ 《朱子语类》卷九十四。

之所以做出合乎辩证思维的猜测，是与他注意吸收自然科学的最新成果分不开。他说："动静无端，阴阳无始，此语见得分明。今高山上多有石上蛎壳之类，是低处成高，又蛎须生于泥沙中，今乃在石上，则是柔化为刚，天地变迁，何常之有。"① 天地变迁，沧海桑田，为"动静"无端、"阴阳"无始作了有力的论证。

如果说朱熹主要阐述了运动与静止的无端始，即无限性，那么，王夫之则进而论述了运动是"物理"的固有属性和静止是"物理"运动的特殊形态的观点。他说："变合虽赜，而皆本物理之固然。"②"阴阳因动静而著……而动静者乃阴阳之动静也。"③ "变合"、"神化"都是指阴阳的"动静"。"动静"是"物理"（"阴阳"）的"动静"，离"物理"（"阴阳"）便无"动静"，"动静"是"物理"（"阴阳"）的固有属性。同时，王夫之认为，没有绝对的"静"，"静"只不过是运动的一种特殊状态："静也，动之静也。"④ "静者，静动，非不动也。"⑤ "静"实是"动之静"，"静动"是事物运动过程中的静止状态，是处在相对静止状态中的运动。因此，"动、静皆动也，动之静，亦动也"⑥。静止不是绝对的。在王夫之看来，尽管运动居于主导地位："动者，道之枢，德之牖也。"⑦ 运动是事物发展的枢纽，也是人们认识"物理"本质的门径。所以，"若其知天地之化育，则只在动处体会"⑧。但也不能忽视静止在事物发展过程中的作用。他说：

> 静而有动，动留而生物，物生于俄顷之间，而其先皆有故也。一留而形成矣，知此，则能弗守其静，以听其动乎！静不倚则动不匮，其动必正，其留必成，其生必顺。⑨

相对静止是事物运动进而生物之必不可缺的前提，静止不偏于一边，不成为绝对的，那么运动就能正常进行，事物就能顺利生成，静止是事物化生的必要条件。同时，王夫之也得出了"动静"在时

---

① 《朱子语类》卷九十四。
② 《大易篇》，《张子正蒙注》卷七，240 页。
③ 同上书，242 页。
④ 《思问录·内篇》，3 页。
⑤ 同上书，12 页。
⑥ 《孟子》，《读四书大全说》卷十，661 页。
⑦ 《系辞下传第一章》，《周易外传》卷六，207 页。
⑧ 《孟子》，《读四书大全说》卷八，552 页。
⑨ 《庄子通》，89 页，北京，中华书局，1962。

空上具有无限性的结论。他与朱熹之异，在于他从事物的无限性、不灭性及“动静”是“物理”的固有属性而逻辑地推导出动静的无限性、永恒性。“太虚者，本动者也。动以入动，不息不滞。”① 宇宙（“太虚”）本身不停地运动，永不止息，“物理”“动静”的过程无始无终。“天地之生亦大矣。……故前无不生，后无不至。”② “其始也，人不见其始；其终也，人不见其终。其不见也，遂以谓邃古之前，有一物初生之始；将来之日，有万物皆尽之终，亦愚矣哉!”③ 天地化生的运动过程是无终始的，那种以人类远古时代事物有开端，而将来事物有终尽的说法，是愚昧之见。王夫之由此指出了运动在时间和空间上无限性。然而，由于朱熹哲学逻辑结构的桎梏，他不仅在否定“动静”有始有端的观点时，把运动引向循环论，实从另一个角度割裂了“动静”相对相依的关系，而且把“动静”无端始限制在“气”——“物”的阶段内，这使他的哲学体系存在许多不可克服的破绽。

(四)“格物致知”论的演变

“格物致知”始见于《大学》，原是作为伦理道德修养的命题。宋代理学家在一定意义上把“格物致知”从原来的道德修养中剥离出来，赋予体认论的意义，并对其进行系统研究。

二程和朱熹依据其哲学逻辑结构的需要，把“格物致知”作为体认形而上的“理”自己跟自己“对置”、“结合”的方法，以达“穷理”的目的。二程说：“涵养须用敬，进学则在致知。”④ “诚意在致知，‘致知在格物’。”⑤ 所谓“格物”，二程认为有两义：一是“至”；二是“穷”。其称：“格，至也，如‘祖考来格’之格，凡一物上有一理，须是穷致其理。”⑥ 又说：“格犹穷也，物犹理也，犹曰穷其理而已也。”⑦ “格物”即“穷理”，“穷理”才能“致之”，即回到形而上的“理”。“格物穷理”的过程是，先是一件一件的“积习”，然后就“豁然有觉”。二程说：“须是今日格一件，明日又格一件，积习既多，然后脱然自有贯通处。”⑧ 又说：“今人欲致知，须

---

① 《系辞下传第五章》，《周易外传》卷六，219页。
② 《复》，《周易外传》卷二，60页。
③ 《未济》，《周易外传》卷四，153页。
④⑤⑥ 《河南程氏遗书》卷十八，《二程集》，188页。
⑦ 《河南程氏遗书》卷二十五，《二程集》，316页。
⑧ 《河南程氏遗书》卷十八，《二程集》，188页。

要格物……自一身之中，至万物之理，但理会得多，相次自然豁然有觉处。”[①] 这个从“积习”、“理会得多”到“脱然自有贯通处”的过程，包含了人类认知从经验积累到理智觉悟的合理性。二程所讲的“物”包括所有的事物，是“格”的对象，是需要主体花工夫去穷格的。他们所说的“致知”，不是从实践中去获得新的体认，而是通过“格物”求得先验的“理”。二程说：“知者，吾之所固有，然不致则不能得之，而致知必有道，故曰‘致知在格物’。”[②] 又说：“致知在格物，非由外铄我也，我固有之也。”[③]这就是说，“知”不是由于人们感官和外界事物接触后获得的，而是自己固有的。所以二程从“积习”到“豁然有觉”的过程，是一个印证吾所固有的“理”的过程。

二程的《改正大学》，都不认为“八条目”开头两目“格物、致知”下有阙文。惟朱熹认为有阙文而作《补传》。《补传》开宗明言：“致知格物”在于“即物穷理”，通过“格物”的工夫，而达到“穷理”的目的，即由“物”而返回到“理”。并明确划分认知主体和客体，他以“人心之灵，莫不有知”为认知主体，即人心均具有“知”的能力；“天下之物，莫不有理”为认知客体，以“物理”为认知的对象，这就是“知在我，理在物”[④]。以“知”、“理”，“我”、“物”之别，朱熹称之为“主宾之辨”[⑤]。他认为，联结认知主体和认知客体的方法，就是“格物致知”。由此，朱熹也把主体与客体的认知关系分成两个阶段。

第一阶段，是“格物”。何谓“格”？朱熹诠释为“至”和“尽”，与二程相似而稍异。“至”包含“已至之事”，也包含“未至之事”。“尽”虽与二程训“穷”异，但“尽”也有穷尽之意。“格，尽也。须是穷尽事物之理。”[⑥] 至于“物”则是一个普遍的、抽象的概念，既包括一切自然和社会现象，也包括心理现象和道德行为规范。就其自然事物方面说：

> 上而无极太极，下而至于一草、一木、一昆虫之微，亦各有理。一书不读，则阙了一书道理；一事不穷，则阙了一事道

---

① 《河南程氏遗书》卷十七，《二程集》，180页。

②③ 《河南程氏遗书》卷二十五，《二程集》，316页。

④ 《朱子语类》卷十五。

⑤ 《答江德功》，《朱文公文集》卷四十四。

⑥ 《朱子语类》卷十五。

理；一物不格，则阙了一物道理，须著逐一件与他理会过。①

“读”、“穷”、“格”便是“至”物而逐件理会过之意。有主体接触客体而获得关于事物的道理、原理的意蕴。其实，他是通过读书和对草木的理会，以达到对先验的“理”的体验。如果真的拘泥于一草一木，那是不能真正得到什么成果的。他指斥说：

格物之论……岂遽以为存心于一草木、器用之间而忽然悬悟也哉？且如今为此学而不穷天理、明人伦、讲圣言、通世故，乃兀然存心于一草木、一器用之间，此是何学问！如此而望有所得，是炊沙而欲其成饭也。②

“格物”不要被一草木、器用所蔽，而主旨是穷天理、明人伦等。

就其伦理道德规范方面说，“格物”就是“穷得这事当如此，那事当如彼。如为人君，便当止于仁；为人臣，便当止于敬。又更上一著，便要穷究得为人君如何要止于仁，为人臣如何要止于敬，乃是。”③ 君臣当止于“仁”、“敬”以及如何止于“仁”、“敬”？这里是对于君臣何以和如何止于仁、敬的穷究。这种穷究的根底就是明天理和人伦。

第二阶段，是“致知”。“致”是推致的意思，“知”是知识或体认。“致知”，就是“推致”我的固有之知，而达“全知”。即是“因其所已知者推而致之，以及其所未知者而极其至也”④。“致知”达到“极其至”，就是“知止”。如何“致知”？朱熹提出了类推的方法。他认为只要“格物”理会多了，达到“脱然有悟处”时，就无须事事知得。也能“识得他破”，“亦通将去”⑤。“格物非欲尽穷天下之物，但于一事上穷尽，其他可以类推。”⑥ “譬如千蹊万径，皆可以适国，但得一道而入，则可以推类而通其余矣。”⑦ 为什么可类推呢？朱熹认为，“万物各具一理，而万理同出一原，此所以可推而无不通也。”⑧ 依据其“理一分殊”的观点，只要把个别事物的“理”穷尽，就可以据此而类推其他。

陆九渊、王守仁的“心学”与程朱“道学”不同。依照陆、王

---

① 《朱子语类》卷十五。

② 《答陈齐仲》，《朱文公文集》卷三十九。

③ 《朱子语类》卷十五。

④ 《答吴晦叔》，《朱文公文集》卷四十二。

⑤ 《朱子语类》卷十八。

⑥⑦⑧ 《大学或问》卷二，《朱子四书或问》。

哲学逻辑结构，是无须通过“格物致知”的途径去体认“本心”的。只需反省内求，便可自己体认“本心”。然而，当陆、王构筑其逻辑结构时，“本心”即是宇宙，宇宙内在地包容于“心”中，心又异化为“本心”的对待方面，如何使“物”与“心”消除对待而达一体境界？由此便提出了“格物致知”问题。假若程、朱“格物”的宗旨是为了“穷理”的话，那么陆、王以为是“正心”。《语录》记载：

> 伯敏云：“无个下手处。”先生云：“……致知在格物，格物是下手处。”伯敏云：“如何样格物？”先生云：“研究物理。”伯敏云：“天下万物不胜其繁，如何尽研究得？”先生云：“万物皆备于我，只要理明。”①

“格物”的下手处，不是一物一事地去“穷格”，而是体认“万物皆备于我”的那个“心”。只要体认“本心”，万物之理便能“不解自明”。如果说朱、陆“格物致知”的宗旨有别的话，那么，陆九渊对于“格物”的解释，则未免有承袭程朱之嫌。“格，至也，与穷字、究字同义，皆研磨考索，以求其至耳。”② 后来，王守仁继承陆九渊，但不满意陆九渊哲学逻辑结构中沿袭程、朱哲学思辨的痕迹。他说：“象山之学，简易直截，孟子之后一人。其学问思辨，致知格物之说，虽亦未免沿袭之累，然其大本大原，断非余子所及也。……正如求精金者，必务锻炼足色，勿使有纤毫之杂，然后可无亏损变动。”③ 王守仁虽赞扬陆九渊为“孟子之后一人”，但于其“格物致知”之说，却认为他未免有相沿程、朱旧说之累，犹金未足色，存有渣滓之失。王守仁克服陆九渊之不足，训“格”为“正”，他说：“格者，正也。正其不正以归于正之谓也。正其不正者，去恶之谓也；归于正者，为善之谓也。”④ 去“不正”以归于“正”，去恶从善，就是“格”。所以，王守仁所讲的“格物”，并不是对于事物的体认，而是超越“不正”之恶的“正心”，也就是去掉“人欲”或“私念”、“恶念”，恢复固有“良知”。这样一来，“格物”便成为“致良知”的工夫。“然欲致其良知，亦岂影响恍惚而悬空无实之谓乎？是必实有其事矣，故致知必在于格物。”⑤ 去“人欲”，则成为

---

① 《陆九渊集》卷三十五，440 页。

② 《格矫斋说》，《陆九渊集》卷二十，253 页。

③ 《与席元山》，《王文成公全书》卷五。

④⑤ 《大学问》，《王文成公全书》卷二十六。

“格物”的工夫。

> 格物者，格其心之物也，格其意之物也，格其知之物也。正心者，正其物之心也；诚意者，诚其物之意也；致知者，致其物之知也。①

由于事物为“心”所化生，是“意”之所发或所在。“意之所在便是物。”② 因此，他所说的“格心之物”、“格意之物”、“格知之物”，就是“格”心中的物或意中的物。因“心之物”、“意之物”，包括了“物欲”，即先验的“良知”被私欲所蔽所累，故他所说“正物之心”、“诚物之意”，便是“正心”，即“正其不正以归于正”的道德意识和道德行为的价值导向。王守仁由“致良知”以达“理”与“心”的合一。“吾心之良知即所谓天理也，致吾心良知之天理于事事物物，则事事物物皆得其理矣。致吾心之良知者，致知也，事事物物皆得其理者，格物也。是合心与理而为一者也。”③ 把我心的“良知”推致到事物上，事物便有了“理”。这就是说我心的“良知”已内在地蕴涵“理”，一切事物之“理”，都由我心推演出来，这样，“致知”与“格物”，就是合“心”与“理”为一的命题。

程、朱以“格物”为“穷理”，陆、王以“格物”为“正心”。罗钦顺和颜元等批判程、朱、陆、王对“格物”所作的解释。罗钦顺说：“人之有心，固然亦是一物，然专以格物为格此心，则不可。……岂可谓心即理，而以穷理为穷此心哉？”④ 以“心”为物，不可把“格物”看成“格心”。颜元则对“格物”作了独具特色的新释：“格物之‘格’，王门训‘正’，朱门训‘至’，汉儒训‘来’，似皆未稳。……元谓当如史书‘手格猛兽’之‘格’、‘手格杀之’之‘格’，乃犯手捶行搓弄之义。”⑤ 此“格”有实行或亲自去做的意思。“格物谓犯手实做其事。”⑥ 由此颜元强调要知菜之是否可食及味道，只有亲口尝一尝。这就是“手格其物，而后知至”⑦。这是对“格物”说的新解。由《大学》“格物致知”，经宋明

---

① 《答罗整庵少宰书》，《王文成公全书》卷二。
② 《传习录上》，《王文成公全书》卷一。
③ 《答顾东桥书》，《王文成公全书》卷二。
④ 《困知记》。
⑤ 《阅张氏王学质疑评》，《习斋余记》卷六。
⑥ 《刚峰》，《颜习斋先生言行录》卷上。
⑦ 《四书正误》卷一。

理学家的对文本不同诠释，从而发展出中国独特的重体认的知识发展史。

(五)“知行”观的论辩

“知行”问题是中国古代哲学史上争论不休的问题。宋明时期，理学各派对“知行”的探讨，提出了诸如“先后”(知识与践行的先后和知识来源问题)、“轻重”、“互发”、“合一”等新命题，从而形成系统的知行理论，超越前代。

二程是较早明确提出“知先行后”说的。程颐说：“到底，须是知了方行得。……然不致知，怎生行得。”① 又说：“须是识在所行之先，譬如行路，须得光照。”② 就是说，先知了，方能行得。他举例：“今有人欲之京师，必知所出之门，所由之道，然后可往。未尝知也，虽有欲往之心，其能进乎?”③ 必须先知，以知为指导，才能识得路，否则就会迷失方向，这就是“先知后行”论。由此他强调“终之，须以知为本。知之深则行之必至，无有知之而不能行者。知而不能行，只是知得浅”④。他从“以知为本”、知深行至、知之行之等方面论证“知先行后”说，并把不行的原因归之于知得浅。从“知先行后”出发，二程改造了《尚书》中“知之非艰，行之惟艰”的“知易行难”说，提出了“知难行亦难”的观点：“故人力行，先须要知。非特行难，知亦难也。《书》曰：‘知之非艰，行之惟艰。’此固是也。然知之亦自艰。譬如人欲往京师，必知出那门，行那路，然后可往。……自古非无美材能力行者，然鲜能明道，以此见知之亦难也。”⑤ 这里虽然说知难行亦难，但实是强调“知难”，这是二程“力行须先知”的思想的贯彻。

朱熹继承二程而又有所阐发。他说：“如程子云：‘涵养须用敬，进学则在致知。’分明自作两脚说，但只要分先后轻重。论先后，当以致知为先；论轻重，当以力行为重。”⑥ “致知力行，用功不可偏。”⑦这是说，以“知行”先后论，知先行后；以轻重论，行重知轻；“知行”分两脚，不可偏过，而又相须互发。第一，就其“知先

---

① 《河南程氏遗书》卷十八，《二程集》，187页。

② 《河南程氏遗书》卷三，《二程集》，67页。

③ 《论学篇》，《二程集》，1192页。

④ 《河南程氏遗书》卷十五，《二程集》，164页。

⑤ 同上书，187页。

⑥⑦ 《朱子语类》卷九。

行后”来说，“夫泛论知行之理，而就一事之中以观之，则知之为先，行之为后，无可疑者”①。“知先行后”，是无可怀疑的，知行的次序也是固有的。“今就其一事之中而论之，则先知后行，固各有其序矣。”② 朱熹从“知得方行得”、“既知则自然行得”、“知之而行未及之”等方面论证了“知先行后”说，较二程有所前进。第二，朱熹没有采取二程有关知难行亦难的说法，以免与《尚书》的直接相对，而提出“行重知轻”论。“致知力行，论其先后，固当以致知为先。然论其轻重，则当以力行为重。”③ 朱熹考虑到“事亲从兄”等伦理道德践行，不可一日废的情况，而由“知先行后”而提出“行重知轻”说，以补程颐之不足，以践行伦理道德为重。然后进一步从“力行”是“明理之终”和“行”是检验“知之真不真”的标准两方面论证“行重知轻”说。就前者而言，“知”是为了“行”，明伦理道德义理就是为了践行它。朱熹竭力反对“轻行”，他说：“人言匹夫无可行，便是乱说。凡日用之间，动止语默皆是行处。”④ 把日用之间，动止语默，都看做践行，便把践行伦理道德义理渗透到人们的每一个行动之中，成为人们普遍遵行的原则。就后者来说，“欲知知之真不真，意之诚不诚，只看做不做，如何真个如此做底，便是知至意诚”⑤。这就是“必待行之皆是，而后验其知至”⑥ 的意思。朱熹所说的“行”是检验“知”的标准，有合理性，但其所说的“行”不是社会实践，而是“理”；其“真知”不是经过实践检验的真理，而是“心”与“理”在自身心中的合一，即心的自我印证。第三，“知行”虽作“两脚说”，相互对待，也看到了知行的统一，即“相须互发”。如果说“知先行后”、“行重知轻”从不同的角度论证了“知”的来源及其主次关系的话，那么，“知行相须互发”，则从两者的互相联结和促进方面作了论述。一方面，“知行”常相须，而不可偏废。“知行常相须，如目无足不行，足无目不见。”⑦ “知行”犹如人的眼睛和两脚的关系，相互依赖，不可偏废。另一方面，知行互发，相互促进。“问南轩云：致知力行互相发？曰：‘未须理会相发，且各项做将去，若知有未至则就知上理会，行有未至则就

① 《答吴晦叔》，《朱文公文集》卷四十二。
② 《答郭希吕》，《朱文公文集》卷五十四。
③ 《答程正思》，《朱文公文集》卷五十。
④ 《朱子语类》卷十三。
⑤⑥ 《朱子语类》卷十五。
⑦ 《朱子语类》卷九。

行上理会，少间自是互相发。”① “互发”就犹如“一物悬空中，右抑则左昂，左抑则右昂，其实只是一事”②。抑昂相互促进，与“知行互发”是一个道理。因此，他说：“知之愈明，则行之愈笃；行之愈笃，则知之益明。”③ 知行相互作用，相互促进，从而使“知之浅”、“行之小”者向“知之深”、“行之大者”发展。“知行相须互发”论，经朱熹的倡导，而成为当时的主导思潮。被称为“东南三贤”中的其他二贤张栻和吕祖谦也都有类似的言论。张栻说：“知之进则行愈有所施，行之力则知愈有所进。……盖致知力行，此两者工夫互相发也。”④ 吕祖谦也说：“致知力行，本交相发，学者若有实心，则讲贯玩索固为进德之要。”⑤ 朱熹、张栻、吕祖谦都强调“知行互相发”，注重践履笃行伦理道德，反映了时代的需要。

陆九渊虽建立了与程、朱相抗衡的“心学”，但在“知行”关系问题上仍承袭程朱而主张“知先行后”说。“《大学》言明明德之序，先于致知；孟子言诚身之道，在于明善。今善之未明，知之未至，而循诵习传，阴储密积，廑身以从事，喻诸登山而陷谷，愈入而愈深，适越而北辕，愈骛而愈远。”⑥ 如果“心之善未明”，“知之理”未到极致，就去从事或践行，那就好比登山而陷谷，愈陷愈深，要到南方反而往北，愈走愈远，适得其反。只有先“心明”、“知理”，再去“践履”，才不会犯“适越而北辕”的错误。这就是说知之在先，行之在后，是为学的本末次第。陆九渊还从“知”、“行”的标准，“知”始“行”成等相互联系的几方面论证了“知先行后”说，而与朱熹思想路数相同。自以为补了陆九渊“知先行后”之弊，坚持“心即理”观点，而使心勿有“纤毫之杂”的是王守仁。虽然他直接继承陆九渊“心学”，但在“知行”问题上对陆九渊有所批评。王守仁在《答友人问》中说：“吾于象山之学有同者，非是苟同，其异者，自不掩其为异也。”又说：“知行原是两个字说一个工夫，这一个工夫，须著此两个字方说得完全无弊病。若头脑处见得分明，见得原是一个头脑，则虽把知行分作两个说，毕竟将来做那一个工夫。”⑦ 所谓头脑处见得“分明”或“不分明”，就是指原把“知行”

①② 《朱子语类》卷九。

③ 同上书，卷十四。

④ 《寄周子充尚书》，《南轩集》卷一。

⑤ 《与朱侍讲》，《东莱遗集》。

⑥ 《与胡季随》，《陆九渊集》卷一，7页。

⑦ 《王文成公全书》卷六。

做一个工夫或做两字看。他认为朱陆一样，都有未妥之处。在“知行”观上，王守仁把自己与陆九渊显明地区别开来，这便是王守仁继承陆而又超越陆之所在。曾与王过往甚密的黄绾就说：“近日朋友有为象山之言者，以为知即是行，行即是知，以知行为一事而无先后，则失象山宗旨矣！”① 指出了陆九渊与王守仁在知行学说上的差异。

如果说朱熹是从先后分二的层面论证知行关系的话，则王守仁从“合一”的层面进行了论证。王守仁从“天地万物与吾一体”出发，反对程、朱的“知先行后”说，认为把“知行”分为先后，就把“知行”视为二了。他坦言他自己就是针对这种分二而提出“知行合一”的。“今人却就将知行分作两件去做，以为必先知了，然后能行。我如今且去讲习讨论做知的工夫，待知得真了，方去做行的工夫。故遂终身不行，亦遂终身不知。此不是小病痛，其来已非一日矣。某今说个知行合一，正是对病的药。”②“知行合一”说就是医治“知先行后”的病的灵丹妙药，王守仁就此从两个方面进行了论证。其一，“知行”不离并进。“某尝说知是行的主意，行是知的工夫；知是行之始，行是知之成。若会得时，只说一个知，已自有行在；只说一个行，已自有知在。”③从“知”对“行”来说，知是主使，从“行”对“知”来说，“行”是“知”的表现；“行”以“知”为始，“知”以“行”为成；“知”中包“行”，“行”有“知”在。说明两者相互联结，合一并进。他说：“既云交养互发，内外本末一以贯之，则知行并进之说无复可疑矣。……吾子又谓此亦毫厘倏忽之间，非谓截然有等今日知之而明日乃行也，是亦察之尚有未精，然就如吾子之说，则知行之为合一并进，亦自断无可疑矣。”④其实，王守仁的“合一并进”只是说明了“知行”的统一性，而不是将两者等同。

其二，知行本体说。王守仁说：

> 圣贤教人知行，正是安复那本体，不是着你只恁的便罢，故《大学》指个真知行与人看，说如“好好色，如恶恶臭”。见好色属知，好好色属行。只见那好色时已自好了，不是见了后

① 《明道编》卷二，北京，中华书局，1959。
②③ 《传习录上》，《王文成公全书》卷一。
④ 《传习录中》，《王文成公全书》卷二。

又立个心去好。闻恶臭属知，恶恶臭属行。只闻那恶臭时已自恶了，不是闻了后别立个心去恶。……知行如何分得开？此便是知行的本体，不曾有私意隔断的。①

看到美色与爱好美色，本是人们感觉活动的连续序列，都属于“知”的范围。他把“好色”与“好好色”区分为“知”与“行”，把“行”视为一种意识活动。然而他抓住其连续性，即相互联系的一面，用其统一性来论证“知行本体”的同一，具有一定的道理。如果将其统一性转换成为无差别的绝对“合一”，则有其偏失。王守仁“知行合一”是加强道德伦理的践行。“知行合一之说，专为近世学者分知行为两事，必欲先用知之之功而后行，遂致终身不行，故不得已而为此补偏救弊之言。”② 王守仁的“知行合一”是为补程、朱分知行为两事之偏，救终身不行之弊而言的。

王夫之曾对陆九渊和王守仁的“知行观”进行了批判，他的观点则集古代“知行”观之大成。他说：

陆子静、杨慈湖、王伯安之为言也，吾知之矣。彼非谓知之可后也，其所谓知者非知，而行者非行也。知者非知，然而犹有其知也，亦惝然若有所见也。行者非行，则确乎其非行，而以其所知为行也；以知为行，则以不行为行，而人之伦，物之理，若或见之，不以身心尝试焉。③

尽管王夫之在“知行”观上没有看到陆、王的区别，但他抓住以“知”为“行”，以“不行”为“行”，“知者非知”，“行者非行”，实则击中了王守仁等人“知行”观的要旨。程、朱“知先行后”，以知行为二，其错误是“先知以废行”。不管是程、朱，还是陆、王，他们归根结底都否定“行”在个人体认中的决定作用。王夫之在“知行”观上的突出贡献是建立了以“行”为基础的知行相资统一观。他说：“知行相资以为用，惟其各有致功，而亦各有其效，故相资以互用，则于其相互，益知其必分矣。同者不相为用，资于异者乃和同而起功，此定理也。不知其各有功效而相资，于是姚江王氏‘知行合一’之说，得借口以惑世。”④ 知行各有效用，而又相互为用，

① 《传习录上》，《王文成公全书》卷一。

② 《答周冲书（四）》，《中国哲学》第一辑，320页，北京，三联书店，1979。

③ 《说命中二》，《尚书引义》卷三，76页，中华书局，1976。

④ 《礼记章句》卷三十一。

因其相互为用，才知相互分别，由其分别，而能在体认过程中统一起来而显现其效用。王夫之认定，王守仁的“知行合一”论就不懂这个道理。“知行”既区别又统一。从其统一来说，其一，知行不相离。“知行始终不相离，存心亦有知行，致知亦有知行，而更不可分一事以为知而非行，行而非知。”① “知行”是认知的统一过程，如果割裂“知行”，就要陷入“知先行后”说。其二，“知行并进”。他说：“惟其为致知、力行，故功可得而分。……可立先后之序，而先后又互相为成，则由知而知所行，由行而行则知之，亦可云并进而有功。”② 由于“知行”有不同功用，故能相互促进，不断深化。由“知”而“行”，由“行”而“知”，而使认知“日进于高明而不穷”③。其三，“行”可为统一的基础。“知虽可以为行之资，而行乃以为知之实。”④ 在“行”的基础上达到“知行”的统一。“离行以为知，其卑者，则训诂之末流，无异于词章之玩物而加陋焉。”⑤“知”不能离开“行”，不“行”就得不到“知”，“君子之学，未尝离行以为知也必矣”⑥。“知”从“行”来，这是必然的道理。

不仅如此，“行”可以“兼知”、“统知”。“行可兼知，而知不可兼行。”⑦同时，“行”还是检验“知”的标准，他说：“且夫知也者，固以行为功者也。行也者，不以知为功者也。行焉可以得知之效也，知焉未可以得行之效也。”⑧ “行”可得“知”的效验，“知”却不能得“行”的效验。“知”的目的在于实践：“知之尽，则实践之而已。实践之，乃心所素知，行焉皆顺，故乐莫大焉。”⑨ 以“行”为检验“知”的标准，是王夫之知识论中最具特色的思想。

（六）“性”论的演变

人性，是指人的自然性和社会性的统一。自先秦以来，人性问题颇受思想家重视，也是争论最激烈的问题。孟子倡“性善”论，但不能从理论上说明“恶”的来源；荀子主“性恶”论，亦不能说明“善”从何来。于是有扬雄的“善恶混”，企图调和孟、荀之争。至唐有韩愈的“性三品”。在朱熹看来，韩愈的“性三品”，只说

① 《中庸》，《读四书大全说》卷三，172页。
② 《论语》，《读四书大全说》卷四，207页。
③ 《思问录·内篇》，27页。
④ 《四书训义》卷二。
⑤⑥⑦⑧ 《说命中二》，《尚书引义》卷三，78页。
⑨ 《至当》，《张子正蒙注》卷五，173页。

"气质之性"，而不讲"天命之性"。

宋代哲学家不满以往诸家对"性"的解释，而提出了"天命之性"与"气质之性"的命题，以图解决先秦以来的论争和"善"、"恶"的来源问题。首先提出这个命题的是张载。张载用"气本论"来解释自然、社会现象，同时也用它来解释人性。他认为"合虚与气，有性之名"①。"性"是由"太虚"和阴阳二气融合而成的。由此而有"天命之性"和"气质之性"的分别："形而后有气质之性，善反之，则天地之性存焉，故气质之性，君子有弗性者焉。"② 所谓"气质之性"，就是人形成以后，由于禀受阴阳二气，各人的身体条件、特殊形体各不相同，这种每个人具体的本性就叫做"气质之性"，它是恶的来源；所谓"天命之性"，就是"太虚"本性，纯一无缺，是善的来源。由于人生来具有这两种"性"，因此，人们只要善于反省自己，便能使"气质之性"发生变化。"为学大益，在自求变化气质"③，而复为善的"天命之性"。"天命之性"与"气质之性"的关系是既差分而又融合。就融合方面说，"性者，万物之一源，非有我之得私也"④。所谓"一源"，就是两者都出于"太虚"，即统一于"太虚"。因此，人都具有"天命之性"，它是人与物成形之前的共同本性，"气质之性"是人出生后所具的本性。

尽管二程沿袭了张载"天命之性"和"气质之性"的提法，但内容有差异。张载以"气"（太虚）为形上学本体，所以，"天地之性"出于"气"（太虚）；二程以"理"为哲学的形上学，本体"理"在人性中的体现，便是"天命之性"。因此，二程提出了一个区别于张载的"性即理也"的命题。他们说："性即是理。理则自尧舜至于涂人一也。"⑤ 这是讲"天命之性"的性就是"理"，是尧舜和普通人普遍具有的善性。所谓"生之谓性"，是从"气"上说的。"'生之谓性'，性即气，气即性，生之谓也。"⑥ 由于"生之谓性"的性是"气"，故有善有不善。"人生气禀，理有善恶，然不是性中元有此两物相对而生也。有自幼而善，有自幼而恶，是气禀有然也。"⑦ 人性的善恶，是由于"禀气"的不同。禀得"清气"就善，禀得"浊气"

---

① 《正蒙·太和篇》，《张载集》，9页。

② 《正蒙·诚明篇》，《张载集》，23页。

③ 《经学理窟·义理》，《张载集》，274页。

④ 《正蒙·诚明篇》，《张载集》，21页。

⑤ 《河南程氏遗书》卷第十八，《二程集》，204页。

⑥⑦ 《河南程氏遗书》卷第一，《二程集》，10页。

便恶。于是，有时称之为“气禀之性”。二程认为“天命之性”是潜在的，比“气禀之性”高一层次。纯善的“天命之性”是“圣人”所应具有的，善的“清气”为“贤人”所应具有的，具有恶的“浊气”的为愚人。“气有清浊，禀其清者为贤，禀其浊者为愚。”[1] 这为当时的等级差分作人性论的论证。

朱熹称赞张载、二程关于“天命之性”和“气质之性”的提法，指出“此起于张、程”，“极有功于圣门，有补于后学”[2]。并认为，如果张、程此说早出来，那么，人性“善”、“恶”、“善恶混”、“无善恶”、“性三品”等等之争，也就泯灭了。若说朱熹沿用的是张载的提法，不如说他实质上采用程颐“性即理”的思想。“伊川性即理也四字，颠扑不破。”[3] 朱熹所说的“天命之性”是专指“理”言，“论天地之性，则专指理言”[4]。形而上“理”是大全、最完美的精神存有，它印到各个具体事物中也是完美无缺的。因此，专指“理”言的“天地之性”，也是至善、完美无缺的。所谓“气质之性”，是指“理”与“气”杂而言的，“论气质之性，则以性与气杂而言之”[5]。“杂”便构成“气质之性”的“善”与“恶”的两重性，推而有刚柔、厚薄之差别等等。“天地间只是一个道理，性便是理，人之所以有善有不善，只缘气质之禀，各有清浊。”[6] 朱熹进一步认为“天命之性”与“气质之性”既对待，又统一。“天命之性”既是“浑然天理”的，便是无形影的，按朱熹思维理路，它应与“理”借“气”而安顿、挂搭一样，“天命之性”也必须借“气质之性”而安顿和挂搭。“天命之性，若无气质，却无安顿处。”[7] “气质之性”便是“天命之性”的寓所和住处。由此可见，朱熹的“天命之性”与“气质之性”的关系，实是其哲学逻辑结构中“理”——“气”关系在人性论上的贯彻和展开。

陆九渊则与程、朱相反，不讲“天命之性”和“气质之性”。他自以得孟子之正传，而讲性本善。“人性本善，其不善者，迁于物也。”[8] “善”是“性”之本，“恶”是后天“物欲”之迁。对于“气质”，朱、陆诠释有别。陆九渊所谓的“气质”，是指人的生理状况

① 《河南程氏遗书》卷第十八，《二程集》，204 页。
② 《朱子语类》卷四。
③ 《朱子语类》卷五十九。
④⑤ 《答郑子上》，《朱文公文集》卷五十六。
⑥⑦ 《朱子语类》卷四。
⑧ 《语录上》，《陆九渊集》卷三十四，416 页。

或心理状态。“某气禀素弱，年十四五，手足未尝温暖。”① 又说：“学者之病，随其气质，千种万态，何可胜穷？”② 这种“气质”虽与人性“善恶”有一定联系，但既不是必然的，也非决定性的。他说：“人生天地间，气有清浊，心有智愚，行有贤不肖。必以二涂总之，则宜贤者心必智，气必清；不肖者心必愚，气必浊；而乃有大不然者。”“由是而言，则所谓清浊智愚者，殆不可以其行之贤不肖论也。”③ 如果说朱熹以“气质之性”为人“善恶”、“贤愚”之别的决定因素，则陆九渊视气质之清浊未必决定“智、愚、贤、不肖”之殊。这虽打开了朱熹“气禀有定”论的一道缝隙，向真理接近了一步，但又作为造成“心弊”的原因，而离真理更远。

王守仁继承发展了陆九渊的“性”论，他的弟子曾把他的学说概括为四句话：“无善无恶是心之体，有善有恶是意之动，知善知恶是良知，为善去恶是格物。”④ 对此王门四句教，其弟子之间有不同的理解和解释——“汝中曰：‘此恐未是究竟话头。若说心体是无善无恶，意亦是无善无恶的意，知亦是无善无恶的知，物亦是无善无恶的物矣。若说意有善恶，毕竟心体还有善恶在。’德洪曰：‘心体是天命之性，原是无善无恶的，但人有习心，意念上见有善恶在，格致诚正修，此正是复那性体功夫，若原无善恶，功夫亦不消说矣。’”⑤是晚，王守仁侍坐天泉桥，向他们做了回答：“二君之见正好相资为用，不可各执一边。”⑥ 依王畿的理解，若心体无善无恶，则意、知、物亦应无善无恶，“四无说”这种解释从理论上讲也合王守仁“心即理”、“心外无理、无物”的意蕴，但又不能解释现实社会中有善有恶的存在，于是钱宽便企图以“天命之性”来解决“心体”与“意动”、无与有之间的冲突。主张“四有说”，以“为善去恶”为复性的工夫。王守仁的“相资为用”是试图融合两者的冲突，他容纳四无、四有，四无接引上根的人，四有接引下根的人，两者相反相成。

批判程、张“天命之性”与“气质之性”之分的是罗钦顺。他说：“程、张本思、孟以言性，既专主乎理，复推气质之说，则分之

① 《与涂任伯》，《陆九渊集》卷十，135页。

② 《与吕子约》，《陆九渊集》卷五，62页。

③ 《与包详道》，《陆九渊集》卷六，80～81页。

④⑤⑥ 《传习录下》，《王文成公全书》卷三。

殊者诚亦尽之。但曰天命之性，固已就气质而言之矣。曰气质之性，性非天命之谓乎；一性而两名，且以气质与天命对言，语终未莹。”① “天命之性”即是“气质之性”，一性两名。

罗钦顺从“理不离气”出发，主张“天命之性”不离“气质之性”，反对两者割裂。他认为，朱熹之所以割裂两者，是与他分“理气”为二相一致的。戴震继罗钦顺之传统，反对程、朱分性为“天命之性”和“气质之性”。认为“性惟本于天道”，“如飞潜动植，举凡品物之性，皆就其气类别之。人物分于阴阳五行以成性，舍气类，更无性之名”②。人分“阴阳之气”以成“性”，自不能舍“气”，即没有离“气”的“天命之性”。因为，从“性”的实体来看，戴震认为是“血气心知，性之实体也”。什么是“血气心知”？“人生而后有欲、有情、有知，三者，血气心知之自然也。”③ “欲”是指声色嗅味的要求，“血气者，声色嗅味也”④；“情”是指喜怒哀乐的感情；“知”是指辨别是非的能力。可见，他所说的人性，即是人的自然生理要求、感情和辨别力等。这种“血气心知”的自然之性，如视其为“气质之性”，也不是“恶”的，这显然是与程、朱相抗衡。

从上面的论述可见，宋明理学作为一种“新”的儒家学说，其“新”就在于它综罗先前的哲学，建构了较为严密的思辨的哲学思维形态，而成为宋以后的官方意识形态。宋明理学哲学逻辑结构的核心问题是“理气”和“心物”，哲学家依其如何回答“理气”和“心物”的关系，而分主理、主心、主气三派。它表现在“理学”自身，也有一个发生、演变、发展的过程。在哲学逻辑结构上，从张载的“气”（“太虚”）$\xrightarrow{\text{聚}}$“物”$\xrightarrow{\text{散}}$“气”（“太虚”）到朱熹的“理”（“太极”、“道”、“天理”）——“气”（“阴阳”）——“物”（心理、物理）——“理”（“太极”、“道”、“天理”），再到王守仁的“心”（吾心）——“物”——“心”（吾心）。王夫之颠倒了程、朱和陆、王的“理气”、“心物”关系，建立了以“气”（“诚”）为形而上学的哲学体系。

在辩证思维方面，张载提出“一物两体”，朱熹发展其“两”的方面而详细地论述了“一分为二”的思想，方以智则从“一”的方面发展为“合二而一”的思想，再到王夫之总结“一两”之辨，而

---

① 《困知记》卷上。

② 《孟子字义疏证》卷中，34～35页，北京，中华书局，1982。

③④ 《孟子字义疏证》卷下，40页。

提出了“一分为二”为分析，“合二而一”为“抟聚”的思想，并剖析了两者关系及其形式。辩证思维的另一问题是动静观，从周敦颐的首圈○“阴静”的主静说，到张载“动非自外”的动静两种运动形态的探讨，及朱熹动静无端始的论证，再到王夫之对运动是事物的固有属性及“静者，静动”的静止是运动的特殊形态的论证，这些使动静观更趋完善。

在认知论上，二程把“格物致知”作为认知论的基础，朱熹基于此而提出了格物、致知两阶段说，程朱以格为穷、至、尽，王守仁则以格物为“正心”，强调对主体心的修正。颜元释“格”为“格杀”，便有实行或亲自去做的意思。宋明的知行观，各家异说，程、朱从“知先行后”出发，论述了“知难行亦难”、“知轻行重”、“知行互发”等命题，陆九渊沿袭程朱“知先行后”说，王守仁则从“心即理”出发，提出了“知行合一”说，批判程、朱割裂“知行”为二之弊。再由王夫之提出以“行”为基础的“知行”相资统一的思想，把知行观发展到新的高度。

在人性论上，张载、二程提出“天命之性”和“气质之性”的命题，以化解以往“性善”、“性恶”、“善恶混”等论争，朱熹承张、程而使之更系统化和理论化，成为正统的人性论。陆、王则反对程朱的“天命之性”和“气质之性”之别，主张“性本善”，“恶”是受外物之迁。罗钦顺和戴震则以“天命之性”即“气质之性”，两者不分不离，而使人性论更为完善。剖析宋明理学哲学逻辑结构的演变、发展以及其所隐蔽与显现的各种状态，可以根据其文本，体认和逼近宋明理学哲学逻辑结构的本真。

五、宋明理学的特点和时代精神

理学范畴结构的演变和发展，有其自身的内在的发展逻辑和批判继承关系。理学具有与其他哲学理论思维形态和先前儒学不同的特点。

（一）理学作为新儒学之所以为新

理学是儒、佛、道三教哲学思想长期冲突融合的和合体。先秦思想以儒、道、墨等为代表，以道德之意为核心话题，于宇宙本原则归结为“天命观”，却无细密的论证。汉代董仲舒援“五德终始”为核心的阴阳五行说入儒，并以阴阳图式诠释儒家人文价值理想，附会《春秋》有关天变、灾异的记载，建构了以“天人感应”为特征的宇宙生成论。这种哲学理论，在解释方法上重视对儒家经书的注疏和考释。董仲舒借灾异来附会经义，开西汉以后谶纬之学端绪，到东汉章帝召开白虎观会议后，谶纬之学便以它特有的法定地位笼罩思想界。《白虎通义》明确提出“三纲五常”，儒家的伦理道德得到加强和发展，为后来历代统治者所取法，但作为一种哲学理论形态来看，则是较为粗浅的，故为后来儒道融合的玄学及佛学所代替。终唐之世，虽有韩愈的反佛，儒学从佛教处于强势地位中重新抬起头来，渐显中兴之兆。但儒学仍墨守师说，拘泥训诂，限于名物，思想僵化，显然已不能与佛、道相抗衡。自南北朝、隋、唐以来，在儒、释、道三教论争中，儒家一直处于弱势地位，未能在理论思维形态上有所创新，而形成自身理论的优势。宋初站在复兴儒家立场反佛的孙复、石介、李觏等人从唐末儒学逐渐兴起的端倪中得到启发，以儒家伦理礼法批判佛、道，但没有超出韩愈的论点，即使是影响较大的欧阳修的《本论》，也只是倡儒学为本，佛、道为邪，“修其本以胜之”，以儒家的伦理礼法代替对佛、道的信仰。但简单地倡明儒学显然已不能适应社会的需要了，于是，理学家进行了两方面的创新。

一方面，理学家从终极价值本体的取向上，转生了传统的“天命论”为“天理”论。程颢“自家体贴”出“天理”二字，建构了新的理学理论思维形态，开创了一个新时代、新学风。朱熹总结“天”的演变过程：“也有说苍苍者，也有说主宰者，也有单训理时。”①《诗经》有“悠悠苍天”，即自然之天。朱熹也解释说：“苍苍之谓天，运转周流不已。”②《春秋繁露·郊祭》有：“天者，百神之大君也。”即主宰者之天。二程则训天为“理”。这就是说，理学家在复兴儒学时，不仅把自己与以往的儒学相区别，而且不是简单地把形而上本体“理”与人格神的“天”混同起来。尽管程、朱、陆、王有时也讲“天理”，但它不仅是与“人欲”对言，而且也不具备人格神的性质。理学家为了说明“理”的形而上的本体品格，而又与形而下的器物有别，便把“理”规定为“只是个净洁空阔底世

---

①②③ 《朱子语类》卷一。

界”③，使“理”具有为万物之所以然的性质。同时也批判了汉儒“注经”的学风，而倡“解经”，以六经注我的形式发挥自己的思想。经此批判，“理学”已不是汉唐儒学，而是新儒学了。

另一方面，尽管理学家以儒家正统自居，而目佛、道为异端，但在理论思维上，对佛、道既批判又吸收。理学家否定道家的“无”及佛教的“空”。认为佛、道以“一切皆无”、“一切皆空”，在理论上有违现实日常生活，“所谓终日吃饭，不曾咬破一粒米，终日着衣，不曾挂着一条丝”①。往往失之过谬，而使形而上本体流入“空寂”。因此，朱熹说：“要之，佛氏偏处只是虚其理，理是实理，他却虚了，故于大本不立。”②“虚其理”与“实其理”，是“理学”与佛、道重要的差分所在。由于“虚其理”，则一切皆空、皆无，就可能在理论上导致否定“理”的存有性，而使“大本不立”。同时理学也否定了佛、道违背宗法伦常及“出世”、“避世”的主张，而主入世。陆九渊在《与王顺伯》书中说：“某尝以义利二字判儒释，又曰公私，其实即义利也。儒者以人生天地之间……其教之所从立者如此，故曰义、曰公。释氏以人生天地间，有生死，有轮回，有烦恼，以为甚苦，而求所以免之。……其教之所从立者如此，故曰利、曰私。惟义惟公，故经世；惟利惟私，故出世。”③朱熹批评陆九渊以义、利别儒、佛以及经世和出世之异。他说：“至如《与王顺伯》书，论释氏义利公私，皆说不著。盖释氏之言见性，只是虚见；儒者之言性，止是仁义礼智，皆是实事”④。他认为儒、释的本质之异是，“吾儒万理皆实，释氏万理皆空”⑤。佛教把人生的生、老、病、死及仁、义、礼、智等伦常，最终都看为“空”的，“若释氏则一向归空寂去了”⑥。道家则视为“虚”的，儒、道之别，“只争虚实而已，如老氏亦谓恍兮惚兮；其中有物，窈兮冥兮；其中有精，所谓物精亦是虚。吾道虽有寂然不动，然其中粲然者存，事事有”⑦。佛、道把现实社会看做“空虚”的幻境，因而主“出世”或“避世”。“理学”则把人生现世的伦常及生、老、病、死和仁、义、礼、智都看成是“实”的，而主张入世，积极地去践履伦常、道德规范，

①② 《朱子语类》卷一二六。

③ 《陆九渊集》卷二，17页。

④⑤ 《朱子语类》卷一二四。

⑥ 《朱子语类》卷一二六。

⑦ 《朱子语类》卷一二四。

以正心、修身、齐家、治国和平天下，这便是“公”和“义”；佛、道只求个人或家族超脱现实苦海，以至成佛、成仙，便是“私”和“利”。“佛氏之失，出于自私之厌；老氏之失，出于自私之巧。”①朱熹以“虚实”，陆九渊以“义利”作为差分儒、佛的标志。

尽管“理学”辟佛、道，但又无例外地吸收佛、道的思想资源。黄绾曾说：“宋儒之学，其入门皆由于禅。濂溪、明道、横渠、象山则由于上乘；伊川、晦庵则由于下乘。虽曰圣学至宋倡，然语焉而不详，择焉而不精者多矣。”② “理学”的开创者周敦颐，受道士陈抟的《太极图》于穆修，“陈抟以《先天图》传钟放，放传穆修……穆修以《太极图》传周敦颐”③，并受教于寿涯、慧南、祖心、了元等和尚。《太极图》的宇宙化生演变的过程是：无极——太极——“阴阳”——“五行”——男女——万物。这个图式与《老子》关于“道生一，一生二，二生三，三生万物”有近似处，并吸收佛教的思辨哲学。毛奇龄曾说过，周敦颐的《太极图说》中有些说法“直用其（宗密）语”④。体现了儒、佛、道三教融突的潮流。即使是辟佛最力的张载，年轻时亦曾“访诸释老之书，累年尽究其说，知无所得，反而求之六经”⑤。这些活动不仅为批佛、老哲学奠定基础，也让他汲取佛、老思想。张载说：“合虚与气有性之名。”相似禅学的“和合性”。而其“天命之性”和“气质之性”的说法，不仅与“佛性说”相类，而且与当时著名道士张伯端的提法相同——“形而后有气质之性，善反之，则天地之性存焉。自为气质之性所蔽之后，如云掩月，气质之性虽定，先天之性则无有。”⑥ 在这里，张载与佛、道圆通了。至于程、朱、陆、王援佛、道入儒，吸收佛教哲学的思辨结构和道家、道教的宇宙生成理论，而构筑“理学”和“心学”的哲学逻辑结构，则有别于汉唐儒学。但需要指出的是，朱熹评陆九渊的学术为禅学——“近闻陆子静言论风旨之一二，全是禅学，但变其名号耳。”⑦“说及陆氏之学，曰：只是禅，初间犹自以

---

① 《朱子语类》卷一二六。

② 《明道编》卷一，12页，北京，中华书局，1959。

③ 《宋史·朱震传》。

④ 《太极图说遗议》，《西河合集》。

⑤ 吕大临：《横渠先生行状》，《张载集》，381页。

⑥ 《玉清金笥青华秘文金宝内炼丹诀》，《悟真篇浅解》，231页，北京，中华书局，1990。

⑦ 《答吕子约》，《朱文公文集》卷四十七。

吾儒之说盖覆，如今一向说得炽，不复遮护了。”① ——似成定论。至明陈建以陆、禅同讲“心”、“性”②，遂证成陆学即是禅学。这种说法以陆学、禅学无别，则于事实不妥。王守仁辨正说：“夫禅之学与圣人之学，皆求尽其心也，亦相去毫厘耳。……盖圣人之学，无人己，无内外，一天地万物之为心，而禅之学起于自私自利，而未免于内外之分，斯其所以为异也。今之为心性之学者，而果外人伦，遗事物，则诚所谓禅矣。使其未尝外人伦，遗事物，而专以存心养性为事，则固圣门精一之学也，而可谓之禅乎哉?”③ 陆九渊的儒家心性学说是不讲“外人伦”、“遗事物”的一种“入世”论；而佛教禅宗讲心性，则是寻求“外人伦”、“遗事物”的“出世”说。王守仁的这个辩诬还是有一定道理的。总之，尽管程、朱、陆、王都使用佛、道的思想资料和思辨结构，即使所运用的概念、范畴也相同，但当它被理学家用来构造其哲学体系殿堂的砖块和架子时，则与其原来的含义已不相同。这就是宋明新儒学之所以为新。

（二）理学是哲学与伦理学的融突和合

“理学”对于现象世界隐蔽的本质的探讨及其哲学的逻辑结构，都超越于伦理学。在某种意义上说，伦理学却是“理学”哲学逻辑结构的贯彻和展开。于是便出现了这样一种复杂现象：“理学”既是伦理学说的概括和升华，而又具有浓厚的伦理色彩；它在伦理学说的刺激下完成，又使伦理学说哲理化；伦理学说既是“理学”逻辑结构的贯彻，又是“理学”的宗旨。这种错综复杂的情况，说明理学已构造了一个纳自然、社会、人生为一体的道德形而上学或伦理价值本体的哲学体系。

从一个层面来说，理学家都比较自觉地关注现象世界本原的探索。程颢把“自家体贴出来”的“理”作为其哲学的形上学范畴：“天者，理也。”④ “万物皆只是一个天理。”⑤ “天理”是形上学本体。“理”是万物的根源，万物统一于“理”。二程把“天”叫做“理”，可以看出，从韩愈到司马光所宣扬的“天命论”在受到柳宗元、王安石等的批判

① 《朱子语类》卷一二四。

② 见《学蔀通辨》卷四，《后编上》。

③ 《重修山阴县学记》，《王文成公全书》卷七。

④ 《河南程氏遗书》卷十一，《二程集》，132页。

⑤ 同上书，30页。

后，儒家形而上学本体论便从“天”演变为“理”。朱熹“甫能言，父指天示之曰：‘天也。’熹问曰：‘天之上何物？’松异之”①。这段记述，体现了朱熹关注“天之上何物”这个曾经困扰无数哲人的隐蔽的宇宙本体问题。也正是由此出发，他建构了“道学”哲学逻辑结构。他与陆九渊少年时废寝忘食地思考“天地何所穷际”② 问题的角度虽有不同，但都在探讨宇宙本原问题。陆九渊由此转而向内，建立“心学”哲学。王守仁年轻时笃信朱熹“道学”，曾虔诚地按“格物穷理”去履行格竹的“理”，以图体认本体“理”。穷格七日，结果不仅“不得其理”，而且“劳思致疾”。穷竹之理的践行失败了，后来王守仁被贬到贵州龙场，苦思冥想，自觉“乃知天下之物，本无可格者，其格物之功，只在身心上做”③。总之，程、朱、陆、王都从青少年时始，便注意世界本原的追根究底，而不是从属于伦理学地去探讨现象世界的本原。他们曾醉心于什么是宇宙天地的本原，是“天”？是“理”？或是“心”？曾把世界本原问题置于重要地位，是“理学”哲学形上学从伦理学说中超脱出来的标志之一。

由于理学家重视对形而上本体的探索，他们便发挥《周易·系辞传》有关“形而上者谓之道，形而下者谓之器”的思想，把理念与事物作形而上与形而下之分。按照理学家的话语，便表述为道与器、理与气、太极与阴阳、心与物之分。二程说：“离了阴阳更无道，所以阴阳者是道也。阴阳，气也。气是形而下者，道是形而上者。形而上者则是密也。”④ “离阴阳则无道。阴阳，气也，形而下也。道，太虚也，形而上也。”⑤ “阴阳”是“气”，“所以阴阳”是阴阳的终极原因，即“阴阳”、“气”、“器”的所以然者道、理、太极。形而上的“道”或“理”是形而下“气”的本体，朱熹对“道器”、“理气”、形而上与形而下之分陈述说：

> 天地中间，上是天，下是地，中间有许多日月星辰，山川草木，人物禽兽，此皆形而下之器也，然这形而下之器之中，便各自有个道理，此便是形而上之道。⑥

---

① 《朱熹传》，《宋史》卷四二九。
② 《年谱》，《陆九渊集》，481 页。
③ 《传习录下》，《王文成公全书》卷三。
④ 《河南程氏遗书》卷十五，《二程集》，162 页。
⑤ 《论道篇》，《河南程氏粹言》卷一，《二程集》，1180 页。
⑥ 《朱子语类》卷六十二。

天地之间，有理有气。理也者，形而上之道也，生物之本也；气也者，形而下之器也，生物之具也。①

他把事物区分为“物”与“理”两个层面：就“物”来说，是指日月星辰、山川禽兽而言，即形而下的“气”；就“理”而言，是指草木人物等形而下之中的“理”，即生物之本的形而上之“道”。朱熹把草木禽兽的“理”与草木禽兽自身分二，即把一般与个别二分，然后“理”便成为“形而上之道”，事物便是“形而下之器”。反过来，又由“形而上之理”化生日月星辰、山川草木。这个“理”作为“单个的存在物”，就是安顿在事物“之上”、“之先”的形上学本体。朱熹说：“未有天地之先，毕竟也只是理。有此理，便有此天地，若无此理，便亦无天地，无人无物，都无该载了。”② “理”先天地、人物；无理，则无天地、人物。因此，“理”是天地、人物的先在者。从这个意义上看，“理”是不生不灭的：“儒者以理为不生不灭。”③ “且如万一山河大地都陷了，毕竟理却只在这里。”④ 这就使“理”具有超越于自然社会之上的性质，“理”和“道”为形而上，为先；“气”和“器”为形而下，为后。

如果说程、朱以“理”为形而上，那么，陆、王则以“心”为形而上，“心即理也”。陆九渊追求形而上，“自形而上者言之谓之道，自形而下者言之谓之器。天地亦是器”⑤。既然天地是“器”，“道”是什么？“道”即“理”，具于“心”中。陆九渊以吾心即是宇宙，便把“吾心”看做宇宙的形而上本体，故“满心而发，充塞宇宙，无非此理”⑥。又说：“心之体甚大，若能尽我之心，便与天同，为学只是理会此。”⑦ “心”发而充塞宇宙，与理契合，心便内在超越为与天同，是说“心”具有本体的性质。因而，“心之所为，犹之能生之物”⑧。这样，陆九渊在解决“心”与“物”这个哲学问题时，以“心”为形而上。王守仁继承陆九渊，以“心”为形而上的本体世界。他说：“盖天地万物与人原是一体，其发窍之最

① 《答黄道夫》，《朱文公文集》卷五十八。
② 《朱子语类》卷一。
③ 《朱子语类》卷一二六。
④ 《朱子语类》卷一。
⑤ 《语录下》，《陆九渊集》卷三十五，476页。
⑥ 《语录上》，《陆九渊集》卷三十四，423页。
⑦ 《语录下》，《陆九渊集》卷三十五，444页。
⑧ 《敬斋记》，《陆九渊集》卷十九，228页。

精处，是人心一点灵明。”[①] 把陆九渊的“宇宙便是吾心”的“便是吾心”，改为“原是一体”，以“原”代替“便”，把“心学”更向前发展。王守仁在解决心物关系时说：“凡意之所发必有其事，意所在之事谓之物。”[②]“身之主宰便是心，心之所发便是意，意之本体便是知，意之所在便是物。”[③] 由“心”发生意识活动，意之所在便构成“物”。

由于理学家注重形而上问题的研究，因此，对理念与器物、意识与事物的关系问题作了较为细密的论证，这是以往儒学所不及的，并具有与其他哲学理论思维形态不同的特点。

理学家从比较自觉地注意什么是现象世界背后隐藏的“不在场”的本体及和“理气”、“心物”关系探索中，在某些方面超越了伦理道德的局限。把伦理学作为哲学逻辑结构的展开，譬如朱熹的哲学，“理”构成人的“性”，“性乃在我之理”[④]。具有“理”的性为“天命之性”，“理”与“气”杂的性为“气质之性”。“理”无形，无处“挂搭”，借“气”而挂搭和安顿。他说：“所谓天命之与气质，亦相衮同。才有天命，便有气质，不能相离……既有天命，须是有此气，方能承当得此理，若无此气，则此理如何顿放。”[⑤]“天命之性”与“气质之性”的关系，即是“理”与“气”关系的推衍，此构成朱熹的人性论；“理”（“天理”）便是“义理”，即是没有“物欲”的“道心”；“气”（“气质”）便是“功利”，即是具有“物欲”的“人心”，由此便构成“存天理，灭人欲”的伦理论。可见，“理气”这个在朱熹哲学逻辑结构中的理念与气物的关系问题，是其人性论、伦理观、历史观等的出发点和归结点，只要提这个纲，其他问题便可迎刃而解。

（三）理学是继儒家道统的“正传”

唐时，佛、道关于“道”的辩论正处难解难分之时，这启发了正要从佛、道抑制下复兴的儒家，韩愈吸取《周易》的“一阴一阳之谓道”和《孝经》“有至德要道”思想，建立了与佛、道相抗衡的

① 《传习录下》，《王文成公全书》卷三。

② 《大学问》，《王文成公全书》卷二十六。

③ 《传习录上》，《王文成公全书》卷一。

④ 陈淳：《理》，《北溪先生字义》卷下。

⑤ 《朱子语类》卷四。

"道"的学说，并提出了一个与佛、道的"法统"相抗衡的儒家"道统"。他说："斯吾所谓道也，非向所谓老与佛之道也。尧以是传之舜，舜以是传之禹，禹以是传之汤，汤以是传之文、武、周公，文、武、周公传之孔子，孔子传之孟轲，轲之死不得其传焉。"① 不得其传的结果，便是使佛、道笼罩了整个思想界。"孟氏没，吾道不得其传。而老氏之学始于周末，盛于汉，迨晋而衰矣。老氏衰而佛氏之学出焉。"② 韩愈以传"道"者自诩，"使其道由愈而粗传，虽灭死万万无恨"③。理学家取韩愈"道统"论，而把韩愈撇在一边。程颢死，程颐又把"道统"继承者奉献给程颢，朱熹又把汉唐以来的儒家统统排斥在儒家"道统"正传之外，把二程都说成是继往圣之绝学的"道统"继承者。"宋德隆盛，治教休明，于是河南程氏两夫子出，而有以接乎孟子之传……然后古者大学教人之法，圣经贤传之指，粲然复明于世。虽以熹之不敏，亦幸私淑而与有闻焉。"④ 朱熹也有以自己为"道统"继承者自诩，他死后，朱门弟子以朱熹继二程而为"道统"承传者。不过，理学中的"心学"一派的陆九渊也不相让，他说："窃不自揆，区区之学，自谓孟子之后，至是而一始明也。"⑤ 象山学的继承者王守仁也极力推崇陆九渊为"道统"的继承人："象山之学，简易直截，孟子之后一人。"⑥ 又说："有象山陆氏……而简易直截，真有以接孟子之传。"⑦ 可见理学中的程朱道学和陆王心学，在争夺道统继承者的正统地位中都很卖力。

尧、舜相传的"道统"的内容究竟是什么？韩愈在《原道》中只是排列了"道统"的谱系，而于内容无明确界说。朱熹把《尚书·大禹谟》中"人心惟危，道心惟微，惟精惟一，允执厥中"四句话，说成是尧、舜、禹心心相授的"道统"真传，他说："其见于经，则允执厥中者，尧之所以授舜也。人心惟危，道心惟微，惟精惟一，允执厥中者，舜之所以授禹也。"⑧ 王守仁说："圣人之学，

① 《原道》，《韩昌黎集》卷十一。
② 《语录下》，《陆九渊集》卷三十五，473页。
③ 《与孟尚书书》，《韩昌黎集》卷十八。
④ 《大学章句序》，《朱文公文集》卷七十六。
⑤ 《与路彦彬》，《陆九渊集》卷十，134页。
⑥ 《与席元山》，《王文成公全书》卷五。
⑦ 《象山文集序》，《王文成公全书》卷七。
⑧ 《中庸章句序》，《朱文公文集》卷七十六。

心学也。尧舜禹之相授受曰：'人心惟危，道心惟微，惟精惟一，允执厥中。'此心学之原也。"[①] 按理学家的解释：人心只怕是不安的，道心只怕是未显露的，修心养性的目的，在于做到精而不杂私心，一而纯乎义理，从而使人心由危而安，道心由微而著，达到"允执厥中"的境界。理学家把"道心"、"人心"与"天理"、"人欲"相联系。程颐说："人心人欲也，道心天理也。"朱熹说："道心者，天理也。微者精微。"[②] "人心者，人欲也。危者，危殆也。"[③] 既然"道心"是"天理"，"人心"是"人欲"，那么，理学家便逻辑地推导"明天理，灭人欲"的问题。朱熹说："《书》曰：'人心惟危，道心惟微，惟精惟一，允执厥中。'圣贤千言万语，只是教人明天理，灭人欲。"[④] 陆九渊以"理"为"心"，因而提倡"存心去欲"。王守仁则认为："圣人述六经，只是要正人心，只是要存天理，去人欲。"[⑤] 所谓"天理"，"此心无私欲之蔽，即是天理"[⑥]。"去"人"欲"就是"将好色、好货、好名等私欲，逐一追究搜寻出来，定要拔去病根，永不复起，方始为快"[⑦]。由此，"存天理，灭人欲"就成为理学家的重要命题。朱熹以后的专制统治者便把"存天理，灭人欲"与君主专制主义结合起来，作为后期宗法社会实行政治和文化专制主义的理论依据。以复兴儒家"道统"自诩的"理学"，既视"两汉而下，儒者之论大道，察焉而弗精，语焉而弗详，异端邪说起而乘之，几至大坏"[⑧]，把汉唐儒学排斥在儒家道统正传之外，又目佛、道为"异端"之学，从而真正确立了"罢黜百家，独尊儒术"的一统局面。

（四）理学是时代精神的体现

宋明理学是通过一系列具有生命智慧的、重要文化历史价值的学术精神充分而生动地呈现出来的。宋明理学的精神，亦是中华民族精神的整体展现。

1. 求理精神

宋明理学是一种追根究底的理性主义哲学，求理精神是其最基

① 《象山文集序》，《王文成公全书》卷七。

②③ 《朱子语类》卷七十八。

④ 《朱子语类》卷十二。

⑤ 《传习录上》，《王文成公全书》卷一。

⑥ 《传习录下》，《王文成公全书》卷三。

⑦ 《传习录上》，《王文成公全书》卷一。

⑧ 《道学传序》，《宋史》卷四二七。

本的学术精神；它最切近的学术目标就是“格物穷理”或“即物穷理”。这个理是形而上的存有，是天地万物普遍存有的根据，也是最深层的价值源泉。

求理精神是宋明时期社会文化思潮和民族时代精神的显著标志。它反映了中华民族最深层的生存方式和文化核心，以及由这种生存方式和文化核心所转化的自觉生存智慧和价值关怀。在宋明理学家的思想观念中，理是事物之“所以然”与行为之“所当然”的和合本体，是先验的价值原则与经验的条理秩序的统摄融贯。对此理的“格致”和穷究之最终目的，是为了在理性原则的指导下从事德行实践，通过道德主体的自觉操持，实现万物存有的价值以及人生的意义。用张载的话说，就是“为天地立心，为生民立命”。理学家把理的精神或原则推及一切领域，自然、社会、人生、心灵都被召唤到理的天秤下，被追究其“所以然”与“所当然”，被判断为合理抑或不合理，以至决定其是否存在的命运，使儒学理性精神发展到一个极限，从而体现了宋明理学的根本特性。

胡适曾说，朱子学说有两个方面，“就是程子说的‘涵养须用敬，进学则在致知’。主敬的方面是沿袭着道家养神及佛家明心的路子下来的，是完全向内的工夫。致知的方面是要‘即凡天下之物，莫不因其已知之理而益穷之，以求至乎其极’。这是科学家穷理精神，这真是程朱一派的特别贡献”①。此说有道理。穷理精神可转换为现代对科学的追根究底和人文社会科学的追求。

就理范畴自身的历史发展来看，宋明理学的求理精神，又是中国传统文化求理精神的重要发展阶段和关键转换环节。先秦时期，理从治玉的本义引申、升华，经《庄子·养生主》的“依乎天理”，到《易传·说卦传》的“穷理尽性以至于命”，理渐成穷究心性的重要范畴。汉代重名理，魏晋崇尚玄理，理恍惚于有无之际而终归于无。隋唐佛学使理化为空，事变为妄，理事虽圆融无碍，但毕竟性体皆空。宋明理学视理为实，视理为天，提出“性即理”、“心即理”、“气即理”等命题，使理范畴的含义臻于完善。近代伊始，理转换为公理，成了维新变法乃至革命的武器。在这一环环相扣的演进过程中，宋明理学的求理精神，成为承前启后的枢纽，集传统文化求理精神之大成，开求理精神近代化转换之契机。

---

① 《戴东原在中国哲学史上的位置》，载《读书杂志》第12期，1924-01-06。

2. 主体精神

宋明理学的主体精神，是以中华民族现实生存为根基的文化群体主体精神。它强调的是人与自然的和谐共存，关心的是文化道统的生生不息，向往的是"廓然大公"、人人圣贤的至德之境。理学家借助理欲、心性、理气等对偶范畴的精致辨析，将人的道德存在、伦理特性和价值尊严升格为形上学本体的高度，视人为天地万物的价值主体，以证实"天地之性人为贵"的儒学信念。

古代中国社会是以农业为主的宗法社会。人们必须按照天地变化、四时运行的自然规律制订节气，依节气安排耕作活动。自然环境的变化，既能带来风调雨顺的丰收喜悦，使人普天同庆，又可导致干旱水涝等大面积灾害，让人万众齐哀。怎样协调人与自然关系，达到天人合一状态，成了传统文化哲学的首要课题。同时，如何协调人伦关系，规范宗法秩序，强化群体意识，提高群体的智慧和力量以对付各种灾害，达成人人和谐统一，也就成了传统文化哲学的基本问题。宋明理学的主体精神，便深深地植根于中华民族的这一生存环境及其文化价值理想之中。理学家认为，天地无意度，人却有心灵。人只有"大其心，则能体天下之物"，而主体精神自觉了的"仁者"，更能"浑然与物同体"。这种以天下为己任，以天地为己心的情怀，正是理学文化主体精神的体现。

其所以如此，是与中国内陆的、农业的生产基础相联系。农业生产的长期性，何时种、何时耕耘、何时收成，都与自然环境、四时运行的秩序相协调。若误农时、季节，农业就无收成，因而孕育了中国人"天人合一"的思想，以及"天人合一"机遇下的群体主体精神。这与古希腊海洋的、商业的生产基础不同。海洋上的商业活动，没有农业生产的周期性。海洋的变化无常，商业的冒险精神，培养了西方的个体主体精神。他们视自然海洋为恶魔，亦孕育了他们征服自然的意识。中西文化相比较，理学的主体精神过多地关怀群体的存在意义，对个体的生存自由、人格独立与尊严缺少应有的关注，个体生命的潜能和价值未能充分展现；过多地突出了人与自然、人与人之间的和谐合一，对人与自然的冲突，人与人的分化没有给出足够的理智分析和实践解决。这说明在弘扬民族优秀文化的前提下，中西文化互补是十分必要的。

3. 忧患精神

所谓忧患精神，不是指人们陷入困境时的忧虑心情，而是指人处于忧患境遇时，对人性的伟大与尊严以及人之所以为人的存在意义与价值的深刻体验，并力争通过人自身的生命力量超越忧患境遇，达到真善美高度和合的文化心态。

唐末五代是中国历史上大动乱时期，社会无序，道德生活混乱，政治腐败，价值理想迷失。宋朝建国，道德文化与学术思想界的当务之急，是重新建构社会理想和人格理想，重新确立儒家伦理规范和道德原则。宋代理学家以及大批知识精英，怀着“先天下之忧而忧，后天下之乐而乐”的忧患意识，积极参与社会政治经济变法，履行“为民请命”的自觉义务；主动进行学术文化和教育改革。他们怀着“为往圣继绝学，为万世开太平”的无限责任意识和使命意识，以及由自我心灵发出的无限的由己及人、仁民爱物的悲愿，对于未来社会亦充满忧患，于是把自己美好愿望提升为现实的社会理想。自觉而深沉的忧患精神，煎熬与锤炼了理学家的思想意识，驱使他们不断超越所处的“积贫积弱”的时代，从形上学本体论之思维高度反思人伦的存在价值、文化的生命意蕴和道德的永恒力量。这一宏大使命迫使他们打破学术的派别门户之见，出入佛老，游思空无，综罗百代，融合三教。经过几代人的不懈努力，终于使以儒家伦理为代表的民族文化展示出崭新的形而上姿态，重新雄居于社会生活之上，为传统文化的历史发展做出了杰出贡献。

4. 力行精神

力行精神是理学家入世的品格和刚健精神的凸显，是他们投身现实社会，奋发进取，追求自己理想价值的精神之体现。因而理学家都具有重视实践力行的学术风格。这可从两方面来看：一是尊奉《大学》为理学经典，致力于光大传统儒学的笃行传统。《大学》原是《礼记》中的一篇，着重论述儒家“以修身为本”的德行修养主张。但二程认为，《大学》为“孔氏之遗书”，并精心考订版本。朱熹竭力编著《大学章句》，并补有“格物致知”之传。王阳明虽不同意程、朱的文本编次，但亦有《大学或问》之著。因此，《大学》以“初学入德之门”而成为理学的重要经典。二是重视知行之辨，提出内容丰富的知行学说。针对古有的“知易行难”说，二程提出“知亦难”的观点，主张“以知为本”。朱熹强调知的先行性，主张“知先行后”，又重视行的重要性，坚持“行重于知”。程、朱虽偏重于知的优先性，但认为在极致境界，知了即行了，真知与笃行之间没有限隔，只要沿着格物穷理的致知路线走下去，就必定能达到知行一如的德行境地。这无疑是一条漫长而艰难的渐修之路，需要“今日格一件，明日格一件”地持续积习，才能“脱然自有贯通处”。随着程朱理学的官方化，理学末流视理学为猎取功名利禄的捷径，于是失却了“格物穷理”的力行精神。知者不屑于行，行者不求其知，知行离析为二，贻害匪浅。面对这种时弊，王守仁力主“知行合一”之说，认为“一念发动处便即是行了”。要在意念发动处贯彻知行合一的工夫。阳明心学侧重知行的“合一并进”，与程、朱的知行学说有所差异，但讲力行、重事功的学术精神并无二致。

5. 求实精神

说理学空谈心性，是一种缺少分析、似是而非的看法。首先，并非所有的理学家都空谈心性。宋明理学始终以批判佛教的空和道教的无为其学术宗旨。朱熹曾反复申明：“释氏虚，吾儒实。”“释言空，儒言实；释言无，儒言有。”又说：“要之，佛氏偏处只是虚其理，理是实理，他却虚了，故于大本不立也。”① 理学思潮中多数重要思想家，都富于批判精神和求实精神。他们讲实学，求实事实功，针砭时弊，颇有建树。至于理学末流的教条化空谈，已背离了理学求实的内在精神。学术因教条化而流于空谈，是学术发展中具有普遍性的蜕变倾向，实非理学所独有。其次，区分学术思想空谈与实谈的标准，不能是简单而直接的功利效果。从形式上看，任何理论性的学术研究和思想争论都是有务虚特点的，似乎是无实无用的空谈，但学术思想的实，是反映客观现实的理论之实；学术争论的用，是推动思维发展的逻辑之用。宋明理学谈论心性，辨析义理，旨在重建社会的道德价值理想和伦理生活秩序，因而是有现实针对性的实学，是有逻辑概括性的实理。

事实上，不仅实理范畴是宋明理学首先阐明的，而且实学这一概念的理论含义，也是由宋明理学家较早提出和反复倡导的。二程说：“治经，实学也……如国家有九经，及历代圣人之迹，莫非实学。”② 朱熹《中庸章句》题解讲实学，陆九渊认为“古人皆实学，后人未免有议论辞说之累”③。实学是没有“议论辞说之累”的学问，即那实实在在的学问，亦即“明道”之学。王守仁在《传习录》中多次讲实学。这是贯彻于理学思潮始终的求实精神的体现。准确

① 《朱子语类》卷一二六。
② 《河南程氏遗书》卷一，《二程集》，2 页。
③ 《与詹子南（三）》，《陆九渊集》卷七，97 页。

把握宋明理学的求实精神，有助于深刻理解理学和实学的内在统一和始终一贯，而不至于视实学为理学思潮之外或反理学的又一学术思潮。

6. 道德精神

重伦理，尚德行，是宋明理学道德精神的重要特征。相对于倏忽即逝的现象，理学家更注重恒常不变的本质。理学家用理来说明物之为物、人之为人的内在根据和终极原因，并论证人的心性本体及其道德价值的至上性和永恒性。在功利与理想、利益与道德、公与私冲突中，他们提升理想、道德和公的地位，主张以公灭私，以理统欲。同时，又将儒家仁、义、礼、智、信等道德规范抽象化、形上学化，使其成为“颠扑不破”的价值原则。还依据这些理想化的原则处理实际的人伦关系，提出“存天理，灭人欲”的修养准则。如将此视为禁欲主义则不妥。在这里，必须弄清：理欲之间怎样划界？存理灭欲的实际所指为何？朱熹曾以饮食之道为例，说明两者分际：“饮食者，天理也；要求美味，人欲也。”① 可见理学家并不一概否定饮食男女之类的人生基本需要，存理灭欲的实际所指也不会是温饱未了的普通民众，而是奢侈无度的少数统治者。然而，历史的发展往往出现事与愿违的背反，宋明理学的理欲之辨，本意是想规谏统治者，使其心术端正，诚意正心，以利社会和谐和道德风化，但事实是统治者顺手接过来，反向一击，理欲之辨由道德修养性的圣贤工夫转化成了政治奴役性的残杀工具。

宋明理学的道德精神是理想主义的，是具有形上学品格的道德精神。理学家们认为，只要重建了儒家伦理价值体系，就能从心性这一本根上匡正唐末五代以来道德沦丧的局面，使社会伦理复归于三代“天理流行”的至善境界。但道德精神以及伦理规范绝非万能的协调手段，民主精神以及法制手段同样是必要的。宋明理学过于强化道德精神，而没有充分考虑德与法之间的空间和张力，在现实社会生活中便显得软弱无力，甚至出现了“以理杀人”的非道德异化。这恐怕是理学家们所始料未及的。

7. 兼容精神

宋明理学批判地吸收了佛、老思想中有价值的理论学说、思维方法和逻辑结构图式，表现出极大的开放心态与极高的兼容精神。

---

① 《朱子语类》卷十三。

从先秦开始，儒学一直存在着“夷夏之辨”。通过批判和吸收“异端”思想充实自身，是儒学历史发展的一大特点。孔子有言：“攻乎异端，斯害也已。”孟子辟杨墨，难告子，发挥了孔子的心性学说。董仲舒上“天人三策”，谈阴阳变异，为儒学的独尊做出了贡献。汉末隋唐，佛教传入并日盛，有喧宾夺主之势；道教应运而生，异军突起；儒学死守注疏，缺乏生气；三教分庭抗礼，儒处劣势。经过排佛灭佛的经验教训，特别是禅宗对佛教的中国化改造，从心外佛转为心内佛，佛就在每个人的心中，只要明心见性，便能成佛。佛既非人心之外，哪有“夷夏之别”，以佛为夷的观念被破除。从而使思想家们明确了解决“夷夏之辨”的正确途径——兼容并蓄，融突和合。从两宋到明代，经大批思想家的努力，三教融突而为理学新儒学，传统学术文化因此出现了新的繁荣。这种融突和合、生生不息的文化兼容精神，至今仍有其重要的现实意义。

随着历史的发展，理学思潮赖以产生的时代背景业已消失，其具体学术主张和思想观点也多失去了原有的意义和价值。但是，体现在这一思潮中的求理、求实、主体、忧患、力行、道德、兼容等活生生的学术精神，仍根深蒂固地存在于民族文化传统之中，生长在民族心理结构之上。研究宋明理学的这些精神，结合中国的现实国情与世界的发展趋势，对其进行体认和融突和合，是一项意义深远的学术文化使命。

第二章
濂溪学——周敦颐的道学思想

宋明“理学”，史称由周敦颐开其端。《宋史·道学传》记载：

> 千有余载，至宋中叶，周敦颐出于舂陵，乃得圣贤不传之学，作《太极图说》、《通书》，推明阴阳五行之理……然后道之大原出于天者，灼然而无疑焉。①

以周得孔孟圣贤不传之学，此后遂成为定论。黄百家说：“孔孟而后，汉儒止有传经之学，性道微言之绝久矣。元公崛起，二程嗣之，又复横渠诸大儒辈出，圣学大昌。……若论阐发心性义理之精微，端数元公之破暗也。”② “心性义理”之学出，破千余年之幽暗而晓明者，便是周敦颐。清圣祖玄烨在《性理精义·凡例》中称：“性理之学，至宋而明，自周、程授受，粹然孔、孟渊源，同时如张如邵，又相与倡和而发明之。……朱子生于其后，绍述周、程，参取张、邵，斟酌于其及门诸子之同异是非，然后孔孟之指，粲然明白，道术一归于正焉。”③ 既明“理学”之传受，又彰周敦颐之地位。此前，朱熹在《濂溪先生事状》中说：“先生博学力行，闻道甚早，遇事刚果，有古人风。”④ 而无明确“理学”开创者之断语，但他将周敦颐列于《伊洛渊源录》之卷首，又定其为二程所自出，周之开创者地位便隐含于中了。

从黄百家和玄烨的两段话中可以看出，“道学”之传授，主要包括周敦颐、二程、张载、朱熹四家，这便是后来所称的濂、洛、关、闽四派。今按此习惯称谓，先述“濂学”代表周敦颐。

---

① 《宋史》卷四二七。

② 《濂溪学案上》，《宋元学案》卷十一。

③ 《周子全书》卷首。

④ 《伊洛渊源录》卷一。

一、身世、生平和著作

周敦颐，字茂叔，原名惇实，据《濂溪先生事状》记载："后避英宗旧名改惇颐。"[1] 生于"道州营道县（今湖南道县）濂溪之上"[2]，一说是营道县的营乐里。宋真宗天禧元年（公元1017年）生，卒于宋神宗熙宁六年（公元1073年）。因建濂溪书堂于庐山之麓，后人称其为濂溪先生。

（一）家世和经历

周敦颐的家世，据《周敦颐年谱》记载："族众而业儒，曾祖从远，祖智强。"[3] 即其族人都学习儒家思想。其父周辅成是周智强的第四子。大中祥符八年（公元1015年），特赐进士出身，官为贺州桂岭县令，累赠谏议大夫。父死后偕母自营道县入京师开封，依靠其舅父龙图阁直学士郑向维持生活。

《年谱》记载，周敦颐十三四岁（公元1029—1030年）时，常在濂溪钓鱼，吟弄风月。濂溪之西十里，有一崖洞，"东西两门，入之若月上下弦，中圆若月望，俗呼月崖。……相传睹此而悟太极"[4]。观月崖之形状而如"太极"☯，也不是不可能。然其《太极图》并不是由此而来。景祐三年（公元1036年）周敦颐20岁，作为郑向"以叙例应荫子，乃奏补先生，试将作监主簿"[5]。次年母卒，服丧。康定元年（公元1040年）服除，从吏部调洪州分宁县主簿。翌年（庆历元年）到任。周敦颐在《彭推官（应求）诗序》中说："惇实庆历初，为洪州分宁县主簿。被外台檄，承乏袁州卢溪镇市征之局。"[6] 当时分宁县有案件久久不能决断，"敦颐

---

① 《伊洛渊源录》卷一。

② 《濂溪先生事实记》，《朱文公文集》卷九十八。

③ 《周子全书》卷二十，以下简称《年谱》。

④ 《周子全书》卷二十。

⑤ 《年谱》，《周子全书》卷二十。黄宗羲在《濂溪学案上》之《元公周濂溪先生敦颐》中说："景祐三年，向奏授洪州分宁县主簿，时有狱久不决……"（《宋元学案》卷十一）恐误，周敦颐任分宁县主簿在康定元年（公元1040年）24岁之时，而不是景祐三年。因周21岁时其母卒，服丧3年，24岁服除任主簿，才符合事实。今从《年谱》。

⑥ 《周子全书》卷十七。

至，一讯立辨。邑人惊曰：‘老吏不如也’。”① 得到众口交称，初显断狱才能。

庆历四年（公元1044年），周敦颐28岁。吏部使者以其为人才，荐为南安军司理参军。次年，“南安狱有囚，法不当死，转运使王逵欲深治之。逵苛刻，吏无敢与相可否。先生独力争之，不听，则置手板归，取告身，委之而去曰：‘如此尚可仕乎，杀人以媚人，吾不为也。’逵亦感悟，囚得不死。”② 由于周敦颐依法断狱，颇有名气。六年（公元1046年）大理寺寺丞、知虔州兴国县程珦假倅南安，因而与周敦颐相识，得知周敦颐为“知道者”（程颐在《先公太中家传》中说：“一狱掾周惇实，年甚少，不为守所知。公视其气貌非常人，与语，果为学知道者，因与为友”③），并令其子程颢、程颐拜周敦颐为师，时程颢15岁，程颐14岁。程颐在《明道先生行状》中说：“先生为学，自十五六时，闻汝南周茂叔论道，遂厌科举之业，慨然有求道之志。”④ 又河间刘立之叙述明道事说：“先生从汝南周惇颐问学，穷性命之理，率性会道，体道成德，出入孔孟，从容不勉。”⑤ 这年冬天，由王逵推荐，周敦颐移郴州郴县令。可见二程受学周敦颐不到一年。全祖望在《濂溪学案上》按语中说：“濂溪之门，二程子少尝游焉，其后伊洛所得，实不由于濂溪。……今观二程子终身不甚推濂溪。”⑥ 如果说二程少尝游周敦颐之门是事实的话，那么，伊洛所得，不由濂溪，恐亦不能说得太绝对。在郴县期间，周“首修学校以教人”⑦，讲学授徒。

皇祐二年（公元1050年）改郴州桂阳令，至皇祐五年止。在郴州任县令的七年多时间里，有“治绩”，因此得到诸大臣的推荐。至和元年（公元1054年）改任大理寺丞，知洪州南昌县。据《年谱》记载：“南昌人见先生来，喜曰：‘是初仕分宁，始至能辨其疑狱者，吾属得所诉矣。于是更相告语，莫违教命。’”⑧ 嘉祐元年（公元1056年），改太子中舍佥书，署合州判官事。周敦颐性好山水，在入

---

① 《周敦颐传》，《宋史》卷四二七。
② 《濂溪先生事状》，《伊洛渊源录》卷一。
③ 《二程集》卷十二，651页。
④ 《二程集》卷十一，638页。
⑤ 《遗事》，《伊洛渊源录》卷一。
⑥ 《宋元学案》卷十一。
⑦ 《年谱》，《周子全书》卷二十。
⑧ 《周子全书》卷二十。

蜀途中，游山玩水，十一月至合州视事。在合州四年余，士大夫闻先生学问，多来求见。蒲宗孟见周敦颐，“相与款语，连三日夜，退而叹曰：‘世有斯人欤’”①。因此，从学者甚众，而尤称张宗范。周敦颐在《养心亭说》中写道：“张子宗范有行有文，其居背山而面水，山之麓，构亭甚清净，予偶至而爱之，因题曰养心。”② 并提出“养心”由“寡欲”而至“无欲”，“无则诚立明通”③。周敦颐在蜀期间，汲汲于传道授业，颇得士人悦服和称扬。嘉祐五年（公元1060年）六月还京师开封时，铜梁令吕陶赞曰：“舂陵周茂叔，志清而材醇，行敏而学博。……与人交，平居若泛爱，及其判忠谀，拯忧患，虽贲育之力，莫亢其勇。”④ 诗有“外任安济德，中养澄静源”，“未易泛沧浪，时平斯道尊”⑤。可见，周敦颐思想此时已成熟。东归时，王安石“已号为通儒，茂叔遇之，与语连日夜，荆公退而精思，至忘寝食”⑥。由于周敦颐得道甚深，以至号为通儒的王安石也退而精思他的话。周敦颐语虽不可考，但从他的行动来看，他不赞成王安石变法，而倾向于反对变法的旧党。

嘉祐六年（公元1061年）迁国子博士，通判虔州，道经庐山，爱其山水之胜，便建濂溪书堂于山麓，与好友潘兴嗣说：“此濂溪者，异时与子相依其上，歌咏先王之道，足矣。”⑦ 有退而山林，以传先王之道之志。到虔州后，又遇虔州守赵抃。先前周敦颐在合阳，赵抃为吏部使者，惑于谮口，对周临之甚威，而他处之超然。这次“通判虔州，抃为守，熟视其所为，乃大悟。执其手曰：‘吾几失君矣，今而后乃知周茂叔也’”⑧。此后，周与赵抃关系甚密。嘉祐八年（公元1063年），47岁。四月，宋英宗赵曙即帝位，迁周敦颐为虞部员外郎，仍通判虔州。五月，作《爱莲说》。十五日由四明沈希颜书，王抟篆额，江东钱拓上石。文曰：“予独爱莲之出淤泥而不染，濯清涟而不妖。中通外直，不蔓不枝。香远益清，亭亭净植，

---

① 《年谱》，《周子全书》卷二十。

②③ 《周子全书》卷十七。

④⑤ 《送周茂叔殿丞序》，《周子全书》卷十九。

⑥ 《遗事》，《伊洛渊源录》卷一。《鹤林玉露》记载：“荆公少年不可一世，独怀刺谒濂溪先生，足三及门而不得见，荆公恚曰：‘吾独不可求之《六经》乎？’”似王安石未得见周敦颐。

⑦ 《年谱》，《周子全书》卷二十。

⑧ 《周敦颐传》，《宋史》卷四二七。

可远观而不可亵玩焉……噫！菊之爱，陶后鲜有闻。莲之爱，同予者何人？牡丹之爱，宜乎众矣。”① 莲花是佛教的吉祥之物，华严宗曾以莲花喻自性清净。“大莲华者，梁摄论中有四义。一、如世莲华，在泥不染，譬法界真如，在世不为世法所污；二、如莲华自性开发，譬真如自性开悟，众生若证，则自性开发；三、如莲华为群蜂所采，譬真如为众圣所用；四、如莲华有四德，一香、二净、三柔软、四可爱，譬真如四德，谓常乐我净。”② 莲花的香、净、柔软、可爱四德，便是《爱莲说》的“香远益清”，“亭亭净植”，“不可亵玩”等性格；莲的出淤泥而不染，犹如佛教所说自性清净，不为世法所染。佛性的“净染”转成为理学家探讨人性的“善恶”、“清浊”问题。《爱莲说》明显受佛教思想浸润，可见周敦颐援佛入儒。后来，朱熹不仅作《爱莲说书后》，而且作诗《爱莲》：

> 闻道移根玉井旁，开花十丈是寻常。
> 月明露冷无人见，独为先生引兴长。③

“玉井”，星名，《后汉书·郎颛传》李注：“参星下四九星为玉井。”诗里赞扬周敦颐对于“寻常”而“无人见”的莲花产生很大的兴致。实是对君子人格、理想境界的诉求。

宋英宗治平元年（公元 1064 年）冬，虔州民间失火，焚千余家，朝廷行遣差替，时周敦颐季点外县，不自辨明，遂对移通判永州。程思孟知洪州，以诗送行，有“沙头候吏瞻旗脚，境上乡人待马蹄”句。次年自虔赴永，赵抃则自成都寄诗，有“诗笔不闲真吏隐，讼庭无事洽民情”④ 之句。十一月，迁比部员外郎。四年（公元 1067 年）神宗赵顼登极，迁朝奉郎，尚书驾部员外郎。秋天，摄邵州事，在永州三年间，作《拙赋》和《同人说》。

神宗熙宁元年（公元 1068 年），周敦颐在邵州兴建州学，教学授徒。孔延之在《邵州新迁州学记》中说：“吾友周君惇颐茂叔……患其学舍弊隘，乃择地于东门之东南，因故学之材，徙而新之。……周君好学博通，言行政事，皆本之六经，考之孟子，故其所施设，卓卓如此。”⑤ 不仅言行政事以六经为

---

① 《周子全书》卷十七。

② 《华严经探玄记》卷三。

③ 《次吕季克东堂九咏》，《朱文公文集》卷八。

④ 《寄永州通判周茂叔虞部》，《周子全书》卷十九。

⑤ 《周子全书》卷十七。

本，而且以儒家孔孟学说教授后学。可见，周敦颐的思想是以儒家学说为核心，而兼采佛、道的。是年，吕公著闻其名，会同赵抃，力荐之，擢授广南东路转运判官，周敦颐为此启谢吕公著云："在薄宦有四方之游，于高贤无一日之雅。"① 熙宁三年（公元1070年）转虞部郎中，擢提点广南东路刑狱。次年正月领提刑狱职事。行部至潮州。当时虞部员外郎中杜谘知端州，端溪石为制砚台的最好材料，当地禁百姓采石，独知州垄断，人号为"杜万石"，周敦颐恶其夺民利，因为起请凡仕于端州者，买砚毋得超过二枚，遂为著令。周氏在广南期间，由于"尽心职事，务在矜恕。虽瘴疠僻远，无所惮劳，竟以此得疾"②，这年八月移知南康军。十二月上南康印，分司南京而归九江。熙宁五年（公元1072年）遂定居庐山莲花峰下。次年赵抃再尹成都，六月闻周去官，拜章乞留，当朝报来到，周敦颐已死。

周敦颐因舅父的荫恩而得以从20岁开始为官，他为官的三十多年间，均为中、下层官吏，经济生活并不很富裕。好友潘兴嗣在《濂溪先生墓志铭》中记载：

> 在南昌时，得疾暴卒，更一日一夜始甦，视其家服御之物，止一敝箧，钱不满百，人莫不叹服，此予之亲见也。③

这是他知洪州南昌县的时候。平时所得俸禄，也所剩无几。"君奉养至廉，所得俸禄，分给宗族，其余以待宾客。不知者以为好名，君处之裕如也。"④ 为官廉洁清正。北宋时，无论范仲淹、欧阳修的"庆历新政"，还是"荆公新法"，都曾对荫恩制度严加限制，削弱了官僚的特权，周敦颐为官尽职，赏罚分明。终日乾乾，仕途茫茫，而有思隐之心。"静思归旧隐，日出半山明。醉榻云龙润，吟窗瀑泻清。闲方为达士，忙只是荣生。朝市谁头白，车轮未晓鸣。"⑤ 仕途的坎坷，前程的艰难，而有"思归复思归，钓鱼船好睡"⑥ 之感叹。然而，身留庙堂，心恋方外，这不能不给他的心灵上带来种种冲突和不快。

① 《年谱》，《周子全书》卷二十。

② 《濂溪先生墓志铭》，《周子全书》卷二十。

③ 《周子全书》卷二十。

④ 《濂溪先生墓志铭》，《周子全书》卷二十。

⑤ 《思归旧隐》，《周子全书》卷十七。

⑥ 《石塘桥晚钓》，《周子全书》卷十七。

（二）著作考释

周敦颐的著作，潘兴嗣在《濂溪先生墓志铭》中记载：周敦颐“尤善谈名理，深于易学，作《太极图》、《易说》、《易通》数十篇，诗十卷”①。据度正的《年谱》载，周敦颐死于熙宁六年六月，十一月葬于“仙居县太君郑氏墓侧，清逸处士潘兴嗣为墓铭”②，潘兴嗣与周氏为同时代人，记载较早，亦较可靠。朱熹在《濂溪先生事状》中照潘说载：“尝作《太极图》、《易说》、《易通》数十篇。”③《伊洛渊源录》编成于乾道九年（公元 1173 年），未对周敦颐著作加以详细考订。淳熙六年（公元 1179 年）朱熹作《再定太极通书后序》，作了考释：

第一，“右周子《太极图》并《说》一篇，《通书》四十一章，世传旧本遗文九篇，遗事十五条，《事状》一篇，熹所集次，皆已校订，可缮写。”④ 这篇《后序》中朱熹有一个自注：“先生《易说》，久已不传于世。向见两本，皆非是。其一《卦说》，乃陈忠肃公所著；其一《系词说》，又皆佛、老陈腐之谈，其甚陋而可笑者，若曰《易》之冒天下之道也，犹狙公之罔众狙也。观此，则其决非先生所为可知矣。”⑤此注与正文有矛盾：正文既以“《太极图》并《说》一篇”，即是《太极图·易说》，亦即今本《太极图说》，而非《太极图说》以外，另有《易说》，那么，注中又说“先生《易说》，久已不传于世”，就以《易说》为《太极图·易说》之外了。这种自相抵牾，恐是疏忽所致。其实《易说》即是《太极图·易说》。

第二，朱熹以《易通》为《通书》，则是有据的，“《易通》疑即《通书》”⑥。

第三，他改变诸本将《太极图说》附于《通书》后的排列，而将其放置卷首。“清逸潘公志先生之墓，而叙其所著之书，特以作《太极图》为首称，而后乃以《易说》、《易通》系之，其知此矣。”⑦朱熹依潘志，而变“诸本皆附于《通书》之后”的情况，亦避免了“读者遂误以为书之卒章，使先生立象之微旨，暗而不明”的误解和“骤而语夫《通书》者，亦不知其纲领之在是也”⑧的疑惑。这个改

①② 《周子全书》卷二十。

③ 《伊洛渊源录》卷一。

④⑤ 《朱文公文集》卷七十六。

⑥⑦⑧ 《再定太极通书后序》，《朱文公文集》卷七十六。

变是合理的。

另有《姤说》及《同人说》，已佚。朱熹学生度正在《年谱》中说："始仕遂宁，闻其乡前辈故朝议大夫知汉州傅耆，曾从先生游，先生尝以《姤说》及《同人说》寄之，遂访求之，仅得其目录。及《长庆集》载先生遗事颇详，久之又得其手书、手谒二帖。"① 此《姤说》、《同人说》并非《易通》中二篇，而是单独之作。

据此，周敦颐的著作为《太极图》、《太极图说》(《易说》)、《通书》及诗文等。

二、"立太极"的哲学学说

朱熹在《周子太极通书后序》和《再定太极通书后序》中都提到《太极图》和《通书》之间的关系："盖先生之学，其妙具于太极一图，《通书》之言，皆发此图之蕴。"② 以《太极图》为《通书》之纲领。张栻说："所谓《太极图》，乃其纲领也。"③ 陈淳也称："濂溪不由师传，独得于天，提纲启钥，其妙具在太极一图，而《通书》四十章，又以发图之所未尽。"④ 从《通书》的内容来考察，这些说法是合乎周敦颐原意的。故以《说》和《通书》解《图》，以《图》释《说》和《通书》，相互参证，以求其旨。

(一)《太极图》的来源

周敦颐在构筑其哲学思辨结构时，是沿着"出入于释老"而"反求诸六经"这个三教合一路数的。朱震曾说："濮上陈抟以《先天图》传种放，放传穆修，穆修传李之才，之才传邵雍。放以《河图》、《洛书》传李溉……修以《太极图》传周惇颐，惇颐传程颢、程颐。"⑤ 宋代《图》、《书》授受大致即此三条线索：一是由陈抟而至邵雍的《先天图》学；二是由种放四传至刘牧的《河图》、《洛书》学；三是由穆修至周敦颐的《太极图》学。黄宗炎在《周易寻门余论》中说："由此观之，宋之易学，无不鼻祖于陈图南，亦犹汉之易

① 《周子全书》卷二十。
② 《周子太极通书后序》，《朱文公文集》卷七十五。
③ 《通书后跋》，《周子全书》卷十一。
④ 《严陵讲义・师友渊源》，《北溪先生字义》下卷附。
⑤ 《进周易表》，《汉上易传》；另见《朱震传》，《宋史》卷四三五。

学，无不鼻祖于田子装也。子装后分施、孟、梁丘三家，图南亦分先天、太极、河洛三派。田出自圣门，陈出自老氏，其原流有间矣。”当然，黄宗炎以宋代易学，皆鼻祖于道教的道士陈抟，固不尽然，但其说不无道理。周敦颐的《太极图》固然来自道教，同时也与佛教有关联。

清胡渭在《易图明辨》中写道：

> 唐《真元妙经品》有《太极先天图》，合三轮五行为一，而以三轮中一〇，五行下一〇，为太极。又加以阴静、阳动、男女、万物之象，凡四大〇，阴静在三轮之上，阳动在三轮之下。
>
> 男女万物皆在五行之下。与宋绍兴甲寅朱震在经筵所进周子《太极图》正同。①

此处所说唐《真元妙经品》的《太极先天之图》，即《上方大洞

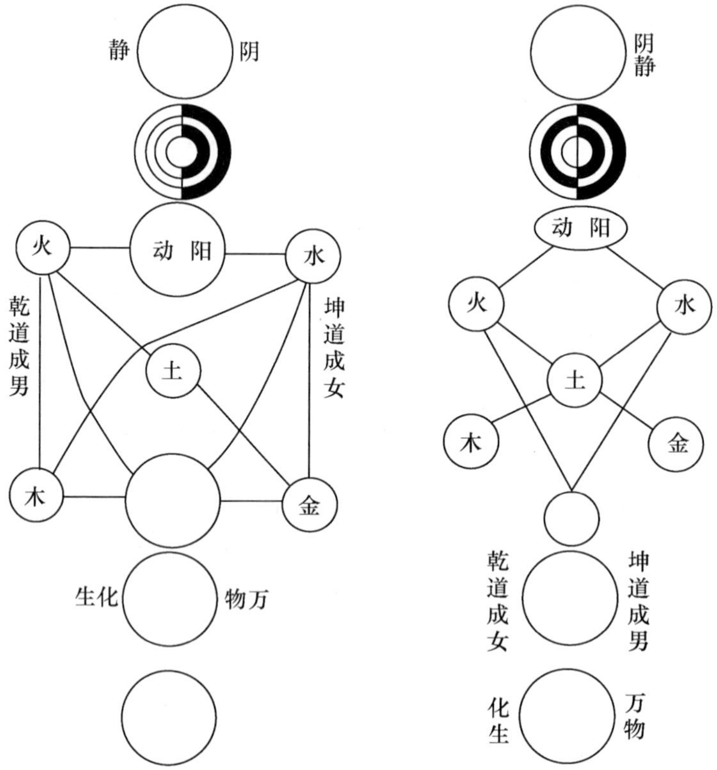

① 《论二用三五》,《易图明辨》卷三。

真元妙经品》后附之《上方大洞真元妙经图》①。见上页左图。

清朱彝尊亦说："自汉以来，诸儒言《易》，莫有及《太极图》者。惟道家者流，有《上方大洞真元妙经》，著太极三五之说。唐开元中明皇为制序。"② 周敦颐的《太极图》与道教《太极先天之图》相类。但胡渭以为与宋绍兴甲寅（公元1134年）朱震所进周敦颐《太极图》完全相同，则亦不准确。清毛奇龄在《太极图说遗议》中以朱震所进图，见上页右图。此图在《西河合集》中说："此朱内翰所进图也，以阳动注三轮图下小〇内，见朱氏《易卦图》上卷。"③ 然而朱震在《汉上易卦图》上卷中之《周子太极图》，与毛奇龄《太极图说遗议》中此图亦稍异。图式见右。

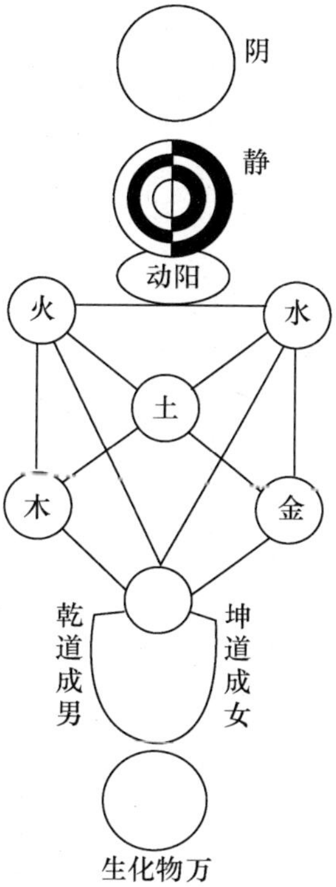

《太极先天之图》与朱震绍兴间所进周子《太极图》及《汉上易卦图·周子太极图》之区别在：一是，《道藏·太极先天之图》第一圈为"阴静"，与朱震所进《太极图》相同，但是《汉上易卦图·周子太极图》"阴静"在第一圈和第二圈之间，则相异。

二是，《道藏·太极先天之图》第二圈为坎（☵）乾（☰），而朱震所进《太极图》与《汉上易卦·周子太极图》均为坎（☵）离（☲）。

三是，《道藏·太极先天之图》第三圈"阳动"与第一、二圈地位相当，朱震所进《太极图》"阳动"是一个〇，不仅与第一、二圈不相当，似有附属"坎离图"之意，《汉上易卦图·周子太极图》则明显为"坎离图"之附属。

---

① 据李申先生考证，《上方大洞真元妙经品》和《上方大洞真元妙经图》均非唐代所作。他认为《经图》中"昔者真君在武当山中……"的"真君"，是宋真宗把脚踏龟蛇的神，封为"真君"，并把玄武改为真武，此其一；其二，《经图》说："山谷曰：……"山谷为黄庭坚号。（见李申：《话说太极图》，24～30页，北京，知识出版社，1992）周敦颐生于宋真宗天禧元年；时宋真宗在位已19年，若以《太极图》为周敦颐自己所作亦可，但是否有所依傍，而改造成《太极图》，仍需待考。《经品》唐玄宗序："欲世民归命……"不避唐太宗讳，认为该序为伪作（同上），可参考。见今本《道藏·洞玄部灵图类》第百九六册。

② 《太极图授受考》，《曝书亭集》卷五十八。

③ 《太极图说遗议》。

四是，《道藏·太极先天之图》㊌、㊏、㊍不直接相联结，而朱震所进图与《汉上易卦图·周子太极图》均直接相联结。《道藏·太极先天之图》㊍—㊎与㊋—㊍之间直接联结，与《汉上易卦图·周子太极图》同，而与朱震所进《太极图》异。

五是，《道藏·太极先天之图》的"坤道成女"在㊌—㊎之间，"乾道成男"在㊋—㊍之间，朱震所进《太极图》和《汉上易卦图·周子太极图》则均在"五行图"之下。

六是，《道藏·太极先天之图》"万物化生"在"五行图"下的一圈，最下一圈空〇，而朱震所进《太极图》和《汉上易卦图·周子太极图》则在"五行图"下为"坤道成女"、"乾道成男"。最下一圈为"万物化生"。

有此六异，可证胡渭以唐《真元妙经品》中之《太极先天之图》与宋绍兴朱震"所进《周子太极图》正同"，恐不妥。说明周敦颐在构筑其《太极图》时，虽基本上吸取《道藏·太极先天之图》的图式，但也作了一些改造。这个改造的过程，便是儒、释、道合一的过程。一方面他取《周易参同契》"乾坤者易之门户，众卦之父母，坎离匡廓，运毂正轴"的《水火匡廓图》代替《道藏·太极先天之图》中的《坎（☵）乾（☰）图》。同时取宗密的《阿黎耶识图》[①]，以为补充。《佛法金汤编》记载："佛印住鸾溪，敦颐谒见，相与讲道。问曰：'天命之谓性，率性之谓道，禅门何谓无心是道。'师曰：疑则别参。……公有省，一日忽见窗前草生，乃日与自家意思一般，以偈呈师曰：'昔本不迷今不悟，心融境会豁幽潜。草深窗外松当道，尽日令人看不厌。'师和曰：'大道体宽无不在，何拘动植与蜚潜。行观坐看了无碍，色见声求心自厌。'由是命师作青松社主。"[②]可见，周敦颐与禅师交往较密。黄百家也说："晁氏（晁景迂）谓元公（周敦颐）师事鹤林寺僧寿涯，而得'有物先天地，无形本寂寥，能为万象主，不逐四时凋'之偈。《性学指要》谓元公初与东林聪[③]游，久之无所入。聪教之静坐，月余，忽有得，以诗呈曰：'书堂兀坐万机休，日暖风和草自幽。谁道二千年远事，而今只在眼睛头。'聪肯之，即与结青松社。游定夫有周茂叔穷禅客之语。"[④]"有物先

---

① 参见《禅源诸诠集都序》卷下二。

② 《佛法金汤编》卷十二。

③ 《宋元学案·濂溪学案下》作"总"，疑为"聪"之误，即东林常聪。

④ 《濂溪学案下》，《宋元学案》卷十二。

天地，无形本寂寥”之偈对周敦颐以“无极”为形而上本体的哲学逻辑结构是有影响的。

朱熹曾说周敦颐的《太极图》与道士陈抟有关联，他说：“‘今人多疑濂溪出于希夷，又云为禅学。其诸子皆学佛。’可学云：‘濂溪书具存，如《太极图》，希夷如何有此说？或是本学老、佛而自变了，亦未可知。’曰：‘尝读张忠定公（张乖崖）《语录》，公问李畋云：汝还知公事有阴阳否？云云。此说全与濂溪同。忠定见希夷，盖亦有些来历。但当时诸公知濂溪者，未尝言其有道。’”① 又说：“按张忠定公尝从希夷学，而其论公事之有阴阳，颇与图说意合。窃疑是说之传，固有端绪。至于先生然后得之于心，而天地万物之理，巨细、幽明、高下、精粗，无不贯于是，始为此图，以发其秘尔。”② 张乖崖的阴阳之说得之陈抟，而与周敦颐的《太极图说》相合。既肯定其师承关系，又明确其思想来源。

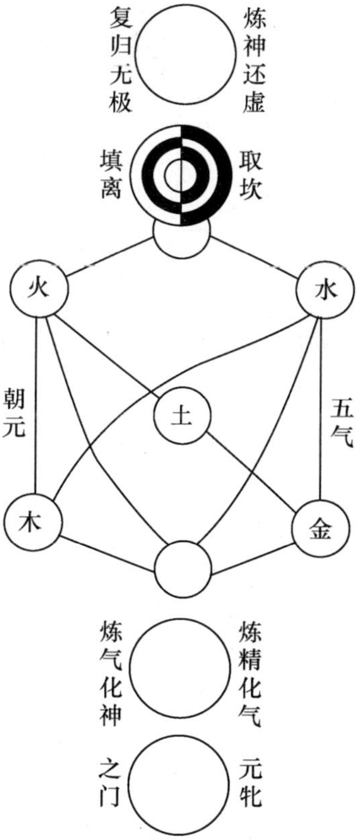

当然，以《太极图》来自陈抟，也是有根据的。陈抟曾依《太极先天之图》作《无极图》。据黄宗炎所见，其图式如右。他解释说：“茂叔得此图于穆修，又得先天地之偈于寿涯，乃颠倒其序，更易其名，以附于大易，指为儒者之秘传。……其图自下而上，以明逆则成丹之法。……其最下圈名为元牝之门，元牝即谷神，牝者窍也，谷者虚也，指人身命门两肾空隙之处，气之所由以生，是为祖气。……于是提其祖气上升为稍上一圈，名为炼精化气，炼气化神。……使贯彻于五脏六腑，而为中层之左木、火，右金、水，中土相联络之一圈，名为五气朝元。……又其上之中分黑白而相间杂之一圈，名为取坎填离，乃成圣胎，又使复还于无始而为最上之一圈，名为炼神还虚，复归无极。……周子得此图，

① 《孔孟周程》，《朱子语类》卷九十三。

② 《再定太极通书后序》，《朱文公文集》卷七十六。

而颠倒其序，更易其名，附于大易，以为儒者之秘传。”① 周敦颐是把《无极图》由下而上的“成丹之法”改为由上而下的宇宙万物化生的《太极图》，即变道为儒。

不过，忽视《太极图》与佛教的关联，也恐未妥。其实，陈抟学通儒、释。《补续高僧传》卷二十三记载：“麻衣和尚者，不知何许人也。当五季之际，方服而衣麻，往来泽潞关陕间，妙达易道，发河洛之秘，以授华山处士陈抟。”“处士陈抟，受易于麻衣道者，得所述正易心法四十二章，理极天人，历诋先儒之失，抟始为之注及受河图洛书之诀，发易道之秘。”② 因此，周敦颐承陈抟之学，实即“三教合一”之学。

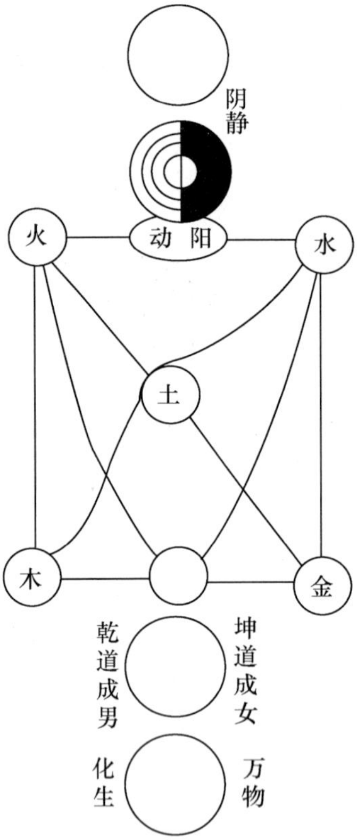

自周敦颐融儒、释、道而构制《太极图》后，不论是道教或是佛教均吸收《周子太极图》图式，而对其原来《太极先天之图》和《阿黎耶识图》加以改造。如《易有太极图》③，图式如左。

图文曰：“右太极图，周敦实茂叔传二程先生，茂叔曰：无极而太极……”此图与《道藏·太极先天之图》相比较，最显著的改变是，“阳动”部分与宋绍兴间朱震所进《周子太极图》相似。另《道藏·周子太极图》④，图式见下页。

图文曰：“周茂叔先生曰：‘无极而太极……’”不提周敦颐传二程先生等语。此图五行联结线不同于《太极先天之图》和《易有太极图》，而与朱震《汉上易卦图上》中的《周子太极图》相似。可见，《易有太极图》和《道藏·周子太极图》是依据朱震《汉上易卦图》与其所进《周子太极图》而对《太极先天之图》进行的改造。

① 《濂溪学案下》，《宋元学案》卷十二，《易学辨惑》卷二，《昭代丛书》癸集。

② 《佛祖统纪》卷四十四。

③ 参见《道藏·洞真部灵图类·大象易数钩隐图上》。

④ 参见《洞真部灵图类·周易图上》。

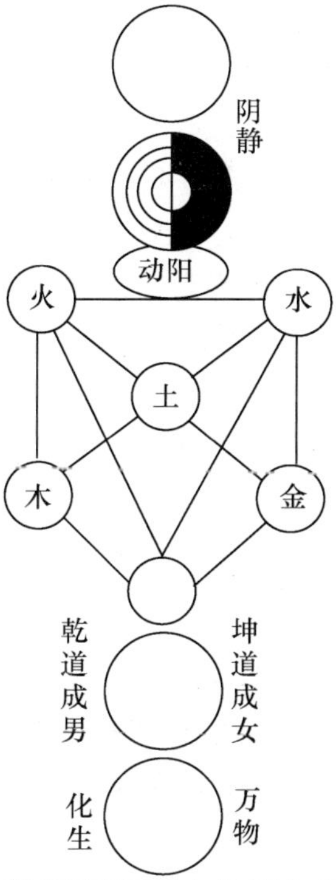

佛教徒行策①则依《周子太极图》中的《坎离图》对《阿黎耶识图》加以改造，而造《正偏回互图》②，图式如下。图文曰：“此图两仪既判，黑白已分，以黑表正，以白表偏。所谓正中有偏，偏中有正，回互之义，本此中间。”其间可得见儒、释、道三家相互吸收、相互融合之迹。黄宗炎也说：“周子之无极而太极，则空中之造化，而欲合老庄于儒也。”③

周敦颐《太极图》的渊源，有可能是以《道藏·太极先天之图》为蓝本，吸收佛教禅师的《阿黎耶识图》，并依照陈抟的《无极图》，而制造出来的。从当时儒、释、道三教融合的形势来看，周敦颐《太极图》并非其独撰，而表现了宋代儒、释、道三教合一的趋势和周敦颐出入释、老的现实情况，也只有在三教融合趋势和潮流中，才能为周敦颐制造《太极图》提供必要的土壤。

（二）哲学的逻辑结构

哲学的逻辑结构，是指周敦颐的哲学范畴之间的内在网络的逻辑联系以及他如何在处理思维与存在的融突关系中构筑其体系的。作为周敦颐哲学思想之纲领的《太极图说》，基本上勾勒了其哲学的逻辑结构。他这样写道：

> 自无极而为太极。④ 太极动而生阳，动极而静；静而生阴⑤，

---

① 行策，生于明熹宗天启六年（公元1626年），死于清圣祖康熙二十一年（公元1682年）。

② 参见《续藏经·宝镜三昧本义》。

③ 《濂溪学案下》，《宋元学案》卷十二。

④ “自无极而为太极”，《道藏》本、《通志堂经解》本、《性理大全》本、《宋元学案》本、《全书》本均作“无极而太极”，今据《国史·濂溪传》校改。详考见本章第三节。

⑤ “静而生阴”，《道藏》本无此四字。《通志堂经解》本作“静极而生阴”，《性理大全》本无“极”字。朱熹在《答胡广仲》书的夹注中说：“旧本图子既差，而说中‘静而生阴’，‘静’下多一‘极’字，亦以图及上下文意考正而削之矣。”（《朱文公文集》卷四十二）按：上文“动而生阳，动极而静”，下文“静极复动”，此作“静而生阴”恰与“动而生阳”对偶。朱熹削之为是。

静极复动。一动一静，互为其根。分阴分阳，两仪立焉。阳变阴合，而生水、火、木、金、土。五气顺布，四时行焉。五行，一阴阳也。阴阳，一太极也。太极本无极也。五行之生也，各一其性。无极之真，二五之精，妙合而凝。乾道成男，坤道成女。二气交感，化生万物。万物生生，而变化无穷焉。惟①人也得其秀而最灵。形既生矣，神发知矣，五性感动而善恶分，万事出矣。圣人定之以中正仁义（自注：圣人之道，仁义中正而已矣）② 而主静（自注：无欲故静），立人极焉。故圣人与天地合其德，日月合其明，四时合其序，鬼神合其吉凶。君子修之吉，小人悖之凶。故曰：立天之道，曰阴与阳；立地之道，曰柔与刚；立人之道，曰仁与义。又曰：原始反终，故③知死生之说。大哉易也，斯其至矣。④

现据《道藏·洞真部·灵图类》本《周易图上·周氏太极图》图文、《通志堂经解》本朱震所进《汉上易卦图上·周子太极图》图文、《性理大全》本朱熹所定《周子太极图》图文以及《宋元学案》本和正谊堂《全书》本合勘，订为上文。

这里便构成了周敦颐宇宙万物的化生论：“无极”→“太极”→“阴阳”→“五行”，或“五行”→“阴阳”→“太极”→“无极”。在这个宇宙化生的结构中，“无极”、“太极”、“阴阳”（“二气”）、“动静”、“五行”（“五气”）、“万物”，是其哲学逻辑结构的基本范畴。“无极”是周敦颐哲学体系的出发点和归宿点。它自身寂然不动，独一无二，但是它能化生“太极”；“太极”则具有“动静”的性质，由于“太极”的不断“动”与“静”，便化生“阳”与“阴”，这便是“两仪”；“阳”的变化和“阴”的合一，就化生水、火、木、金、土五行，五行顺布，而四时行。“阴阳”为“两仪”，为“二”；“五行”为“五气”，为“五”。“二五之精，妙合而凝”，而化生男女；同时“二气五行”，化生万物。这样便构成了一幅世界图式（见

---

① “惟”，《道藏》本此下缺文，《通志堂经解》本作“唯”，《性理大全》本和《宋元学案》本均作“惟”，今从。

② 《宋元学案》本无此自注文。下同。

③ 通行本“故”下有“曰”字，但“又曰”下，“原始反终，故知死生之说”，原文引自《周易·系辞上传》第四章：“仰以观于天文，俯以察于地理，是故知幽明之故。原始反终，故知死生之说。”无“曰”字为妥。

④ 《周子全书》卷一。

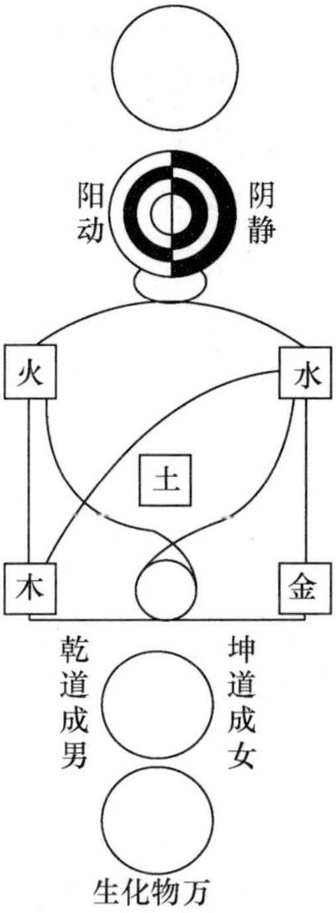

左图）。

在这个“无极”⇄“太极”⇄“阴阳”⇄“五行”⇄“男女”⇄“万物”的结构中，可以看出：

第一，“无极”是周敦颐哲学逻辑结构的最高范畴，它既是宇宙万物的本原，又是人类社会最高的伦理道德原则。“无极”作为无具体内涵的抽象，它需要自己“安顿”自己，这个“安顿”便是“自无极而为太极”，犹如老子的“道生 ”，此“一”既非“道”，又非“二”，它是“道”生“二”的一个中介。“太极”，亦具有与“一”相类似的性质，它既非“无极”，因为“无极”是“太极”的所自来，又非“阴阳”的“两仪”，它是“无极”与“阴阳”之间的一个中介。

第二，由于“太极”的“动静”，使得“无极”与“阴阳”联结起来。“太极”动而生“阳”，静而生“阴”，“动静”相互对待而又相互转化，不仅“阳动”、“阴静”得以确定，而且“阴阳”两仪也得以成立。同时，“阴阳”自身亦具有变化合一的特性，便化生世界中最基本的元素——水、火、木、金、土以及宇宙间春夏秋冬四时的运行。“阴阳”与“五行”的凝合交感而成男女和万物，这样便构成了周敦颐的宇宙论；由于人为万物之灵，五性感动而善恶分，圣人定“中正仁义”，而立“人极”，这便构成了他的人性论和道德修养论。这两方面构成周敦颐哲学逻辑结构的主要内容。

第三，周敦颐在建立其“无极”→“太极”→“阴阳”→“五行”→“男女”→“万物”的逻辑结构时，鉴于以往韩愈等人在批判佛、道时，未能从“本然之全体”上建立起哲学体系以与佛、道相抗衡，因而援佛、道入儒，吸收佛教的思辨结构和道教的宇宙生成、万物化生理论，从“本然之全体”上建立了以儒家伦理道德为核心的哲学逻辑结构。《伊洛渊源录》中有这样一段记载：“邵伯温作《易学辨惑》，记康节先生事。曰：‘伊川同朱光庭公掞访先君，先君留之饮酒，因以论道。伊川指面前食卓（桌）曰：此卓（桌）安在地上，不知天地安在甚处。先君为极论天地万物之理，以及六合之外。伊川叹曰：平生惟见周茂叔论至此。’”① 尽管周敦颐在与程颐的谈话中论及宇宙本体、天地万物之理等问题，而创与佛、道相对抗的“理学”之端始，但是周敦颐从道教的图式中来构筑宇宙生成和万物化生论，这是其哲学体系的奥秘。

在以下的各节中，将依周敦颐所构筑的逻辑结构的次序，来剖析其各范畴、概念自身及其相互间的联系。

（三）“无极”与“太极”

在周敦颐哲学逻辑结构中，首先须剖析“无极”→“太极”这一对基本范畴及其关系。

1. 儒、释、道论“无极”和“太极”

以往的论著均以“无极”这个概念首见于《老子》第二十八章：“知其白，守其黑，为天下式。常得不忒，复归于无极。”“太极”这个概念见于《周易·系辞上传》：“易有太极，是生两仪……”并认为周敦颐把这两个概念联系在一起，说明了儒、道（道家、道教）的融合。② 此说虽有一定道理，但亦不尽然。

周敦颐“无极”、“太极”概念是继承《老子》、《系辞》，抑或是儒、释、道融合以后的“无极”、“太极”？因为在周敦颐之前，儒、释、道均已使用“无极”、“太极”这些概念。庄周说：“入无穷之门，以游无极之野。”③《逸周书·命训解》云：“正人莫如有极，道天莫如无极。”《列子·汤问篇》曰：“革曰：‘无则无极，有则有尽，朕何以知之？然无极之外复无无极，无尽之中复无无尽。’”④《淮南子·泰族训》曰：“穷道德之渊深，达乎无上，至乎无下，运乎无极，翔乎无形。”⑤《淮南子·要略》曰：“终而复始，转于无极。”⑥《周易参同契》云：“从头流达足，究竟复上升，往来洞无极，怫怫被容中。”⑦ 僧肇说：“然则物不异我，我不异物。物我玄会，归乎

---

① 《遗事》，《伊洛渊源录》卷一，另见《周子全书》卷十八。

② 孙叔平同志在其所著的《中国哲学史稿》（下册）中认为，周敦颐的学说“是一个以《周易》为媒介的道家无为思想和儒家中庸思想的混合体”（孙叔平：《中国哲学史稿》，下册，54页，上海，上海人民出版社，1981）。

③ 《在宥》第十一，《庄子集解》卷三。

④ 《列子集释》卷五，148页，北京，中华书局，1979。

⑤ 卷二十。

⑥ 卷二十一。

⑦ 《周易参同契考异》，《朱子遗书》。

无极。"[1]《超日明三昧经》曰："尔时世尊，与无央数百千之众眷属围绕，而为说法，讲大乘业无极之慧。"[2] 又说："行大智慧度于无极。"[3]《九箴篇》云："无上大道君治在五十五重，无极大罗天中玉京之上，七宝玄台金床玉几，仙童玉女之所侍卫……"[4]《道藏·上方大洞真元妙经》云："上方开花无极。"又《道藏·宝玄经》曰："一号自然，二号无极。"《道藏·灵宝自然经诀》云："太上玄一真人曰：太上无极大道，无上至真。"

从上述各条可以看出：第一，"无极"这个概念屡屡见之于道家的《老子》、《庄子》、《列子》，道教的《上方大洞真元妙经》，佛教的《肇论》、《三昧经》以及《逸周书》、《淮南子》等。故以此断定周敦颐《太极图说》中的"无极"概念承自道家不妥，可是，陆九渊说："无极二字，出于《老子·知其雄章》，吾圣人之书所无有也。"[5] 于事不太相合，而应该说是儒、释、道合一的概念。即使"无极"这个概念较早见之于《老子》，但在魏、晋、隋、唐以来的儒、释、道三教融合过程中，已被普遍使用，而不是哪一家的特有概念。因此，到了宋代，便很难由一个概念而确定其思想继承关系。

第二，随着历史的演变，"无极"的内涵也有变化。如果说在《庄子》、《列子》、《逸周书》中"无极"主要是指无可穷极、无边际或无限之意的话，那么，《肇论》、《三昧经》和《灵宝自然经诀》则具有本体的意义。周敦颐以"无极"为形而上本体，则与《肇论》、《三昧经》、《灵宝自然经诀》的思想更相近。如是，则是佛、道思想的融合。

关于"太极"这个概念，庄周说："神鬼神帝，生天生地，在太极之先而不为高，在六极之下而不为深……"[6]《淮南子》云："手徵忽恍，不能览其光。然以掌握之中，引类于太极之上，而水火可立致者，阴阳同气相动也。"[7] 董仲舒说："中者，天地之太极也。日月之所至而郤也，长短之隆不得过中，天地之制也。"[8]《易纬钩

---

① 《涅槃无名论·通古第十七》，《肇论》卷下。
② 《大正藏》卷十五，531页。
③ 同上书，534页。
④ 《辨惑篇第二之九下》，《广弘明集》卷十四。
⑤ 《与朱元晦》，《陆九渊集》卷二，24页。
⑥ 《大宗师》第六，《庄子集解》卷二。
⑦ 《览冥训》，《淮南子》卷六。
⑧ 《循天之道》七十七，《春秋繁露》卷十六。

命诀·孝经钩命诀》提到“太易”、“太初”、“太始”、“太素”、“太极”等概念。《易纬乾凿度下》云：“天有太极，地有太壃。”《易纬乾凿度上》曰：“孔子曰：易始于太极，太极分而为二。”《辨正论》曰：“古学通人云：观古今之迹，上形太极混元之前。”《汉书·律历志》云：“太极元气，函三为一。”宗密说：“即彼始自太易五重运转，乃至太极，太极生两仪。”① 《道藏·太极先天之图》的图文云：“太极之道，无古无今，无始无终也。……太极也者，天地之大本耶。天地分太极，万物分天地……”②

综上各条可见：第一，通常以“太极”始见于《周易·系辞上传》的论断未必妥当。郭沫若和李镜池以《系辞》作于秦汉之际③，拙著《周易思想研究》认为，“《系辞》不会迟于战国中期”④。如依郭、李说，则《系辞上传》的“太极”概念迟出于《庄子》。如依愚说，则《系辞》与《庄子·大宗师》相当。如此，则未便说“太极”概念仅始见于儒家经典《周易》，因为与其同时的道家《庄子》中也出现了。

第二，儒、释、道各家对“太极”的解释不甚相同。如《庄子》、《淮南子》论“太极”，还不具本体的含义，但董仲舒的看法和《易纬》及《道藏·太极先天之图》似有本体的意思，佛教《辨正论》和宗密似也有此含义。

第三，就“太极”概念的内涵来说，董仲舒和宗密为抽象的精神性概念。《辨正论》以为是一种混元未分的东西。《汉书·律历志》则认为“太极”为“元气”，是事物性的实体，各家解释各异。

由此，无论是“无极”还是“太极”，在周敦颐之前，儒、释、道三家都按照自己的需要和理解，来运用这些概念。这两个概念既非某家所独有，亦非只反映某家思想。可见，周敦颐是融儒、释、道为一的。毛奇龄说：

> 《庄子》云：在太极之先而不为高，此欲加之端也。《淮南子》云：引类于太极之上，与《庄子》同。……然在《列子》则早已阴立诸太，而特未敢显然与太极并列其名，但曰有太易、

① 《原人论·会通本末第四》，《大正藏》卷四十五，710页。

② 《洞玄部·灵图类·上方大洞真元妙经图》。

③ 参见郭沫若：《周易之制作时代》，李镜池：《易传思想的历史发展》，见《周易探源》，326页，北京，中华书局，1978。

④ 拙著：《周易思想研究》，204页，武汉，湖北人民出版社，1980。

有太初、有太始、有太素。至伪为《三坟书》者，则始搀太极于太始、太易之中……而《易纬钩命诀》，则直曰天地未分之前谓之一气，于中有太易、太初、太始、太素、太极，而为五运，则直降太极于末……故《禅源诠集》有《原人论》云：彼始曰太易五重运转，乃至太极。①

由于时代的演进，“太极”这个概念就为儒、释、道所不断运用并丰富起来。

2. “无极而太极”与“自无极而为太极”

《太极图说》首句究竟是“无极而太极”，或“无极而生太极”，或“自无极而为太极”，众说纷纭。其间论争的原委，毛奇龄说：

《图说》在程、邵诸儒，未尝言及，故世亦未见其文。至南渡后，朱子始刻其文于乾道间，而当时见者，皆不能信，多起而争之。然在所争者，亦只见无极而太极作五字句。②

《太极图说》在北宋时，邵雍、二程都没有言及，也未见其文。南宋时，朱熹于乾道间刻其文，则应在朱熹作《太极图》、《太极图说》的《注后记》前后③，由此便引起论争。其后在淳熙十五年（公元1188年），朱熹从《国史・周敦颐传》中看到“自无极而为太极”句。他说：‘戊申六月，在玉山邂逅洪景庐内翰④，借得所修《国史》。中有濂溪、程、张等传，尽载《太极图说》。盖濂溪于是始得立传，作史者于此为有功矣。然此说本语首句但云：‘无极而太极’，今传所载，乃云：‘自无极而为太极’，不知其何所据而增此‘自’‘为’二字也。夫以本文之意，亲切浑全，明白如此，而浅见之士犹或妄有讥议。若增此字，其为前贤之累，启后学之疑，益以甚矣。谓当请而改之，而或者以为不可。昔苏子容特以为父辨谤之故，请删《国史》所记草头木脚之语，而神祖犹俯从之。况此乃百世道术渊源之所系耶？正当援此为例，则无不可改之理矣。”⑤ 又说：“近见《国史・濂溪传》载此《图说》，乃云：‘自无极而为太极。’若使濂溪本书实有‘自’、‘为’二字，则信如老兄所言，不敢辨矣。然

①② 《太极图说遗议》，《西河合集》。

③ 《注后记》作于“乾道癸巳四月既望”，即乾道九年（公元1173年），朱熹四十四岁。

④ 洪景庐，名迈，号容斋，鄱阳人，生于宋徽宗宣和五年（公元1123年），卒于宋宁宗嘉泰二年（公元1202年）。

⑤ 《记濂溪传》，《朱文公文集》卷七十一。

因渠添此二字，却见得本无此字之意愈益分明，请试思之。”① 朱熹从洪迈那里借得所修《国史·濂溪传》，得知首句“无极而太极”作“自无极而为太极”。但他认为这是修《国史》者妄增，而要求删去“自”、“为”二字。他说：“史氏之《传》先生者，乃增其语曰：‘自无极而为太极’，则又无所依据，而重以病夫先生。故熹尝欲援故相苏公请刊国史草头木脚之比，以正其失，而恨其力有所不逮也。”② 虽然朱熹举出苏子容请改《国史》的先例，但他仍感力有不及。固然，朱熹的官职不及苏子容，然也非官职大小所能及。毛奇龄曾有一段话：“时景庐为史官，遂借观其所藏史本，请去‘自’、‘为’二字不可得，乃指为史官所增，拟请改去。夫史官无改人成文者，况……容斋博核伉直，定无讹错与益损二弊。即或非其手笔，系前人史官，然亦何苦为此。乃后人以为朱子删去‘自’、‘为’二字，则又不可定。若史文则终宋之世，未尝请改，只存其说于语录中。……而宋后为史者，始据朱子本得改去焉。”③

这就是说：第一，朱熹在校订《太极图》与《说》时，是以长沙建安本为底本，参照舂陵本、零陵本、九江本及临汀杨方本，而改为“无极而太极”的；第二，《国史·濂溪传》为“自无极而为太极”，洪迈博核，没有讹错与益损的弊病，因而较可靠；第三，尽管朱熹请改为“无极而太极”，洪迈伉直，坚决不改。因此，终宋之世，两说并存。宋以后随着朱熹地位的被抬高，而改为“无极而太极”。由此可知，《国史·濂溪传》作“自无极而为太极”，较符合周敦颐的原意，或许就是《太极图说》的原本。

除此而外，还有的版本首句作“无极而生太极”。“临汀杨方，得九江故家传本，校此本不同者④，十有九处。然亦互有得失，其两条此本之误，当从九江本。……其三条九江本误，而当以此本为正，如《太极说》云：无极而太极（而下误多一生字）。”⑤ 另《再定太极通书后序》中亦云：“后得临汀杨方本以校。”⑥ 朱熹从“无极而太极”出发，而以“无极而生太极”为误。可是，“九江故家传本”当是周敦颐后代家藏原本。“绍兴甲子春正月”，即绍兴十四年

① 《答陆子静》，《朱文公文集》卷三十六。

② 《邵州州学濂溪先生祠记》，《朱文公文集》卷八十。

③ 《太极图说遗议》，《西河合集》。

④ 指九江家传本与建安本相校，有十九处相异。

⑤ 《又延平本》，《周子全书》卷十一。

⑥ 《朱文公文集》卷七十六。

（公元1144年），时朱熹十五岁。祁宽在《通书后跋》中曾说：“《通书》即其所著也，始出于程门侯师圣①，传之荆门高元举、朱子发②。宽初得于高，后得于朱，又后得和靖尹③先生所藏，亦云得之程氏，今之传者是也。逮卜居九江，得旧本于其家，比前所见，无《太极图》。或云，图乃手授二程，故程本附之卷末也。”④ 据朱震《进周易表》中说：“［穆］修以《太极图》传周敦颐，敦颐传程颢、程颐。”⑤ 那么，祁宽从两条渠道得到了二程所传的周敦颐手授本：一是程门侯师圣、高元举、朱震所传本；二是程门高弟尹焞所藏本。又得九江家藏本。祁宽比较程传本与家藏本，只发现九江家藏本“无《太极图》”。据其推测，《图》乃授予二程，故家藏本缺《图》。因此，程传本和家藏本，首句恐均为“无极而生太极”。其意恰与《国史·濂溪传》的“自无极而为太极”相通。

那么，朱熹何以改“无极而生太极”（或“自无极而为太极”）为“无极而太极”呢？其据一，恐承自朱震的《汉上易卦图上·周子太极图》，图文曰：“右《太极图》，周敦实茂叔传二程先生。茂叔曰：无极而太极，太极动而生阳……”⑥ 其据二，如《太极图》上之第二圈为《坎离图》（图式如左），即“阴静”和“阳

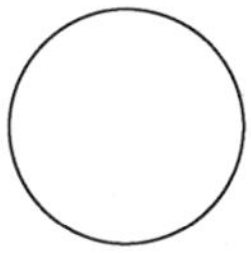

动”。那么，《坎离图》上只有一个圆圈（图式如右）。倘若原文首句为“无极而生太极”或“自无极而为太极”，《坎离图》上应有两个圆圈才合宜。一以表示“无极”；一以表示“太极”。可能朱熹考虑到其上只有一个圆圈，难以表示“无极生太极”的关系，故改为“无极而太极”，以“无极”说明“太极”的无形，即“无形而但有理”⑦。

综上所述，“自无极而为太极”或“无极而生太极”是周敦

① 侯师圣，名仲良，字师圣。初从程颐学，未悟道，乃访周敦颐。

② 朱子发，名震，字子发。湖北荆门军（今湖北荆门县）人，生于神宗熙宁五年（公元1072年），卒于高宗绍兴八年（公元1138年）。

③ 尹和靖，名焞，字彦明。生于宋仁宗嘉祐六年（公元1061年），卒于宋高宗绍兴二年（公元1132年）。

④ 《周子全书》卷十一。

⑤ 《汉上易传》。

⑥ 清《通志堂经解》本。绍兴六年（公元1136年），朱震把其所著《周易集传》九卷，《周易图》三卷，《周易丛说》一卷，进呈高宗赵构。后人合十三卷，称其为《汉上易传》。时年朱熹七岁。

⑦ 《答陆子美》，《朱文公文集》卷三十六。

颐《太极图说》的原意，应据此改正。但“无极而太极”也并非朱熹独撰或妄改，而有所本；同时，《坎离图》上只有一个圆圈，也暴露了周敦颐《太极图》与《图说》的冲突和逻辑上的不严密。

3. “自无极而为太极”的规定

从以上考释可得知，“无极”是周敦颐哲学逻辑结构的形而上范畴与其体系的出发点和归宿点。“太极”是“无极”所派生的混沌未分的东西。但周敦颐著作言简意赅，对“无极”无直接论述，后人又均依各自的观点和理解加以解释，很难说是周敦颐的本意。如果说朱熹还能猜测、推敲而注解周敦颐原文的话，那么，清代的刘元龙、黄文成等则依己意而释了。由于“诸儒辨论，则惟周子之书最多”①，故为探其原义带来困难。究竟“无极”、“太极”作何释，兹作些探索。

首先，“自无极而为太极”的句式，是自“无”而为“有”的意思。“无极”既有无可穷极之意，如《庄子》；也有无外形的精神本体之意，如《肇论》。特别是魏晋以后，往往借“无极”这个范畴翻译佛经。如支谦译《大明度无极经》六卷，康僧会译《六度无极经》八卷，祇多密译《大智度无极经》四卷。“度无极”便有到达彼岸涅槃境界的意思。《肇论》指出：“云涅槃，音正也。……秦言无为，亦名灭度。无为者，取乎虚无寂寞，妙绝于有为。”②

关于“太极”，《晋书》记载纪瞻③和顾荣④论“太极”时说：“老氏先天之言，此盖虚诞之说，非《易》者之意也。亦谓吾子神通体解，所不应疑。意者直谓太极极尽之称，言其理极，无复外形；外形既极，而生两仪。”⑤《老子》曾云：“有物混成，先天地生”。顾荣认为先天地者便是“易之太极”，而不同意王弼的“太极天地”之解。纪瞻认为“易有太极”和《老子》先天之言，意思不同。他认为“其理极无复外形”，似指“无极”之意，“外形既极而生两仪”，似指有外形的“太极生两仪”。因此，时人往往以“太极生两

---

① 《宋四子抄释·提要》。
② 《大正藏》卷四十五。
③ 纪瞻，字思远，丹阳秣陵人，生年不详，约死于公元325年。
④ 顾荣，字彦先，吴国吴人，生年不详，约死于公元322年。
⑤ 《纪瞻传》，《晋书》卷六十八，1820页，北京，中华书局，1974。

仪”与《老子》的“一生二”相比拟，这是颇有道理的。《周易集解》引虞翻①曰：“太极，太一也。分为天地，故生两仪也。”所谓“太一”，《周易正义》解释说：“太极谓天地未分之前，元气混而为一，即是太初、太一也。”则“太一”、“太极”、“一”为“有”，“无极”为“无”。“自无极而为太极”，即自“无”而为“有”，或自“无”到“有”，或自“无”生“有”。

第二，《周易·系辞上传》的“易有太极”，汉以来曾将其理解为“太极”之前还存在“易”这个观念性范畴，此与周敦颐以“太极”之前还存有“无极”这个范畴相通。《易纬·乾坤凿度》卷上曰：“太易变教民不倦，太初而后有太始，太始而后有太素。有形始于弗形，有法始于弗法。”如果“太初”、“太始”、“太素”等范畴相当于“太极”，则“太易”便在“太极”之先而存在。于是《易纬·乾坤凿度》卷上又云：“太易始著，太极成。太极成，乾坤行。”这便是“太易”显著、呈现“太极”，或自“太易”而为“太极”的意思。倘以“太易”相类为“无极”而为“无”，则“太极”为有，正与《易纬·乾坤凿度》苍颉注相符。该注曰：“太易无也，太极有也。太易从无入有，圣人知太易有理未形，故曰太易。”这“从无入有”，便是从“太易”入“太极”，即与从“无极”入“太极”相通。在这里，“太易”为“无”包含两方面的意思：一是“理”，是一个虚的观念性的概念。但“理”非“虚”、非“空”，而为实“有”是“理”。二是“未形”，即《易纬·乾坤凿度》卷上所说的“视之不见，听之不闻，循之不得，故曰易也”之意。“圣人知太易有理未形”的思想，或许是朱熹“若果无形而但有理，则无极即是无形，太极即是有理明矣”② 思想的来源。当然，《易纬》注“太易从无入有”，而非朱熹“无极而太极”即“无形而有理”之意，而是“无形生有形”，“无生有”。《易纬·乾坤凿度》卷上说“夫有形生于无形”或“有形始于弗形”之意，是化生与被化生的关系。因而，无形的“太易”生有形的“太极”，即与“无极”生“太极”相似。

第三，如果将“太极生两仪”比喻为老子的“一生二”，“太极”则为“一”，那么，“道生一”，便犹“无极而生太极”。这种“无生有”，“自无而为有”的化生论，是老、庄的重要论题。老子说：“天

---

① 虞翻，字仲翔，会稽余姚人，生于东汉桓帝延熹七年（公元164年），卒于魏明帝太和七年（公元233年）。

② 《答陆子美》，《朱文公文集》卷三十六。

下万物生于有，有生于无。”[①] “有无相生，难易相成，长短相较，高下相倾……”[②] “无有入无间，吾是以知无为之有益。”[③] “三十辐共一毂，当其无，有车之用。埏埴以为器，当其无，有器之用。”[④] 在老子看来，“有、无”与“难易”、“长短”、“高下”一样，既相对待，而又“相生”、“相成”，互相联系。由此而提出“有生于无”、“当其无有车之用”的命题。庄子继承老子“有生于无”的思想，他说：“夫昭昭生于冥冥，有伦生于无形。”[⑤] “故自无适有，以至于三，而况自有适有乎。”[⑥] “天门者，无有也，万物出乎无有。有不能以有为有，必出乎无有，而无有一无有，圣人藏乎是。”[⑦] “有伦生于无形”、“有必出乎无有”，即是“有生于无”、“无能生有”的意思。王弼在《老子道德经注》中发挥了老、庄“无能生有”的思想。他说：“天下之物，皆以有为生。有之所始，以无为本。将欲全有，必反于无也。”[⑧] “凡有皆始于无，故未形无名之时，则为万物之始。”[⑨] “万物始于微而后成，始于无而后生。”[⑩] “言无者，有之所以为利，皆赖无以为用也。”[⑪] “言吾何以知万物之始于无哉，以此知之也。”[⑫] 此句《道德真经集注》本作“言吾何以知万物之始，皆始于无哉”。“万物虽贵，以无为用，不能舍无以为体也。”[⑬] “是以天地虽广，以无为心；圣王虽大，以一虚为主。”[⑭] “万物万形，其归一也。何由致一？由于无也。由无乃一，一可谓无。已谓之一，岂得无言乎？”[⑮] “有一有二，遂生乎三，从无之有，数尽乎斯。”[⑯] 王弼从“有以无为本”出发，借《老子》而提出了“有始于无而后生”、“万物始于无”、“有以无为心”、“从无之有”等命题。在王弼看来，

---

① 《老子》第四十章。
② 《老子》第二章。
③ 《老子》第四十三章。
④ 《老子》第十一章。
⑤ 《知北游》第二十二，《庄子集解》卷六。
⑥ 《齐物论》第二，《庄子集解》卷一。
⑦ 《庚桑楚》第二十三，《庄子集解》卷六。
⑧ 《老子道德经注下篇》第四十章，《王弼集校释》，110页，北京，中华书局，1980。
⑨⑩ 《老子道德经注上篇》第一章，《王弼集校释》，1页。
⑪ 同上书，第十一章，《王弼集校释》，27页。
⑫ 同上书，第二十一章，《王弼集校释》，53页。
⑬ 《老子道德经注下篇》第三十八章，《王弼集校释》，94页。
⑭ 同上书，《王弼集校释》，93页。
⑮⑯ 同上书，《王弼集校释》，117页。

所谓“无能生有”，即是“道生有”，或“道生万物”。“道以无形无为，成济万物。”[①] “道无，水有，故曰几也。”[②] 在这里，老、庄、王弼所说的“道生一”，“道生有”，“从无之有”，“有生于无”，“有始于无而后生”的思想，倘若“无”即“无极”，“太极”即“一”，即“有”，则与周敦颐“无极而生太极”、“自无极而为太极”的思想相合。周敦颐不仅好《易》，而作《太极图·易说》、《易通》及《姤说》、《同人说》等，而且好道，有诗曰：

> 久厌尘坌乐静元，俸微犹乏买山钱。徘徊真境不能去，且寄云房一榻眠。[③]

厌恶尘世之纷扰，喜好虚静的生活。不满于俸微而职低，寄望于仙境而消愁。他无疑融道家思想于其《太极图说》之中，而提出“自无极而为太极”，即“从无之有”的命题。正因此，后来明代的方以智说：“言‘无极’也，亦慕其玄言耳！”[④]

第四，周敦颐的《太极图》承自《道藏·上方大洞真元妙经图》中的《太极先天之图》和陈抟的《无极图》，道教的图式是讲修炼的方术，也讲宇宙生成的理论。道教所讲的宇宙生成和万物化生的理论，除直接取自其教主老子的《道德经》外，也取自庄子的《南华经》，特别是汉代《易纬》中的理论。《道藏·太极先天之图》的图文曰：

> 粤有太易之神，太始之气，太初之精，太素之形，太极之道，无古无今，无始无终也。“故易有太极，是生两仪，两仪生四象，四象生八卦，八卦定吉凶，吉凶生大业。”言万物皆有太极、两仪、四象之象。四象、八卦具而未动，谓之太极。太极也者，天地之大本耶。天地分太极，万物分天地，人资天地真元一气之中以生成长养。观乎人，则天地之体见矣。是故师言：气极则变，既变则通，通犹道耶。况“反者，道之动”。盖“有物混成，先天地生，寂兮寥兮，独立而不改，周行而不殆，可以为天下母”。母者，道耶。[⑤]

---

① 《老子道德经注上篇》第二十三章，《王弼集校释》，58页。

② 《老子道德经注上篇》第八章，《王弼集校释》，20页。

③ 《右宿山房》，《周子全书》卷十七。

④ 《东西均·三征篇》，21页，北京，中华书局，1962。

⑤ 《上方大洞真元妙经图·太极先天之图》，《道藏·洞玄部·灵图类》第一百九十六册。

这段图文与《太极图说》相比较，有以下几点值得注意：一是，首句沿自《易纬》："形象未分谓之太易，元气始萌谓之太初，气形之端谓之太始，形变有质谓之太素，质形已具谓之太极。"《易纬》讲"四太"（太易、太初、太始、太素）及"五运"（太易、太初、太始、太素、太极）形象未分的"太易"，被《道藏·太极先天之图》改为"太易之神"。"元气始萌的太初"改为"太初之精"，气形之端的"太始"则作"太始之气"，形变有质的"太素"则作"太素之形"。此"神"、"气"、"精"、"形"便又转化为周敦颐《太极图说》的"形既生矣"、"神发知矣"、"二气交感"、"二五之精"等句。

二是，《太极先天之图》图文二句自"故易有太极"至"吉凶生大业"，为照抄《周易·系辞上传》第十一章；《太极图说》"与天地合其德，与日月合其明，与四时合其序，与鬼神合其吉凶"则抄自《周易·乾卦·文言传》。两者落脚点都讲"吉凶"问题。

三是，《周易·系辞传》云："一阴一阳之谓道"①，"易穷则变，变则通，通则久。"② 脱化为《太极先天之图》的"气极则变，既变则通，通犹道耶，况反者道之动"。由《太极先天之图》又演化为《太极图说》的"太极动而生阳，动极而静；静而生阴，静极复动，一动一静，互为其根"。"是生两仪"便演化为"分阴分阳，两仪立焉"。两者思想相似。

四是，《周易·系辞传》"天地絪缊，万物化醇，男女构精，万物化生"③ 和"乾道成男，坤道成女"④ 的万物化生论，脱化为《太极先天之图》的"太极也者，天地之大本耶。天地分太极，万物分天地，人资天地真元一气之中以生成长养"。即是说"太极"分为天地，天地分为万物，人依赖"天地真元一气"而"生成长养"，构成了《道藏·太极先天之图》的万物化生论。周敦颐沿袭《系辞》和《道藏》，而构成了《太极图说》的万物化生论。他说："无极之真，二五之精，妙合而凝。乾道成男，坤道成女。二气交感，化生万物。""无极"在道家老、庄和道教的《道藏》中相当于"无"或"虚无"。黄宗炎说："方士之诀，逆则成丹。茂叔之意以为顺而生

① 《易·系辞上传》第五章。
② 《易·系辞下传》第二章。
③ 《易·系辞下传》第五章。
④ 《易·系辞上传》第一章。

人。太虚无有，有必本无，是为最上○。乃更炼神还虚，复归无极之名。”① 周敦颐即以“无极”为“无”。“无极”在“太极”之先，便构成了“无极而生太极”或“自无极而为太极”的思维形式。

总之，“自无极而为太极”或“无极而生太极”是一个“自无而为有”或“无能生有”的命题。“无极”为“无”，在“太极”之先；“太极”为“有”，是“无极”的化生者。他说：“水阴根阳，火阳根阴。五行阴阳，阴阳太极。四时运行，万物终始。混兮辟兮，其无穷兮。”② “阴阳”互为其根，由“五行”到“阴阳”，由“阴阳”到“太极”。“太极”混沌未分，辟兮分为“阴阳”二气。阴阳二气混沌未分的“太极”则根于“无极”。这种“从无生有”的宇宙化生论，是把“无”看成超越的虚无概念。由于虚无是非实体的，是无限的、无边际的，而又是无规定的，因为无规定，所以能以最大的包容性涵摄万物。

（四）“阴阳”与“五行”

在周敦颐哲学逻辑结构中，我们已剖析了“无极”→“太极”这对范畴及其关系，现在来剖析“阴阳”→“五行”这对范畴及其关系。

1.“阴静阳动”和“五气顺布”图的由来

《道藏·太极先天之图》第一圈为“阴静”，意为寂然不动。第二圈黑白相交，意为阴阳两仪。如左下图。

黄宗炎在《太极图说辨》中认为，“太极图者始于河上公，传自陈图南，名为无极图，乃方士修炼之术。……周茂叔得之，更为太极图说”③。陈抟《无极图》中的第二圈，如右图。《太极先天之图》与《无极图》所不同者是第二轮：《太极先天之图》为白，即阳；《无极图》为黑白相交，即阴阳两仪。可见《无极图》是对于《太极先天之图》的改造。

那么，《无极图》第二圈本之何书呢？可能出自东汉魏伯阳的《周易参同契》图。五代时道士彭晓作《周易参同契分章通真义》，

① 《易学辨惑》，另见《宋元学案·濂溪学案下》。

② 《通书·动静》第十六，《周子全书》卷九。

③ 《易学辨惑》卷二，《昭代丛书》癸集。

其中有《水火匡廓图》和《三五至精图》。然朱熹作《周易参同契考异》时，却不载此两图。① 《水火匡廓图》是根据《周易参同契》首章“乾坤者，易之门户，众卦之父母。坎离匡廓，运毂正轴”② 而来的，“水火匡廓”，即“坎离匡廓”。毛奇龄说：

> 水火匡廓图者，以章首有“坎离匡廓，运毂正轴”二语。所云水火，即坎离也。丹家以坎离为用，故轮而象之。又名水火二用图，则又取天地者乾坤之象，坎离者乾坤之用二语。③ 盖其图正作坎离二卦，而运为一轴，非所谓两仪也，亦非所谓阳动生阴，阴静复生阳也。其中一〇，则坎离之胎也。左◐为离，白黑白，即☲也；右◑为坎，黑白黑，即☵也。④

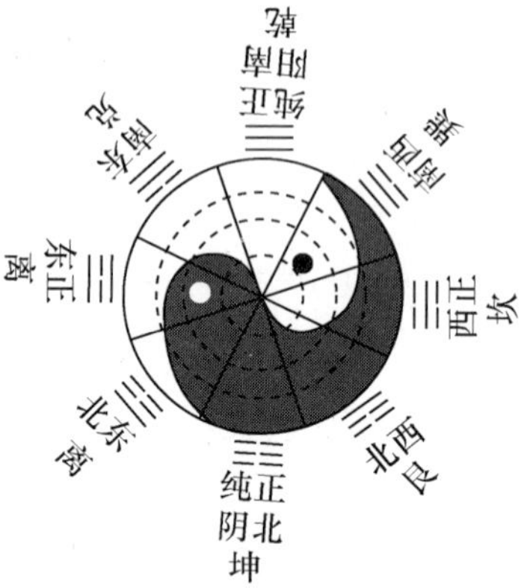

如果以白为阳爻，黑为阴爻，则《水火匡廓图》的左半圈为离（☲），右半圈为坎（☵）。离为火，坎为水，左右相合而成一圆圈，水火相交，还有两仪、阴阳、动静。陈抟《无极图》以此图为《取坎填离图》。惟此图中央小〇，朱熹在《太极图注》中说：“中〇者，其本体也（即第一层之太极也）。”⑤ 而毛奇龄则认为是“坎离之胎”，而非“太极”。但后又据此假托蔡元定入蜀而得隐者所传的《古太极图》，图如上。⑥ 胡渭

---

① 毛奇龄说：“自朱子注《参同契》后，则学者多删之。（《参同契》旧只三篇，西蜀彭晓分为九十章，朱子复并为三篇，名曰考异。其中多移易旧文，改窜语字，至于图则概删之。）惟彭氏旧本，则或九或七，其图犹存。徐氏笺注本已亡，他本庞杂不足据。惟彭本有：《水火匡廓图》、《三五至精图》、《斗建子午图》、《将指天器图》、《昏见图》、《晨见图》、《九宫八卦图》、《八卦纳甲图》、《含元播精三五归一图》。然或并《至精》、《归一》图，或并《斗建》、《将指》图。故或九、或七。今藏书家与道家多有之。以其书本丹灶家抽坎填离之术，故隋唐志以其书入《道藏》中。相传汉桓帝时，淳于叔通受其学，始以行世。张平叔诗云：‘叔通受学魏伯阳，留为万古丹经王。’”（《太极图说遗议》，《西河合集》）

② 《周易参同契分章通真义》第一章。

③ “天地者乾坤之象，坎离者乾坤之用。”引自《周易参同契分章通真义》第七章。朱熹《周易参同契考异》作“天地者，乾坤也”，无“之象”两字。

④ 《太极图说遗议》，《西河合集》。

⑤ 《周子全书》一卷。

⑥ 参见胡渭：《易图明辨》卷三。

引赵仲全的《道学正宗》，对此图做了说明：“《古太极图》阳生于东而盛于南，阴生于西而盛于北。阳中有阴，阴中有阳，而两仪、而四象、而八卦，皆自然而然者也。”① 东为离（☲），南为乾；西为坎（☵），北为坤。如果《古太极图》变为《坎离图》（见上页图，即指内之三轮），则第一轮自正东离（☲）至西南巽（☴）为阳（白），从正西坎（☵）至东北震（☳）为阴（黑）；第二轮自坎（☵）至兑（☱）为阳（白），从离（☲）至艮（☶）为阴（黑）；第三轮兑（☱）至坎（☵）为阳（白），艮（☶）至离（☲）为阴（黑），便构成了《坎离图》。这《古太极图》便是《坎离图》的发展，它解决了《坎离图》无法体现八卦的问题。

《周易参同契》的《水火匡廓图》和陈抟《无极图》的《取坎填离图》，都是为了说明“成丹”的，并无“阴静”、“阳动”之意。周敦颐的改造在于：首将此图纳入《太极图》第二圈，作为构成《太极图》的重要一环；次将此图赋予“阴阳”和“动静”等重要内容，表示“太极”动静而生“两仪”之意。

至于“五气顺布”，图式来自《周易参同契》的《三五至精图》②，图如右。胡渭引张伯端《悟真篇》曰：“三五一都三个字，古今明者实然稀。东三南二同成五，北一西方四共之。戊己自居生数五，三家相见结婴儿。婴儿是一含真气，十月胎圆入圣机。”③ 其实，《三五至精图》是依据《周易参同契》的“三五与一，天地至精”这句话的意思而画的图式。

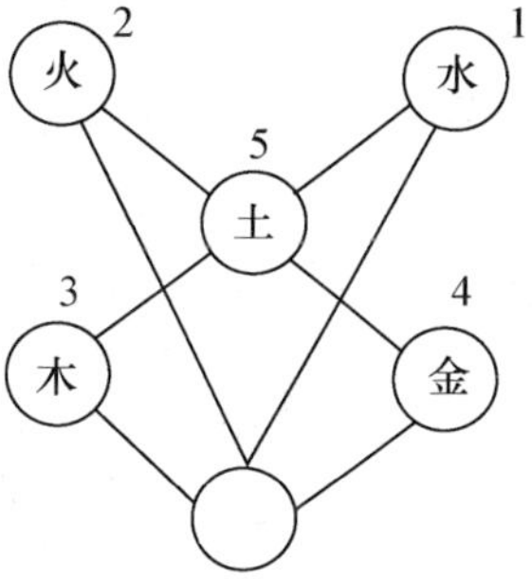

《尚书·洪范》曰：“五行，一曰水，二曰火，三曰木，四曰金，五曰土。”《周易·系辞上传》有“天一，地二，天三，地四，天五”等语。如果把天地生数与五行相结合，则便如毛奇龄所说：“中央土一五也，天五生土也。左火与木，共一五也，地二生火，天三生木也，二三五也。右水与金，又共一五也，天一生水，地四生金也，一四亦五也。故其为生序，则水承坎下，火承离下。其为行序，则金盛为水，木盛为火，而合而复归于一元。

① 《易图明辨》卷三。

② 参见胡渭：《易图明辨》卷三。

③ 《易图明辨》卷三。

则此一〇者三五之合，非二五之合，三五之精，非二五之精。”① 在这里说明了两个问题：一是，天地五行相生的序列，天一生水，地二生火，天三生木，地四生金，天五生土；二是，《三五至精图》中左边火二与木三相加为五，右边水一与金四相加亦为五，中央土为五，共为三个五，故称三五至精。②《周易参同契》的《三五至精图》是为了说明炼丹的。陈显微在注解《鼎器歌》时写道："鼎身周围一尺五寸，以象三五之数，盖围尺五则径五寸也。三五者，谓东三南二一五也，中五二五也，北一西四三五也。本一太极〇之中，而含三五之妙。变五行为三五，变三五为一〇，金丹之妙，尽于是矣。”③

周敦颐的改造在于：首将“三五至精”改为“二五之真”，“二”为“阴阳”，即“阴阳”二气；“五”为“五行”，也即“五气”。在周敦颐看来，人类男女，是由“二五之精，妙合而凝”的，世界万物，是由“二气五行，化生万物”的。就是由“阴阳”和“五行”而成男女万物。他首将炼丹术改造成宇宙万物的化生论；次将五行的联结线变《三五至精图》按三五联结为“五气顺布”。《三五至精图》在水金、火木之间缺联结线，水木之间通过土。周敦颐不仅把水—金、火—木直接联结起来，而且水—木不经过土，因火—土—金已经过土，这体现了“五气顺布”的意思，构成了《太极图》完整体系。

2. “阴静”与“阳动”

如果说在周敦颐的逻辑结构中，“无极”是“静”、是“寂然”的话，那么，它如何化生万物？这显然是一个矛盾。于是，他给予“太极”能“动静”的潜能，展开了关于“阳动”与“阴静”、“一”与“二”等范畴的论证，富有辩证思维。

关于“动”与“静”，《太极图说》载：

> 太极动而生阳，动极而静，静而生阴，静极复动。一动一静，互为其根。分阴分阳，两仪立焉。④

---

① 《太极图说遗议》，《西河合集》。

② 陈显微解释说：“子水一，午火二，子午之数，合而成三也。土数五，故戊己称五也。三五和谐，水火土三者合会也。三五相为夫妇，互作君臣，如八石之互相制度也。”（《周易参同契解》卷上，第二十五）“子水一，午火二，子午之数合而成三，土数五，故中央戊己称五。三与五并之则成八，故云八石。三五既和谐者，水火土三者合为一也。”（俞琰：《周易参同契发挥》卷三）

③ 《周易参同契解》卷下。

④ 《周子全书》卷一。

在周敦颐的“动静”宇宙化生论中，有这样几层意思：一是，“无极”借助于“太极”的“动静”而“生阳”、“生阴”，故“动静”便成为“太极”与“阴阳”之间的关联点。如果“太极”自身没有“动静”的潜能，就不能“分阴分阳”，而使两仪得以成立。周敦颐摒弃了“太极”静而不动的性格，这是对以往一些注释的改造。但这种改造既不彻底，也没有展开，而只是把它转移到较“太极”更高范畴的“无极”身上，让“无极”起着“主静”的作用。这是他哲学逻辑结构的需要。二是，“动静”在其运动的过程中既相互对待，又相互转化和渗透。“动极而静”、“静极复动”，说明了物极必反的思想，即是由一端向其相反的一端转化，这就意味着“阳”中包括了“阴”，“阴”中包含了“阳”。三是，“动静”相互依赖，“动”以“静”为自己存在的前提，“静”以“动”为自己存在的条件，无“动”就无所谓“静”，无“静”也无所谓“动”，“动静”互为其根。由“动静”的这种互根的属性，而决定了由其化生的“阴阳”也具有这种属性。他说：“水阴根阳，火阳根阴。”[①] 水为坎(☵)，火为离（☲），水以阴爻占主导地位，二阴（⚋⚋）一阳(⚊)，而根阳；火以阳爻占主导地位，二阳（⚊⚊）一阴（⚋），而根阴。“阴”中有“阳”，“阳”中有“阴”，互为其根。

在《通书》中，言“动静”者十二处：

静无而动有，至正而明达也。[②]

寂然不动者，诚也。感而遂通者，神也。动而未形，有无之间者，几也。[③]

动而正曰道……邪动，辱也，甚焉害也。故君子慎动。[④]

无思，本也；思通，用也。几动于彼，诚动于此，无思而无不通，为圣人。[⑤]

仁义礼智，四者动静，言、貌、视、听无违之谓纯。[⑥]

动而无静，静而无动，物也。动而无动，静而无静，神也。

① 《动静第十六章》，《周子全书》卷九。

② 《诚下第二》，《周子全书》卷七。

③ 《圣第四》，《周子全书》卷八。

④ 《慎动第五》，《周子全书》卷八。

⑤ 《思第九》，《周子全书》卷八。

⑥ 《治第十二》，《周子通书》卷八。

动而无动，静而无静，非不动不静也。物则不通，神妙万物。①

无欲，则静虚。动直、静虚，则明，明则通。动直，则公，公则溥。②

吉凶悔吝生乎动。噫！吉一而已，动可不慎乎？③

身端，心诚之谓也。诚心，复其不善之动而已矣。不善之动，妄也。④

至诚则动，动则变，变则化。故曰：拟之而后言，议之而后动。拟议以成其变化。⑤

欲动情胜，利害相攻。……噬嗑曰：利用狱，以动而明也。⑥

艮其背，背非见也。静则止，止非为也。为不止矣，其道也深乎。⑦

由这几段话可见，周敦颐从各方面论证了“动静”关系，而说明其是“太极”—“阴阳”过程中的重要中介。下面几点值得注意：

其一，在周敦颐哲学的逻辑结构中，“动静”思想一以贯之。他根据其逻辑结构的需要把“动静”分为三个层次：一层是指“诚”的“动静”。“诚”是《通书》的核心思想，开章就说：“诚者，圣人之本。”⑧“诚，五常之本，百行之源也。”⑨ 这与“无极”为“五行”之本、万物之源的性质相似。“诚”是“寂然不动”的，它不同于“太极”，自身空寂静止。“诚”由于其“静无”，相对于“动有”而言。如果“太极”为“动有”，则“静无”在其逻辑结构中相当于“无极”。从“寂然不动”的“诚”转化为“感而遂通”的“神”，靠的是“诚”这种观念的异化，这是其逻辑结构中无法克服的冲突。窦克勤注曰：“章首喝一诚字，以明无极而太极之宗旨也。”⑩ 窦氏囿于朱熹的“无极而太极”之解，而未明指“无极”。朱熹也说：

---

① 《动静第十六》，《周子全书》卷九。
② 《圣学第二十》，《周子全书》卷九。
③ 《乾损益动第三十一》，《周子全书》卷十。
④ 《家人睽复无妄第三十二》，《周子全书》卷十。
⑤ 《拟议第三十五》，《周子全书》卷十。
⑥ 《刑第三十六》，《周子全书》卷十。
⑦ 《蒙艮第四十》，《周子全书》卷十。
⑧ 《诚上第一》，《周子全书》卷七。
⑨ 《诚下第二》，《周子全书》卷七。
⑩ 《诚上第一》，《周子全书》卷七。

"方静而阴，诚固未尝无也，以其未形而谓之无耳。"① 这是朱子依"无极"无形、"太极"有理的思路解释的。"无极而太极"，即无形而有理，"无极"成为"太极"存在的一种状态或形容词。这实非周敦颐之原意，"诚"为"静无"，即与"无极"的特性相类，也就是说"无极"既是"无"，又是"静"。在《太极先天之图》中最上一圆圈便为"阴静"，周敦颐也同样沿用，只是将其作为《坎离图》的特性而已。

二层是指"神"的"动静"。"动而无动，静而无静，神也。""感而遂通者，神也。""动"时又"无动"（静），"静"时又"无静"（动），即动中有静，静中有动，"动静"相互联系而不分，又相对而不绝对。因其相对，而能超脱"物"的"动静"而无所不通，便能"妙万物"了。"神"在周敦颐的逻辑结构中，除有两处②作灵神解以外，其他七处均与"神妙万物"之"神"相通。如"神应故妙，几微故幽"③。由于"神"并非一般的具体之物，因而它具有与具体事物不同的特性，如不见其形迹，不知其所以然："发微不可见，充周不可穷之谓神。"④ "不见其迹，莫知其然之谓神。"⑤ 由于宋初一般没有摆脱把事物理解为某种经验的显现的东西，所谓"不可见"、"不可穷"、"莫知其然"，就是指经验显现背后"不在场"的隐蔽东西，与"太极"的隐蔽特点相类。

如果说"几"是"动而未形，有无之间者"的东西，那么，"神"便是"知几"者。"知几其神乎！"⑥ 处于"动而未形"、"有无之间"的"神"，实相当于"太极"。"太极"感而遂通，"动而生阳"，"静而生阴"；其未"感通"之时，则是"不见其迹"而"未形"的不在场。在这里"神"的"动静"是与"物"相脱离的，但"神"是怎样使其"感通"？是何者使其"动静"？运动的根源是什么？从《太极图说》来看，则非"太极"和"神"之本身，而是"无极"。"无极"自身虽"寂然不动"，却是"动静"的根源，这便是形上学本体特征的描述。

三层是指"物"的"动静"。如果说在"神"那里"动静"是相

① 《诚下第二注》，《周子全书》卷七。
② "天地鬼神之奥"（《精蕴第三十》）和"筮，叩神也"（《蒙艮第四十》）。
③ 《圣第四》，《周子全书》卷八。
④ 《诚几德第三》，《周子全书》卷七。
⑤ 《顺化第十一》，《周子全书》卷八。
⑥ 《思第九》，《周子全书》卷八。

对的、辩证的，“动中有静，静中有动”的话，那么，在“物”那里则恰恰相反，“动而无静，静而无动”。“动”便是“动”，“静”便是“静”，“动静”相分而非相互联系。既然“动”中无“静”，“静”中无“动”，也就不能相互转化。这不仅与《太极图说》的“动极而静”，“静极复动”，“一动一静，互为其根”相抵牾，而且也明显表露出其对“物”的有限性、固定性的体认。由于“物”的属性是已完成的，此物已非彼物，互相区别。与此、与彼相联系的动即动、静即静，“动静”也是非此即彼的，因此，“物则不通”。所以，这种“动静”的观点是死板的、贫乏的、枯竭的。以“神”与“物”两种动静观来看，周敦颐运用了两套指谓话语。当他讲神的“动而无动，静而无静”时，是指称形上学本体中介的神的语言，陈述神的功能及与动静的关系；当他说“动而无静，静而无动”时，是指称形而下器物的语言，表述器物之间动与静的相互分别，各具自己的个性、特殊性。周敦颐对动静作“神”与“物”的差分，是对动静的辩证的把握。

其二，周敦颐基于其“动静”观，接触到了运动所采取的相对稳定和显著变动两种形式。《周易・系辞上传》第十二章说：“化而裁之谓之变。”对此，张载解释说：“以著显微也。”[①] 朱熹又诠释称，“化”为渐化，“变”为顿变[②]，即相当于显著的质变和微小的量变。如果说运动的形式应由不显著的“化”（量变）而引起显著的“变”（质变）的话，那么，周敦颐则由运动而变，由“变”而“化”，“变”与“化”的关系是相反的。说明“变”与“化”的内涵在规定之中，见仁见智，这对于变化的约定俗成是有裨益的。

其三，从伦理道德上说，周敦颐认为“动静”也是相分的。他从“无极”的“寂然不动”出发，以“静”为主。因此，“静”是“善”的、“诚”的。如何达到既善又“诚”的“静”的境界，便需通过修身的工夫做到“无欲”。人们只要“无欲”就能“虚静”。所以说：“无欲，则静虚。”至于“动”，则就与“静”有别，它具有两重性：既“正”又“邪”，既“善”又“恶”。譬如“动正”便与“道”相符，“邪动”便有害；“动直”便符合“公”的原则，“动”邪便是私欲；“善之动”便与“诚”相符，“不善之动”便是“妄”。

---

① 《正蒙・神化篇第四》，《张载集》，16页。

② 参见拙著：《朱熹思想研究》，第七章，361～369页，北京，中国社会科学出版社，1981。

由于“吉、凶、悔、吝生乎动”，言、貌、视、听发于动，一切好坏、吉凶、言论、容貌都由“动”产生，因此，“动”的“善”与“不善”、“正”与“邪”、“直”与“不直”，便关系道德价值的导向。如“欲动”便会“情胜”，就会发生利害相攻，这时，只有动用监狱这种工具，才能使之明白利害，以止相攻。但主要还是靠人们自我“修身”，以做到“心诚”；只有“心诚”，人们的言论、容貌、视察、听闻都能纯正，而不违背仁、义、礼、智等伦理道德原则。正因为“动”具有这样两重性，所以，周敦颐主张“慎动”，特别是“君子”，“动不可慎乎”？“故君子慎动”。

周敦颐把“动静”分为三层，便是“诚”（寂然不动）——“神”（动而无动，静而无静）——“物”（动而无静，静而无动）三个层次。这里，除了“神”的阶段与《太极图说》的“一动一静，互为其根”相合外，头与尾，即“诚”与“物”阶段都是“动静”相分的。

关于“一”与“二”，与“动静”相联系，周敦颐论述了“一”与“二”的关系。他在《太极图说》中说：

> 一动一静，互为其根，分阴分阳，两仪立焉。①
> 五行一阴阳也，阴阳一太极也。②
> 二五之精，妙合而凝。……二气交感，化生万物。③

如以“太极”为“一”则“阴阳”为二，或称“阴阳”二气。由于“一”（“太极”）自身含有“动静”对待统一的属性，而“一”分为“二”（“阴阳”）；“阴阳”二气相互“交感”，互相作用，便化生万物，“万物生生，而变化无穷”④。反过来，万物又统一于“五行”，“五行”统一于“阴阳”二气，“阴阳”统一于“太极”，即由“万”而“五”，由“五”而“二”，由“二”而“一”。这里“一”与“二”既相互区别，又相互联系，以上构成了周敦颐宇宙化生论的具体模式。这种具体模式，在《通书》中还有论证：

> 二气五行，化生万物。五殊二实，二本则一。是万为一，一实万分。万一各正，小大有定。⑤
>
> 有善一，不善二，则学其一，而劝其二。⑥

---

①②③ 《周子全书》卷一。
④ 《太极图说》，《周子全书》卷一。
⑤ 《理性命第二十二》，《周子全书》卷九。
⑥ 《爱敬第十五》，《周子全书》卷九。

一为要。一者，无欲也。[①]

周敦颐从两个方面说明了“一”与“二”的关系。一方面，从化生论证明“一”是“二”的根本。“五殊”即“五行”，是指水、火、木、金、土五种具体事物；“二实”即“二气”，是指两种性质和作用不同的“阴阳”；“万”是千差万别的事物；“一”即多样性的统一。由“五行”和“二气”的相互作用，而化生万物；再由“五行”、“二气”而本于“一”，即“一”⇄“二气”⇄“五行”⇄“万物”。因为它们之间构成了循环的运动，所以，具体的万物统一为“一”，“一”又分化为具体的万物。在“一实万分”的过程中，首先是“一”分为“二气”，“二本则一”。另一方面，从伦理道德来说，“一”为“善”、为“无欲”；“二”为“不善”、为“有欲”。“一”与“二”的关系，便是“善”与“不善”、“无欲”与“有欲”的相对关系。但作为“善”与“不善”、“有欲”与“无欲”之统一体的人来说，应该修身养性，学“善”戒“恶”，学“无欲”而窒“有欲”。这种“一”与“二”关系是和伦理道德思想交织在一起的。

由上可见，在周敦颐的逻辑结构中，“阴静”与“阳动”是重要的一环，它既是“太极”借助其“静”与“动”的运动形态而产生“阴”与“阳”二气；又由于“阴静”与“阳动”的作用而产生“五行”。在这里，周敦颐的逻辑结构中闪现出一些辩证的思维，这也影响了后来的理学家。

3. “五气顺布”

《太极图说》曰：

阳变阴合，而生水、火、木、金、土，五气顺布，四时行焉。[②]

“阴阳”变化融合，而化生“五行”。朱熹解释说：“阳变阴合，初生水火，水火气也，流动闪烁，其体尚虚，其成形犹未定；次生木金，则确然有定形矣。水火初是自生，木金则资于土。”[③] 朱熹依“五行”排列层次，先上（水、火）后下（金、木），开始产生的时候，其体尚虚、未成固定形状的液体或气体；后化生有固定形状的固体——金与木。水火由“阴阳”一变一合直接产生，金、木则还需依

① 《圣学第二十》，《周子全书》卷九。

② 《周子全书》卷一。

③ 《太极图说·集说》，《周子全书》卷一。

赖土。当然，其化生次序也有按先右后左而列。明曹端在《太极图说述解》中说："阳变而阴，而生水与金；阴合而阳；而生火与木；土则生于变合之中而阴阳具。"[①] 在《五行图》中，水、金居右，火、木居左，土居中。这两种解释体现出朱熹注重其化生的逻辑层次，曹端则重《周易参同契》中《三五至精图》的次序，各有所依，但未必都合周敦颐之原意。从《太极图说》的这段话并结合《五行图》来看，"阴阳"变合，其生次序，应是水、火、土、木、金。在周敦颐的心目中，"五行"也是"五气"，即五种"气"的存在状态。但它们与"阴阳"有异，是较"阴阳"更具体，其性质更确定的东西。因此，说"五行之生也，各一其性"[②]。

至于"五气顺布"，"四时行焉"。朱熹解释说："金、木、水、火，分属春、夏、秋、冬。"[③] 曹端有一具体说明："木气布而为春，万物以生；火气布而为夏，万物以长；金气布而为秋，万物以敛；水气布而为冬，万物以藏；土气则寄于四序之间，而四时行矣。"[④] 在周敦颐的《五行图》中，"五行"之间上下、左右，无所不通，无不流行。尽管"五行"各一其性，却构成了"五行"之间相互联系的图式和运动普遍性的形式。

那么，"五行"相生如何产生男女、万物呢？这需要通过《五行图》最下端的小圆圈。有人将此小圆圈解释为"太极"，表示"五气顺布"的结果，最终还是复归于"太极"，恐未妥。按《太极图说》的次序和《太极图》演化的含义，应是"无极之真，二五之精，妙合而凝"，即阴阳二气和水、火、木、金、土"五气"，妙合凝聚，而化生具体的事物，处于将生而未生的凝聚造作过程中。如朱熹所说："阴阳五行，七者衮合，便是生物底材料。"[⑤] 这小圆圈便是二（"阴阳"）五（"五行"）衮合、妙合的方所。从这个意义上说，此小圆圈是承上启下不可缺少的环节。

如果说《坎离图》中"阴静"与"阳动"的辩证思维未被充分发挥的话，那么，在"五气顺布"中，则主要是论述五种性质不同的事物的运动、变化。在这里，不仅把事物与运动看做不可分的，

---

① 《太极图说述解》，《周子全书》卷五。

② 《太极图说》，《周子全书》卷一。

③ 《太极图说·集说》，《周子全书》卷一。

④ 《太极图说述解》，《周子全书》卷五。

⑤ 《太极图说·集说》，《周子全书》卷一，另见《朱子语类》卷九十四。

而且运动是普遍的。

（五）“男女”与“万物”

在周敦颐的哲学逻辑结构中，“男女”→“万物”这对范畴及其关系，是“无极”通过“太极”、“阴阳”、“五行”等环节而最终演化为“万物”，万物是上述的落实处。

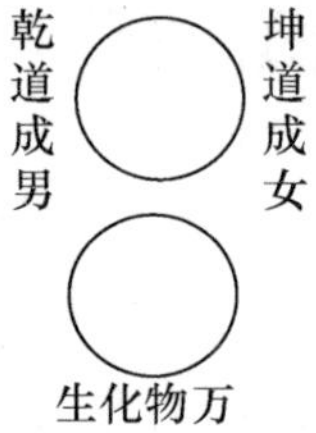

“男女”与“万物”在《太极图》中的关系图式，见右图。此图的渊源无疑是《道藏·上方大洞真元妙经品》所附《上方大洞真元妙经图》中的《太极先天之图》①。其不同的是，《太极先天之图》中的“坤道成女”居水—金联结线一侧，“乾道成男”居火—木联结线一侧。“万物化生”则居《五行图》下的第一圈，即周敦颐《太极图》的“坤道成女”、“乾道成男”之位。但是毛奇龄在《太极图说遗议》中有一个《唐真元品太极先天合一之图》，此图本应与《道藏·太极先天之图》一致，然实际却有异。其图见下页②，与周敦颐的《太极图》相似，这大概是参照陈抟的《无极图》和朱震所进《太极图》而改造的。③

《太极图说》对“男女”与“万物”解释说：

> 乾道成男，坤道成女。二气交感，化生万物。万物生生，而变化无穷焉。④

朱熹注曰：“阳而健者成男，则父之道也；阴而顺者成女，则母之道也。是人物之始，以气化而生者也（人物始生，未有种类，不得不受天地之醇气，而自然化生者也。男女犹曰牝牡雌雄之类，盖通人物而言之也）。气聚成形（既已气化而成形矣），则形交气感，遂以形化，而人物生生，变化无穷矣（人物既有种类之后，则自以形气交感，而相生，嘿受化育之理，所以生生遂无复穷尽矣）。”⑤ 乾为“阳”，坤为“阴”，“阳”而健成男，“阴”而顺成女，这是人与物的始生。此男、此女并非某一具体的男人、女人，而是就具有男性

① 有人认为《真元妙经品》所附之《太极先天之图》与周敦颐《太极图》的“男女”、“万物化生”图式一模一样，恐不妥。

② 见《西河合集》。

③ 请参照上引《上方大洞真元妙经品》后附之《上方大洞真元妙经图》中的《太极先天之图》全图。

④⑤ 《周子全书》卷一。

（阳性）特征或女性（阴性）特征的一般情况而言，即牝牡、雌雄之类。这时人类及自然界万物还处在“气化”阶段，还未成形。“气聚成形”，即“气化”成人与物的不同种类，然后人、物生生，而变化无穷，便是“形化”在阶段。尽管“气化”、“形化”在很大程度上是朱熹的发挥，但《太极图》显然是把“成女”、“成男”与“万物化生”分为两个阶段的。

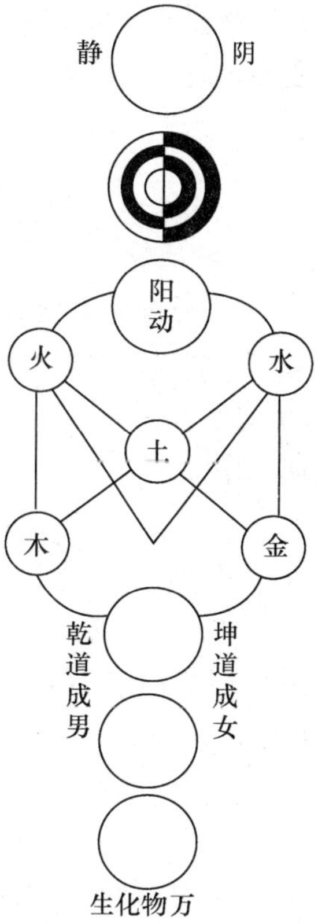

周敦颐在《通书》中说：

> 天以阳生万物，以阴成万物。①
>
> 天以春生万物，止之以秋。物之生也，既成矣，不止则过焉，故得秋以成。②

春夏为冲和之气，为阳生，万物生长；秋冬为肃杀之气，为阴成，万物收成。这是对《太极图说》中“万物化生”的具体解释。然而这个变化是无穷无尽的，是一个无限系列，由此观之，则还有辩证的因素。但是，这个变化最终不能摆脱其逻辑结构的藩篱，只能在其逻辑结构内运动变化。

周敦颐哲学的逻辑结构，是从“无极”开始，借助“太极”的“动静”而生“阴阳”，由“阳变阴合”而生“五行”（“五气”），再由“二气”（“阴阳”）、“五行”的妙合和交感，而生“男女”、“万物”，这可谓自上推而下来；“五行一阴阳也，阴阳一太极也，太极本无极也”，这可谓自下推而上去。其演化行程为：“无极”→“太极”→“阴阳”→“五行”→“男女”→“万物”；或“万物”→“男女”→“五行”→“阴阳”→“太极”→“无极”。它的宇宙化生论、万物化生论、男女构成论，都是在这个圆圈中演化着。如果打破这个圆圈，去掉“无极”这个第一实体，那么，便是“气”在运动变化产生万物。“无极”作为形而上学本体，它是观念的设定，

---

① 《顺化第十一》，《周子全书》卷八。

② 《刑第三十六》，《周子全书》卷十。

在从隐蔽的“不在场”走向显现的“在场”的过程中，为自己对置、安顿，而后完成哲学逻辑结构。

三、“立人极”的伦理道德学说

《太极图说》第一部分为宇宙化生论，当宇宙间化生了人类男女以后，便提出了一个如何做人、做什么人和人的修养等问题。因此，《太极图说》的后半部分便讲为“圣”的标准、内容、工夫等问题。他这样说：

> 圣人定之以中正仁义（自注：圣人之道，仁义中正而已矣）而主静（自注：无欲故静），立人极焉。故圣人与天地合其德，日月合其明，四时合其序，鬼神合其吉凶。①

所谓“立人极”的“极”，此处恐非“中”之意。《尚书·洪范》曰：“次五曰，建用皇极。”《孔传》：“皇，大；极，中也。凡立事当用大中之道。”故而有“至极”的意思，《经典释文》有训：“陆［绩］云：极，至也。”由此，“立人极”，就是指做人的最高境界，达到这最高境界的便是“圣人”，其内容是中、正、仁、义，其工夫是“无欲”、“主静”、“迁善改过”等等。周敦颐把伦理道德问题提升到极为重要的位置。《通书》有载：

> 天地间，至尊者道，至贵者德而已矣。至难得者人，人而至难得者，道德有于身而已矣。②

“道德”于天地之间，是“至尊”、“至贵”的，人是很难得之于身的。这一概念被推崇之高，形之于言词的，恐为以往儒家所未及；其视之“至尊至贵”，述之于文章的，恐为孔、孟、董、韩所未言。这是当时重建伦理道德的需要，也开理学家道德形上学之端绪，而影响深远。

（一）为“圣”的标准

在《太极图说》和《通书》中，“圣”字凡三十见。计《太极图

---

① 《太极图说》，《周子全书》卷二。

② 《师友上第二十四》，《周子全书》卷九。

说》二见，《通书》第一章一见，第二章一见，第三章一见，第四章一见，第六章一见，第七章二见，第九章三见，第十章三见，第十一章一见，第十七章一见，第十八章一见，第二十章一见，第二十三章一见，第二十九章二见，第三十章四见，第三十一章一见，第三十四章一见，第三十六章一见，第三十七章一见。所及章数之广，所见字数之多，为“无极”、“太极”、“阴阳”、“五行”、“动静”、“诚”、“性”、“德”、“几”、“中”、“和”等范畴所不及，是其社会伦理道德思想的核心。

周敦颐认为，人格修养最高、最完善的境界是“圣人”。“圣希天，贤希圣，士希贤。”① 朱熹注曰：“希，望也。字本作睎。”在“圣”、“贤”、“士”三等人中，“圣”为最高，为众所仰。人之所以能为“圣人”，皆因人非木石鸟兽，而是“得其秀而最灵”②。也就是人为万物之灵的意思。周敦颐这句话盖出自《尚书》、《礼记》。《尚书·泰誓》曰：“我惟天地万物父母，惟人万物之灵。”《礼记·礼运》篇云：“故人者，其天地之德，阴阳之交，鬼神之会，五行之秀气也。”虽《泰誓》为伪古文，但可能有所本，故在周敦颐之前，人为万物之灵的思想便已存在。“得其秀”之“秀”，是指“阴阳”、“五行”之“秀”，即“二五之精”的“精”。秀和精都是最佳、最优的价值，妙合成人，因而，人为万物之灵。人之所以为“灵”，是因其能“思”和“睿”。《通书》有载：

> 不思，则不能通微；不睿，则不能无不通。是则无不通生于通微，通微生于思。故思者，圣功之本。③

不念虑，就不能通乎几微。“睿”是通的意思，通乎微也。不通微，就不能造乎圣人。人而能思则通，就是“睿”。周敦颐引《洪范》曰：“思曰睿，睿作圣。”④ 这是人区别于其他动物，而之所以为人的根本特点。所以，“思”是人所具有的特殊功能，也是作“圣人”的功能。在当时，周敦颐把“思”、“灵”作为区分人与动物的标准，颇具眼力。但他以人为“阴阳”二气和“五气”之秀构成，则人和人类社会归根结底也由“无极”所化生。这不仅说明周敦颐的伦理道德思想是其宇宙化生论的贯彻和发展，而且也说明人和人类社会

① 《志学第十》，《周子全书》卷八。

② 《太极图说》，《周子全书》卷二。

③④ 《思第九》，《周子全书》卷八。

是先在固有的“二五之精”等的冲突融合，是隐蔽不在场的“无极”的呈现。

人之为“圣”何以可能？是因人得“阴阳”、“五行”之秀，而为万物之灵。从本质上说，人性是“善”的，但由于与外物接触，不免受外物的诱惑，便有“善”、“恶”之分。《太极图说》云：“形既生矣，神发知矣，五性感动而善恶分，万事出矣。”① 有了人的形体，便有知觉聪明等精神活动。仁、义、礼、智、信“五常之性”，感物而动，便有“善”、“恶”之分；由于“五常之性”彼此有异，便散为“万事”，因而“万事”也各有不同的个“性”。

周敦颐认为，“性”除“善恶”、“刚柔”外，还有“中”。他说：

> 性者，刚柔、善恶、中而已矣。不达，曰刚善，为义、为直、为断、为严毅、为干固；恶，为猛、为隘、为强梁。柔善，为慈、为顺、为巽；恶，为懦弱、为无断、为邪佞。惟中也者，和也，中节也。天下之达道也，圣人之事也。②

在周敦颐的逻辑结构中，有“太极”→“阴阳”→“五行”这样一个序列。如果“太极”为“一”，则“阴阳”为二气。与这个哲学逻辑结构相适应，“性”也由一而二，便有“刚、柔”；“刚、柔”与“善、恶”相结合，便由二而四，而成“刚善”、“刚恶”、“柔善”、“柔恶”；加以“中”，便成“五性”，就与“五行”相对应；从而构成了“性”→“刚柔”→“五性”这样的序列。在“五性”之间，“中”相当于“五行”之间的“土”，“土”居中。周敦颐进一步给“五性”以质的规定，以确定其在人们社会生活和伦理道德规范中的地位和作用。“刚善”，为“义”、为“直”、为“严毅”，是好的“性”；“柔善”，为“慈”、为“顺”、为“巽”，也是好的“性”。“刚善”和“柔善”构成义、直、慈、顺之性。“刚恶”，为“猛”、为“隘”、为“强梁”，是不好的“性”；“柔恶”，为“懦弱”、为“无断”、为“邪佞”，也是不好的“性”。在“五性”之中，“中”为最好的“性”，既“和”又“中节”，是“天下之达道”，是“圣人之事”。因此，在周敦颐看来，“中”是最高的道德境界。他说：

> 刚善刚恶，柔亦如之，中焉止矣。③

---

① 《周子全书》卷二。

② 《师第七》，《周子全书》卷八。

③ 《理性命第二十二》，《周子全书》卷九。

故圣人立教，俾人自易其恶，自至其中而止矣。[1]

“中”既为“圣人之事”，于是“圣人立教”，便是教人“自易其恶”。如果说“刚善”、“刚恶”、“柔善”、“柔恶”为“气质之性”的话，那么，“自易”之意，就是“变化气质”，做到“气质变”，便是“立教”之功，为学之益。周敦颐的意思是，如达到“中”性，也就是“圣人”所具的“性”，便是“止”矣，也就是最高的了。这似乎是有“天地之性”的含义。后来吴敬庵注释说：“盖天之理无不善，而人所禀气质之性有不齐。于是刚柔既分，而善恶又异，有兼得刚柔之善，而无过不及者，为中。此其气质清明纯粹，而有以全其天理者，为至矣。”[2] 若以“天地之性”专指“理”言，“气质之性”为“理”和“气”杂而言，则“中”性“全其天理”，当是指“天地之性”，而“刚善”、“刚恶”、“柔善”、“柔恶”之性，既有严毅慈顺之德，又有强梁懦弱之病，应为“气质之性”。但朱熹认为，周敦颐所讲的“五性”，“以气禀而言也”[3]。《语类》也载：“问：性者，刚柔善恶中而已。曰：此性，便是言气质之性，四者之中，去却两件刚恶、柔恶，却又刚柔二善中，择中而主（他作立）焉。”[4] 不承认“中”性为“天地之性”，而是就“气质之性”中取“刚善”、“柔善”之中为“中”性，此“中”便是无过不及的意思，也是指“已发”之中。朱熹之所以这样解释，是因为他认为首先提出“天地之性”和“气质之性”的是张载和二程，而非周敦颐。当然，这一解释不一定符合周的原意。

“中”性既为“和也”、“中节也”，为“圣人之事”，则是“圣人”所具有的“性”，也是为“圣”的条件。但周敦颐以为，“圣”的主要标准为“诚”。他说：“圣，诚而已矣。”[5] 朱熹注释说：“圣人之所以圣，不过全此实理而已，即所谓太极也。”[6] 且不说朱熹按己意将“诚”诠释为“理”或“太极”，但其以“诚”为“圣人之所以圣”，则颇有道理。

为什么“诚”是为“圣”的标准？

第一，“诚”为“圣”之本。“诚者，圣人之本。”[7] 朱熹训此

---

① 《师第七》，《周子全书》卷八。

② 《周子全书》卷八。

③ 《师第九注》，《周子全书》卷八。

④ 《周子全书》卷八引。

⑤⑥ 《诚下第二》，《周子全书》卷七。

⑦ 《诚上第一》，《周子全书》卷七。

"本"为"本领之本"[①]，恐不一定符合周氏原意。笔者以此"本"应为根本之"本"。由于"诚"是"圣"的根本，因此，"诚之源"便是"大哉乾元，万物资始"[②]。"元"，大也，始也；资，取也。乾元是天德的大始，是万物取以为生；"诚斯立"便是"乾道变化，各正性命"[③]，天道变化，万物各得其所赋之"正"，而有"性命"，就是说"诚"变化流行，而使万物具有各不相同的"性"。同时，"诚"具有"通"和"复"的功用："元亨，诚之通；利贞，诚之复。"[④]"元"、"亨"、"利"、"贞"是"乾"的四德，即"易德"；"通"即通于物，是说"诚"方出而赋予物以善性；"复"即回归，而不同于程颐就动处说，是说复归于"利贞"之德。"诚"既以"通"与"复"而体现为"元、亨、利、贞"四德，又是万物资以生之"始"和赋以性命之"正"的主使者。因此，"诚"体现了"圣人"所具有的最高伦理道德境界，正是从这个意义上说，"诚"是为"圣"的根本。

第二，"诚"为"五常之本，百行之源"[⑤]。所谓"五常"，是指仁、义、礼、智、信等五行之性。"百行"，既指人们孝、悌、忠、信等行为规范，即侍奉父母要孝，侍奉君要忠等，也指各种各样的事物。"五常"、"百行"的"本"和"源"，一"诚"而已。因而，"诚"是社会伦理道德的最高原则和行为规范，又是众多事物之渊源。假如"五常百行，非诚非也，邪暗塞也。故诚则无事矣"[⑥]。就是说，不"诚"，则"五常"、"百行"皆无其实，所谓"不诚无物"的意思。不正为"邪"，不明为暗，不正不明，便"塞"而不通。只有"诚"，才能"至正明达"。因此，"存诚"是为"圣"重要标准，"圣人"惟"诚"，就能不勉而中，不思而得，从容中道。

第三，"诚"，"纯粹至善者也"[⑦]。朱熹注释说："纯，不杂也；粹，无疵也。"[⑧]"诚"之所以为"纯粹至善"，是因"诚无为，几善恶，德，爱曰仁、宜曰义、理曰礼、通曰智、守曰信"[⑨]。"无为"是说"诚"本体不动，无所作为，而实贯乎动静。"几者，动之微，动则有为而善恶形矣。诚无为，则善而已。动而有为，则有善有

---

① "问：'诚者，圣人之本。'曰：'此言本领之本，圣人所以诚者，诚而已。'"(《通书》，《朱子语类》卷九十四，董铢录)

②③④ 《诚上第一》，《周子全书》卷七。

⑤⑥ 《诚下第二》，《周子全书》卷七。

⑦⑧ 《诚上第一》，《周子全书》卷七。

⑨ 《诚几德第三》，《周子全书》卷七。

恶。”① “诚无为”为“静”，“几有为”为“动”，“静”主“动”宾。因而，“诚至善”而“几善恶”。为“圣”以“诚”为标准，“诚”便是“至善”。

虽“诚”无为，实贯“动静”。“几”为“动之微”，则“诚”贯乎“几”。既然贯乎“几”的“诚”为“至善”，那么，何谓“几”有“善”有“恶”？对此后人似有不同看法。朱熹在《答赵致道》书中同意赵致道的看法，而对其图略有改正。赵认为，胡宏以“同体异用”来解释“诚无为，几善恶”，不合周敦颐的原意。胡宏图式如右下：

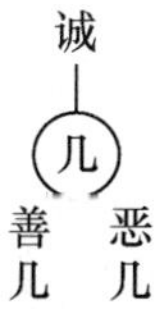

赵致道抨击称：“善恶为东西相对，彼此角立，则是天理人欲同出一源，未发之前，已具此两端，所谓天命之谓性，亦甚污杂矣。”② 胡宏之失，是将“善、恶”平列角立，不分宾主，而至以客乘主，以孽代宗。由此而以为“善恶”、“天理人欲”同源，未发之前，已具两端。这样，作为未发之前的“天命之性”也就不是“纯粹至善”，而有善恶之污杂了。赵致道认为，“善恶虽相对，当分宾主，天理人欲虽分派，必省宗孽。自诚之动而之善，则如木之自本而干，自干而末……道心之发见，天理之流行，此心之本主，而诚之正宗也。其旁荣侧秀……此虽亦诚之动，则人心之发见，而私欲之流行，所谓恶也。非心之固有，盖客寓也。非诚之正宗，盖庶孽也。”③ “善恶”必须分宾、主和宗（本）、孽（庶），而不能平列角立。其图式如右。赵为朱熹学生，朱称赵“此说得之”④。可见是按朱熹“天命之性”和“气质之性”的理论来评品得失、是非的。但周敦颐并无明确提出“天命之性”和“气质之性”之分，因此，赵致道之说，也不一定就是周的原意。

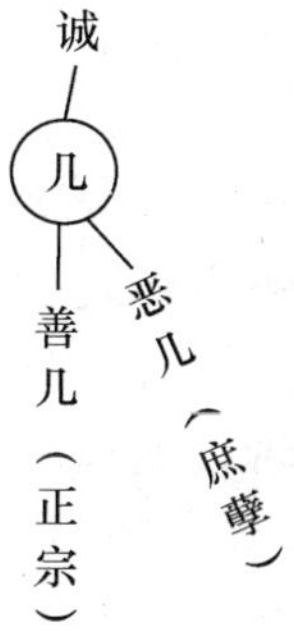

不过，周敦颐在《诚几德》章以“至善”之“诚”为“圣人”的标准，则是无疑的。他在此章里按照其哲学逻辑结构中“太极”→“阴阳”→“五行”的一、二、五次序，提出了“诚、几、德”等范畴，若“诚”为一，则“几”为二，“德”为五；由此构成了“诚”→“几”（善几、恶几）→“德”（爱、宜、理、通、守和仁、义、礼、智、信）的序列。⑤ 因此，周敦颐伦理道德思想既是其哲学

① 《通书》，《朱子语类》卷九十四，程端蒙录。

②③④ 《答赵致道》，《朱文公文集》卷五十九。

⑤ 朱熹看到了这个问题。他说：“《通书》一部，皆是解太极说。这道理自一而二，二而五，如‘诚无为，几善恶，德’以下，便配著太极、阴阳、五行，须是子细看。”（《通书》，《朱子语类》卷九十四，黄罃录）

逻辑结构的展开和贯彻，也是融宇宙化生论和伦理道德论为一的。

“诚”是“圣之本”、“五常之本”、“百行之源”和“纯粹至善”的最高伦理道德境界，便是“圣人”之所以为“圣人”的标准。

（二）为“圣”的内容

周敦颐说：“圣人之道，仁、义、中、正而已矣。”① 又说：“圣人之道，至公而已矣。”② “圣人之道”便是“仁”、“义”、“中”、“正”、“公”。

何谓“仁”？

《太极图说》“仁”字三见；《通书》“仁”字八见，计第二章一见，第三章一见，第五章一见，第六章一见，第十章一见，第十一章二见，第十二章一见。统观此十一见，含有这样几层意思：

其一，“仁”是“立人之道”，是较高的道德境界和伦理道德规范。它既居“义”、“中”、“正”、“公”等“圣人之道”的首位，亦居“义”、“礼”、“智”、“信”等“五常”之首。“圣人定之以中正仁义”，人人必须遵而行之，而不得违反。他称颜回“不迁怒，不贰过，三月不违仁”③，便是做到了“仁”。周敦颐此语引自《论语·雍也篇》，朱熹解释说：“迁，移也；贰，复也。怒于甲者，不移于乙，过于前者，不复于后，颜子克己之功，至于如此。”“心不违仁者，无私欲而有其德也。”④ 如果人人“心不违仁”，则“天下归仁焉”。他说：“果而确，无难焉。故曰：一日克己复礼，天下归仁焉。”⑤ 譬如与“私欲”开战，必须立定脚跟。“果而确”，即果敢地战胜“私欲”，方能确然地守得这“仁”，而不迁变。这样，如能一日“克己之私”，而“复礼”，则天下归“仁”了。

其二，“仁”是人心之“爱”。他说：“爱曰仁。”⑥ 何以为“仁”之“爱”？他说：“君子悉有众善，无弗爱且敬焉。”⑦ “善”无不学，而使众善，恶无不劝，不弃一人于恶，这便是“仁”而“爱”。周敦颐的这一思想，朱熹后来大加发挥。朱熹有鉴于“近来学者不肯以

---

① 《太极图说自注》，《周子全书》卷二；另见《通书·道第六》，《周子全书》卷八。
② 《公第三十七》，《周子全书》卷十。
③ 《志学第十》，《周子全书》卷八。
④ 《雍也第六》，《论语集注》卷三。
⑤ 《诚下第二》，《周子全书》卷七。
⑥ 《诚几德第三》，《周子全书》卷七。
⑦ 《爱敬第十五》，《周子全书》卷九。

爱言仁"[1] 的情境，以矫正"由汉以来，以爱言仁之弊，正为不察性情之辨，而遂以情为性耳"[2]（即性与情不别），便提倡"仁者，爱之理，心之德也"[3]。又说："仁乃爱之理，生之道。"[4]"仁何以为爱之理"呢？他回答说："人禀五行之秀以生，故其为心也……盖木神曰仁，则爱之理也。……仁之所以为爱之理，于此其可推矣。"[5] 朱熹以"仁"为"爱"，"爱乃仁之已发，仁乃爱之未发"[6]。"仁"为"未发"，即隐蔽的；"爱"为"已发"，为显现的。当时人对此虽有异议，"某尝说仁主乎爱，仁须用爱字说，被诸友四面攻道不是"[7]，但是，此后以"仁"为"爱"，则成定论。

其三，"仁"是天地生物之心。他说："天以阳生万物，以阴成万物。生，仁也；成，义也。故圣人在上，以仁育万物，以义正万民。"[8]《说文》释"仁，亲也"。他以"仁"为"生也"，突破了古训。天的生物之道，便是"仁"，或以天地生物之心而称"仁"。"圣人"居君师之位，参天地，赞化育，以"仁"育万物，"仁"便有生育万物的意思。以往儒家言"仁"，主要是指谓人性、伦理道德范畴，如"不忍人之心"、"恻隐之心"、"亲"、"爱"等等。周敦颐在其逻辑结构中融宇宙化生论和伦理道德为一，故特训"仁"为"生"，实开理学家不遵古训之端绪。程颢以心如"谷种生之性便是仁"[9]。朱熹则又加发挥："生底意思是仁。"[10]"仁是个生底意思，如四时之有春。"[11] 他以仁、义、礼、智配春、夏、秋、冬，即"春为仁，有个生意，在夏则见其有个亨通意，在秋则见其有个成实意，在冬则见其有个贞固意"[12]。并配以时辰："寅卯辰是万物初生时，是那生气方发，这便是仁。"[13] 这样，便把"仁"从伦理道德升华为自然界的实体，成为能化生万物的本体。

---

① 《答吴晦叔》，《朱文公文集》卷四十二。
② 《答张钦夫论仁说·又论仁说一》，《朱文公文集》卷三十二。
③ 《学而第一》，《论语集注》卷一。
④ 《答胡广仲》，《朱文公文集》卷四十二。
⑤ 《论语或问》卷一，《朱子遗书》。
⑥⑦ 《训门人五》，《朱子语类》卷一一七。
⑧ 《顺化第十一》，《周子全书》卷八。
⑨ 《程子书一》，《朱子语类》卷九十五。
⑩ 《仁义礼智等名义》，《朱子语类》卷六。
⑪ 《论语·学而上》，《朱子语类》卷二十。
⑫ 《仁义礼智等名义》，《朱子语类》卷六。
⑬ 《孟子三》，《朱子语类》卷五十三。

“仁”为“五常”之首，是人心之“爱”，又是“天地生物之心”①。“圣人”以“仁者，爱人”，使人迁善，而恶无不劝，并参天地、赞化育，以仁育万物。这便是为“圣”的内容之一。

何谓“义”?

“义”字与“仁”基本相同，《太极图说》三见，《通书》九见，共十二见。不过，《师下第二十五》章作“道义”解计三见。余九见，计有这样几层意思：

其一，“义”是“立人之道”。他说：“立人之道，曰仁与义。”②如果说“仁”是较高层次的伦理道德境界的话，那么，“义”则居第二位。“仁、义、礼、智，四者动静。”③在“仁”、“义”、“礼”、“智”中，“仁”、“义”是关键。“礼”是“仁”之著，则“智”是“义”之藏。因此，人无“仁义”，则“人道”不立。具备了“仁”与“义”的伦理道德规范，其他道德规范也可涵盖了。

其二，“义”是“宜”和“刚善”。他说：“宜曰义。”④所谓“宜”，《说文》释曰：“所安也。”也有适理的意思。《泰卦·象传》曰：“泰，后以财成天地之道，辅相天地之宜，以左右民。”裁成以制其过，辅相以补其不及，即使其适宜，就是无过无不及的意思。同时，“义”又是“刚善”，他说：“刚善为义。”⑤认为“义”是一种“严毅”和“善”的“性”。“圣人”以“宜”和“刚善”为必备的道德行为。假如“匪仁，匪义……悉邪也”⑥，则是邪道，不仅有害于身，而且有害于天下国家。

其三，“义”是“成”万物的。如果说“仁”是“生”万物，那么，“义”便是“成”万物，也就是天以阴气成万物。由此而譬喻为秋冬之万物收成。“圣人”得天地成物之心而为“义”，正万民，使之无不得其正。这样就把其政治论、统治术和道德、伦理及宇宙化生论融为一体了。

“义”作为“立人之道”，其主要的作用应是伦理道德方面，这是“义”的本意。周敦颐以“义”为“成”万物者，则是其引申。

何谓“中”、“正”?

---

① 《孟子三》，《朱子语类》卷五十三；另见《程子书一》，《朱子语类》卷九十五。

② 《太极图说》，《周子全书》卷二。

③ 《治第十二》，《周子全书》卷八。

④ 《诚几德第三》，《周子全书》卷七。

⑤ 《师第七》，《周子全书》卷八。

⑥ 《慎动第五》，《周子全书》卷八。

所谓“中”，就是“和也”、“中节也”。“天下之达道也，圣人之事也。”① 既有中和的意思，也有“允执厥中”的意思。所谓“正”，《通书》有载：“静无而动有，至正而明达也。”② “动而正曰道。”③ “静无”便能至“正”，“静”而不正，便“邪”，即邪道。朱熹解释说：“动之所以正，以其合乎众所共由之道也。”④ “动必以正，则和在其中矣。”⑤ 就是中正而无邪的意思。当然，“正”也可作端正讲：“以义正万民”⑥，“师道立，则善人多，则朝廷正而天下治矣”⑦。

“圣人”“立人极”，为什么不说“仁”、“义”、“礼”、“智”，而讲“仁”、“义”、“中”、“正”？朱熹有一注解：“中即礼，正即智，图解备矣。”⑧ “是以其行之也中（中即礼，属动），其处之也正（正即智，属静）。”⑨ “中正”就是“礼、智”。“仁”、“义”、“礼”、“智”，即“仁”、“义”、“中”、“正”。“中正即礼智。中正尤亲切，中是礼之得宜处，正是智之正当处；中者，礼之极，正者，智之体。”⑩ “中”是“礼”的“得宜处”和“极”，“正”是“智”的“正当处”和“体”。这个诠释虽未必符合周敦颐的原意，但也不失为化解“仁”、“义”、“礼”、“智”和“仁”、“义”、“中”、“正”之间名称不一的一种方法，可使两套话语得以统一。

何谓“公”？

周敦颐回答说：“天地至公而已矣。”⑪ 曹端解释说：“圣人之道，用至不一，而一于至公。观其或语或默，或出或处，或舍或取，或夺或予，或错或举，或留或去，或好或恶，或喜或怒，无往而非至公也。圣人与天地合其德，则圣人之至公，一天地之至公也。如佛氏自私之厌，老氏自私之巧，则自戾于天地矣。其与吾尧舜周孔之道，岂可同日而语哉。”⑫ “公”无所不在，它表现在人们的行动、感情、言语等各个方面。那么，“圣人之至公”与“天地之至公”有何异？他认为，“圣人”有可能与天地合其德，所以两者是统一的。

---

① 《师第七》，《周子全书》卷八。

② 《诚下第二》，《周子全书》卷七。

③④⑤ 《慎动第五》，《周子全书》卷八。

⑥ 《顺化第十一》，《周子全书》卷八。

⑦ 《师第七》，《周子全书》卷八。

⑧ 《道第六注》，《周子全书》卷八。

⑨ 《太极图说注》，《周子全书》卷二。

⑩ 《太极图说·集说》，《周子全书》卷二。

⑪ 《公第三十七》，《周子全书》卷十。

⑫ 《公第三十七·集说》，《周子全书》卷十。

人们如何达到“公”的境界呢？他说：“公于己者公于人，未有不公于己而能公于人也。”① 就是说，对自己（包括对自己的家庭、亲戚、朋友等）“公”，才能对别人“公”；没有不公于己而能公于人的。人只有自己“无私”，方能率人“无私”；有“善”于己，而后可以责人之“善”；无“恶”于己，而后可以正人之“恶”。不存在有“私”于己，而能率人以“无私”的。因此，“公”必须从自己的“无私”做起。“公”为“圣人之道”，颇有道理。如若有“私”，何以为“圣人”！

“仁”、“义”、“中”、“正”、“公”五者，是为“圣”的内容，即所谓“圣人之道”。具此五者，便为“圣人”。五者之间，虽有主次之分，但却是相互联系，有机统一，不可分割的。

（三）为“圣”的工夫

“诚”是为“圣”的标准，“仁”、“义”、“中”、“正”、“公”是为“圣”的内容，这种最高精神境界和伦理道德准则，是需要经过不懈的修炼才能达到的。

《通书》有载：

> 君子乾乾不息于诚，然必惩忿窒欲，迁善改过而后至。乾之用其善是，损益之大莫是过，圣人之旨深哉。②

在这里，周敦颐提出修身的工夫，有两点值得注意：

一是“窒欲”。《说文》：“窒，塞也”。就是窒息“欲”和堵塞“欲”的意思。因此，周敦颐提出“无欲”的主张。他在一篇以论学“圣”为主旨的文章中说：

> 圣可学乎？曰：可。曰：有要乎？曰：有。请闻焉。曰：一为要。一者，无欲也。无欲则静虚动直，静虚则明，明则通。动直则公，公则溥，明通公溥，庶矣乎！③

以为学做“圣人”的要旨是“无欲”，窦克勤认为，这是“《通书》之大旨也”④。心如“有欲”便千头万绪，且能学做“圣人”？只有“无欲”，心便“静虚”，“静”如水则明鉴，“虚”若谷则无杂。“静

① 《公明章第二十一》，《周子全书》卷九。
② 《乾损益动第三十一》，《周子全书》卷十。
③ 《圣学第二十》，《周子全书》卷九。
④ 《圣学第二十·集说》，《周子全书》卷九。

虚”则“明”，“明，无疑也”①。便见得道理明白通透，湛然纯一。意念活动时，心直便公，公则无物我之间，即公正无私。做到了“无欲”、“静虚”、“动直”，便进入“常泰无不足，而铢视轩冕，尘视金玉”② 的思想境界。其视轩冕之贵、金玉之富，犹如铢尘一样轻微。颜回便是这样的楷模——“颜子一箪食、一瓢饮，在陋巷，人不堪其忧，而不改其乐。夫富贵，人所爱也。颜子不爱不求，而乐乎贫者，独何心哉!”③ 他不为外物所移，别人看他似乎困苦忧愁，而他自己不求富贵，其心泰然，不改所乐。这是因为，“心泰则无不足，无不足则富贵贫贱，处之一也。处之一，则能化而齐，故颜子亚圣”④。“颜子乐处”便是周敦颐所树立的“无欲”榜样、“亚圣”形象。追求心灵的快乐，不要沉沦于轩冕、金玉之欲，欲无止境，心必烦恼，精神苦闷、焦虑。孔颜之乐，心地泰然，视贫富贵贱为一。

“无欲故静”，对每个人来说，须从修身养心做起。他说：

> “养心莫善于寡欲。……”予谓：养心不止于寡焉而存耳。盖寡焉以至于无，无则诚立、明通。诚立，贤也；明通，圣也。是贤圣非性生，必养心而至之。⑤

周敦颐发挥孟子思想。孟子的“寡欲”并非“无欲”，而只是减少欲望而已。周敦颐要求通过“养心”的工夫，由寡欲而至于“无欲”。无欲才能“诚立明通”，才能达到贤圣的境界。周敦颐认为，贤圣不是先天的，而是人通过养心而达到的。

二是迁善改过。人生在世，皆可为善，可为尧舜。然而，人由其物欲之诱，习俗之染，不能无过。因此，必须通过修养工夫，以改过迁善。《通书》有载：

> 有语曰：“斯人有是之不善，非大恶也。”则曰：“孰无过，焉知其不能改？改则为君子矣。不改为恶，恶者天恶之。彼岂无畏耶？乌知其不能改。”⑥

人孰无过？因而，善与不善，不在于有过或无过，而在于改或不改。

---

① 《公明第二十一》，《周子全书》卷九。
② 《富贵第三十三》，《周子全书》卷十。
③④ 《颜子第二十三》，《周子全书》卷九。
⑤ 《养心亭说》，《周子全书》卷十七。
⑥ 《爱敬第十五》，《周子全书》卷九。

如若知过而改，改而为善，便为君子；知过不改，则悖理，便为恶，恶，天亦厌恶之。所以，对一个人来说，闻过则是件幸事。“人之生，不幸，不闻过；大不幸，无耻。必有耻，则可教。闻过，则可贤。”① “不闻过”，是因为人不劝告的缘故。得别人告知自己的过错，而去改正，以至过错消释，便是有幸。听不到自己的过错，也不知改过，则行同禽兽，不足为万物之灵，便是“不幸”。如若不知廉耻，则人道灭，便是“大不幸”。只有知廉耻，才能发愤接受教育、磨炼自己，闻己之过，改而为贤人。正由于此，孔子的弟子子路才会闻过则喜。他说：“仲由喜闻过，令名无穷焉。今人有过，不喜人规，如护疾而忌医，宁灭其身而悟也。”② 人的过错犹如疾病，关系到人的生死存亡。今人有过，又不喜听别人的规劝，就好比有病，而不请医生医治，宁死不悟，犹如讳过的人，身败名裂而不悟一样。子路喜得闻过而改，这种勇于闻过则改，不讳疾忌医的精神和不断修身的工夫，是为“圣”必不可少的途径。

通过“窒欲”和“迁善改过”的修养工夫，使人们通向为“圣”的道路。周敦颐的这种工夫，被后来道学家发挥为“存天理，灭人欲”的学说，影响深远。

(四)“礼”与“乐”

为“圣”的宗旨，是为了治国、平天下。“圣”在实质上乃是周敦颐的虚构，它在现实世界是帝王的升华或理想化的帝王。其实在三代以后，圣、王分裂，内圣外王仅是一种理想而已。《通书》写道：

> 天道行而万物顺，圣德修而万民化。……故天下之众，本在一人。道岂远乎哉，术岂多乎哉！③

“圣德”与“天道”为一。“天道”以“仁义”行而万物顺，“圣德”以“仁义”修而万民化，化即顺化。众人都顺从于君主一人。这里“天下之众，本在一人”，既暗含天下之本在君主的意思，也有以寡治众的意思。这是当时高度集中的中央集权君主专制制度的反映，

① 《幸第八》，《周子全书》卷八。
② 《过第二十六》，《周子全书》卷十。
③ 《顺化第十一》，《周子全书》卷八。

也是社会“一道德”大一统的需要。

“圣王”治理国家如何可能？如何治理国家呢？这便是“制礼”、“作乐”和刑法。

1. 关于“制礼”

《通书》载：“古者圣王制礼法，修教化，三纲正，九畴叙，百姓大和，万物咸若。”① “纲”为网上的大绳；“畴”，类也；“若”，顺也。古代“圣人”王天下，修明德教道化，三纲得正，九畴②得叙，民无不和，万物无不顺。周敦颐在《通书·礼乐》章具体说明了“民和物顺”及“三纲”的问题。他说：

> 礼，理也。乐，和也。阴阳理而后和，君君、臣臣，父父、子子，兄兄、弟弟，夫夫、妇妇。万物各得其理然后和，故礼先而乐后。③

君像一个君，臣像一个臣，父像一个父，子像一个子，夫像一个夫，妇像一个妇；人伦之间，各得其理，各安其分，各尽其道，各循其序，而后便和。

但是，“后世礼法不修，政刑苛紊，纵欲败度，下民困苦。……故有贼君弃父，轻生败伦，不可禁者矣”④。秦汉以下，礼法不修，教化不明，政事刑法繁乱。做官的纵欲败度，人民困苦。因而发生害君、弃父等败坏伦常的事。由此，周敦颐主张恢复“古礼”。他说：“不复古礼，不变今乐，而欲至治者，远矣。”⑤ 鉴于从唐末五代至宋初弃礼败伦的社会情况及宋代亟须重建伦理道德的需要，他要求“正三纲”、“叙九畴”，则立“礼”。如不复“礼”，而欲治天下，就是不可能的。在伦理道德败坏的情境，只有先重建伦理道德规范，才能安定社会秩序；只有健全礼制，才能教化百姓，恢复“礼仪之邦”的状况。

2. 关于“乐”

如果“礼”在先，则“乐”在后，“乐”是辅“礼”而行的。所谓“乐”，《通书》有载：“乐者，本乎政也。政善民安，则天下之心和。故圣人作乐，以宣畅其和心，达于天地。天地之气，感而大和

---

① 《乐上第十七》，《周子全书》卷九。

② “九畴”，是指一曰五行，二曰五事，三曰八政，四曰五纪，五曰皇极，六曰三德，七曰稽疑，八曰庶徵，九曰福极。（见《尚书·洪范》）

③ 《礼乐第十三》，《周子全书》卷九。

④⑤ 《乐上第十七》，《周子全书》卷九。

焉。天地和，则万物顺。故神祇格，鸟兽驯。"① "圣人"作"乐"，则依其所行的"政"为"本"，如政善则民安，民安则心和，"圣人"于是作"乐"。周敦颐认为作"乐"与政事密切联系，"乐"不仅以"政"为本，而且也具有为"政"服务的功能。他这样说：

> 乃作乐以宣八风②之气，以平天下之情。故乐声淡而不伤，和而不淫。入其耳，感其心，莫不淡且和焉。淡则欲心平，和则躁心释。③

圣王作"乐"的目的是为"宣八风之气"，"平天下之情"，而使人心得到"宣畅"。周敦颐描绘了一个天地和、万物顺、鸟兽驯致的太平盛世，这是他社会理想的和乐境界。由于乐声能入人之耳，感人之心，因而他要求乐声"淡而不伤"、"和而不淫"。"淡"能使私欲的心得到平定，"和"能使烦躁的心得到消释。这就是说，"乐声"能陶冶人的性情，提升道德情操，平欲释躁，民安心和。他又说：

> 乐声淡，则听心平，乐辞善，则歌者慕，故风移而俗易矣。妖声艳辞之化也，亦然。④

乐声"淡"而有庄正斋肃之意，听者心情舒畅平静；乐辞善而有典雅简古之味，歌者心情爱慕神怡。乐能改变人们的心志，而使人真诚善良；乐能移易风俗，而使人淳朴和美。这是"乐声"积极的社会功能。当然，也有其消极的社会功能，譬如，乐以妖淫之声、美艳之词来化民，其结果是导欲增悲，轻生败伦，贼君弃父，天理灭而人伦息。"妖淫愁怨，导欲增悲，不能自止"⑤。其声妖淫，便引导人的私欲增长；其声愁怨，便增添人的悲伤。两者又使人肆情纵欲而不能自止。因此，他叹息说："呜呼！乐者，古以平心，今以助欲。古以宣化，今以长怨。"⑥ 在淫佚和私欲横流的现实，周氏慨叹今不如古。古今之异，在于"淡"与"不淡"、"和"与"不和"而已。然却是与政善与否相联系的。周敦颐这种音乐理论有一定的合

---

① 《乐中第十八》，《周子全书》卷九。

② "八风"指八方之风：东北方曰条风，东方曰明庶风，东南方曰清明风，南方曰景风，西南方曰凉风，西方曰阊阖风，西北方曰不周风，北方曰广莫风。（见《国语》）

③ 《乐上第十七》，《周子全书》卷九。

④ 《乐下第十九》，《周子全书》卷九。

⑤⑥ 《乐上第十七》，《周子全书》卷九。

理因素。他的礼乐论也是他“立人极”的道德形而上学思想的有机组成部分。

3. 关于“刑法”

作为统治的方法，如果说“礼乐”是教化的层面，那么，刑法便是惩罚的层面。周敦颐认为，光靠“礼乐”是不够的，必须辅以“刑法”。他说：

> 圣人之法天，以政养万民，肃之以刑。民之盛也，欲动情胜，利害相攻，不止，则贼灭无伦焉，故得刑以治。①

天以肃杀之气以成万物。“圣人”法“天”而行，以“仁政”养天下百姓，以刑齐之。因为民既庶且富，外由欲动而不可遏止，内由情胜而不可制约，于是民以利害而相攻伐，若不以刑予以禁止，则民相贼灭而无人伦了。因此，他引《周易·噬嗑卦·彖传》的话说：“利用狱，以动而明也。”② 即主张以监狱这种惩罚工具来制止人与人之间的“利害相攻”。同时，他还主张“慎刑”。“呜呼！天下之广，主刑者，民之司命也，任用可不慎乎！”③ 主刑的官吏，是民的死生所系，得其人，则刑清而恰当；不得其人，则刑滥而残酷，以至草菅人命。因此，选择任用主刑的官吏要谨慎，只有这样，才能使行刑谨慎，人的生命才有安全感。

周敦颐详细论述为“圣”标准、内容、工夫以及“礼”、“乐”、“法”等“立人极”道德形上学境界的各方面问题，集中到一个基点，就是“圣人”与“天道”如何相配而治理天下的问题。他说：

> 治天下有本，身之谓也；治天下有则，家之谓也。本必端，端本，诚心而已矣。则必善，善则，和亲而已矣。……是治天下观于家，治家观身而已矣。身端，心诚之谓也。诚心，复其不善之动而已矣。④

熄灭心中不善念头的萌动，而后“心诚”，“心诚”而后“身修”而端正；“身端”而后“和亲”家齐；“家齐”而后“治国”、“治天下”。这显然是由《大学》诚意、正心、修身、齐家、治国、平天下演化而来。修人道而合天道，达到天人合一境界，即“立无极”与

---

①②③ 《刑第三十六》，《周子全书》卷十。

④ 《家人睽复无妄第三十二》，《周子全书》卷十。

"立人极"的合一。

四、历史地位及影响

周敦颐为"道学"的开创者。他的哲学逻辑结构实有发端之功，而别具特点。

第一，他构造了一个纳自然、社会、人生为一体的世界图式，内容言简意赅，形式简明合理。周敦颐在《太极图说》里把宇宙生成、万物化生的理论和人类自身、人类社会的化生及伦理道德准则、规范统统概括于二百多字的《图说》之中。两宋时期，现实社会要求哲学不仅要回答社会和人生冲突，而且要回答宇宙的本原问题。周敦颐的《太极图》一定程度上适应了这种需要。张栻说："惟先生崛起于千载之后，独得微旨于残编断简之中，推本太极，以及乎阴阳五行之流布，人物之所以生化，于是知人之为至灵，而性之为至善。万理有其宗，万事循其则。"① 并以其哲学逻辑结构的最高范畴为出发点，来展开其伦理道德理论的论证。他的性论、道德伦理论的演化都是依照《太极图》的序列进行的。周敦颐凸显了宇宙本体论在与伦理道德论的融合，建构了以"立无极"与"立人极"的和合为特征的道德形上学逻辑结构。这是以往儒学所不及的。

第二，他为融合儒、释、道三教哲学思想开拓了道路。宋初孙复、石介、欧阳修等人的排佛、道运动，既鉴于唐末五代以来伦常的败坏、社会的混乱、精神家园的失落，又出于宋统一的中央集权的需要，试图恢复儒学传统的权威而批佛、道，但旧儒学粗浅的、无严密体系的理论，已不能与深奥的佛、道理论思辨相抗衡。因此，在三教融合的社会思潮下，以儒学自诩的道学家在批判佛、道的同时，援佛、道入儒；构造了糅合佛、老，熔铸《易》、《庸》的道德形上学哲学逻辑结构，启迪了后来的理学家。朱熹说："盖尝窃谓先生之言，其高极乎无极太极之妙，而其实不离乎日用之间。其幽探乎阴阳五行之赜，而其实不离乎仁义礼智刚柔善恶之际。其体用之一源，显微之无间，秦汉以下，诚未有臻斯理者，而其实则不外乎

① 《南康军新立（濂溪）先生祠记》，《周子全书》卷二十二。

《六经》、《论语》、《中庸》、《大学》、《七篇》[1] 之所传也。”[2] 他把儒释道均使用的幽远的“无极”、“太极”与百姓“日用”相统一，把“阴阳五行”学说和儒家“仁”、“义”、“礼”、“智”等相融合，体用一源，显微无间。他对唐以来儒、释、道三教如何“兼容并蓄”，作了初步的回应，建构了融合三教合一的《太极图说》，落实了“兼容并蓄”的哲学整合的方法。因此，张栻称周敦颐“唱明绝学于千载之下，学者宗之”[3]。这些是周敦颐思想的主要特点。

然而，周敦颐作为理学开创者的地位，是在南宋时确立的，北宋二程虽受学周敦颐，但并不推崇周敦颐。南宋初年，胡宏在《通书序略》中称颂道：

> 今周子启程氏兄弟以不传之妙，一回万古之光明，如日丽天；将为百世之利泽，如水行地。其功盖在孔孟之间矣。……故此一卷书，皆发端以示人者，宜其度越诸子，直与《诗》、《书》、《易》、《春秋》、《语》、《孟》，同流行乎天下。[4]

胡宏把周敦颐抬高到与孔孟相当的地位，其《通书》与《六经》同流行乎天下。因此，周敦颐的思想被视为孔孟的嫡传。朱熹说：“盖自邹孟氏没，而圣人之道不传。世俗所谓儒者之学，内则局于章句文词之习，外则杂于老子释氏之言，而其所以修己治人者，遂一出于私智人为之凿……盖已千有余年于今矣。濂溪周公先生，奋乎百世之下，乃始探圣贤之奥，疏观造化之源，而独心得之。”[5] 以周敦颐继孔孟不传之学。这个思想，朱熹反复在《江州重建濂溪先生书堂记》、《隆兴府学濂溪先生祠记》、《韶州州学濂溪先生祠记》[6] 等文中提及，以见其不遗余力。张栻也说：“栻窃惟自孟子没，圣贤失传，历世久远。其间儒者非不知尊敬孔孟，而讲习《六经》，至考其所得，则不越于诂训文义之间而止矣。……惟周先生出乎千载之后，而有得于太极之妙。今其图与书具存，道学有传，实在乎此。二程

---

① 指《孟子》。

② 《隆兴府学濂溪先生祠记》，《朱文公文集》卷七十八。

③ 《邵州复旧学记》，《周子全书》卷二十二。

④ 《周子全书》卷十一。

⑤ 《袁州州学三先生祠记》，《朱文公文集》卷七十八。

⑥ 见《朱文公文集》卷七十八、七十九。

先生始尝受学于周先生……更益光大，圣门之大全，至是发明无遗憾矣。”[①] 周敦颐经他们的尊奉，其在“理学”中的开山地位始被承认。

特别是朱熹效仿佛教禅宗的《景德传灯录》，而编撰《伊洛渊源录》，列周敦颐为首卷，并撰《濂溪先生事状》之后，周敦颐理学开创者地位就被确定了。此后，虽还有小争论，其地位始终未被动摇。宋宁宗嘉定七年（公元1214年），魏了翁上疏表彰周敦颐：“殆得以晓然于洙泗之正传……而嗣往圣，开来哲，发天理，正人心，使孔孟绝学，独盛于本朝，而超出百代。……先将周敦颐特美赐谥，其于表章。”[②] 疏入，下礼官讨论。嘉定九年，魏再上疏。嘉定十三年（公元1220年）赐谥曰元。宋理宗淳祐元年（公元1241年），诏从祀朝廷，寻追封汝南伯。元仁宗延祐六年（公元1319年）加封道国公。明英宗正统元年（公元1436年），诏修祠墓，优恤子孙。代宗景泰七年（公元1456年），诏取嫡裔孙冕，世袭五经博士。周敦颐的地位被统治者越抬越高。

由于周敦颐《太极图说》和《通书》意赅义奥，其所涉及范围既有“明天理之根源，究万物之终始”，而又“不出乎阴阳变化，修己治人之事”。“立无极”、“立人极”的宇宙论、体认论、伦理道德论均及之而未详论，因而出现了“惟周子著书最少，而诸儒辩论，则惟周子之书最多”[③] 的情况，为各人依己意解释提供了方便之门。周氏思想不仅影响了“理学”中程朱一派，而于陆王“心学”亦有影响，“理学”批判者也援用其思想资料。二程曾受学周敦颐，朱熹不仅为其《太极图说》、《通书》作注，而且沿着其哲学逻辑结构所开拓的路子，发展了自己的哲学逻辑结构。把周敦颐的“自无极而为太极”改为“无极而太极”，又将其解释成无形而有“理”。“太极”或“理”，便成为程、朱哲学逻辑结构的形而上学本体范畴。如果说程颢有某些“心学”的思想因素，实承自周敦颐的“端本，诚心而已矣”，“诚心，复其不善之动而已矣”。那么，由程颢的“夫天地之常，以其心普万物而无心；圣人之常，以其情顺万事而无情”[④]，到陆九渊的“宇宙便是吾心，吾心即是宇宙”[⑤]，便顺理成章

① 《尤溪县传心阁铭并序》，《周子全书》卷二十二。

② 《周子全书》卷二十一。

③ 《宋四子抄释·提要》。

④ 《答横渠张子厚先生书》，《二程集》，460页。

⑤ 《杂著·杂说》，《陆九渊集》卷二十二，273页。

了。后来气学派的王廷相著《太极辨》，王夫之作《周易外传》、《周易内传》，把周敦颐和程朱、陆王的“太极”与“阴阳”的关系解释为太极内在地包含阴阳二气，发展了中国古代气本论哲学。

周敦颐作为宋明“理学”的开创者，不仅开一代之思潮，而且开一代之学风。他上承秦汉隋唐以来儒、释、道之学，下启宋明“理学”，是中国哲学发展史上不可缺少的一个环节。

第三章
横渠学——张载的气学思想

横渠学，亦称“关学”、“载学”。

北宋时，“关学”和“洛学”、“新学”曾一度鼎足而三，颇有影响。“关学”作为一种“理学”思潮，别具风格，独成学派。因此，张骥仿照孙奇逢的《理学宗传》而编就《关学宗传》。不过，“关学”并非别宗，而恰是“理学”的一支。明代冯从吾编《关学编》的宗旨是“聊以识吾关中理学之大略”。从张载始至明代，收录关中理学家共33人，附录11人。所以，关中有“理学之邦”的称誉。

关学的代表是张载，所以亦称“载学”。据载：

> 载学古力行，为关中士人宗师。①

当时司马光在《又哀横渠诗》中曰：

> 当令洙泗风，郁郁满秦川。先生倘有知，无憾归重泉。②

使孔孟遗风，郁满关中，归功张载，不无道理。但这里只是就宋代一朝而言的。

在当时，“关学”应是“道学”的一派，而未有“理学”之称。张舜典在《关学编后序》中说：

> 凡有血气，莫不有性命，而道在焉。道在而由之，知之，则学在也。奚独以关学名也。③

由“道”而有“性命”，而学在知“道”。因此，全祖望说：“横渠先生勇于造道。”④“道”是张载学术的“大本”。从这个意义上说，张

---

① 《张载传》，《宋史》卷四二七。

② 《附录》，《张载集》，388页。

③ 《关学编》，62页，北京，中华书局，1987。

④ 《横渠学案》，《宋元学案》卷十七。

载与二程在道学中具有同样的奠基者的地位。

一、生平和著作

张载，字子厚，陕西凤翔郿县人。生于宋真宗天禧四年（公元1020年），卒于宋神宗熙宁十年（公元1078年①）。因他在郿县横渠镇讲学，学者称其为横渠先生。

（一）身世和生平

张载先世居大梁（今河南开封）。吕大临在《横渠先生行状》中称其“世大梁人”②。张在《庆州大顺城记》中自称：“汴人张载谨次其事。”③“汴”即今河南开封，自称“汴人”有怀祖的意思。其曾祖生于唐末，历五代不仕，因子贵而被赠为礼部侍郎。《横渠先生行状》载：

> 祖复，仕真宗朝，为给事中、集贤院学士，赠司空。父迪，仕仁宗朝，终于殿中丞、知涪州事，赠尚书都官郎中。涪州卒于西官，诸孤皆幼，不克归，侨寓于凤翔郿县横渠镇之南大振谷口，因徙而家焉。④

祖父张复开始做官，因以子贵父荣，曾祖才被赠官。父亲张迪，曾为知涪州（今四川涪陵县）事，父卒后，张载不能举家回开封，便定居凤翔郿县，因而称其为陕西凤翔郿县人。又因其生于长安，故又称为“长安人”⑤。

北宋中叶，我国境内北方、西北方的少数民族政权辽（契丹族）和西夏（党项族）统治者经常侵扰和威胁宋北部和西北地区。西夏统治者李元昊撕毁了宋夏和约，接连不断地侵犯陇东、陇西（今甘

---

① 吕大临的《横渠先生行状》载：熙宁十年“冬谒告西归，十有二月乙亥，行次临潼，卒于馆舍”。熙宁十年为公元1077年。十二月，如按公历计算，当为公元1078年，应改。

② 《伊洛渊源录》卷六。

③ 《张载集》，353页。

④ 同上书，381页。

⑤ 《宋史》卷四二七。

肃省临洮县一带）地区，“小则恣行讨掠，大则侵夺封疆”①。所到之处，“焚荡庐舍，屠掠民畜”②，给人民带来无穷的灾难。腐败的宋王朝，在宋夏战争中节节失利，一败于延州（公元1040年，宋仁宗宝元三年，即康定元年），二败于好水川（公元1041年，宋仁宗康定二年），三败于镇戎军（公元1044年，宋仁宗庆历四年）。宋夏再订和约：宋朝每年向西夏送各种名目的礼物，如生日礼、岁银等，共计银七万两，绢十五万匹，茶叶三万斤。这进一步加重了人民的负担和苦难。从北宋人民来说，反对西夏的侵扰，是保护人民生命财产安全的需要。张载“少喜谈兵，至欲结客取洮西之地”③。《横渠先生行状》说：“与邠人焦寅游，寅喜谈兵，先生说其言。”④ 年轻的张载，对于西夏统治者的不断侵扰、掠夺而造成社会经济的破坏和人民生活的痛苦，深有感触；对于宋王朝的腐败，满怀愤恨。他企图组织武装，夺取洮西地区，以图解除西夏统治者的侵扰。

宋仁宗康定元年（公元1040年），西夏入侵，宋战败，仁宗委任范仲淹为陕西经略安抚副使，兼知延州。范仲淹积极整军、备战。张载来到延州，上书谒范仲淹。《宋史》记载：

> 年二十一，以书谒范仲淹，一见知其远器，乃警之曰：“儒者自有名教可乐，何事于兵！”因劝读《中庸》。⑤

然而，吕大临的《横渠先生行状》却说：“［张载］当康定用兵时，年十八……上书谒范文正公。”⑥ 所载事迹与《宋史》同，只是年岁相差三年。但既说“康定用兵时”，则康定元年是公元1040年，故张载当时是21岁而非18岁，此证一。证二，司马光在《又哀横渠诗》中也说：“先生负才气，弱冠游穷边。麻衣揖巨公，决策期万全。”⑦ “巨公”系指范仲淹。“弱冠”，《韵会》：“男子二十加冠曰冠。”因未达壮年，称为弱冠；又《礼记·曲礼》载：“二十曰弱冠。”是见张载谒范仲淹当为21岁无疑。

---

① 《续资治通鉴长编》卷一二四。

② 《夏元昊拒命》，《宋史纪事本末》卷三十。

③ 《张载传》，《宋史》卷四二七。

④ 《张载集》，381页。

⑤ 《张载传》，《宋史》卷四二七，参见《续资治通鉴》卷六十七。

⑥ 《张载集》，381页。

⑦ 《附录》，《张载集》，388页。

仁宗庆历二年（公元1042年），范仲淹建筑大顺城，以防西夏。张载撰《庆州大顺城记》，记其功曰：

> 兵久不用，文张武纵，天警我宋，羌蠢而动。……皇皇范侯，开府于庆，北方之师，坐立以听。……贼之逼城，伤死无数，谟不我加，因溃而去。①

西夏虽兵力倍于宋，但由于城之惟坚，也可防守。这一时期，张载把主要精力花在观察、思考边事上，注意研究实际问题，体现了“学贵于用”的学风，这可谓“关学”的基本特点。这是张载思想发展的第一阶段。

张载思想发展的第二阶段，是从21岁以后开始，转入对哲学的探讨。是年范仲淹劝张载“读《中庸》”，《横渠先生行状》记载：

> 先生读其书，虽爱之，犹未以为足也，于是又访诸释、老之书，累年尽究其说，知无所得，反而求之《六经》。②

自儒家《六经》到释、老之书，然后又回到儒家《六经》的学习途径，其出发点和归结点是儒家之学，但当回到儒家《六经》时，已与出发点不尽相同，而是在吸收、消化了释、老之学后，又建立了与释、老不同的儒家哲学。这与韩愈所走的学习途径不同，与孙复、李觏、石介亦有异。张载儒家哲学的特点是入释、老，出释、老，而批释、老，从哲学上建立了与释、老相抗衡的“虚空即气”的哲学逻辑结构。

道学家概无例外地注重《周易》，周、邵继承两汉的象数学和道教的图书学，发挥《周易》思想；张载和二程则继承王弼的义理之学，阐发《周易》，作为其构筑哲学逻辑结构的骨架。张载曾讲《易》于京师，《河南程氏外书》记载：

> 横渠昔在京师，坐虎皮，说《周易》，听从甚众。一夕，二程先生至，论《易》。次日，横渠撤去虎皮，曰：“吾平日为诸公说者，皆乱道。有二程近到，深明《易》道，吾所弗及，汝辈可师之。”横渠乃归陕西。③

这段记载没有说明时间，只有地点。也不见于吕大临的《横渠先生

---

① 《文集佚存》，《张载集》，353～354页。

② 《张载集》，381页。

③ 《二程集》，436～437页。

行状》。但《行状》却提供了张载与二程兄弟在京师见面的时间："嘉祐初，见洛阳程伯淳、正叔昆弟于京师。"[①] 嘉祐年间共八年，张载从陕西至开封，必是嘉祐二年（公元1057年）进京考进士的前后。二程也可能由洛阳至京师考进士，故得以见面。其时张载已38岁，程颢26岁，程颐25岁。

张载在未考进士前，已有文名。《横渠先生行状》记载："方未第时，文潞公（彦博）以故相判长安，闻先生名行之美，聘以束帛，延之学宫，异其礼际，士子矜式焉。"[②] 由其有美名，而得文彦博的看重，讲学于学宫。

嘉祐二年（公元1057年），张载与程颢同登进士第，后便出任地方官。《横渠先生行状》记载："先生嘉祐二年登进士第，始仕祁州（今河北省安国县）司法参军，迁丹州云岩（今陕西省宜川县云岩镇）县令。"[③] 在云岩任职期间，他以教化为主，以辅政事。《行状》载曰：

> 其在云岩，政事大抵以敦本善俗为先，每以月吉具酒食，召乡人高年会于县庭，亲为劝酬，使人知养老事长之义，因问民疾苦及告所以训戒子弟之意。有所教告，常患文檄之出不能尽达于民，每召乡长于庭，谆谆口谕，使往告其里闾。间有民因事至庭或行遇于道，必问"某时命某告某事闻否"，闻即已，否则罪其受命者。故一言之出，虽愚夫孺子无不预闻知。[④]

以儒家"养老事长"的道理教育百姓，以"敦本善俗"为先，企图易风移俗。以至每月亲自讲解，以达此目的。由于俗用应变而有成绩，京兆王乐道尝延致郡学讲学，张载多教人以德，他对学者说："孰能少置意科举，相从于尧舜之域否?"[⑤] 学者闻其语，亦多有从之者。

治平四年（公元1067年）正月宋英宗卒，神宗即位。张载迁著作佐郎，签书渭州军事判官公事。《横渠学案》作"熙宁初，迁著作佐郎"[⑥]。治平三年（公元1066年）西夏"大举攻大顺城，分兵围柔

---

① 《张载集》，381～382页。
② 同上书，382页。
③ 同上书，381页。
④ 同上书，382页。
⑤ 转引自《横渠先生行状》，《张载集》。
⑥ 《宋元学案》卷十七。

远寨，烧屈乞村，栅段木岭”①。陕西转运副使蔡挺（字子政）迎击谅祚（元昊长子）。“谅祚亲帅军数万攻大顺，挺料城坚不可破，而柔远城恶，亟遣总管张玉将锐师守之。先布铁蒺藜大顺城旁水中，骑渡水多蹶，惊言有神。过三日不克，谅祚督帐下决战，挺伏强弩壕外，飞矢贯其铠，遂引却。移寇柔远，玉夜斫营，夏人惊扰溃去。”② 治平四年，神宗即位，知渭州。此年张载为渭州军事判官。《行状》记载：

> 在渭，渭帅蔡公子正（应为政）特所尊礼，军府之政，大小咨之，先生夙夜从事，所以赞助之力为多。并塞之民常苦乏食而贷于官，帑不能足，又属霜旱，先生力言于府，取军储数十万以救之。又言戍兵徒往来，不可为用，不若损数以募土人为便。③

蔡挺事无大小，都向张载咨询，赞助惟多。对边民之食，张载建议取军储救济，并招募土人以补戍兵之缺，减少戍兵的往来耗费。这时，他写了《与蔡帅边事画一》，指出：近日传闻谅祚身死（治平四年十二月），“今其嗣子（秉常）始立，遣介告哀，事同初附，理必精思。若不以丁宁指挥，提耳告谕，的确事节，当面叙陈，将恐羽翼既成，却论旧怨”④。并提出五事，“作诏书付夏国新主，以观其谋，以夺其心，以正其初，使知过恶在彼，不敢妄动。及宣示陕西一路及沿边蕃汉军民，令自今后更不得乱出一人一骑，妄生事节”⑤。还写了《泾原路经略司论边事状》、《经略司画一》。在《贺蔡密学启》中，张载指出：“今戎毒日深而边兵日弛，后患可惧而国力既殚，将臣之重，岂特司命王卒！惟是三秦生齿存亡舒惨之本，莫不系之。”⑥ “边兵日弛”、“国力既殚”，确是当时宋朝“积贫积弱”的时弊。张载身在边陲，对此时弊深有体会：“载投迹山荒，所有特一家之众，担石之储，方且仰依兵庇，有恃而生。”⑦ 只有国家富强，才能抵御西夏的侵扰，减少人民被掳掠的痛苦。

---

① 《夏国上》，《宋史》卷四八五。
② 《蔡挺传》，《宋史》卷三二八。
③ 《张载集》，382页。
④ 《文集佚存》，《张载集》，359页。
⑤ 《与蔡帅边事画一》，《张载集》，360～361页。
⑥ 《文集佚存》，《张载集》，352页。
⑦ 《贺蔡密学启》，《张载集》，352页。

宋神宗熙宁二年（公元1069年），御史中丞吕公著推荐张载，被神宗召见，“除崇文院校书”。《横渠先生行状》载：

> 上即命召。既入见，上问治道，皆以渐复三代为对。上悦之，曰：“卿宜日见二府议事，朕且将大用卿。”先生谢曰：“臣自外官赴召，未测朝廷新政所安，愿徐观旬月，继有所献。”上然之。①

此时，神宗赵顼为改变宋王朝“积贫积弱”的局面，任命王安石为参知政事，支持王安石变法，是年便颁行“均输法”、“青苗法”、“农田水利法”和“募役法”等。张载虽主张改革，但对王安石变法未立即表明意见。张载重视《周礼》，王安石作《周礼新义》，以为变法理论依据，这似有共同点，然改革的内容、方法又有不同，《宋史》记载：“神宗方一新百度，思得才哲士谋之，召见，问治道。对曰：‘为政不法三代者，终苟道也。’帝悦，以为崇文院校书。”② 所谓三代之法，《行状》曾载：“先生慨然有意三代之治，望道而欲见。论治人先务，未始不以经界为急，讲求法制，粲然备具，要之可以行于今，如有用我者，举而措之尔。尝曰：‘仁政必自经界始。贫富不均，教养无法，虽欲言治，皆苟而已。’”③ 他以为三代之法可行于今，便是从经界开始，以解决贫富不均，教养无法的问题，否则，便是苟且之道。

在京观察期间，张载见到了王安石，《行状》记载：

> 他日见执政（王安石），执政尝语曰：“新政之更，惧不能任事，求助于子何如？”先生对曰：“朝廷将大有为，天下之士愿与下风。若与人为善，则孰敢不尽！如教玉人追琢，则人亦故有不能。”执政默然，所语多不合，寖不悦。④

王安石原寄希望于张载，想获取张载的帮助，但后者却表示了这样的态度：若与人为善，便尽力帮助；如完全听从你的意见，则不能。《宋史》亦载：“他日见王安石，安石问以新政，载曰：‘公与人为善，则人以善归公，如教玉人琢玉，则宜有不受命者矣。’”⑤ “教玉

① 《张载集》，382页。

② 《张载传》，《张载集》，386页。

③ 《附录》，《张载集》，384页。

④ 《张载集》，382～383页。

⑤ 《张载传》，《张载集》，386页。

人琢玉”，见《孟子·梁惠王下》，其意是，齐宣王要工匠舍其所学而从他，譬如今有璞玉万镒，必使玉人雕琢之。至于治国，如果叫人舍所学而从我，则何异于教玉人雕琢玉哉！由于张载表示不能完全接受王安石的新法，而要按照自己主张进行改革，因而意见愈来愈不合。“命校书崇文，先生辞”。所以司马光的《哀横渠诗》曰：“置之石渠阁，岂徒修简编！丞相正自用，立有荣枯权。先生不可屈，去之归卧坚。”① 张载并未发表攻击新法的言论，他与文彦博、司马光等人为维护既得利益和特权而反对新法不同，甚至与其弟张戬反对新法的态度亦有别。他并非不同意通过理财、整军，解决宋王朝“积贫积弱”的弊端，而是在变法的具体措施、途径上有不同看法。这是王安石与张载分歧的关键点。

当时明州（今浙江省鄞县）苗振狱发生，《宋史》载：“往治之，末杀其罪”②。张载便到浙东处理苗振案件。《行状》曰：

> 或有为之言曰：“张载以道德进，不能使之治狱。”执政曰：“淑问如皋陶，犹且献囚，此庸何伤！”狱成，还朝。③

办理完案件，回到开封，约在熙宁三年（公元1070年）。王安石认为，张载虽以“道德”而被推荐，使之治狱，亦无问题。但这时因其弟张戬反对新法，“累章论王安石乱法，乞罢条例司及追还常平使者。劾曾公亮、陈升之、赵抃依违不能救正，韩绛左右徇从，与为死党”。“[张戬] 书数十上，又诣中书争之，安石举扇掩面而笑。戬曰：‘戬之狂直宜为公笑，然天下之笑公者不少矣。’”④ 于是被贬，出知公安，徙监司竹监。张载益不安，便辞去崇文院校书之职，回归陕西横渠故居。

张载回横渠镇一面养病，一面讲学著书。《宋史》记载他西归后的情况：

> 终日危坐一室，左右简编，俯而读，仰而思，有得则识之，或中夜起坐，取烛以书。其志道精思，未始须臾息，亦未尝须臾忘也。敝衣蔬食，与诸生讲学，每告以知礼成性，变化气质之道，学必如圣人而后已。以为知人而不知天，求为贤人而不

---

① 《附录》，《张载集》，388页。

② 《张载传》，《张载集》，386页。

③ 同上书，383页。

④ 《张戬传》，《宋史》卷四二七。

求为圣人，此秦、汉以来学者大蔽也。①

精思得道，而求为圣人。尽管张载贫不能自给，但门人无资者，虽粝蔬亦共之。他一方面好读精思，一方面授徒“礼性”、“气质”之道，思想已趋成熟，哲学体系业已形成。熙宁九年（公元1076年）②秋，“忽以书属门人，乃集所立言，谓之《正蒙》，出示门人曰：‘此书予历年致思之所得，其言殆于前圣合与！大要发端示人而已，其触类广之，则吾将有待于学者。正如老木之株，枝别固多，所少者润泽华叶尔’”③。《正蒙》标志着张载气本论哲学逻辑结构的完成。这是其思想发展的第二阶段。

第三阶段，熙宁十年（公元1077年），秦凤帅吕大防向宋神宗赵顼推荐张载。但《宋元学案·横渠学案》作“熙宁九年，吕汲公荐，召同知太常礼院”。然《宋史·张载传》未记时间。惟张载门人范育（巽之）在《正蒙序》中说：“熙宁丁巳岁，天子召以为礼官，至京师，予始受其书而质问焉。”④“熙宁丁巳”，即熙宁十年，今依范育说，而不采《横渠学案》记载。《横渠先生行状》曰：“会秦凤帅吕公荐之曰：‘张载之学，善法圣人之遗意，其术略可措之以复古，乞召还旧职，访以治体。’诏从之。先生曰：‘吾是行也，不敢以疾辞，庶几有遇焉。’及至都，公卿闻风慕之，然未有深知先生者，以所欲言尝试于人，多未之信。会有言者欲请行冠婚丧祭之礼，诏下礼官。礼官安习故常，以古今异俗为说，先生独以为可行，且谓‘称不可非儒生博士所宜’，众莫能夺，然议卒不决。郊庙之礼，礼官预焉。先生见礼不致严，亟欲正之，而众莫之助，先生益不悦。”⑤因在“礼”的问题上与主管礼官意见不合，他又辞职回陕。“其年秋，夫子复西归。”⑥

在西归中，顺道过洛阳，与程颢、程颐议论，二程门人苏昞记录了他们的讨论内容。张载主张正经界，“必先正经界，经界不正，

① 《张载传》，《张载集》，386页。

② “子张子校书崇文，未伸其志。退而寓于太白之阴，横渠之阳，潜心天地，参圣学之源，七年而道益明，德益尊。著《正蒙》书数万言而未出也，间因问答之言，或窥其一二。熙宁丁巳岁，天子召以为礼官，至京师，予始受其书而质问焉。”（《〈正蒙〉范育序》，《张载集》，4页）“七年”指熙宁二年辞退校书后经七年，即熙宁九年。

③ 《横渠先生行状》，《张载集》，384页。

④ 《〈正蒙〉范育序》，《张载集》，4页。

⑤ 《张载集》，384页。

⑥ 《〈正蒙〉范育序》，《张载集》，4页。

则法终不定”①。所谓“正经界”，具体办法便是行“井田”，在这个问题上，张载与二程意见无冲突；对于婚丧之礼的意见亦基本相同；惟谈及《周易·说卦传》的“穷理尽性以至于命”时，二程认为“只穷理便是至于命”，张载认为：“亦是失于太快，此义尽有次序，须是穷理，便能尽得己之性，则推类又尽人之性；既尽得人之性，须是并万物之性一齐尽得，如此然后至于天道也。”② 二程以“理”为精神实体，张载以“理”为一种“次序”，如尽己性推及人性而后万物之性。于此，张与二程有异。

张载在辞去太常礼院职务时，其理由之一，便是“会有疾，谒告西归”。至洛阳时，病已不轻了，但他估计自己还能到家，《河南邵氏闻见录》曰：

> 横渠再移疾西归，过洛，见二程先生曰：“载病不起，尚可及长安也。”行至临潼，沐浴更衣而寝，及旦视之，亡矣。门生衰绖挽车以葬。③

据《行状》记载，张载卒于熙宁十年十二月，“行次临潼，卒于馆舍，享年五十有八。是月以其丧归殡于家，人以元丰元年八月癸酉葬于涪州墓南之兆”④。

张载做官时间很短，大部分时间都是讲学授徒、著书立说，而创“关学”一派。《吕范诸儒学案》曰：

> 横渠倡道于关中，寂寥无有和者。先生（吕大钧）于横渠为同年友，心悦而好之，遂执弟子礼，于是学者靡然知所趋向。⑤

使“关学”得以传播。其弟子有吕大忠、吕大钧、吕大临、苏昞、潘拯、邵清、范育、田腴、薛昌朝、刘公彦等。

（二）著作

关于张载的著作，吕祖谦和朱熹在辑《近思录》时引用张载的著作有《正蒙》、《文集》、《易说》、《礼乐说》、《论语说》、《孟子

① 《河南程氏遗书》卷十，《二程集》，110页。
② 同上书，115页。
③ 转引自《伊洛渊源录》卷六。
④ 《伊洛渊源录》卷六。
⑤ 《宋元学案》卷三十一。

说》、《语录》。晁公武的《郡斋读书志》著录的张载著作，计《横渠春秋说》一卷、《信闻记》、《横渠孟子解》十四卷、《正蒙书》十卷、《崇文集》十卷。均未提及《经学理窟》，但并非辑录者没有看见，《郡斋读书志》曰："《理窟》二卷，右题曰金华先生，未详何人，为程张之学者。"未肯定作者。然赵希弁在《郡斋读书附志》中，却以《理窟》为张载所著，《后志》中又《祭礼》一卷。魏了翁在《为周二程张四先生请谥奏》中，又录《理窟》和《礼说》。《理窟》为张作便为定说，《祭礼》、《礼说》，即为《礼乐说》。

张载的著作，元明时散佚了一些。《宋史·艺文志》载有《易说》三卷、《正蒙》十卷、《经学理窟》十卷、《文集》十卷。未录《礼乐说》、《论语说》、《孟子说》、《春秋说》等，可能已包括在《理窟》中。明吕柟在嘉靖五年（公元1526年）编《张子抄释》，在其序中说："横渠张子书甚多，今其存者止《二铭》、《正蒙》、《理窟》、《语录》及《文集》，而《文集》又未完，止得二卷于三原马伯循氏。"① 万历中，都门沈自彰守凤翔，搜集为《全书》，此刻本有袁应泰序。但《全书》并不全。1978年中华书局出版校点本《张载集》，是目前最好的本子。

二、社会改革思想

鉴于边兵日弛，国力既殚以及目睹西夏侵扰，边民日困的情况，张载主张变革。他在《周易·系辞上》之"变而通之以尽利"下注曰："理势既变，不能与时顺通，非尽利之道。"② "尽利之道"应该顺"理"的变化，时势也随之而变，这便是"趋时尽利，顺性命之理"③。但是，他认为："凡变法须是通，'通其变使民不倦'，岂有圣人变法而不通也?"④ "变"而"通"的标准是"使民不倦"，如"民倦"，则是不"通"，而非圣人。这是对王安石变法的意见。诚然，王安石变法，有其一定的历史进步性和功绩，但在执行过程中，由于各方面的原因和反对派的阻挠，确实产生了一些流弊，但这显

① 《吕柟张子抄释序》，《张载集》，389页。

② 《横渠易说·系辞上》，《张载集》，205页。

③ 《横渠易说·系辞下》，《张载集》，209页。

④ 同上书，212页。

然不能归咎于王安石变法本身。张载与王安石的异同是，他们共同主张改革，且两人变法的理论均以《周礼》为依据，以“复三代”为口号。王安石曾作《周礼新义》，是“新学”的基本著作之一。《周礼新义序》中说：“惟道之在政事，其贵贱有位，其后先有序，其多寡有数，其迟数有时，制而用之存乎法，推而行之存乎人；其人足以任官，其官足以行法，莫盛乎成周之时；其法可施于后世，其文有见于载籍，莫具乎周官之书。”① 他认为《周礼》之法可施行于后世。正如晁公武所说：“盖以其所创新法尽傅著经义，务塞异议者之口。”② 作为推行“新法”的依托，也想作为“愿见井地平”的根据。张载也推崇《周礼》，他不仅认为“《周礼》是的当之书”③，而且想从《周礼》中寻求“井田”、“经界”的根据。

王安石变法的宗旨是“利民”。他说：“因民之所利而利之，不得不然也。”④ 当然，他并不主张单纯“利民”，更确切地说是“民”与“公”两利。譬如青苗法的实行，他认为“夫欲而与之，其利在民；不欲而与之，其利在公。……先王之法，民与公，其利两得焉”⑤。但实行的结果，所谓“不欲而与之”的并没有行得通，因此，也没有取得“不欲而与之”的这部分人的利息；而真正接受青苗法的，都是“欲而与之”的贫苦农民。张载也主张“利民”，他说：“利于民则可谓利，利于身、利于国皆非利也。”⑥

再者，王安石主张“理财”，通过“理财”以增加国家收入，富国强兵，解决“积贫”的弊端。“为天下理财，不为征利。”⑦ 张载却没有谈到具体的“理财”问题。也正因为对“理财”的重要性不理解，他对王安石变法不抱积极态度。

以上是其同。其异，其一，王安石注重自上而下、大张旗鼓的现实改革，从而必触及既得利益集团；张载则重视个人的实验，是一种理想主义式改革，并不触及既得利益集团。其二，从方法来看，王安石采取“顿革”，而张载反对“顿革”，主张渐化。张载说：“鸿荒之世，食足而用未备，尧舜而下，通其变而教之也。神而化之，

① 《临川先生文集》卷八十四。

② 《郡斋读书志》卷一上。

③ 《经学理窟·周礼》，《张载集》，248页。

④ 《答曾公立书》，《临川先生文集》卷七十三。

⑤ 《周礼详解》卷十五。

⑥ 《语录中》，《张载集》，323页。

⑦ 《答司马谏议书》，《临川先生文集》卷七十三。

使民不知所以然，运之无形以通其变，不顿革之，欲民宜之也。”[①]渐化可以在无形之中通其变革，民众可以在渐化中慢慢地适宜。其三，张载以“利于国”，必不利于“民”，王安石则主张“民”与“公”两利。但王安石以青苗法来实行“利民”主张，张载则以“井田”来“利民”。然张载的“井田”并未实行，而王安石的青苗法却在一定的地区和限度内实行了。

（一）“井田”说

“复三代”之法，首先是行“井田”。他说：“治天下之术，必自此始。”[②]《横渠先生行状》曾载：“论治人先务，未始不以经界为急。……方与学者议古之法，共买田一方，画为数井，上不失公家之赋役，退以其私正经界，分宅里，立敛法，广储蓄，兴学校，成礼俗，救菑恤患，敦本抑末，足以推先王之遗法，明当今之可行。此皆有志未就。”[③] 张载把行“井田”作为治天下的先务。他与学者讨论三代之法，想买一块田，进行“井田”试验，既完成国家的赋役，又分宅里，立敛法，广储蓄，兴学校，救灾恤患，这种改革的理想是真诚的，但在当时的条件下，怎么能实行呢？虽然他估计到“纵不能行之天下，犹可验之一乡”[④]，但其实，即使验之一乡，也未能实行。王安石敢行新法于天下，其气度与魄力，实为张载所不及。就是其“敦本抑末”，亦较王安石落后。宋代商业繁荣，商品经济发达。这对于发展农业生产是有好处的。“抑末”，即抑制商业的发展，于社会经济的繁荣实无益处。王安石既行“农田水利法”，又颁“市易法”，于农于商均有利；而不是如张载设计的将农商对立起来，以“抑末”来“敦本”。

所谓“井田”，就是改变土地占有方式，并非改变原来土地占有制度，只是在封建土地制度下，抑制土地兼并，为土地占有不均作些调整。“今以天下之土棋画分布，人受一方，养民之本也”[⑤]。“井田亦无他术，但先以天下之地棋布画定，使人受一方，则自是均”[⑥]。其基本思想是划定土地后，人受一方块土地，以为生息之

---

① 《横渠易说·系辞下》，《张载集》，212 页。

② 《经学理窟·周礼》，《张载集》，249 页。

③④ 《张载集》，384 页。

⑤ 《经学理窟·周礼》，《张载集》，249 页。

⑥ 同上书，250 页。

本。他的方法，《经学理窟》记载："其术自城起，首立四隅；一方正矣，又增一表，又治一方，如是，百里之地不日可定，何必毁民庐舍坟墓，但见表足矣。方既正，表自无用，待军赋与治沟洫者之田各有处所不可易，旁加损井地是也。"① 他认为，百里之国，为方十里者为百，十里为一成，一成出革车一乘，为百乘。具体计算如下："百里之国，南北东西各三万步，一夫之田为方步者万。今聚南北一步之博而会东西三万步之长，则为方步者三万也，是三夫之田也；三三如九，则百里之地得九万夫也。革车一乘，甲士三人，步卒七十二人，以乘计之，凡用七万五千人，今有九万夫，故百里之国亦可言千乘也。"② 如下图：

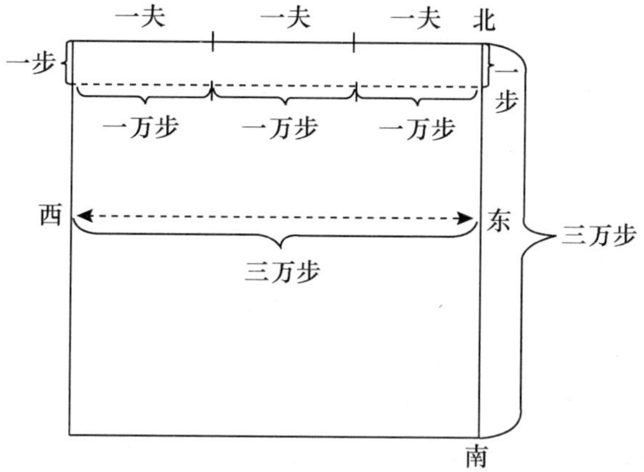

如按革车一乘需七十五人，则千乘需七万五千人。百里之国，九万夫，还能余一万五千夫。

张载认为，"井田"是很容易实行的。他说："井田至易行，但朝廷出一令，可以不笞一人而定。盖人无敢据土者，又须使民悦从；其多有田者，使不失其为富。"③ 只要朝廷下一命令，收天下田为国有，然后分配，便可不处罚一人而定。无田者自悦从，有田者使不失富。根据其田地的多少，封他们为大小不等的"田官"，即使据有千顷的大地主，"不过封与五十里之国，则已过其所有"④。他们在受封的土地内，收取什一的田租，这便是"采地"，"卿大夫采地、圭田，皆以为永业，所谓世禄之家。然古者世禄之家必不如

① 《经学理窟·周礼》，《张载集》，249 页。

② 同上书，249～250 页。

③④ 同上书，249 页。

今日之官户也，必有法。盖舍役者惟老者、疾首、贫者、贤者、能者、服公事者，舍此，虽世禄之家，役必不免也明矣”①。张载的设计中，除老、疾、贫、贤等人外，都要服役，而且诸侯卿大夫的“采地”也必须向天子纳“贡”。这样一来，好处很多，所以，“古者天子既不养兵，财无所用，必大殷富，以此知井田行，至安荣之道”②。开始实行“井田”时，为了补偿多田者，而封其为“田官”，但经“一二十年，犹须别立法。始则因命为田官，自后则是择贤”③。

“井田”的目的，是为了解决土地不均而带来的贫富不均问题。他说：

> 治天下不由井地，终无由得平。周道止是均平。④

其实这种“均平”也只是相对的。卿大夫拥有“采地”为永业，农民须纳什一之税，农民是没有“采地”的。同时，农民遭受的剥削并未减轻，既要负担“革车”、马匹等军事装备，又要纳税、纳贡、服役。朝廷的赋税照样收，徭役照样派，却把当时占国家财政开支之十居七八的军费⑤转嫁到农民头上。这难道是减轻人民负担的“利民”吗？尽管张载认为，“人主能行井田者，须有仁心”⑥。但所谓“人主”为“仁心”，事实上只是一种幻想。

张载以“井田”为“复三代”之法的先务，名是复古，实是改革，乃为托古改制的途径。后来陈亮、朱熹都曾主张“井田”，他们可能曾受张载的影响。

（二）“封建”论

如果说柳宗元的《封建论》是对“封建”的批判，对“郡县”制的赞扬的话，那么，张载是主张恢复“封建”的。不过这种“分封”与柳宗元批判的封建制已有不同，它是在中央集权的君主专制下的“分封制”。张载认为，“井田”与“封建”的关系是，“井田卒归于封建乃定”⑦。“封建”乃是“井田”的必然结果，“井田”也是由“封建”来巩固的。

---

①② 《经学理窟·周礼》，《张载集》，250页。

③ 同上书，251页。

④ 同上书，248页。

⑤ “养兵之费，在天下十居七八。”（《文集佚存·边议》，《张载集》，358页）

⑥⑦ 《经学理窟·周礼》，《张载集》，251页。

所谓“封建”，就是“分封”。张载申诉并推行“封建”的理由说：

> 所以必要封建者，天下之事，分得简则治之精，不简则不精，故圣人必以天下分之于人，则事无不治者。圣人立法，必计后世子孙，使周公当轴，虽揽天下之政，治之必精，后世安得如此！①

以为“分封”可将天下事分得简单些，便可治理得精到、细致些。惟不知麻雀虽小，五脏俱全，治理一个诸侯国，事既不简单，也不省事，相反徒增许多官员。认为分而治之，事无不治，也只是一种设想。虽然他主张：“封建必有大功德者然后可以封建，当未封建前，天下井邑当如何为治？必立田大夫治之。今既未可议封建，只使守令终身，亦可为也。”②意思是说，在“井田”后未“封建”前，可由田大夫治理，然后再选择有“大功德”者来治理，天下便治理好了。但这种办法同样经不住推敲。

对于“封建制”，自秦始行郡县制以后，历代对“封建”均有争论。柳宗元说：“封建非圣人意也，势也。”“周有天下，裂土田而瓜分之。……天下乖盭，无君君之心。余以为周之丧久矣，徒建空名于公侯之上耳！得非诸侯之盛强，末大不掉之咎欤？遂判为十二，合为七国，威分于陪臣之邦，国殄于后封之秦。则周之败端，其在乎此矣。秦有天下，裂都会而为之郡邑，废侯卫而为之守宰，据天下之雄图，都六合之上游，摄制四海，运于掌握之内，此其所以为得也。”③ 柳宗元认为，秦行郡县制，是合乎历史发展趋势的。张载对柳宗元批评“封建”制持有异议。他说：

> 今便封建，不肖者复逐之，有何害？岂有以天下之势，不能正一百里之国，使诸侯得以交结以乱天下！自非朝廷大不能治，安得如此？而后世乃谓秦不封建为得策，此不知圣人之意也。④

张载把诸侯国交结为乱的原因归之于朝廷的“大不能”，而非分封之故。秦废封建而行郡县为不知圣人之意。秦二世而亡的例子反而说

①② 《经学理窟·周礼》，《张载集》，251页。

③ 《封建论》，《柳宗元集》卷三，70～71页，北京，中华书局，1979。

④ 《经学理窟·周礼》，《张载集》，251页。

明“封建”能克服弊端，具有优越性。

这种“分封”制，是与以血缘关系为基础的宗法制相联系的。“所谓宗者，以己之旁亲兄弟来宗己。所以得宗之名，是人来宗己，非己宗于人也。所以继祢则谓之继祢之宗，继祖则谓之继祖之宗，曾高亦然。”① 同祖为宗，以己之旁亲兄弟来宗己，乃指宗主而言。一宗之主，便是宗子。宗子者，“谓宗主祭祀。宗子为士，庶子为大夫，以上牲祭于宗子之家”②。张载认为，宗子之法是必要的。他说：“宗子之法不立，则朝廷无世臣。且如公卿一日崛起于贫贱之中，以至公相，宗法不立，既死遂族散，其家不传。宗法若立，则人人各知来处，朝廷大有所益。或问：‘朝廷何所益？’公卿各保其家，忠义岂有不立？忠义既立，朝廷之本岂有不固？今骤得富贵者，止能为三四十年之计，造宅一区及其所有，既死则众子分裂，未几荡尽，则家遂不存，如此则家且不能保，又安能保国家！”③ 宗法立，人人知其来处，公卿各保其家。既保其家，便有忠义，保家保国。按照宗子之法，长子为继承人，父死，由长子继承，众子不分。祭祀亦由长子负责，“支子不得别祭”。这样一家世代相传而不分散。汉初分封，亦是如此，后因诸侯尾大不掉，中央难制，而采取“削落”方法，诸侯国众子均分，便由大变小。卿大夫经几代子孙分家，就不能维持原来的地位，即是家且不保，这便是张载所说的“朝廷无世臣”。

行“宗子之法”的好处是在于：“管摄天下人心，收宗族，厚风俗，使人不忘本。须是明谱系世族与立宗子法。宗法不立，则人不知统系来处。古人亦鲜有不知来处者，宗子法废，后世尚谱牒，犹有遗风。谱牒又废，人家不知来处，无百年之家，骨肉无统，虽至亲，恩亦薄。”④

张载主张：“今日大臣之家，且可方宗子法。譬如一人数子，且以适长为大宗，须据所有家计厚给以养宗子，宗子势重，即愿得之，供宗子外乃将所有均给族人。宗子须专立教授，宗子之得失，责在教授，其他族人，别立教授。仍乞朝廷立条，族人须管遵依祖先立法，仍许族人将己合转官恩泽乞回授宗子，不理选限官，及许将奏荐子弟恩泽与宗子，且要主张门户。”⑤ 加强“宗子之法”，便是使

①②③ 《经学理窟·宗法》，《张载集》，259页。

④ 同上书，258～259页。

⑤ 同上书，260页。

以血缘为纽带的宗法制度永世不衰，当官的永远当官，便是所谓“世臣”，被统治的则永远被统治。这种宗子之法，不仅巩固了宗法等级制，而且加强了宗法的统治。中国社会的宗法制度，在“管摄天下人心”方面，其影响是深远的，但它阻碍着中国社会的进步。

由“宗子之法”推而国家社会，则“大君者，吾父母宗子；其大臣，宗子之家相也”①。国家是家庭的扩大，君民关系，就是宗子与众子的关系，君臣关系就是“宗主”与家相的关系。封建皇帝就是国家这个大家族的“宗主”，大臣就是这个大家族的家相。在这里，张载虽然赋予宗法社会以温情脉脉的家庭面纱，而实是一种统治与被统治的关系，只不过赋予宗法社会皇帝以更大的权威和统治力度而已。

朱熹在探讨集权与分权的关系时，曾部分地采取了张载关于“封建论”的主张。

（三）“肉刑”说

所谓“肉刑”，是指墨（脸上刺字）、劓（割鼻子）、剕（砍足）、宫（去男性生殖器）等切断人的肢体或割裂人的肌肤的刑罚。这本来是极其残酷的刑罚，相传始于夏代。但随着历史的发展，社会文明的进步，“肉刑”也逐渐被统治集团取消了。西汉文帝时，公开废除了墨、劓、剕三刑；隋文帝时，又废除宫刑。魏晋时统治者曾企图恢复“肉刑”，没有搞成。张载鉴于当时死刑大滥，而主张恢复“肉刑”。他说：

> 肉刑犹可用于死刑。今大辟之罪，且如伤旧主者死，军人犯逃走亦死，今且以此比刖足，彼亦自幸得免死，人观之更不敢犯。今之妄人往往轻视其死，使之刖足，亦必惧矣。此亦仁术。②

按宋律，伤旧主人、军人逃跑都判死刑，张载认为这些人不必服死刑，剕刑就可以了。这样，人可免死，别人看到这种情况，更不敢犯罪了。张载认为，这是一种“仁术”。后来，朱熹继承了张载的这个思想，亦主张恢复“肉刑”③。

---

① 《正蒙·乾称篇第十七》，《张载集》，62页。

② 《经学理窟·周礼》，《张载集》，248页。

③ 参见拙著：《朱熹思想研究》，168～169页。

"井田"、"封建"、"肉刑"三者关系是："井田而不封建，犹能养而不能教；封建而不井田，犹能教而不能养；封建井田而不肉刑，犹能教养而不能使。然此未可遽行之。"① "井田"与"封建"的关系，犹如"养"与"教"的关系；"肉刑"与"封建"、"井田"的关系，犹如"教"、"养"与"使"的关系。三者互相联系，相互依赖，不可缺少。

张载的社会政治思想是以改革为宗旨，以"复三代"的"井田"、"封建"、"肉刑"为主要内容，以个人试验为方法。但由于与时代的需要相脱离，不适应历史的发展，因此，他的社会政治思想未能实行。

三、哲学学说

吕大临的《横渠先生行状》载："学者有问，多告以知礼成性、变化气质之道。"② 这是张载当时讲学的主要内容。他的学说最具个性和创造性的便是，"穷神化，一天人，立大本，斥异学，自孟子以来，未之有也"③。体验孟子之学，而有所自得。时人以张载是孟子以后重要思想家，既概括了张载的哲学思想，又评论了它的理论价值。

（一）思想渊源与师承

对此，历来就有不同的说法。程门弟子，包括先事张载而后事程颐的吕大临，都认为张载的道学思想源出于二程。杨时说：

> 横渠之学，其源出于程氏，而关中诸生尊其书，欲自为一家。④

意谓张载思想本资于、出于二程，只不过是关中学者欲自为一家而已。

程颢的另一大弟子游酢亦说：

> 先生（程颢）生而有妙质，闻道甚早。年逾冠，明诚夫子张子厚友而师之。⑤

---

① 《拾遗·性理拾遗》，《张载集》，375页。

②③ 《张载集》，383页。

④ 《跋横渠先生及庸节先生人贵有精神诗》，《杨龟山集》卷五。

⑤ 《河南程氏遗书·附录·书行状后》，《二程集》，334页；另见《明道先生书行状后》，《伊洛渊源录》卷三。

如果杨时仅言张载的思想源出程氏，游酢则明确说师事程氏了。

吕大临在《横渠先生行状》中说：张载“见洛阳程伯淳、正叔昆弟于京师，共语道学之要，先生涣然自信曰：‘吾道自足，何事旁求！’乃尽弃异学，淳如也”①。“吾道自足”，表示张载对自己学说的自信。但这段记载显然有抬高二程在“道学”中的地位的意味。程颐曾指出：

> 表叔（指张载）平生议论，谓颐兄弟有同处则可，若谓学于颐兄弟则无是事。顷年属与叔删去，不谓尚存斯言，几于无忌惮。②

对这种有违叔侄关系而不合事实的说法，真可谓有点“无忌惮”，程颐曾叫吕大临删去。然吕大临之所以敢“无忌惮”，显然与张载的关学一派在其死后不盛有关，况且三吕（大忠、大钧、大临）后都师事二程，或许是为自己更师而制造的根据。

朱熹在《伊洛渊源录》卷六此条文后有一按语：

> 《行状》今有两本，一云“尽弃其学而学焉”，一云“尽弃异学淳如也”。其他不同处亦多，要皆后本为胜。疑与叔后尝删改如此，今特据以为定。……而横渠之学，实亦自成一家，但其源则自二先生发之耳。

朱熹在这里打了一个圆场，一是说明吕大临有一个删改本，而程颐见到的是未删改本，今以删改本为定；二是对杨时跋文持否定态度，认为张载之学，“自成一家”，但其源则出自二程，此未免又留有尾巴。张载与二程在学术之间互有影响，这是不能否定的，然其源不一定是二程发之。嘉祐二年（公元 1057 年）张载 38 岁，讲《易》于京师，《易说》约已作成，是将近“不惑”之年的人。而程颢、程颐此时还是 26 岁、25 岁的未“立”之年，即使按游酢所说，“闻道甚早”，也便是“立”之年，可见，张载其学源于二程为不确。

那么，张载之学源自谁？黄宗羲作《宋元学案》碰到了这个问题，他不采取杨时、游酢等人的说法，而是将其列入《高平学案》中。全祖望认为，程、朱都以为“宋世学术之盛，安定（胡瑗）、泰

① 《张载集》，381～382 页。

② 《河南程氏外书》卷十一，《二程集》，414～415 页。

山（孙复）为之先河”。“晦翁推原学术，安定、泰山而外，高平范魏公其一也。”① 朱熹以北宋道学有两个源流，一是胡瑗、孙复，一是范仲淹、韩琦、欧阳修。全祖望的《庆历五先生书院记》曰：“有宋真、仁二宗之际，儒林之草昧也。当时濂洛之徒，方萌芽而未出，而睢阳戚氏在宋，泰山孙氏在齐，安定胡氏在吴，相与讲明正学，自拔于尘俗之中。亦会值贤者在朝，安阳韩忠献公，高平范文正公，乐安欧阳文忠公，皆卓然有见于道之大概。”② 由于范仲淹“依戚同文学，昼夜不息”，因此《高平学案》将戚同文列为学案之首，但高平并非指戚同文。张载与戚同文实无关系。张载与范仲淹相识，也只是在宝元三年、康定元年（公元1040年）之间，21岁的张载来到延州，上书谒范仲淹，言抵抗西夏之事。范仲淹劝他读《中庸》。张载读《中庸》不满足，又访诸释、老。《宋元学案》将张载与富弼、张方平、石介、李觏、刘牧等都列为范仲淹门人，也未尝不可。但此时张载道学思想并未形成，其为学重点也不在这方面，故以读《中庸》为未足，而有尽究释、老之书之举。因此，从张载道学思想的渊源来说，确不能说他师于高平范仲淹。汪玉山与朱熹书曰：“范文正公一见横渠，奇之，授以《中庸》，若谓从学则不可。”王梓材案：“横渠之于高平，虽非从学，然论其所自，不能不追溯高平也。”③ 此说是有一定道理的。在讲究“推原学术源流”的时代，也只好这样处理。

但朱熹却不管这些，而认为张载之学是“苦心力索”得来的。他说：

> 横渠之学，是苦心得之，乃是致曲，与伊川异。以孔子为非生知，渠盖执好古敏以求之，故有此语。④
>
> 明道之学，从容涵泳之味洽；横渠之学，苦心力索之功深。⑤

他不讲张载之学源出于二程，而却将张与二程进行平行比较，从而明其异同。同时，从思想上辨其异。他说：“伊川说‘仁者天下之公，善之本也’，大段宽而不切；如横渠说‘心统性情’，这般所在，

---

① 《宋元学案序录》，《宋元学案》卷首。

②③ 《高平学案》，《宋元学案》卷三。

④⑤ 《朱子语类》卷九十三。

说得的当。又如伊川谓‘鬼神者造化之迹’，却不如横渠所谓‘二气之良能也’。”① 以明其不源出于二程。

朱熹这个探讨是有价值的。张载同门人弟子说：“吾学既得于心，则修其辞命。”② 学得于自心。陈亮亦说：

> 横渠张先生崛起关西，究心于龙德正中之地，深思力行而自得之。视二程为外兄弟之子，而相与讲切，无所不尽。③

以为张载之学，是“深思力行”得来的。这样，便可不拘泥于学术渊源，而以张载为苦心自学，然后成为道学家，并创立关学一派的。

（二）立“气”破“空”，立“有”破“无”

李月桂在《张子全书序》中说：“先生性嗜诵习……访诸释、老之旨，知无所得，反而求之经学。”④ 从儒家《六经》——→出入释、老——→反诸《六经》，这是一条道学家求学与思想转变的共同路径，很少例外。张载辟释、老，而又援释、老，则与周敦颐同，其异是周敦颐在援释、老入儒时，构造了“不罔于恍惚梦幻，则定以‘有生于无’，为穷高极微之论”⑤ 的逻辑结构，而有使“无极”混同于释、老之失，实质上还不能与释、老思辨的形而上学本体论相颉颃。孙复、石介、李觏等虽尖锐地指出释、道二教有十害，去之则有十利⑥，但无非是释、道“无君无父”、“非圣无法”以及“坐逃徭役”、“国用以耗”等老调重弹，未能从形上学的“本然之全体”上批判释、老。尽管欧阳修的《本论》在当时思想界颇有影响，但也没有进行哲学的批判。殊不知光有政治的、经济的、伦理的、道德的批判，不仅不能重建儒家伦理道德自五代以来“三纲五常之道绝”⑦ 的局面，而且不足以改变释、老凌驾于儒学之上的形势。惟一的途径是，构造自己的哲学逻辑结构，既可为儒家伦理道德以形上学本体的论证，又可与释、老的思辨哲学相抗衡，两者互相影响、互相促进。张载在出入释、老过程中，自觉地意识到此一问题的重

---

① 《朱子语类》卷九十三。
② 《横渠先生行状》，《张载集》，383 页。
③ 《伊洛正源书序》，《陈亮集》卷十四，162 页。
④ 《附录》，《张载集》，393 页。
⑤ 《正蒙·太和篇第一》，《张载集》，8 页。
⑥ 参见《富国策第五》，《李觏集》卷十六，141 页，北京，中华书局，1981。
⑦ 《新五代史》卷十六。

要性。他的门人范育在《正蒙序》中总结自孔孟以来释、老盛行的情况说：

> 自孔孟没，学绝道丧千有余年……浮屠老子之书，天下共传，与《六经》并行。而其徒侈其说，以为大道精微之理，儒家之所不能谈，必取吾书为正。世之儒者亦自许曰："吾之《六经》未尝语也，孔孟未尝及也。"从而信其书，宗其道，天下靡然同风，无敢置疑于其间，况能奋一朝之辩，而与之较是非曲直乎哉！①

以释、老学说为"大道精微之理"，儒家《六经》不及释、老，故后者自诩为"正"；而儒者亦自愧不如释、老，信其书，宗其道，靡然天下，无敢置疑。在这种情况下，无人奋起争辩，以较是非曲直。惟独张载"以命世之宏才，旷古之绝识……闵乎道之不明，斯人之迷且病，天下之理泯然其将灭也，故为此言与浮屠老子辩，夫岂好异乎哉？盖不得已也"②。从哲学理论上对佛、老进行批判。

释、道哲学理论的要点：一以心为法，以空为真；一以无为道，以我为真。"空"、"无"可谓释、道的根本范畴、至言要论。于是，张载立"气"破"空"，立"有"破"无"。范育在北宋元祐年间说：

> 浮屠以心为法，以空为真，故《正蒙》辟之以天理之大，又曰："知虚空即气，则有无、隐显、神化、性命通一无二。"老子以无为为道，故《正蒙》辟之曰："不有两则无一。"③

张载认为，佛教理论特点：一是"以心为法"，"万法唯识"，"一切唯心"，以现实世界唯心所现，改变"心"与"物"、意识和存在的关系，否定实在世界的客观性。他说：

> 释氏不知天命，而以心法起灭天地，以小缘大，以末缘本，其不能穷而谓之幻妄，真所谓疑冰者与！［夏虫疑冰，以其不识。］④

也即把"心"作为起灭天地的主宰。佛教把本来是微小的、末等的"心"当作广大的、根本的自然界天地的根源，这样岂不大小

---

① 《张载集》，4～5页。
② 同上书，5页。
③ 《正蒙·范育序》，《张载集》，5页。
④ 《正蒙·大心篇第七》，《张载集》，26页。

混淆？佛教用人们肉眼看不到某些客观事物这种现象，作为论证客观事物虚而不实的根据，犹如《庄子》所说“夏虫不可语冰”① 一样可笑。如果把客观自然界当作人的主体意识的产物，就会“陷于浮屠以山河大地为见病之说”②，张载由此揭示了佛教的诡辩。

二是，佛教认为“以空为真”，现实世界都是“虚妄不真”的。张载批判了佛教的这种观点，他说：

> 释氏妄意天性，而不知范围天用，反以六根之微因缘天地。明不能尽，则诬天地日月为幻妄，蔽其用于一身之小，溺其志于虚空之大，所以语大语小，流遁失中。其过于大也，尘芥六合；其蔽于小也，梦幻人世。谓之穷理可乎？……尘芥六合，谓天地为有穷也；梦幻人世，明不能究所从也。③

由于佛教以自然界万物为妄，便错误地以天地、日月为虚幻，从而否定现实世界的实在性，由此出发，以人世为梦幻，以“六合”为尘芥。其错误就在于，一方面“明不能尽”，“明不能究所从”，即不能揭示宇宙和人生的所当然及所以然；另一方面，“蔽于小”，把六种微小的感官作为和合天地的因缘，而以天地万物依赖人的感觉而存在。

佛教否定现实世界的真实性，以天地和人生为幻妄，是为了唤起人们去追求宗教的彼岸世界的真实性，即所谓超自然的“真如”、“真空”等等。如果按照佛教“四大皆空”、人生如梦的理论，不仅人活着是幻妄，人死了也是幻妄；可是佛教承认人死为鬼，承认灵魂的存在，这就与其“一切皆空”的理论前提产生了矛盾。可见，现实世界与彼岸世界、今世与来世在佛教哲学中是相抵牾的，今生如梦是为了论证来世的转生。尽管在佛教看来，成佛后可超越轮回，但毕竟是少数。张载虽然没有揭露佛教哲学的这个矛盾，但他从两个方面进行了批判，即否定彼岸世界，而肯定现实世界；肯定今生，而批判人死为鬼、转世投生。他说：

> 浮屠明鬼，谓有识之死受生循环，遂厌苦求免，可谓知鬼乎？以人生为妄见，可谓知人乎？天人一物，辄生取舍，可谓

① 《庄子·秋水》。
② 《正蒙·太和篇第一》，《张载集》，8 页。
③ 《正蒙·大心篇第七》，《张载集》，26 页。

知天乎？孔孟所谓天，彼所谓道。惑者指游魂为变为轮回，未之思也。①

这种灵魂不灭，生死轮回的理论，范缜等曾批判过，但他没有重视对"一切唯心"的理论基础的批判，唐代傅奕、韩愈也没有这样做。因此，人死为鬼，生死轮回之说仍很流行。张载认为，人的生死现象，乃是"气"之聚散的变化。其门人范育在《正蒙·序》中说：

至于谈死生之际，曰："轮转不息，能脱是者则无生灭。"或曰："久生不死。"故《正蒙》辟之曰："太虚不能无气，气不能不聚而为万物，万物不能不散而为太虚。"夫为是言者，岂得已哉！②

"气"聚为万物，为人；"气"散为虚，即人死为"太虚"，哪有生死轮转？亦无超越生灭的"涅槃"境界。用"气"的聚散运动来解释人的生死现象，即肉体与精神的关系，较之薪火之喻、利刃之比，其思维水平又高出一筹——它摆脱了具体物质结构的束缚，亦杜塞了薪与火、利与刃的分二，而辟新径。同时，他把这种批判与其"以心为法"的理论基础结合起来，指出："如人死皆有知，则慈母有深爱其子者，一旦化去，独不日日凭人言语，托人梦寐存恤之耶？……又谓'人之精明者能为厉'，秦皇独不罪赵高，唐太宗独不罚武后耶？"③ 如人死有知，深爱其子的慈母，死后为什么不凭人说话，给人托梦，来照顾其爱子呢？秦始皇和唐太宗何不罪罚赵高和武则天呢？可见，人死无"知"，况且今人亦未见过，"今世之稍信实亦未尝有言亲见者"④。然而，人们为什么以为人死有知、灵魂不灭？乃是由于对自然界的一些怪异现象不能解释的缘故。他说："范巽之尝言神奸物怪，某以言难之，谓天地之雷霆草木至怪也，以其有定形故不怪，人之陶冶舟车亦至怪也，以其有定理故不怪。"⑤ 打雷闪电、奇草异木这种怪异现象，只要能体认它的"定形"，就不会以为怪异；陶冶和舟车也是一种怪异现象，但只要能掌握它的"定理"，也不以为怪。由此，只要人们认识到无鬼，也就不会相信佛教人死有知、灵魂不灭的说教了。

---

① 《正蒙·乾称篇第十七》，《张载集》，64 页；另见《与吕微仲书》，《张载集》，350 页，与此相似。

② 《张载集》，5 页。

③④⑤ 《拾遗·性理拾遗》，《张载集》，373 页。

因此，张载对“鬼神”作了新解，以鬼神为往来、屈伸的意思。他说：

> 鬼神，往来、屈伸之义。故天曰神，地曰示，人曰鬼。[自注：神示者归之始，归往者来之终。]①
>
> 天道不穷，寒暑也；众动不穷，屈伸也；鬼神之实，不越二端而已矣。②
>
> 物之初生，气日至而滋息；物生既盈，气日反而游散。至之谓神，以其伸也；反之为鬼，以其归也。③

鬼神是指“气”在运动过程所体现的往与来、屈与伸等两种不同的形式。因此，他在解释《周易·系辞传》之“精气为物，游魂为变，是故知鬼神之情状”时说：“精气者，自无而有；游魂者，自有而无。自无而有，神之情也；自有而无，鬼之情也。……显而为物者，神之状也；隐而为变者，鬼之状也。大意不越有无而已。物虽是实，本自虚来，故谓之神；变是用虚，本缘实得，故谓之鬼。此与上所谓神无形而有用，鬼有形而无用，亦相会合。”④ 这种往来、屈伸的运动具体形态，便是“神”的自无而有和“鬼”的自有而无。自无而有，显而为物，便是“神”；自有而无，隐而为变，便是“鬼”。由此剥去了“鬼神”的人格、有知的外衣，而赋予“鬼神”以无神论的内容。张载以“鬼神”为往来、屈伸的思想，为后来朱熹所继承和发挥。朱熹说：“鬼神者，只是气之屈伸。”⑤ “问：‘伸是神，屈是鬼否?’曰：‘气之方来皆属阳，是神；气之反皆属阴，是鬼。午前是神，午后是鬼；初一以后是神，十六以后是鬼；草木方发生是神，凋落是鬼；人自少至壮是神，衰老是鬼；嘘是神，吸是鬼；风雷鼓动是神，收敛是鬼。’”⑥ 明确把“鬼神”的屈伸运动解释为“阴阳”二气的“气之来”与“气之反”的运动，并以日期、草木、人生、嘘吸和风雷的鼓动和收敛来说明这两种运动形式。但是，无论是张载还是朱熹，虽然用“气”的运动来解释“鬼神”，力辟佛教的人死为鬼论，但都没有认识到鬼神只不过是人们按照自己的模样

---

① 《正蒙·神化篇第四》，《张载集》，16页。

② 《正蒙·太和篇第一》，《张载集》，9页。

③ 《正蒙·动物篇第五》，《张载集》，19页。

④ 《横渠易说·系辞上》，《张载集》，183～184页。

⑤ 《答吕子约》，《朱文公文集》卷四十七。

⑥ 《正蒙·太和篇注》，《张子全书》卷二。

虚拟出来的，即人的模样的鬼神；没有认识到人们信奉鬼神的原因是人把关于自己合目的性的创造这个观念用之于自然界。自然界是合目的性的，因而自然界是理性存在物创造的。所以，他不敢彻底否定“鬼神”，以至还承认“魂”的存在。他说：“气于人，生而不离、死而游散者谓魂。”① 魂是与魄相对的意识、精神，这便是张载哲学的两重性。

张载在批判佛教的同时，也批判了道教。道教以老子为教主，将《道德经》奉为经典。老子“有生于无”的观点，便成为道教宇宙化生论的理论基础。张载认为，世界万物生于“有”，而非生于“无”。“有”与“无”只不过是“气”的聚和散。他说：

> 气聚则离明得施而有形，气不聚则离明不得施而无形。方其聚也，安得不谓之（有）客？方其散也，安得遽谓之无？故圣人仰观俯察，但云“知幽明之故”，不云“知有无之故”②。

“气”聚而有形，不聚而无形。有形与无形，都是“气”在变化运动中显现的不同形态。无形并非虚无，而只是未具形象。从这个意义上说，只可以讲“幽明”之别，不可以讲“有无”之分。所以，张载说：“《大易》不言有无，言有无，诸子之陋也。”③ “人虽信此说，然不能知以何为有，以何谓之无。”④ 道教讲“有生于无”，在认知论上是以“不见”为“无物”之故，他说：“见者由明而不见者非无物也，乃是天之至处。彼异学则皆归之空虚，盖徒知乎明而已，不察夫幽，所见一边耳。”⑤ “不见”非“无物”，而是幽；不认识幽，便是一偏。道教片面扩大了“不见”为“无物”的一面，而把万物之本归于虚无。

在张载看来，不言“有无”，只是相对于“幽明”而言。其实，“有无”两者是统一的：“有无一，内外合。”⑥ 其统一性，便是“气”。可称之为“有无混一之常”。他说：

> 若谓虚能生气，则虚无穷，气有限，体用殊绝，入老氏“有生于无”自然之论，不识所谓有无混一之常；若谓万象为太

① 《正蒙·动物篇第五》，《张载集》，19 页。

② 《横渠易说·系辞上》，《张载集》，182 页。

③ 《正蒙·大易篇第十四》，《张载集》，48 页。

④⑤ 《横渠易说·系辞上》，《张载集》，182 页。

⑥ 《正蒙·乾称篇第十七》，《张载集》，63 页。

> 虚中所见之物，则物与虚不相资，形自形，性自性，形性、天人不相待而有，陷于浮屠以山河大地为见病之说。①

把万有的现象世界说成由“无”产生，就必然得出在“有”之前，万有世界是不存在的。这个思想的症结所在，是以“虚”为无限，“气”为有限，无限的“虚无”是体，有限的“气”是“虚无”的用。这样，便导致了把物物者非物的“无”当作第一原理，“有”为化生的，陷入老子“有生于无”之说。

张载认为，道教“有生于无”的宇宙化生论和佛教的“体虚空为性”一样，一以“无”为本，一以“有”为幻，都把“有”与“无”对立起来，以否定“有”。张载以“有无混一”即“有无”合一的观念去审视世界，就不会以“有”为幻，以“无”为本了。进而张载批判了释、老。他说：“释氏语实际，乃知道者所谓诚也，天德也。其语到实际，则以人生为幻妄，以有为为疣赘，以世界为荫（阴）浊②，遂厌而不有，遗而弗存。……彼语虽似是，观其发本要归，与吾儒二本殊归矣。道一而已，此是则彼非，此非则彼是，固不当同日而语。其言流遁失守，穷大则淫，推行则诐，致曲则邪，求之一卷之中，其弊数数有之。”③ 佛教所谓的实际，就是厌而不有，遗而弗存，与儒家学说，乃是二本殊归，有根本的差别。可见，张载是以弘扬儒学来反对释、老的。故《宋史·张载传》总结张载学说主旨说：“故其学尊礼贵德，乐天安命，以《易》为宗，以《中庸》为体，以孔孟为法，黜怪妄，辨鬼神。”④ 此便是立“太虚即气”之说，以斥释、老之学。

（三）哲学逻辑结构及其两重性

张载立“有”是承认对象的真实存在，这虽能破除“以无为真”、“以有为幻”的理论，但并未回答世界本原问题。张载鉴于释、老在“有形”之上、之先建构一个无形的形上学“无”，在现实世界之上、之先建构一超世的彼岸世界，并有见于郭象在“崇有”的名义下掏去“有”存有性，而宣扬“独化”论。因此，他主张“有”

① 《正蒙·太和篇第一》，《张载集》，8页。

② 《正蒙·乾称篇》作“荫浊”，《横渠易说·系辞上》作“阴浊”。

③ 《横渠易说·系辞上》，《张载集》，183页；另见《正蒙·乾称篇第十七》，《张载集》，65页。

④ 《附录》，《张载集》，386页。

只有与“气”相融合为一，才显现其哲学的严密性。他说：

凡可状，皆有也；凡有，皆象也；凡象，皆气也。气之性本虚而神，则神与性［疑当作虚］乃气所固有，此鬼神所以体物而不可遗也。①

“有”作为一种存在，只有具备它能为人们的感觉所感知的实在，有形象，而非虚无的精神，及不依赖于意识而存在，而非意识所化生，才具有实在性。于是说“凡象，皆气也”。“气”虽然具有“虚”与“神”的本性，但却是其变化的形式，非指空虚与人格神。张载在立“气”破“空”、立“有”破“无”中，以“气”与“有”的融合，批判了释、老的“空”、“无”，在哲学逻辑的角度看，这是比较合理的。

1. “气”→“物”→“气”的逻辑结构

张载针对释、老的哲学理论要点，构造了其哲学逻辑结构。他说：

太虚②无形，气之本体，其聚其散，变化之客形尔。③

太虚不能无气，气不能不聚而为万物，万物不能不散而为太虚。④

气聚则离明得施而有形，气不聚则离明不得施而无形。⑤

“气之本体”，并非指“气”外有一虚空的“太虚”为其本体，它与西方哲学中本体与现象的范畴不同，“气”可以理解为本来状态。“太虚”之“气”具有两种运动形态：一是“聚”，即“气”凝聚而成有形的万物；二是“散”，即“气”分散而回复为无形的“太虚”。这便构成了其哲学的逻辑结构，如右图：

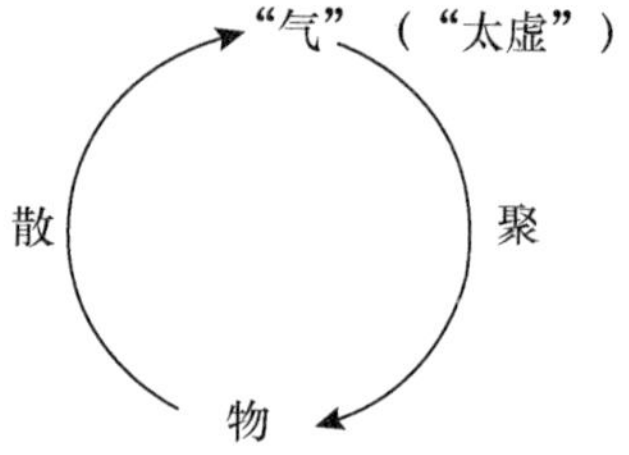

① 《正蒙·乾称篇第十七》，《张载集》，63页；另见《张子语录·语录中》，《张载集》，323页。

② “太虚”概念见于《庄子·知北游》：“是以不过乎昆仑，不游乎太虚。”唐成玄英疏：“昆仑是高远之山，太虚是深玄之理。”《素问·天元纪大论》载：“臣积考《太始天元册》，文曰：‘太虚寥廓，肇基化之，万物资始，五运终天。’”然《太始天元册》为何书、何时书，待考。

③④ 《正蒙·太和篇第一》，《张载集》，7页。

⑤ 同上书，8页。

在这个"气"（"太虚"）$\xrightarrow{\text{聚}}$物$\xrightarrow{\text{散}}$"气"（"太虚"）的逻辑结构中，可以窥见：

第一，"气"作为其哲学逻辑结构的形上学范畴，其本身即是"虚空"。"知虚空即气，则有无、隐显、神化、性命通一无二，顾聚散、出入、形不形，能推本所从来，则深于《易》者也。"① "隐显"、"有无"和"出入"、"形不形"，在这里具有与"聚散"相同的意义。"显，其聚也；隐，其散也。"② 如能知道"虚空即气"，则它们是"通一无二"的，即通一为"气"。然而，张载提出"虚空即气"的命题，一方面，企图超越"气"为形而下之器的局限，以免重履王充等的缺陷，试着从抽象意义上规定"气"，使气具有虚空的抽象的、一般的性质；另一方面，在批判释、老的"虚"、"空"时，吸收了释、老思想，使"虚空"与"气"相融合，以免混同于释、老。如果周敦颐思想还未与释、老之学完全划清界线，则张载便较自觉了。

第二，在"气"$\underset{\text{散}}{\overset{\text{聚}}{\rightleftharpoons}}$"物"的逻辑结构中，无形象的"太虚"，是"散"而未聚的"气"，它是"气"的一种本来状态；具有各种形象的万物，是"气"的凝聚。"气"的"聚散"，便引起了万物存在与不存在两种形态。因此，形形色色万物是"气"在聚散过程中所表现的暂时形态"（客形）"。既为暂时形态，便要返回"气"的本来形态。"形聚为物，形溃反原。"③ "气"与"物的关系，是同一物体在运动过程中显现的不同形态。在这个意义上说，"盈天地之间者，皆物也"④。"盈天地之间者，法象而已。"⑤ 充塞宇宙的是"物"或"法象"，"物"统一于"气"。但是，他以有形的万物为"客感客形"之时，不可避免地与"无感无形"相对待。然后又将形、神相对待，"物形乃有大小精粗，神则无精粗，神即神而已"⑥。万物有大小精粗的不同，"神"却没有这种差别。在这里，"神"已不是变化的意思，而是对形、神二分后，把"神"抬升为物形之上，"万物形色，

---

① 《正蒙·太和篇第一》，《张载集》，8页。

② 《正蒙·大易篇第十四》，《张载集》，54页。

③ 《正蒙·乾称篇第十七》，《张载集》，66页。

④ 《张子语录下》，《张载集》，333页。

⑤ 《横渠易说·系辞上》，《张载集》，182页。

⑥ 同上书，200页。

神之糟粕"[①]。现象界的形和色为"神"之糟粕："太虚为清，清则无碍，无碍故神。反清为浊，浊则碍，碍则形。"[②] "散殊而可象为气，清通而不可象为神。"[③] 把清通的"太虚"和"神"相等同，并把其置于浊碍"可象"的"气"之上。这便与"太虚"即"气"的说法相冲突，而使其哲学逻辑结构陷入矛盾。

第三，如果说清通无形的"太虚"与浊碍可象之"气"，在世界万物的视域由于有"太虚即气"的制约，其裂缝还能弥补的话，那么，在知识论、伦理学领域则是无法弥补了。张载称："合虚与气，有性之名。"[④] 是指"太虚"和"气"相合，于是便有"天地之性"和"气质之性"的二分。"形而后有气质之性，善反之则天地之性存焉。故气质之性，君子有弗性者焉。"[⑤] 人禀受"阴阳"两气，而又受清浊、形体的影响，所具之性为"气质之性"，为恶的来源；"天地之性"则是"太虚"本性，它是纯一无缺的，是善的来源。先验的"天地之性"与生而后有的"气质之性"之间，只有通过善反，而保存其先验的善的"天地之性"。与此相类，又有"德性之知"和"见闻之知"的二分。"太虚"与"气"的距离拉大，张载哲学逻辑结构的内在矛盾便日益显露。正由于此，张载哲学具有两重性。程、朱恰恰是抓住张载"太虚"与"气"的裂缝，而加以扩大。二程指出："离阴阳则无道。阴阳，气也，形而下也。道，太虚也，形而上也。"[⑥] 以"太虚"为形而上之"道"，"阴阳之气"为形而下之"器"。"太虚即气"的关系，便成为形而上与形而下的关系。由于张载并没有充足论证"太虚"与"气"之间的关系。太虚与气究竟是什么关系？"太虚即气"为什么？各人有各人的解释和理解，并留下众多谜团。

2. "气"的规定

在张载"气"⟶"物"⟶"气"的逻辑结构中，我们首先剖析"气"⟶"物"这对范畴。

"气"是张载哲学逻辑结构的出发点和归结点。在张载看来，"气"是一个能变化、运动、氤氲的、超越的、虚灵的范畴，它既生

---

① 《正蒙·太和篇第一》，《张载集》，10页。
② 同上书，9页。
③ 同上书，7页。
④ 同上书，9页。
⑤ 《正蒙·诚明篇第六》，《张载集》，23页。
⑥ 《论道篇》，《河南程氏粹言》卷一，《二程集》，1180页。

气勃勃又健顺不止。他说：

> 所谓气也者，非待其蒸郁凝聚，接于目而后知之；苟健、顺、动、止、浩然、湛然之得言，皆可名之象尔。然则象若非气，指何为象？时若非象，指何为时？①

在这段话中，张载对“气”的内涵作了质的规定：

第一，“气”有变化，便有象。这并不是说气本身就是象，象是可称谓、可名辞的。他说：太虚之气，“有变则有象，如乾健坤顺，有此气则有此象可得而言，若无则直无而已，谓之何而可？是无可得名。……若以耳目所及求理，则安得尽！如言寂然湛然亦须有此象。有气方有象，虽未形，不害象在其中”②。譬如风雷有运动的象，是因为天为健，这是隐蔽不见的，但风雷是有形象可见的，这是就天道来说的。有气方才有象，尽管未形成形象，并不损害象在气之中。这就是说，并不一定待气凝聚起来，为人们的感官所感觉到，才有形象，感觉不到的也可是形象，如“气”未聚，处于“太虚”的状态，即“气”隐而未显，其中蕴涵着象。

第二，“气”无所不在，无处不在，充塞宇宙。天地间凡是具有刚柔、动静、广大、深远等自然现象的，也都是“气”。这就是说，能为我们眼睛所见到的云雾等有形象的固然是“气”，但没有形象的，为人们的眼睛所不能直接观察到的运动、静止、刚健、柔顺、无限的空间和时间等现象，也都属于“气”。“地有升降，日有修短，地虽凝聚不散之物，然二气升降其间，相从而不已也。”③ 这样，就把“气”与具体的气体、某一物区别开来，使“气”具有一般的意义。

第三，“气”本身具有运动的特性。他说：“以人言之，喘息是刚柔相摩，气一出一入，上下相摩错也，于鼻息见之。人自鼻息相摩以荡于腹中，物既消烁，气复升腾。”④ “气”相互摩错，一出一入，不断运动。“气”之相摩，是指“阴阳”二气的摩荡。他说：“若阴阳之气，则循环迭至，聚散相荡，升降相求，絪缊相揉，盖相兼相制，欲一之而不能，此其所以屈伸无方，运行不息，莫或使之，

---

① 《正蒙·神化篇第四》，《张载集》，16页。

② 《横渠易说·系辞下》，《张载集》，231页。

③ 《正蒙·参两篇第二》，《张载集》，11页。

④ 《横渠易说·系辞上》，《张载集》，177～178页。

不曰性命之理，谓之何哉?”① 由于阴阳之气的“相荡”、“相求”、“相揉”、“相兼”、“相制”等的矛盾运动，而变化无穷。

第四，“气”即“太虚”。“太虚”是“气”存在的基本形态，是“气”没有凝聚成物，或聚而又散的状态。张载把“气”与“太虚”的关系，比做冰与水的关系。他说：“气之聚散于太虚，犹冰凝释于水。”②“气”在“太虚”中的“聚”与“散”，犹如冰在水中凝结和溶解一样，是一个东西在运动变化过程中所表现的不同形态。因此，张载说：“知太虚即气，则无无。”③ 又说：“知太虚即气，则无有有无。故圣人语性与天道之极，尽于参伍之神变易而已。诸子浅妄，有有无之分，非穷理之学也。”④ 太虚涵气，充塞着气的聚散变化，没有所谓“无”，也没有“无”与“有”的二分。如果分“有”与“无”，则是肤浅的妄语。把世界区分为有存在和不存在的，就会导致承认在“有”之外、之上有“无”的存在，就会陷入老子“有生于无”的“穷高极微之论”，其弊就在于“诐而陷于淫矣”⑤。

基于对“气”的上述规定，张载认为气即是太虚，是一般的存有，它具有三个方面的特点：一是能为人们所感觉；二是能够运动、静止；三是占有时空的广度和深度。可见，“气”是不依赖于人们的主观意志为转移的，也不是为精神所派生的客观实在。

3. “气”与“太和”、“天”、“道”

“气”聚散于“太虚”，“絪缊”未分之“气”为“太和”。他说：

> 太和所谓道，中涵浮沉、升降、动静、相感之性，是生絪缊、相荡、胜负、屈伸之始。……不如野马、絪缊，不足谓之太和。⑥

“太和”可以道来指称，它是一种混沌无间的和的状态。无论在未有形器之先的本和，还是有形器之后的不失和，才可谓太和。“太和”又包含两层意思：一是“太和”之中蕴涵着“浮”与“沉”、“升”

---

① 《正蒙·参两篇第二》，《张载集》，12页。

② 《横渠易说·系辞上》，《张载集》，200页；另见《正蒙·太和篇第一》，《张载集》，8页。

③ 《正蒙·太和篇第一》，《张载集》，8页。

④ 《横渠易说·系辞上》，《张载集》，200页。

⑤ 《正蒙·太和篇第一》，《张载集》，8页。

⑥ 同上书，7页。

与“降”、“动”与“静”对待两端的相互感应的品性；二是“太和”是生“细缊”、“相荡”、“屈伸”作用的端始，所谓“细缊”、“野马”，张载解释说：“气坱然太虚，升降飞扬，未尝止息，《易》所谓‘细缊’，庄生所谓‘生物以息相吹’、‘野马’者与！此虚实、动静之机，阴阳、刚柔之始。浮而上者阳之清，降而下者阴之浊，其感通聚结，为风雨，为雪霜，万品之流形，山川之融结，糟粕煨烬，无非教也。”① “机”便是“气”运动变化的内在根据和动机。“细缊”、“野马”就是或虚或实、或动或静的内在根据和“阴阳”、“刚柔”之开始，于是，阳而清之气上浮，阴而浊之气下降，由于清阳与浊阴之气的感通聚结，而成风雨、雪霜等山川宇宙、万事万物。

“太和”作为“细缊”混沌的未分的“气”，乃是“虚实、动静之机”和“阴阳、刚柔之始”，也可谓“屈伸、动静、终始之能”。他说：“惟屈伸、动静、终始之能一也，故所以妙万物而谓之神，通万物而谓之道，体万物而谓之性。”② 又说：“由太虚，有天之名；由气化，有道之名；合虚与气，有性之名。”③ 在这里，张载提出了“太虚”与“天”、“气化”与“道”、合“虚”“气”与“性”之间的关系以及名称的来源问题，而且提出了它们在化生万物中的不同作用。在“太虚之气”细缊、化生万物的过程中，张载提出了许多有价值的范畴，从各个不同的方面对这个过程作了丰富的描绘。

所谓“天”，是“太虚”之名。它是一个无限的宇宙世界。他说：

> 天之明莫大于日，故有目接之，不知其几万里之高也；天之声莫大于雷霆，故有耳属之，莫知其几万里之远也；天之不御莫大于太虚，故必知廓之，莫究其极也。④

“天”是一个不知其高，不知其远，莫究其极的无限空间；其明、其声、不御，莫大于日、雷霆和“太虚”。此“天”即是自然之天。这与当时司马光以“天”为有意志之天有别。张载坚持天之自然论。他说：“天本无心，及其生成万物，则须归功于天。”⑤ 又说：“天无心，心都在人之心。”⑥ 就是说“天”本来是没有意识、没有意志

---

① 《正蒙·太和篇第一》，《张载集》，8页。
② 《正蒙·乾称篇第十七》，《张载集》，63～64页。
③ 《正蒙·太和篇第一》，《张载集》，9页。
④ 《正蒙·大心篇第七》，《张载集》，25页。
⑤ 《经学理窟·气质》，《张载集》，266页。
⑥ 《经学理窟·诗书》，《张载集》，256页。

的；“心”是人所特有的思维器官，它是人所具有的思维、意识活动。“天”与人是不同的。“天”是广大无边的天空，没有顾恤万物的意思。“天惟运动一气，鼓万物而生，无心以恤物。圣人则有忧患，不得似天。”① 既没有人格，也就不会赏善罚恶。这便是“天人相异”之所在。同时，“天人异用，不足以言诚；天人异知，不足以尽明”②。异用异知，就不能言诚和尽明。张载在“一天人”的基础上，既明天人之分，又讲“天与人，有交胜之理”③。即看到“天”与人之间的对待合一。这既是对先秦荀况“明于天人之分”④ 的继承，又是对刘禹锡“天与人交相胜”⑤ 的吸收。张载在天人关系问题上，实是集两者之成，而达到一新的水平。

“天惟运动一气”，张载既认为“由太虚有天之名”，“太虚即气”，则“天”便是“气”的聚散运动的表现。他说：“天之化也运诸气。”⑥ 又说：“神化者，天之良能，非人能。”⑦ “神化”是“天”之本能，“天之化”便是“气之运”，即“气”的运动变化便是“天”的变化。“天”的变化和“太虚之气”一样，发端于其内部互相摩荡、絪缊。他说：“天大无外，其为感者，絪缊二端而已焉。”⑧ 广大无外的“天”，具有“絪缊”二端感通变化的功能。其功能表现为：其一，呼吸、聚散、昼夜等运动变化。“动物本诸天，以呼吸为聚散之渐；植物本诸地，以阴阳升降为聚散之渐。”⑨ 又说：“有息者根于天，不息者根于地。”⑩ 所谓“息”，张载解释说：“昼夜者，天之一息乎！寒暑者，天之昼夜乎！”⑪ “息”犹如昼夜之变化。其二，变幻不测，可谓之“神”。“天之不测谓神，神而有常谓天。”⑫ 又说：“大而化之，能不勉而大也，不已而天，则不测而神矣。”⑬

---

① 《横渠易说·系辞上》，《张载集》，185 页。

② 《正蒙·诚明篇第六》，《张载集》，20 页。

③ 《正蒙·太和篇第一》，《张载集》，10 页。

④ 《天论》，《荀子新注》，289 页，北京，中华书局，1979。

⑤ 《刘宾客集·天论中》。

⑥ 《正蒙·神化篇第四》，《张载集》，16 页。

⑦ 同上书，17 页。

⑧ 《正蒙·太和篇第一》，《张载集》，10 页；另见《横渠易说·系辞下》，《张载集》，224 页。

⑨ ⑩ 《正蒙·动物篇第五》，《张载集》，19 页。

⑪ 《正蒙·太和篇第一》，《张载集》，9 页。

⑫ 《正蒙·天道篇第三》，《张载集》，14 页。

⑬ 《正蒙·神化篇第四》，《张载集》，17 页。

"天"的这两种变化功能，实是"气"的变化功能。

张载认为，"天"的运动变化是有次序的。"生有先后，所以为天序；小大、高下相并而相形焉，是谓天秩。天之生物也有序，物之既形也有秩。"① 有先有后，便是"天"运动变化的次序，小大相并、高下相形，是"天"运动变化的常规，合而言之，即是"天"运动变化。

"天"的本性叫"天德"。他说："有天德，然后天地之道可一言而尽。"② 有"天德"，就可知天地变化的原理。"大而位天德，然后能穷神知化。"③ "无我而后大，大成性而后圣，圣位天德不可致知谓神。"④ "大几圣矣，化则位乎天德矣。"⑤体认"天"的变化，穷其不测之"神"，才能位"天德"。由于"天德"是"天"的本性，只有此本性表现为变化时，才能被圣人所体认，否则是不能体认的。"圣不可知者，乃天德良能。"⑥ "诚明所知乃天德良知，非闻见小知而已。"⑦ "天德良能"、"天德良知"，便是先验的"良能"、"良知"，是"天"的本性所具有的，而非见闻之知。

张载所说之"天"，是自然之"天"。"天"具有变化运动的功能，其变化有秩序，"天"的本性为"天德"。但归根到底一于"气"。他说：

> 神，天德；化，天道。德，其体；道，其用，一于气而已。⑧

"体"为根本，"用"为作用。"神"为"化"之本，"天德"为"天道"之本。"神化"、"体用"、"天德"、"天道"都一于"气"。

所谓"道"，是"气化"之名。它是合乎规则的"气化"过程。他说："由气化，有道之名。"⑨ "一阴一阳不可以形器拘，故谓之道。乾坤成列而下，皆《易》之器。"⑩ 由于"道"是"气化"的过程，是"细缊"未形时的状况，从这个意义上说，又是"太和"，"太和所谓道"，因此，不被"形器"所拘限。所

① 《正蒙·动物篇第五》，《张载集》，19页。

② 《正蒙，天道篇第三》，《张载集》，15页。

③④⑤⑥ 《正蒙·神化篇第四》，《张载集》，17页。

⑦ 《正蒙，诚明篇第六》，《张载集》，20页。

⑧ 《正蒙·神化篇第四》，《张载集》，15页。

⑨ 《正蒙·太和篇第一》，《张载集》，9页。

⑩ 《横渠易说·系辞上》，《张载集》，206页。

以张载以为：

> 运于无形之谓道，形而下者不足以言之。①
>
> 形而上者是无形体者，故形而上者谓之道也。形而下者是有形体者，故形而下者谓之器。无形迹者即道也，如大德敦化是也；有形迹者即器也，见于事实即礼义是也。②

张载解释“形而上”为“无形体”，“形而下”为“有形体”，“形而上”的无形体之道，不能称之为“形而下”。无形迹隐蔽的道与有形迹显现的器，两者犹如大德与礼义的关系。换言之，前者是体，是根据，后者是用，是功用。这样，不仅把“形而上”与“形而下”看成体用一源过程，而且排除了两者的二分。

由于“道”是“气化”的过程，因此，它无处不在，无所不包。他说：

> 事无大小，皆有道在其间，能安分则谓之道，不能安分谓之非道。显诸仁，天地生万物之功，则人可得而见也；所以造万物，则人不可得而见，是藏诸用也。③

“道”贯通乎大小之间，人可得而见而显诸“仁”，有“道”在；人不可得而见而“藏诸用”，亦有“道”在。“道至有难明处而能明之。”④ 同时，“道”无所不包。他说：

> 体不偏滞，乃可谓无方无体。偏滞于昼夜阴阳者物也，若道则兼体而无累也。以其兼体，故曰“一阴一阳”，又曰：“阴阳不测”，又曰“一阖一辟”，又曰“通乎昼夜”。语其推行故曰“道”，语其不测故曰“神”，语其生生故曰“易”，其实一物，指事而异名尔。⑤

“道”、“神”、“易”是在不同状态下的不同称谓，其实是一个东西。“道”无方无体而不偏滞，因而兼体无累，无所不包。物有形体，便有所偏滞，就不能无所不包。

“道”既是“气化”的过程，从其本质上说可统一于“气”，而

---

① 《横渠易说·系辞上》《张载集》，207页；另见《正蒙·天道篇第三》，《张载集》，14页。

② 《横渠易说·系辞上》，《张载集》，207页。

③ 《拾遗·性理拾遗》，《张载集》，374页。

④ 《横渠易说·系辞上》，《张载集》，208页。

⑤ 《正蒙·乾称篇第十七》，《张载集》，65～66页。

非离“气”而存的“道”。他说：“阴阳合一存乎道。”[①] 换句话说，道即阴阳的合一。“凡不形以上者，皆谓之道，惟是有无相接与形不形处知之为难。须知气从此首，盖为气能一有无，无则气自然生，气之生即是道是易。”[②] 道无形却是有无的合一，有形体与无形体的有与无相接，“气”能一“有无”，故“气”是“道”，这便是对“道”的规定，而与程颐以“道”为所以“阴阳”（气）者有异。

4．“气”与“物”

“气”凝聚成物而有形，“气”弥散成“太虚”而无形。尽管“气化”有各种不同形态，但“气”如何凝聚成千差万别的物？张载说：

> 游气纷扰，合而成质者，生人物之万殊；其阴阳两端循环不已者，立天地之大义。[③]

“气”纷纷扰扰，聚合而成质，化生各种各样的事物。气若为一，人物便是万殊。

首先，关于宇宙结构的理论。张载注重自然科学，特别是天文学的研究。他综合了天文学上的浑天说和宣夜说，否定了浑天说以地表里有水，浮于水中的观点，认为地如气球，浮在气中，“地在气中”[④]。他说：

> 地有升降，日有修短。地虽凝聚不散之物，然二气升降其间，相从而不已也。阳日上，地日降而下者，虚也；阳日降，地日进而上者，盈也；此一岁寒暑之候也。[⑤]

也即把地球运动的原因归之于“气”的升降。夏天“气”上升，地上浮而离日近，为盈，便是暑天；冬天“气”稀薄，地下降而离日远，为虚，便是寒天。此说为经验直观观察，虽与事实不符，但他以地悬浮于气中，不断运动；地球上寒暑的更迭是地球自身运动，而非外因，则是颇有见地的。

天体如何运行？自古以来就有争论。盖天说主右旋：“天旁转如推磨而左行，日月右行，随天左转。故日月实东行，而天牵之以西

① 《正蒙·诚明篇第六》，《张载集》，20页。
② 《横渠易说·系辞上》，《张载集》，207页。
③ 《正蒙·太和篇第一》，《张载集》，9页。
④⑤ 《正蒙·参两篇第二》，《张载集》，11页。

没。譬之于蚁行磨石之上，磨左旋而蚁右去，磨疾而蚁迟，故不得不随磨以左回焉。”① 西汉刘向主左旋说：“列宿、日、月皆西移。列宿疾，而日次之，月宿迟。”② 日月星辰都自东向西运动；东汉黄宪说：“曰：天之旋也，左耶？右耶？曰：清明不动之谓天。动也者，其日月星辰之运乎？是故言天之旋，非也。”③ 则否定左旋和右旋说。不过宋之前，右旋说占主导地位。张载则主张左旋说：

> 地纯阴凝聚于中，天浮阳运旋于外，此天地之常体也。恒星不动，纯系乎天，与浮阳运旋而不穷者也；日月五星逆天而行，并包乎地者也。地在气中，虽顺天左旋，其所系辰象随之，稍迟则反移徙而右尔，间有缓速不齐者，七政之性殊也。月阴精，反乎阳者也，故其右行最速；日为阳精，然其质本阴，故其右行虽缓，亦不纯系乎天，如恒星不动。④

恒星不动，系乎“浮阳”。七曜（日、月、五星）逆天而行，即自东向西左旋，辰象亦随之左旋，由于它们运行的“缓速不齐”，天转得快，日、月、五星等辰象行得慢，从视运动看来，月、月、五星似随天而右旋了，这种日月运动理论为左旋说。但日、月、五星随天右旋只是一种假象，是运行“缓速”不同造成的。他说：“天左旋，处其中者顺之，少迟则反右矣。”⑤ 又说：“古今谓天左旋，此直至粗之论尔，不考日月出没、恒星昏晓之变。愚谓在天而运者，惟七曜而已。恒星所以为昼夜者，直以地气乘机左旋于中，故使恒星、河汉因北为南，日月因天隐见，太虚无体，则无以验其迁动于外也。”⑥张载认为，左旋、右旋的标准，应以七曜顺逆为准，如不考诸日月出没，恒星昏晓的变化，是很难确定其方向的。在这里，张载虽囿于地球中心说，但他认为地球也是旋转的，月球是绕地球而运转。金星、水星是绕日而运转。“金、水附日前后进退而行者，其理精深，存乎物感可知矣。”⑦ 这是张载关于天地之间充满着“气”以及“气”聚散运动的观点的贯彻。

其次，潮汐、风雷等为什么产生？张载说：“至于一昼夜之盈

---

① 《晋书·天文志》。

② 《宋书·天文志》。

③ 《天文》。

④ 《正蒙·参两篇第二》，《张载集》，10～11 页。

⑤⑥⑦ 同上书，11 页。

虚、升降，则以海水潮汐验之为信；然间有小大之差，则系日月朔望，其精相感。”① 海水受到月球和太阳的引力作用而发生的涨落。白天发生的早潮称潮，晚上发生的晚潮称汐。潮与汐相隔的平均时间是 12 小时 25 分，两次早潮和晚汐则为 24 小时 50 分。这便是一昼夜的盈虚、升降。然而每天的潮汐比前一天潮汐平均时差为 50 分，这便是小大之差。连续两次早潮或晚汐的相隔时间和月球连续两次经过某一地的子午线时间相合。如下图所示：由于月球的引潮力是太阳的 2.2 倍，因而潮汐主要随月球的运行而变化。

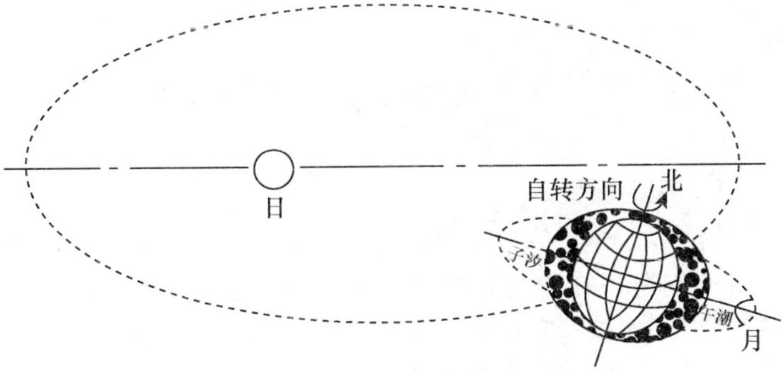

至于雨、风、雷何以发生？是由于阴阳二气作用的结果。他说：

> 阴性凝聚，阳性发散；阴聚之，阳必散之，其势均散。阳为阴累，则相持为雨而降；阴为阳得，则飘扬为云而升。故云物班布太虚者，阴为风驱，敛聚而未散者也。②

“阳气”正升，忽遇“阴气”，但“阳气”轻，“阴气”重，“阳气”为“阴气”所压，两相对持而下为雨；“阴气”正升，忽遇“阳气”，“阳气”助“阴气”飞腾而上为云。张载又说：“凡阴气凝聚，阳在内者不得出，则奋击而为雷霆；阳在外者不得入，则周旋不舍而为风；其聚有远近虚实，故雷风有小大暴缓。和而散，则为霜雪雨露；不和而散，则为戾气曀霾；阴常散缓，受交于阳，则风雨调，寒暑正。”③ “阴气”凝聚，“阳气”伏于“阴气”之内不得出，因而奋击爆开而成雷霆；“阴气”凝结于内，“阳气”欲入不得，故绕旋其外不停，而成为风，待到把“阴气”吹散完了，风才会停。因风、雷

① 《正蒙·参两篇第二》，《张载集》，11 页。

②③ 同上书，12 页。

与人们相距远近不同，所以有大小暴缓的区别。阴阳之气和而散，便成霜雪雨露；不和而散，则为曀霾。张载运用“阴阳”二气的矛盾运动，解释了宇宙间种种自然现象产生的原因。

再次，人怎样产生？他说：

> 虚则受，盈则亏，阴阳之义也。故阴得阳则为益，以其虚也；阳得阴则为损，以其盈也。艮三索而得男，乾道之所以成也；兑三索而得女，坤道之所以成也。故三之与上，有天地絪缊、男女构精之义者此也。①

“阴阳”相互作用，阴虚阳实，阳施阴受，天地絪缊，成男成女，男女构精，而有人类的产生。

由于“气”的聚散运动，从自然界到人类便化生了。这便是“气”$\xrightarrow{\text{聚}}$“物”的逻辑结构。

5. 哲学的两重性

张载的“太虚即气”，既是他哲学的创造，又显现了其哲学的冲突。所谓创造，在于他企图超越“气”的某种具体结构的局限，从一般意义上给“气”以某种规定性；但由于两者不能有机地弥合，“太虚”即“气”而非“气”，则是其矛盾。这种矛盾突出地表现在对“无形”与“有形”的解释上，这是其失。他以“无形”的“太虚”（“气”）为本体，以“有形”的万物为暂时的“客形”，这就无可避免地把无形的“太虚”与有形的万物二分而对待起来。他说：

> 太虚无形，气之本体，其聚其散，变化之客形尔；至静无感，性之渊源，有识有知，物交之客感尔。客感客形与无感无形，惟尽性者一之。②

这里先不谈“太虚无形，气之本体”的“本体”是作形上学本体理解，还是作本然状态解。作为气的“本体”的无形“太虚”形成有形的万物，这是“客形”。在这里“气之本体”与“性之渊源”对言。无形的“太虚”是至静无感的，它是性的源头，由客形之“物交”而得的知识可称为“客感”。在张载看来，“客感”与“客形”都是“客”，即暂时的现象。这段话可表示为：

---

① 《横渠易说·系辞下》，《张载集》，224～225页。

② 《正蒙·太和篇第一》，《张载集》，7页。

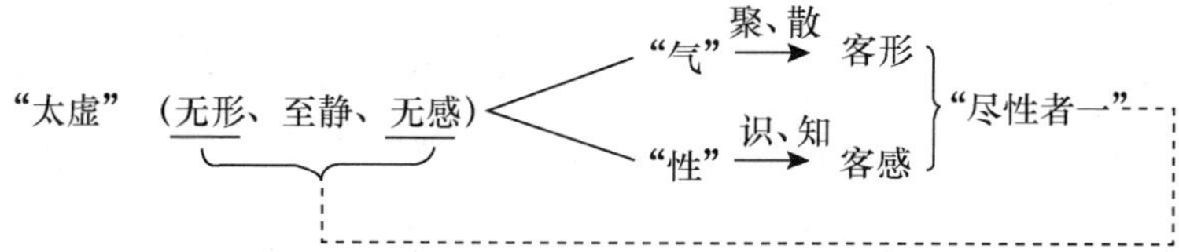

在这里，张载并非“气”、“性”二元论，重点在于对“太虚”的规定：他一方面以“太虚即气”，把“太虚”规定为“气”；另一方面又以“太虚”为性的渊源，而与“心”相关联。他说：

> 诚则实也，太虚者天之实也。万物取足于太虚，人亦出于太虚。太虚者，心之实也。①
>
> 太虚者自然之道，行之要在思，故又曰“思诚”。②

把“太虚”说成“心”或“思诚”，就与“心”、意识相即了。在张载看来，“太虚”是人与万物之所出，是天地之祖：“虚者天地之祖，天地从虚中来。”③“太虚”便是宇宙自然万物的根源。“太虚”具有“至静”的特性：“静者善之本，虚者静之本。”④“天地以虚为德，至善者虚也。”⑤

“太虚”为万物之本，太虚充塞心，是心的实。此“心”不是自然，而是心意识，他说：“心所以万殊者，感外物而不一也。”⑥内心之所以有各种各样的意识（“心”），是因为感外物不一的缘故。因此他认为，只要扩充“心”，就能体天下万物，即“大其心则能体天下之物”⑦。“有谓心即是易，造化也，心又焉能尽易之道！”⑧“心”虽不能尽易之道，但能造化万物而体万物。这样“心”便成为万物的根源。

张载又以“性”为万物之源。他说：“性者万物之一源，非有我之得私也。”⑨有人以此话为“性”与“气”二元论，但在张载的哲学逻辑结构中，“性”并非最高范畴，在“性”之上还有“心”。他

① 《张子语录中》，《张载集》，32 页。
② 同上书，325 页。
③ 同上书，326 页。
④ 同上书，325 页。
⑤ 同上书，326 页。
⑥ 《横渠易说·系辞下》，《张载集》，224 页。
⑦ 《正蒙·大心篇第七》，《张载集》，24 页。
⑧ 《横渠易说·系辞上》，《张载集》，206 页。
⑨ 《正蒙·诚明篇第六》，《张载集》，21 页。

说："心统性情者也。有形则有体，有性则有情。发于性则见于情，发于情则见于色，以类而应也。"①"统"有"兼"的意思，亦有"主宰"、统摄的意思。"性"与"情"是被"心"所统摄、所主宰。另外，如何"尽性"，只有"心"能"尽性"。他说："心能尽性，'人能弘道'也；性不知检其心，'非道弘人'也。"②"心统性情"，"心能尽性"，"心"是比"性"高一层次范畴。这与张载为学的路径相关，他曾对他的门人说："吾学既得于心，则修其辞命。"③

由于张载以"太虚"为"心"之实，"心"便成为其哲学的形而上范畴，而与"太虚"相当。这样，"心"在一定条件下便可自我扩张，不仅可体天下万物，而且又可视天下万物为我。他说："圣人尽性，不以见闻梏其心，其视天下无一物非我，孟子谓尽心则知性、知天以此。"④这就是孟子"尽心→知性→知天"的心性外化的路线。他在解释"万物皆备于我"的命题时说：

> 万物皆备于我矣，又却要强恕而行，求仁为近。⑤

这样，张载哲学的逻辑结构，便出现了分化，犹如下图：

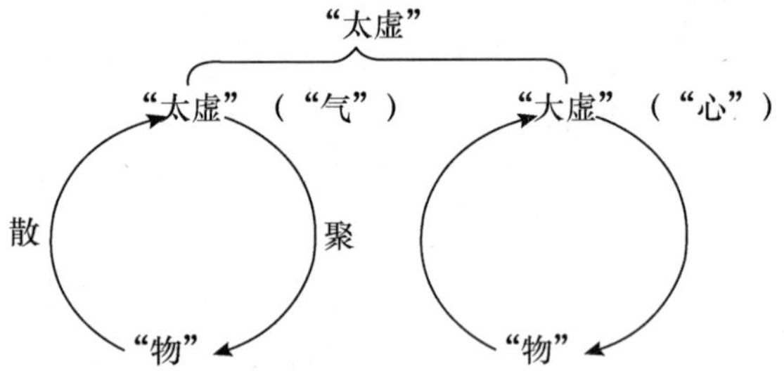

这种哲学逻辑结构上的分化，便开宋明理学中理本论、心本论、气本论之先河。朱熹接纳二程和张载的理气之学，而集理学（道学）之大成。罗钦顺、王廷相、王夫之等绍承张载的气论。王廷相在《横渠理气辩》中认为，张载"太虚不能无气……"这段话"开示后学之功大矣"，"而朱子独不以为然，乃论而非之，今请辩其惑"。于是对朱熹所说的"性者理而已矣，不可以聚散言……"进行了批判。王夫之亦赞

① 《拾遗·性理拾遗》，《张载集》，374页。

② 《正蒙·诚明篇第六》，《张载集》，22页。

③ 《横渠先生行状》，《张载集》，383页。

④ 《正蒙·大心篇第七》，《张载集》，24页。

⑤ 《张子语录下》，《张载集》，333页。

扬张载《正蒙》中的“太虚即气”的思想。“虚空者，气之量，气弥沦无涯而希微不形，则人见虚空而不见气。”① 并说：“希张横渠之正学，而力不能企。”② 对其“太虚为心”的思想进行了批评。

陆九渊继承了张载“太虚者心之实”的思想，从“无一物非我”到“宇宙即是吾心”，可谓一脉相承。朱熹基于其性理之学的内化路线，不仅大赞张载的心统性情“此语极佳”、“颠扑不破”，而且直接将“性”解释为“理”。“问：心统性情。先生云：‘性者理也。性是体，情是用，性情皆出于心，故心能统之。”③ 这是对张载“心统性情”的解释，他以“性为理”，而不以“心即理”，这是朱、陆区别之一。朱熹除吸收张载“气”的学说，也批评张载“大其心”的一面，他说：“便是横渠有时自要恁地说，似乎只是悬空想像，而心自然大。至般处元只是格物多后，自然豁然有个贯通处。”④ 后来，哲学家便根据自己的哲学思想改铸张载，借张载的话语发挥自己思想。但张载哲学逻辑结构内在的多元路向，为宋明理学发展为三系提供了内在的根据和契机。

（四）“易变”的思想

在张载的逻辑结构中，“气”→“物”的过程，就是一个不停息地“聚散”、“絪缊”、“神化”的过程。这里充满了辩证的思维。他吸收了宋代自然科学知识的成果，发展了《周易》中的辩证思维。前文已述，张载讲《易》京师，撰写《易说》专著，对《周易》深有研究。朱震在《汉上易解》中说：

> 张载讲学于二程、邵雍之间。故雍著《皇极经世书》，（刘）牧陈天地五十有五之数，惇颐作《通书》，程颐著《易传》，（张）载造《太和》、《参两篇》。臣今以《易传》为宗，和会雍、载之论，上采汉、魏、吴、晋，下逮有唐及今，包括异同，庶几道离而复合。⑤

从易学传授来看，他既不同于邵雍以象数解《易》，亦不同于程颐以道学义理解《易》，而是介于两者之间。但张载的易学思想倾向于

① 《太和篇》，《张子正蒙注》卷一，8页。
② 《薑斋文集补遗·自题墓石》，《王船山诗文集》，116页，北京，中华书局，1962。
③ 《张子语录·后录下》，《张载集》，339页。
④ 《朱子语类》卷九十八。
⑤ 《朱震传》，《宋史》卷四三五。

"义理"，在这点上与程颐也有其同，故朱震说"和会雍、载之论"，实是合"象数"与"义理"为一。在朱震看来，周敦颐作《通书》（即《易通》）、程颐著《易传》，却不提张载《易说》，而提《太和》、《参两》两篇。可见，在宋人眼里，《正蒙》亦是发挥《易》的。因此，《宋史·张载传》说其"以《易》为宗"①，颇合实际。王夫之在《张子正蒙注·序论》中也说："张子之学，无非《易》也。"②亦有这个意思。

1."动"与"静"

《周易·系辞传》有"易有太极，是生两仪，两仪生四象，四象生八卦"的记载，既是讲筮法，亦是讲宇宙生成。周敦颐在《太极图说》中则将之纳入动静范畴，来解释"太极"如何生"两仪"（阴阳）的问题。"太极动而生阳，动极而静，静而生阴，静极复动。一动一静，互为其根。"张载发挥了周敦颐的这个思想。

首先，他认为动静是对待的。他说：

> 天地之道，惟有日月、寒暑之往来，屈伸、动静两端而已。③
>
> 屈伸、动静、终始各自别。④

"动静"与"屈伸"、"终始"一样，是相互对待的"两端"。它犹如闭门与开门。"阖户，静密也；辟户，动达也。"⑤从政治思想来看，是损上、益下的问题，"上巽下动者，损上益下之道"⑥。张载体认到天地间事物都具有对待关系。

其次，动静对待双方是统一的。张载认为"动静"既是两端，又是互相联系和互相依赖。他说：

> 今以刚柔言之，刚何尝无静，柔何尝无动。"坤至柔而动也刚"，则柔亦有刚，静亦有动。但举一体，则有屈伸、动静、终始，乾行不妄，则坤顺必时也。⑦

---

① 《张载集》，386页。

② 同上书，409页。

③ 《横渠易说·下经·咸》，《张载集》，126页。

④ 《横渠易说·上经·屯》，《张载集》，82页。

⑤ 《正蒙·大易篇第十四》，《张载集》，54页；另见《横渠易说·系辞上》，《张载集》，203页。

⑥ 《横渠易说·下经·益》，《张载集》，141页。

⑦ 《横渠易说·上经·坤》，《张载集》，82页。

《象》曰："终则有始，天行也。"天行何尝有息？正以静，有何期程？此动是静中之动，静中之动，动而不穷，又有甚首尾起灭？自有天地以来以迄于今，盖为静而动。①

刚健为"阳"，"阳"为"动"，而"何尝无静"，即"动"中有"静"；柔顺为"阴"，"阴"为"静"，而"何尝无动"，即"静"中有"动"。因而，柔亦有刚，"静"亦有"动"。"动静"互渗互动，无"静"亦无所谓"动"，无"动"亦无所谓"静"。"动"而无"静"，"动"便无意义；"静"而无"动"，"静"亦无价值。只有"动"中有"静"，"静"中有"动"，相互蕴涵，相互联结，才能使"动静"无穷。从这个意义上说，说"动"便是"静中之动"，说"静"亦是"动中之静"，而无绝对的"动"或"静"。"静之动也无休息之期。"②"动静"而无止息。

再次，"动静"是有法则的。张载认为："动静阴阳，性也。"③动静是事物内在的本性，而非外铄的。光讲"动"或光讲"静"，都是一偏。"一动一静，是户之常，专于动静则偏也。"④ 一动一静，一开一合，那是门户的运动法则。这种运动法则是不为物所累的。"静专动直，不为物累，则其动静有常，不牵制于物也。"⑤ 此"动静有常"，便是运动的规律性。或称其为"天地动静之理，天圆则须动转，地方则须安静"⑥。由此，张载又提出"时"与"动静"相联系的思想。他说："动静不失其时，是时措之宜也，集义也，集义久则自有光明。静则无见，必动乃见。其道光明，以其本之光明。"⑦"静"是未形，无见而隐蔽；运动才能可见而显现。"动静"不失时宜，便有光明。

最后，动静一于什么？张载讲"动静"相互联系以及不可偏执，但在"动静"的统一问题上，认为"太虚"是"至静无感"的。由此，他在解《周易》之元、亨、利、贞时说：

天下之理得，元也；会而通，亨也；说诸心，利也；一天

---

① 《横渠易说·上经·复》，《张载集》，113 页。

② 同上书，112 页；另见《正蒙·大易篇第十四》，《张载集》，53 页。

③ 《横渠易说·系辞上》，《张载集》，177 页。

④ 同上书，203 页。

⑤⑥ 同上书，177 页。

⑦ 《横渠易说·下经·艮》，《张载集》，158 页。

下之动，贞也。贞者，专静也。[1]

以“专静”来“一天下之动”，便是以“静”来统一“动”，以确立形上学本体的绝对性。在张载看来，“静者善之本，虚者静之本，静犹对动，虚则至一”[2]。“静”是“善”的“本”，“太虚”是“静”的“本”。如果“静”还与“动”相对的话，则“太虚”就是“至一”，是无所对待的。在这“至静”的“太虚”中是“至一”的，便与“太和所谓道，中涵浮沉、升降、动静、相感之性”相冲突。

张载主张以“静”来统一“动”，固然与其哲学形上学的“太虚”的“至静”分不开，而其对于“动”的恐惧，也是其原因之一。他说：“上动而下不顺。”[3]“凡一言动，是非可否随之而生，所以要慎言动。……凡有一迹出，便有无限人议论处。至如天之生物亦甚有不齐处，然天则无心不恤，此所以要慎言动。《易》曰：‘拟之而后言，议之而后动’，只是要求是也。”[4] 讲动，是非、可否等等论争由之而生，因此要“慎动”。所以，张载变法要渐进而不要“顿革”，这也是其“至静”思想的贯彻。

2.“化”与“变”

事物的运动变化是多种多样的，但归结起来有两种形式或两种状态：一是微小的、不显著的变化，是事物在数量变化过程中所呈现的状态；一是显著的变化，是事物在质变过程中所表现的状态。张载把前一种变化状态称为“化”，把后一种变化状态称为“变”。他说：

变，言其著；化，言其渐。[5]

“化”是一种缓慢的，不易看见的运动形式。他说：“推行有渐为化。”[6] 又说：“德溥而化，言化物也，以其善世即是化也。善其身，自化也；兼善天下，则是化物也。……化之况味，在学者未易见焉。”[7] 因为“化”是一种渐渐的变，不易为人所觉察和看见。他

---

① 《横渠易说·上经·乾》，《张载集》，69 页。

② 《张子语录中》，《张载集》，325 页。

③ 《横渠易说·上经·豫》，《张载集》，101 页。

④ 《横渠易说·系辞上》，《张载集》，193 页。

⑤ 《横渠易说·上经·乾》，《张载集》，70 页；另见《系辞上》，《张载集》，198 页。

⑥ 《横渠易说·系辞下》，《张载集》，219 页。

⑦ 《横渠易说·上经·乾》，《张载集》，73 页。

说："雷霆感动虽速，然其所由来亦渐尔。"① 雷霆的变化虽很迅速，但却是从渐渐的变化引起的。所以，他说："缓则化矣，化为难知，故急辞不足以体化，急则反神。"② 缓慢的变化就是"化"，它不易被觉察。但总是一种变化形式，"化，事之变也"③。

"变"是一种迅速、显著的变化形式，张载称其为"著"。他说："随爻象之变以通其利，故功业见也。"④ "变"是能见到的变化。也可说是一种爆发状态的运动，"《易》言'感而遂通'者，盖语神也。虽指暴者谓之神。然暴亦固有渐，是亦化也"⑤。"暴"似有突变的意思。惟有"变"，才能久，"通其变然后可久，故止则乱也"⑥。

"化"与"变"是运动的形态，不管是缓慢的还是显著的变化，在张载看来，都可验之形象，即"有形有象，然后知变化之验"⑦。"'变化进退之象'云者，进退之动也微，必验之于变化之著，故察进退之理为难，察变化之象为易。"⑧ 进退的运动是细微的，不易看见；变化之象则是显著的，容易看见。但从验证来说，还应以形象之著为准。

"变"与"化"两者既相区别对待，又有联系。"渐化"是"著变"的准备，没有"渐化"便不会发生"著变"；"著变"又是"渐化"的必然发展，在"渐化"的基础上才能实现。他说：

> "变则化"，由粗入精也；"化而裁之谓之变"，以著显微也。⑨

在每次的"著变"以后，就进入到"渐化"阶段，从表面上看就是由大变（"粗"）转为精微的"渐化"阶段；精微的"渐化"，到了一定的时期又转为发生截断性的变化，这便是"渐化"到"著变"的阶段。事物的发展都是由"渐"到"著"，由"微"到"显"的。他说："火宿之微茫，存之则烘热，少假外物，其生也易，久可以燎原

① 《横渠易说·系辞下》，《张载集》，219页；另见《正蒙·参两篇第一》，《张载集》，12页。

②③ 《横渠易说·系辞下》，《张载集》，218页。

④ 同上书，210页。

⑤ 《横渠易说·系辞上》，《张载集》，201页。

⑥ 《横渠易说·下经·既济》，《张载集》，174页。

⑦ 《横渠易说·系辞上》，《张载集》，177页。

⑧ 同上书，180页。

⑨ 《正蒙·神化篇第四》，《张载集》，16页；另见《横渠易说·系辞下》，《张载集》，208页。

野，弥天地，有本者如是也。”[①] 微茫的火星，慢慢地燃烧，久而“烘热”而成燎原之火，弥漫天地。“验履霜于已然，察坚冰于将至之类。”[②] 由履霜至坚冰，由微至著，是事物发展的法则，人们可以认识、掌握这种法则。张载在《君子行》一诗中写道：

君子防未然，见几天地先；开物象未形，弥灾忧患前。[③]

在“未然”、“未形”之前，便阻止它。张载把“变”与“化”区分为不同的发展阶段，是有辩证思想的，它是中国辩证思维发展中特具异彩的一个环节。

张载还提出了“中”的概念。他说：“君子知微知彰，知柔知刚，未尝不得其中，故动止为众人之表。”[④] 又说：“临言有凶者，大抵《易》之于爻，变阳至二，便为之戒，恐有过满之萌。未过中已戒，犹履霜坚冰之义，及《泰》之三曰：‘无平不陂，无往不复’，皆过中之戒也。”[⑤] “中”是决定事物某种度量的关节点，他要把事物的变化限在“中”的范围之内。“过中”就是平衡的打破，便产生无序，“未过中”则又不及，亦未达到平衡。“中”就是反对过与不及两种偏颇，而使事物达到一定的度，从而保持平衡有序。

3. “理”与“神”

张载探讨了运动的两种形态，进而论述了运动的道理或原理，提出了“理”与“神”的范畴。他说：“故变化之理，须存乎辞。”[⑥] 此“理”，即有原理的意思。“屈信（伸）相感而利生，此则是理也。”[⑦] 虽然人们体认变化的原理很难，但观察变化的现象较容易，即“察进退之理为难，察变化之象为易”[⑧]。不过，人们只有体认变化运动的原理，才能掌握变化原理。他说：“易，造化也。圣人之意莫先乎要识造化，既识造化，然后其理可穷。”[⑨] “造化”，有造作变化的意思。由于造化之“理”寓于造化之中，因此，必先体认造化，

① 《经学理窟·学大原上》，《张载集》282 页。
② 《横渠易说·系辞下》，《张载集》，226 页。
③ 《杂诗》，《张载集》，367 页。
④ 《横渠易说·系辞下》，《张载集》，223 页。
⑤ 《横渠易说·上经·临》，《张载集》，105 页。
⑥ 《横渠易说·系辞上》，《张载集》，198 页。
⑦ 《横渠易说·系辞下》，《张载集》，233 页。
⑧ 《横渠易说·系辞上》，《张载集》，180 页。
⑨ 同上书，206 页。

然后可穷造作变化的“理”。人们体认了变化的原理，便可按原理办事而不违反原理。张载认为，“诚则顺理而利，伪则不循理而害”①。“趋时尽利，顺性命之理。”② 顺着原理便有利，不遵循原理便有害。利害之间，即在顺与不顺。这便是“先后天而不违，顺至理以推行”③。“屈伸顺理，则身安而德滋。”④ 张载还认为，原理是普遍存在的，“万物皆有理，若不知穷理，如梦过一生”⑤。只有体认、掌握原理，才有意义。当然，原理是自然的，而不是人为的，“理不在人，皆在物，人但物中之一物耳，如此观之方均”⑥。

“理”与“道”的关系是：“阴阳者，天之气也（亦可谓道），刚柔缓速，人之气也（亦可谓性）。生成覆帱，天之道也（亦可谓理）；仁义礼智，人之道也（亦可谓性）；损益盈虚，天之理也（亦可谓道）；寿夭贵贱，人之理也（亦可谓命），天授于人则为命（亦可谓性），人受于天则为性（亦可谓命）；形得之备（不必尽然），气得之偏（不必尽然），道得之同，理得之异（亦可互见）。此非学造至约不能区别，故互相发明，贵不碌碌也。”⑦ 在这里，天之气、天之道、天之理，都可谓道或理；人之气、人之道、人之理，都可谓性或命。万物之生成，宇宙之损益盈虚，人生之寿夭贵贱，都有一定的法则。“理”在不同的情况、场合下，可称为“道”、“命”等，它们可互称。然“理”与“道”的区别在于，“道得之同，理得之异”，侧重点不同，但可互见。

“神”，是“阴阳”运动变化的本性或原因。他说：“惟神为能变化，以其一天下之动也。”⑧ “神”是运动的统一性。就此而言，相似于“易”，“神与易虽是一事，方与体虽是一义，以其不测，故言无方；以其生生，故言无体”⑨。《系辞传》曰：“神无方而易无体”。“神”与“易”的分别是在于，“神”为不测，“易”为生生。他说：

---

① 《横渠易说·系辞下》，《张载集》，232～233 页。

② 同上书，209 页。

③④ 《正蒙·神化篇第四》，《张载集》，17 页。

⑤ 《张子语录中》，《张载集》，321 页。

⑥ 《张子语录上》，《张载集》，313 页。

⑦ 《张子语录中》，《张载集》，324 页。

⑧ 《横渠易说·系辞上》，《张载集》，197 页；另见《正蒙·神化篇第四》，《张载集》，18 页。

⑨ 《横渠易说·系辞上》，《张载集》，187 页。

"神为不测"①，"天之不测谓神"②。"不测"，并非神秘莫测而不可知，而是没有固定性、无方所的奇妙变化。

这种奇妙的变化，在张载看来，便是运动的原因。他说："天下之动，神鼓之也，辞不鼓舞则不足以尽神。"③ "鼓天下之动者，存乎神。"④ 自然界的运动变化是"神"鼓动。因此，他说："神则主乎动，故天下之动，皆神之为也。"⑤

"神"是无所不在的，"无远近幽深，利用出入，神之充塞无间也。"⑥ 它是自然界的感应变化，"神者，太虚妙应之目"⑦。即此感彼应的运动。同时"神"亦指事物变化的本性。"存文王，则知天载之神，存众人，则知物性之神。"⑧ "物性之神"，即表示"气"运动变化的本性。

4. "一"与"两"

"动静"、"变化"、"理神"是如何产生的？"动静"、"变化"的源泉是事物的内因还是外力？张载认为，"动静"、"变化"的原因不是外力的推动，而在于事物内部的矛盾。他说：

> 凡圜转之物，动必有机；既谓之机，则动非自外也。⑨

"机"，《说文》释义："主发谓之机。"这便是发动所由的意思。发动的原因是内因，不是外力。

为什么"动非自外"呢？张载提出了"一物两体"的思想。他说：

> 一物而两体者，其太极之谓欤！阴阳天道，象之成也；刚柔地道，法之效也；仁义人道，性之立也；三才两之，莫不有乾坤之道也。⑩

这段话，亦见之《正蒙·大易篇》。张载以"太极"含有"一物

① 《正蒙·神化篇第四》，《张载集》，16页。
② 《正蒙·天道篇第三》，《张载集》，14页。
③ 《正蒙·神化篇第四》，《张载集》，16页。
④⑤ 《横渠易说·系辞上》，《张载集》，205页。
⑥ 《正蒙·神化篇第四》，《张载集》，16页。
⑦ 《正蒙·太和篇第一》，《张载集》，9页。
⑧ 《正蒙·天道篇第三》，《张载集》，15页；另《横渠易说·系辞上》作"存众人，则知物性之邪"。此"邪"，系"神"之误。
⑨ 《正蒙·参两篇第二》，《张载集》，11页。
⑩ 《横渠易说·说卦传》，《张载集》，235页。

两体”的意思。所谓“一物两体”，他又解释说：“一物两体者，气也。一故神（两在故不测），两故化（推行于一），此天地之所以参也。”① 所谓“一”，指阴阳的统一，这便是“气”或“太极”，即“有两则有一，是太极也”②。阴阳对待双方的统一是“太极”。所谓“两”，就是“一”包含着对待的两部分：“两体者，虚实也，动静也，聚散也，清浊也，其究一而已。”③ 天、地、人“三才”，亦具有“两体”，阴与阳是“气”、是“天道”，刚与柔是“质”、是“地道”，仁与义是“德”、是“人道”。“《易》一物而三才备：阴阳气也，而谓之天；刚柔质也，而谓之地；仁义德也，而谓之人。”④ 天、地、人“三才”的两体实质是“气”、“质”、“德”。“天”所以为“两”，是因为“太虚之气，阴阳一物也，然而有两体，健顺而已。亦不可谓天无意，阳之意健，不尔何以发散和一？阴之性常顺，然而地体重浊，不能随则不能顺，少不顺即有变矣”⑤。这是对阴阳健顺之所以统一于“气”和阴阳健顺怎样统一于气的回答。“地”所以为“两”，是因为“地所以两，分刚柔、男女而效之，法也”⑥。这是对“地”具有“两体”的说明。

因其在统一中存在着对待的“两体”，所以能变动不定，即所谓“两在故不测”，这就叫做“一故神”；因其对待的“两体”是统一的，所以能变化无穷，这就叫做“两故化”；对待“两体”而成统一物，这就叫做“参”。

“一”与“两”是相互依存、不可分离的。他说：

> 两不立则一不可见，一不可见则两之用息。⑦
>
> 若一则有两，有两亦一在，无两亦一在，然无两则安用一？⑧

---

① 《横渠易说·说卦传》，《张载集》，233 页；另见《正蒙·参两篇第二》，《张载集》，10 页。

② 《横渠易说·说卦传》，《张载集》，233 页。

③ 同上；另见《正蒙·太和篇第一》，《张载集》，9 页。

④ 《横渠易说·说卦传》，《张载集》，235 页。

⑤ 《横渠易说·系辞下》，《张载集》，231 页。

⑥ 《横渠易说·说卦传》，《张载集》，233 页。

⑦ 同上；另见《正蒙·太和篇第一》，《张载集》，9 页。

⑧ 《横渠易说·说卦传》，《张载集》，233 页。

没有对待的“两体”，对待面的统一亦不存在，“不有两则无一”①。若是不存在对待面的统一，对待两体的相互作用也就停止了，无一亦无两。因而，“有两则有一”②，有一则有两。矛盾的对待与统一，“一物”与“两体”是不可分割的。张载的“一物两体”思想较之邵雍的“一分为二”要深刻得多。邵雍“一分为二”虽承认“阴对阳为二”③ 的对待两面存在，但他以“阳”为主宰，这样最终便割裂了“一”与“两”，以“一”为“两”的化生者。然张载所讲的“一物两体”，辩证地解决了“一”与“两”的关系，统一中有对待，对待中有统一，把古代辩证思维提高到了新的水平。

对待的“两体”如何互相作用而统一？统一物又如何“两体”？张载称其为“感”。他说：

> 天性，乾坤、阴阳也，二端故有感，本一故能合。天地生万物，所受虽不同，皆无须臾之不感。④

“感”有交感、感应之意。天道包含着“乾坤”或“阴阳”二端（“两体”），有二端便有相互作用（“有感”）。由于每个统一物内部都包含着两端，所以便不断地相互作用。并认为这种“有感”的形式是多种多样的。他说：“感之道不一：或以同感，圣人感人心以道，此是以同也；或以异而应，男女是也，二女同居则无感也；或以相悦而感……又如磁石引针，相应而感也。……感如影响，无复先后，有动必感，咸感而应。”⑤ 此“感”彼“应”，必须是相对待的“两体”，如两女同居而无感；当然，也有同而“感”，却是特指一种圣人对普通人的感化之心。

“感”不仅使事物相互作用，而且也使事物相互统一。他说：“感即合也，咸也。以万物本一，故一能合异；以其能合异，故谓之感。”⑥ “两端”相异而合一，这便是“感”，但其前提是“万物本一”。

“感”还包含有对待面相互转化的意思。他说：“物无孤立之理，非同异、屈伸、终始以发明之，则虽物非物也；事有始卒乃成，非

① 《正蒙·太和篇第一》，《张载集》，9页。
② 《横渠易说·说卦传》，《张载集》，233页。
③ 《观物外篇》。
④ 《正蒙·乾称篇第十七》，《张载集》，63页。
⑤ 《横渠易说·下经·咸》，《张载集》，125页。
⑥ 《正蒙·乾称篇第十七》，《张载集》，63页。

同异、有无相感，则不见其成，不见其成则虽物非物，故一屈伸相感而利生焉。”① 事物从同到异，从屈到伸，从终到始的转化过程，便是同异、屈伸、终始“相感”而利生的过程。这种转化，包含事物性质的转化。张载在承认对待双方转化的基础上，承认对待面由斗争到和解的过程。他说：“气本之虚则湛一无形，感而生则聚而有象。有象斯有对，对必反其为；有反斯有仇，仇必和而解。”② “气”本无形，由于“气”中两体相“感”，便聚而有形象，有象就有对待，有对待便有相反的行为，相反就有仇有斗争，斗争则和而解。对待面必发展成斗争，由斗争而和解的过程，即二而一的过程。

（五）“见闻之知”与“德性之知”

张载的哲学逻辑结构具有两重性：即至静、无形、无感的“太虚”世界和客形、客感的现象世界。他以“太虚”世界和现象世界为共同的体认对象，于是，便产生这样的情况：一方面承认现象世界的实在性，承认知识来源于外在客体，而提出“见闻之知”；另一方面超越见闻而直接体认“太虚”世界，称之为“德性之知”。这样便由逻辑结构上的两重性而导致认知结构的两重性。

1. 见闻之知

张载认为，认知的获得，是内与外、主体与客体的合一。他说：

> 人谓己有知，由耳目有受也；人之有受，由内外之合也。知合内外于耳目之外，则其知也过人远矣。③
>
> 合内外，平物我，自见道之大端。④

“见闻之知”，是感性经验认知。感性认知是指耳、目、鼻、舌、身等感觉器官对于外物的接受。目接受“天之明”，耳接受“天之声”，心接受“天之不御”，即无限。在这里“天之明”、“天之声”、“天之不御”便是“物”，即认知客体；目、耳、心就是“我”，即认知主体；“平物我”，便是“物”与“我”的结合、合一。这种内外发明，

---

① 《正蒙·动物篇第五》，《张载集》，19 页。

② 《正蒙·太和篇第一》，《张载集》，10 页。

③ 《正蒙·大心篇第七》，《张载集》，25 页。

④ 《经学理窟·义理》，《张载集》，273 页。

便是人的认知的来源。他说：

> 内外发明，此合内外之道也。①
>
> 有无一，内外合，庸圣同。此人心之所自来也。②

有与无统一，内与外合一，庸人与圣人的同一，这是人心自来就具有的功能。“合内外之道”，便是内外相互发明。这不仅明确“内”与“外”、主体与客体相互作用的关系，而且亦探讨了“人心”的来源问题。

既然认知来源于“内外发明”，因而不能偏执，偏于任何一边都是有害的。他说：

> 成吾身者，天之神也。不知以性成身而自谓因身发智，贪天功为己力，吾不知其知也。民何知哉？因物同异相形，万变相感，耳目内外之合，贪天功而自谓己知尔。③

认知是外界事物对人的感官的作用。假如否定事物对感官的刺激，以为“因身发智”，那便是贪天之功为己力了。这是一偏；另一偏是“徇物丧心”。他说：“由象识心，徇象丧心。”④ 又说：“徇物丧心，人化物而灭天理者乎。”⑤ 拘泥于“物”，而不经由物象作用于“心”，引起心的思虑，以使“内外”相合，也不可得到认知，这便是“徇象丧心”。所以，既不能“贪天功为己力”，亦不能“徇物丧心”。正确的说法应该是，“见闻之知，乃物交而知”⑥。感官与事物相交感而得的经验认知，是为“见闻之知”。

2. 德性之知

人们的耳目感官直接与外物相接触所得的经验认知，总是受到主体认知能力的限制。他说：

> 闻见不足以尽物，然又须要他。耳目不得则是木石，要他便合得内外之道，若不闻不见又何验？⑦
>
> 若以闻见为心，则止是感得所闻见。⑧

---

① 《经学理窟·气质》，《张载集》，270页。

② 《正蒙·乾称篇第十七》，《张载集》，63页。

③ 《正蒙·大心篇第七》，《张载集》，25页。

④ 同上书，24页。

⑤ 《正蒙·神化篇第四》，《张载集》，18页。

⑥ 《正蒙·大心篇第七》，《张载集》，24页。

⑦⑧ 《张子语录上》，《张载集》，313页。

若把认知限于闻见，则所得到的经验认知只是见闻之知。但是自然界事物无穷无尽，人的见闻却是有限的，以有限的见闻之知是无法穷尽无限的世界的。他说：

> 恐以闻见为心则不足以尽心。人本无心，因物为心，若只以闻见为心，但恐小却心。今盈天地之间者皆物也，如只据己之闻见，所接几何，安能尽天下之物？①

耳目见闻之有限与自然界万物之无限之间的冲突，是人们认知世界过程中所不可避免的。张载似乎也已体认到人们认知客观世界中的这个冲突。他说："以有限之心，止可求有限之事；欲以致博大之事，则当以博大求之，知周乎万物而道济天下也。"② "有限之心"不可能致"博大之事"。

张载虽体认到这个冲突，但并没有提出正确解决这个冲突的方法，这是其失。为免此失，他作了两方面的回应：

一方面提出了超越耳目见闻之知的"德性之知"。他说："德性所知，不萌于见闻。"③ 认识主体与"物"相交接而获得的经验认知，"非德性所知"④。"德性之知"是一种超越感性的先验的道德知识。因而他称其为"天德良知"，他说："诚明所知，乃天德良知，非闻见小知而已。"⑤ "德性之知"不仅不以耳目感性知识为基础，而且亦非思虑所能及。"大率天之为德，虚而善应，其应非思虑聪明可求，故谓之神。"⑥ 这样，"德性之知"不仅是道德理性，而且是神秘的知识，以弥补见闻耳目之有限与自然万物之无限之间的冲突。

另一方面是"尽心"。他说："世人之心，止于闻见之狭。圣人尽性，不以见闻梏其心……孟子谓尽心则知性知天以此。"⑦ 不以见闻桎梏其心，以直觉的"尽心"方法，达到"知性知天"。他说："尽天下之物，且未须道穷理，只是人寻常据所闻，有拘管局杀心，便以此为心，如此则耳目安能尽天下之物？……尽了心，性又大于心，方知得性便未说尽性，须有次叙，便去知得性，性即天也。"⑧

---

① 《张子语录下》，《张载集》，333 页。

② 《经学理窟·义理》，《张载集》，272 页。

③④ 《正蒙·大心篇第七》，《张载集》，24 页。

⑤ 《正蒙·诚明篇第六》，《张载集》，20 页。

⑥ 《正蒙·乾称篇第十七》，《张载集》，66 页。

⑦ 《正蒙·大心篇第七》，《张载集》，24 页。

⑧ 《张子语录上》，《张载集》，311 页。

以耳目见闻拘管“杀心”，而不能尽天下之物。只有去掉耳目见闻之累，而去“尽心”，才能“知性知天”，而“尽天下之物”，以解决耳日有限与万物无穷的矛盾。可见，张载基本上是循着“尽心”——“尽性”——“知天”——“无一物非我”的由内向外与由外向内的路线。

3. “穷理”

如何“尽性”？张载主张须先“穷理”。因为万物都有“理”，他说：“万物皆有理。”① “穷理”的方法，不是依赖耳目见闻，“贞明不为日月之所眩，贞观不为天地之所迁，贞观贞明，是己以正而明日月、观天地也。多为日月之明与天地变化所眩惑，故必己以正道观之。能如是，不越乎穷理。岂惟耳目所闻见，必从一德见其大源，至于尽处，则可以不惑也”②。一般的耳目见闻往往被日月之明与天地变化所迷惑，而认识不清，只有以“正道”观之，即以“穷理”方法，才能不被眩惑。因此，他认为，“不穷理尽性即是戕贼”③，而尽性穷理则是不可改变的原则。“尽性穷理而不可变，乃吾则也。”④

张载认为，“穷理”就是体认事物的法则，且有一个过程，他称之为“渐”。他说：

> 穷理亦当有渐，见物多，穷理多，从此就约，尽人之性，尽物之性。天下之理无穷，立天理乃各有区处，穷理尽性，言性已是近人言也。⑤

此段话的上半句亦见之于《张子语录上》。见物多，穷理亦多，似说“穷理”在于见闻，这便与“尽心”、“尽性”而“穷理”相冲突。于是张载又把“尽物”说成“尽心”。“穷理则其间细微甚有分别，至如遍乐，其始亦但知其大总，更去其间比较，方尽其细理。若便谓推类，以穷理为尽物，则是亦但据闻见上推类，却闻见安能尽物！今所言尽物，盖欲尽心耳。”⑥ 穷理要搞清楚细微的差别，即“细理”；因“细理”难能穷尽，便可类推。如在闻见上类推，当然亦不能“尽物”。所谓“尽物”，是欲“尽心”而已。

---

① 《张子语录中》，《张载集》，321 页。
② 《横渠易说·系辞下》，《张载集》，210 页。
③ 《横渠易说·说卦传》，《张载集》，234 页。
④ 《正蒙·诚明篇第六》，《张载集》，22 页。
⑤ 《横渠易说·说卦传》，《张载集》，235 页。
⑥ 《张子语录下》，《张载集》，333 页。

既然“穷理”亦有“渐”，便有次序。张载认为，“穷理尽性以至于命，则不容有不知”①。即先“穷理”后“尽性”，以至于“命”。二程则不同意这个意见，在《洛阳议论》中记载：“二程解‘穷理尽性以至于命’：‘只穷理便是至于命。’子厚谓：‘亦是失于太快，此义尽有次序。须是穷理，便能尽得己之性，则推类又尽人之性；既尽得人之性，须是并万物之性一齐尽得，如此然后至天道也。其间煞有事，岂有当下理会了？穷者须是穷理为先，如此则方有学。今言知命与至于命，尽有近远，岂可以知便谓之至也？’”② 张载认为“穷理”、“尽性”、“命”是有次序的，二程则认为没有次序，是一回事：“‘穷理尽性以至于命’，三事一时并了，元无次序，不可将穷理作知之事。若实穷得理，即性命亦可了。”③ 张与二程之别是在于：张把“穷理”、“尽性”以至于“命”作为人们体认的过程来看；二程则是从“理即性”，即“命”来看，以“理”、“性”、“命”为一。

张载二分“见闻之知”与“德性之知”的联系，以及“见物”与“穷理”的关系，其“德性之知”和“穷理”便成为无源之水，无本之木，而只是观念自生的东西。

（六）伦理道德学说

如果说张载用“太虚即气”来说明自然现象时还有其合理性的意味，那么，他在解释人性问题时，却在某种意义上陷入了片面性。

1. “气质之性”与“天地之性”

人性问题，一直是中国哲学史上争论不休的问题。孟子主张“性善论”；告子主张生之为性，即人在生理、心理上所具有的本能；佛家主张“佛性”。张载认为，此三种说法都有所偏执。如孟子的“性善论”，以性情为一，而不知恶之自来。“孟子之言性、情皆一也，亦观其文势如何。情未必为恶，哀乐喜怒发而皆中节谓之和，不中节则为恶。”④ “情”有善恶，如果以“性”为善，则性情便不能一。告子以生为“性”，使人与物相等同了。“以生为性，既不通昼夜之道，且人与物等，故告子之妄，不可不诋。”⑤ 告子的妄说，

① 《横渠易说·说卦传》，《张载集》，234页。

② 《河南程氏遗书》卷十，《二程集》，115页。

③ 《河南程氏遗书》卷二上，《二程集》，15页。

④ 《张子语录中》，《张载集》，323～324页。

⑤ 《正蒙·诚明篇第六》，《张载集》，22页。

不能不批驳。至于佛教所宣扬的“佛性”，他说：“释氏之说所以陷为小人者，以其待天下万物之性为一，犹告子‘生之谓性’。今之言性者汗漫无所执守，所以临事不精。学者先须立本。”[①] “佛性”犹告子生之为性。张载则持反对态度。

张载为了解决“汗漫无所执守”的问题，而主张“立本”，此“本”当是明人之性。他说：

> 当自立说以明性，不可以遗言附会解之。[②]
>
> 学者当须立人之性。仁者人也，当辨其人之所谓人。学者学所以为人。[③]

“立人之性”、“辨其人之所谓人”、“学所以为人”，是解决人作为一个人、怎样学做人，以及人性原则的问题，如止步于此，则并未解决“立本”问题。于是，张载便提出“天地之性”与“气质之性”的两重人性论。他说：

> 形而后有气质之性，善反之则天地之性存焉。故气质之性，君子有弗性者焉。[④]

人在形成过程中，由于禀受阴阳二气，各人的身体条件、特殊形体也各不相同，这种各人具体的本性就叫做“气质之性”，它既有善的一面，也是恶的来源；所谓“天地之性”，就是“太虚”本性，它是纯一无缺的，是善。由于人生来就具有了这两重“性”，因此，人们只要善于反省自己，就能够保存其善的“天地之性”。作为“君子”来讲，是不应该存有“气质之性”的。

何谓“气质之性”？他作了几点规定：其一，它是人与生俱来的固有的自然属性。他说：“有无虚实通为一物者，性也；不能为一，非尽性也。饮食男女皆性也，是乌可灭？”[⑤] 以“饮食男女”为性，是指人的生理要求或人的本能。为此，张载有时又称其为“攻取之性”。他说：

> 湛一，气之本；攻取，气之欲。口腹于饮食，鼻舌于臭味，皆攻取之性也。知德者属厌而已，不以嗜欲累其心，不以小害

① 《张子语录中》，《张载集》，324页。
② 同上书，323页。
③ 同上书，321页。
④ 《正蒙·诚明篇第六》，《张载集》，23页。
⑤ 《正蒙·乾称篇第十七》，《张载集》，63页。

大，末丧本焉尔。①

湛一未分为“气之本”，是指“太虚本性”；“攻取”即是排斥和吸收。口腹饮食、鼻舌臭味都属于“攻取之性”或“嗜欲”方面。这是“气之末”，而非“气之本”。

其二，它是人与物之所共有与专有的性。他说：“气质犹人言性气，气有刚柔、缓速、清浊之气也，质，才也。气质是一物，若草木之生亦可言气质。”② 草木与人作为“物”，都具有“气质”，从这点来看，人与物没有分别，但“气质”毕竟有刚柔、缓速、清浊之分，因此，自然界形形色色，各不相同。当“气”在凝聚生物的时候，“清气”便聚成人，“浊气”便凝成物。从人和物的不同情况来说，其性都是不同的。他说：

> 天下凡谓之性者，如言金性刚，火性热；牛之性，马之性也，莫非固有。凡物莫不有是性，由通蔽开塞，所以有人物之别，由蔽有厚薄，故有智愚之别。③

火有热性，金有刚性，牛马之性，是固有的。人与物因有蔽塞与开通的分别，而有人性物性之异。人有禀气厚薄之分，又有智愚之异。他说：“人之刚柔、缓急、有才与不才，气之偏也。天本参和不偏，养其气，反之本而不偏，则尽性而天矣。”④ “气质之性”由其偏，而人则有刚与柔、才与不才的差别，天参和是不偏的，可养气反本而尽性知天。但由其偏，因此：“富贵贫贱者皆命也；今有人均为勤苦，有富贵者，有终身穷饿者，其富贵者即是幸会也。”⑤ 富贵、贫贱、夭寿都是命定的。“人之气质美恶与贵贱夭寿之理，皆是所受定分。”⑥ “定分”即是“命定”。

其三，“气质”是可变的。他说：“变化气质。”⑦ “为学大益在自求变化气质，不尔皆为人之弊，卒无所发明，不得见圣人之奥。”⑧《经学理窟·义理》中有一段相同的话，不过后面加了这样

---

① 《正蒙·诚明篇第六》，《张载集》，22页。
② 《经学理窟·学大原上》，《张载集》，281页。
③ 《拾遗·性理拾遗》，《张载集》，374页。
④ 《正蒙·诚明篇第六》，《张载集》，23页。
⑤ 《拾遗·性理拾遗》，《张载集》，374页。
⑥ 《经学理窟·气质》，《张载集》，266页。
⑦ 同上书，265页。
⑧ 《张子语录中》，《张载集》，321页。

一句："故学者先须变化气质，变化气质与虚心相表里。"① 改变"气质"，便是改过迁善，克去"气质之性"中恶的成分，而使其为善，为"天地之性"。张载认为，"变化气质"的方法是，虚心学习。他说："如气质恶者，学即能移，今人所以多为气所使而不得为贤者，盖为不知学。"② 学能移易其性，这便是"为学大益"和"虚心相表里"的意思，叫做"必学至于如天则能成性"③。"变化气质"的标准是，要合"礼"。他说："孟子曰：'居移气，养移体'，况居天下之广居者乎！居仁由义，自然心和而体正。更要约时，但拂去旧日所为，使动作皆中礼，则气质自然全好。"④ "礼所以持性，盖本出于性，持性，反本也。凡未成性，须礼以持之，能守礼已不畔道矣。"⑤ 如果人们行为动作都中节合礼，陶冶人性使"气质全好"，则无恶的成分。这就叫做"知礼成性"。"圣人亦必知礼成性，然后道义从此出，譬之天地设位则造化行乎其中。知则务崇，礼则惟欲乎卑，成性须是知礼，存存则是长存。知礼亦如天地设位。"⑥ 方法是"学而成性"，标准是"知礼成性"，以达完成人性。

"气质之性"是人所固有的自然性和人与物的共性与个性。"气质之性"是能变化的，这便向人指明了"成圣"的希望，而使"气质之性"改易为"天地之性"。

"天地之性"，是较"气质之性"高一层次的"太虚"本性，它是一般人所具有的圣人之性。在张载看来，其一，"天地之性"是永恒的，"聚亦吾体，散亦吾体，知死之不亡者，可与言性矣"⑦。犹如聚与散都是吾体，不因聚散变化而变化，便可体会死而不忘，就可讲性的不变性。"道德性命是长在不死之物也，己身则死，此则常在。"⑧ 道德性命不随人物而生灭，它是先验的。"天良能本吾良能，顾为有我所丧尔。"⑨ 不因我死而丧失。其二，"天地之性"是善的。"性未成则善恶混，故亹亹而继善者斯为善矣。恶尽去则善因以成，

① 《张载集》，274 页。

②③ 《经学理窟·气质》，《张载集》，266 页。

④ 同上书，265 页。

⑤ 《经学理窟·礼乐》，《张载集》，264 页。

⑥ 《横渠易说·系辞上》，《张载集》，191 页。

⑦ 《正蒙·太和篇第一》，《张载集》，7 页。

⑧ 《经学理窟·义理》，《张载集》，273 页。

⑨ 《正蒙·诚明篇第六》，《张载集》，22 页。

故舍曰善而曰‘成之者性也’。”① “纤恶必除，善斯成性矣；察恶未尽，虽善必粗矣。”② “性于人无不善。”③ 如果说“气质之性”还是“善恶混”的话，那么“天地之性”则是除恶而纯善的，是圣人所具有的。只有纤小的恶也去掉，才能继善成性。其三，“天地之性”是“和”与“乐”。他说：“和乐，道之端乎！和则可大，乐则可久，天地之性，久大而已矣。”④ “和乐”为“道之端”，“天地之性”只要“和乐”便能久大。因此，他说：“天所性者通极于道，气之昏明不足以蔽之。”⑤ “天地之性”与道相通，是气质所不能蔽的。

“天地之性”与“气质之性”的关系是，既相分别，又相融合。他说：“性者万物之一源，非有我之得私也。”⑥ 所谓“一源”，是指两者都来源于“太虚之气”，即一于“气”。因此，人人都具“天地之性”，就好像冰具有水的性一样。“天性在人，正犹水性之在冰，凝释虽异，为物一也。”⑦ 冰是水之凝，水是冰之释，两者虽异，其实是统一的。

张载以“天地之性”与“气质之性”的分殊解决人性善恶问题，得到了朱熹的赞扬。朱熹说：“气质之说，起于张程，极有功于圣门，有补于后学，前人未经说到，故张程之说立，则诸子之说泯矣。”⑧ 是对圣门立了大功和有补益于后学的⑨。同时，也是对过去关于“性善”、“性恶”争论的终结。不过，二程的“天命之性”与“气禀之性”与张载的说法是有差别的：二程认为“天命之性”出于“理”，“气禀之性”出于“气”，两者来源、作用均不相同；张载则认为“天地之性”与“气质之性”统一于“太虚之气”，其作用虽异，来源却同。张载把人性分为“天地之性”与“气质之性”，不仅说明了为什么一般老百姓与所谓“圣贤”不同的问题，即老百姓的“气质”较多，遮蔽了“天地之性”，而且说明了人们可以通过养性、学习、知礼而“成性”，即符合“礼”的要求，“反本”成圣。这种人性论较之其前辈更完善、合理和积极。这就是为什么张载的人性

①② 《正蒙·诚明篇第六》，《张载集》，23页。
③ 同上书，22页。
④ 同上书，24页。
⑤⑥ 同上书，21页。
⑦ 同上书，22页。
⑧ 《正蒙·诚明篇》，《张子全书》卷二。
⑨ 参见拙著：《朱熹思想研究》，480～481页。

论被后人所效法的原因所在。

2. “天理”与“人欲”

理欲之辨是一古老的问题，《礼记·乐礼》首先把“天理”与“人欲”作为一对道德伦理范畴提了出来[1]，启迪了张载对此一问题的探讨。

所谓“天理”，是一种普遍的道德原则。他说：“所谓天理也者，能悦诸心，能通天下之志之理也。能使天下悦且通，则天下必归焉。……正谓天理驯致，非气禀当然，非志意所与也。”[2] “天理”是被天下人所心悦，并能贯通众人意志的道理。如果人们均心悦诚服地遵守这种贯通众人意志的道德原则，则天下必归焉。因此，君子必须以“天理”教育人们。“天理者，时义而已。君子教人，举天理以示之而已。其行己也，述天理而时措之也。”[3] 另外，他认为“天理”是常在的，“只为天理常在，身与物均见，则自不私，己亦是一物，人常脱去己身则自明”[4]。“天理”犹如一面镜子，如果只持镜照人、照物而不照自身，就只看到别人的私而看不到自身，只有“以镜居中则尽照”，自身与物都看见，人就不自私，去私欲，就能使“天理常在”。

所谓“人欲”，是指个人的私欲、物欲。他说：“今见人意、我、固、必以为当绝，于己乃不能绝，即是私己。是以大人正己而物正，须待自己者皆是著见，于人物自然而正。……己未正而正人，便是有意、我、固、必。鉴己与物皆见，则自然心弘而公平。”[5] 为什么是“意”、“我”、“固”、“必”四者？张载解释说：“意，有思也；必，有待也；固，不化也；我，有方也。四者有一焉，则与天地为不相似。”[6] 因此，必须尽去四者，才是与天地相似。“天理一贯，则无意、必、固、我之凿。意、必、固、我，一物存焉，非诚也；四者尽去，则直养而无害矣。”[7] 四者皆妄也，去而绝之，则心一于天理流行，而不妄动了。

但张载认为，自孔孟以后，其心不传，人们便“灭理穷欲，人为之招也”[8]。又说：“今之人灭天理而穷人欲，今复反归其天理。

① 参见拙著：《朱熹思想研究》，520～524页。

② 《正蒙·诚明篇第六》，《张载集》，23页。

③ 同上书，23～24页。

④⑤ 《经学理窟·学大原下》，《张载集》，285页。

⑥⑦ 《正蒙·中正篇第八》，《张载集》，28页。

⑧ 《正蒙·诚明篇第六》，《张载集》，24页。

古之学者便立天理，孔孟而后，其心不传，如荀扬皆不能知。”① 孔孟立“天理”，荀子、扬雄都不知，孔孟以后，就不传了，因而人们陷于“灭天理而穷人欲”，只有“去人欲”、“复天理”，才能续孔孟“不传”之学。宋代道学家都十分重视“天理”、“人欲”之辨，而成为专制社会后期礼教的重要内容。

3.《西铭》中的伦理道德思想

“孟子以后，未有人及此。得此文字，省多少言语。且教佗人读书，要之仁孝之理备于此。须臾而不于此，则便不仁不孝也。”② 程颢此话，可谓深中《西铭》肯綮。他基于人性论，而提出了“仁”、“孝”的伦理道德思想。关于“仁”的思想，他说，“仁者，人也。”③ 由于人为“太虚之气”所生，因此，“虚者，仁之原”。“虚则生仁，仁在理以成之。”④ “太虚”为“仁”之源。“敦厚虚静，仁之本；敬和接物，仁之用。”⑤ “忠恕者与仁俱生，礼义者仁之用。”⑥ “仁”以“敦厚虚静”为本，以礼义、敬和为用。所以，“仁统天下之善”⑦。“敬所以成仁也，盖敬则实为之，实为之故成其仁。”⑧ “敬”是成“仁”的重要途径。

“仁”的重要内容，张载认为是“兼爱”。“惟大人为能尽其道，是故立必俱立，知必周知，爱必兼爱，成不独成。”⑨ 是说立必立己立人，己欲立而立人；知必知己知人，爱必爱己爱人，成必成己成物。关于这种“兼爱”的思想，张载在《西铭》⑩ 中作了充分发挥：

> 乾称父，坤称母；予兹藐焉，乃混然中处。故天地之塞，

① 《经学理窟·理》，《张载集》，273 页。

② 《河南程氏遗书》卷二上，《二程集》，39 页；另见《张子语录·后录上》，《张载集》，第 336 页有一段与此相似。

③ 《张子语录中》，《张载集》，321 页。

④⑤⑥ 同上书，325 页。

⑦ 《横渠易说·上经·乾》，《张载集》，72 页。

⑧ 《横渠易说·上经·坤》，《张载集》，82 页。

⑨ 《正蒙·诚明篇第六》，《张载集》，21 页。

⑩ 《西铭》，张载弟子苏昞、范育在编《正蒙》时没有分出。苏昞在《正蒙序》中说：“先生著《正蒙书》数万言。……于是辄就其编，会归义例，略敦《论语》、《孟子》，篇次章句，以类相从，为十七篇。”范育则在其《正蒙序》中说：“元祐丁卯岁（公元 1087 年），予居太夫人爱，苏子又以其书属余为之叙，泣血受书，三年不能为一辞，今也去丧而不死，尚可不为夫子言乎？”可见未将《西铭》从《乾称篇》中分出。然朱熹说：张载“尝于学堂双牖，左书砭愚，右书订顽，伊川先生曰：‘是启争端，改曰东铭、西铭’。”（《张子全书》卷一）二程说：“订顽之言，极纯无杂。”可见，张载有砭愚、订顽之称。苏昞在编辑时，将两篇合为《乾称篇》。

吾其体；天地之帅，吾其性。民吾同胞，物吾与也。①

天地好比人的父母，天地构成我们的身体，天地统率我们的本性；一切人都是我们的同胞兄弟，一切物都是我们的同伴。为此，张载接着说："大君者，吾父母宗子；其大臣，宗子之家相也。尊高年，所以长其长；慈孤弱，所以幼吾幼。圣其合德，贤其秀也。凡天下疲癃残疾、茕独鳏寡，皆吾兄弟之颠连而无告者也。"② 君主是我父母的嫡长子，大臣是帮嫡长子的管事人，尊敬老人就是尊敬兄长，慈爱孤儿小孩，就是慈爱幼弟。所有天下衰疲、残病、鳏寡的人都是我可怜无告的兄弟。这种"民胞物与"的思想，尽管对贵贱等级关系有所"损"，要求一切人都像兄弟一样相爱，但这种"人类之爱"在等级社会里是没有的，它只能是张载的一种理想。但他真诚地主张这种"人类之爱"。他说："《订顽》（《西铭》）之作，只为学者而言，是所以订顽。天地更分甚父母？只欲学者心于天道，若语道则不须如是言。"③ 人生存于社会上，本来都是兄弟，是平等的。天地分父母，乃是指阴阳男女，而并非不"兼爱"。只有爱己爱人，才是"仁"，"以责人之心责己则尽道……以爱己之心爱人则尽仁，所谓'施诸己而不愿，亦勿施于人'者也"④。当然，张载不是要取消贵贱等级制度，他把君臣、君民关系，说成是家庭里兄长与幼弟的关系，企图把君主专制的国家蒙上家庭"兼爱"的纱幕，以模糊君主与人民之间的冲突，从而要求人民像对待兄长一样去对待君主，这便是张载"民胞物与"思想对君主专制等级制度的有"益"方面。

《西铭》还提倡"孝"的思想。他说："无所逃而待烹，申生其恭也。"⑤ "勇于从而顺令者，伯奇也。"⑥ 申生是春秋时晋献公的太子。献公听信骊姬的谗言，要杀申生，晋公子重耳劝他逃跑，申生不逃跑而自杀。伯奇是周大夫尹吉甫的儿子，父母驱逐他，他也很顺从，以水荷作衣，采蘋花而食，后投水自杀。张载通过这些例子，要人们无条件地尽"孝"，服服帖帖地顺从君亲之命，死而无怨。他把这种"孝"的原则推而广之，认为人们安于贫贱而不反抗，就是"尽孝"。他说：

---

①② 《正蒙·乾称篇第十七》，《张载集》，62页。

③ 《张子语录·语录上》，《张载集》，313页。

④ 《正蒙·中正篇第八》，《张载集》，32页。

⑤ 《正蒙·乾称篇第十七》，《张载集》，62页。

⑥ 同上书，62～63页。

富贵福泽，将厚吾之生也；贫贱忧戚，庸玉女于成也。存，吾顺事；没，吾宁也。①

处在富贵、安乐、享福的环境，那是天地（父母）对你生活的厚待；处在贫贱、困苦、发愁的环境，那是天地（父母）对你的考验，使你得到成就。活着，就顺从地做事；死了，将宁静地死去。这种乐天安命、逆来顺受的说教，显然是一种要人无条件遵循的消极伦理道德。

从张载的人性论中可以得到什么理论思维的教训呢？当他从“太虚之气”来解释人性时，他企图以太虚来说明人性和道德的本原，但他不了解人的社会性，不了解人是社会关系的体现。张载把人看成生物，这就抽掉了人的社会性，因而，当张载把“太虚之气”贯彻到社会领域时，尽管提出诸多有见地的思想，但总被其时代的思维所制约而不能超越。

四、历史地位和影响

“为天地立心，为生民立道，为去圣继绝学，为万世开太平。”②这是张载的宏愿，也是其美好的价值理想。不过张载所面临的现实是：

自其说（佛教）炽传中国，儒者未容窥圣学门墙，已为引取，沦胥其间，指为大道。……此人伦所以不察，庶物所以不明，治所以忽，德所以乱，异言满耳，上无礼以防其伪，下无学以稽其弊。自古诐、淫、邪、遁之词，翕然并兴，一出于佛氏之门者千五百年，自非独立不惧，精一自信，有大过人之才，何以正立其间，与之较是非，计得失！③

在佛学炽传的情况下，儒者沦胥其间，以其为大道，崇信佛教。人伦不察，庶物不明，异言满耳。张载鉴于此而继绝学，振兴儒学。二程说：“若《西铭》，则是《原道》之宗祖也。《原道》却只说到

① 《正蒙·乾称篇第十七》，《张载集》，63页。

② 《张子语录中》，《张载集》，320页。朱熹和吕祖谦编的《近思录》卷二作“为天地立心，为生民立道，为去圣继绝学，为万世开太平”。《宋元学案·横渠学案下》作“为天地立心，为生民立命，为往圣继绝学，为万世开太平”。文字上有所差别。

③ 《正蒙·乾称篇第十七》，《张载集》，64～65页。

道，元未到得《西铭》意思。据子厚之文，醇然无出此文也，自《孟子》后，盖未见此书。”① 陈亮说：“世以孟子比横渠，而谓二程为颜子，其学问之渊源，顾岂苟然者！”② 可见，在当时人的心目中，张载是继孔孟不传之学的儒家。程颐说：“《西铭》明理一而分殊，扩前圣所未发，与孟子性善养气之论同功，自孟子后盖未之见。”③ 张载由是被推为道学的奠基者之一。朱熹在《伊洛渊源录》中以周、邵、二程、张载并列；在《近思录序》中说：“淳熙乙未之夏，东莱吕伯恭来自东阳……相与读周子、程子、张子之书，叹其广大闳博，若无津涯，而惧夫初学者不知所入也。”④并称他们为“四君子”。宋理宗淳祐元年（公元 1241 年）诏令：“朕惟孔子之道，自孟轲后不得其传，至我朝周颐（校者按：周颐即周敦颐，宋人避光宗嫌名改）、张载、程颢、程颐，真见力践，深探圣域，千载绝学，始有指归。中兴以来，又得朱熹，精思明辨，表里浑融，使《中庸》、《大学》、《语》、《孟》之书，本末洞澈，孔子之道，益以大明于世。朕每观五臣论著，启沃良多。其令学宫列诸从祀，以示崇奖之意。”⑤ 以张载为道学家，从祀孔子庙庭，并被封为郿伯。⑥

在南宋淳熙、庆元年间反道学斗争中，张载亦被反道学者视为道学家。他们目朱熹为“剽张载、程颐之余论⑦，寓以吃菜事魔之妖术，簧鼓后进，张浮驾诞……”⑧ 又称“熹本无学术，徒窃张载、程颐之绪余，为浮诞宗主，谓之道学”⑨。在当时反道学者林粟、沈继祖等人的眼里，朱熹道学是直接窃自张载、程颐的。尽管林、沈之论有夸张不实之处，但却也从一个侧面肯定了张载和程颐的道学奠基者的地位。

在宋明理学的发展过程中，张载算是从理论思维上认真地批判了佛、道哲学理论的道学家，他的道学思想在理学发展进程中是一

---

① 《河南程氏遗书》卷二上，《二程集》，37 页。

② 《伊洛正源书序》，《陈亮集》卷十四，162 页。

③ 转引自《宋史·张载传》，《张载集》，387 页。

④ 《朱子遗书》。

⑤ 《续资治通鉴》卷一七〇。

⑥ 参见《五先生封爵指挥》，《道命录》卷十。

⑦ “余论”，《宋史纪事本末·道学崇黜》作“绪余”，《续资治通鉴》卷一五四，宁宗庆元二年条亦作“绪余”。今从《四朝闻见录》。

⑧ 《庆元党》，《四朝闻见录》丁集，《知不足斋丛书》。

⑨ 《宋纪一五一》，《续资治通鉴》卷一五一。

个重要的环节。他的“太虚即气”的形上学及“心统性情”等伦理道德思想均被朱熹等所吸收，而构成其逻辑结构；“太虚者，心之实”的思想，成为陆九渊“心学”思想之来源；同时，其“太虚即气”的思想，又为后代杰出哲学家王廷相、王夫之所继承，影响所及，颇为深远。王夫之在《张子正蒙注·序论》中说：

> 呜呼！张子之学，上承孔孟之志，下救来兹之失，如皎日丽天，无幽不烛，圣人复起，未有能易焉者也。①
>
> 呜呼！孟子之功不在禹下，张子之功，又岂非疏洚水之歧流，引万派而归墟，使斯人去昏垫而履平康之坦道哉！是匠者之绳墨也，射者之彀率也，虽力之未逮，养之未熟，见为登天之难不可企及，而志于是则可至焉，不志于是未有能至者也。②

张子之学，如皎日丽天，是匠人的绳墨，射者的彀率，其评价之高，无可复加。可见其思想对王夫之思想影响之深刻，并以其为“正学”。

元明以至清，张载为道学家，是无疑问的。有人因张载是气本论者，而称其为唯物主义者，否认他是“道学家”，实恐不妥。明代袁应泰说：

> 斯道自孔孟而后，得其传者莫盛于周、程、张、朱，其所论著与《四书》埒，有补于学者大矣。③

明清之际的王夫之说：

> 张子之学……即无非《诗》之志，《书》之事，《礼》之节，《乐》之和，《春秋》之大法也，《论》、《孟》之要归也。……则往圣之传，非张子其孰与归！④

以张载学说为《论》、《孟》之要归，继往圣之传，承孔孟之道统。

清代张伯行亦说：

> 溯自尧、舜、禹、汤、文、武、周公、孔子以道相承，为万世立极，而子思、孟子从而发明之，斯道始大著。孟子没而

---

① 《张载集》，409页。

② 同上书，410页。

③ 《张子全书序》，《张载集》，389页。

④ 《张子正蒙注·序论》，《张载集》，409～410页。

微言绝，历千余载，濂、洛、关、闽诸君子又起而修明之，今其书俱在，可考而知也。①

据此看，张载不仅为道学家无疑，而且其地位与以周、程、朱为代表的“濂”、“洛”、“闽”相并称。

① 《张横渠集序》，《张载集》，394页。

第四章
二程学——程颢、程颐的道学思想

二程与张载，同为宋明“理学”的奠基者。

《宋元儒学案序录》中说：“关学之盛，不下洛学，而再传何其寥寥也。”[1] 张载在世时，关、洛并茂，然身后何其冷落，自与当时社会经济、政治以及思维的需要相关联。王夫之曾予探讨，他说：

> 学之兴于宋也，周子得二程子而道著。程子之道广，而一时之英才辐辏于其门。张子敩于关中，其门人未有殆庶者。而当时巨公耆儒如富、文、司马诸公，张子皆以素位隐居而末由相为羽翼。是以其道之行，曾不得与邵康节之数学相与颉颃，而世之信从者寡，故道之诚然者不著，贞邪相竞而互为畸胜。[2]

“关学”后来之所以不能与“洛学”相鼎足，是由于没有像“洛学”那样得到富弼、文彦博、司马光等巨公耆儒的极力支持。在当时变法和反变法的激烈斗争中，张载大部分时间以“素位隐居”乡间，得不到“巨公耆儒”的相为羽翼；另外，吕大忠、吕大钧、吕大临、苏昞等始事张载，张死后，又改师事二程，成为程门高足而“再传寥寥”，这样“洛学”就处于独盛地位了。

“洛学”以其独盛的地位而广为流传。程颢死后，“士大夫识与不识，莫不哀伤焉。文彦博采众论，题其墓曰明道先生。其弟颐序之曰：‘周公没，圣人之道不行；孟轲死，圣人之学不传。道不行，百世无善治；学不传，千载无真儒。无善治，士犹得以明夫善治之道，以淑诸人，以传诸后；无真儒，则贸贸焉莫知所之，人欲肆而

---

① 《宋元学案》卷首。

② 《张子正蒙注·序论》，《张载集》，409页。

天理灭矣。先生生于千四百年之后，得不传之学于遗经，以兴起斯文为己任，辨异端，辟邪说，使圣人之道焕然复明于世，盖自孟子之后，一人而已'"[1]。二程继不传之绝学，使"圣道"焕然复明，而成为"道学"奠基者之一。

一、家世和经历

程颢，字伯淳，生于宋仁宗明道元年（公元1032年），是年，父亲程珦任黄陂尉秩满不能调，闲居，程颢可能生于黄陂寓舍[2]，死于宋神宗元丰八年（公元1085年），后人称其为明道先生。程颐，字正叔，生于宋仁宗明道二年（公元1033年）黄州黄陂寓舍，死于宋徽宗大观元年（公元1107年），后人称其为伊川先生。两人为亲兄弟，祖籍安徽歙县篁敦，后迁中山博野[3]，因为在中山住的时间较长，因此《宋史》称其家族"世居中山，后从开封徙河南"[4]。"先生（指程颢）五世而上，居中山之博野。"[5] 高祖程羽，"赐第京师，始居开封"，并"隶籍于洛"。宋嘉祐元年（公元1056年），程珦将其父程遹、祖父程希振坟茔迁葬伊川，并把家迁到洛阳。关于二程籍贯，记载不一：《宋史纪事本末·道学崇黜》作河南人；《河南通志》（雍正九年本）作洛阳人[6]；又有作伊川人。[7] 今以二程为洛阳人较妥。

（一）家世

二程家族，世代官宦。高祖程羽"受圣祖非常之知，及太宗皇帝之在晋藩，亲自选擢，俾之辅佑，于时真宗皇帝亲受经训"[8]。程

---

① 《程颢传》，《宋史》卷四二七。

② "文简公义之，为请于朝，就注黄陂县尉。任满，又不能调，闲居安贫，以待诸弟之长。"（《先公太中家传》，《二程集》，647页）

③ 见《河南程氏家谱》。据清《河南程氏正宗世系谱》载，二程远祖为东晋程氏一世祖程元谭，他佐晋元帝有功，赐其田宅于歙县篁墩而世居矣。

④ 《程颢传》，《宋史》卷四二七。

⑤ 《明道先生行状》，《河南程氏文集》卷十一，《二程集》，630页。

⑥ 参见《理学》卷六十一。

⑦ 参见北京大学哲学系中国哲学史教研室编写：《中国哲学史》（下册），54页，北京，中华书局，1980。伊川县是1932年设置的，北宋时期，人说伊川，多指伊河一带地区。

⑧ 《为家君上宰相书》，《河南程氏文集》卷九，《二程集》，591页。

羽是赵匡胤的将领，宋太宗为晋王时的腹心幕僚，宋真宗的老师。官“尚书兵部侍郎，赠太子少师”①。曾祖程希振，任尚书虞部员外郎。祖父程遹，赠开府仪同三司吏部尚书。父亲程珦在《自撰墓志》中说：“予性质颛蒙，学术黯浅，不能自奋，以嗣先世。天圣中，仁宗皇帝念及祖宗旧臣，例录子孙一人，补郊社斋郎。”② 程珦以荫庇得官，历黄州黄陂、吉州庐陵二县尉，润州观察支使。后改大理寺丞，知虔州兴国县，龚州，徐州沛县。后又监在京西染院，知凤、磁、汉三州事。③ “熙宁中，议行新法”，“及法出，为守令者奉行惟恐后。成都一道，抗议指其有未便者，独公（程珦）一人”④。他对王安石变法持不赞成态度。年及 70，乞致仕。他的仕途为：“官，自太理寺丞十三迁至太中大夫。勋，自骑都尉至上柱国。爵，永年县伯。食邑，户九百。”⑤ 这里的“官”指官职，“勋”指功劳的级别，“爵”指政治上的等级地位。退休后是“太中大夫致仕上柱国永年县开国伯，食邑九百户”⑥ 头衔，说明程珦有较高的社会政治地位与富裕的家庭经济情况。

（二）程颢的生涯

程颢数岁诵诗书，强记过人，10 岁能为诗赋，现存《河南程氏文集·遗文》中有《酌贪泉诗》两句：“中心如自固，外物岂能迁?”⑦ 年十五六，跟周敦颐学习，时程珦代理南安军通判，周敦颐为南安军司理参军。程珦视周“气貌非常人，与语，果为学知道者，因与为友”⑧。据朱熹《伊川先生年谱》载：“年十四五，与明道同受学舂陵周茂叔先生。”⑨ 程颐则说：“先生（程颢）为学，自十五六时，闻汝南周茂叔论道，遂厌科举之业，慨然有求道之志。”⑩ 受周

① 《书先公自撰墓志后》，《河南程氏文集》卷十二，《二程集》，645 页。

② 《河南程氏文集》卷十二，《二程集》，645 页。

③ 参见《书先公自撰墓志后》，《二程集》，645 页。

④ 《先公太中家传》，《河南程氏文集》卷十二，《二程集》，649 页。

⑤ 《书先公自撰墓志后》，《二程集》，645 页。

⑥ 《为家君书家藏太宗皇帝宝字后》，《河南程氏文集》卷八，《二程集》，582 页。

⑦ 《二程集》，664 页。

⑧ 《先公太中家传》，《河南程氏文集》卷十二，《二程集》，651 页。

⑨ 《伊洛渊源录》卷四；另见《朱文公文集》卷九十八。

⑩ 《明道先生行状》，《河南程氏文集》卷十一，《二程集》，638 页。

氏思想的影响。“昔受学于周茂叔，每令寻颜子、仲尼乐处，所乐何事。”① 依此，亦承认受学周敦颐。然有的本子作“昔见周茂叔”，“见”与“受学于”是有区别的。道学家常讲“孔颜乐处”，便是指做人的最高境界和“大本”。全祖望说：“濂溪之门，二程子少尝游焉，其后伊洛所得，实不由于濂溪。”② 这样，二程受周敦颐的影响也似乎不多，显然与事实不符。事实上，不管是“闻”其论道也好，或是“见”也好，二程少时听过周敦颐讲学，并受其影响，这是不可否认的。

程颢少年时，随父在各任所就读儒家经典。宋仁宗嘉祐二年（公元 1057 年）中进士第。次年，调京兆府鄠县主簿。“嘉祐二年，始应举得官，遂请于天官氏，愿主簿书于是邑。”③ 在鄠县的三年间，“中间被符移奔走，外干者三居其二，其一则簿书期会，仓廥出入，固无暇息”④。甚为忙碌，无论断案、治役皆有方，“折疑狱如神”⑤。嘉祐五年（公元 1060 年），游鄠山后有诗曰：

功名未是关心事，富贵由来自有天。
任是榷酤亏课利，不过抽得俸中钱。
有生得遇唐虞圣，为政仍逢守令贤。
纵得无能闲主簿，嬉游不负艳阳天。⑥

既表明自己淡薄功名利禄，不刻意追求富贵，也表现了一种职低而不能施展抱负的怀才不遇的心情。

鄠县“南山僧舍有石佛，岁传其首放光，远近男女聚观，昼夜杂处，为政者畏其神，莫敢禁止。程颢戒其僧曰：‘俟复见（指石佛首放光），必先白吾，职事不能往，当取其首就观之。’自是不复有光矣”⑦。他不信佛，而主旨是禁止男女“昼夜杂处”，以整风俗。

其时，程颢虽不佞佛，然于释、老之书，却颇觉兴趣。自十五六岁闻周敦颐论道后，便有求道之志，但“未知其要，泛滥于诸家，

① 《河南程氏遗书》卷二上，《二程集》，16 页。此句又作：“昔见周茂叔，每令寻仲尼、颜子乐处，所乐何事。”

② 《濂溪学案》上，《宋元学案》卷十一。

③ 《游鄠县山诗十二首序》，《河南程氏文集》卷三，《二程集》，472 页。

④ 同上书，472～473 页。

⑤ 《理学·程颢传》，《河南通志》卷六十一。

⑥ 《是游也，得小松黄杨各四本，植于公署之西窗，戏作五绝，呈邑令张寺丞（兴宗）》，《河南程氏文集》卷三，《二程集》，476 页。

⑦ 《明道先生行状》，《河南程氏文集》卷十一，《二程集》，631 页。

出入于老、释者几十年”[①]。嘉祐四年（公元 1059 年），他作《答横渠张子厚先生书》（《定性书》），是一篇道学家重要著作，但亦可见佛学之影响。

嘉祐六年（公元 1061 年），程颢 30 岁，调任江宁府上元县主簿，上元县田税不均，比他邑尤甚。“盖近府美田，为贵家富室以厚价薄其税而买之，小民苟一时之利，久则不胜其弊。先生为令画法，民不知扰，而一邑大均。其始，富者不便，多为浮论，欲摇止其事，既而无一人敢不服者。”[②] 改革田税不均，制止贵家富室作弊，小民受损的现象。并时与江东转运判官谢景温论《春秋》和《易》，探究学问。次年。原县令去，程颢摄县事。县里“诉讼日不下二百。为政者疲于省览，奚暇及治道？先生处之有方，不阅月，民讼遂简”[③]。并修整塘堤，以利稻田灌溉。他不迷信神物，“茅山有龙池，其龙如蜴蜥而五色。祥符中，中使取二龙。至中途，中使奏一龙飞空而去。自昔严奉以为神物，先生尝捕而脯之，使人不惑。”[④] 此事虽传为美谈，但是言过其实，还须查考。是年仁宗赵祯病卒，英宗赵曙登极。

英宗治平元年（公元 1064 年）任满，至磁州探望父母。翌年，程颢 34 岁，调泽州晋城令，“其俗朴陋，民不知学，中间几百年无登科者，先生择其秀异，为置学舍粮具，聚而教之，朝夕督厉诱进学者，风靡日盛，熙宁元丰间，应书者至数百，登科者十余人”[⑤]。他在晋城三年间，做了四件事。一是以儒家伦理道德教育乡民，使“诸乡皆有校，暇时亲至，召父老而与之语”。“民以事至邑者，必告之以孝弟忠信，入所以事父兄，出所以事长上。”[⑥] 二是订乡约，立保伍，别善恶。“乡民为社会，为立科条，旌别善恶，使有劝有耻。”“度乡村远近为伍保，使之力役相助，患难相恤，而奸伪无所容。”[⑦] 三年之间，所治之邑，无强盗及斗死者。三是设“杂纳钱”，预购粟边郡。“县库有杂纳钱数百千，常借以补助民力。”“民税常移近边，载往则道远，就籴则价高。先生择富民之可任者，预使购粟边郡，所费大省，民力用纾。”[⑧] 四是训练义勇。“河东义勇，农隙则教以

---

① 《明道先生行状》，《河南程氏文集》卷十一，《二程集》，638 页；另见《圣贤篇》，《河南程氏粹言》卷二，《二程集》，1229 页。

②③ 同上书，631 页。

④ 同上书，632 页。

⑤ 《门人朋友叙述》，《伊洛渊源录》卷二。

⑥⑦ 《明道先生行状》，《河南程氏文集》卷十一，《二程集》，632 页。

⑧ 同上书，633 页。

武事，然应文备数而已。”① 也即是提高百姓的道德素质，安定社会，减轻百姓负担，训练义勇，以化解积贫积弱的弊病。

治平四年（公元1067年），改任著作佐郎。是年英宗卒，神宗赵顼即位。父程珦覃恩，迁司门郎中。二程兄弟随父往汉州，侍父游成都。熙宁二年（公元1069年）二月，王安石议行新法。四月，遣使往诸路察农田水利赋役，程颢为农田水利使。八月，因御史中丞吕公著荐，授太子中允，权监察御史里行②，是一个临时的见习谏官。“明道昔见上称介甫之学，对曰：王安石之学不是。上愕然问曰：何？对曰：臣不敢远引，止以近事明之。臣尝读《诗》，言周公之德云，公孙硕肤，赤舄几几，周公盛德，形容如是之盛。如王安石其身犹不能自治，何足以及此。”③ 他反对“荆公新学”。所上奏疏有《论王霸札子》、《上殿札子》、《请修学校尊师儒取士札子》、《论十事札子》、《论养贤札子》。《上殿札子》（吕留良本作《论君道》）主张君道以至诚仁爱为本，而未尝及功利。“惟陛下稽圣人之训，法先王之治，一心诚意，体乾刚健而力行之，则天下幸甚！”④ 治理天下要以“正风俗，得贤才为本”⑤，醇教化，正风俗，得贤才，又需从修学校着手。他说：“宋兴百余年，而教化未大醇，人情未尽美，士人微谦退之节，乡闾无廉耻之行，刑虽繁而奸不止，官虽冗而材不足者，此盖学校之不修，师儒之不尊，无以风劝养励之使然耳。”⑥ 由此，他提出了“王”与“霸”的问题：“得天理之正，极人伦之至者，尧、舜之道也；用其私心，依仁义之偏者，霸者之事也。”⑦ 然神宗皇帝却以尧、舜作比，他说：“此尧舜之事，朕何敢当？”程颢愀然曰：“陛下此言，非天下之福也。”⑧ 神宗听取王安石建议，便实行改革。程颢与王安石的意见分歧越来越大，事出必论列，数月之间，章数十上。并提出“十事”：修师傅之职，以成其德业；奉天建官，以正官秩混乱；正经界，以均井地；复乡党，使民相安知耻；本贡士于乡里，养秀民于学校；更府史胥徒之役，以

① 《明道先生行状》，《河南程氏文集》卷十一，《二程集》，633页。

② 在《论王霸札子》全文后，明万历徐必达本和清康熙吕留良本注曰：“熙宁元年上，时为监察御史里行。”则应是熙宁元年为权监察御史里行。供考。

③ 《遗事》，《伊洛渊源录》卷三。

④ 《上殿札子》。《河南程氏文集》卷一，《二程集》，448页。

⑤⑥ 《请修学校尊师儒取士札子》，《河南程氏文集》卷一，《二程集》，448页。

⑦ 《论王霸札子》，《河南程氏文集》卷一，《二程集》，450页。

⑧ 《明道先生行状》，《河南程氏文集》卷十一，《二程集》，634页。

免大患；均田务农，以解决民食；均多恤寡，使四民就业；惟修虞衡之职，养山泽之利；定名数以旌别贵贱，分等差莫敢逾僭。程颢的这些建议，虽也讲到以“井田”来解决土地不均的问题及兵役问题，但多数是讲如何维护专制统治与加强传统伦理道德的钳制以及防止盗贼横肆等。此“十事”与王安石的新法相较，无论从性质、作用，还是内容、效果，都是不同的。何况程颢的建议也未实行。它在王安石“新法”颁行的过程中提出此“十事”，实是对实行“新法”的修正。

是年闰十一月，张载被召入对，除崇文院校书，因与王安石意见不合，神宗令往勘苗振狱，程颢上《乞留张载状》。

熙宁三年（公元1070年）正月，神宗诏：“诸路常平、广仓给散青苗钱，本为惠恤贫乏，今虑官吏不体此意，均配抑勒，翻成骚扰。其令诸路提点刑狱官体量觉察，违者立以名闻，敢沮遏者亦如之。”①三月四日，程颢上《谏新法疏》②，“乞罢预俵青苗钱利息及汰去提举官事”③。神宗未纳，四月十七日《再上疏》曰：

> 盖自古兴治，虽有专任独决，能就事功者，未闻辅弼大臣人各有心，睽戾不一致，国政异出，名分不正，中外人情交谓不可，而能有为者也。况于措置失宜，沮废公议，一二小臣实与大计，用贱陵贵，以邪妨正者乎?④

此是对王安石新法的指斥，“国政异出”、“名分不正”、“用贱陵贵”、“以邪妨正”，这个批判可谓严厉，罪名也可谓大矣！王安石非之，由是罢程颢权发遣京西路，同提点刑狱。程颢则又上《辞京西提刑奏状》。《行状》载：“既而神宗手批……改差签书镇宁军节度判官事。”⑤ 徐必达本和吕留良本注曰：“上谓王安石曰：‘人情如此纷纷，奈何?’安石曰：‘陈襄、程颢专党吕公著，都无助陛下为治之实。今当邪说纷纷之时，乃用襄知制诰，颢提点刑狱，人称其平正。此辈小人，若附公著，得行其志，则天下之利皆归之；既不得志，

① 《神宗熙宁三年条》，《续资治通鉴》卷六十七。

② 徐必达本和吕留良本全文后有注：“时为监察御史里行。上语及程颢疏，安石曰：颢至中书，臣略谕以方镇沮毁朝廷法令，朝廷申明使知法意，不得谓之疏驳大臣章奏。（程）颢乃言，大臣谕列，事当包含。此言尤为害理。”（《二程集》，457页）

③ 《河南程氏文集》卷一，《二程集》，456页。

④ 同上书，457～458页。

⑤ 《河南程氏文集》卷十一，《二程集》，634页。

又不失陛下奖用，何为肯退听而不为善？’乃以为佥书镇宁军节度判官事。”[①] 程颢上《谢澶州签判表》。

熙宁四年（公元1071年）在澶州，八月，“会［澶州］曹村埽决……先生谓帅[②]曰：‘曹村决，京城可虞。臣子之分，身可塞亦为之。’”[③] 遂督工堵塞决口。次年，其父程珦自蜀归朝，“厌于职事，丐就闲局，管勾西京嵩山崇福宫”[④]。十二月，程颢遂求监局，以便养亲，罢归回洛。熙宁七年（公元1074年），得监西京洛河竹木务。荐者言其未尝“叙年劳，丐迁秩”，特改太常丞。程颢在洛期间，日以读书劝学为事，“士大夫从之讲学者，日夕盈门，虚往实归，人得所欲”[⑤]。讲学授徒，为“洛学”奠下基础。熙宁八年（公元1075年）十月，彗星出东方，诏求直言，应诏论朝政极切。神宗手批与府界知县，差知扶沟县事。复求监局，不得改。熙宁九年（公元1076年）十月，王安石罢相判江宁府。熙宁十年（公元1077年），程颢46岁，吕公著起知河阳，河南尹贾昌衡率其与司马光等饯于福光寺。程颢赠吕公著和司马光诗曰：

> 晓日都门飐旆旌，晚风铙吹入三城。
> 知君再为苍生起，不是寻常刺史行。[⑥]
>
> 二龙闲卧洛波清，今日都门独饯行。
> 愿得贤人均出处，始知深意在苍生。[⑦]

龙在古代通常象征德高望重的在高位者或皇帝，程颢以“二龙”喻吕公著和司马光，亦可谓至矣。他对王安石的罢官，吕、司马的起用，怀着欣喜的心情。然而称他们“为苍生”、“在苍生”，实是赞誉之辞。两人复官后，便废除王安石新法。

神宗元丰元年（公元1078年），程颢奉命知扶沟县。是年游酢、谢良佐受学于二程兄弟。在扶沟任内，程颢办了三件事。其一，平盗。扶沟多盗，且广济渠、蔡河出扶沟县境，“濒河不逞之民，不复

---

① 《二程集》，459页注。
② 指澶州帅刘公涣。
③ 《明道先生行状》，《河南程氏文集》卷十一，《二程集》，635页。
④ 《书先公自撰墓志后》，《河南程氏文集》卷十二，《二程集》，645页。
⑤ 《门人朋友叙述》，《伊洛渊源录》卷二。
⑥ 《送吕晦叔赴河阳》，《河南程氏文集》卷三，《二程集》，485页。
⑦ 《赠司马君实》，《河南程氏文集》卷三，《二程集》，485页。

治生业，专以胁取舟人物为事，岁必焚舟十数以立威。先生始至，捕得一人，使引其类，得数十人，不复根治旧恶，分地而处之，使以挽舟为业，且察为恶者。自是邑境无焚舟之患”①。其二，权谷价，不使谷价甚贵或甚贱。会大旱，麦苗且枯，教民掘井以溉，或水灾民饥，便发粟贷之。其三，内侍都知王中正巡阅保甲，权宠至盛，所到之处，凌慢县官，诸邑竞侈供帐悦奉，主吏以请，程颢拒绝。他说：“吾邑贫，安能效他邑？且取于民，法所禁也。今有故青帐，可用之。”② 因此，程颢在职期间，王中正往来境上，卒不入。

元丰二年（公元 1079 年）除判武学，“李定劾其新法之初，首为异论，罢归故官”③。吕公著鸣不平④，复以便亲乞汝州监局不得。次年六月，改除承议郎，旋罢扶沟任，寓颍昌，侍父。元丰四年（公元 1081 年）杨时至颍昌见二程，并师事二程。翌年居洛，冬天刘绚见二程。

元丰六年（公元 1083 年）得监汝州酒税。六月富弼卒，作《祭富韩公文》。八年（公元 1085 年）三月神宗薨，哲宗即位，程珦受覃恩，迁太中大夫，程颢亦受覃恩，改承议郎。五月，召为宗正寺丞。这时，反对荆公新法派执政，程颢为他们所属，未行，六月十五日因病卒。“天下日望先生入朝，以为且大用。乃闻其亡，上自公卿，下至闾巷士民，莫不哀之。”⑤ 时年 54 岁。

程颢一生任官十五六年，均为地方小官，如主簿、知县等，未任大官。大部分时间是读书和讲学授徒，建构和发展“洛学”学派及其思想。范祖禹说：“先生以亲老，求为闲官，居洛阳殆十余年，与弟伊川先生讲学于家，化行乡党。……士之从学者不绝于馆，有不远千里而至者。先生于经，不务解析为枝词，要其用在已而明于知天。其教人曰：‘非孔子之道，不可学也。’盖自孟子没而《中庸》之学不传，后世之士不循其本而用心于末，故不可与入尧、舜之道。先生以独智自得，去圣人千有余岁，发其关键，直睹堂奥，一天地之理，尽事物之变。故其貌肃而气和，志定而言厉，望之可畏，即之可亲，叩之者无穷，从容以应之，其出愈新，真学者之师也。成就人才，于时为多。”⑥ 这便是从“道学”角度对程颢后期活动及学说的概括。

---

①② 《明道先生行状》，《河南程氏文集》卷十一，《二程集》，636 页。

③ 《程颢传》，《宋史》卷四二七。

④ 参见《遗事》，《伊洛渊源录》卷三。

⑤⑥ 《门人朋友叙述》，《伊洛渊源录》卷二。

（三）程颐的经历

程颐少年时，随父在任所。17 岁读《论语》，自称已晓文义。仁宗皇祐二年（公元 1050 年），年 18 岁即撰《上仁宗皇帝书》，自称“草莽贱臣”，上陈库空民贫，狄强宋弱，切中时弊。他说：“窃惟固本之道，在于安民；安民之道，在于足衣食。今天下民力匮竭，衣食不足，春耕而播，延息以待，一岁失望，便须流亡。”① 民衣食不足，而国家财用又常不足，不足则责于三司，三司责诸路转运，转运又从哪里来呢？于是便“诛剥于民”。一旦四方有事，往往配卒非时，毒害尤深。“急令诛求，竭民膏血，往往破产亡业，骨肉离散。”② 社会危机已甚深重。在此“民无储备、官廪复空”，“而戎狄强盛，自古无比”的情况下，如果强敌乘隙于外，奸雄生心于内，则土崩瓦解之势，深可虞也。因此，程颐提出自己的主张。其一，行“王道”，“王道”则以“仁”为本。他说：“陛下精心庶政，常惧一夫不获其所，未尝以一喜怒杀一无辜。”③ 但是，凶年饥岁，老弱转死于沟壑，壮者离散之四方，为盗贼，犯刑戮者，几千万人，这难道是“陛下爱人之心”吗？也许有人会辩称这是年岁不好造成的，非政之罪，但这又何异于刺人而杀之说：“非我杀你，兵也。”能这样说吗？其二，天下治与不治，在于得贤臣或失贤臣。世上是不乏贤臣的，而在于求贤之道对与不对。今国家取士，所谓贤良方正，不过是博闻强记之士；明经之属，惟专会诵，不晓义理，是无用之才；进士科，以词赋声律为工，词赋之中，没有治天下之道。这些人学非所用，譬如叫胡人操舟，越人驾车一样，求其善者，不是很难吗？只有学用结合，能做宰相、卿大夫、刺史、县令事业的人使为宰相、卿大夫、刺史、县令，“各得其任，则无职不举，然而天下弗治者，未之有也”④。该上书呈上去之后，且乞召对，而陈所学，不报。可见，年轻时的程颐，就有忧国忧民的宏志。

程颐虽同程颢生于世代官宦家庭，但没有考取进士。皇祐四年（公元 1052 年），舅侯无可南征，作《闻舅氏侯无可应辟南征诗》⑤。

---

①② 《河南程氏文集》卷五，《二程集》，511 页。

③④ 《上仁宗皇帝书》，《河南程氏文集》卷五，《二程集》，513 页。

⑤ 有以此诗为皇祐四年（公元 1052 年），程颐 20 岁所作。然此诗题目下注：“时年十八”，今查《续资治通鉴》皇祐二年南方无“凶寇”，皇祐四年四月，侬智高反，陷州郡，宋朝派狄青去讨。题下注误。

诗曰："南垂凶寇陷州郡，久张螳臂抗天威。圣皇赫怒捷书涣，虎侯秉钺驱熊罴。"[①] 当时，聚居在邕州（今广西南宁）左右江沿流各羁縻州中的僮族，以韦氏、黄氏、周氏、侬氏四姓占多数。侬氏聚居地广源州（于今广西、云南交界），其首领侬智高企图在交阯北部和岭南建立独立小王国。是年四月，侬智高"率众五千沿郁江东下，攻破横山寨"[②]。继破邕州，建大南国，僭号仁惠皇帝，改年启历。又破横、贵、浔、梧、康、端等九州，直逼广州城下，九月庞籍荐狄青讨侬，改狄青为宣徽南院使、荆湖南、北路宣抚使，提举广南东、西路经制贼盗事。十月狄青起征，诏广南将佐皆禀青节制，若孙沔、余靖分路讨击，亦各听沔等指挥。皇祐五年正月遂破侬智高。程颐诗中虽说："蕞尔小蛮何足殄，庶几聊吐胸中奇。"[③] 但岭南各州县官吏弃城而遁逃者甚多，将佐战死者亦不少，并非那样轻而易举。

仁宗至和元年（公元1054年）六月[④]，作《养鱼记》。后来他在旧稿中看见这篇文章，记曰："窃自叹，少而有志，不忍毁去。观昔日之所知，循今日之所至，愧负初心，不几于自弃者乎?"[⑤] 自愧老大无成。嘉祐元年（公元1056年），程颐24岁。是时程珦为国子博士，二程随父至京师，入国子监读书，准备来年考进士。国子监直讲胡瑗尝以《颜子所好何学论》试诸生，得程颐试卷，大惊异之，即请相见，遂以学职。吕希哲与程颐邻斋，首以师礼事，既而四方之士，从游者日众。他在这篇文章中，提出了"学以至圣人之道"的问题，认为"凡学之道，正其心，养其性而已。中正而诚，则圣矣"[⑥]。道学家不仅以传圣人之道为己任，而且以为圣之道自养。因此，程颐于是年根据颜渊问克己复礼之目，而作《视箴》、《听箴》、《言箴》、《动箴》，因箴以自警[⑦]，作为自己学圣人而必须服膺勿失的行为指南。嘉祐二年（公元1057年），因解额减半，次科不能登

---

① 《河南程氏文集》卷八，《二程集》，590页。

② 《续资治通鉴》卷五十二。

③ 《闻舅氏侯无可应辟南征诗》，《河南程氏文集》卷八，《二程集》，590页。

④ 《养鱼记》文记："至和甲午季夏记"，则为公元1054年阴历六月。可是在后记中说："吾昔作《养鱼记》，于兹几三十年矣。……元丰己未正月戊戌。"则为元丰二年，公元1079年，距至和元年为25年。

⑤ 《河南程氏文集》卷八，《二程集》，579页。

⑥ 同上书，577页。

⑦ 参见同上书，588～589页。

科。但他在《与方元寀手帖》中继续讲“圣人之道”以及学者如何入圣人之道的大门，认为求入门，必学《经》。《经》所以载“道”，如果仅“诵其言辞，解其训诂，而不及道，乃无用之糟粕耳”①。这样他对如何学“圣人之道”以及如何入门问题，作了较系统的论述。故其弟子称其为闻“道”较早。

嘉祐四年（公元1059年）三月，因诏赐进士诸科及第出身339人，程颐赐进士出身。其父虽屡得“任子恩”（即荫庇子孙做官），但常推与同族的人。程颐当时在父亲任所，侍奉父亲（其母侯夫人已于皇祐四年［公元1052年］病死在江宁）。

英宗治平元年（公元1064年），程颐至京师，《吕申公家传》云：“公判太学，命众博士即先生（程颐）之居，敦请为太学正。先生固辞，公即命驾过之。”② 撰《谢吕晦叔待制书》。次年四月，诏议崇奉濮安懿王③典礼，程颐从维护人伦出发，撰《代彭思永上英宗皇帝论濮王典礼疏》，认为：“生人大伦，如乾坤定位，不可得而变易者也。固非人意所能推移，苟乱大伦，人理灭矣。陛下仁庙之子；……若更称濮王为亲，是有二亲，则是非之理昭然自明。”④ 既过继为仁宗之子，尽父子之道，这是“大义”；不忘生父，尽其恩义，这是“至情”，明“大义”以正统绪，存“至情”以尽人情，两者应有别，否则会“乱大伦”。八月，京师大雨，英宗诏责躬乞言，程颐代父撰《为家君应诏上英宗皇帝书》，他沿用“天人感应”思想，以为“水旱之沴，由阴阳之不和，阴阳不和，系政事之所致”⑤，由是他提出六点主张：朝廷有纲纪权持，总摄百职庶务；郡县之官，得人而修职；百姓安业，知孝悌忠信之教；化行政肃，无奸宄盗贼之患；民心和而阴阳顺，无水旱虫螟之灾；武备修而威灵振，蛮夷戎狄无敢不服。此六点虽看到了当时的弊病，但并未触及当时国家积贫积弱、土地兼并激烈的问题，即使此六点被采纳，也不能解决积重难返的局面。他对社会危机原因的认识并不深刻。因此，后来他与王安石新法相对立，有认识上的分歧。治平三年（公元1066年）九月，吕公著出知蔡州，向英宗推荐说：“伏见南省进

① 《与方元寀手帖》，《河南程氏文集·遗文》，《二程集》，671页。

② 转引自《伊川先生年谱》注，《河南程氏遗书》，《二程集》，338页。

③ 濮王系英宗生父，英宗少时过继为仁宗嗣。

④ 《河南程氏文集》卷五，《二程集》，516页。

⑤ 同上书，519页。

士程颐……洞明经术，通古今治乱之要，实有经世济物之才，非同拘士曲儒，徒有偏长。使在朝廷，必为国器。伏望特以不次旌用。”① 程颐自以为学不足，不愿出仕。

治平四年（公元 1067 年），英宗卒，神宗赵顼欲厚葬，程颐撰《为家君上神宗皇帝论薄葬书》。他曾随父至汉州，游成都，并研读《周易》。熙宁元年（公元 1068 年），汉州绵竹人宇文之邵以太子中允致仕，撰《为家君请宇文中允典汉州学书》，认为“窃以生民之道，以教为本”②，“愿执事从乡人之望，枉屈轩驭，来憩郡庠，俾后进子弟得所依归”③。又撰《为家君作试汉州学策问三首》④。熙宁二年（公元 1069 年）撰《答横渠先生书》。《书》云：“观吾叔之见，至正而谨严。如‘虚无即气则虚无’⑤ 之语，深探远赜，岂后世学者所尝虑及也？（然此语未能无过。）余所论，以大概气象言之，则有苦心极力之象，而无宽裕温厚之气。非明睿所照，而考索至此，故意屡偏而言多窒。”⑥ 虽肯定张载为学至正谨严，深探远赜，但批判较多，认为他既无宽裕温厚之气，又意偏而言多窒。又作《再答》，可见二人学术上的分歧，显然存在。

熙宁四年（公元 1071 年），父珦迁库部郎中，随父归。时范尧夫摄帅成都，与其告别。过成都时，与转运判官韩宗道论减役事。次年，居洛。在洛阳期间，二程兄弟常访邵雍，一起论道。熙宁八年，彗星出东方，诏求直言，程颐撰《代吕公著应诏上神宗皇帝书》，反对“荆公新法”，称“以严法令举条纲为可喜，以富国家强兵甲为自得，锐于作为，快于自任，贪惑至于如此，迷错岂能自知？若是者，以天下徇其私欲者也”⑦。熙宁十年（公元 1077 年）三月，张载应诏入京，过洛，其有信请张载来听邵雍说《易》。是年七月，张载因议礼不合归关中，过洛，与二程兄弟会面。神宗元丰二年（公元 1079 年），撰《禊饮诗序》：“颍川陈公廙始治洛居，则引流回环为泛觞之所。元丰己未⑧，首修禊事。”⑨

① 转引自《伊川先生年谱》注，《二程集》，338 页。

② 《河南程氏文集》卷九，《二程集》，593 页。

③ 同上书，594 页。

④ 见《河南程氏文集》卷八，《二程集》，579～581 页。

⑤ “则虚无”应作“则无无”，见《正蒙·太和篇》，《张载集》，8 页。

⑥ 《河南程氏文集》卷九，《二程集》，596 页。

⑦ 《河南程氏文集》卷五，《二程集》，530 页。

⑧ 《二程集》作“元丰乙未”。查元丰年间无“乙未”年。“乙未”年为宋徽宗赵佶政和五年（公元 1115 年），此时程颐已死。故应为“己未”年，即元丰二年。

⑨ 《河南程氏文集》卷八，《二程集》，584 页。

仿王羲之的《兰亭序》。十月太皇太后卒，为其葬，撰《上富郑公书》、《答富公小简》，并撰《代富弼上神宗皇帝论永昭陵疏》。是年张载大弟子吕大忠、吕大临、吕大钧三兄弟入洛见二程，记二程语，曰《东见录》[①]。元丰三年（公元1080年），程颐西行至关中雍、华间，作《雍行录》（吕留良本题为《遗金闲志》）。当时关西学者相从者六七人，千钱挂马鞍而失，各人对此事发表了不同意见。由此，他与吕大临说："人之器识固不同。自上圣至于下愚，不知有几等。"[②] 关中学者记其语而撰《入关语录》[③]。四年，韩维知颍州，二程与韩维在颍昌同游，李籲记其问答，程颐认为《语录》"只有李籲得其意，不拘言语，无错编者"[④]。五年，程颐在《上文潞公求龙门庵地小简》中云："欲得葺幽居于其上，为避暑著书之所。"[⑤] 要求文彦博将洛阳城南二十里的龙门山胜德庵上方寺旧址拨给他，作为著书授徒之所。时文彦博以太尉复判河南府，据宋绍兴丙子年（公元1156年）的碑刻（现存嵩县程村）中镌[⑥]，文彦博复信说："先生斯文己任，道尊海宇，著书立言，名重天下，从游之徒，归门甚盛。龙门久芜，虽能葺幽，岂能容之。我伊阙南鸣皋镇小庄一址，粮地十顷，谨奉构堂以为著书讲道之所，不惟启后学之胜迹，亦当代斯文之美事，无为赐价，惟简是凭。"程颐就在这座庄园里创建了伊皋书院（伊川书院），直至崇宁二年（公元1103年）去世前的20年间，他常在这里著书讲学。据他崇宁元年三月六日《答杨时书》中说："颐如常，自去冬来，多在伊川。"[⑦] 从而形成一个声震宇内的学派。元丰七年十二月，司马光上《资治通鉴》。司马光在洛阳修《资治通鉴》时，曾与程颐讨论唐代之事。八年（公元1085年）程颢病卒，八月程颐撰《明道先生行状》，九月为程颢求作墓志铭，上书韩维和孙永。[⑧] 为门人朋友叙述程颢事迹而作《明道先生门人朋友叙述序》；为答杨时作《祭明道文》、《哀词》而撰《答杨时

---

① 见《河南程氏遗书》卷二。

② 《河南程氏文集》卷八，《二程集》，587页。

③ 见《河南程氏遗书》卷十五。

④ 《河南程氏遗书·目录》，《二程集》，1页。

⑤ 《河南程氏文集》卷九，《二程集》，601～602页。

⑥ 这块碑是程颐之孙程晟所刻，距颐死50年，程晟曾随宋室南渡至池州，此碑初刻在南方，后带回河南。

⑦ 《河南程氏文集》卷九，《二程集》，616页。

⑧ 参见《上韩持国资政书》、《上孙叔曼侍郎书》，《河南程氏文集》卷九，《二程集》，602～603页。

慰书》，并告杨时，十月二十四日葬，韩持国为《志》，《行状》乃颐自作。是年神宗死，哲宗即位，新法反对派吕公著、韩绛、司马光等执政，他们上疏推荐程颐："臣等窃见河南处士程颐，力学好古，安贫守节，言必忠信，动遵礼义，年逾五十，不求仕进，真儒者之高蹈，圣世之逸民。伏望特加召命，擢以不次，足以矜式士类，裨益风化。"① 十一月，被授汝州团练推官，西京国子监教授。程颐辞，上《辞免西京国子监教授表》、《再辞免表》。

哲宗元祐元年（公元 1086 年）二月，朱光庭奏乞以其为讲官。闰二月，应召至京师。十八日哲宗除为承奉郎，再授宣德郎，秘书省校书郎。二十四日，上《辞免馆职状》称："况祖宗朝布衣被召者，故事具存。伏望圣慈，令臣入见。所降诰命，不敢当受。"② 哲宗特召其上殿面对，太皇太后高氏面喻，将以为崇政殿说书。因面辞不得，始受西京国子监教授之职。后撰《乞再上殿论经筵事札子》，哲宗不理，又作《论经筵札子》凡三：其一，讲"辅养之道"，宜选贤德，以备讲官，陈说道义，涵养气质，熏陶德性；其二，左右内侍宫人，皆选老成厚重之人，不使侈靡之物、浅俗之言，接于耳目，或小有违失，得以随事规谏；其三，请令讲官坐讲，以养人主尊儒重道之心，寅畏祇惧之德。既而命下，以通直郎充崇政殿说书。不愿受命，上《辞免崇政殿说书表》、《再辞免状》。不许，乃受命。四月，例以暑热罢讲，程颐上《乞六参日上殿札子》："辅导人主，岂止讲明经义？所以熏陶性质。……方主上春秋之富，辅养之道，岂可疏略如此?"③ 每遇六参日，宰臣奏事退后，允许讲读官侍读。五月，韩维为门下侍郎，恢复熙宁前旧制，差同孙觉、顾临及国子监长贰，看详国子监条制，撰《三学看详文》。朱熹《年谱》载："先生所定，大概以为学校礼义相先之地，而月使之争，殊非教养之道，请改试为课，有所未至，则学官召而教之，更不考定高下。"④ 制尊贤堂，以延天下道德之士。六月，上疏太皇太后。言"今日至大至急，为宗社生灵久长之计，惟是辅养上德而已。……古人之意，人主跬步不可离正人也。盖所以涵养气质，薰陶德性"⑤。间日

① 《伊川先生年谱》，《朱文公文集》卷九十八引。

② 《河南程氏文集》卷六，《二程集》，536 页。

③ 同上书，541 页。

④ 《伊洛渊源录》卷四。

⑤ 《上太皇太后书》，《河南程氏文集》卷六，《二程集》，542～543 页。

一讲，解释数行，为益既少，初秋后即令讲官轮日入侍。不报。八月，接尚书省黄牒，奉敕差其兼权判登闻鼓院，认为“劝讲之官，体宜专任”①，不愿兼差，再辞。九月，司马光卒，作《为家君祭司马温公文》，哲宗命主司马光丧事。十月，撰《修立孔氏条例》，添赐田，蠲免税赋等，以示尊孔重道，并与吕大忠、吕大临往复论学。

元祐二年（公元1087年）春，呈《又上太皇太后疏》，乞于延和殿讲读，且乞时召讲官至帘前，问主上进业次第。三月二十六日，因夏季将到，上《乞就宽凉处讲读奏状》，由迩英阁移入崇政殿或延和殿就读，给事中顾临以为不可。四月，程颐《又上太皇太后书》，指出从祖宗以来，都是殿上坐讲，仁宗才就迩英阁讲读。顾临以尊君为说，而不知尊君之道。程颐每次进讲，必宿斋豫戒，潜思存诚，常于文义之外，反复推明圣贤之道，闻者叹服，哲宗亦尝首肯。程颐尝闻哲宗在“宫中起行漱水，必避蝼蚁，因请之曰：‘有是乎？’上曰：‘然，诚恐伤之尔。’先生曰：‘愿陛下推此心以及四海，则天下幸甚’”②。一日，讲罢未退，上忽起凭槛，戏折柳枝，程颐进曰：“方春发生，不可无故摧折。”哲宗不悦。文彦博曾与吕、范诸人入侍经筵，听程颐讲说，退而相与叹曰：“真侍讲也。”③ 一时士人归程颐门者甚盛，而他亦以天下自任，论议褒贬，无所顾避。由是，同朝之士有以文章名世者，疾之如仇，于是后有所谓“洛党”与“蜀党”之争。谏议大夫孔文仲因奏程颐污下憸巧，素无乡行，经筵陈说，僭横忘分，遍谒贵臣，历造台谏，腾口闲乱，以偿恩仇，致市井目为五鬼之魁，请放还田里，以示典刑。④ 八月，罢崇政殿说书，差管勾西京国子监。因知是责命，便就职。十一月上《乞归田里第一状》：“臣本草莱之人，因二三大臣论荐，遂蒙朝廷擢任，以置之经筵，故授以朝阶。今既有罪，不使劝讲，则所受之官，理当还夺。”⑤ 十二月上《第二状》：“臣愚窃意朝廷顾惜事体，以尝旌用，不欲放弃。臣窃以为不然。始闻其善而用之，陛下急贤之心也；后见其恶而去之，至公之道也。”⑥ 决心辞退。是年，尹焞从学于程颐。

元祐三年（公元1088年）春，上《第三状》，请免官归田，不报。

---

① 《辞免判登闻鼓院奏状》，《河南程氏文集》卷六，《二程集》，546页。

② 《伊川先生年谱》，《河南程氏遗书·附录》，《二程集》，342页。

③ 同上书，343页。

④ 参见《道命录》卷一。

⑤ 《河南程氏文集》卷六，《二程集》，553页。

⑥ 同上书，554页。

三月后，乃撰《乞致仕第一状》，又不报，又上《第二状》。次年二月，吕公著卒，撰《为家君祭吕申公文》，十一月撰《为家君书家藏太宗皇帝宝字后》。五年（公元1090年）父亲程珦病死于西京国子监官舍，年85岁。撰《先公太中家传》、《书先公自撰墓志后》。四月安葬于伊川先茔。因父丧，即辞去管勾西京国子监职，由叔父程琉特权管西京国子监。

元祐七年（公元1092年）服除，授左通直郎，直秘阁，权判西京国子监。四月上《辞免服除直秘阁判西京国子监状》，不许，又上《再辞免表》，极论儒者进退之道。监察御史董敦逸以其有怨望轻躁的话。五月，许辞免直秘阁，权判西京国子监职。改授左通直郎，管勾西京嵩山崇福宫，就职，上《谢管勾崇福宫状》。八月，上《申河南府乞寻医状》。

元祐八年（公元1093年）九月，太皇太后卒，哲宗亲政，重申秘阁西监之命，辞不就，撰《辞免再除直秘阁判监状》、《再辞免状》，居洛阳。哲宗亲政后，改元绍圣，表示继续绍承神宗革新事业。绍圣三年（公元1096年），程颐作《答杨时论西铭书》[①]。这时原新法反对派下野，被称为奸党，程颐亦被视为奸党一员。绍圣四年（公元1097年）二月，诏追毁其出身以来文字，放归田里。十一月被贬到“涪州编管”，即由地方官管制，不得出涪州。据《涪陵记善录》载：“先生被谪，时李邦直尹洛，令都监来见，伊川才出见之，便请上轿，先生欲略见叔母，亦不许。”[②]《邵氏闻见录》载：“昔贬涪州，渡汉江，中流船几覆，舟中人皆号哭，伊川独正襟安坐如常，已而及岸，同舟有父老问曰：‘当船危时，君独无怖色，何也?’伊川曰：‘心存诚敬尔。’”[③] 是年65岁。晚年遭贬，境遇凄惨。

元符元年（公元1098年）在四川涪州，专意为《周易》作传。在此被管制的艰苦环境中，于次年正月，撰《易传》成，作《易传序》。三年正月，哲宗卒，徽宗即位，移峡州。四月以赦复宣德郎，任便居住。由涪州归洛阳，居寿安，以师事之者渐众，张绎始见之。十月复通直郎，权判西京国子监，上《谢复官表》。是年，孟厚从学。罗从彦原从杨时学《易》，杨时告其程颐“说甚善”，罗至洛，从程颐学《易》。

徽宗建中靖国元年（公元1101年），谢良佐至洛见程颐，尹焞、张绎亦在洛。出《易传》以示门弟子。“先生自涪陵归，《易传》已

---

① 《见河南程氏文集》卷九，《二程集》，609页。

② 见《伊洛渊源录·遗书》卷四。

③ 见《伊洛渊源录》卷四。

成，未尝示人，门弟子请益，有及《易》书者，方命小奴取书箧以出，身自发之，以示门弟子，非所请，不敢多阅。门弟子请问《易传》事，虽有一字之疑，先生必再三喻之。盖其潜心甚久，未尝容易下一字。”① 崇宁元年（公元1102年）在《答张闳中书》中云：“《易传》未传，自量精力未衰，尚觊有少进尔。然亦不必直待身后，觉耄则传矣。书虽未出，学未尝不传也，第患无受之者尔。”② 程颐作《易传》于忧患之中，成书后又不愿流布，可见其治学之谨慎和严肃的态度。是年，徽宗所谓复行熙宁新法，贬斥元祐党人。崇宁二年（公元1103年）四月蔡京为右相，言者论程颐本因奸党论荐得官，虽尝明正罪罚，而叙复过优，今复著书，非毁朝政。于是有旨追毁出身以来文字，其所著书，令监司觉察。七月，诏从吏部之言，放罢程颐任鄠陵县尉的儿子程端彦，以至累及家属。九月，诏宗室不得与元祐奸党子孙为婚姻，颁元祐奸党碑，下监司长吏刻石于端礼门。《续资治通鉴长编》计98人③，十一月，范致虚奏言：“程颐以邪说诐行，惑乱众听。尹焞、张绎为之羽翼，乞禁绝。”于是“事下河南府体究，尽逐学徒，复隶党籍”④。程颐被迫迁往龙门之南伊皋书院居住，并对弟子说：“尊所闻，行所知可矣，不必及吾门也。”⑤ 但尹焞、张绎等人仍跟随程颐，继续讲学。崇宁三年（公元1104年）六月，诏：“重定元祐、元符党人及上书邪等者，合为一

---

① 《伊洛渊源录》卷四。

② 《河南程氏文集》卷九，《二程集》，615页。

③ 《续资治通鉴》卷八十八载：“御史台抄录到元祐奸党：曾任宰臣，文彦博、吕公著、司马光、吕大防、刘挚、范纯仁、韩忠彦、王珪；执政官，梁焘、王岩叟、王存、郑雍、傅尧俞、赵瞻、韩维、孙固、范百禄、胡宗愈、李清臣、苏辙、刘奉世、范纯体、陆佃、安焘；待制以上官，苏轼、范祖禹、王钦臣、姚勔、顾临、赵君锡、马默、孔武仲、王汾、孔文仲、朱光庭、吴安持、钱勰、李之纯、孙觉、鲜于侁、赵彦若、赵卨、孙升、李周、刘安世、韩川、贾易、吕希纯、曾肇、王觌、范纯粹、杨畏、吕陶、王古、陈次升、丰稷、谢文瓘、邹浩、张舜民；余官，秦观、汤馘、杜纯、司马康、宋保国、吴安诗、张耒、欧阳棐、吕希哲、刘唐老、晁补之、黄庭坚、黄隐、毕仲游、常安民、孔平仲、王巩、张保源、汪衍、余爽、郑侠、常立、程颐、唐义问、余卞、李格非、商倚、张庭坚、李祉、陈祐、任伯雨、陈邦、朱光裔、苏嘉、陈瓘、龚夬、吕希绩、阳中立、吴俦。而内臣、武臣不与焉。通计九十八人。”崇宁元年，元祐党籍名单与《续资治通鉴长编》有差：宰臣无韩忠彦，执政官无郑雍，余官陈邦作陈郛，阳中立作欧阳中立。余官吕仲甫、徐常、刘当时、马琮、谢良佐、陈彦默、刘昱、鲁君贶、韩跋则《长编》未录。内臣八人，张士良、鲁焘、赵约、谭扆、杨偁、陈询、张琳、裴彦臣。武臣四人，王献可，张逊、李备、胡田，亦为《长编》未录。但程颐均在余官第二十三名。

④⑤ 《伊川先生年谱》，《伊洛渊源录》卷四。

籍，通三百九人，刻石朝堂。”蔡京奏：“奉诏，令臣书元祐奸党姓名。恭惟皇帝嗣位之五年，旌别淑慝，明信赏罚，黜元祐害政之臣，靡有佚罚。乃命有司，夷考罪状，第其首恶与其附丽者以闻。”① 崇宁五年（公元 1106 年）正月，彗出西方，徽宗以星变，避殿，减膳。诏中外臣僚，并许直言朝政阙失。诏毁元祐党人碑，如外处有奸党石刻，亦令除毁。蔡京去相，大赦天下，除党人一切之禁。②程颐受命复宣义郎，是年，程颐得风痹疾。

徽宗大观元年（公元 1107 年）正月，又以蔡京为左相。五月，诏“自今凡总一路及监司之任，勿以元祐学术及异议人充选”③。元祐党祸并未结束。程颐寝疾，始将《周易程氏传》授尹焞和张绎。九月十七日，便在这党祸中死去。葬时，其门人弟子怕入党籍而不敢送葬。张绎在《祭文》载：“先生之葬，洛人畏入党，无敢送者，故祭文惟张绎、范域、孟厚及焞四人。乙夜，有素衣白马至者，视之，邵溥也，乃附名焉。盖溥亦有所畏而薄暮出城，是以后。”④ 葬于伊川先茔。其冷落若是。

程颐一生，做官时间很短，大部分时间在著书立说，讲学授徒，其弟子较有名者八十余人。嵩县程村程祠里，保存两块石碑，镌刻二程 90 名弟子的姓氏，来自全国 40 多个府、州、县，远自福建、浙江、江西，因而，“洛学”得到了广泛传播。而后深得统治者的重视，元以后成为官方意识形态。

（四）著作

二程的著作，有《遗书》、《外书》、《文集》、《易传》、《经说》、《粹言》等。《程氏遗书》是程颢、程颐门人“记其所见闻答问之书”⑤，朱熹鉴于二程门人“各自为书，先生没而其传寖广，然散出并行，无所统一，传者颇以己意私窃窜易，历时既久，殆无全篇”⑥的情况，益以访求，去取精审，于孝宗乾道四年（公元 1168 年）编定为二十五篇（卷）。以《明道先生行状》等八篇为《附录》一卷。学者可以“察言以求其心，考迹以观其用”⑦。朱熹又“取诸集录，

---

① 《续资治通鉴》卷八十九。

② 参见上书。

③ 《续资治通鉴》卷九十。

④ 《河南程氏遗书·附录》，《二程集》，347～348 页。

⑤⑥ 《程氏遗书后序》，《朱文公文集》卷七十五。

⑦ 《程氏遗书附录后序》，《朱文公文集》卷七十五。

参伍相除”[1]，得《程氏外书》十二篇（卷），于乾道九年（公元1173年）编定。所谓《外书》，是指“特以取之之杂，或不能审其所自来”[2] 而言的。《程氏文集》十二卷，前四卷为程颢诗文集，后八卷是程颐诗文集。淳祐六年（公元1246年）赵师耕在重刻《文集》时说：“《二程先生文集》，宪使杨公已锓板三山学官。”后元至治三年（公元1323年），谭善心搜辑《遗文》一卷，附《文集》后。《程氏经说》宋刻本只七卷，陈振孙《书录解题》称：凡《系辞》一，《书》一，《诗》二，《春秋》一，《论语》一，《改定大学》一，皆伊川解经语也，其实兼载程颢的《改正大学》。以上四书宋时单独刊行，亦有合刊称《程氏四书》。明人刊《经说》时，并《诗解》二卷为一，别增《孟子解》一卷，《中庸解》一卷，共八卷。《周易程氏传》四卷是程颐对《易经》的注释，不及《易传》。朱熹在淳熙六年（公元1179年）作《书伊川先生易传板本后》。《程氏粹言》是二程弟子杨时“变语录而文之”，改写订定。乾道二年（公元1166年）张栻见其“卷次不分，编类不别，因离为十篇，篇标以目”[3]，重新编次，定为二卷十篇。此两书宋元时亦单独刊行。

明清时，人们把二程六书，合刊为《二程全书》，明万历有徐必达刻本，清康熙有吕留良刻本，清同治十年（公元1871年）有涂宗瀛刻本。1981年中华书局出版点校本《二程集》。

二、二程的道学思想

如果说张载无形的“太虚”和有形的“气”，在形而上学领域由于有“太虚即气”的组合，其裂缝还可修补的话，则它们在认知论、伦理学领域就无法弥补而二分了。由此便有“天地之性”与“气禀之性”及“德性之知”与“见闻之知”的二分。这样“太虚”与“气”的距离便愈拉愈大，张载哲学逻辑结构的内在冲突便愈显现。二程恰恰是抓住了张载“太虚”与“气”的裂缝，而加以解构的。其称：

> 离阴阳则无道。阴阳，气也，形而下也。道，太虚也，形而上也。[4]

---

[1] [2] 《程氏外书后序》，《朱文公文集》卷七十五。

[3] 《河南程氏粹言序》，《二程集》，1167页。

[4] 《论道篇》，《河南程氏粹言》卷一，《二程集》，1180页。

以“太虚”为形而上之“道”，“阴阳之气”为形而下之“器”。“太虚即气”的关系，便成为形而上与形而下的关系。形而上之“太虚”、“道”、“理”为隐蔽的、根本性的，形而下之“气”、“阴阳”、“器”为显现的、现象性的。二程既然看到张载“太虚”与“气”的裂缝，因而他们便以张载哲学逻辑结构中较少论及的“理”（“道”）代替“太虚”，从而构筑其哲学的逻辑结构。

（一）哲学逻辑结构

近人有以程颢与程颐分别开启理学中的陆王、程朱两大学派，此说虽有一定合理性，然而，从根本上说，二程思想基本相同，故本书二程合论。程颐晚年遭贬，他曾对高足张绎说：

> 我昔状明道先生之行，我之道盖与明道同。异时欲知我者，求之于此文可也。①

程颐明确说其学说与程颢同，若论其异，便是同中之异，而非异中之同了。

程颢曾说：“吾学虽有所受，天理二字却是自家体贴出来。”②“自家体贴出来”，就是程颢独自创立了理学体系，落实了隋唐以来儒、释、道三教“兼容并蓄”的文化整合方法，并被程颐所发挥，而成为二程哲学的出发点和终结点，也是宋明理学的核心范畴。据此而言，二程成为宋明理学的奠基者是当之无愧的。在宋明理学中，确立“气”在理学中地位的是张载。至于“理”，周敦颐在《通书·理性命》章，邵雍在《观物篇》，张载在《正蒙·太和篇》虽已言及，但确定“理”在“理学”中地位的，却是程氏兄弟。无论“理”或“天理”在先秦和两汉均有记载③。二程说理是“自家体贴出来”的，就是把“理”提升为形上学逻辑结构的最高范畴。

如果说程颢“体贴”出“理”尚无详细论证的话，那么，程颐不仅作了发挥，而且借撰《易传》阐述宇宙化生论，并引入气象这个大化流行的范畴，作为“理”生“物”的中介环节。他说：

> 有理而后有象，有象而后有数。《易》因象以明理，由象而

① 《伊川先生年谱》，《河南程氏遗书·附录》，《二程集》，346页。

② 《河南程氏外书》卷十二，《二程集》，424页。

③ 关于“理”的范畴演变，参见拙著：《朱熹思想研究》，第一章，6～10页；“天理”，见523～524页。

知数。①

在理为幽，成象为明，“知幽明之故”，知理与物之所以然也。②

有理则有气，有气则有数。鬼神者，数也。数者，气之用也。③

这便构成了“理”（“道”、“天”）——“象”（“气”、“阴阳”）——“数”（“物”）的逻辑结构，犹如下图式：

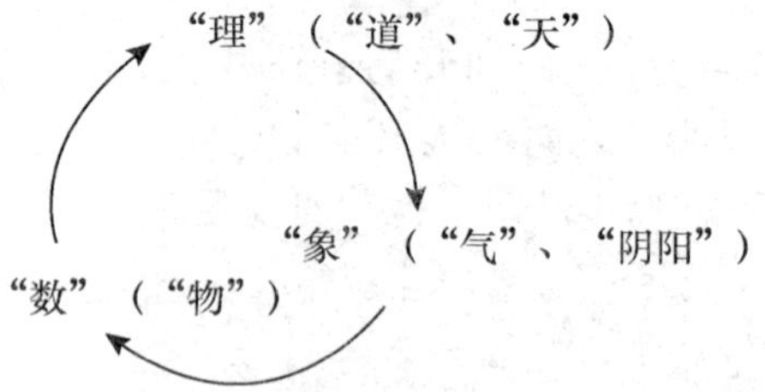

在这个图式中，可以得见：

第一，“理”在二程的哲学逻辑结构中相当于“道”与“天”，简称为“理”，为形而上的最高范畴，有别于张载以“气”为最高范畴。正因为这样，他们各自较着重地论述了这两个范畴，而为宋明“理学”奠定了基础。“理”是独立于万物而存在的实体，是万物的根源。但它必须依赖于“气”而造作万物。“有理而后有象”，“有理则有气”，实是“理先象后”、“理在气先”的观点。从二程哲学的逻辑层次来看，“理”——“象”——“数”，相当于“理”——“气”——“物”。“理”（“道”、“天”）便成为其逻辑结构的出发点。

第二，“理”如何造作万物？二程特别是程颐改造了张载“气”的范畴，援入其逻辑结构，赋予“气”以能化生万物的特性，或表述为气的作用、发用，为“数”（物）。在“气”→“物”的过程中，由于“气”具有对待的两个方面，对待面“阴”与“阳”不断的运动、摩荡，而能发用和变化无穷，化生形形色色的万物。二程称“阴”与“阳”的摩荡作用为“交感”。在这里，二程发挥了“万物莫不有对”的思想，而具有辩证的思维。

第三，当“气”（“象”、“阴阳”）的发用而化生“物”（包括人）

① 《答张闳中书》，《河南程氏文集》卷九，《二程集》，615 页；另见《河南程氏遗书》卷二十一上，《二程集》，271 页。

② 《易说·系辞》，《河南程氏经说》卷一，《二程集》，1028 页。

③ 《天地篇》，《河南程氏粹言》卷二，《二程集》，1227 页。

以后，人如何体认“理”？二程提出了“格物穷理”的方法。因为事物之“理”（“万理”）都是“一理”的显现，所以格物之“理”即能穷形而上之“理”。当然，“穷理”的过程是一个“渐”，即“积习”的过程，而后到“豁然贯通”。在这里包含了人类认知的若干合理性。但二程所讲的“物”，归根结蒂是“理”的设置。因此，体认“理”的过程，实是对形而上“理”自己所安顿于物中的理的体认，即达到“理”的自我合一。这样，二程哲学逻辑结构便借助于“格物穷理”而回复到“理”，完成了“理”的自我逻辑运动。

程颢和程颐的哲学是有区别的，其异就在于：当体认主体（“心”）在“穷理”而回归到“理”的逻辑过程中，程颢强调“有我”，程颐则讲“无己”。程颢以“有我”与“物”的合一，而一于“心”为其归宿，程颐强调形而上理的自我回归，主体“己”（“我心”）与形而上“理”的合一，便一于“理”而“无己”。据此来看，程颢哲学倾向于主“有我”，程颐哲学则倾向于主“无己”。但在这一节里，主要明其大同，其异将在以后说明。

（二）“理”→“气”

既然“理”（“道”、“天”）是二程哲学逻辑结构的形而上学，那么，“理”（“道”、“天”）是什么？“理”与“气”的关系以及“理”、“道”、“天”等范畴的内涵及其相互间内在的联系是什么？这便是很紧要的问题。

1. “理”的规定

“理”在二程的哲学中具有多方面的含义，但概括起来，便是自然万物和社会伦理道德的概括。他们作了如下的规定：

第一，“理”是一个精神性实体。它是世界万物存在的根据，亦是既内在又超越于万物而存在的理念。二程说：

> 天理云者，这一个道理，更有甚穷已？不为尧存，不为桀亡。人得之者，故大行不加，穷居不损。这上头来，更怎生说得存亡加减？是佗元无少欠，百理具备。①

理作为一个道理，它一点也不欠缺，百理具备，是完满的。“理”不因具体人物为政的好坏而存在或灭亡，它没有好恶的意志，它独立于人物而存在，也不能损益加减。从这个意义上说，它是惟一的存

① 《河南程氏遗书》卷二上，《二程集》，31页。

在。“万物皆只是一个天理。”[①] 当二程在批判华严宗“理事”说时，指出：“佛氏善侈大其说也。今一言以蔽之曰：万物一理耳。”[②] 把万物归结于“一个天理”或“理”，“理”便具有独一无二的性格了，从这个意义上说，形而上的理不可分二，即“此理本无二故也”[③]。因此，二程又说：“天下之理一也，涂虽殊而其归则同，虑虽百而其致则一。虽物有万殊，事有万变，统之以一，则无能违也。”[④] 殊途、百虑则同归、一致，这便是“理一”。此“一”，既有同一、统一的意思，也有独一无二的含义，因为物之万殊，事之万变，并不妨碍“理”本身是独一无二的。由其独一无二，故完满自足，而无丝毫欠缺，“万物之理皆至足”[⑤]。“理”不生不灭，不增不减，永恒存在，为其哲学逻辑结构的形而上范畴。“理则极高明。”[⑥] 这样，“理”便是一个极高明的、独一无二的形而上本体。

第二，“理”为形而上者，它超乎形器而无形体，但“理”非虚而是实。二程说：

> 理无形也，故因象以明理。理既见乎辞矣，则可由辞以观象。故曰：“得其义，则象数在其中矣。”[⑦]
>
> 理无形也，故假象以显义。[⑧]

“理”本身无形体，它是隐蔽在现象背后的东西，它假“象”来显现它的意义，人们可以通过“象”来体认“理”。理显现于言辞，由言辞而观象获得意义，象数就蕴涵其中了。他说：“心所感通者，只是理也。知天下事有即有，无即无，无古今前后。至如梦寐皆无形，只是有此理。若言涉于形声之类，则是气也。”[⑨] “理”无形而超乎形器，涉乎形声，乃是“气”，而非“理”。由此而言，“理”为超乎形声的形而上者，“气”是涉乎形声的形而下者。二程依据《周易·系辞传》的“形而上者谓之道，形而下者谓之器”的说法，以“理”

---

① 《河南程氏遗书》卷二上，《二程集》，30 页。

② 《论道篇》，《河南程氏粹言》卷一，《二程集》，1180 页。

③ 《河南程氏遗书》卷一，《二程集》，1 页。

④ 《咸卦》，《周易程氏传》卷三，《二程集》，858 页。

⑤ 《人物篇》，《河南程氏粹言》卷二，《二程集》，1267 页。

⑥ 《河南程氏遗书》卷十一，《二程集》，119 页。

⑦ 《答张闳中书》，《河南程氏文集》卷九，《二程集》，615 页；另见《河南程氏遗书》卷二十一上，《二程集》，271 页。

⑧ 《乾卦》，《周易程氏传》卷一，《二程集》，695 页。

⑨ 《河南程氏遗书》卷二下，《二程集》，56 页。

为“道”，“其体则谓之易，其理则谓之道，其命在人则谓之性，其用无穷则谓之神，一而已矣”①。不仅“理”可谓“道”，而且“易”、“道”、“性”、“神”都是在不同状态下的不同称谓，其实为一。“理”与“道”同为形而上者。“理”是既涵于形而下形器之内，又超越于形而下之上、之外的东西。

“理”既为形而下的有形事物之上，又与释、道两家的“空”、“虚”之理相区别。有鉴于张载的“虚空”，二程赋予“理”以“实理”的属性，给予“理”以实在性。其称：

> 理者，实也，本也。②
>
> 实理者，实见得是，实见得非。凡实理，得之于心自别。③

释氏以现实世界不真，所以“空”，二程说：“佛氏之道，一务上达而无下学，本末间断，非道也。”④ 只求超脱尘世的涅槃世界，而否定尘世的现实世界。因此程颢说：“释氏无实。”⑤ 二程以“理”为实，便把现实世界看成合理的，任何人无可逃的。因而，“理”便落实到社会伦理道德的实在层面，然后这种道德伦理之“理”升华为形而上本体，而具有超现实性。同时，二程以为，张载的“虚空”、“太虚”容易流入佛、道的“空”与“虚”。“或谓‘惟太虚为虚’。子曰：‘无非理也，惟理为实。’”⑥ 在二程看来，“理”为实有是“理”，实有是用。他说：“实有是理，故实有是物；实有是物，故实有是用；实有是用，故实有是心；实有是心，故实有是事。是皆原始要终而言也。”⑦ 从原始要终来说，由“实理”而展开，便有“实物”，有“实物”便有“实用”，有“实用”便有“实心”，有“实心”便有“实事”。这样，便从“原始要终”的本原上解释了“实物”、“实用”、“实事”等现象。可见，二程所说的“惟理为实”，显然具有两方面特性：一是“理”离“形”而为“实”，即“实”而“无形”；二是“理”无形而非“虚空”，即“无”而非无。这是“理学”的思辨，亦是其区别于释、老的重要标志，也可说是其与张载哲学的分歧。

---

① 《论道篇》，《河南程氏粹言》卷一，《二程集》，1170页。

② 同上书，1177页；另见《河南程氏遗书》卷十一，《二程集》，125页。

③ 《河南程氏遗书》卷十五，《二程集》，147页。

④ 《论道篇》，《河南程氏粹言》卷一，《二程集》，1179页。

⑤ 《河南程氏遗书》卷十三，《二程集》，138页。

⑥ 《论道篇》，《河南程氏粹言》卷一，《二程集》，1169页。

⑦ 《中庸解》，《河南程氏经说》卷八，《二程集》，1160页。

第三，“理”是世界万物的“必然”和“所以然”。“必然”是指事物一种必然性。程颐在注释睽卦时，引用了《序卦传》的一段话：“家道穷必乖，故受之以睽，睽者乖也。”并发挥说：“家道穷则睽乖离散，理必然也。”① 睽卦☲☱兑下离上，离为火，炎上；兑为泽，润下。两者不交感而相违，或二女同居，而所归各异，故睽卦具有乖异的意思。由此，家道贫穷，而造成家庭的离散，这是事情发展的必然趋势或法则。又如历法，“历象之法，大抵主于日，日一事正，则其他皆可推。洛下闳作历，言数百年后当差一日，其差理必然”②。由其差，后来何承天遂主张立岁差法。这差一日，是一种必然的现象，是能假历法计算出来的。

如果说“家道穷”而乖离，二女同居而志异是一种必然的话，那么，这种“必然”是由于“家道穷”和“二女同居”所导致“乖离”和志异的必然趋势。“必然之理”所赖以存在的根据，即为什么有“必然之理”，这就是“所以然之故”。二程认为，事物不仅有“必然之理”，还有一个“所以然之故”的问题。他说：

> 凡物有本末，不可分本末为两段事。洒扫应对是其然，必有所以然。③
>
> “一阴一阳之谓道”，此理固深，说则无可说。所以阴阳者道。④
>
> 天下物皆可以理照，有物必有则，一物须有一理。⑤

物必有一个它所依据的原则，即“洒扫应对是其然”。这里有一个“然”与“所以然”的关系问题。“所以然”是对于事物现象背后的原因的追究，这种追究是哲学的品格。如洒扫应对现象的“所以然”的追究便是“理”，程颐说：“圣人之道，更无精粗，从洒扫应对至精义入神，通贯只一理。虽洒扫应对，只看所以然者如何。”⑥ “一阴一阳”的所以然便是“道”，“所以阴阳者道”。他举例说：“若言天地之所以高深，鬼神之所以幽显。若只言天只是高，地只是深，只是已辞，更有甚?”⑦ 程颐亦列

---

① 《睽卦》，《周易程氏传》卷三，《二程集》，888 页。
② 《河南程氏遗书》卷十五，《二程集》，150 页。
③ 同上书，148 页。
④ 同上书，160 页。
⑤ 《河南程氏遗书》卷十八，《二程集》，193 页。
⑥ 《河南程氏遗书》卷十五，《二程集》，152 页。
⑦ 《河南程氏遗书》卷十五，《二程集》，157 页。

举："凡眼前无非是物，物物皆有理。如火之所以热，水之所以寒，至于君臣父子间皆是理。"① "之所以"即是为什么的追问。如果仅说天是高的，地是深的，火是热的，水是寒的，这是"当然"的现象层面，应该进一步探究天之所以高，地之所以深，火之所以热，水之所以寒，其所以然之故便是"理"。此"理"便是高深等现象背后起支配作用的"当然"者，便超越现象的形而上本体。他说："天者，理也。神者，妙万物而为言者也。帝者，以主宰事而名。"② 在这里"天"、"理"、"帝"、"神"，同实而异名。"理"既为主宰者，万物便不能违背主宰者的意志。"又问：'天道如何？'曰：'只是理，理便是天道也。且如说皇天震怒，终不是有人在上震怒？只是理如此。'"③ 皇天震怒不是人在天上震怒，而是"理"使之震怒。此"理"，便意蕴着主宰者的意思。

第四，"理"是伦理道德的准则和原理。他们说：

> 视听言动，非理不为，即是礼，礼即是理也。④
>
> 礼者，理也，文也。⑤
>
> 圣人，人伦之至。伦，理也。既通人理之极，更不可以有加。⑥
>
> 人伦者，天理也。⑦

非"礼"勿视、听、言、动，便是"非理不为"。"非礼"就是"非理"，"礼"即为"理"。此"礼"，是指社会的仪礼典章制度，不符合或违反宗法等级制度的仪礼，则不看、不听、不言、不动。此其一层意思。其二是指人伦关系，即君臣、父子、兄弟、夫妇、朋友等人与人之间所必须遵守的伦理原则。二程说："父子君臣，天下之定理，无所逃于天地之间。"⑧ 又说："为君尽君道，为臣尽臣道，过此则无理。"⑨ 君臣父子之"理"，就是为君、臣、父、子者，便应尽君、臣、父、子之道。此"理"就是人伦，是君臣父子宗法等

① 《河南程氏遗书》卷十九，《二程集》，247页。
② 《河南程氏遗书》卷十一，《二程集》，132页。
③ 《河南程氏遗书》卷二十二上，《二程集》，290页。
④ 《河南程氏遗书》卷十五，《二程集》，144页。
⑤ 《河南程氏遗书》卷十一，《二程集》，125页。
⑥ 《河南程氏遗书》卷十八，《二程集》，182页。
⑦ 《河南程氏外书》卷七，《二程集》，394页。
⑧⑨ 《河南程氏遗书》卷五，《二程集》，77页。

级关系的反映，是一种宗法的君“仁”、臣“忠”、父“慈”、子“孝”的伦理原则。简言之，“理只是人理，甚分明”①。

“理”不仅是宗法等级礼仪制度的呈现，而且是伦理道德原理。他说：“仁，理也，人，物也。以仁合在人身言之，乃是人之道也。”② 人道是伦理道德与人身相融合而成，人道便不是先验的。“仁”在“义”、“礼”、“智”、“信”四者中，“仁”为全体，犹树干，四者为支条。因此，以“仁”为“理”，便包含了“义”、“礼”、“智”、“信”。二程这种“君臣父子间皆是理”③ 的思想，乃是把本来反映宗法社会经济、政治关系的“忠君”、“孝父”等伦理观念形上化，而成为一般的观念、普遍的“理”；然后，由于理的异化而主宰万物。这就是说，二程哲学承认在世界出现以前已经以某种方式存在着“观念”，这就是“理”。

第五，“理”为自然而然之理或事物固有的原理。其称：“物固有是理，因而充长之，不俟乎造为（通伪），故曰‘益长裕而不设’，设则伪矣。”④ “理”为万物所固有，“理”在二程看来，是自然之理，他们说：

> 凡物之名字，自与音义气理相通。除其他有体质可以指论而得名者之外，如天之所以为天，天未名时，本亦无名，只是苍苍然也，何以便有此名？盖出自然之理，音声发于其气，遂有此名此字。⑤
>
> 雷自有火。如钻木取火，如使木中有火，岂不烧了木？盖是动极则阳生，自然之理。⑥

事物本无名称、名号，如天本无名，所以称谓为天，出于自然而然的理，并以音声语言为中介，遂有天的称谓，钻木取火，亦是“自然之理”。这种自然之理体现了“名”与“实”的结合。二程说：“凡有物有形则有名，有名则有理。如以大为小，以高为下，则言不顺，至于民无所措手足也。”⑦

---

① 《河南程氏遗书》卷十八，《二程集》，205页。

② 《河南程氏外书》卷六，《二程集》，391页。

③ 《河南程氏遗书》卷十九，《二程集》，247页。

④ 《人物篇》，《河南程氏粹言》卷二，《二程集》，1263页。

⑤ 《河南程氏遗书》卷一，《二程集》，9页；另见《天地篇》，《河南程氏粹言》卷二，《二程集》，1228页，有相似记载。

⑥ 《河南程氏遗书》卷十八，《二程集》，237页。

⑦ 《河南程氏外书》卷六，《二程集》，386页。

有事物，有形象，便有名称，有名就有“理”。“名”与“实”相符，“事”与“理”同一。譬如说：“凡理之所在，东便是东，西便是西，何待信？凡言信，只是为彼不信，故见此是信尔。”① 东是东，西是西。东之名与东方相符，这便是“自然之理”，它既不是人为，亦非神灵安排。他说：“如天地阴阳，其势高下甚相背，然必相须而为用也。……老子亦曰：‘三生万物。’此是生生之谓易，理自然如此。‘维天之命，於穆不已’，自是理自相续不已，非是人为之。如使可为，虽使百万般安排，也须有息时。”② 二程赋予“理”自然而然的性质，便与其主宰之“理”、震怒之“理”相冲突。这是其哲学逻辑结构内在的矛盾。

这个“自然之理”体现于事物，便是事物的一种原理。“事有理（一本作万事理也），物有形也。”③ 人们只有遵循“理”，才能取得成功。“人惟顺理以成功，乃赞天地之化育也。”④ “顺理而无忧。”⑤ 又说：“古人言乐循理之谓君子，若勉强，只是知循理，非是乐也。才到乐时，便是循理为乐，不循理为不乐，何苦而不循理，自不须勉强也。”⑥ “循理”有两层意思。一是人们不能创造规律，而只能遵循规律办事。“循理”而行，便能取得成功，而得到快乐。譬如：“行止动静不以时则妄也。不失其时，则顺理而合义。”⑦ 人们什么时候该做什么，不该做什么，如古代不失农时，失时就是不“顺理”而碰壁，当然就不能获得成功。二是指“循理”是君子的事，小人往往不“顺理”。他说：“君子循理，故常泰；小人役于物，故多忧戚。”⑧ 把“循理”与否，看成是区别君子与小人的标准，这显然是一种偏见，这种偏见是与当时社会等级相联系的。不过二程体认到人们只能体认和掌握规律，这个体认是有其理论价值的。

第六，“理”具有动静、盛衰、生止的特性。他说：“天下之理，未有不动而能恒者也。动则终而复始，所以恒而不穷。”⑨ 恒，常

---

① 《河南程氏遗书》卷二十二上，《二程集》，296 页。

② 《河南程氏遗书》卷十八，《二程集》，225～226 页。

③ 《易说·系辞》，《河南程氏经说》卷一，《二程集》，1027 页。

④ 同上书，1030 页。

⑤ 《论道篇》，《河南程氏粹言》卷一，《二程集》，1180 页。

⑥ 《河南程氏遗书》卷十八，《二程集》，186 页。

⑦ 《艮卦》，《周易程氏传》卷四，《二程集》，968 页。

⑧ 《人物篇》，《河南程氏粹言》卷二，《二程集》，1263 页。

⑨ 《恒卦》，《周易程氏传》卷三，《二程集》，862 页。

也，久也。普遍的天下之理，没有不动而恒常的，“理”终而复始地运动，所以恒久而无穷。“通变不穷，事之理也。”① 事物之“理”能通变无限。

“理”既能动静，亦能生止。这种运动在自然界也是常见的。二程说：“《革》言水火相息。息，止息也。既有止息之理，亦有生息之理。”②“止”含有死灭的意思，“生息”则有往来、屈伸、语默等义。“生息”与“止息”相互转化，“息为止息”，又为生息。“物止而后有生，故为生义。”③ “止而后有生”，便是生生不息，其称：“天理生生，相续不息，无为故也。”④ “理”不断“生息”与“止息”，而构成运动的一种形式。

“理”动静生止，是就运动的全过程而言，从某阶段来看，则“理”有盛衰。二程说：“理有盛衰，有消长，有盈益，有虚损。顺之则吉，逆之则凶。”⑤ “理”便是事物由盛而衰、由消而长的运动发展过程。二程说：

> 时所以有古今风气人物之异者，何也？气有淳漓，自然之理。有盛则必有衰，有终则必有始，有昼则必有夜。譬之一片地，始开荒田，则其收谷倍，及其久也，一岁薄于一岁，气亦盛衰故也。⑥
>
> 五行，只古人说迭王字说尽了，只是个盛衰自然之理也。人多言五行无土不得，木得土方能生火，火得土方能生金，故土寄王于四时。某以为不然。木生火，火生土，土生金，金生水，水生木，只是迭盛也。⑦

古今风气、人物之异，是由于“气”之有淳和不淳，从其变化来看，则是事物的盛衰、终始、昼夜等的矛盾运动。譬如新开的荒田，始而收获好，是气盛，后来年薄一年，便是气衰，这是事物发展的自然趋势，这种现象也可谓“盛衰自然之理”。人们以为“五行”以土为支配者，其实在五行相生、相克的运动过程中，并不是

---

① 《易说，系辞》，《河南程氏经说》卷一，《二程集》，1029页。
② 《河南程氏遗书》卷十七，《二程集》，178页。
③ 《革卦》，《周易程氏传》卷四，《二程集》，951页。
④ 《天地篇》，《河南程氏粹言》卷二，《二程集》，1228页。
⑤ 《论道篇》，《河南程氏粹言》卷一，《二程集》，1175页。
⑥ 《河南程氏遗书》卷十五，《二程集》，156页。
⑦ 《河南程氏遗书》卷十八，《二程集》，223页。

无土不得。即使在周敦颐《太极图》的五行图中，虽“火——土——金”的连接线经过土，而“水——木”的连接线便不经过土。五行相生和相克体现了盛衰的“自然之理”。

综观二程对“理”的规定，“理”是一个观念性实体，是世界万物的必然和“所以然”，是宗法社会典章制度和伦常道德的升华，是无形的、虚设的绝对。它既实有而离形，又无形而不虚，这是二程哲学的特征。

就在二程对“理”的规定中，也显现了二程哲学的混乱和矛盾。一是“理”的内在性与超越性的冲突。“理”既是超乎形器的形而上，它便具有超越性。然而二程又讲“理”为事物内在的必然性，讲自然而然之理和“名实”相符。从形式上看，“理”的内在性与超越性是相互矛盾而不可同一和结合的。依照二程哲学逻辑结构的要求，“理”应是超形器的形而上，而不应内在于事中。但二程认为万物皆有“理”，理存在于事物之中。他说：“形而上者，存于洒扫应对之间，理无小大故也。”① “理”何以内在于事物之中？他们在解决这个问题时，提出现实中的“自然之理”和事物之理的问题，他们未能解决感性内容和抽象理性之间的冲突，这便是二程哲学之所以混乱和冲突的由来。但在他们的哲学中，又把感性内容与抽象理性相结合，不能不说是其特点之一。

二是“理”的绝对性与相对性之间的冲突。“理”作为绝对本体，它“原无少欠”，完满自足，不生不灭，不增不减，是一个独一无二的、超然的绝对。依此，“理”应该是“寂然”的。但“寂然”形而上的“理”如何运动变化？这便使它陷入困惑。于是，便只得赋予“理”以“盛衰”、“生止”以至“动静”的特性。“理”有盛、有衰、有生、有止息等运动变化的形式，又存在盛中有衰、衰中有盛等相对的辩证关系。这种辩证相对性便破坏着形而上理的独一无二、不生不灭的永恒性、绝对性。尽管他们亦企图消融这个冲突，其哲学体系的矛盾依然存在着。当然，我们承认这种矛盾，并不妨碍对于二程哲学本来面目的体认。

2.“道”论

在二程哲学逻辑中，“道”相当于“理”的范畴。其称：

① 《论道篇》，《河南程氏粹言》卷一，《二程集》，1175 页。

> 其体则谓之易，其理则谓之道……一而已矣。①
>
> 天地常久之道，天下常久之理，非知道者孰能识之?②
>
> 理便是天道也。③

“理”谓之“道”。“常久之理”与“常久之道”，在这里便圆通了。从价值上说，两者都是“正”而“大”者。“大者既壮，则利于贞正。正而大者道也，极正大之理，则天地之情可见矣。天地之道，常久而不已者，至大至正也。正大之理，学者默识心通可也。”④ 大壮（䷡），乾下震上，四阳爻并列，乾刚而震动，为阳在壮盛之象。因此，程颐以“道”为“正大”，“理”亦为“正大”，“道”与“理”相同；从行为上说，两者相互联结，默识心通。“《书》言天叙、天秩。天有是理，圣人循而行之，所谓道也。”⑤ 圣人循“理”而行，就称为“道”。“理”与“道”具有共性。

“道”是什么？二程作了规定：

第一，“道”为形而上者。二程对张载所谓“太虚即气”的命题是很反对的。他们这样说：

> 子厚以清虚一大名天道，是以器言，非形而上者。⑥
>
> “形而上者谓之道，形而下者谓之器。”若如或者以清虚一大为天道，则（一作此）乃以器言，而非道也。⑦

二程认为张载之失是混淆了形而上、形而下的分别。张载以“清虚一大”为“气”，并以“清虚一大”称谓“天道”，此“道”实是“气”（“器”），而非形而上的“道”。这样，张载便导致了二本论。二程说：“道，一本也。或谓以心包诚，不若以诚包心；以至诚参天地，不若以至诚体人物，是二本也。知不二本，便是笃恭而天下平之道。”⑧ 如果在“形而上之道”之外，别立“清虚一大”（“气”）为“道”，在“心”之外，别立“诚”，则便有“二本”之蔽，这无疑是要不得的。体知没有二本，道是一本之道，才能排除此弊。即

---

① 《论道篇》，《河南程氏粹言》卷一，《二程集》，1170 页。

② 《恒卦》，《周易程氏传》卷三，《二程集》，862 页。

③ 《河南程氏遗书》卷二十二上，《二程集》，290 页。

④ 《大壮卦》，《周易程氏传》卷三，《二程集》，870 页。

⑤ 《河南程氏遗书》卷二十一下，《二程集》，274 页。

⑥ 《论道篇》，《河南程氏粹言》卷一，《二程集》，1174 页。

⑦ 《河南程氏遗书》卷十一，《二程集》，118 页。

⑧ 同上书，117～118 页。

使《周易·系辞传》云“一阴一阳之谓道”，亦不可理解为“阴阳”便是“道”，而是说“所以阴阳者，道也”，“道”是“所以然”者。从这个意义上说，“‘一阴一阳之谓道’，阴阳亦形而下者也，而曰道者，惟此语截得上下最分明，元来只此是道，要在人默而识之也。”① “道”是形而上者，而非“器”（“气”）。“离了阴阳更无道，所以阴阳者是道也。阴阳，气也。气是形而下者，道是形而上者。形而上者则是密也。”② 这里说明两层意思：其一，“阴阳”与“道”是不可分离的，“道”离开“阴阳”就无所谓“道”，“道”必须通过“阴阳”来呈现自己；其二，“道”不离“阴阳”，这并不是说不超越“阴阳”，与“道”相混淆，应该截得道与“阴阳”上下分明。合两者而言，“道”与“阴阳”的关系是不离不杂。从“不离”来说，两者相互依赖，相互联系。从不杂而言，形而上之“道”是形而下之“气”（“阴阳”）的存在的根据，即“阴阳”以“道”为其本体。他说：“乾、坤，天地之道，阴阳之本。”③ 这样，二程便在“阴阳”（“气”）的形而下的世界之上、之外，设置了一个形而上的“道”（“理”）世界，后者又是前者的根本。不过这两者既分又合，既超越，又内在。

第二，“道”广大深奥而无形。二程这样说：

> 夫道恢然而广大，渊然而深奥，于何所用其力乎？④

用广大和深奥来形容“道”，乃是沿袭老庄、道教的思想。当然亦与《周易》相联结。“易道广大，推远则无穷，近言则安静而正。”⑤ 恢然、渊然而又无穷，乃是对“道”的玄妙莫测的描绘。由此，“道”便是一个超乎形器的无形状者。二程说：“有形总是气，无形只是（一作有）道。”⑥ 又说：“有形皆器也，无形惟道。”⑦ 在二程的心目中，形而下的“器”，包括“气”、“阴阳”，是有形象，可以言说的。形而上的“道”，是在形器之上的，是无形的。因其无形，所以广大深奥；因其有形，便占有时空而有限。二程便是抓住张载哲学体系

① 《河南程氏遗书》卷十一，《二程集》，118页。
② 《河南程氏遗书》卷十五，《二程集》，162页。
③ 《上下篇义》，《二程集》，692页。
④ 《论道篇》，《河南程氏粹言》卷一，《二程集》，1174页。
⑤ 《易说·系辞》，《河南程氏经说》卷一，《二程集》，1029页。
⑥ 《河南程氏遗书》卷六，《二程集》，83页。
⑦ 《论道篇》，《河南程氏粹言》卷一，《二程集》，1178页。

中“客感客形”与“无感无形”的裂缝，而加以扩大，将有形与无形提升到“形而上”与“形而下”的形而上本体高度，而制造了“器”（“气”、“阴阳”）世界与“道”（“理”）世界的分别。当然，这个在“器”之外、之上的“道”世界，是一个理念世界。但是，二程并没有隔断形而上、下的联系，而有别于佛教。他说：“佛氏之道，一务上达而无下学，本末间断，非道也。”① 形而上“道”与形而下“器”的间断，不是二程所说的“道”。这是二程哲学和佛学之异。

第三，“道”是能变易的。二程这样说：

> 知变化之道，则知神之所为也。……“以动者尚其变”，动则变也，顺变而动，乃合道也。②
>
> 易，变易也，随时变易以从道也。③

二程借《周易》的变易思想来解释“道”，赋予“道”以随时而变、顺变而动的属性。他说：“凡天地所生之物，虽山岳之坚厚，未有能不变者也，故恒非一定之谓也，一定则不能恒矣。惟随时变易，乃常道也。”④ 运动是恒久而无穷的，犹如山岳那样坚厚的东西，也在变化，所以“随时变易”，这是一般的原理和法则。如果能依变易之“道”，便能与天地合其序。“夫变易之道，事之至大，理之至明，迹之至著，莫如四时；观四时而顺变革，则与天地合其序矣。”⑤ “变易之道”是宇宙间普遍的法则，它表现于自然界是“至大”、“至明”、“至著”的，犹如四时的变化，与天地变革的次序相符合。这是就“顺变革”来说的，如果“变革”不得当，那就反受其害。“如是，变革得其至当，故悔亡也。天下之事，革之不得其道，则反致弊害，故革有悔之道。”⑥ 正因其变革有“得其道”与“不得其道”之分，所以，当他们把“变易之道”运用于社会领域，特别是用于伦理道德之中来处理人与人之间的关系时，又主张不变论。“夫妇之道，夫妇终身不变者也。”⑦ 如果丈夫死了，也不能改嫁，就要从一

---

① 《论道篇》，《河南程氏粹言》卷一，《二程集》，1179页。

② 《易说·系辞》，《河南程氏经说》卷一，《二程集》，1030页。

③ 《易传序》，《二程集》，689页；另见《论书篇》，《河南程氏粹言》卷一，《二程集》，1200页。

④ 《恒卦》，《周易程氏传》卷三，《二程集》，862页。

⑤⑥ 《革卦》，《周易程氏传》卷四，《二程集》，952页。

⑦ 《恒卦》，《周易程氏传》卷三，《二程集》，860页。

而终，终身不变。碰到这样的问题，他们的“变易之道”就没有张力了。

第四，“道”为伦理道德的行为规范。古来均分“天道”、“地道”和“人道”，统称之为“三才”。二程为使形而上本体“道”与伦理道德相融合，便把“天道”与“人道”和合起来。二程说：

> 天地所以不已，有常久之道也。人能常于可久之道，则与天地合。①
>
> 天地之道，至顺而已矣。大人先天不违，亦顺理而已。②
>
> 天地人只一道也，才通其一，则余皆通。③

天地所以变动不已，因有“常久之道”，人如能掌握这“道”，便能与天地合，所以，天、地、人三道合为一道。这样不仅赋予“天道”、“地道”以伦理道德的属性，而且使“人道”也具有“天道”、“地道”一样的权威。

作为社会伦理道德，二程认为“道”有如下内容。其一，“诚”为“道”。其称：“治家之道，非至诚不能也。”④“天下万古，人心物理，皆所同然，有一无二，虽前圣后圣，若合符节，是乃所谓诚，诚即天道也。”⑤“诚”为“实”，若符合节度，也即“诚心”、“诚意”的意思。“《大学》于诚意正心皆言‘其道’。”⑥做到“诚”就要真实地践行“仁”、“义”、“礼”、“智”等道德行为规范。“自性得者皆善也，而有仁义礼智之名者，以其所施之不同。合而言之，一道也。舍而行之，是悖理而违道也。”⑦“仁”、“义”、“礼”、“智”，尽管践行内涵不同，但总起来讲的是一个“道”，如果舍弃它，便是“悖理”、“违道”。

其二，“道”为“中”。“中”即“中庸之道”，“中”为“道”的本质属性之一。二程说：“中即道也。汝以道出于中，是道之于中也，又为一物矣。在天曰命，在人曰性，循性曰道，各有当也。”⑧

①② 《天地篇》，《河南程氏粹言》卷二，《二程集》，1225页。

③ 《河南程氏遗书》卷十八，《二程集》，183页。

④ 《家人卦》，《周易程氏传》卷三，《二程集》，888页。

⑤ 《中庸解》，《河南程氏经说》卷八，《二程集》，1158页。

⑥ 《论学篇》，《河南程氏粹言》卷一，《二程集》，1197页。

⑦ 《心性篇》，《河南程氏粹言》卷二，《二程集》，1260页。

⑧ 《论道篇》，《河南程氏粹言》卷一，《二程集》，1182页。

他们不同意吕大临关于“中者道之所由出”的观点。如果以“道出于中”，则“道”与“中”为二物。二程认为这是“二本”之论，而主张“中即道”，“命”、“性”、“道”是在不同场所和状态下的称谓，实同而名异。“中即道”，此“道”含有“中庸”之义。“不偏之谓中。一物之不该，一事之不为，一息之不存，非中也，以中无偏故也。此道也，常而不可易，故既曰中，又曰庸也。”① “道无不中也，无不常也。”② “中道”有两义，一是“不偏”，不偏就是“正”。“处得中道，无不正也。”③ 得“中道”就是不失“正”。“正”即“中”，譬如说：“扶醉人，东边扶起却倒向西边，西边扶起却倒向东边，终不能得佗卓立中途。”④ 扶不起来的醉人，就是不能中立。二是“不易”，“不易”就是常。二程说：“理之所自出而不可易者，是谓之中。”⑤ 即不可改变的常道。因此说：“不中不常，妄行而已。”⑥

其三，道为治国、治家等行为规范。二程说：“道外无物，物外无道。在父子则亲，在君臣则敬，有适有莫，于道已为有间，又况夫毁发而弃人伦者乎?”⑦ “道外无物，物外无道”，道非物外，是说“道”在物中，“物”以显道。父子君臣之“道”，通过“亲”和“敬”来体现。如果两者分离，便是释、道削发为僧为道，弃绝人伦，违“理”背“道”。由此，程颐进而论证了“治天下之道”、“家道”等。他说：“家人者，家内之道；父子之亲，夫妇之义，尊卑长幼之序，正伦理，笃恩义，家人之道也。……夫人有诸身者则能施于家，行于家者则能施于国，至于天下治。治天下之道，盖治家之道也，推而行之于外耳，故取自内而出之象，为家人之义也。”⑧ 父子夫妇的“亲义”，尊卑长幼的次序，这是“家道”的主要内容。如果从“正伦理，笃恩义”的“家道”做起，便能由家而推及国。在宗法制社会里，国是家的扩大。“治家者，治乎众人也，苟不闲之以法度，则人情流放，必至于有悔，失长幼之序，乱男女之别，伤恩义，害伦理，无所不至。”⑨

---

① 《论道篇》，《河南程氏粹言》卷一，《二程集》，1176页。
② 《论书篇》，《河南程氏粹言》卷一，《二程集》，1201页。
③ 《大壮卦》，《周易程氏传》卷三，《二程集》，871页。
④ 《河南程氏遗书》卷十八，《二程集》，187页。
⑤ 《中庸解》，《河南程氏经说》卷八，《二程集》，1163页。
⑥ 同上书，1153页。
⑦ 《论道篇》，《河南程氏粹言》卷一，《二程集》，1169页。
⑧ 《家人卦》，《周易程氏传》卷三，《二程集》，884页。
⑨ 《家人卦》，《周易程氏传》卷三，《二程集》，885页。

不能治家，亦无以治国。“害伦理”，“伤恩义”，破坏宗法伦理道德的行为，也是首先有见于家。因此说，“治天下之道，盖治家之道也”。

由于二程赋予“道”以道德律令的性质，人们便只能是道德律令的体现者，这样，“道”又回归到人自身。“道之在我，犹饮食居处之不可去，可去皆外物也。”① 如“道”离我，便是身外之物。人具有“道”而“弘道”。“人能弘道，非道弘人。……一人之身，而具有天地之道，远而古今，大而天下，同之是理，无毫厘之差。”② 人具“天地之道”，其内容还是指宗法伦理道德：“道之外无物，物之外无道，是天地之间无适而非道也。即父子而父子在所亲，即君臣而君臣在所严（一作敬），以至为夫妇、为长幼、为朋友，无所为而非道，此道所以不可须臾离也。”③ 由于每个人每天在生活中都需要待人接物，处理人与人的关系等，都将碰到“忠孝”问题。因而，一刻也不可离道，“可离非道也。”④ 既然人与“道”须臾不可离，而又何必要设置一个求“道”的问题？当时，“有人问明道先生：‘如何是道？’明道先生曰：‘于君臣父子兄弟朋友夫妇上求’”⑤。实际上是视“道”与人为二，又通过求“道”而归一。

“道”是形而上，是道德形而上学的规范。二程在“道”的规定中，也有其矛盾，其主要表现于自然之“道”与观念之“道”的矛盾。作为自然之“道”，二程说：“《易》之义，天地之道也，‘故能弥纶天地之道’。……遍理天地之道，而复仰观天文，俯察地理，验之著见之迹，故能‘知幽明之故’。……万物始终，聚散而已。鬼神，造化之功也。以幽明之故，死生之理，鬼神之情状观之，则可以见‘天地之道’。”⑥ 此“天地之道”是通过仰观天文，俯察地理而获得的对于天地自然始终、聚散、造化等状态的体认。它包括“幽明之故”，即体认“理与物之所以然”；“死生之理”，即“聚为精气，散为游魂”的道理；“鬼神之情状”，即造化的功能等。因此说：“言天之自然者，谓之天道。”⑦ “道”既为自然或自然之法则，便破

---

① 《中庸解》，《河南程氏经说》卷八，《二程集》，1152 页。
② 同上书，1155 页。
③ 《河南程氏遗书》卷四，《二程集》，73～74 页。
④ 同上书，75 页。
⑤ 《河南程氏外书》卷十二，《二程集》，432 页。
⑥ 《易说·系辞》，《河南程氏经说》卷一，《二程集》，1028 页。
⑦ 《河南程氏遗书》卷十一，《二程集》，125 页。

坏着“道”的形而上性或自然之上、之外的性质。二程希图融“天地之道”与“观念之道”为一。其思辨途径是：一方面以形上学之“道”包含“天地之道”；另一方面，使“天地之道”提升为形而上者。他说：“形而上曰天地之道，形而下曰阴阳之功。”① 形而上与形而下，即天地之道与阴阳之功的关系。

3.“天”论

在二程哲学逻辑结构中，“天”的范畴与“理”、“道”相对应。二程说：“天者，理也。”② “夫天，专言之则道也。”③ “此理，天命也。顺而循之，则道也。”④ “天”即是“理”，故二程经常以“天”与“理”合称为“天理”；“天”即是“道”，故又称其为“天道”。二程对“天”亦作了与“理”、“道”相似的规定。

第一，“天”是万物的根源。二程说：“天为万物之祖，王为万邦之宗。乾道首出庶物而万汇亨，君道尊临天位而四海从。王者体天之道，则万国咸宁。”⑤ “乾元统言天之道也。天道始万物，物资始于天也。”⑥ 以“天”与“王”相比拟，便赋予“天”以人格性。王为万邦之宗，是因为王体天道，尊临天位而四海从；“天”为万物之祖，是因为“天”首出庶物而为万物的根源。因此又说：“万物皆本乎天，人本乎祖，故以冬至祭天而祖配之。”⑦ 以万物本天、人本祖对言，祭天配祖，是天人圆融的状态。此“天”与荀子、王充所谓自然之天显然有异，而与儒家董仲舒、韩愈、司马光所谓“天”相类。因此，二程主张“神道设教”。“天道至神，故曰神道。观天之运行，四时无有差忒，则见其神妙。圣人见天道之神，体神道以设教，故天下莫不服也。”⑧ “神道设教”是人们所需要的特殊价值。

第二，“天”是道德伦理规范。二程说：“阴阳尊卑之义，男女长少之序，天地之大经也。”⑨ 又说：“由其所为顺天合道，故天佑助之，所以吉也。君子满而不溢，乃天佑也。《系辞》复申之云：

---

① 《坤卦》，《周易程氏传》卷一，《二程集》，707 页。

② 《河南程氏遗书》卷十一，《二程集》，132 页。

③ 《乾卦》，《周易程氏传》卷一，《二程集》，695 页；另见《天地篇》，《河南程氏粹言》卷二，《二程集》，1225 页。

④ 《河南程氏遗书》卷一，《二程集》，11 页。

⑤ 《乾卦》，《周易程氏传》卷一，《二程集》，698 页。

⑥ 同上书，697 页。

⑦ 《天地篇》，《河南程氏粹言》卷二，《二程集》，22 页。

⑧ 《观卦》，《周易程氏传》卷二，《二程集》，799 页。

⑨ 《上下篇义》，《二程集》，694 页。

‘天之所助者顺也，人之所助者信也。履信思乎顺，又以尚贤也，是以自天佑之，吉无不利也。’”① 天地的大经，是君臣父子尊卑的义理，男女长幼的次序以及对“信”的道德规范的践履。

第三，“天”是天地之天或自然的法则。二程说：

> 凡有气，莫非天；凡有形，莫非地。②
>
> 天之道，以其气下际，故能化育万物，其道光明。下际谓下交也。地之道，以其处卑，所以其气上行，交于天，皆以卑降而亨也。③

“天”与“地”、“天道”与“地道”对言，此“天”即指天地，说明“天”的性质、运动及作用。这两段话有这样几层意思。一层意思是“天”蕴涵“气”之义，“气”是形而下的，则“天”亦具形而下性：“天地本一物，地亦天也。只是人为天地心，是心之动，则分了天为上，地为下。”④ “空阙处如何，地之下岂无天？今所谓地者，特于（一作为）天中一物尔。如云气之聚，以其久而不散也，故为对。”⑤ 即“天”便是物。另一层意思是，天是自然运行的规律性。“以天行而言，盈者则亏，谦者则益，日月阴阳是也。”⑥ “天地之运，以其顺动，所以日月之度不过善，四时之行不忒忒；圣人以顺动，故经正而民兴于善，刑罚清简而万民服也。”⑦ 日月的度数，四时的运行，是自然变化的法则。

二程在对“天”的规定中，与“理”、“道”一样，具有物质之天与神学之天的冲突，这便给其哲学逻辑结构带来混乱，也破坏了其哲学体系的严密性和完整性。如果说撇开其“理”（“道”、“天”）范畴中伦理道德和形而上本体的层面，便具有形而下性。然而，二程又以形而上之“理”、“道”、“天”与其自然性相合一，则一于形而上之本体。

当然，“理”、“道”、“天”在二程哲学逻辑结构中基本相当，并不是无细微差别。在某些条件下，“道”是指总法则，“理”指具体

① 《大有卦》，《周易程氏传》卷一，《二程集》，772页。
② 《河南程氏遗书》卷六，《二程集》，83页。
③ 《谦卦》，《周易程氏传》卷二，《二程集》，773～774页。
④ 《河南程氏遗书》卷二下，《二程集》，54页。
⑤ 同上书，55页。
⑥ 《谦卦》，《周易程氏传》卷二，《二程集》，774页。
⑦ 《豫卦》，《周易程氏传》卷二，《二程集》，779页。

法则。《易序》有曰："散之在理，则有万殊；统之在道，则无二致。"① "理"为"万殊"，"道"为统名，即"万殊"与一（无二致）的散与统之关系。"'合而言之道也'，仁固是道，道却是总名。"② 尽管有"分"与"合"的区别，但无"二致"。"理"与"天"的区别是："君子存心消息盈虚之理而能顺之，乃合乎天行也。理有消衰，有息长，有盈满，有虚损，顺之则吉，逆之则凶，君子随时敦尚，所以事天也。"③ 如果"天"是普遍的一般法则，则"理"是变化发展的具体法则。无疑这种区别是相对的，而非绝对的。

4. "理"（"道"、"天"）与"气"（"阴阳"）的关系

"道"与"器"、"太极"与"阴阳"的关系，便是从不同的方面，论证"理"与"气"的关系。在上述"理"、"道"两个范畴的论述中，已讲到与"气"、"器"、"阴阳"的关系，现概括如下：

其一，"理"先"气"后论。"有理则有气"，是说有"理"然后有"气"。虽然，二程没有明确论述"理气"的先后，不像朱熹有详尽论证，但在论述"志"与"气"关系时，却讲了先后。"志，气之帅。若论浩然之气，则何者为志？志为之主，乃能生浩然之气。志至焉，气次焉，自有先后。"④ "志"即意志，"志"是"气"之统帅，"志"生"气"，而先于"气"。意识性的"志"是先于"气"的。这与其关于形而上"理"先于形而下的"气"的思维理路相一致。

其二，"理"本"气"末论。"理者，实也，本也。文者，华也，末也。理文若二，而一道也。"⑤ 二程无"理"本"气"末的明论，然以"理"为本根，则"气"为现象。"气"便相当于"文"、"末"。此只是旁证。

其三，"道"为形而上，"器"为形而下。这在二程思想中有明确表述。"形而上之谓道，形而下之谓器"，这句《周易·系辞传》中的话，成为论述"道器"关系定律。在"理"论和"道"论中已详论。

其四，"太极"化生"阴阳"论。程颐在《易序》中说："所以'《易》有太极，是生两仪'。太极者道也，两仪者阴阳也。……万物之生，负阴而抱阳，莫不有太极，莫不有两仪，絪缊交感，变化不穷。"⑥

① 《二程集》，690页。

② 《河南程氏遗书》卷十五，《二程集》，156页。

③ 《剥卦》，《周易程氏传》卷二，《二程集》，813页。

④ 《河南程氏遗书》卷十五，《二程集》，162页。

⑤ 《论道篇》，《河南程氏粹言》卷一，《二程集》，1177页。

⑥ 《二程集》，690页。

"太极"化生"两仪"，便是"道"化生"阴阳"。

"理先气后"、"理本气末"、"道形而上、器形而下"、"太极生阴阳"的关系，在二程看来，包括两方面的意思：一是，"理"、"道"、"太极"为形而上，"气"、"器"、"阴阳"为形而下；二是，尽管有先后、本末、形而上下之分，然实质是分而不离、不离不杂的关系。但正由于二程在"理气"、"道器"、"太极阴阳"关系的论述上存在晦涩、含糊之失，便有待于加以明确，严密阐述，这就是理学集大成者朱熹的任务。这也是为什么二程只是理学奠基者的症结所在。

(三)"气"("象"、"阴阳")→"物"

在二程的哲学逻辑结构中，已剖析了"理"→"气"阶段的基本范畴，以下再剖析"气"→"物"的基本范畴。

在"气"到"物"的过程中，不仅给"气"以规定，而且在"气"化生"物"的过程中，展开了辩证的论述，最具有生气。

1. "气"的规定

"气"在二程的哲学体系中，既是物理性的，又是心理性的，是物理与心理的融合。

第一，"气"是物性的。二程说：

> 或曰："五行一气也，其本一物耳。"子曰："五物也。五物备，然后生。"①

"五行"或称为"五气"、"五物"，其本为物，可称其为"五物"，"气"即是一种物的形态。"天有五气，故凡生物，莫不具有五性，居其一而有其四。至如草木也，其黄者得土之性多，其白者得金之性多。"② 凡物都是"五气"，而有"五性"，因而也具有"五气"的性质。譬如草木，黄色的得土性多一些，白色的得金性多一些，由此类推，则红色的得火性多一些等等。此"气"是指物性之"气"。

第二，"气"自身运动变化，称为"气化"。二程说："气化之在人与在天，一也，圣人于其间，有功用而已。"③ "气"的运动变化

① 《人物篇》，《河南程氏粹言》卷二，《二程集》，1270页。
② 《河南程氏遗书》卷十五，《二程集》，162页。
③ 《天地篇》，《河南程氏粹言》卷二，《二程集》，1226页。

在自然界和人自身都是一样的。如“古今异宜，人有所不便者，风气之异也。日月星辰皆气也，亦自异于古耳。”① 古人与今人，古之日月星辰与今之日月星辰，都有所变化，前者是“风气”之异，后者是“气”之异。古今虽异，然就其“气化”而言则同。同时，“气”还具有动静、交感、细缊等运动形态。

第三，“气”是心理的。二程继承孟子“浩然之气”的思想，以“气”为具有意志性。《孟子》载：“‘敢问何谓浩然之气？’曰：难言也。其为气也，至大至刚，以直养而无害，则塞于天地之间。”② 此气至大至刚，充塞天地，是“道”与“义”相配合而生，是一种主观精神。朱熹在《公孙丑上》的注释中引了二程的话：“天人一也，更不分别，浩然之气，乃吾气也。养而无害，则塞乎天地，一为私意所蔽，则欲然而馁，却甚小也。”③ 此“浩然之气”，即是吾的“气”。程颐说：“浩然之气是集义所生者，既生得此气，语其体则与道合，语其用则莫不是义。譬之以金为器，及其器成，方命得此是金器。”④ 此“浩然之气”从其体看，与“道”合，即孟子所说的“仁义之道”，从其用说，便是义。二程进而发展了孟子的思想，认为不仅要“养气”，而且“浩然之气”也能通过物体现其性。二程说：“《孟子》养气一篇，诸君宜潜心玩索。须是实识得方可。勿忘勿助长，只是养气之法，如不识，怎生养？有物始言养，无物又养个甚么？浩然之气，须见是一个物。”⑤ 又说：“浩然之气，既言气，则已是大段有形体之物。”⑥ “有物始言养”、言“气”，须见是个物或已是大段有形之物。即讲“浩然之气”必须与物相结合，这是二程与孟子之异。尽管这样，也还不能改变“浩然之气”的意志性。

第四，“气”即是命。《河南程氏遗书》载：“问：‘上古人多寿，后世不及古，何也？莫是气否？’曰：‘气便是命也。’”⑦ 以“气”为“命”，此“气”便是一种生命、气数的意蕴。二程说：“人生气禀，理有善恶，然不是性中元有此两物相对而生也。有自幼而善，有自幼而恶（后稷之克岐克嶷，子越椒始生，人知其必灭若敖氏之

---

① 《天地篇》，《河南程氏粹言》卷二，《二程集》，1226页。

② 《公孙丑上》，《孟子集注》卷三。

③ 《孟子集注》卷三。

④ 《河南程氏遗书》卷十五，《二程集》，148页。

⑤ 《河南程氏遗书》卷十八，《二程集》，205页。

⑥ 《河南程氏遗书》卷十五，《二程集》，148页。

⑦ 《河南程氏遗书》卷十八，《二程集》，199页。

类），是气禀有然也。”① 人由于生来具有不同的“气禀”，便生来就善，或是生来就恶。可见，此“气禀”便是人未生之前所具有的一种先验的东西。

二程对“气”的规定中，尽管存在着物理的与心理的冲突，但他们还是尽力地按物性来诠释，即使在论述孟子“浩然之气”时，亦从与物的联系方面作了新释，以便肯定“气”在生物过程中的造作价值。当然，这并不妨碍“理”为形而上者，“气”为形而下者的地位。

2. “气”与“物”

二程以“气”为“理”（“道”、“天”）化生“物”的中介环节，借“气”而演化宇宙自然和人类社会。

关于宇宙自然的化生。二程在《河南程氏遗书》卷五中说：“万物之始，皆气化；既形，然后以形相禅，有形化；形化长，则气化渐消。”② 未有形时，是“气化”；“气化”成形后，便是“形化”。这是生物过程中的两个阶段，然都是“气”的发展变化。首先，宇宙间的日月星辰，为“气”所化生。“日月星辰皆气也。”③ “阴阳之气，有常存而不散者，日月是也；有消长而无穷者，寒暑是也。”④ “地气不上腾，天气不下降，天气下降至于地中，生育万物者，乃天之气也。”⑤ 天地日月星辰，都由“气”（“阴阳之气”）构成。他们认为，构成日月的“气”，是“阴阳”的“精气”；构成春夏秋冬的“气”是一般的“阴阳之气”。二程说：“日月，阴阳之精气耳，惟其顺天之道，往来盈缩，故能久照而不已。得天，顺天理也。四时，阴阳之气耳，往来变化，生成万物，亦以得天，故常久不已。”⑥ 由“气”构成日月，日月也是一种物。“日月之为物，阴阳发见之尤盛者也。”⑦

其次，雷、电、霜、露等自然现象，非天之震怒，是由阴阳之气构成的。“雷由阴阳相薄而成，盖沴气也。”⑧ “雷者，阳气奋发，阴阳相薄而成声也。阳始潜闭地中，及其动，则出地奋震也。”⑨ 雷是阴阳二气相薄而形成的。人被雷打死，不是震惧而死。“问：‘人有

① 《河南程氏遗书》卷一，《二程集》，10页。
② 《二程集》，79页。
③ 《天地篇》，《河南程氏粹言》卷二，《二程集》，1226页。
④ 同上书，1228页。
⑤ 同上书，1226页。
⑥ 《周易程氏传》卷三，《二程集》，862页。
⑦⑧ 《天地篇》，《河南程氏粹言》卷二，《二程集》，1224页。
⑨ 《豫卦》，《周易程氏传》卷二，《二程集》，779页。

不善，霹雳震死，莫是人怀不善之心，闻霹雳震惧而死否?’曰：‘不然，是雷震之也。’‘如是雷震之，还有使之者否?’曰：‘不然。人之作恶，有恶气，与天地之恶气相击搏，遂以震死。霹雳，天地之怒气也。如人之怒，固自有正，然怒时必为之作恶，是怒亦恶气也。怒气与恶气相感故尔。’”① 人做坏事，有“恶气”，与天地之“恶气”(“怒气”)相击搏或交感而死。可见二程企图突破“天人感应”神学的藩篱，但仍带有一些痕迹。至于雷击处有火，二程认为，“雷自有火，如钻木取火……盖是动极则阳生，自然之理”②，亦从阴阳运动来解释。雷和电往往相联系，先闪电后闻雷声，“电者阴阳相轧，雷者阴阳相击也。轧者如石相磨而火光出者，电便有雷击者是（一作甚）也。或传京师少闻雷，恐是地有高下也”③。雷击如石相磨而生火光，便是电。

云与雨，往往相联系，当然也有“密云不雨”的情况。二程认为两者相关联。“云，阴阳之气。二气交而和，则相畜固而成雨，阳倡而阴和，顺也，故和。若阴先阳倡，不顺也，故不和，不和则不能成雨。”④ 云是阴阳二气构成，两相交和而相固，便成雨；如不和，“阳尚往而上”⑤，阴阳不能相交而固，便不成雨。“霜，金气也；露，星月之气也。露结为霜，非也。”⑥ 又说：“霜，金气，星月之气；露，亦星月之气。看感得甚气即为露，甚气即为霜。”⑦ “雹是阴阳相搏之气，乃是沴气。”⑧ 霜、露、雹由不同的气相互作用形成。

再次，对自然界的一些怪异现象，二程亦认为是由阴阳二气构成的。古代人认为麒麟是祥瑞，二程认为，其“乃和气所致”⑨。“陨石无种，种于气。麟亦无种，亦气化。”⑩ 麒麟是“气化”而致。下陨石，古代认为是灾异。“‘陨石于宋’，自空凝结而陨；‘六鹢退飞’，倒逆飞也。倒逆飞，必有气驱之也。……然汉儒言灾异，皆牵合不足信，儒者见此，因尽废之。”⑪ 汉儒以“天人感应”目的论来

---

①② 《河南程氏遗书》卷十八，《二程集》，237页。

③ 《河南程氏遗书》卷二下，《二程集》，57页。

④ 《小畜卦》，《周易程氏传》卷一，《二程集》，744页。

⑤ 同上书，745页。

⑥ 《天地篇》，《河南程氏粹言》卷二，《二程集》，1224页。

⑦⑧ 《河南程氏遗书》卷十八，《二程集》，238页。

⑨ 《河南程氏遗书》卷十五，《二程集》，159页。

⑩ 《河南程氏遗书》卷十五，《二程集》，161页。

⑪ 同上书，159页。

解释陨石及六鹢退飞现象，二程认为，这都是一些牵强附会，不足信的，其实都是"气"所致。二程从"气"的运动变化来解释天地、日月、雷雨等成因，尽管不一定科学，但他们否定了神秘主义，以气来解释宇宙自然现象，显然是有价值的。如果撇开二程逻辑结构的最高范畴"理"（"道"、"天"），仅就"气"——"物"来说，是与当时自然科学所达到的发展水平相适应的。

关于人类的起源。二程认为，厥初生民与麟一样没有种，是"气化"。[①]《河南程氏遗书》卷十八有一较详细记载："问：'太古之时，人还与物同生否?'曰：'同。''莫是纯气为人，繁气为虫否?'曰：'然。人乃五行之秀气，此是天地清明纯粹气所生也。'或曰：'人初生时，还以气化否?'曰：'此必烛理，当徐论之。且如海上忽露出一沙岛，便有草木生。有土而生草木，不足怪。既有草木，自然禽兽生焉。'……曰：'今天下未有无父母之人。古有气化，今无气化，何也?'曰：'有两般，有全是气化而生者，若腐草为萤是也。既是气化，到合化时自化。有气化生之后而种生者。且如人身上著新衣服，过几日，便有虮虱生其间，此气化也。气既化后，更不化，便以种生去。此理甚明。'"[②] 这里包含几层意思：其一，太古之时，人与物同由气生，人亦是物，惟气不同而已；其二，最初生人，没有父母，是"气化"，亦称"自化"。譬如人身上生虱一样，人不知不觉自化而生。"气化"有男女以后，便有了种子，以后生人，就称"种生"。二程的"气化"、"种生"以及虱的例子，都被朱熹所采纳[③]，而构成朱熹哲学的逻辑结构。

二程认为，即使"圣人"也是由五行之秀气而生。"圣人之生，亦天地交感，五行之秀，乃生圣人。"[④] "元气会则生圣贤。"[⑤] 即天地清明纯粹之气相和会而生，他们并没有将"圣人"神秘化。

这样，广阔宏大的宇宙自然，天地、日月、星辰，千差万别的事物和雷雨霜露以及活生生的人类和虱子，都奇迹般地由"理"（"道"、"天"）依赖"气"（"阴阳"）而创造出来了。二程哲学逻辑结构的"理"→"气"→"物"这两个环节被魔术式地完成

---

① 《河南程氏遗书》卷十五，《二程集》，161页。

② 《二程集》，198～199页。

③ 参见拙著：《朱熹思想研究》，第五章，268～269页。

④ 《河南程氏遗书》卷十五，《二程集》，159页。

⑤ 《河南程氏遗书》卷六，《二程集》，83页。

了。那么，“气”如何“气化”，二程便展开了辩证的论述。

3.“无独必有对”论

二程认为，天地万物之间的对待矛盾，是普遍的。程颢说：

> 天地万物之理，无独必有对，皆自然而然，非有安排也。①

这段话有两层意思：一是事物的矛盾对待是自然而然的，不是神的意志或安排；二是“无独必有对”的内容是“阴阳”、“善恶”等，其形式是消长或增减。他说：“万物莫不有对，一阴一阳，一善一恶，阳长则阴消，善增则恶减。斯理也，推之其远乎？人只要知此耳。”② 人们要体认这种没有单独而必然有对待的现象。

程颐亦说：

> 天地之间皆有对，有阴则有阳，有善则有恶。③
>
> “道二，仁与不仁而已”，自然理如此。道无无对，有阴则有阳，有善则有恶，有是则有非，无一亦无三。④

在二程的哲学逻辑结构中，“道”相当于“理”，“道无无对”即“理无无对”。然而，他将“道”看成“二”，则是深刻的。

所谓“天地万物之理，无独必有对”⑤。此“对”，便是指事物对待的两个方面。“夫天之生物也，有长有短，有大有小。君子得其大矣（一作者），安可使小者亦大乎？天理如此，岂可逆哉？”⑥ 长——短、大——小是一事物的对待两面。对待两端有时会发展成对待双方的冲突。“仇，对也。阴阳相对之物。”⑦ 冲突两方发展到斗争，便是“仇”。这就是对待矛盾相互排斥、相互斗争的一面。

对待面还有相互依赖、相互渗透的一面。程颐说：“质必有文，自然之理。理必有对待，生生之本一也。有上则有下，有此则有彼，

---

① 《河南程氏遗书》卷十一，《二程集》，121页。
② 同上书，123页。
③ 《河南程氏遗书》卷十五，《二程集》，161页。
④ 同上书，153页。
⑤ 《人物篇》，《河南程氏粹言》卷二，《二程集》，1268页。
⑥ 《河南程氏遗书》卷十一，《二程集》，125页。
⑦ 《鼎卦》，《周易程氏传》卷四，《二程集》，959页。

有质则有文，一不独立，二则为文。非知道者，孰能识之?”① 又说：“往来屈伸只是理也。盛则便有衰，昼则便有夜，往则便有来。天地中如洪炉，何物不销铄了?”② 上下、彼此、质文、盛衰、昼夜、往来等皆是对待相互联系。对待一端以另一端为自己存在的条件或前提，失去对待一端，另一端也不存在。没有上、质、盛、昼一方，也就无所谓下、文、衰、夜的另一方。二程把这种对待双方的相互依赖称为“相须为用”。“如天地阴阳，其势高下甚相背，然必相须而为用也。有阴便有阳，有阳便有阴。有一便有二，才有一二，便有一二之间，便是三，已往更无穷。”③ 统一物必有对待两端，如“阴阳”不可分离而相须。

基于此，二程提出了“物极必反”的命题。程颐在解释《睽卦·上九》爻辞时说：“物极则必反，故睽极则必通，若睽极不通，却终于睽而已。”④ “物极则反，事极则变。困既极矣，理当变矣。”⑤ 又说：“如《复》言‘七日来复’，其间元不断续，阳已复生，物极必反，其理须如此。有生便有死，有始便有终。”⑥ 睽（䷥）上离下兑，火上泽下，相违异而穷乖。物极必反，睽极则通，对待一方发展到极点便向其相反方面转化。二程用生死、始终说明对待双方相互转化之物极必反的思想。然而，二程否定对待双方的转化是地位的转化，否认转化可以引起质变。他说：“‘天尊地卑。’尊卑之位定，而乾坤之义明矣。高卑既别，贵贱之位分矣。”⑦ 所谓“位定”、“位分”，都是讲既定的地位和名分不可改变。譬如说，“男女有尊卑之序，夫妇有唱随之礼，此常理也”⑧。君臣、男女的尊卑次序，富贵贫贱的分别，是不可转化的。若君卑臣尊，便是背天逆理。这样，二程的对待矛盾思想带有浓厚的伦理道德色彩。

4. 阴阳动静、交感说

二程认为，“气”在造物过程中，必分自身为“二”：“既曰气，则

① 《贲卦》，《周易程氏传》卷二，《二程集》，808页；《论道篇》，《河南程氏粹言》卷一，《二程集》，1171页有相似一段话。

② 《河南程氏遗书》卷十五，《二程集》，148页。

③ 《河南程氏遗书》卷十八，《二程集》，225页。

④ 《河南程氏遗书》卷十七，《二程集》，174页。

⑤ 《困卦》，《周易程氏传》卷四，《二程集》，945页。

⑥ 《河南程氏遗书》卷十五，《二程集》，167页。

⑦ 《易说·系辞》，《河南程氏经说》卷一，《二程集》，1027页。

⑧ 《归妹卦》，《周易程氏传》卷四，《二程集》，979页。

便是（一作有）二。言开阖，已（一作便）是感，既二则便有感。所以开阖者道，开阖便是阴阳。老氏言虚而生气，非也。”① 又说：“盖天下无不二者，一与二相对待，生生之本也。”② 由于天下“无不二”以及“一与二”的对待，便促使事物的动静变化和事物的生生无穷。二程动静变化思想中有以下几方面值得注意：

其一，“动静”论。二程同意张载“气”能聚散的观点，他说：“物生则气聚，死则散而归尽。”③ “气”之聚散，便构成了事物的动静变化。“乾，阳（一有物字）也，不动则不刚……坤，阴（一有物字）也，不静则不柔。‘其静也翕（翕聚），其动也辟（发散）’，不翕聚则不能发散。”④ 由此而言，动静本乎“阴阳”。“动静者，阴阳之本也；五气之运，则参差不齐矣。”⑤ “阳动阴静，各有其常，则刚柔判矣。”⑥ 阴阳动静，都有其自身的法则。但二程认为，运动是无穷的，“天下之动无穷也”⑦。“动则终而复始，所以恒而不穷”⑧。运动不仅是普遍的，而且是恒而无穷的，此处蕴涵绝对性的意味。然而，当二程把“动静”观点引入伦理道德领域时，则就又强调“止”了。“夫有物必有则，父止于慈，子止于孝，君止于仁，臣止于敬，万物庶事莫不各有其所，得其所则安，失其所则悖。”⑨ 父子君臣，必须止于慈孝仁敬。“止”，既有止息之意，亦有心之所安之意。“阳动而上进之物，既至于上则止矣。”⑩ 这样又与其“天下之动无穷”发生冲突。但其认为识别一个事物要“观物于静中”⑪，却甚有道理。

至于动静相互关系，二程认为，两者既有区别，又相互渗透、相互依赖，由此提出“动静相因”的命题。二程说：

> 道者，一阴一阳也。动静无端，阴阳无始。非知道者，孰

---

① 《河南程氏遗书》卷十五，《二程集》，160页。
② 《损卦》，《周易程氏传》卷三，《二程集》，910页。
③ 《河南程氏遗书》卷二下，《二程集》，56页。
④ 《河南程氏遗书》卷十一，《二程集》，129页。
⑤ 《天地篇》，《河南程氏粹言》卷二，《二程集》，1227页。
⑥ 《易说·系辞》，《河南程氏经说》卷一，《二程集》，1027页。
⑦ 同上书，1030页。
⑧ 《恒卦》，《周易程氏传》卷三，《二程集》，862页。
⑨ 《艮卦》，《周易程氏传》卷四，《二程集》，968页。
⑩ 同上书，967页。
⑪ 《人物篇》，《河南程氏粹言》卷二，《二程集》，1264页。

能识之？动静相因而成变化，顺继此道，则为善也；成之在人，则谓之性也。①

"因"，缘也，托也，引申为原因或条件，"动"以"静"为其存在的条件或原因；"静"以"动"为其存在的原因或条件。"动静"互为原因，就此而言，"动静"无开端，"阴阳"无开始，这就好理解了。"动静"不仅互为条件或原因，而且相互渗透。"静中有动，动中有静，故曰动静一源。"②"动静相因，动则有静，静则有动。"③ "静中便有动，动中自有静。"④ 即我中有你，你中有我。既否认"动静"谁先谁后，谁是谁的开端，而又说明两者相互包含，动静一源，不可分离。"动静不相离"⑤ 这是动静的辩证思维。

其二，"变革"论。二程主张"变革"。"革，变革也。水火，相息之物，水灭火，火涸水，相变革者也。"⑥ "涸"，《尔雅・释诂》训为"竭也"。水熄灭火，火烧干水，水火相就而相克，这就是变革的意思。"变革"，一方面是事物发展的趋势，"《革》，《序卦》：'井道不可不革，故受之以革。'井之为物，存之则秽败，易之则清洁，不可不革者也"⑦。另一方面是指人为，"万变皆在人尔，其实无一事"⑧。人为而促其变革的实行。再一方面，变革的宗旨是变故（旧）为新。"革者，变其故也。……弊坏而后革之，革之所以致其通也，故革之而可以大亨。革之而利于正，道则可久而得去故之义。"⑨ "革天下之弊，新天下之事。""足以革天下之弊，新天下之治。"⑩ 革弊之政或事，而使之新。吐故纳新，新政才能发展。

二程认为，变革无非是"天道变改"和"世故迁易"两类："推革之道，极乎天地变易，时运终始也。天地阴阳推迁改易而成四时，万物于是生长成终，各得其宜，革而后四时成也。时运既终，必有

① 《易说・系辞》，《河南程氏经说》卷一，《二程集》，1029 页。
② 《论道篇》，《河南程氏粹言》卷一，《二程集》，1182 页。
③ 《艮卦》，《周易程氏传》卷四，《二程集》，967 页。
④ 《河南程氏遗书》卷七，《二程集》，98 页。
⑤ 《天地篇》，《河南程氏粹言》卷二，《二程集》，1225 页。
⑥⑦ 《革卦》，《周易程氏传》卷四，《二程集》，951 页。
⑧ 《论事篇》，《河南程氏粹言》卷一，《二程集》，1221 页。
⑨ 《革卦》，《周易程氏传》卷四，《二程集》，951 页。
⑩ 同上书，953 页。

革而新之者。王者之兴，受命于天，故易世谓之革命。……天道变改，世故迁易，革之至大也。”① “天道变改”是属于自然方面的变革。从易变过程中，推算日月星辰的迁易，变革治历明时，制作新历；“世故迁易”是属于政治方面的变革，即新王顺天应人，如汤、武革命。然而变革的标准，则是能不能得“道”。“天下之事，革之不得其道，则反致弊害。”② 这显然是针对王安石变法而言的。于是，二程便以得“道”与否来评判政治变革的利弊得失。

其三，“絪缊交感”论。“阴阳二气”对待统一、动静、变革，说明了“气”具有运动的特性，但“气”造物的具体方式，是“絪缊交感”。二程说：“絪缊交感，变化不穷。”③ “絪缊”见于《周易·系辞传》：“天地絪缊，万物化醇。”《说文》引作“壹壹”，“从凶从壶，壶不得渫也。《易》曰：天地壹壹”。“壶”是腹方口圆的礼器。段玉裁认为，许慎释“不得渫也者，谓元气浑然，吉凶未分”的意思，引申为密相交合。二程解释说：“絪缊，交密之状。天地之气，相交而密，则生万物之化醇。醇谓醲厚，醲厚犹精一也。男女精气交构，则化生万物，惟精醇专一，所以能生也。”④ 所谓“天地之气”，即指“阴阳之气”，“絪缊，阴阳之感”⑤。在二程看来，阴阳交感而生物，不交感便不能生物。程颐说：“一阴一阳之谓道。阴阳交感，男女配合，天地之常理也。”⑥ 阴阳交感，犹男女配合，化生万物。反之“天地不交，则万物何从而生”⑦。“天地不交，万物不生。”⑧ 因为不交媾、交感，便不能相济为用，不能构成万物。

“絪缊”有两义。其一，指万物化生的内在动因。“感，动也，有感必有应。凡有动皆为感，感则必有应，所应复为感，感复有应，所以不已也。”⑨ “感”就是运动。它是由“阴阳”二气的交相摩轧、推荡而构成的。“阴阳之交相摩轧，八方之气相推荡，雷霆以动之，风雨以润之，日月运行，寒暑相推，而成造化之功。”⑩ 阴阳二气相感相交，相摩相

①② 《革卦》，《周易程氏传》卷四，《二程集》，952页。
③ 《易序》，《河南程氏文集·遗文》，《二程集》，667页；另见《二程集》，690页。
④ 《损卦》，《周易程氏传》卷三，《二程集》，910页。
⑤ 《河南程氏遗书》卷十五，《二程集》，162页。
⑥ 《归妹卦》，《周易程氏传》卷四，《二程集》，978页。
⑦ 同上书，979页。
⑧ 《河南程氏遗书》卷二十二上，《二程集》，282页。
⑨ 《咸卦》，《周易程氏传》卷三，《二程集》，858页。
⑩ 《易说·系辞》，《河南程氏经说》卷一，《二程集》，1027页。

荡，便是其化生的内在动因，这便是“絪缊”的功能。所以二程明确地说：“感而遂通，感非自外也。”① 运动的原因在事物内部，而非外部。其二，指有“感”必有“应”。“天地之间，只有一个感与应而已，更有甚事?”② “巽顺而动，阴阳皆相应，是男女居室夫妇倡随之常道。”③ 有“感”必有“应”，有“应”必有“感”。两者相互依存，“屈则有信（伸），信（伸）则有屈，所谓感应也”④。有“感”有“应”，“絪缊”才能生物。

二程进一步把“絪缊交感”分为两个阶段。一是阴阳始交，万物始生而未通畅。“阴阳始交，则艰屯未能通畅。”⑤ “万物始生，郁结未通，故为盈塞于天地之间。至通畅茂盛，则塞意忘矣。”⑥ 譬如雷雨，阳气上升，阴气下降，开始交感，这虽是产生雷雨的开始，但阴阳二气郁结未通，处在难生的状态之中。这便是“始交而未畅”⑦ 的阶段。二是发挥“和实生物”的思想，认为交感而和畅，万物遂生。“天地阴阳之气相交而和，则万物生成，故为通泰。”⑧ “阳气下降，阴气上交也。阴阳和畅，则万物生遂，天地之泰也。”⑨ “天地交而阴阳和，则万物茂遂，所以泰也。”⑩ 程颐认为，在这一阶段，关键在“和”，不“和”便不能通畅生物。譬如，“阳降阴升，合则和而成雨”⑪。“及其和洽，则成雷雨，满盈于天地之间，生物乃遂。”⑫ 所以，二程逻辑地推断说：“凡物参和交感则生，不和分散则死。”⑬

这样，“气”（“阴阳”）通过自身的对待统一、“动静”和“絪缊交感”的辩证变化，便自然而然地化生了千差万别的世界万物。这是“气”→“物”的逻辑环节。

（四）“物”→“理”（“道”、“天”）

如果说二程的哲学逻辑结构止于“物”，显然还缺少些什么，于

① 《心性篇》，《河南程氏粹言》卷二，《二程集》，1261页。
② 《河南程氏遗书》卷十五，《二程集》，152页。
③ 《归妹卦》，《周易程氏传》卷四，《二程集》，978页。
④ 《咸卦》，《周易程氏传》卷三，《二程集》，858页。
⑤ 《屯卦》，《周易程氏传》卷一，《二程集》，714页。
⑥ 同上书，713页。
⑦ 同上书，714页。
⑧⑨ 《泰卦》，《周易程氏传》卷一，《二程集》，753页。
⑩ 同上书，704页。
⑪ 《小过卦》，《周易程氏传》卷四，《二程集》，1017页。
⑫ 《屯卦》，《周易程氏传》卷一，《二程集》，714页。
⑬ 《河南程氏遗书》卷六，《二程集》，82页。

是，由“物”回归到形而上本体“理”，便成为一个必要的逻辑环节。如何体认“理”借助于“气”而异化为自己的对待面——“物”？如何由形而上本体“理”的安顿而与自身对待方面相融合？二程这样说：

或问：“进修之术何先？”曰：“莫先于正心诚意。诚意在致知，致知在格物。”①

涵养须用敬，进学则在致知。②

对于本体“理”的体认，必须依赖于对本体自己安顿的对待面的认识，才能达到“穷理”，这便名之曰：“格物穷理。”

1. 格物致知

二程认为，心中本来有知，但心不能直接体认，而须“格物”，以求达到心的自我体认。其所谓“格物”，二程作了新释。他们以为“格”有二义：一是“至”，二是“穷”。《遗书》载：

“致知在格物”。格，至也。或以格为止物，是二本矣。③

格，至也，如“祖孝来格”之格。凡一物上有一理，须是穷致其理。④

又问：“如何是格物？”先生曰：“格，至也，言穷至物理也。”⑤

“至”，《说文》：“飞鸟从高下至地也。从一，一犹地也。”《玉篇》：“来也。”也就是说，“格”即来的意思。“格物”，便是“至物”。因为每一物都有“理”，所以“至物”，即是“就物而穷其理”的意思。

至于“格”是“穷”，二程说：

格犹穷也，物犹理也，犹曰穷其理而已也。穷其理，然后足以致之，不穷则不能致也。⑥

格犹穷也，物犹理也，若曰穷其理云尔。⑦

“格物”，就是“穷理”，“穷理”才能“致之”，推而及之，才能返回到形而上的“理”。其实“至”与“穷”意思相似。

---

①② 《河南程氏遗书》卷十八，《二程集》，188页。

③ 《河南程氏遗书》卷十一，《二程集》，129页。

④ 《河南程氏遗书》卷十八，《二程集》，188页。

⑤ 《河南程氏遗书》卷二十二上，《二程集》，277页。

⑥ 《河南程氏遗书》卷二十五，《二程集》，316页。

⑦ 《论学篇》，《河南程氏粹言》卷一，《二程集》，1197页。

所谓“物”，二程除训“物”为“理”外，也指“外物”和“性分之物”。如《遗书》载：“问：‘格物是外物，是性分中物?’曰：‘不拘。凡眼前无非是物，物物皆有理。’如火之所以热，水之所以寒，至于君臣父子间皆是理。”① “物者，凡遇事皆物也。”② 这就是说，“物”既包括眼睛所看到的客观世界各种现象，即所谓“外物”，“凡物有形，则声色臭味具焉”③，也包括宗法社会伦理道德，以及人的本性和心理状态，又称为“性分之物”。当然，二程所说的“物”，归根结底也只不过是形而上本体“理”假“气”而化生的东西。

如何“格物”? 二程认为有两方面的问题：一是价值观，二是方法。前者是“如何可以格”的问题，后者是“如何格”的问题。《遗书》记载：

> 又问：“如何可以格物?”曰：“但立诚意去格物，其迟速却在人明暗也。明者格物速，暗者格物迟。”④

人之“明”与“暗”能影响“格物”的“迟”与“速”。所谓“明”与“暗”，便是价值观念。因此，二程主张“立诚意去格物”。如无“诚意”，“格物”也白费，达不到“穷理”的目的。所以，程颐说：“格物者适道之始，欲思格物，则固已近道矣。是何也? 以收其心而不放也。”⑤ “格物”是通向“道”(“理”)的开始，须要“收心”不放，“正心诚意”地去“格物”，才能“近道”，否则便不能“中理”。

至于“格物”的方法，则是先“积习”，后“贯通”。《遗书》载：

> 或问：“格物须物物格之，还只格一物而万理皆知?”曰：“怎生便会该通? 若只格一物便通众理，虽颜子亦不敢如此道。须是今日格一件，明日又格一件，积习既多，然后脱然自有贯通处。”⑥

此话有几层意思。一层是，格一物便通众理，即使像颜渊那样的贤

---

① 《河南程氏遗书》卷十九，《二程集》，247页。

② 《河南程氏外书》卷四，《二程集》，372页。

③ 《人物篇》，《河南程氏粹言》卷二，《二程集》，1268页。

④ 《河南程氏遗书》卷二十二上，《二程集》，277页。

⑤ 《河南程氏遗书》卷二十五，《二程集》，316页；另见《论学篇》，《河南程氏粹言》卷一，《二程集》，1197页，与《遗书》相似。

⑥ 《河南程氏遗书》卷十八，《二程集》，188页。

人也做不到。二层是，由于格物通理甚难，只能今日格一件，明日格一件，一件一件地格，渐渐积习。三层是，格物积累既多，然后才能“脱然贯通”。“人要明理，若止一物上明之，亦未济事，须是集众理，然后脱然自有悟处。”① 又说：“物不必谓事物然后谓之物也，自一身之中，至万物之理，但理会得多，相次自然豁然有觉处。”② 这里所说的“脱然自有悟处”、“豁然有觉处”等，即是“豁然贯通”的顿悟，于是一通百通，皆可理照。然而，二程认为“积习”是认知过程中必不可少的阶段。程颐说：“虽颜子亦只能闻一知十，若到后来达理了，虽亿万亦可通。”③ 颜渊尚且闻一知十，不能无“积习”工夫便能脱然贯通，只有到“豁然有觉”而“达理”时，才能“亿万可通”。由“积习”到“贯通”，把人的认知看成是一个过程，包含了人类认知心理的合理因素。不过二程的这种说法，又与佛教中的“渐修”与“顿悟”相类。程颐有这样一段话：

> 问：“释氏有一宿觉言下觉之说，如何？”曰：“何必浮图，孟子尝言觉字矣。曰：‘以先知觉后知，以先觉觉后觉。’知是知此事，觉是觉此理。古人云：‘共君一夜话，胜读十年书。’若于言下即悟，何啻读十年书？”④

孟子讲“觉”，佛教讲“悟”，二程既讲“觉”处，又讲“悟”处，实是把儒、释圆通了。

“致知”在“格物”，“今人欲致知，须要格物”⑤。“致知”与“格物”的关系是：“致知”是“格物”的深化，“格物”是“致知”的基础。“格物致知”是同一认知过程的不同阶段。

何谓“致知”?《遗书》记载：

> 先生言：且未说到持守。持守甚事？须先在致知。致知，尽知也。穷理格物，便是致知。⑥

“致知”便是“尽知”，“致”有“尽”的意思，也有推致之义。“穷

---

① 《河南程氏遗书》卷十七，《二程集》，175页。
② 同上书，181页。
③ 《河南程氏遗书》卷十九，《二程集》，247页。
④ 《河南程氏遗书》卷十八，《二程集》，196页；上一句另见《论道篇》，《河南程氏粹言》卷一，《二程集》，1180页。
⑤ 《河南程氏遗书》卷十七，《二程集》，181页。
⑥ 《河南程氏遗书》卷十五，《二程集》，171页。

理”、“明理”则是“致知”的目的。“问：‘何以致知？’曰：‘在明理。或多识前言往行，识之多则理明，然人全在勉强也。’”①

所谓“知”，是指吾所固有的知识。程颐说：

> 知者，吾之所固有，然不致则不能得之。而致知必有道，故曰：“致知在格物。”②
>
> “致知在格物”，非由外铄我也，我固有之也。因物有迁，迷而不知，则天理灭矣，故圣人欲格之。③

“知”是我所固有，非由感官和外界事物相接触得来。既然我所固有，又何必去格物，岂非自相矛盾！为摆脱这种困境，程颐自圆其说，称因被外物所迁，迷惑而不知，我所固有的知识被遮盖了，所以不致便不能得之。“致知”之途径，就是通过“格物”“积习”的工夫，以恢复我所固有的知识。

由此，他们把人的知识分为两类：一类是所谓“闻见之知”，一类是所谓“德性之知”。程颐说：

> 闻见之知，非德性之知。物交物则知之，非内也，今之所谓博物多能者是也。德性之知，不假闻见。④

这段话几乎与张载的说法一样。“闻见之知”是“物交物”而知，第一个物是指主体的感觉器官，眼、耳、鼻、舌、身等；第二个物是指外在客体对象。这就是说，“闻见之知”有主体与客体之分，是主体感官通过与客体外物相接触得来。二程说：

> 见闻之知，乃物交而知，非德性所知。⑤
>
> 闻见之知非德性之知，德性所知，不假闻见。⑥

“见闻之知”，并非先验的知识，是主体耳目感官与客体对象的能动作用而获得，因此，强调“多闻”。“多闻识者，犹广储药物也，知所用为贵。”⑦ “人之蕴畜，由学而大，在多闻前古圣贤之言与行，考迹以观其用，察言以求其心，识而得之。”⑧ 如何“由学而大”？

---

① 《河南程氏遗书》卷十八，《二程集》，188～189页。

②③ 《河南程氏遗书》卷二十五，《二程集》，316页。

④ 同上书，317页。

⑤ 《心性篇》，《河南程氏粹言》卷二，《二程集》，1253页。

⑥ 同上书，1260页。

⑦ 《论学篇》，《河南程氏粹言》卷一，《二程集》，1199页。

⑧ 《大畜卦》，《周易程氏传》卷二，《二程集》，828～829页。

便需要“多闻”、“考迹”、“察言”等三个步骤；同时还需问，“耻不知而不问，终于不知而已。以为不知而必求之，终能知之矣”①。除了直接经验外，二程也重视间接经验，因而，又强调“学”。“人初生，只有吃乳一事不是学，其他皆是学，人只为智多害之也。”② 吃乳是人的本能，它与羊牛会吃乳一样，是“良能”。“万物皆有良能，如每常禽鸟中，做得窠子，极有巧妙处，是他良能，不待学也。”③ 做窠，是鸟的本能。当然，人除了其主导方面即社会性外，还有其自然性方面，即目能视，口能食等等。此外，知识都是后天学习得来的。《遗书》记载：“生而知之，学而知之，亦是才。问：‘生而知之要学否?’先生曰：‘生而知之固不待学，然圣人必须学。’”④ 生而知之不待学，似指人的自然性。程颐以“圣人”亦要学，这便打破了知识的先验性和“圣人”的神秘性。如何学习？必须持之以恒，知难而进。“士之于学也，犹农夫之耕。农夫不耕则无所食，无所食则不得生。士之于学也，其可一日舍哉?”⑤ 锲而不舍，才能日新日进。“君子之学必日新，日新者日进也。不日新者必日退，未有不进而不退者。”⑥ “学者求有益，须是日新。”⑦ 学须日新，不进则退。二程关于“见闻之知”及“学”的论述，无疑是有价值的。

程颐认为，当时北宋为学之弊有三：“一溺于文章，二牵于训诂，三惑于异端。”“苟无此三者，则将何归？必趋于道矣。”⑧ 既溺词章训诂，又陷于释、老，而于“道”无补。基于此，二程主张专“一”。“君子之学贵一，一则明，明则有功。”⑨ 专“一”，即一于儒家之学。

二程讲耳目见闻和问学等，似与其“知者吾之所固有”及不假见闻的“德性之知”相冲突，可见其知识论上的不严密和混乱。然而，二程既讲格物致知，就不能不讲今日格一件，明日格一件的积习工夫，这样就必然导致在知识论上讲“闻见之知”。所以，尽管存在冲突，但又是其哲学逻辑结构的需要。

---

① 《论学篇》，《河南程氏粹言》卷一，《二程集》，1199 页。

②③ 《河南程氏遗书》卷十九，《二程集》，256 页。

④ 同上书，253 页。

⑤ 《河南程氏遗书》卷十八，《二程集》，189 页。

⑥ 《河南程氏遗书》卷二十五，《二程集》，325 页。

⑦ 《河南程氏遗书》卷十九，《二程集》，247 页。

⑧ 《河南程氏遗书》卷十八，《二程集》，187 页。

⑨ 《论学篇》，《河南程氏粹言》卷一，《二程集》，1198 页。

同时，还存在一种不用与外物接触而获得的先天固有的知识，即“德性之知”。“德性所知，不待于闻见”①，是一种超感觉、超经验的知识。既讲“见闻之知”，又讲“德性之知”，这是一个统一哲学体系中的两个面向，乃是知识来源上的二元论和形而上学的理一元论哲学形态。在中国古代哲学上是一种特殊的形态，但在宋明理学家中又带有共性，张载是这样，后来的朱熹亦如是。这便是感性形态和理性形态的结合。

2.“穷理”

“穷理”是“格物致知”的终极宗旨。二程说：

> 理则须穷，性则须尽，命则不可言穷与尽，只是至于命也。横渠昔尝譬命是源，穷理与尽性如穿渠引源。然则渠与源是两物，后来此议必改来。②

“穷理”、“尽性”以“至于命”，张载认为，三者之间是认识的不同阶段：“须是穷理，便能尽得己之性，则推类又尽人之性；既尽得人之性，须是并万物之性一齐尽得，如此然后至于天道也。”③ 其义之次序为“穷理”——“尽性”——“天道”（“命”），二程认为三者只是一事。程颢说：“穷理尽性以至于命，三事一时并了，元无次序，不可将穷理作知之事。若实穷得理，即性命亦可了。”④ 程颐亦说：“穷理尽性至命，只是一事。才穷理，便尽性；才尽性，便至命。”⑤ 二程以“理”为形而上范畴，“理”即“道”，即“天”，即“性”，故以三者为一⑥。张载以“太虚”或“气”为形而上范畴，“理”、“性”、“命”便是不同方面的不同范畴，因此有异。

“穷理”是明其所以然。“穷物理者，穷其所以然也。天之高，地之厚，鬼神之幽显，必有所以然者。苟曰天惟高耳，地惟厚耳，鬼神惟幽显耳，是则辞而已，尚何有哉?”⑦ 只讲天高、地厚不够，“穷理”就是穷其天所以高，地所以厚的“理”。此其一。其二是

---

① 《心性篇》，《河南程氏粹言》卷二，《二程集》，1253页。

② 《河南程氏遗书》卷二上，《二程集》，27页。

③ 《河南程氏遗书》卷十，《二程集》，115页。

④ 同上书，15页。

⑤ 《河南程氏遗书》卷十八，《二程集》，193页。

⑥ “理也，性也，命也，三者未尝有异。穷理则尽性，尽性则知天命矣。天命犹天道也，以其用而言之则谓之命，命者造化之谓也。”（《河南程氏遗书》卷二十一下，《二程集》，274页）

⑦ 《人物篇》，《河南程氏粹言》卷二，《二程集》，1272页。

"明善"。"要在明善，明善在乎格物穷理。"[①] 知其"所以然之理"和"明善"，此两者是"穷理"的现实价值。

"穷理"的途径"亦多端"，"如千蹊万径，皆可适国，但得一道入得便可"[②]。譬如读书讲明义理，论古今人物别其是非，应接事物而处其当，都属于"穷理"的范围，但"穷理"一重要途径是"类推"。"格物穷理，非是要尽穷天下之物，但于一事上穷尽，其他可以类推。"[③] 其能"类推"的前提是："所以能穷者，只为万物皆是一理，至如一物一事，虽小，皆有是理。"[④] 本体"理"（"一理"）与事物之"理"（"万理"）是共同的"理"，而非别有一个"理"。因此，穷一物之"理"，便可知本体之"理"。个别"穷理"，类推而及整体"理"。这样便由"格物致知"而达到"穷理"，完成了由"物"到"理"的自我复归。

3. "知"与"行"

"格物致知"论，其实质是"知先"论。在中国哲学史上，"知行"关系是颇为哲学家所关注的问题，但较系统地论述"知先行后"的，恐还是宋代道学家，由二程到朱熹，这一论述形成了体系。

二程论述"知"与"行"关系，包含三方面意思：一是知本行次，二是知先行后，三是行难知亦难。

首先，"知本行次"论。程颐说：

> 君子以识为本，行次之。今有人焉，力能行之，而识不足以知之，则有异端者出，彼将流宕而不知反。[⑤]
>
> 学以知为本，取友次之，行次之，言次之。[⑥]
>
> 知至则当至之，知终则当遂（一无遂字）终之，须以知为本。[⑦]

"知"为本，"行"次之。如果"力行"而"不知"，则会流入异端；不以"知"为本，而"务观物理"，就如同"泛然正如游骑无所归也"[⑧]，其结果便不能达到"知至"以"穷理"的目标。因此，"知"本"行"末，即以"知"为根本，"行"为从属，重知轻行跃然

① 《河南程氏遗书》卷十五，《二程集》，144 页。

②③④ 同上书，157 页。

⑤ 《河南程氏遗书》卷二十五，《二程集》，320 页。

⑥ 同上书，324 页。

⑦ 《河南程氏遗书》卷十五，《二程集》，164 页。

⑧ 《河南程氏遗书》卷七，《二程集》，100 页。

纸上。

其次，“知先行后”论。程颐说：

> 须是识在所行之先，譬如行路，须得光照。①
>
> 君子之学，必先明诸心，知所养（一作往），然后力行以求至，所谓自明而诚也。②
>
> 知至是致知，博学、明辨、审问、慎思，皆致知；知至之事，笃行便是终之。如始条理，终条理，因其始条理，故能终条理，犹知至即能终之。③

为何“知在行先”？他作这样论证：如行路，必先知得路。“譬如人欲往京师，必知是出哪门，行哪路，然后可往。如不知，虽有欲往之心，其将何之?”④“知”得行哪条路，然后才能走，不知路，即使你有想到京师的心思，也无法去。“知”是“行”的指导，“行”是“知”的实施；为学之次序是，先“博学”、“明辨”、“审问”、“慎思”，后“笃行”，“学”、“辨”、“问”、“思”是属于“知”的范畴，“笃行”属于“行”的范畴，不先“学”、“辨”、“问”、“思”，便无法去“行”。君子之学，先“明心知养”，然后“力行”，如欲行“孝”，必须先知所以为“孝”的道理，如何侍奉才达孝的要求，才能去行“孝”，去尽“孝道”。否则即使去行了，也不是尽“孝道”。在这里二程把“知”与“行”归结为道德原则与履行之间的关系，强调知的层面。譬如知路后走路，是主观见之于客观，思想转化为行为。固然，只有认得路才能走路，但路是怎样知得的？便不是“知”在“行”先，而是“行”在“知”先。“知”始于“行”，依赖“行”，以“行”为基础。因为路是人走出来的，“知”来源于“行”。最初的路，就是经过人们无数次失败和成功的实践，而后才踏出来的。路对后人来说是间接经验，而对最初开辟道路的人来说，却为直接经验。二程是把人们认识的实践——认识——实践整体全过程中一个环节抽出来，以“知”——“行”（知路——行路）来否定“行”——“知”——“行”，而做出知在行先的体认的。

再次，“行难知亦难”论。程颐说：

---

① 《河南程氏遗书》卷三，《二程集》，67页。
② 《颜子所好何学论》，《河南程氏文集》卷八，《二程集》，577页。
③ 《河南程氏遗书》卷十五，《二程集》，164页。
④ 《河南程氏遗书》卷十八，《二程集》，187页。

故人力行，先须要知。非特行难，知亦难也。《书》曰：“知之非艰，行之惟艰。”此固是也，然知之亦自艰。……以此见知之亦难也。①

敢于与儒家经典《尚书》所言“知之非艰，行之惟艰”唱反调，提出“知难行难”说，颇为可贵，表现了“道学”革新旧儒学的精神。后来朱熹觉得这样讲太过，便提出“行重知轻”论，以修正程颐“行难知亦难”说。② 但二程的“行难知亦难”是其“知本行次”、“知先行后”的贯彻，如果是彻底的贯彻，则应该是“知难行易”，而不应是“两难”。二程之所以提出“知行两难”，本已是对《尚书》“知易行难”的让步。其称：“古之言‘知之非艰’者，吾谓知之亦未易也。今有人欲之京师，必知所出之门，所由之道，然后可往。未尝知也，虽有欲往之心，其能进乎？后世非无美材能力行者，然鲜能明道，盖知之者难也。”③ 其实，强调“知难”，就是要突出“知”为本、为先的主导价值，就蕴涵了“行非难”的意思，只不过没有明确提“知难行易”而已。

二程在知行关系的论述中，真正接触到了“知”与“行”的相互依赖、相互联系等问题，其间有两层意思。从“知”与“行”相互联系而言，二程认为“行”依赖于“知”，“知”依赖于“行”，不可分离。他说：

知之深，则行之必至，无有知之而不能行者。知而不能行，只是知得浅。④

“知”有深浅，“行”有“至”与“不至”。只要“知”得深，而无不能“行”者，因此“知”得便“行”得。他说：“人谓要力行，亦只是浅近语。人既能（一作有）知见，岂有不能行？一切事皆所当为，不必待著意做。才著意做，便是有个私心。”⑤ 有知见，便能行，所当为之事，就自然去做，不必著意用力。“知”而“不行”那是一种特殊的情况，譬如“饥而不食乌喙，人不蹈水火，只是知”⑥。乌喙不可食，水能淹死人，火能烧死人，人们知道了这个道理，即使饥

① 《河南程氏遗书》卷十八，《二程集》，187页。
② 参见拙著：《朱熹思想研究》，第八章，447～448页。
③ 《论学篇》，《河南程氏粹言》卷一，《二程集》，1192页。
④ 《河南程氏遗书》卷十五，《二程集》，164页。
⑤ 《河南程氏遗书》卷十七，《二程集》，181页。
⑥ 《河南程氏遗书》卷十五，《二程集》，164页。

饿，也不吃乌喙，不去蹈水火。当然，这种知的获得，是由于前人曾中毒而死、被水淹死、被火烧死等实践而得的认识。知愈明白，行愈果断。反之，不知不能行。他说：

> 到底，须是知了方行得。若不知，只是觑却尧学他行事。无尧许多聪明睿知，怎生得如他动容周旋中礼？有诸中，必形诸外。德容安可妄学？……须是知所以亲亲之道方得。未致知，便欲诚意，是躐等也。学者固当勉强，然不致知，怎生行得？勉强行者，安能持久？①

"有诸中"，才能形诸外，"中"是内在的原因，"外"指表现于外在的结果。如若"知"是内在的原因，"行"是外在的结果，则无原因便无结果，不"知"便无所谓"行"，"知行"相依。假如不"知"而"行"，便是躐等，它与不按《大学》"格物"、"致知"、"诚意"、"正心"、"修身"、"齐家"、"治国"、"平天下"八条目的次序而行一样，是不能颠倒或躐等的。

从"知"之"真"、"常"对"行"的作用而言。二程认为，"知"有"真知"和"常知"之别，"行"有"至"和"不至"之分。程颐说：

> 真知与常知异。常见一田夫，曾被虎伤，有人说虎伤人，众莫不惊，独田夫色动异于众。若虎能伤人，虽三尺童子莫不知之，然未尝真知。真知须如田夫乃是，故人知不善而犹为不善，是亦未尝真知。若真知，决不为矣。②

田夫即猎人，曾被老虎咬伤。他对于虎能伤人的认识，就与众人不同。如果说众人对虎伤人是属于"常知"的话，则田夫为"真知"，因为他有亲身的体验。由此而见，所谓"常知"是指"闻知"，即间接经验知识；"真知"是指"亲知"，即直接经验知识。直接经验来自实践。"向亲见一人，曾为虎所伤，因言及虎，神色便变。傍有数人，见佗说虎，非不知虎之猛可畏，然不如佗说了有畏惧之色，盖真知虎者也。学者深知亦如此。且如脍炙，贵公子与野人莫不皆知其美，然贵人闻著便有欲嗜脍炙之色，野人则不然。学者须是真知，才知得是，便泰然行将去也。"③ 这

---

① 《河南程氏遗书》卷十八，《二程集》，187页。
② 《河南程氏遗书》卷二上，《二程集》，16页。
③ 《河南程氏遗书》卷十八，《二程集》，188页。

里除以虎伤人之例外，又以脍炙为例。知脍炙为美，则公子哥儿与乡野之人皆同，但乡野之人没有吃过，感受不同，属于“常知”；贵公子食脍炙的亲身体验，属于“真知”，只有亲口尝一尝，才真知其味。因为“真知”来自实践，所以“行”起来泰然自若。程颐的这些观点，显然与“知者吾所固有”的先验论相对待，亦与“知本行末”、“知先行后”论相抵牾。与“常知”相较，“真知”更重要，由此可以逻辑地推导出直接经验知识比间接经验知识更重要，由实践而得“真知”比闻知的“常知”更真实。如此便会得出行本知末或行先知后的观点，而否定其知识论的基本命题。这是其逻辑结构体系内部的冲突。

至于检验是否“真知”的标准，也是“行”。如人知不善而犹行不善，是由于“未真知”，若“真知”，是决不为的。“行”与“不行”，即可证明“真知”或“未真知”。

二程从上述两方面论述了“知行”相互联系，即“知”与“行”的统一性。黄宗羲曾评论说：“伊川先生已有知行合一之言矣。”① 这是颇有见地的。

“知”与“行”的关系在由“物”——“理”的自身回归过程中，即在“格物穷理”中，知善行善，“知理”行“理”，“知循理”而“乐循理”，以辨实是、实非。程颐说：“实是实非能辨，则循实是，天下之事归于一是，是乃理也，循此理乃可进学至形而上者也。”② 万物皆有“理”，循“实是”去识知，则“万理”归一；循万物之“理”，便可至于形而上学之“理”，从而完成了由“物”——“理”的逻辑结构。

（五）二程哲学的异同

二程均认为，在“格物穷理”的过程中，是要划分认识主体与认识客体的。耳目心思都属认识主体，但它们之间亦是“相须”的。“有两物而必相须者，心无目不能视，目无心不能识也。”③ 两者相须而构成能视、能识的认识主体；作为认识主体的认识对象都是有理的，“万物皆有理，顺之则易，逆之则难，各循其理，何劳于己力哉？”④ 因为

① 《伊川学案》，《宋元学案》卷十五。
② 《河南程氏外书》卷一，《二程集》，351页。
③ 《心性篇》，《河南程氏粹言》卷二，《二程集》，1260页。
④ 《河南程氏遗书》卷十一，《二程集》，123页。

万物都有理，便具有能被认识主体认识的可能。“循其理”，客体是能够被主体所认识的。二程之异就在于，当认识主体在“穷理”之后回归到“理”的逻辑过程中，程颢强调了“有我”，程颐则讲“无己”。程颢说：

“万物皆备于我矣，反身而诚，乐莫大焉。”不诚则逆于物而不顺也。①

“万物皆备于我”，不独人尔，物皆然。都自这里出去，只是物不能推，人则能推之。……百理俱在，平铺放著。②

万物皆备于我。心与事遇，则内之所重者更互而见，此一事重，则此一事出。惟能物各付物，则无不可矣。③

“万物皆备于我”，依程颢的理解是，万物本体之“理”与“我”浑然一体。他并没有解决万物如何皆备于我的问题，到陆九渊要其学生徐仲诚在槐堂冥思一月，以“镜中观花”比喻“万物皆备于我”时，万物如何皆备于我心的问题才较明确，但程颢“都自这里出去”、“心与事遇，则内之所重者更互而见”，不能不说是对陆九渊的启迪。此其一。人与物都自“我”这里出去，这是人与物之共相。而人与物之别是，人能推致其“理”，而禽兽却恁自然，不能推致。“‘万物皆备于我’，此通人物而言。禽兽与人绝相似，只是不能推。然禽兽之性却自然，不待学，不待教，如营巢养子之类是也。”④ 是说人为万物之灵，有主观能动性，所以有别于禽兽而能推己及人及物。此其二。其三，既然谓万物之“理”与“我”一体，一于“理”还是一于“我心”？程颢认为一于“我心”。他说：“天地本一物，地亦天也。只是人为天地心，是心之动，则分了天为上，地为下，兼三才而两之，故六也。”⑤ 又说：“尽己心，则能尽人尽物，与天地参，赞化育，赞则直养之而已。”⑥ 天地为一物，人为天地之心，把“物”融于“心”，由于心的能动，而分天、地、人三才；万物有理，

---

① 《河南程氏遗书》卷十一，《二程集》，129 页。

② 《河南程氏遗书》卷二上，《二程集》，34 页。

③ 《人物篇》，《河南程氏粹言》卷二，《二程集》，1270 页。《河南程氏粹言》为张栻编辑而成。张栻在乾道丙戌（公元 1166 年）作的序中说：“夫子（程颐）之兄，讳某，谥明道先生，亦时有言行录于其间。”（《二程集》，1167 页）故判定此段话为程颢所说。

④ 《河南程氏遗书》卷二下，《二程集》，56 页。

⑤ 《河南程氏遗书》卷二下，《二程集》，54 页。

⑥ 《河南程氏遗书》卷五，《二程集》，78 页。

入“理”于“心”，“尽己心”便能尽人尽物，参天地，赞化育。这样便以“我心”为基础，统一“理”、“天”、“地”、万物，把认识客体融于“我心”，便倾向于心本论。

如果说程颢以主体与客体的合一，以一于“心”为归宿的话，那么，程颐则强调本体的自我回归。因而，他只是视主体（“心”）为对形而上本体（“理”）的体认，而提出了与程颢不同的主张。他说：

> “赞天地之化育”，自人而言之，从尽其性至尽物之性，然后可以赞天地之化育，可以与天地参矣。言人尽性所造如此。若只是至诚，更不须论。所谓“人者天地之心”，及“天聪明自我民聪明”，止谓只是一理，而天人所为，各自有分。①

这段话有两层意思。一是，“赞天地之化育”是二程所同，然程颢只说“尽己心，则能尽人尽物”，归于“心”，而不涉“性”。程颐却说自人言，“从尽其性至尽物之性”，而“性即理”。如若程颢由“己心”而推致人与物，而以“心”融客体人与物，则程颐以人言，尽性、尽物性，这里的“尽性”即“穷理”的代词，融心于“理”，归于“理”。二是，“人者天地之心”为二程所赞同，程颢以“心之动”，分天为上，地为下，“心”主宰天地，天地一于“心”。程颐却十分明确地说，“止谓只是一理”，讲“理”而不讲“心”，并认为“天人所为，各自有分”，不是人心能使天地分为上下。融“己心”于“理”而一于“理”。“大而化，则己与理一，一则（一无此字）无己。”② 又说：“‘大而化之’，只是谓理与己一。其未化者，如人操尺度量物，用之尚不免有差，若至于化者，则己便是尺度，尺度便是己。颜子正在此，若化则便是仲尼也。”③ 主体“己”（“我心”）与本体“理”的合一，一于“理”而“无己”，“己”便融在“理”中了。尽管这个“大化”分为“未化”与“化”两个阶段：“未化”时，“理”与“己”未一，尺度与人为二；“化”便是“理”与“己”一，尺度与己合一。由于二程在其哲学逻辑结构运动过程中的归宿点不同，因而，严格地说应加以区别。

程颢以“理”为“心”，强调“万物皆备于我”的“我心”，而

---

① 《河南程氏遗书》卷十五，《二程集》，158 页。

② 同上书，143 页。

③ 同上书，156 页。

倾向心本论；程颐以“理”为“道”、“天”，消“我”入“理”（“道”、“天”），倾向于理本论。他们各自启迪了陆九渊和朱熹哲学逻辑结构的构筑。

二程哲学逻辑结构的区别可图示为：

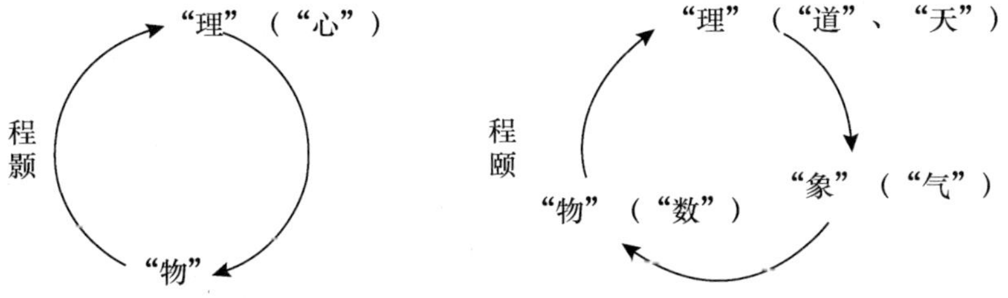

由此，二程在对一些范畴的解释上都有差别，并围绕“有我”与“无己”这样一个核心问题而展开。

首先，从“理”来看。程颢以“理”与“心”同，程颐则认为“理”包“心”而一于“理”。程颢说：

> 曾子易箦之意，心是理，理是心，声为律，身为度也。①
>
> 理与心一，而人不能会之为一。②

这里程颢虽讲的是曾子易箦之意，然从其表述来看，他是同意这种观点的。因此，“心是理，理是心”，“理与心一”，而实开启了陆九渊、王守仁的“心即理”说。顾諟说：“心即理也，与心即道也，如出一口。阳明先生因后人求理于事物，故屡屡提掇此义，不知者遂骇为特创耳。”③ 这说法是有道理的。程颢的“心是理”说，是融“理”于“心”，“心”还是主导，所以仍是“有我”。

程颐亦同意“己”与“理”为一。《遗书》记载：

> 问释氏理障之说。曰：“释氏有此说，谓既明此理，而又执持是理，故为障。此错看了理字也。天下只有一个理，既明此理，夫复何障？若以理为障，则是己与理为二。”④

佛教执持此“理”为障，程颐认为，“己”与“理”本非二，哪有执持不执持？“理”只有一个，主体（“心”）体认本体“理”，便是本

① 《河南程氏遗书》卷十三，《二程集》，139页。

② 《河南程氏遗书》卷五，《二程集》，76页；另见《心性篇》，《河南程氏粹言》卷二，《二程集》，1254页，相似。

③ 《伊川学案》，《宋元学案》卷十五。

④ 《河南程氏遗书》卷十八，《二程集》，196页。

体自身的回归，自无“执持是理”的问题。问题却在于，一于“理”，还是一于“心”？程颐认为，最终是为了体认“理”，归于“理”。他说：“观物理，于察己之理明，则无往而不识矣。”① “观物理”、“察己”，是讲主体的体认，体认的目的是“明理”，“理明”而无往不识。

其次，对“道”的解释，与“理”有相似之处。程颢以“道”与己“心”一，不为二，一于“心”。《遗书》记载：

> 王彦霖问：“道者一心也，有曰‘仁者不忧’，有曰‘知者不惑’，有曰‘勇者不惧’，何也？”曰：“此只是名其德尔，其理一也。得此道而不忧者，仁者之事也；因其不忧，故曰此仁也。知、勇亦然。……但此三者，达道之大也。”②

“道”与“心”一。所谓“仁”、“知”、“勇”，只是“名德”。得此道而“不忧”、“不惑”、“不惧”，是因为“仁”、“知”、“勇”的缘故。“仁”、“知”、“勇”之“道”，存乎“心”，由“心”所发，故“道”一于“心”。这虽是答问，但程颢实与王氏的意蕴同。譬如程颢和韩持国论“克己复礼”，程颢说：“如公之言，即是一人自指其前一物，曰此道也。他本无可克者。若知道与己未尝相离，则若不克己复礼，何以体道？道在己，不是与己各为一物，可跳身而入者也。克己复礼，非道而何？至如公言，克不是道，亦是道也。实未尝离得，故曰‘可离非道也’，理甚分明。”③ “道与己”未尝相离，“克己复礼”体现了“道”，“道”通过“克己复礼”来表现。所以说“可离非道也”。因其不离，便融“道”于“己”，非各为一物。跳身而入者，入“道”而归于“己”也，便是“有我”。

程颐以“道”与“心”浑然一体，此与程颢相似。他说：“‘人心惟危，道心惟微。’心，道之所在；微，道之体也。心与道，浑然一也。对放其良心者言之，则谓之道心；放其良心则危矣。‘惟精惟一’，所以行道也。”④ “心，道之所在”，并非“心”包“道”，以“心”融“道”，而是“心”为“道”之方所，即所处的地方、场所。这样，“心”与“道”，虽浑然为一，但并非“心”就是“道”，“道”

---

① 《人物篇》，《河南程氏粹言》卷二，《二程集》，1263 页。

② 《河南程氏遗书》卷一，《二程集》，2 页。

③ 同上书，3 页。

④ 《河南程氏遗书》卷二十一下，《二程集》，276 页。

即是“心”。由“心”而体“道”，“心”与“道”不离而又不杂。他说：

> 道不远人，不可须臾离也，此特为始学者言之耳。论道之极，无远也，无近也，无可离不可离也。①

“道”与人，不可一刻相离。“道”无远亦无近，不可相离，是讲“不离”，但又“不杂”。他说：

> 识道以智为先，入道以敬为本。夫人测其心者，茫茫然也，将治心而不知其方者，寇贼然也。②
>
> 立言，所以明道也。言之，而知德者厌之，不知德者惑之，何也？由涉道不深，素无涵蓄尔。③

主体“心”识“道”、入“道”，须以“智先”和“以敬为本”。故“道”与人心并不相同。体“心”识“道”或“明道”，非以“心”与“道”同，而以“道”为最高范畴。因此，“道”与人心或“己”不杂。这样便以“道”在“己”外或“心”外，而倾向道本、理本论。

再次，从“天”而言，程颢以“天人无二”，“天”归于人，程颐以“天人无二”，而归于“天”。程颢说：“天人本无二，不必言合。”④ 天人原无二，所以无所谓合，故“有我”。程颢认为“不必言合”，程颐则认为有合。他说：“合天人，通义命，此大贤以上事。”⑤“合天人”是“人”合于“天”，而非“天”合于“人”。“圣人之心，与天为一。或者滞心于智识之间，故自见其小耳。”⑥ 又载：“或问：‘天民与大人之道何以异？’子曰：‘顺天而行道者，天民也；顺天而为政者，天吏也；大人则进乎此矣。’”⑦ 人“顺天而行”，“顺天为政”，是“圣心”与“天”一，一于“天”，故“无己”。这是程颐以“道”、“理”、“天”相类的哲学逻辑结构的贯彻。

最后，对“气”的不同解释。程颢认为“浩然之气”是“吾

---

① 《论道篇》，《河南程氏粹言》卷一，《二程集》，1182页。
② 同上书，1183页。
③ 同上书，1169页。
④ 《河南程氏遗书》卷六，《二程集》，81页。
⑤ 《河南程氏外书》卷七，《二程集》，392页。
⑥ 《心性篇》，《河南程氏粹言》卷二，《二程集》，1261页。
⑦ 《人物篇》，《河南程氏粹言》卷二，《二程集》，1266页。

气”，程颐则认为是天地之气。程颢引用孟子的话说：

> 我善养吾浩然之气。其为气也，至大至刚，以直养而无害，则塞乎天地之间。①

“浩然之气”乃是我培养的。因此称“浩然之气，乃吾气也。养而无害，则塞乎天地”②。“吾之浩然之气”，充塞宇宙之间，大有以“吾气”囊括宇宙天地之势，便是“有我”，而倾向主心论。

程颐与程颢异。程颐说：“浩然之气，天地之正气，大则无所不在，刚则无所屈，以直道顺理而养，则充塞于天地之间。‘配义与道’，气皆主于义而无不在道，一置私意则馁矣。‘是集义所生’，事事有理而在义也，非自外袭而取之也。”③ 他认为“浩然之气”是“天地之正气”，即非“吾气”。它无所不在，具有普遍性；无所屈，具有刚强性，非“吾气”所能包容。所谓“充塞天地”，那是“气充”而非我充。“且气自是气体所充，自是一件事。”④ 程颐不讲“吾气”，可见其“无己”。

总之，从二程的哲学逻辑结构而言，有其大同，亦有其异。黄百家说：

> 先生（程颢）自道：“天理二字，是我自家体贴出来。”而伊川亦云：“性即理也。”又云：“人只有个天理，却不能存得，更做甚人。”两先生之言，如出一口，此其为学之宗主，所以克嗣续洙泗，而迥异乎异氏之灭绝天理者也。⑤

黄百家认为，二程之同，是“为学之宗主”，这是颇有见地的。所谓“为学宗主”，即指其哲学逻辑结构的本质方面。因此，当黄宗羲论其异时，亦首先肯定其同。他说：“明道、伊川大旨虽同，而其所以接人，伊川已大变其说，故朱子曰：‘明道宏大，伊川亲切。大程夫子当识其明快中和处，小程夫子当识其初年之严毅，晚年又济以宽平处。’是自周元公主静立人极开宗，明道以静字稍偏，不若专主于敬，然亦唯恐以把持为敬，有伤于静，故时时提起。伊川则以敬字

---

① 《河南程氏遗书》卷十一，《二程集》，117 页。

② 《明道学案》，《宋元学案》卷十三。

③ 《河南程氏遗书·拾遗》卷一，《二程集》，11 页。在此段话下有一个附注：“杨遵道所录伊川语中，辨此一段非明道语。”今采此说，定其为程颐语。

④ 《河南程氏遗书》卷十八，《二程集》，207 页。

⑤ 《明道学案》，《宋元学案》卷十四。

未尽，益之以穷理之说，而曰‘涵养须用敬，进学在致知’。……两程子接人之异，学者不可不致审焉。”① 程颢专主敬，程颐益以“穷理”，此其一；程颢“明快中和”，程颐“严毅宽平”，此其二。黄宗羲明二程异之所在，实乃当的之见。

三、二程的政治伦理学说

二程从其哲学逻辑结构出发，为其政治论和伦理道德论作论证。政治论和伦理道德论是其哲学逻辑结构的贯彻和展开。

（一）“君尊民卑”的政治论

唐末五代以来，学术界佛、道之学盛行，儒学无力抗衡，政治上战乱频仍，伦常道德丧绝。佛道的无君无父又与当时伦常毁坏相暗合，而起着推波助澜的作用。因此，韩愈批佛曾经意识到这个问题的严重性，宋初三先生亦有此感。但韩愈等人之失在于仅看到佛教与伦常的对待，而没有意识到佛教理论的思辨和精致。张载首先向佛教理论发难，而二程亦同时直指佛学的“高深”理论。“释氏之学，又不可道他不知，亦尽极（一作及）乎高深。然要之卒归乎自私自利之规模。”② 由于觉其“高深”，而体验到其害之重。“杨、墨之害，甚于申、韩，佛氏之害，甚于杨、墨。”③ 要改变“人多向之”④ 的情境，必须构筑更为“高深”的哲学体系，也只有这样，才能给予伦理纲常以更强大的理论威力。朱熹评论说：“本朝欧阳公排佛就礼法上论，二程就理上论。”⑤ 张载和二程肩负了此一任务，而成为“道学”的奠基者。

宋代结束了五代十国分裂割据的局面，建立了统一的中央集权的君主专制制度。为此，作为二程哲学逻辑结构形而上范畴的“理”或称“道”、“天理”，便下降人间，使现实的政治“天理”化；现实政治提升为“天理”，使“天理”政治化，政治与哲学合而为一。

---

① 《伊川学案》，《宋元学案》卷十六。

② 《河南程氏遗书》卷十五，《二程集》，152 页。

③ 《论道篇》，《河南程氏粹言》卷一，《二程集》，1179 页。

④ 《河南程氏遗书》卷二下，《二程集》，50 页。

⑤ 《朱子语类》卷一二六。

社会政治制度中的尊卑、上下等级便是“天理”的体现。程颐说：

> 公侯上承天子，天子居天下之尊，率土之滨，莫非王臣，在下者何敢专其？凡土地之富，人民之众，皆王者之有也，此理之正也。①
>
> 天在上，泽居下，上（一作天）下之正理也。……君子观履之象，而分辨上下，使各当其分，以定民之心志也。②

天子居尊位，相对于天子来说，公侯、人民都是卑的。土地、人民都是王所有，是王臣。尊卑之分，上下之辨，乃是“正理”。

天子之所以居尊位，而专有土地人民，是因为“王者体天之道”③。所以，“君道即天道也”④。“君德即天德也。”⑤“天人合一”，实即“君道”与“天道”、“君德”与“天德”、君自身与天合而为一。在这个意义上说，“天谓王也”⑥。人们尊王、“忠”于王，便是合乎“理”（“天道”）的行为，也为“天理”所要求。

君与臣的关系应该是，君要亲附天下臣民，臣民对君要竭其忠诚。程颐说：“人君比天下之道，当显明其比道而已。如诚意以待物，恕己以及人，发政施仁，使天下蒙其惠泽，是人君亲比天下之道也。”⑦君道有三：一是诚意待物；二是恕己及人，即己欲立而立人，已欲达而达人，己所勿欲，勿施于人；三是施仁政。这是就君对臣民而言的。

臣民对君要“忠”，因为“忠者，天理”⑧。忠是“天理”之所求。程颐说：“以臣于君言之：竭其忠诚，致其才力，乃显其比君之道也，用之与否，在君而已，不可阿谀逢迎，求其比己也。”⑨他所说的竭尽忠诚，既不是阿谀以逢迎，亦不是钩心以争宠，而应该是直谏规过，不求比已，褒贬臧否，无所顾忌。程颐说：“近年以来，士风益衰，志趣污下，议论鄙浅，高识远见之士益少，习以成风矣。

---

① 《大有卦》，《周易程氏传》卷一，《二程集》，770页。
② 《履卦》，《周易程氏传》卷一，《二程集》，750页。
③ 《乾卦》，《周易程氏传》卷一，《二程集》，698页。
④ 《河南程氏遗书》卷十一，《二程集》，118页。
⑤ 同上书，117页。
⑥ 《师卦》，《周易程氏传》卷一，《二程集》，735页。
⑦ 《比卦》，《周易程氏传》卷一，《二程集》，742页。
⑧ 《河南程氏遗书》卷十一，《二程集》，124页。
⑨ 《比卦》，《周易程氏传》卷一，《二程集》，742页。

此风不革，臣以为非兴隆之象，乃陵替之势也。大率浅俗之人，以顺从为爱君，以卑折为尊主，以随俗为知变，以习非为守常，此今日之大患也。苟如是者众，则人君虽有高世之见，岂能独任哉?"[①]他为世风益衰而日忧，为远见之士益少而痛心，认为这是末世的征兆，在这种情境下，真正爱君尊主，知变守常应是直谏而不顺从，规过而不卑折，法古而不随俗，守道而不习非。他自己亦以此自诩。

为何要"忠君"？这是由"阳尊阴卑"、"阳刚阴柔"之"理"而定的。"下顺乎上，阴承乎阳，天下之正理也。"[②]"阳大阴小，阴必从阳。"[③]下从上，阴承阳，臣从君，乃天下之"正理"。所谓"阳"，在社会领域便象征君，"阴"则象征臣。"阴者，臣道也，妇道也。"[④]因而为下之道或为臣之道，就是君令臣行，勤勉于事，而不为功。"为下之道，不居其功，含晦其章美，以从王事，代上以终其事而不敢有其成功也。犹地道代天终物而成功，则主于天也。妻道亦然。"[⑤]臣替君终其事而归功于君，犹地代天终物而主于天。

二程从君臣尊卑中亦看到君臣相互联系、相互依赖的方面，从两方面来看，一是君臣、君民互动。

> 君怀抚其下，下亲辅于上，亲戚朋友乡党皆然，故当上下合志以相从。[⑥]
>
> 人之生，不能保其安宁，方且来求附比。民不能自保，故戴君以求宁；君不能独立，故保民以为安。[⑦]

君怀抚臣民，臣民亲辅君。民无君不可，君无民亦亡。无君无所谓民，无民无所谓君。民不能自保，拥戴君以求安宁；君不能独立，以保民为安。君臣、君民上下意志相互融合、相互顺从，君民关系犹如亲戚朋友的关系。尽管宗法制国家的君主往往以爱民、保民相标榜，但爱民、保民实质是为了维护国家的长治久安，具体地讲是为了维持他自己的皇帝宝座。

二是养与被养的关系。程颐说：

---

① 《又上太皇太后书》，《河南程氏文集》卷六，《二程集》，550页。
② 《履卦》，《周易程氏传》卷一，《二程集》，749页。
③ 《坤卦》，《周易程氏传》卷一，《二程集》，713页。
④ 同上书，710页。
⑤ 同上书，712页。
⑥ 《比卦》，《周易程氏传》卷一，《二程集》，738页。
⑦ 同上书，739页。

天子养天下，诸侯养一国，臣食君上之禄，民赖司牧之养，皆以上养下，理之正也。①

居君位，养天下者也。然其阴柔之质，才不足以养天下，止有刚阳之贤，故顺从之，赖其养己以济天下。君者养人者也，反赖人之养，是违拂于经常。②

在宗法制度下，家国同构；在家长制的家庭中，家长养活一家。基于此，君主是一国之家长，于是便有君主养天下，上以养下的理论。程颐认为"以上养下"、"民赖官养"、"天子养天下"是正理，若是颠倒则悖理，这与"民能载舟，亦能覆舟"的民本思想相冲突。

（二）"性"、"心"、"情"论

在中国古代，人性问题主要是探讨善恶与所以善恶及迁善改过的问题。在宗法制社会中，人性是社会制定政策的依据，也是如何治理国家的理论基础。二程把宗法的纲常伦理说成是人的本性，赋予它以普遍性的思想形式。

二程采纳了张载有关"天地之性"和"气质之性"的理念，认为"性"有"天命之性"和"生之谓性"之别，两者的来源、标准以及能否改变等都不一样。"天命之性"，是形而上本体"理"在"性"中的体现，是善的；"生之谓性"，是从"气"上来的，有善有恶。

所谓"天命之性"，二程说：

性即是理，理则自尧、舜至于涂人，一也。③

斯理也，成之在人则为性（成之者性也）。人心存乎此理之所存，乃"道义之门"也。④

"理"体现在人身上就是"性"，形而上的"理"与具体现实的人相结合，既为"理"找到安顿的地方，亦给"性"以形而上本体的说明，使"性"既具有超越性，又具有内在性。在二程的哲学逻辑结构中，"理"与"道"、"天"为相同的范畴，因此，"理"成之在人为"性"，则"天道"亦然。"性与天道，一也。天道降而在人，故谓之性。性者，生生之所固有也。"⑤

① 《颐卦》，《周易程氏传》卷二，《二程集》，835页。

② 同上书，837页。

③ 《河南程氏遗书》卷十八，《二程集》，204页。

④ 《易说·系辞》，《河南程氏经说》卷一，《二程集》，1029页。

⑤ 《中庸解》，《河南程氏经说》卷八，《二程集》，1152页。

"天道"下降在人则为"性"。"性即理","性"与"天道"一。既为一,便决定"性"与"理"和"道"一样,具有"善"性。程颐这样说:

> 性即理也,所谓理,性是也。天下之理,原其所自,未有不善。喜怒哀乐未发,何尝不善?发而中节,则无往而不善。①

来自"理"的"性"为"善",此"善"可从两方面看:一是"性"的"未发"阶段,即喜怒哀乐情感未显现的状态,为"善";二是性的"已发"阶段,即喜怒哀乐"已发",情感发动而"中节",即符合节度,亦为"善"。"未发"与"已发"均为"善"。"已发"的"善"与"不善"的标准,为是否符合"中"。"理善莫过于中。中则无不正,而正未必得中也。"②"发而中节,是亦中也。"③"中"就是不偏,"不偏之谓中"④。由"未发"的寂然不动情感状态到"已发"的感而遂通的情感表现,均为"理"之使然。

"善"之内涵,主要体现为"仁"、"义"、"礼"、"智"、"信"五者。程颐说:

> 自性而行,皆善也。圣人因其善也,则为仁义礼智信以名之;以其施之不同也,故为五者以别之。合而言之皆道,别而言之亦皆道也。舍此而行,是悖其性也,是悖其道也。而世人皆言性也,道也,与五者异,其亦弗学欤!其亦未体其性也欤!其亦不知道之所存欤!⑤

这段话有三层意思。其一,仁、义、礼、智、信五者都"善",即"天命之性"之所显。"仁、义、礼、智、信五者,性也。仁者,全体;四者,四支。"⑥"仁"犹"全体"支配"四肢",然而,程颐之"性"只包含"四端"。他说:"性中只有仁、义、礼、智四者。"⑦有人问:"四端不及信,何也?"程颐回答说:"性中只有四端,却无信。为有不信,故有信字。且如今东者自东,西者自西,何用信字?只为有不信,故有信字。"⑧ 此处程颐与程颢有别。这是就统一方面

---

① 《河南程氏遗书》卷二十二上,《二程集》,292页。

② 《论道篇》,《河南程氏粹言》卷一,《二程集》,1175页。

③④ 同上书,1176页。

⑤ 《河南程氏遗书》卷二十五,《二程集》,318页;另见《心性篇》,《河南程氏粹言》卷二,《二程集》,1260页,有一段与此相似的记载。

⑥ 《河南程氏遗书》卷二上,《二程集》,14页。

⑦ 《河南程氏遗书》卷十八,《二程集》,183页。

⑧ 同上书,184页。

说的。其二，因其所施不同，如“仁，体也；义，宜也；礼，别也；智，知也；信，实也”①。而把“善性”别为五者，这是从不同施为、不同方面说的。其三，无论从同或异说，五者都是“善”，即皆“理”、皆“道”，五者与“理”、“道”融为一。这样，仁、义、礼、智、信被赋予了“理”和“道”的形而上性，具有与“理”相似的至上性。如果有人使五者与“道”、“理”相异，而在“道”、“理”之外求五者，实乃未体“性”，不知“道”下降于人为“性”的道理。

尽管二程的“性善”论来自孟子，但对孟子亦有所损益，这不仅是由于“性善”论没有解决“恶”的来源问题，就其本身而言也有差异。一是二程打破了孟子只讲人性，不讲物性之失，赋予其普遍性。“仁者公也，人（一作仁）此者也；义者宜也，权量轻重之极；礼者别也（定分），知者知也，信者有此者也。万物皆有性（一作信），此五常性也。”② 人与物皆具有此“五常”之性，是所不能逃脱“五常”之性之外，既为“五常”之性的普遍合理性作论证，亦为逃禅者、违性者杜塞了不履行封建伦理纲常的后门。二是打破了孟子“善端”局限性之失，赋予其完足性。“道即性也。若道外寻性，性外寻道，便不是。圣贤论天德，盖谓自家元是天然完全自足之物。”③ 不需经“善端”的扩充，“善性”便是“天然完全自足”的，无丝毫欠缺的。因此，二程的“天命之性”论进一步完善了孟子的“性善”论，更重要的发展是提出了“生之谓性”说，即张载的“气质之性”，他们自以为这样便解决了自孟子、荀子以来关于“性善”、“性恶”之争。

所谓“生之谓性”，二程说：

> “生之谓性”，性即气，气即性，生之谓也。人生气禀，理有善恶，然不是性中元有此两物相对而生也。有自幼而善，有自幼而恶……是气禀有然也。善固性也，然恶亦不可不谓之性也。④

“生之谓性”是告子的话，见于《孟子·告子上》，孟子不同意告子

① 《河南程氏遗书》卷二上，《二程集》，14 页。
② 《河南程氏遗书》卷九，《二程集》，105 页。
③ 《河南程氏遗书》卷一，《二程集》，1 页。
④ 《河南程氏遗书》卷一，《二程集》，10 页。

的观点，然而二程借以说明“气质之性”。可见，二程既继承孟子的“性善”论，而又改造告子的“生之谓性”说，并将其统摄起来，而构成“天命之性”和“气质之性”的人性二元论。二程说：“告子言生之谓性，通人物而言之也。孟子道性善，极本原而语之也。生之谓性，其言是也。然人有人之性，物有物之性，牛有牛之性，马有马之性，而告子一之，则不可也。使孟子不申问，告子不嗣说，乌知告子之未知义，孟子为知言?”① 二程肯定告子“生之谓性”的说法是对的，其失是将人、物、牛、马不加区别。从“生之谓性”有通人物之性的一面说，故言“性相近也”。《遗书》载：“‘性相近也，习相远也，性一也，何以言相近?’曰：‘此只是言性（一作气）质之性。……此言性者，生之谓性也。’”②

既是由“气”而来的“性”，便有善有恶，有自幼生来就“善”，有生来就“恶”，善恶都具有先验的性质。它是由各人“气禀”决定的。但不管是“善”是“恶”，都是“性”，并非“恶”不是“性”。它比以善为性，或以恶为性较全面。尽管“气质之性”有善有恶，但“天命之性”则只有善而无恶。在这一点上，程颢则与程颐有别，他认为：“善恶皆天理，谓之恶者，或过或不及。”③“天下善恶皆天理，谓之恶者非本恶，但或过或不及便如此。”④ 恶是不“中”的结果。以恶亦为“天理”，这是对张载的突破。这样一来，天理也是恶的源头。

“生之谓性”，人与物都有“性”。“人与物，但气有偏正耳。独阴不成，独阳不生。得阴阳之偏者为鸟兽草木夷狄，受正气者人也。”⑤ 人得“气禀”之“正”，物得“气禀”之“偏”，这是就人与物的区别而言。“气之所钟，有偏正，故有人物之殊。”⑥ 人与人亦有别：“才禀于气，气有清浊。禀其清者为贤，禀其浊者为愚。”⑦“气清则才善，气浊则才恶。禀得至清之气生者为圣人，禀得至浊之气生者为愚人。”⑧ 二程把人分为三等：“禀得至清之气”为圣人，禀其“清气”为贤人，禀得“浊气”为愚人。据二程所说，“人生

① 《心性篇》，《河南程氏粹言》卷二，《二程集》，1253 页。
② 《河南程氏遗书》卷十八，《二程集》，207 页。
③ 《圣贤篇》，《河南程氏粹言》卷二，《二程集》，1241 页。
④ 《河南程氏遗书》卷二上，《二程集》，14 页。
⑤ 《河南程氏遗书》卷一，《二程集》，4 页。
⑥ 《人物篇》，《河南程氏粹言》卷二，《二程集》，1266 页。
⑦ 《河南程氏遗书》卷十八，《二程集》，204 页。
⑧ 《河南程氏遗书》卷二十二上，《二程集》，291～292 页。

气禀”，生来就具有。因此，圣人、贤人、愚人生来便被各人的气禀决定了。

“天命之性”与“气质之性”的关系，二程认为既不同而又合一。从不同方面看，程颐说：“孟子言性，当随文看。不以告子‘生之谓性’为不然者，此亦性也，彼命受生之后谓之性尔，故不同。继之以‘犬之性犹牛之性，牛之性犹人之性与’？然不害为一。若乃孟子之言善者，乃极本穷源之性。”① “天命之性”是“极本穷源之性”，是“善”，是“性之本”，因此称“性即理”；“气质之性”是“受生之后谓之性”，即“生之谓性”，有善有恶，是“气”在造作过程中与生俱来的，因此称“性即气”。从“性即理”与“性即气”来说，就不用“善恶皆天理”的话语，而以理为善的源头。

从合一方面言，二程认为，“天命之性”与“气质之性”不可分离。程颐说：

> 论性，不论气，不备；论气，不论性，不明。（一本此下云：二之则不是。）②

讲“天命之性”而不讲“气质之性”，如孔子讲“性相近也”，“此言所禀之性，不是言性之本。孟子所言，便正言性之本”③。“性相近”是就气禀之性说的，不是指性本。不过各执一偏，而不完备；讲“气”不讲“性”，失去了“性”的指导作用，便不明白。两者相互依赖，缺一不可。

从“气质”变化而言，二程认为，“人皆可以为圣人，而君子之学必至圣人而后已”④。既然人皆可以为圣人，则具有恶性的人，便可规恶迁善，达到圣人的境界。于是程颐勇敢地否定了孔子“上智与下愚不移”的观点，而与王安石同调。《遗书》载：

> 又问：“愚可变否？”曰：“可。孔子谓上智与下愚不移，然亦有可移之理，惟自暴自弃者则不移也。”曰：“下愚所以自暴自弃者，才乎？”曰：“固是也，然却道佗不可移不得。性只一

① 《河南程氏遗书》卷三，《二程集》，63页。
② 《河南程氏遗书》卷六，《二程集》，81页。
③ 《河南程氏遗书》卷十九，《二程集》，252页。
④ 《论学篇》，《河南程氏粹言》卷一，《二程集》，1199页。

般，岂不可移？却被他自暴自弃，不肯去学，故移不得。使肯学时，亦有可移之理。”①

程颐称“不善”为“才”，“性无不善，而有不善者才也”②。“上智”与“下愚”不是不可移，关键在于是否肯学。所谓“不移”，有两种情况：“语其性则皆善也，语其才则有下愚之不移。所谓下愚有二焉：自暴也（一无也字），自弃也。人苟以善自治，则无不可移者，虽昏愚之至，皆可渐磨而进也。唯自暴者，拒之以不信；自弃者，绝之以不为。虽圣人与居，不能化而入也，仲尼之所谓下愚也。”③ 自暴而拒之，自弃而绝之，即拒绝改不善为善。二程以昏愚之至者，亦可移，是对孔子学说有价值的修正，这样就扩大了改过从善的范围，把昏愚不可移的人也包括在“移”之中。打破“下愚不移”的清规戒律，为下愚之人辟出了智的道路。

“性即理”，把人性提升为形而上本体“理”，使“天命之性”所具的仁、义、礼、智、信等伦理道德当作人的本性；“性即气”，说明了“才”的来源和克服“才”的途径，给人们创造了改过迁善，到达“圣人”境界的门径。

关于“心”，二程没有采取张载“心统性情”的说法，认为“心”与“性”、“情”之间，不是统摄与被统摄的关系，而是同一的。程颐说：

孟子曰：“尽其心，知其性。”心即性也。在天为命，在人为性，论其所主为心，其实只是一个道。④

“心即性”，而不是“心统性”。“命”、“性”、“心”同实而异名，这是一层意思；另一层意思是，以“性”规定“心”，则说明了“心”的本质特性。这样“心”便具有了“性”的一些性质，譬如，“性”为“善”，则“心”也为“善”。程颐说：“心本善，发于思虑，则有善有不善。”⑤ “性本善”和“心本善”同，“善性”的内涵为仁、义、礼、智、信，善“心”也包含“仁、义”。《论道篇》载：“刘安节问：‘仁与心何异？’子曰：‘于所主曰心，名其德曰仁。’曰：‘谓仁者心之用乎？’子曰：‘不可。’”⑥ “人

① 《河南程氏遗书》卷十八，《二程集》，204～205页。
② 同上书，204页；另见《河南程氏外书》卷七，《二程集》，393页。
③ 《革卦》，《周易程氏传》卷四，《二程集》，956页。
④⑤ 《河南程氏遗书》卷十八，《二程集》，204页。
⑥ 《河南程氏粹言》卷一，《二程集》，1174页。

必有仁义之心，然后仁与义之气睟然达于外，故‘不得于心，勿求于气’可也。”① 可见“心”具“仁义”等道德。

“心”的另一个特性是“未发”，即处于“寂然不动”的状态。程颐说：

> 心一也，有指体而言者，寂然不动是也；有指用而言者，感而遂通天下之故是也。②

“心”之“体”，寂然不动是“未发”；“心”之“用”，感而遂通为“已发”。何谓“寂然不动”?《遗书》载有程颐的一个解释：“问：‘《杂说》中以赤子之心为已发，是否?’曰：‘已发而去道未远也。’曰：‘大人不失赤子之心，若何?’曰：‘取其纯一近道也。’曰：‘赤子之心与圣人之心若何?’曰：‘圣人之心，如镜，如止水。’”③ “赤子之心”为“已发”，“圣人之心”为“未发”，“未发”如镜，如止水，湛然平静如镜。“已发”如波涛，有起有伏。

关于“情”，二程认为，“情”是“心”在不同情境下的称谓、名号。程颐说：“性之本谓之命，性之自然者谓之天，自性之有形者谓之心，自性之有动者谓之情，凡此数者皆一也。”④ “心”与“情”有同一性。“情”之部分特性值得注意：

其一，“情”为“动”。“情者性之动也，要归之正而已，亦何得以不善名之?”⑤ “情”为“性”之动，即“感而遂通”。“情”为喜、怒、哀、乐。“情”如何是“性之动”?《遗书》有载：“问：‘喜怒出于性否?’曰：‘固是。才有生识，便有性，有性便有情。无性安得情?’又问：‘喜怒出于外，如何?’曰：‘非出于外，感于外而发于中也。’问：‘性之有喜怒，犹水之有波否?’曰：‘然。湛然平静如镜者，水之性也。及遇沙石，或地势不平，便有湍激；或风行其上，便为波涛汹涌。此岂水之性也哉?人性中只有四端，又岂有许多不善底事?然无水安得波浪，无性安得情也?’”⑥ 意思是说，“性”与“情”都出自内，非出于外，是感于外而发于“心”。如果说“性”是水静的状态，则“情”是水之波浪。水遇沙石或风，这便指“感

---

① 《河南程氏遗书》卷四，《二程集》，70页。

② 《论道篇》，《河南程氏粹言》卷一，《二程集》，1183页。

③ 《河南程氏遗书》卷十八，《二程集》，202页。

④ 《河南程氏遗书》卷二十五，《二程集》，318页。

⑤ 《心性篇》，《河南程氏粹言》卷二，《二程集》，1257页。

⑥ 《二程集》，204页。

于外”。湍激或波涛犹是“情”之喜怒；“性”与“情”的关系，就是有性便有情，有情便有性，犹无水安得波浪。两者相互依赖，不可分离。

其二，“情”为“心”之“已发”。如果“心”为“未发”，则“情”为“已发”。“若既发，则可谓之情，不可谓之心。譬如水，只谓之水，至于流而为派，或行于东，或行于西，却谓之流也。”① “心”为水之源，发为水之流。“心”未发为“善”，既发为“情”，则有善有不善。“情”之内涵为“七情”。程颐说：

> 形既生矣，外物触其形，而动其中矣。其中动而七情出焉，曰喜、怒、哀、乐、爱、恶、欲。情既炽而益荡，其性凿矣。是故觉者约其情使合于中，正其心，养其性，故曰性其情。愚者则不知制之，纵其情而至于邪僻，梏其性而亡之，故曰情其性。②

“心”动于中而发，接触外物，如水遇沙石，而产生“七情”，如果“七情”炽而益荡，纵之于邪僻，即过其“中”而梏其“性”，便有不善；倘若“正心养性”，制“七情”使之合于“中”，便是“善”。可见，“情”之“善”与“不善”的标准为是否符合于“中”。因此说：“情之未发，乃其本心。本心元无过与不及……所取准则以为中者，本心而已。由是而出，无有不合，故谓之和。非中不立，非和不行。所出所由，未尝离此大本根也。”③　“心”之“未发”为“中”，发而“中节”便是“和”。中和才能立和行，这是大本根。

“心”与“情”的关系，相似于“天命之性”与“气质之性”的关系。“天命之性”为“善”，“心”亦“本善”；“气质之性”有善有不善，“情”亦有善有不善。

（三）“天理”与“人欲”

“理欲”问题是二程伦理道德的核心，亦是其人性论的进一步展开和贯彻。二程说：

> 人心私欲，故危殆。道心天理，故精微，灭私欲则天理明矣。④

---

① 《二程集》，204 页。

② 《颜子所好何学论》，《河南程氏文集》卷八，《二程集》，577 页。

③ 《中庸解》，《河南程氏经说》卷八，《二程集》，1152 页。

④ 《河南程氏遗书》卷二十四，《二程集》，312 页。

人心，私欲也，危而不安；道心，天理也，微而难得。惟其如是，所以贵于精一也。精之一之，然后能执其中，中者极至之谓也。①

“道心”即“本心”，是“天理”；“人心”是“情”之不善，是“私欲”。“人心”与“道心”的对待，就是“人欲”与“天理”的对待。但朱熹对二程的“人心，人欲”② 做了修正和补充，认为“人心”不完全是“人欲”③。

所谓“天理”，既是二程哲学的形而上本体，亦是社会伦理道德的最高原则以及真、善、美的理想境界。程颐说：“凡下学人事，便是上达天理。”④ “下学人事”，就是学人之所以为人的标准。“人之所以为人者，以有天理也。天理之不存，则与禽兽何异矣。”⑤ 人兽之别就在于存天理，因此要“灭私欲”，“明天理”，以免沦于禽兽。所谓“人欲”，既指“私欲”，亦指“物欲”。其内容是：“甚矣，欲之害人也。人之为不善，欲诱之也。诱之而弗知，则至于天理灭而不知反。故目则欲色，耳则欲声，以至鼻则欲香，口则欲味，体则欲安，此皆有以使之也。”⑥ 人之所以不善，是由于被眼、耳、鼻、口、身的色、声、香、味、安等物欲所引诱，以至“灭天理”而不能迷途“知反”。但眼、耳、鼻、口、身对于色、声、香、味、安来说，并不完全是“私欲”，它包含了人类继续维持生命的物质需要，一概斥之于“人欲”，而与“天理”相对待，显然是一种禁欲主义的说教。于是他们说：“昏于天理者，嗜欲乱之耳。”⑦ “人于天理昏者，是只为嗜欲乱著佗。”⑧ 因此，人们必须“损人欲以复天理而已”⑨。

如何“损人欲”，或“灭人欲”？即何以为“窒欲之道”？程颐说：“何以窒其欲？曰思而已矣。学莫贵于思，唯思为能窒欲。曾子之三省，窒欲之道也。”⑩ 思是指反思、反省，只有像曾子那样日三

① 《心性篇》，《河南程氏粹言》卷二，《二程集》，1261 页。

② 《朱公掞问学拾遗》，《河南程氏外书》卷二，《二程集》，364 页。

③ 参见拙著：《朱熹思想研究》，第十章，528 页。

④ 《河南程氏外书》卷二，《二程集》，360 页。

⑤ 《人物篇》，《河南程氏粹言》卷二，《二程集》，1272 页。

⑥ 《河南程氏遗书》卷二十五，《二程集》，319 页；另见《心性篇》，《河南程氏粹言》卷二，《二程集》，1260 页。

⑦ 《论学篇》，《河南程氏粹言》卷一，《二程集》，1194 页。

⑧ 《河南程氏遗书》卷二上，《二程集》，42 页。

⑨ 《损卦》，《周易程氏传》卷三，《二程集》，907 页。

⑩ 《河南程氏遗书》卷二十五，《二程集》，319 页。

省吾身，才是窒欲的方法和途径。这样做需要勇气。二程说："难胜莫如己私，学者能克之，非大勇乎？"① 又说："大抵人有身，便有自私之理，宜其与道难一。"② "人欲"难胜的原因有二：一是人们耳目必须与外物接触，声色时时诱使而难胜；二是人有身，便会有"自私之理"，因而，要胜"人欲"，需"大勇"才行。

那么，如何"灭私欲"，"明天理"？二程又提出了"居敬集义"和"克己复礼"的工夫论。

1. "居敬"、"集义"说

"居敬"的宗旨是"明天理"。程颐说：

> 孟子言性善，皆由内出。只为诚便存，闲邪更著甚工夫？但惟是动容貌，整思（一作心）虑，则自然生敬，敬只是主一也。主一，则既不之东，又不之西，如是则只是中。既不之此，又不之彼，如是则只是内。存此，则自然天理明。学者须是将敬以直内，涵养此意，直内是本。③

"存此"即存"敬"，便自然"天理明"。在这里，他对"敬"提出了三点规定。其一，"敬"是"主一"。"所谓敬者，主一之谓敬。所谓一者，无适之谓一。"④ 所谓"主"，便是"心"不二用，不被外物所诱。"人心不能不交感万物，亦难为使之不思虑。若欲免此，唯是心有主。如何为主？敬而已矣。有主则虚，虚谓邪不能入。无主则实，实谓物来夺之。……大凡人心，不可二用，用于一事，则他事更不能入者，事为之主也。事为之主，尚无思虑纷扰之患，若主于敬，又焉有此患乎？"⑤ "心"用于一事，他事不能入而纷扰，若"心"主于敬，则邪不能入。何谓"一"，便是整齐严肃。"闲邪则固一矣，然主一则不消言闲邪。有以一为难见，不可下工夫。如何（一作行）一者？无他，只是整齐（一作庄整）严肃，则心便一，一则自是无非僻之奸。此意但涵养久之，则天理自然明。"⑥ 能闲邪、整齐、严肃。则心一而无僻。若能常常如此，便是"涵养"，长久"涵养"，"天理"自然彰明。故"主一"便是"居敬"。

---

① 《论学篇》，《河南程氏粹言》卷一，《二程集》，1199 页。
② 《河南程氏遗书》卷三，《二程集》，66 页。
③ 《河南程氏遗书》卷十五，《二程集》，149 页。
④ 同上书，169 页。
⑤ 同上书，168～169 页。
⑥ 《河南程氏遗书》卷十五，《二程集》，150 页。

其二，“居敬”便是所以持“中”。不之西，不之东，便是“中”。他说：“敬而无失，便是‘喜怒哀乐未发之谓中’也。敬不可谓之中，但敬而无失，即所以中也。”① “心”居敬无失，便能使喜怒哀乐发而“中节”；如“居敬”有失，喜怒哀乐发而不合“中道”。从这个意义上说，“居敬”与“中”是因果关系，而不可谓“敬”就是“中”。然而，“敬”需涵养，涵泳而达“主一”，则“敬”便无失而中。

其三，“居敬”便是“直内”。“切要之道，无如‘敬以直内’。”② “直内”是“敬”之本。“‘敬以直内’，有主于内则虚，自然无非僻之心。”③ 内虚便无非僻之心。

可见，“敬”是内心的修养，“涵养须用敬”。但此修养也包含有从外到内的意思，即包括外貌的修养。二程说：

> 今学者敬而不见得，又不安者，只是心生。……今容貌必端，言语必正者，非是道独善其身，要人道如何，只是天理合如此，本无私意，只是个循理而已。④
>
> 《易》所谓“敬以直内，义以方外”，须是直内，乃是主一之义。至于不敢欺，不敢慢，尚不愧于屋漏，皆是敬之事也。但存此涵养，久之自然天理明。⑤

容貌端，言语正，不欺慢，庄整严肃，“俨然正其衣冠，尊其瞻视，其中自有个敬处”⑥。久之自然能达到“明天理”。这便是由外之涵泳而“直内”而使之“正”，也即是“合内外之道”。然而，涵养的方法并非静修，而是动修。因此他不同意周敦颐“无欲故静”的说法，因为“人心不能不交感万物”，而又不能不为外物所诱，人心在动。故只能在动之中涵养。所以他以“主敬”来代替“主静”。据记载：

> 又问：“敬莫是静否？”曰：“才说静，便入于释氏之说也。不用静字，只用敬字。才说著静字，便是忘也。”⑦

---

① 《河南程氏遗书》卷二上，《二程集》，44页。
② 《河南程氏遗书》卷十五，《二程集》，152页。
③ 同上书，149页。
④ 《河南程氏遗书》卷二上，《二程集》，34页。
⑤ 《河南程氏遗书》卷十五，《二程集》，169页。
⑥ 《河南程氏遗书》卷十八，《二程集》，185页。
⑦ 《河南程氏遗书》卷十八，《二程集》，189页。

说“静”有流入释氏之弊，如果静修到“身如枯木，心如死灰”，则便是死物，一切都忘了，也就无所谓“明天理”。“盖人活物也，又安得为槁木死灰？既活，则须有动作，须有思虑。……敬以直内，则须君则是君，臣则是臣，凡事如此，大小大直截也。”① 君是君，臣是臣，这样，就把“居敬”的修养和践行伦理道德融合起来了。

如何“居敬”？程颐提出“操存闲邪”和“涵泳存养”的修养工夫。“操存”是孟子所说“操则存”的思想。二程说：

> 圣贤千言万语，只是欲人将已放之心，约之使反，复入身来，自能寻向上去，下学而上达也。②

“已放之心”，即“心”之“已发”，便有“善”与“不善”，约之使反，即返回本善之“心”，寻向上天，敬守“天理”。但敬守“天理”，不使流入不善，必有“闲邪”工夫。所谓“闲邪”，程颐说：“闲邪则诚自存，不是外面捉一个诚将来存著。今人外面役役于不善，于不善中寻个善来存著，如此则岂有入善之理？只是闲邪，则诚自存。”③ 就是保持“心”中固有的“诚”或“天理”，不使外诱侵入。譬如“修其垣墙，则寇自不至，故欲闲邪也”④。

如果说“操存闲邪”是把“已放之心”约之反本和防止外诱以保“本心”的话，那么，“涵泳存养”就是讲保“本心”的。如何“涵泳存养”？又可分为三方面：一是“养心”。二程说：“涵养著乐（一作落）处（一作意），养心便到清明高远。”⑤ “孟子言‘养心莫善于寡欲’，欲寡则心自诚。”⑥ “养心”既是“涵养”的著落处，又是“存诚”处。所谓“养心”，就是“寡欲”，使“心”无“私欲”。二是“养志”。程颢说：“志可克气，气胜（一有志字）则愦乱矣。今之人以恐惧而胜气者多矣，而以义理胜气者鲜也。”⑦ 程颐说：“率气者在志，养志者在直内。”⑧ “直内”便是“敬以直内”，“养志”就能“敬以直内”。如果“养心”的方法在“寡欲”，则“养志”

---

① 《河南程氏遗书》卷二上，《二程集》，26 页。
② 《河南程氏遗书》卷一，《二程集》，5 页。
③ 《河南程氏遗书》卷十五，《二程集》，149 页。
④ 同上书，169 页。
⑤ 《河南程氏遗书》卷六，《二程集》，84 页。
⑥ 《河南程氏遗书》卷二上，《二程集》，18 页。
⑦ 《河南程氏遗书》卷十一，《二程集》，125 页。
⑧ 《河南程氏遗书》卷十五，《二程集》，151 页。

的方法是“胜气”。“气胜”则生愦乱，只要以“义理”来“养志”，便可以统率“气”，而不为“气”所动。即使为“气”所动，也很微小。“志动气者十九，气动志者十一。”① “志”与“气”是十分之九与十分之一之比。三是“养气”，便是养“浩然之气”。“养气”的工夫，便是去“私意”。二程说：“气直养而无害，便塞乎天地之间，有少私意，即是气亏。无不义便是集义，有私意便是馁。”② 有少“私意”，就是“气亏”、“气馁”，必须积累“义”而胜“私意”，才是“养气”。因此，“养气”便是“气”与“义”相融合。“谓以义理养成此气，合义与道。方其未养，则气自是气，义自是义。及其养成浩然之气，则气与义合矣。”③

“操存”以“闲邪”、“主一”，“涵泳”以“养心”、“养志”、“养气”。经此修养工夫，便能“敬守此心”。但仍不能急迫。“学者须敬守此心，不可急迫，当栽培深厚，涵泳于其间，然后可以自得。但急迫求之，只是私己，终不足以达道。”④ “敬守此心”是一个逐渐修养的过程。

如果说“居敬”是“持己之道”，则“集义”是践履伦理道德过程中的修养工夫。

> 问：“必有事焉，当用敬否？”曰：“敬只是涵养一事。必有事焉，须当集义。只知用敬，不知集义，却是都无事也。”……问：“敬义何别？”曰：“敬只是持己之道，义便知有是有非。顺理而行，是为义也。若只守一个敬，不知集义，却是都无事也。且如欲为孝，不成只守着一个孝字？须是知所以为孝之道，所以侍奉当如何，温凊当如何，然后能尽孝道也。”又问：“义只在事上，如何？”曰：“内外一理，岂特事上求合义也？”⑤

这段话讲“敬”与“义”的分别，有这样几层意思。一是，“敬”是“直内”，“义”是“方外”。“直内”是修养“本心”，而不被外物所诱。“方外”是“心”之发用，发用必有事。“辨是非”而能“顺理而行”，便是“集义”。二是，“敬”讲“涵养”，即讲“持己”。因此，“居敬”是立其体。“义”讲知有是有非，是明其用。三是，

---

① 《河南程氏遗书》卷十一，《二程集》，124 页。
② 《河南程氏遗书》卷五，《二程集》，78 页。
③ 《河南程氏遗书》卷十八，《二程集》，206 页。
④ 《河南程氏遗书》卷二上，《二程集》，14 页。
⑤ 《河南程氏遗书》卷十八，《二程集》，206 页。

"敬"犹如守着一个"孝","义"是知所以为"孝"之道和当如何尽"孝"。四是,"敬以直内,义以方外",内外一理,体用合一。此"合一"就"敬"而言,既是守"心",亦是发用;就"义"而言,既在"事",亦在"心"。故《论道篇》曰:"或问:'集义必于行事,非行事则无所集矣。'子曰:'内外一事,岂独事欲合义也?'"① "敬"与"义"相互依赖,不可缺一,"知敬而不知集义,不几于兀然无所为者乎?"② 不去践履,那便是空的。二程强调伦理道德的实践,即"明天理",所以注重内外的和合和统摄。

2."克己复礼"说

"克己复礼",语出《论语·颜渊篇》。朱熹在《论语集注》卷六中引程颐的话说:"程子曰:非礼处便是私意,既是私意,如何得仁,须是克尽己私,皆归于礼,方始是仁。"此说见《河南程氏遗书》卷二十二上的棣问"克己复礼,如何是仁"。程颢亦说:"克己则私心去,自然能复礼,虽不学文,而礼意已得。"③ 这样,二程对孔子"克己复礼"的内涵作了改造。其一,如何得"仁"?得"仁"的工夫是"克尽己私"。"克己"便是去"私心"、私欲,即去"人欲"的过程。其二,"非礼处便是私意","礼"本身便是无"私意",即为"本心"。"本心"即"天理",故"复礼"就是"复天理"。如"克己"是"去人欲"的话,则"复礼"为"复天理",这是"克己复礼"的宗旨。

如何"克己复礼"?孔子提出的"四目",被奉为"克己复礼"的大纲。朱熹在《论语集注》中全部抄录了程颐的《四箴》并《序》。程颐《序》说:

> 颜渊问克己复礼之目,夫子曰:"非礼勿视,非礼勿听,非礼勿言,非礼勿动。"四者身之用也,由乎中而应乎外,制于外所以养其中也。颜渊事斯语,所以进于圣人。后之学圣人者,宜服膺而勿失也。因箴以自警。④

"心"为"身"之主宰,身之用,即"心"之发用。"心"之未发为"中",发而应接于外;制约其外,使视、听、言、动都合"礼",以养其"中"。颜渊依照此四目而行,而超凡入圣。《视箴》曰:"蔽交

①② 《河南程氏粹言》卷一,《二程集》,1179页。

③ 《河南程氏遗书》卷二上,《二程集》,18页。

④ 《河南程氏文集》卷八,《二程集》,588页。

于前，其中则迁，制之于外，以安其内。”《听箴》载：“知诱物化，遂亡其正。卓彼先觉，知止有定。”《言箴》有：“人心之动，因言以宣，发禁躁安，内斯静专。”《动箴》言：“顺理则裕，从欲惟危。造次克念，战兢自持。习与性成，圣贤同归。”① 由于“蔽交于前”，必定化诱“心之善”，而有使之不善的可能性。因此说，“从欲惟危”，“知诱物化，遂亡其正”。必须“战兢自持”，“制之于外，以安其内”，达到“克己复礼”、“圣贤同归”的境界。这就是说人的视、听、言、动，都要合礼而不被物欲所危害，并以心中固有之“天理”制之于外，以合“中道”，使其复得其安。这个“克己复礼”的过程，就是“去私欲”、“明天理”的过程。二程此处的说法得到朱熹的赞扬：“程子之箴，发明亲切，学者尤宜深玩。”②

作为“居敬集义”和“克己复礼”这两种“去私欲”、“明天理”的修养工夫，是相互联系的。“敬”就是“礼”，“敬即便是礼，无已可克”③。“敬则无已可克（一有‘学者之’字），始则须绝四（一有‘去’字）。”④ “居敬”就是“复礼”，既已“复礼”，就没有“克己”必要了，故言“无已可克”。可见“居敬集义”与“克己复礼”是同一修养工夫的不同层面。

（四）“饿死”与“失节”

与“去私欲”、“明天理”相关联，二程提出了“饿死事小，失节事大”的说教：

> 问：“孀妇于理似不可取，如何?”曰：“然。凡取，以配身也。若取失节者以配身，是已失节也。”又问：“或有孤孀贫穷无托者，可再嫁否?”曰：“只是后世怕寒饿死，故有是说。然饿死事极小，失节事极大。”⑤

孀妇不能再嫁，再嫁就是“失节”，“失节”无疑是“私欲”；如娶“失节”之妇，娶者自己亦“失节”。此“节”是指贞操，亦可作一般意义上的气节操守讲。即使寡妇既孤独又贫穷，无依无靠，亦不能再嫁，宁可饿死，也不能失去气节操守。“失节”便是违背“礼

---

① 《河南程氏文集》卷八，《二程集》，589页。
② 《颜渊第十二》，《论语集注》卷六。
③ 《河南程氏遗书》卷十五，《二程集》，143页。
④ 同上书，157页。
⑤ 《河南程氏遗书》卷二十二下，《二程集》，301页。

教”，“守节”才合“天理”。

由此，程颐主张“从一而终”。他说：

夫以顺从为恒者，妇人之道，在妇人则为贞，故吉。①

在妇人则为正而吉，妇人以从为正，以顺为德，当终守于从一。②

当然，“从一而终”并非程颐首倡，较早见于《恒·六五》爻辞的《象传》：“妇人贞吉，从一而终也。”但程颐据“从一而终”而发挥为“饿死事极小，失节事极大”，亦可谓至矣！因而，寡妇再嫁就受到宗法伦理道德的谴责。宗法社会后期，在“礼教”的枷锁下，妇女受害之烈，实乃惨绝！③

戴震在《孟子字义疏证》中控诉此杀人礼教说：

人死于法，犹有怜之者；死于理，其谁怜之！④

酷吏以法杀人，后儒以理杀人，浸浸乎舍法而论理，死矣，更无可救矣！⑤

一以“法”杀人，一以“理”杀人。“理”与“法”同样有杀人的功能。人死于“法”，尚不乏有同情的人；死于“理”，不仅无人可怜，反美其名曰“理有应得”，真是更无可救矣。

二程的“去私欲”、“明天理”的理念，便成为后期宗法社会杀人的工具。戴震说：

此理欲之辨，适成忍而残杀之具，为祸又如是也。⑥

戴震的批判有其社会历史的合理性，是社会思想进步的标志。

四、二程思想的历史地位和影响

“洛学”在宋以后与“闽学”相结合，成为后期宗法社会的官方意识形态。程颢死后，程颐在其《明道先生墓表》中就说：

道之不明也久矣。先生出，倡圣学以示人，辨异端，辟邪

---

①② 《恒卦》，《周易程氏传》卷三，《二程集》，864页。

③ 参见拙著：《朱熹思想研究》，646～647页。

④ 《理》，《孟子字义疏证》卷上。

⑤ 《与某书》，《戴东原集》卷九。

⑥ 《权》，《孟子字义疏证》卷下。

说，开历古之沉迷，圣人之道得先生而后明，为功大矣。①

孟轲死后，“道不行”，“学不传”。程颢“得不传之学”，行“圣人之道”，故而其弟将其推到了孔孟再世的地位。

南宋初年，胡安国曾上奏札，请加周敦颐、张载、二程四人封号，载在祀典。“孔孟之道不传久矣，自颐兄弟始发明之，而后其道可学而至也。”② 二程成为继往世之绝学者。朱熹亦特推崇二程得孔孟不传之学：“夫以二先生倡明道学于孔孟既没、千载不传之后，可谓盛矣。”③“实得孔孟以来不传之学。”④ 宁宗时，二程道学思想便得到宋王朝的肯定。嘉定十七年（公元1224年），宁宗“诏补先圣裔孔元用为通直郎。录程颐后”⑤。李心传在嘉熙三年（公元1239年）所撰《道命录·序》中说：“皇帝（赵扩）御大庆殿朝百官，诏尚书都省曰：‘朕惟伊川先生，绍明道学，为宋儒宗。虽屡被褒荣而世禄弗及，未称崇奖儒先之意，可访求其后，特与录用。’窃考道学之废兴，乃天下安危、国家隆替之所关系，未尝不叹息痛恨于惇、京、桧、侂之际也。”袭孔子例，而录用其后。淳祐元年（公元1241年），理宗诏从祀朝廷，而入孔庙，并封程颢为河南伯，程颐为伊阳伯。⑥

元代，程、朱道学成为官方意识形态，仁宗在延祐年间复科举，诏定以朱熹《四书章句集注》试士子，确立了程、朱道学的统治地位。文宗在至顺二年（公元1331年）诏封程颢为豫国公，程颐为洛国公。诏曰：

> 朕惟三千之徒，莫先颜氏，眷言往哲，式克似之。故河南伯程颢体备至和，躬承绝学，元气之会，钟于独得圣人之道，赖以复明，繄百世之真儒，岂追崇之可后，爰搜盛典，爵以上公。⑦

二程及其“道学”思想愈来愈受重视。元代编撰《宋史》，特立《道学传》，表彰道学家。明代，二程“道学”意识形态的地位，已无可

---

① 《河南程氏文集》卷十一，《二程集》，640页。

② 《伊洛渊源录》卷四。

③ 《程氏遗书后序》，《朱文公文集》卷七十五。

④ 《壬午应诏封事》，《朱文公文集》卷十一。

⑤ 《续资治通鉴》卷一六二。

⑥ 参见《五先生封爵指挥》，《道命录》卷十。

⑦ 《诏敕》，《洛阳县志》卷十二；另见《河南通志》卷七十五。

动摇。

然而，正是这种不可动摇的“道学”，给中国历史带来了沉重的负担：它以其独尊的地位而扼杀、窒息了新思想的萌芽，一切与此相违戾的思想都被斥为“异端邪说”，其思想家被诬为狂人。这些“非名教之所能羁络”的思想家，作了种种企图击破“理学”思想禁锢的努力，以改变“理学”的一统局面，这标志着对宗法传统思想的突破和历史反思的开端。它所唤起的社会新思潮的力量是无法估量的。戴震的揭露，谭嗣同的鞭挞，击打着吃人的礼教及其理论基础——“理学”，但是中国资本主义萌芽太过微弱，他们不能也不可能冲决封建的网罗。“有心杀贼，无力回天”，这是当时进步思想家的呐喊，亦是历史的悲剧。宋明“理学”给予历史的创伤是多么深远！

的确，在宗法社会后期的几百年中，“饿死事极小，失节事极大”一句话，就摧残和吞噬了多少人的心身，妇女在流干了眼泪以后，悬梁而尽、绝粒而亡者不在少数，那一座座“贞节”牌坊，埋葬和诉说着多少妇女的悲惨情景。

第五章
朱子学——朱熹的道学思想

朱熹继程颐之学，而成“道学”的嫡传。吴梓材说：“自龟山而豫章为一传，自豫章而延平为再传，自延平而朱子为三传。《序录》谓文靖四传而得朱子，盖统四先生言之。其实朱子本师刘白水，为龟山门人，亦只再传耳。”① 程颐到朱熹有再传、三传、四传等三种说法。现一般认为由程颐——杨时——罗从彦——李侗——朱熹，为四传。黄宗羲评程颐与朱熹学术关系时，有这样一段话：

> “涵养须用敬，进学在致知”，此伊川正鹄也。考亭守而勿守，其议论虽多，要不出此二言，大较明道之言，故欲扬之，恐人滞；考亭之言，故欲抑之，恐人荡，其用心则一也。②

梨洲从一个方面考察了程、朱之同，当然两者之间亦有异。其异不仅表现在对《经》的解释上有分歧，而且有时在论述问题的侧重点上亦有差别。但这些并不妨碍其继承关系，因此，后世以程、朱并称为一学派，也决非无因。

一、身世、生平活动和著作

朱熹字元晦，后改为仲晦，号晦庵。祖籍婺源（古属安徽徽州，今属江西婺源县），出生在福建南剑（今福建南平）尤溪县。生于南宋高宗赵构建炎四年（公元 1130 年），卒于南宋宁宗赵扩庆元六年（公元 1200 年）。

---

①② 《晦翁学案》，《宋元学案》卷四十八。

根据朱熹门人黄榦在《朱子行状》中记载：朱熹的家世为“婺源著姓，以儒名家”，但《宋史·朱熹传》没有采取这个说法，而清人王懋竑编《朱子年谱》则取《行状》之说。清代所修《婺源县志·朱子世家》这样写道：

> 唐末有朱古寮者，仕为婺源镇将，因家焉。历传至森，以子赠承事郎。森生松，字乔年，号韦斋，官吏部。年逾冠以上舍登第，授建州政和尉。父卒贫不能归，因葬承事于政和。服除，调剑州尤溪尉……迁著作郎，尚书度支员外郎兼史馆校勘，历司勋吏部两曹兼领史职如故。……秦桧当国，决意讲和，公抗疏出知饶州。

朱熹祖辈历代当官，家族以“著姓”称，但到了朱熹出生时，正是他父亲朱松从尤溪县尉去官，在尤溪教书之际，家境并不十分充裕。朱熹祖父朱森死时，也因清贫不能扶灵归葬婺源故里，而葬在政和任所。朱熹父亲朱松死时，少年的朱熹便依靠父友刘子羽而生活。据《宋史·朱熹传》记载：朱家常常是“箪瓢屡空，晏如也。……往往称贷于人以给用”。可见，朱熹出身于一个衰落下来的官宦之家。

朱熹的生平求道的心路历程，大致可分为三个时期：第一个时期，初登仕途，受学李侗；第二个时期，设“社仓”、主“经界”，集道学之大成；第三个时期，诏免侍讲，“道学”遭禁。

(一) 初登仕途，受学李侗

朱熹少年时，正是南宋民族矛盾和阶级矛盾十分尖锐之际。他出生的那年，既爆发了由钟相领导的著名农民起义，提出了“等贵贱、均贫富”口号；又遭金贵族进攻杭州之难，高宗赵构仓皇逃窜；同时前御史中丞秦桧被金俘后投降，又受金贵族的派遣，回到宋廷，充当内奸。南宋王朝，内外交困。在重重矛盾之中，对待金是战是和，在当时存在着尖锐分歧和激烈斗争。朱熹两岁时（公元1131年），秦桧由于在对金主和方面与高宗赵构意见一致，因此取得了高宗信任，“帝谓辅臣曰：‘桧朴忠过人，朕得之，喜而不寐’”[1]。因而秦桧被拜为右相兼枢密院事，掌握了军政大权，此后，他便变本加厉地推行投降主义。朱熹10岁（公元1139年）的时候，秦桧代

① 《秦桧主和》，《宋史纪事本末》卷七十二。

替赵构以跪拜礼接受金诏书中所提的各项和议条件，即宋向金称臣，每年贡银 25 万两，绢 25 万匹；金归还宋徽宗和皇后棺木。消息传出后，朝野愤慨。11 岁（公元 1140 年）时，抗金派岳飞在各地义军的支持下，击败金军主力“铁浮图”，宗弼闻风丧胆，准备放弃汴京北撤，在此大好形势下，投降派高宗赵构和秦桧竟然命令岳飞退兵回军，岳飞据理力争，高宗乃以日下 12 道金牌相逼，岳飞不得不遵命回朝；此后高宗和秦桧按照金统治者的旨意，剥夺了抗战派将领张浚、韩世忠、岳飞等人的兵权，并以“莫须有”的罪名杀害了抗金最力的岳飞，张宪、岳云也被杀害。朝野震惊，日夕惕息。朱熹的父亲朱松，也由于上章反对秦桧议和，而遭排斥。“秦桧决策议和，松与同列上章，极言其不可，桧怒……出知饶州。”① 国家的耻辱，父亲的被贬，不能不给朱熹幼小的心灵留下深深影响。

朱熹较小的时候，就在其深受二程影响的父亲直接教育下，开始学习儒家经典，十来岁就攻读“圣贤之学”②，慨然发奋，日读《大学》、《中庸》、《论语》、《孟子》无间断，以做“圣人”为自己愿望。

朱熹 14 岁（公元 1143 年）时，其父朱松病死。临死前遗命朱熹，父事籍溪胡原仲、白水刘致中、屏山刘彦冲，朱熹遵父遗言，受学于此三人。

这时朱熹虽以儒家经典为其学习主要内容，然于佛家、道学，也无不问津。《朱子语类》中有一段回忆：“某旧时亦要无所不学，禅、道、文章、楚辞、诗、兵法，事事要学，出入时无数文字。”③ 可见，这时朱熹为学并未专攻，对于佛、道等书，都是要看的，甚至在应举考试之前也还注意佛书。《大慧（宗杲）普觉禅师语录序》记载：

> 朱文公少年不乐读时文，因听一尊宿说禅，直指本心，遂悟昭昭灵灵一著，十八岁请举时从刘屏山。屏山意其必留心举业，暨披其箧，只大慧语录一帙尔。④

---

① 《朱熹传》，《宋史》卷四二九。

② 王懋竑：《朱子年谱》卷一上。

③ 《朱子语类》卷一〇四。

④ 《朱子语类》曾有一段相似的记载：“一日在病翁所会一僧，与之语，其僧只相应和了说，也不说是不是，却与刘说，某也理会得个昭昭灵灵底禅。刘后说与某，某遂疑此僧更有要妙处在，遂去扣问他，见他说得也煞好。及去赴试时，便用他意思去胡说。……试官为某说动了，遂得举（时年十九）。”（《朱子语类》卷一〇四）

据朱熹自己说，他赴试时，就是用禅学应试，考官为他说动，遂得举。然而，这只是朱熹自我感觉。据建州乡贡的考官蔡兹说："吾取中一后生，三篇策皆欲为朝廷措置大事，他日必非常人。"[①]是说三篇文章都是为宋王朝的政事提出精辟的主张，这可能是实情。

朱熹19时考取了进士，可是他并不满足自己的学问，他把主要精力用在思量"义理"上。往往彻夜不寐，直至把义理穷究透彻为止。

高宗绍兴二十一年（公元1151年），朱熹22岁，被授予左迪功郎，出任泉州同安县主簿，绍兴二十三年秋天到同安赴任。在任职期间，朱熹"莅职勤敏，纤悉必亲"，对于农民所交纳的繁重赋税，他"每点追税"，如果"违限遭点"，拖迟了交纳期限，那就"定断不恕，所以人怕"[②]。朱熹为国家催逼赋税，可谓不遗余力！绍兴二十五年（公元1155年）夏天，同安县"饥民"暴动，很快包围了同安县城，朱熹等担心饥民攻破城池，他便亲自守备过去曾被攻陷的西北方一带，结果饥民暴动被平定。

朱熹从维护宗法礼教的立场出发，对于同安县贫苦人民由于"贫不能聘"而沿袭下来的"引伴为妻"的风俗习惯，认为是"乖违礼典，渎乱国章"[③]而严加禁止；同时，他整理和搜集藏书，成立"经史阁"和"学宫"[④]。朱熹常取《周礼》、《仪礼》、《唐开元礼》、《绍兴祀令》，相互参考，绘成礼仪器用衣服等图，要学生们"朝夕观览"，以使"临事无舛"[⑤]。从上述三事可见朱熹热衷于维护宗法制礼教和纲常。

这期间，朱熹曾会见和请教过李侗，但正式受学于李侗却是绍兴三十年（公元1160年）的事。李侗是罗从彦的学生，罗从彦是杨时的学生，而杨时则是二程的大弟子。罗从彦被欧阳佑视为"受业龟山（杨时）之门，独得不传之秘"[⑥]的人。李侗又被认为是尽得罗从彦"所传之奥"[⑦]的人。应该说李侗是二程学说的正宗嫡传，

① 《朱子年谱》卷一上。

② 《朱子语类》卷一〇六。

③ 《申严婚礼状》，《朱文公文集》卷二十。下称《文集》。

④ 参见《泉州同安县学官书后记》，《文集》卷七十七，《经史阁上梁告先圣人》卷八十六。

⑤ 《朱子年谱》卷一上。

⑥ 《重刊罗先生文集序》，《罗豫章先生文集》。

⑦ 《宋史・李侗传》。

这就是朱熹的师承系统和学术渊源。

朱熹拜李侗为师以后，学术思想发生了变化，据他自己回忆，年轻时曾习禅学，初见李侗时，还曾以禅学请问李侗，李侗只说不是。《语类》记载：

> 李先生为人简重，却是不甚会说，只教看圣贤言语。某遂将那禅来权倚阁起，意中道，禅亦自在，且将圣人书来读。读来读去，一日复一日，觉得圣贤言语渐渐有味。却回头看释氏之说，渐渐破绽，罅漏百出！①

从“理会得个昭昭灵灵底禅”，到认为释氏之说漏洞百出，不能不说是朱熹思想的重要转变。此后专心经学，而求义理，从而得到李侗的赞扬，认为“此人极颖悟，力行可畏”，被誉为“进学甚力，乐善畏义，吾党鲜有”② 的人物，遂得李侗之正传。这样，朱熹便成为二程的四传弟子，儒家“道统”谱系中的重要人物。

就在这一年，民族矛盾又尖锐起来。金统治者完颜亮动员 40 万大军，编成 27 军，准备向南进攻。绍兴三十一年（公元 1161 年）秋天，完颜亮便分兵四路，大举南进。完颜亮亲率主力，渡淮南下，很快进到长江北岸，消息传来，高宗十分惶恐，准备“解散百官，浮海避狄”③，只是由于右相陈康伯的坚决劝阻，才暂留临安观望。十一月完颜亮抵达和州（今安徽和县），推军到达长江北岸杨林渡，企图渡江攻采石。在此危急关头，虞允文整顿溃军，激励士气，击败金军。其他三路也由于李宝、吴璘的抵抗和义军的配合，使金军受挫，收复了邓、蔡、秦、洮等十余州。这种形势，激发了金统治集团内部发生政变，完颜雍自立为帝，完颜亮被军中部将击杀。金军渡淮北退。面对着抗金胜利的形势，是乘胜北上，收复中原？还是退而求和，甘作“藩臣”？正是在这个时候，朱熹曾有“渡淮诸将已争驰，兔脱鹰扬不会期。杀尽残胡方反旆，里闾元未有人知”的诗句。可见他对抗金胜利表露出惊喜的心情。

（二）集道学之大成

朱熹受学李侗，学术思想发生了很大变化。高宗正想以抗金的

---

① 《朱子语类》卷一〇四。

② 《朱子年谱》卷一上。

③ 《虞允文神道碑》，《杨诚斋集》卷一二〇。

胜利，作为向金投降的资本。这就不能不激起朝野的愤慨。高宗只得在一片反对和议、主张抗金声中宣布退位，孝宗赵眘继位后，支持抗金。他贬退秦桧党人，起用张浚，追复岳飞官爵，按官礼改葬，这就打击了投降派，抗战形势大有转机。朱熹在一派主战热潮中，主张抗金复仇。他在绍兴三十二年（公元 1162 年）八月以监潭州南岳庙的臣职向孝宗上《封事》，提出三方面建议，其中有“修攘之计不可以不早定”的主张。所谓“修攘”之计，就是“修政事，攘夷狄”。他明确提出：“夫金虏于我有不共戴天之仇，则其不可和也义理明矣。”“以臣策之，所谓讲和者，有百害无一利，何苦而必为之。……故今日讲和之说不罢，则陛下之励志必浅，大臣之任责必轻，将士之赴功必缓，官人百吏之奉承必不能悉其心力以听上之所欲为。”① 朱熹反和主战态度十分鲜明。

隆兴元年（公元 1163 年），孝宗罢史浩，支持张浚出兵抗金。张浚派濠州李显忠和泗州邵宏渊分别出击，但由于李、邵不和，不协同作战，以致符离战败，动摇了孝宗抗战决心。于是便又起用秦桧余党汤思退为右相，十月派王之望到金廷议和。十一月六日，朱熹受诏垂拱殿奏事，他慷慨陈词，连上三札，仍坚持反和主战的立场，他在第二奏札中论复仇时说：

> 君父之仇，不与共戴天者。……然则今日所当为者，非战无以复仇，非守无以制胜……间者不知何人辄复唱为邪议，以荧惑圣聪，至遣朝臣持书以复虏帅，而为讲和之计。臣窃恨陛下于所不当为者不能必止，而重失此举也。②

由于他主张复仇，持抗战态度，乾道元年（公元 1165 年）被命为“武学博士”，“既至而洪适为相，复主和，论不和，归”③。回家后，朱熹从事于“道学”的研究和讲学活动。

乾道三年（公元 1167 年）秋天，福建崇安发大水，朝廷派朱熹视察水灾，并与县官议论“赈恤”的事。由于粮食无收，到次年（公元 1168 年）青黄不接的春夏之交，崇安发生大饥荒，随之爆发农民起义，人情大震。朱熹与知县诸葛廷瑞便“劝豪民发藏粟”④，

---

① 《壬午应诏封事》，《文集》卷十一。

② 《癸未垂拱奏札二》，《文集》卷十三。

③ 《朱熹传》，《宋史》卷四二九。

④ 《建宁府崇安县五夫社仓记》，《文集》卷七十七。

以赈济下民，并请朝廷以“粟六百斛”赈济，缓和矛盾。这样，防止了崇安饥民的暴动，使“浦城（距崇安二十华里）之盗无复随和而束手就擒矣”①。从这里，朱熹得到一条经验：不能竭泽而渔，否则便会激起农民动乱。因而他主张设“社仓”，赈济农民。他说：

> 山谷细民，无盖藏之积，新陈未接，虽乐岁，不免出倍称之息贷食豪右，而官粟积于无用之地，后将红腐，不复可食。愿自今以来，岁一敛散，既以纾民之急，又得易新以藏。俾愿贷者出息什二……岁或不幸小饥，则弛半息，大侵则尽蠲之，于以惠活鳏寡，塞祸乱原，甚大惠也，请著为例。②

这年，朱熹完成了宣扬“道学”和“存天理，灭人欲”的《二程遗书》的编辑。

乾道七年（公元1171年）创立“五夫社仓”于五夫里，后又在福建建阳和浙江金华等地加以推广。朱熹对其“社仓法”曾经十分得意，他甚至以此和王安石的“青苗法”作了比较，说：“予观于前贤之论，而以今日之事验之，则青苗者，其立法之本意固未为不善也。但其给之也以金而不以谷；……是以王氏能以行于一邑，而不能以行于天下。”③ 朱熹有时严厉批评王安石变法，这里肯定王氏“青苗法”的本意是好的，两者实有相似之处。

淳熙二年（公元1175年）夏，吕祖谦从浙江东阳到福建朱熹的“寒泉精舍”，相与读周敦颐、二程和张载的书，并商讨编辑《近思录》，作为道学入门的教科书。当朱熹送吕祖谦回浙江，途经江西上饶时，吕便约陆九龄、陆九渊来会。吕祖谦本是想调和朱、陆为学之方的分歧，但鹅湖之会的讨论结果，不是调和而是明确了他们之间的分歧。朱熹从形上学客体理出发，主张“即物穷理”，而被陆九渊讥为“支离事业”；陆九渊则从形上学主体心出发，主张“发明本心”，而自称为“易简工夫”，结果不欢而散。此后，人们尝称朱学为“道学”学派，陆学为“心学”学派。

淳熙四年（公元1177年），作为集道学之大成的代表作——《论语集注》和《孟子集注》编成。朱熹首先编成《论语集义》和《孟子集义》，然后按“道学”的观点取其“精粹”为《集注》，又把为什么这样取舍的道理或与学生的问答编为《论语或问》和《孟子

---

①② 《建宁府崇安县五夫社仓记》，《文集》卷七十七。

③ 《婺州金华县社仓记》，《文集》卷七十九。

或问》。同时还完成了《周易本义》和《诗集传》的撰写。《论语集注》和《孟子集注》的编成，标志着朱熹理学哲学体系的建立。

淳熙五年（公元1178年），由于史浩的推荐，朱熹被任命为知南康军（军治今江西星子县），次年（公元1179年）三月到任，朱熹从公元1153年任同安县主簿至此，已家居著书、讲学二十余年。是年，南康军灾荒。他曾两次上疏，要求减除星子县的税钱。① 他说：

> 窃见本军诸县，大抵荒凉，田野榛芜，人烟稀少，而星子一县为尤甚。……而官吏节次增起税额，及和买折帛，数目浩瀚，人户尽力供输，有所不给，则复转徙流亡，无复顾恋乡井之意。其幸存者亦皆苟且偷安，不为子孙长久之虑。②

他还请求政府雇用饥民，拨钱米修筑沿长江的石堤，以解决缺食问题。他说，由于历年石堤失修，"每有大风震作，漂溺人船，不容拯救，前后抛失官私钱物不可胜计"③，因而需要修筑。而今"本军旱伤至重，细民缺食"，这样，"使饥民就役，不致缺食"④，既解决饥民缺食问题，也解决修筑石堤问题，"实为公私久远利济之惠"⑤。由此看来，作为一个官吏，朱熹是有眼光的，是力求为国为民做好事的。

朱熹在南康军任上，还曾积极办学，以宣传"道学"。他在庐山唐代文人李渤隐居的地方，修复"白鹿洞书院"，并制定了一整套书院制度章程，对后世产生了很大的影响。在《白鹿洞书院学规》中，他把"父子有亲，君臣有义，夫妇有别，长幼有序，朋友有信"作为"五教之目"；把"博学之，审问之，慎思之，明辨之，笃行之"作为"为学之序"；并以"言忠信，行笃敬，惩忿窒欲，迁善改过"为"修身之要"；以"正其义不谋其利，明其道不计其功"为"处身之要"；以"己所不欲，勿施于人，行有不得，反求诸己"为"接物之要"⑥。白鹿洞书院遂成为当时著名的四大书院之一，而其《学规》则成为各书院所效法的楷模。以白鹿洞书院为基地，以其《学规》为指导，朱熹培养了一大批学生，形成了自己的学派。

淳熙八年（公元1181年），浙东饥荒，宰相王淮推荐朱熹任提

---

① 《文集》中阙第一状。

② 《乞蠲减星子县税钱第二状》，《文集》卷十六。

③④ 《乞支钱米修筑石堤札子》，《文集》卷二十。

⑤ 《乞催修石堤札子》，《文集》卷二十。

⑥ 《文集》卷七十四。

举两浙东路常平茶盐公事，即日单车就道。途经杭州，入对七札，“首陈灾异之由，与修德任人之说”①；建议“选建英豪，任以政事”；指出“纲纪日坏，邪佞充塞，货赂公行，兵怨民愁，盗贼间作……群小相挺”② 的时弊。到浙东以后，他“按行境内，单车屏徒从，所至人不及知”③，“访民隐，至废寝食”④，弄清楚了一些时弊和贪官污吏的劣迹，并奏劾了偷盗赈济官米的绍兴府差指使密克勤，“令绍兴府疾速根勘监追所盗米斛，送纳入官，庶副赈济”⑤。他弹劾了隐瞒灾情、谎报政绩、横征赋税的浙江衢州守臣李峄、元差监酒库张大声等。不仅如此，他还弹劾了兼并土地，不伏赈粜的豪右朱熙绩。朱熹指出，朱县尉（熙绩）平时“结托权贵，凌蔑州县，豪横纵恣，靡所不为”，并大肆兼并土地，侵吞财产，“本乡田产尽卖与豪户朱县尉”，“典买产业，累年白收花利”，成为“田亩物力，雄于一郡”的大地主。他在出粜赈济米时，“减克升斗”。朱熹提议“将朱熙绩重赐黜责，以为豪右奸猾不恤乡邻之戒”⑥。

作为一个地方官，从自己实际体察出发，朱熹还请求孝宗皇帝“尽出内库之钱，以供大礼之费为收籴之本”，诏户部减免所欠的旧税，撤换不称职的官吏，“遴选贤能，责以荒政”。朱熹认为这样做可以“下结人心，消其乘时作乱之意”⑦。否则，“忧者，不止于饥殍，而将在于盗贼；蒙其害者，不止于官吏，而上及于国家也”⑧。这进一步说明，为了维护宗法国家，朱熹是深谋远虑的。

光宗绍熙元年（公元 1190 年），朱熹知福建漳州，他在漳州的一年间，曾蠲减经总制钱，据《宋元学案·晦翁学案》引《行状》说：“奏除无名之赋七百万，减经总制钱四百万”。这一年，首次刊刻四经（《书》、《易》［本义］、《诗》［集传］、《春秋》）及四子书（《论语》、《孟子》、《大学》、《中庸》），此事对后世产生了重大影响。值得注意的是，就在这一年，朱熹提出了行“经界”的主张，并要求核实田亩，画图造册。理由是：

---

① 《朱熹传》，《宋史》卷四二九。

② 《辛丑延和奏札二》，《文集》卷十三。

③ 《朱熹传》，《宋史》卷四二九。

④ 《朱子年谱》卷二下。

⑤ 《奏绍兴府指使密克勤偷盗官米状》，《文集》卷十六。

⑥ 《奏上户朱熙绩不伏赈粜状》，《文集》卷十六。

⑦⑧ 《朱熹传》，《宋史》卷四二九。

版籍不正，田税不均，虽若小事，然其实最为公私莫大之害。盖贫者无业而有税，则私家有输纳欠负、追呼监系之苦；富者有业而无税，则公家有隐瞒失陷、岁计不足之患。①

好处在于：

细民业去产存，其苦固不胜言，而州县坐失常赋，日朘月削，其势亦将何所底止？然而此法之行，其利在于官府、细民。②

贫苦农民的土地虽被豪家、猾吏、奸民兼并去了，但产量和税额并没有划拨过去，贫苦农民还要缴“无业之税”，而豪家、猾吏、奸民却“有业而无税”。朱熹企图纠正这种“田税不均”的现象，而核实田亩，“随亩均产”，但由于豪家、猾吏、奸民的阻挠，而没有实行。对此，他所采取的措施是辞官不做。在1191年12月，他以“经界”不行而自劾，在《辞免湖南运使状二》中说：

熹窃见本州绍兴年中经界良法方行遽罢，贫民产去税存，不堪追呼之扰；富家业多税小，益长兼并之势。后来朝廷节次欲再举行，皆以豪右浮言沮挠而辍，积至于今。苦乐不均，公私受弊，有害国家发政施仁之实。……由熹愚昧，思虑不审，上误朝廷……诚无心复效奔走，无颜复临吏民，无宜复当委寄，辄冒万死，自劾以闻。③

朱熹在做地方官的过程中的确看出了社会的某些弊病，也想实行若干改革。

绍熙四年（公元1193年）十二月，除知潭州荆湖南路安抚使，他正想辞免。“会（1194年2月）洞獠侵扰属郡，恐其滋炽，遂拜，四月启行。”④ 五月五日一到潭州（今湖南长沙），便立即采取军事和招抚相结合的办法，对少数民族的动乱进行平定。他在《甲寅行宫便殿奏札四·贴黄》中说：

臣昨招到猺贼蒲来矢等，已赴安抚司公参。……今已伏降，则于事理不得不存恤……毋失大信，庶几异日复有此辈，易以招纳。⑤

① 《经界申诸司状》，《文集》卷二十一。

② 《条奏经界状》，《文集》卷十九。

③ 《文集》卷二十三。

④ 《朱子年谱》卷四上。

⑤ 《文集》卷十四。

可以看得出，这时的朱熹是颇为自得的。他以 65 岁的高龄，任安抚使，平定少数民族的动乱，并在湖南策划了一系列措施。也就在这时他修复了岳麓书院，据《朱子年谱》卷四上记载：

先生（指朱熹）穷日之力，治郡事甚劳，夜则与诸生讲论，随问而答，略无倦色，多训以切己务实，毋厌卑近，而慕高远，恳恻至到，闻者感动。

岳麓书院与白鹿洞书院一样，成为朱熹讲学授徒，传播道学的阵地。

这个时期他的主要著作有：《程氏遗书》、《外书》、《八朝名臣言行录》、《近思录》、《论语集注》、《太极图说解》、《通书解》、《伊洛渊源录》、《孟子集注》、《大学章句》、《中庸章句》、《周易本义》、《易学启蒙》、《四书或问》等。

（三）诏免侍讲，道学遭禁

绍熙五年（公元 1194 年），朱熹已 65 岁，这年七月，光宗内禅，宁宗即位，朱熹得到赵汝愚的密报，便抢在宁宗登基大赦令来到之前，在潭州杀了 18 个大囚犯。据《长沙县志·拾遗》记载：

朱晦翁帅潭日，得赵丞相简，已立加王（宁宗）为上，当首以经筵召公。晦翁藏简袖中，竟入狱取大囚十八人立斩之。才毕而登报赦至。翁恐赦至而大恶脱网也。①

是年八月，经赵汝愚推荐，朱熹任焕章阁待制兼侍讲。初见宁宗，便上《行宫便殿奏札》。认为“君臣父子，定位不易，事之常也；君令臣行，父传子继，道之经也”② 和“为学之道，莫先于穷理”③ 等“大伦”、“大本”不可改变。

十月，朱熹接受侍讲职位，进讲《大学》，除单日外，每逢双日，早晚进讲。他借向皇帝进讲的机会，面陈四事：（1）“首罢修葺东宫之役……而慰斯民饥饿流离之难”；（2）“下诏自责，减省舆卫”；（3）“使朝廷尊严，纪纲振肃……近习不得干预朝权，大臣不得专任己私”；（4）“寿皇之遗体，得安于内，则宗社生灵，皆蒙福于外矣”④。由于多次进言，宁宗认为朱熹是越俎代庖，干预朝廷事

---

① 另参见《庆元党》，《四朝闻见录》丁集。

② 《甲寅行宫便殿奏札一》，《文集》卷十四。

③ 《行宫便殿奏札二》，《文集》卷十四。

④ 以上见《经筵留身面陈四事札子》，《文集》卷十四。

务。闰十月，宁宗免去了朱熹侍讲的职位。赵汝愚曾上书固谏，要求留熹，宁宗不听。中书舍人陈傅良、起居郎刘光祖、起居舍人邓驿、吏部侍郎孙逢吉等，也上书留熹在朝，同样被宁宗拒绝。后来工部侍郎黄艾问宁宗，为什么逐朱熹，宁宗说："始除经筵耳，今乃事事欲与闻。"① 事事干预朝政，而"朱某所言，多不可用"。这样，朱熹便在十一月回到福建考亭，十二月建"竹林精舍"（后更名为"沧州精舍"）继续从事著述和讲学活动。

宁宗庆元元年（公元 1195 年），南宋朝中爆发了反"道学"的斗争。事情是以去赵汝愚相位为开端。据《续资治通鉴》记载：

> 初，韩侂胄欲逐汝愚而难其名，京镗曰："彼宗姓也，诬以谋危社稷，则一网打尽矣！"侂胄然之，以秘书监李沐有怨于汝愚，引为右正言，使奏汝愚以同姓居相位，将不利于社稷。汝愚出浙江亭待罪，遂以观文殿大学士出知福州。②

右丞相赵汝愚被罢出朝。兵部侍郎章颖、国子祭酒李祥、临安知府徐谊、国子博士杨简抗论留汝愚，皆以赵党而被罢斥。太府寺丞吕祖俭上《封事》，为赵汝愚辩解，被贬韶州（今广东韶关）。朱熹自以蒙累朝知遇之恩，撰《封事》，为赵汝愚辩护。据朱熹门人黄榦在《朱子行状》中记载：

> 先生自念身虽闲退，尚带侍从职名，不敢自嘿，遂草书万言，极言奸邪蔽主之祸。因以明其宪词旨痛切，诸生更谏，以筮决之，遇《遯》(䷠) 之《同人》(䷌)，先生默然退，取谏稿焚之，自号遯翁。③

朱熹门人蔡元定筮占的结果，究竟是否是"遇《遯》之《同人》"？宋元之时，似无异议。朱熹门人李方子（号果斋）作《朱子年谱》，亦同《行状》。王懋竑在《朱子年谱考异》中说："［李洪］④《年谱》遇《遯》之《同人》。《行状》同。"⑤ 然而，至明武宗朱厚照正德年

---

① 《续资治通鉴》卷一五三。

② 《宋纪》卷一五四，4125 页。

③ 《黄勉斋先生文集》卷八，《丛书集成》初编本。

④ 李方子把朱熹的言行，按时间先后编成《年谱》三卷，交高安洪友成刊刻，简称李洪本。

⑤ 《朱子年谱考异》卷四。

间，朱熹同邑人戴铣有鉴于：(1) 南宋李方子的《朱子年谱》“屡经锓补，颇涉淆舛”①，或“事或逸于时，寖增于后，未有粹其全者”②；(2)《年谱》只能记载朱熹在世时的事迹，《实纪》则可将其死后历朝的追封并包无遗。于是撰《朱子实纪》十二卷。在《实纪》中则提出，朱熹筮占结果，“得《遯》之《家人》”。

究竟筮“得《遯》之《家人》”或“遇《遯》之《同人》”，见仁见智，莫衷一是。

据戴铣甥汪愈《刻朱子实纪后序》云：《实纪》于“正德丙寅编成，自为序”。“丙寅”即正德元年（公元 1506 年），与此同时代的朝鲜朱子学者李滉（字退溪，公元 1501—1570 年）在辑注《朱子行状》中，仍袭“遇《遯》之《同人》”说。

清代，王懋竑在《朱子年谱》中采戴铣说，曰：“草《封事》数万言，极陈奸邪蔽主之祸，因此明丞相（指赵汝愚）之冤。子弟诸生更进迭谏，以为必且贾祸，先生不听。蔡元定入谏，请以蓍决之，遇《遯》之《家人》。先生默然退，取奏稿焚之，更号遯翁。”③ 但清郑士范以“订白田（王懋竑号）之错”，又编集《朱子年谱》，仍沿“遇《遯》之《同人》”之说。

钱穆教授在其《宋明理学概述》采“遇《遯》之《同人》”说。日本安冈正笃教授在《朱子小传》中亦沿此说。云：宰相赵汝愚被谪之时，朱熹慨然痛论汝愚之冤，门人谏正，因此占筮决之，得遯之同人。即遯（䷠）初爻由阴变阳而为同人（䷌），以通于学道同人之运命。④

鉴于宋以后历代学者各执其说，国内及国外日本、朝鲜等学者至今仍沿用“遇《遯》之《同人》”说，兹予辨正。

考诸朱熹之著作和其思想之逻辑，应以“得《遯》之《家人》”为是。

其一，“遇《遯》之《家人》”，见之于朱熹的《别集》。在《答刘德修（光祖）》书中曰：

> 病中痊发狂疾，欲舒愤懑，一诉穹苍，既复自疑，因以易筮之，得《遯》之《家人》，为遯尾好遯之占，遂亟焚稿龉舌，然胸中犹勃勃不能已也。⑤

---

①② 《朱子实纪序》。

③ 《朱子年谱》卷四下。

④ 参见《朱子学入门》，《朱子学大系》第一卷，61 页，明德出版社［日］，昭和四十九年版。

⑤ 《晦庵先生朱文公文集·别集》卷一，四部丛刊初编缩本，1884 页。

有疑而卜，卜以决疑，这是合情理的。朱熹自谓“得《遯》之《家人》”，应为可信。虽在《与章侍郎（茂献）》书中言及以《周易》筮之，然未明言“遇《遯》之《家人》”或《同人》而只云：

某自四月初大病至今，中间危急，已为纳禄之请。近报未允，前此辞职亦未果决。适间闻有疏其名字，牵连四十余人，以白于上者，如此则非久势，须别有行遣。然数日前尝以《周易》筮之，偶得“遯尾”之占，见乎蓍龟者如此，则亦非彼之所能为矣。将安避之哉?①

可见，朱熹只讲“得《遯》之《家人》”，而无他论。

其二，《遯》（䷠），艮下乾上，山下天上，是朱熹筮得的本卦。朱熹注曰：

遯，退避也。为卦二阴浸长，阳当退避，故为遯。……但二阴浸长于下，则其势不可以不遯，故其占为君子能遯，则身虽退而道亨；小人则利于守卫，不可以浸长之故，而遂侵迫于阳也。②

“遯”为退避的意思。对君子来说，则身退而道亨；小人则利于守正。《家人》（䷤），离下巽上，火下风上。朱熹注曰：

家人者，一家之人。……外内各得其正，故为家人。利女贞者，欲先正乎内也。内正则外无不正矣。③

据《周易·序卦传》曰：“伤于外者必反其家，故受之以家人。”《周易·杂卦传》曰：“家人，内也。”朱熹于绍熙五年（公元 1194 年），以上疏忤韩侂胄被罢回里，次年好友右丞相赵汝愚被罢出朝。对此，朱熹很是愤懑，因而上《封事》以“一诉穹苍”。门人怕贾祸，而筮得此卦，就是要退避于家，以正于内，毋先正于外。故焚稿，而更号“遯翁”。筮得《遯》之《家人》合于情理。

若为“遇《遯》之《同人》”。《同人》（䷌），离下乾上，火下天上。朱熹注云：

同人，与人同也。以离遇乾，火上同于天。……为卦内文明而外刚健……占者能如是则亨而又可涉险。④

---

① 《晦庵先生朱文公文集·续集》卷五，四部丛刊初编缩本，1835 页。

② 《遯》，《周易本义》卷二。

③ 《家人》，《周易本义》卷二。

④ 《同人》，《周易本义》卷一。

《周易·杂卦传》曰："同人，亲也。"又《乾》为天、为君、为父，《离》为火，为日、为甲胄、为兵戈。如是，则与筮者之原意不符：第一，以《离》遇《乾》，火性炎上，离火上升而同于天（乾、君、父），而有上下、君臣相同之嫌。此与朱熹的"君臣父子，定位不易"①，"君尊于上，臣恭于下，尊卑大小，截然不可犯"② 的思想相违戾，亦与上或不上《封事》以替赵汝愚辩护之初意不合。第二，《离》既为甲胄、为兵戈，离火上同于天，则有以兵戈、甲胄与乾（君、天）相抗之意，此恐非朱熹之原意。第三，《同人》为卦内文明而外刚健，亨而可涉险。既然外刚健，又可涉险，则应上《封事》，而为赵汝愚辩解。然朱熹占筮后，默然退，取奏稿焚之。显然与《同人》卦义相违。如上所述，则朱熹毋需焚稿，而更号为"遯翁"矣。

其三，从《左传》、《国语》的占法来看，有一爻变，如《左庄公二十二年》周史筮陈敬仲，遇观（䷓）之否（䷋），六四阴爻变阳爻；闵公元年毕万筮，遇屯（䷂）之比（䷇），初九阳爻变阴爻。有数爻变，如《国语》晋筮成公，遇乾（䷀）之否（䷋），初九、九二、九三阳爻变为阴爻。朱熹筮得"遇《遯》之《家人》"。《遯》为初得之卦，为本卦；《家人》为所变之卦，为之卦。由遯（䷠）变为家人（䷤），即初爻由阴变阳，第四爻由阳变阴，属于数爻而变者。《遯》初六爻辞为："遯尾，厉，勿用有攸往。"朱熹注曰：

> 遯而在后，尾之象，危之道也。占者不可以有所往，但晦处静俟，可免灾耳。③

此爻为"危之道"，占筮者不可有所往。如果晦处静待，可以免灾。《遯》九四爻辞为："好避，君子吉，小人否。"朱熹注曰：

> 下应初六，而乾体刚健，有所好而能绝之以遯之象也。唯自克之，君子能之，而小人不能。故占者君子则吉，而小人否也。④

虽乾体刚健，若能自己克服，君子则吉利。《遯》初六为"遯尾"，九四为"好遯"，故朱熹在《答刘德修》书中称之"为遯尾好遯之占"，就是指《遯》初六、九四两爻变为《家人》初九、六四两爻而

---

① 《甲寅行宫便殿奏札一》，《晦庵先生朱文公文集》卷十四。

② 《朱子语类》卷六十八。

③④ 《遯》，《周易本义》卷二。

言的。

然而，如何“晦处静俟”？如何“唯自克之”？则《家人》卦有所解答。《家人》初九爻辞曰：“闲有家，悔亡。”《说文》：“闲，阑也。从门，中有木。”闭门而以木拒之的意思。《遯》初六是说，静俟在家，可免灾耳，两爻意思相合。《家人》六四爻辞：“富家，大吉”。朱熹注曰：“阳主义（即《遯》之九四爻辞为阳），阴主利。以阴居阴而在上位，能富其家者也。”① 故在家对君子是吉利的。如果是《遯》（䷠）之《同人》（䷌），则只《遯》之初六由阴变初九阳，则如王懋竑所说：“则止占遯尾矣。”② 与朱熹《答刘德修》书“为遯尾好遯之占”不符。黄榦的《朱子行状》和李方子的《朱子年谱》可能是传闻之误，或锓补之讹。

其四，若以朱熹《与章侍郎》书云：“偶得遯尾之占”，为《遯》（䷠）之初爻由阴变阳为《同人》（䷌），则自没有解决如朱熹注所说的如何“晦处静俟”的问题，故他接着曰：“将安避之哉？”“安”，在这里为疑问代词，如“沛公安在”③，“安能摧眉折腰事权贵”④ 的意思。若以卜以决疑，则朱熹的“自疑”在这里并未决，既未决，也便不会“遂亟焚稿龤舌”，而更号“遯翁”了。

上述，从朱熹自己之著作和思想之逻辑，可证明其卜筮之谜为“《遯》之《家人》”，而非“《遯》之《同人》”⑤，后者可能系传闻之误。

于是，赵汝愚终被罢，韩侂胄以拥立宁宗有定策之功而掌握大权，由韩主使的反“道学”风潮便愈演愈烈。庆元二年（公元1196年）二月右正言刘德秀言：“伪学之魁，以匹夫窃人主之柄，鼓动天下，故文风未能丕变。”⑥ 并请求把道学家的语录之类尽行“除毁”。“是科取士，稍涉义理者，悉皆黜落。”⑦ 即涉及程朱义理的，统统不取。同时，“《六经》、《语》、《孟》、《中庸》、《大学》之书，为世大禁”⑧。监察御史沈继祖指控朱熹有六罪。⑨ 在批判“伪学”的浪潮中，朱熹学

---

① 《家人》，《周易本义》卷二。

② 《朱子年谱》卷四。

③ 《项羽本纪》，《史记》卷七。

④ 李白《梦游天姥吟留别》。

⑤ 1981年12月13日，美国陈荣捷教授询问我对《家人》与《同人》之抉择的看法，我曾于该年12月底回复。

⑥⑦⑧ 《续资治通鉴》卷一五四，4137页。

⑨ 参见《庆元党》，《四朝闻见录》丁集。

生蔡元定被逮捕解送道州（属今湖南零陵地区）编管，朱熹率诸生百余人在净安寺为蔡元定饯别，后蔡元定病死在贬所。庆元三年十二月，立“伪学逆党籍”。庆元四年（公元1198年）朝廷以“道学”为“逆党”，“方是时，士之绳趋尺步、稍以儒名者，无所容其身”①。士人不敢以儒自命。然而，朱熹面对此情境，仍“日与诸生讲学不休，或劝以谢遣生徒者，笑而不答”②。而且在庆元六年（公元1200年）三月去世之前，还在改《大学·诚意章》。然而，据《宋史·朱熹传》记载，朱熹十一月“将葬，言者谓：‘四方伪徒期会，送伪师之葬，会聚之间，非妄谈时人短长，则谬议时政得失，望令守臣约束。’从之”③。若时人无短，时政无失，又怕什么“妄谈”和“谬议”！假如有短、有失，又何谓“妄谈”、“谬议”！“道学”在当时所处地位，由此可见一斑。

这个时期朱熹的主要著作有《韩文考异》、《书集传》等。

朱熹死时71岁，历仕高宗、孝宗、光宗和宁宗四朝，做官约10年，其余40余年都从事讲学和著作。他从政期间，对于贪官污吏不管人民死活的横征暴敛，主张给以抑制；对于灾荒主张实行救济，这对于减轻人民负担，发展社会生产则是有益的。他对金贵族的侵犯，反对和议，主守主战，也是颇有正面价值。

二、哲学逻辑结构

朱熹一生的主要活动是讲学授徒，著书立说。他的哲学是北宋以来思想解放的产物，是儒释道三教长期融突和合的成果，适应了重建道德形而上学和重构伦理规范及价值理想的时代需要。

《续资治通鉴》对朱熹学术思想作了总结：“熹自少有志于圣道，其为学大抵穷理以致其知，反躬以践其实，而以居敬为主。尝谓圣贤道统之传，散在方册，自经旨不明而道统三传始晦，于是竭其精力以研穷圣贤之经训。所著书为学者所宗。”④ 指明其为学宗旨、内涵和功用及影响。朱熹完成了“道学”的集大成的工作，建立了“道学”哲学体系。朱熹在世时，南宋王朝并没有认识到朱熹所建“道学”的社会价值，而一度予以禁止。但统治者一旦觉醒过来，朱

①②③ 《朱熹传》，《宋史》卷四二九。

④ 《续资治通鉴》卷一五五，4176页。

熹的哲学便成为维护宗法统治的武器了。这种情况一直延续到近世。

在1949年后的中国哲学史研究工作中，不论是论文或专著，对朱熹的自然观、认识论、方法论，众说纷纭，或认为他是“理”、“气”二元论（有称其为“心物二本论”的，说“其中包含有心本论要素和物本论要素的二律背反”），或认为多元论，或认为唯物论（说其“所讲的理，是现实世界之理，并不是现实世界的创造主”）。见仁见智，莫衷一是。究竟应该怎么评价？以下详述之。

（一）“理”——“气”——“物”——“理”的逻辑结构

朱熹哲学形上学的核心范畴是“理”。“理”是其哲学的出发点和归宿，但它必须有赖于“气”而“造作”，依“气”而安顿、挂搭；“物”，是“理”的体现和表象，是“理”借“气”而化生的。朱熹是这样表述的：

> 自下推而上去，五行只是二气，二气又只是一理；自上推而下来，只是此一个理，万物分之以为体。万物之中，又各具一理，所谓乾道变化，各正性命，然总又只是一理。①

从“上推下来”，“理”——“气”——“物”；从“下推上去”，“物”（五行）——“气”——“理”。这就是朱熹哲学体系的逻辑结构，也是他先验的世界图式。

在朱熹的世界图式中，“理”不仅是形而上的本体，而且是人类社会的最高原则。在他看来，本体“理”自身是独一无二、寂然不动的。那么，这个纯然绝对、空阔洁净的“理”，怎么能化生出千差万别的事物呢？于是他接纳了被张载所发展了的“气”思想。所谓“气”，则是一个活活泼泼的东西。由此朱熹的哲学便充满了生气，造作出一幅丰富多彩、包罗万象的现实世界图景。当然，朱熹的哲学体系并没有到此为止。形而上本体“理”借助于“气”化生了万物以后，又通过“格物穷理”的体认工夫，使“理”自己安顿自己，从而复归到“理”。

朱熹认为，自然界既然是被化生的，就必然有超越于自然界、不依赖于自然界而存在着的东西。这种东西不是别的，就是朱熹所说的“理”，他说：“宇宙之间，一理而已。”②

---

① 《朱子语类》卷九十四。

② 《读大纪》，《文集》卷七十。

这个不依赖于自然界而又能化生自然界的“理”是怎样来的呢?朱熹说:

> 且如这个扇子，此物也。便有个扇子的道理，扇子是如此做，合当如此用，此便是形而上之理。天地中间，上是天，下是地，中间有许多日月星辰，山川草木，人物禽兽，此皆形而下之器也。然这形而下之器之中，便各自有个道理，此便是形而上之道。①
>
> 譬如扇子只是一个扇子，动摇便是用，放下便是体，才放下便只是这一个道理。②
>
> 至如摇扇，便属阳；住扇，便是阴，莫不有阴阳之理。③

朱熹一方面以扇子为例，推而囊括日月星辰、山川草木等，都将其二分为“物”和“理”两事。“物”是指扇子及山川草木等事物现象，即“形而下之器”；而扇子的“理”，虽在形而下的器之中，但却是“形而上之道”。另一方面，他把扇子的“如此做”、“如此用”，以至扇子的“摇”、“住”都看做“形而上之理”使然。这样，在扇子没有造作之前，就已存在着扇子“如此做”、“如此用”的“理”，并将此推而广之，赋予普遍的意义。于是，一个超越于事物而又能逻辑地化生万物，一个远离自然而又比自然更巨大、更有力的“理”被编造出来了。这样朱熹在日月星辰、人物禽兽出现之前，附加了一个先验的、形而上的“理”。

人们在做扇子、桌子或盖房子之前，诚然必须先有一个设想和方案，但是，这个设想、方案并不是先验地存在于人的头脑中的。就以盖房子来说，人类最初并没有房子住，在周口店发现的北京猿人，就是住在天然的洞穴里。人类关于房子的设想，是无数外界的天然洞穴不断刺激人的感官而形成的，这是人的认知的豁然有悟。《周易·系辞》记载:“上古穴居而野处，后世圣人易之以宫室。”殷代的居住，就是穴居和宫室并存的。关于扇子的观念和设想也大概如此，由于天气炎热，人们就寻找可供利用的东西来摇风取凉，久而久之，便形成了关于扇子的理念，现在人们所用的芭蕉扇，仍然带有芭蕉叶的痕迹。

---

① 《朱子语类》卷六十二。

② 《朱子语类》卷九十四。

③ 《朱子语类》卷六十五。

观念、设想一经产生，就具有相对的独立性。如扇子的“理”，它是芭蕉扇、鹅毛扇等等扇子的抽象概念，是一个一般观念。朱熹正是利用这样的一般概念的相对独立性，把它与个别二分开来，也就是把扇子的“理”与扇子二分开来，然后使扇子的“理”成为存在于扇子之前的东西，并由扇子之“理”化生扇子。于是，“理”（一般）就形成了单个的存在物，成了存在于事物“之上”、“之先”的一般理念。朱熹说：

> 未有天地之先，毕竟也只是理。有此理，便有此天地；若无此理，便亦无天地、无人无物，都无该载了。①

“理”先天地、先人物；无“理”，也就无天地、无人物。理不像天地、人物是后设的，“理”是不生不灭的。“且如万一山河大地都陷了，毕竟理却只在这里。”②“理”是超越于山河大地之外的绝对不灭的精神。

朱熹的理学哲学尽管融合儒、释、道三家的思想，但对于佛教的“一切皆空”却不予采纳。他批评说：“所谓终日吃饭，不曾咬破一粒米；终日著衣，不曾挂着一条丝。”③ 在他看来，佛教把一切都看成空豁豁的，把有都作无看，使形而上本体流入“空寂”，以至有被取消之虞。他说：“要之，佛氏偏处只是虚其理，理是实理，他（指释氏）却虚了，故于大本不立也。”④“虚其理”，则“无物”、“无理”、“一切皆空”，这就在理论上导致否定形而上本体之“理”，而使“大本不立”。这是朱熹道学与佛教的分歧所在。

朱熹虽以理为实，称之为“实理”，但并不简单地人格化，与有意志的人格化“天”混同起来。尽管有时他称“理”为“天理”，但这仅是在与“人欲”对言，“理”并不完全具有“天命”的性质。从理论上说，天命论以“天”为“有”，也有使形而上本体混同于物的弊病。为了维护本体“理”的形而上性，又与“有”相区分，朱熹把“理”规定为“无形迹”、“无情意”的“世界”：“若理则只是个净洁空阔的世界，无形迹，他却不会造作。”⑤“净洁空阔的世界”，是无形迹的世界；有形迹便是有限的世界，净洁空阔是无限的，才能具有超越一切山河大地的品格。“理却无情意，无计度，无造作。”⑥ 由此避免了形而上本体“理”具有有情意、能赏善罚恶、能造作的“天命论”的特征，而又

---

①② 《朱子语类》卷一。

③④ 《朱子语类》卷一二六。

⑤⑥ 《朱子语类》卷一。

保持“理”的为有形世界之所以然的地位。依照朱熹的说法，那就是：“以理言之，则不可谓之有。以物言之，则不可谓之无。”① 从形而上“理”的层面来看，不能说它是“有”，因为它“无形迹”、“无情意”；从“物”的层面来看，不可为“无”，因为“吾儒心虽虚而理则实”②。可见，“理”是一个“实”而不“有”，“无”而不“空”的形而上本体。所以，他说：“要之，理之一字，不可以有无论，未有天地之时，便已如此了也。”③

“理”既然是一个“无情意”、“无计度”、“无造作”的先验存有，怎么能化生出活生生的现实世界和千差万别的事物呢？这显然是朱熹哲学体系的一个矛盾冲突。

朱熹为了化解形而上本体“理”和形而下事物之间的矛盾，为了要达到某种无而不空的内容，他又从形而上的“理”返回到形而下的事物，即从一般的存有返回到具体的实存，也就是从抽象的桌子、房子、扇子之理返回到具体桌子、房子和扇子。但是，从一般返回到具体，从“理”返回到“物”，却是一个难题。

朱熹毕竟是聪明的，在化解“理”返回到“物”的问题时，他接纳了张载的“气”这个范畴，作为形而上“理”返回形而下万物的中介环节，在一定程度上自圆了其说。

朱熹认为，气虽属于形而下范畴，但它不是某一具体的形而下之器物，而是理→物之间的造作者，是一般。“气”与形而上本体“理”的不同，就在于“气”是一个生气勃勃的，既能“凝聚”，又能“造作”的东西。他说：

盖气则能凝结造作。……且如天地间，人物草木禽兽，其生也莫不有种，定不会无种子，白地生出一个物事，这个都是气。④

气则能酝酿凝聚生物也。但有此气，则理便在其中。⑤

这样，“气”不仅把“理”和“物”联系、沟通起来，使“理”借于“气”而派生万物，以克服其体系的矛盾；而且使“理”有了“挂搭”和“附著”的地方。他说：

无是气，则是理亦无挂搭处。⑥

---

①② 《朱子语类》卷一二六。

③ 《答杨志仁》，《文集》卷五十八。

④⑤⑥ 《朱子语类》卷一。

若气不结聚时，理亦无所附著。①

无那气质，则此理无安顿处。②

为了不使“理”悬置起来，而无着落处，朱熹千方百计地把形而上“理”安顿在“气”上，所以是个“实底道理”。

由于实而不有、无而不空的形而上的“理”找到了它借以“附著”的“气”，因此，便推演出日月星辰、人物禽兽等现实世界的生动场面。他是这样来描绘的：

天地初间，只是阴阳之气。这一个气运行，磨来磨去，磨得急了，便拶许多查（渣）滓，里面无处出，便结成个地在中央。气之清者，便为天、为日月、为星辰，只在外常周环运转。地便只在中央不动，不是在下。③

阴阳二气的相互摩擦、运动，就压拶出许多渣滓，气清的便形成了日、月、星辰，渣滓便结成地。为什么会形成大小、粗细不同的事物？他说：

造化之运如磨，上面常转而不止。万物之生，似磨中撒出，有粗有细，自是不齐。④

这种宇宙生成的理论，是以阴阳二气的运动不息为基础，对天地万物之所以生成的具体描述。朱熹设想阴阳二气的磨荡，犹如磨盘，磨盘撒出的米粉有粗细，万物自是不齐。

朱熹用造化如磨的理论解释自然万物的生成，并用“气化”的理论去解释人类的起源。他说：

天地之初，如何讨个人种？自是气蒸结成两个人，后方生许多万物。所以先说乾道成男，坤道成女，后方说化生万物。当初若无那两个人，如今如何有许多人。那两个人，便如而今人身上虱，是自然变化出来。⑤

人由气蒸结而成，比做虱的生成，这当然是不科学的。但以人的产生是“自然变化出来”的，显然是与“天地故生人”的“天命论”不相同的，而与“天地合气，人偶自生也”⑥ 的气化自然论相接近。

---

① 《朱子语类》卷一。

② 《朱子语类》卷七十四。

③④ 《朱子语类》卷一。

⑤ 《朱子语类》卷九十四。

⑥ 《物势》，《论衡》，47 页。

天地万物气化而成决不会有损形而上本体“理”的绝对性。当他作盖然性的论述时，他是这样说的：

天地之间，有理有气。理也者，形而上之道也，生物之本也；气也者，形而下之器也，生物之具也。①

在把“理”、“气”作了形而上、形而下的区别之后，“理”便成为“生物之本”，而“气”便成为“生物之具”，或称为生物的材料，“五行阴阳，七者滚合，便是生物底材料”②。当然，生物之具的“气”不能离了生物之本的“理”。“理”处于形而上本体的地位。这虽然与“气”生物的过程之描述有别，但却符合“理”的哲学逻辑结构中形而上、形而下之分的要求。

朱熹在讲“理”——“万物”变化过程的关系时，离不了“气”这个中介。他主张“理”、“气”相依，“理”、“气”无先后之分，其称：

或问：“理在先，气在后?”曰：“理与气本无先后之可言。”③
或问：“先有理后有气之说?”曰：“不消如此说。”④

朱熹在解决理气关系问题时使用了两套话语：从理气化生天地万物的逻辑过程来看，是用理气无先后可言；从理气的形而上、下来看，是用理本气末这套话语的。

首先，朱熹以“理”为本，而“气”为末；“理”逻辑地为先而“气”为后。他说：

问：“理与气?”曰：“有是理，便有是气，但理是本。”⑤
以本体言之，则有是理，然后有是气。⑥
理形而上者，气形而下者，自形而上下言，岂无先后?⑦
推上去时，却如理在先，气在后相似。⑧

在这里，朱熹以明确的话语清楚地回答了“理本气末”、“理先气后”的问题，表明他在“理”、“气”的形而上、形而下关系问题上，仍然坚持“理”为形而上、“气”为形而下的观点。因此，他说：“有是理，后生是气。”⑨“太极生阴阳，理生气也。”⑩ 形而上的“理”与形而下的“气”，是

① 《答黄道夫》，《文集》卷五十八。
② 《朱子语类》卷九十四。
③④⑤ 《朱子语类》卷一。
⑥ 《孟子或问》卷三。
⑦⑧⑨ 《朱子语类》卷一。
⑩ 《周子全书，太极图说》注引。

生与被生的关系。当然，朱熹未能也不可能从理论上详尽地论述“理”如何化生“气”的问题，他惟恐由于强调“理不离乎气”而产生“气先于理”的误解。因而，他特地辨明：

所论理气先后等说，正坐如此（即理先气后——引者）。怕说有气方具此理，恐成气先于理，何故却都不看有此理后方有此气，既有此气，然后此理有安顿处，大而天地，细而蝼蚁，其生皆是如此，又何虑天地之生无所付受耶？要之理之一字不可以有无论，未有天地之时，便已如此了也。①

之所以有“气先于理”的说法，是因为不看先有理后方有气。虽理不可作有无来理解，但没有天地，理就存在了。理先气后，这才是朱熹哲学的要旨。

其次，“理”与“气”相依而不相杂，相分而不相离。他说：

太极，理也。动静，气也。气行则理亦行，二者常相依而未尝相离也。②

理不可见，因阴阳而后知。理搭在阴阳上，如人跨马相似。③

这里朱熹一方面说明“理”、“气”相依而不相离，“天下未有无理之气，亦未有无气之理”④，只有相依，理才能资乎“气”而生物；另一方面，这种“相依”关系，不是“理”必须依赖于“气”而存在，而是将其视为“人”骑“马”的关系。“马”能载“人”，“马”只能听从“人”的意思而奔驰。“人”为主，“马”为从，人骑马，马被骑。这样一来，“理”与“气”即为一种主从关系，或人骑马的关系。他说：“气之所聚，理即在焉，然理终为主。”⑤ 因其为“主”，所以“理”对于“气”来说居于主宰者和决定者的地位。再一方面，他的“不离”是指不相分离，即使不离，但亦不杂，而是“理”自“理”，“气”自“气”。他说：

理在气中，如一个明珠在水里。理在清底气中，如珠在那清底水里面，透底都明；理在浊底气中，如珠在那浊底水里面，外面更不见光明处。⑥

---

① 《答杨志仁》，《文集》卷五十八。

②③ 《朱子语类》卷九十四。

④ 《朱子语类》卷一。

⑤ 《答王子合》，《文集》卷四十九。

⑥ 《朱子语类》卷四。

以“明珠在水里”比喻“理在气中”，尽管“气”（即水）有清浊，“理”却自明。“理”不因“气”而改变自性，可见“理”是独立于“气”之外的。

这种“理”、“气”相依相分、不离不杂的关系，可以从朱熹下面这段话中找到进一步的说明：

> 所谓理与气，此决是二物。但在物上看，则二物浑沦，不可分开，各在一处，然不害二物之各为一物也；若在理上看，则虽未有物，而已有物之理，然亦但有其理而已，未尝实有是物也。大凡看此等处，须认得分明，又兼始终，方是不错。①

在这里，朱熹从“理”与“气”相互联系的前提下，说明“在理上看”、“在物上看”的不同状况：从“理上看”，就是从形而上本体上看，未有“物”（“气”），已有“理”，“理”在“气”先；从“物”（“气”）上看，即从“流行”中看，“理”与“气”浑沦一起，不分先后。正如韩元震②所解释：

> 先生所论理气性命，其说不一，而要皆各有所指，实相贯通者。……理气以流行言，则本无先后；以本原言，则理先而气后；以禀赋言，则气先而理后。③

从不同的方面和不同的层次，说明了“理”与“气”既不离又不杂的关系。“不离”，便可不分“理”、“气”之先后；“不杂”，便可从逻辑上推其本原，分为“理”先“气”后。从禀赋或气禀而言，可以是“气”先“理”后。

朱熹对理气关系的解释，可谓尽精微，各个层面和问题都已涉及。他对这些问题尽可能地作了追根究底的探索，并给出相应的回答。尽管这些回答并不完善，但他在吐纳儒、释、道三教理论思维中，建构了理学形而上体系，在当时达到了最高水平。

（二）“一分为二”论

当朱熹把“气”作为“理”的“生物之具”，在“气”——“物”的化生过程中，他的辩证思维得到了充分的展开。

---

① 《答刘叔文》，《文集》卷四十六。

② 韩元震（公元 1682 年—1751 年）朝鲜朱子学家，著有《经义记开录》六卷，《儒道》一卷，《易学记见》一卷，《朱子言论同异考》六卷。

③ 《理气》，《朱子言论同异考》卷一。

朱熹继承了邵雍"一分为二"的命题和二程"万物莫不有对"[1]的思想，并吸收了张载"一物两体"的辩证思维，论述了"一分为二"的思想。朱熹的学生甘节在《语类》中记载：

> 问："先生以为一分之二，二分为四，四分为八，又细分将去。程子说：'性中只有仁、义、礼、智四者而已。'只分到四便住，何也？"曰："周先生（敦颐）亦止分到五行住，若要细分，则如《易》样分。"[2]

"一分为二"的过程中，程颐只分到四就打住了，周敦颐在《太极图说》中也只分到五为止，朱熹却把它无限地延续下去。他在解释《周易·系辞传》"太极生两仪，两仪生四象，四象生八卦"时说："此只是一分为二，节节如此，以至于无穷，皆是一生两尔。"[3]

朱熹依据先秦辩者"一尺之棰，日取其半，万世不竭"的思维，对"一分为二"作了具体形象的解释。他"以手指画扇中心，曰：'只是一个道理，分为两个。'又横画一画，曰：'两个分为四个。'又以手指逐一指所分为四个处，曰：'一个是仁，一个是义，一个是礼，一个是智。这四个便是种子，恻隐、羞恶、恭敬、是非，便是种子所生底苗'"[4]。即一个分为两个，两个各分为四个……这是就"一分为二"的形式说的。

从"分"的内容说，《语类》记载：

> 问："去岁闻先生曰：'只是一个道理，其分不同。'所谓分者，莫只是理一而其用不同？如君之仁，臣之敬，子之孝，父之慈，与国人交之信之类是也？"曰："其体已略不同，君臣、父子、国人是体，仁、敬、慈、孝与信是用。"[5]

所谓"体"，相当于本质，即事物的性质；"用"则是这种本质的表现和作用。朱熹承认："一分为二"的结果，这个"二"在性质上是不同的。尽管朱熹在这里所说的是概念的"一分为二"，而且是从宗法伦理道德上说的，但仍含有辩证思维的积极因素。

"一"的内涵是什么？朱熹说：

---

① 《二程全书·遗书》卷十一。
② 《朱子语类》卷六。
③ 《朱子语类》卷六十七。
④⑤ 《朱子语类》卷六。

"一"是一个道理，却有两端，用处不同，譬如阴阳，阴中有阳，阳中有阴，阳极生阴，阴极生阳，所以神化无穷。①

"一"存在着互相排斥、互相对待的"两端"，它们的用处各自不同。另外，对待的两端是互相依存，相互渗透的。对待的一端必须以另一端作为自己存在的条件，如"阴中有阳，阳中有阴"，"阴阳"相对而同处于一个统一体中。因此，朱熹说：

如寒则暑便在其中，昼则夜便在其中，便有"一"寓焉。②

对待两端相互依赖，就叫做"一"，即统一性。这种对互相渗透的阐述，是可贵的。

至于"二"，朱熹说：

东之与西，上之与下，以至于寒暑、昼夜、生死，皆是相反而相对也。天地间物，未尝无相对者。故程先生尝曰：天地万物之理，无独必有对，皆自然而然，非有安排也。③

这里上下、东西、寒暑、生死等，都是相反相对的，这种相反相对的现象，是一种自然的、社会的普遍现象。

不仅事物之间存在着矛盾的相反相成，而且在一个事物内部，也存在着相反相对。朱熹说：

统言阴阳，只是两端，而阴中自分阴阳，阳中亦有阴阳。乾道成男，坤道成女，男虽属阳，而不可谓其无阴；女虽属阴，亦不可谓其无阳。人身，气属阳，而气有阴阳；血属阴，而血有阴阳。④

这说明朱熹对冲突体认的深化。

朱熹曾称赞张载关于"一物两体"的提法，称"此语极精"⑤。他发挥了张载"一"与"二"的辩证思维。

"一故神"，自注云："两在故不测。"只是这一物，周行乎事物之间，如阴阳屈伸，往来上下，以至于行乎十百千万之中，无非这一个物事，所以谓"两在故不测"。"两故化"，自注云：

①② 《朱子语类》卷九十八。

③ 《朱子语类》卷六十二。

④ 《朱子语类》卷九十四。

⑤ 《正蒙·参两篇注》，《张子全书》卷二。

“推行于一。”凡天下之事，一不能化，惟两而后能化，且如一阴一阳，始能化生万物。虽是两，要之亦推行乎此一耳。①

两所以推行乎一也，张子言：“一故神（两在故不测），两故化（推行于一）。”谓此两在，故一存也。两不立，则一不可见，则两之用或几乎息矣，亦此意也。②

这里，朱熹说明了：(1)“一”与“二”这两个对待的方面相互联系、相互依赖；(2)统一物的又对待又统一，如一阴一阳，才能促使世界万物的化生和变化。要在统一中把握“两”，又在“两”中体认“一”(“推行一”)。

朱熹认为，相对双方又对待又统一，才能推动事物的运动和变化。他又并进一步探讨了“动”、“静”问题，并说：

“动静无端，阴阳无始。”今以太极观之，虽曰“动而生阳”，毕竟未动之前须静，静之前又须是动，推而上之，何自而见其端与始！③

否认运动和静止有一个开端或开始，把运动和静止看成是一个无限连续序列，在时间上和空间上都是无端始、无限的。因此，当学生问“动静无端，阴阳无始”的含义时，朱熹回答说：“这不可说道有个始。他那有始之前，毕竟是个甚么？他自是做一番天地了，坏了后，又恁地做起来，那个有甚穷尽?”④ 有始之前是什么？有始的有始之前又是个什么？由此推去，便是“无端”、“无始”。由动静而天地，都是无“穷尽”的。

“动静”的原因是什么？朱熹探讨了“动静”与“理气”的关系。他在《答杨子直》书中说明了他改变先前以“太极为体，动静为用”的观点后说：

盖谓太极含动静则可（以本体而言也），谓太极有动静则可（以流行而言也），若谓太极便是动静，则是形而上下者不可分，而“易有太极”之言亦赘矣。⑤

“太极”(“理”)是形而上者，“动静”是形而下者，“太极”与“动

① 《正蒙·参两篇注》，《张子全书》卷二。
② 《朱子语类》卷九十八。
③④ 《朱子语类》卷九十四。
⑤ 《文集》卷四十五。

静”的形而上、下的关系不能混淆，因此，不能讲“太极”（“理”）便是“动静”。在朱熹看来，“便是”有将太极与动静不分之嫌。在“太极”与“动静”不杂的前提下，从两者的相依不离说，即从流行而言，“太极”有“动静”；从“动静”的最终原因和根源说，即从形而上本体而言，则“太极”是“动静”的动因，所以说“太极”蕴涵着“动静”。韩元震有一段考辨：“动静阴阳，只是形而下者，动静非太极，此以气有为、理无为而言也。又曰：理有动静，故气有动静，理无动静，气何自而动静乎？此以气为器，理为主而言也。合二说而论之，则气有为而理无为，故动静者气也，非理也。气为器而理为主，故动之静之者，理也，非气也。自其动静者而言之，则气有动静而理无动静；自其动之静之者而言之，则理有动静，故气有动静。盖理气混合，而作用在气，主宰在理，知此说者，而后可与论理气矣。”① 理无为，而自身并非动静，但又蕴涵着动因。理为形而上的净洁空阔世界，然一切形而下的气物、动静都蕴涵于此理世界之中，这是理的品格。

诚然，朱熹所讲的“一分为二”，有从概念到概念之失。但朱熹在中国哲学史上接触到了这个命题，并作了诠释，这不能不说是对古代辩证思维的发展。

由于其内外因缘，朱熹没有把“一分为二”的辩证思维贯彻到其哲学的各个层面，而有其失。

第一，朱熹以事物可分是按对象而定，并非绝对。在他看来，有的东西是可分的，有的东西是不可分的。如形而下的“气”、“器”（物质）是可以分的；而形而上的“理”（“太极”）则是不可分的。周谟记载：

> 问：“《理性命章》注云：‘自其本而之末，则一理之实，而万物分之以为体，故万物各有一太极。’如此，则是太极有分裂乎？”曰：“本只是一太极，而万物各有禀受，又自各全具一太极尔。如月在天，只一而已，及散在江湖，则随处而见，不可谓月已分也。”②

朱熹企图用佛教的“月印万川”来解决“一理”与“万理”、太极与万物的关系。他为了维护“理”的形上性，认为这种关系不是整体

① 《理气》，《朱子言论同异考》卷一。

② 《朱子语类》卷九十四。

与部分、一般与个别的关系，而是太极、理整体地寓于万物之中。如果说有“分”，也只是“理一分殊”。这个“殊”，不是指事物间本质的差别，而只是形态、形式上的差异，作万物之理，仍然是“一”。

第二，朱熹否认事物在不同的具体条件下，其可分的内容和形式是相对的、特殊的。在朱熹看来，既然“理”（“太极”）与万物的关系是“一月”与“万月”的关系，那么“体统是一太极，然又一物各具一太极”，因此，“万个是一个，一个是万个”①。所以“一”与“万”之间，在内容和形式上都没有差别。他举例说：

> 如一粒粟生为苗，苗便生花，花便结实，又成粟，还复本形。一穗有百粒，每粒个个完全。又将这百粒去种，又各成百粒，生生只管不已。初间只是这一粒分去。物物各有理，总只是一个理。②

其实，随着气候、土质、温度等条件的变化，原来的粟和新生的粟，是有变异、有差别的。然而，朱熹不顾这一点，一意把一般与个别、普遍与特殊的联系，片面割裂，将一般、普遍膨胀为脱离了个别、特殊的绝对，从而忽视了事物的特殊性与个性，否定事物的特殊本质。朱熹接触到了事物可分的无限性，但因否定了事物在不同条件下，其可分的内容和形式的特殊性，从而忽视了事物在分的过程中其质的差别性，而把“一分为二”看成是单纯量的分割、增减，或同一模式的不断重复。

第三，朱熹否定运动有始有端，具有无限论的取向，但却有把运动简单地视为循环的倾向。他说：

> 动便生阳，不是动了而后生，这个只得且从动上说起，其实此之所以动，又生于静，上面之静，又生于动，此理只循环生去。③
>
> 水生木，木生火，火生土，土生金；金又生水，水又生木，循环相生。④

这种循环运动，忽视了事物由低级到高级的发展。

朱熹之所以把运动视为循环，从理论上讲，是因为他分裂了运动与静止的关系。他把对待双方的相互联系视为运动的源头。但是

---

①②③④ 《朱子语类》卷九十四。

问题不止于此，还有一种现实的具体原因，就是他把事物循环运动的主体归结为“一而无二”的“理”(太极)。他说：

> 太极，理也，阴阳，气也；气之所以能动静者，理为之宰也。①

“理静气动”，“静”能制“动”，就是以“理”制“事”(气)，这就碰到了“理”生“气”、生万物的问题。在朱熹哲学逻辑结构里，一碰到形而上本体理问题，就会有“理”生“气”变成“静”生“动”。朱熹在注解道教典籍《阴符经》所谓“自然之道静，故天地万物生；天地之道浸，故阴阳胜”时说：“四句极说得妙，静能生动，便是渐渐恁地消去，又渐渐恁地长大。”② 又说：“若不是极静，则天地万物不生。”③ “理”能生“气”，“静”能生“动”，运动的根源被移到形而上本体理那里去了，“理”便成了“动”的动因。

第四，朱熹否认对待着的双方，依据一定的条件，各向其相反的方面转化。他在解释《周易·系辞上传》所谓“易有太极，是生两仪，两仪生四象，四象生八卦”时说：

> 一每生二，自然之理也。易者，阴阳之变。太极者，其理也。两仪者，始为一画，以分阴阳。④
>
> 康节（邵雍）也则是一生二，二生四，四生八。⑤

这显然是对《老子》“道生一，一生二，二生三”生成模式的沿袭。朱熹夸大了“一”，并把“一”与“二”分裂开来，使“一”超越“二”。如果说在“一”化生“二”的时候，还承认“二”是对待的“两端”或两个方面的话，那么，在化生“二”以后，对待双方的地位就被固定，被看成是僵死的、不能转化的了。他之所以否认对待双方地位的转化，是受其宗法伦理观念的制约。当论证人与人之间的关系时，他说：

> 三纲五常，终变不得，君臣依旧是君臣，父子依旧是父子。⑥
>
> 君尊于上，臣恭于下，尊卑大小，截然不可犯，似若不和

---

① 《太极图注》，《周子全书》卷一。

②③ 《阴符经考异》附，《朱子遗书》二刻。

④ 《周易注·系辞上传》卷三。

⑤ 《朱子语类》卷六十七。

⑥ 《朱子语类》卷二十四。

之甚，然能使其各得其宜，则甚和也。[1]

朱熹为了论证君臣、父子、尊卑、大小的对待，指出事物的“一分为二”是必要的，这是合于自然之理的。同样，他为了论证人类社会的“常道”，对待双方地位的固定不变也是必要的。如果对待双方向其相反的方面转化去了，即“臣处君位，君处臣位”[2]，那就破坏了“常道”和宗法社会伦理，导致宗法社会的失序。

朱熹否定“一分为二”的不同阶段的质的差异性，在社会伦理领域否定对立面相互转化以及分裂“动”、“静”的辩证关系，形成这种情况的主要原因在于受他的“理”——“气”——“物”——“理”哲学逻辑结构的制约。

（三）“格物致知”论

朱熹的“格物致知”论，集中地表现在他的《大学章句·格物致知补传》中。《大学》写道：

> 致知在格物。物格而后知至，知至而后意诚，意诚而后心正，心正而后身修，身修而后家齐，家齐而后国治，国治而后天下平。

“格物”、“致知”、“诚意”、“正心”、“修身”、“齐家”、“治国”、“平天下”，这就是所谓“八条目”。它把儒家哲学从自然观到社会观、人生观、价值观都概括了。可是《大学》所提出的八条目，对于“诚意”以下的六条目都有说明，惟独对于“格物”、“致知”没有解释。因此，对它的解释，便成为当时论争的重要问题。

朱熹以此为阙文，于是作《补传》如下：

> 所谓致知在格物者，言欲致吾之知，在即物而穷其理也。盖人心之灵，莫不有知，而天下之物，莫不有理。惟于理有未穷，故其知有不尽也。是以大学始教，必使学者即凡天下之物，莫不因其已知之理而益穷之，以求至乎其极。至于用力之久，而一旦豁然贯通焉，则众物之表里精粗无不到，而吾心之全体大用无不明矣。

格物穷理何以可能？是因为人心的“灵明”是有知的，天下的万物都是有理的，必须通过“格物”的方式，“穷极”事物的“理”。久

①② 《朱子语类》卷六十八。

而久之，就能“豁然贯通”，达到对“理”的体认。朱熹在《补传》中，把认知分成两个阶段。

第一阶段，就是“格物穷理”，或称“格物明理”。他说：“格物只是穷理，物格即是理明。”① “格”，就是“尽”或“至”的意思，就是要穷尽事物之“理”。他说：“格物者，格，尽也。须是穷尽事物之理。”② 如果只穷得二三分，还不叫“格物”；必须穷尽十分，才叫“格物”。朱熹还把“格物”比做吃果子，去其皮，食其肉，咬其核，尝尝里头是什么滋味。在他看来，若不去皮壳固然不可，不咬破核，也不可以。因为核未破，就没有达到“极至”。这里，他讲的“吃”，是为了穷尽果子中所蕴涵的先在的“理”。

什么是“物”？朱熹采用佛教华严宗的“理事说”，将“物”解释为“事”。他说：“眼前凡所应接的都是物。”③ 所谓“事”，不仅包括了一切自然现象和社会现象，也包括了一切心理现象和道德规范。可见，他所讲的“格物”，并不是专指外在世界，也指内在世界；他所讲的“物理”，也不仅仅指外界事物的道理或规律，亦是指人们应怎样去践行三纲五常。他说：

> 格物，是穷得这事当如此，那事当如彼。如为人君，便当止于仁；为人臣，便当止于敬。又更上一著，便要穷究得为人君如何要止于仁，为人臣如何要止于敬，乃是。④
>
> 君臣、父子、兄弟、夫妇、朋友，皆人所不能无者，但学者须要穷格得尽。事父母，则当尽其孝；处兄弟，则当尽其友，如此之类。⑤

事父母应当尽“孝”，兄弟相处应当尽“友”，君应当尽其“仁”，臣应当尽其“敬”。若有一丝不尽，就是穷格不至。这“尽”就是“格”的极致，“孝”、“友”、“仁”、“敬”就是事物。因此，所谓“格物”，在这里就是要达到宗法伦理纲常的要求。

朱熹认为，上而太极、无极，下至草木昆虫，亦都有理。所以，一书不读，就缺了一书的道理；一事弄不清楚，就缺了一事的道理；一物不格，就缺了一物的道理。这里涵盖了直接和间接经验知识。其格物的宗旨或目的，并非这事那物的本身，而是要穷理，

---

① 《答汪尚书》，《文集》卷三十。

②③④ 《朱子语类》卷十五。

⑤ 《朱子语类》卷十五。

即达到对先在的“理”的体验。这个体验，就好比曾参“日三省吾身”那样，如果真有人仅仅拘泥于一草一木，以一草一木为“格物”的惟一对象，那就如炊沙而想其成饭，南辕北辙了。他说：

> 格物之论，伊川意虽谓眼前无非是物，然其格之也，亦须有缓急先后之序，岂遽以为存心于一草木器用之间而忽然悬悟也哉？……乃兀然存心于一草木、一器用之间，此是何学问？如此而望有所得，是炊沙而欲其成饭也。①

格物需要超越物，如果仅存心一草木器用本身，那么，只是一些感觉经验，只有对感觉经验进行超越性的思考，才能穷理，否则就是白费气力。

朱熹的“格物穷理”，主张通过人的眼、耳、鼻、舌、身等感官去接近外界草木器用，但这种接近、接触不一定能获得真正知识和道理。这是因为人的眼、耳、鼻、舌、身往往被物欲所蔽，而不能明理，以致妨碍人心对于“理”的体认。他说：

> 盖人心至灵，有什么事不知，有什么事不晓，有什么道理不具在这里。何缘有不明，为是气禀之偏，又为物欲所乱，如目之于色，耳之于声，口之于味，鼻之于臭，四肢之于安佚，所以不明。②

朱熹认为感觉的局限就在于被物欲所乱，而使本已具有的人心之灵不明，去蔽的工夫就好比镜子积满了灰尘，用力擦拭干净，镜子就重新明亮起来一样。他把人们感官与外界客观事物的联系，看做镜子的“尘昏”的原因，即“理”不明的根源。

朱熹认知的第二阶段，就是“致知”，就是推致先在固有的知识。他说：“致，推极也；知，犹识也。推极吾之知识，欲其所知无不尽也。”③ 如果只知其一而不知其二，只知其大而不知其细，只知其高远而不知其幽深，都是没有达到无所不知的境界。

“致知”和“格物”是互相联系的，“若不格物，何缘得知”④。“知”是通过“格物”得来的。“格物”只是为了穷尽先验的“理”。

① 《答陈齐仲》，《文集》卷三十九。
② 《朱子语类》卷十四。
③ 《大学章句》第一章。
④ 《朱子语类》卷十五。

这是因为“理”被人的“利欲所昏”，“知”有不明使得“知”有不至，所以要“致知”。

如何“致知”？朱熹提出了类推的方法。他说：“格物非欲尽穷天下之物，但于一事上穷尽，其他可以类推。”[1] 为什么可以类推？这是因为“万物各具一理，而万理同出一源，所以可推而无不通也”[2]。朱熹类推的目的，就是要穷尽事物中先在的“理”。譬如，事亲要尽“孝道”，以此推于事“君”，再推之事“长”，都是一样。

经过类推，达到了“脱然有悟处”，这就是朱熹所说的“一旦豁然贯通”，认知到了这种程度，就到了事事通达的“穷理”境界：

> 遇事触物，皆撞着这道理，事君便遇忠，事亲便遇孝，居处便恭，执事便敬，与人便忠……无往而不见这个道理。[3]

由是达到了对形而上的“理”的体认。

朱熹的“穷理”之“理”含有事物本身的法则或道理之意。理超越了外在事物，而又内在于事事物物之中。由于理内在于事物，格物穷理就成为可能；由于理超越于事物，所以必须致知，方能体认理。

（四）“易学”思想剖析

在朱熹的哲学逻辑结构中，“理”是其哲学的形上范畴，“太极”、“道”、“天理”是与“理”相当的范畴、或“理”在不同状态和场所的名称。他说：“太极者，其理也。”[4] “所谓太极，亦曰理而已矣。”[5] “太极”作为“理”，具有与“理”相似的特性。它无形、无象、无方所：“太极者，象数未形，而理已具之称。……邵子曰：道为太极，又曰：心为太极，此之谓也。”[6] “太极乃两仪、四象、八卦之理，不可谓无，但未有形象之可言尔。”[7] “太极却不是一物，无方所顿放，是无形之极。”[8] “太极”既无形无象、无场所可顿放，便是不可知的东西。当然，无形无象并不是虚无，它是不依赖于我

---

①② 《大学或问》卷二，《朱子四书或问》。

③ 《朱子语类》卷十五。

④ 《系辞上传》第十一章，《周易本义》卷三。

⑤ 《天问》，《楚辞集注》卷三，50页，上海，上海古籍出版社，1979。

⑥ 《原卦画第二》，《易学启蒙》卷二。

⑦ 《记林黄中辨易西铭》，《文集》卷七十一。

⑧ 《朱子语类》卷七十五。

们感知而存在，而能为人所体认的实在。“太极”既是“无方所”可“顿放”，便能超时空；又不是有形的存在物，而与“理”一样是隐蔽而有赖于事物显现的某种精神。

这种形上性的本体，在朱熹看来便是“以为在无物之前，而未尝不立于有物之后；以为在阴阳之外，而未尝不行乎阴阳之中；以为通贯全体，无乎不在，则又初无声臭影响之可言”①。从“无物之前”、“阴阳之外”看，“太极”是超越的、形而上的东西，是世界万物化生之前、事物之外的“理”；从立于“有物之后”、“行乎阴阳之中”看，“太极”不离“阴阳”和事物，这便是不离又不杂的关系。朱熹说：

> 盖盈天地之间，莫非太极阴阳之妙。……故自两仪之未分也，浑然太极而两仪四象六十四卦之理已粲然于其中，自太极而分两仪，则太极固太极也，两仪固两仪也。②

从“太极”与“阴阳”两仪未分而言，“太极”之“理”粲然于其中，相依不离；从“太极”分“两仪”而讲，“太极”固“太极”，“两仪”固“两仪”，两者不杂。

“太极”与“阴阳”的这种关系，相似于“理”与“气”的关系，“太极”自身无可顿放，借“阴阳”而顿放，由于“阴阳”的动静变化，“阴生阳，阳生阴，其变无穷”③，便生四象，如春夏秋冬，金木水火，东西南北，无不可推。四象生八卦，如天、地、山、泽、风、雷、水、火，于是便产生自然界与人类社会。朱熹在《易学启蒙》中引邵雍语称：

> 天以始生言之，故阴上而阳下，交泰之义也。地以既成言之，故阳上而阴下，尊卑之位也。乾坤定上下之位，坎离列左右之门。天地之所阖辟，日月之所出入，春夏秋冬，晦朔弦望，昼夜长短，行度盈缩，莫不由乎此。④

这样，朱熹从其哲学逻辑结构出发，通过太极——两仪（阴阳）——四象——八卦等的序列，来说明一切自然现象、社会现象的联系与变化，以及宇宙和社会的化生，描绘了一个生生不息的世

---

① 《答陆子静》，《文集》卷三十六。

② 《原卦画第二》，《易学启蒙》卷二。

③ 《系辞上传》第五章，《周易本义》卷三。

④ 《原卦画第二》，《易学启蒙》卷二。

界图式。

只要深究一下，便发现朱熹宇宙和社会化生论的太极——两仪——四象——八卦的无限序列，是遵循着一分为二的法则的。他说：

> 太极之判，始生一奇一偶，而为一画者，二是为两仪，其数则阳一而阴二。……邵子所谓一分为二者，皆谓此也。两仪之上各生一奇一偶，而为二画者，四是为四象……邵子所谓二分为四者，皆谓此也……①

由此类推，四象之上各生一奇一偶，而为三画者，便是八卦，即邵雍所谓四分为八；八卦之上各生一奇一偶，而为四画者，即是八分为十六；四画之上各生一奇一偶，而为五画者，即是十六分为三十二；五画之上各生一奇一偶，而为六画者，即是三十二分为六十四。朱熹用《周易》的“象”（—、--）和“数”（奇、偶）的关系和变化来揭示与概括宇宙和社会中极其复杂的生成结构，进而以“阴阳”对待统一与奇偶数律作为宇宙化生的基本法则。在“太极”不断一分为二的演变过程中，均由于“阴阳”的对待统一和一奇一偶的作用，而促使一分为二的不断演进，“太极”为 1 或 2^0，判为一阴一阳，即生一奇一偶，则为 2^1，即所谓一画者；2^1 各生一奇一偶，则为 2^2，即所谓二画者；2^2 各生一奇一偶，则为 2^3，即所谓三画者；2^3 各生一奇一偶，则为 2^4，即所谓四画者，由此类推。在这里，不仅每一环的一分为二都由“阴阳”、“奇偶”构成，而且一分为二的等比级数 0、1、2、3、4、5、6，也是由一奇一偶构成的。朱熹认为，这个一分为二，二分为四……是一个无限的生成过程。

作为宇宙和社会化生的“一分为二”法则，它深刻体现了宇宙和社会中的矛盾现象。统一物自身存在着互相排斥、互相对待的“两端”，如“阴阳”，其用处不同：“阳先阴后，阳主义，阴主利。”②“然阳主生，阴主杀，则其类有淑慝之分焉。”③ 同时，对待两端又相互依赖、相互渗透。对待的一端以另一端为自己存在的条件或父母，“阴为阳之母，阳为阴之父。……阳在阴中，阳逆行，阴在阳中，阴逆行”④。“阴阳”对待而同处在一个统一体（太极、理）中。

朱熹既承认两端，又认为对待是一个统一体，故以对待与统一

① 《原卦画第二》，《易学启蒙》卷二。

②③ 《周易上经·坤》，《周易本义》卷一。

④ 《原卦画第二》，《易学启蒙》卷二。

是一个事物的两个方面。

天地之间，本一气之流行，而有动静尔。……以其动静分之，然后有阴阳、刚柔之别也。①

凡此不唯阴之与阳，既为二物而迭为消长；而其一物之中，此二端者，又各自为一物而迭为消长。②

“阴阳”二端是一物之中的两端，即对待是统一物中的对待，离开统一物也就没有两端的对待。因此，“阴阳论推行底，只是一个；对峙底，则是两个，如日月水火之类是两个”③。所谓“论推行底”的统一物，即“阴阳虽是两个字，然却只是一气之消息……做出古今天地间无限事来。所以阴阳做一个说亦得，做两个说亦得”④。做一个看，是“一气”之消长；做两个看，是“一气”分为“阴阳”。所以，统一无不对待，对待无不统一，对待和统一不可分离。宇宙间的这种关系是自然的，而非人为的：“夫阴阳者，造化之本，不能相无，而消长有常，亦非人所能损益也。”⑤ 大千世界，就是由于“太极”（“理”）借助于“气”（“阴阳”）的“动静”变化，通过一分为二的方式而产生了。“天地之间，一气而已，分而为二，则为阴阳，而五行造化，万物始终，无不管于是焉。”⑥ “气”——“阴阳”——“五行”——“万物”，这种演化的过程而产生万物，便是由易而构造的世界图式。

对峙两端的对待统一，一分为二，由此推动事物的运动和变化。朱熹说：

太极之判，始生一奇一偶……其数则阳一而阴二，在河图、洛书则奇偶是也。周子所谓太极动而生阳，动极而静，静而生阴，静极复动，一动一静，互为其根，分阴分阳，两仪立矣。⑦

“阴阳”的矛盾运动，而使事物不断变化。“天地之间，无往而非阴阳，一动一静，一语一默，皆是阴阳之理。”⑧ “动静”是“阴阳”

① 《乾文言传》，《周易本义》卷一。
② 《明蓍策第三》，《易学启蒙》卷三。
③ 《朱子语类》卷六十五。
④ 《朱子语类》卷七十四。
⑤ 《周易上经·坤》，《周易本义》卷一。
⑥ 《本图书第一》，《易学启蒙》卷一。
⑦ 《原卦画第二》，《易学启蒙》卷二。
⑧ 《朱子语类》卷六十五。

运动的法则。

朱熹基于“动静”说，进而论述了运动所采取的相对稳定和显著变动两种形态。他称之为“化”与“变”。“化”即“渐化”，相当于数量的变；“变”即“顿变”，相当于性质的变。“动静”与“变化”的关系是：

> 变是自阴而阳，自静而动；化是自阳而阴，自动而静。渐渐化将去，不见其迹。①

“变”是运动“自静而动”的进程，“化”是运动“自动而静”的进程，都是事物在运动过程中所呈现出来的不同状态或形式。因此，他说：“动即变化也。”② 运动包含了“渐化”和“顿变”两种形态。

朱熹认为，《周易》称“易”，按其本来的意思：

> 易有两义，一是变易，便是流行底；一是交易，便是对待底。③

所谓“变易”，是指“阳”变“阴”，“阴”变“阳”，“老阳”变“小阴”，“老阴”变为“小阳”而言，是流行的变易。“交易”是指“阳”交于“阴”，“阴”交于“阳”，上、下相交而言，是对待的。如果说“天下之万理出于一动一静，天下之万数出于一奇一偶，天下之万象出于一方一圆，尽只起于乾坤二画”④。“理”、“数”、“象”是构成“易”的要素，那么，“变”、“化”便贯穿其间。

如以“河图”、“洛书”与“易数”、“易象”来说，“河图”是圆之象，“洛书”是方之象，“河图”、“洛书”是平面的既方又圆的图像。

从“河图”来看，“天地之数，阳奇阴耦，即所谓河图者也”⑤。朱熹在《周易本义》和《易学启蒙》中引扬雄《太玄·玄图篇》的口诀：一与六共宗而居乎北，二与七为朋而居乎南，三与八同道而居乎东，四与九为友而居乎西，五与十相守而居乎中。其图为：

---

① 《朱子语类》卷七十四。

② 《系辞上传》，《周易本义》卷三。

③④ 《朱子语类》卷六十五。

⑤ 《系辞上传》第九章，《周易本义》卷三。

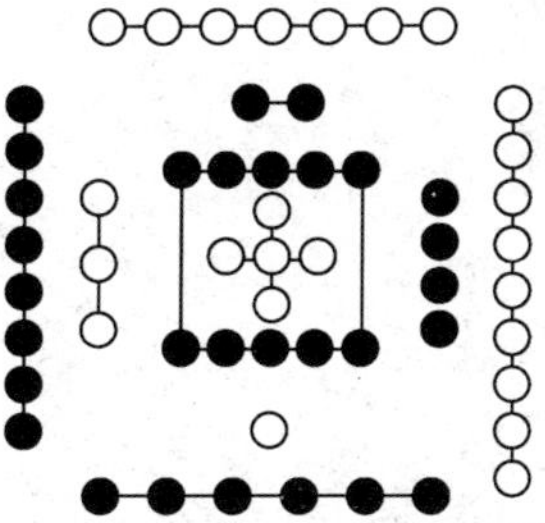

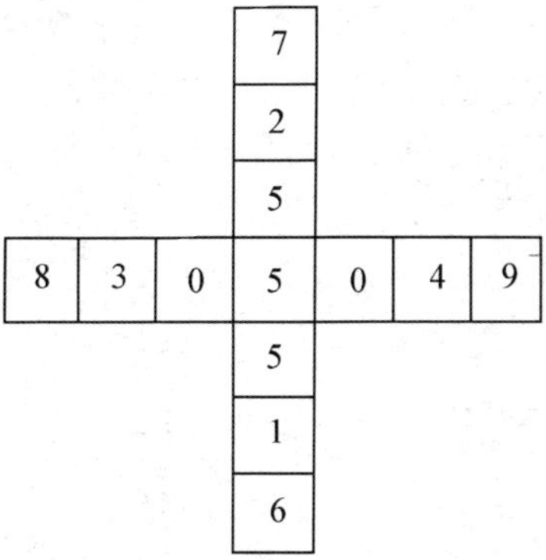

其数为“阳数奇，故一、三、五、七、九皆属乎天，所谓天数五也；阴数偶，故二、四、六、八、十皆属乎地，所谓地数五也。天数地数各以类而相求，所谓五位之相得者然也”①。

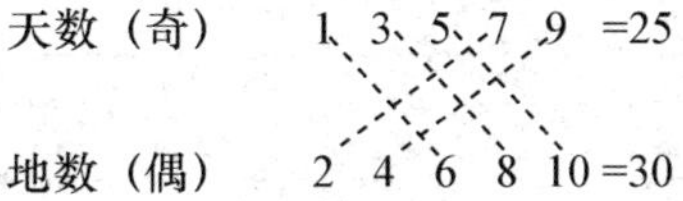

这就是“积五奇而为二十五，积五偶而为三十，合是二者而为五十有五，此河图之全数”②。

至于“洛书”，《大戴礼记·明堂篇》曰：“明堂者，古有之也。凡九室，二九四，七五三，六一八。”北朝数学家甄鸾在《数术记遗》注中解释说：

> 九宫者，即二四为肩，六八为足，左三右七，戴九履一，五居中央。

蔡元定在《易学启蒙》的注释中吸收了这个说法，其图为：

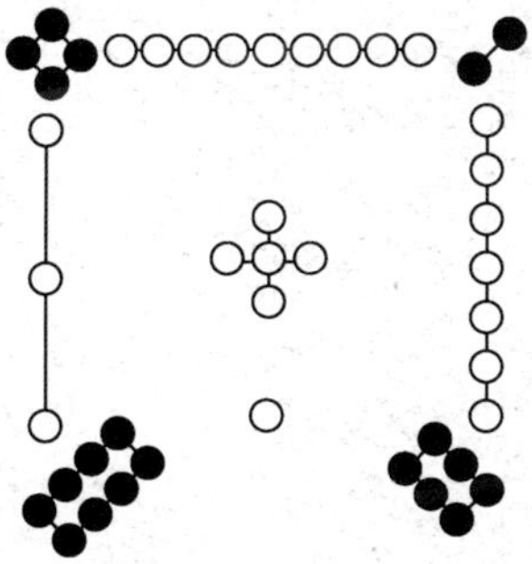

4	9	2
3	5	7
8	1	6

①② 《本图书第一》，《易学启蒙》卷一。

在这个幻方的九个格子中，其数按任何一个方向横竖斜相加，都是15，即等于阳爻9（奇数）与阴爻6（偶数）或阴爻8（偶数）与阳爻7（奇数）的和。“洛书”与“河图”其别在于：“洛书”是用从1到9的数字构成，“河图”是用1到10的数字构成。

历代多少智者都在探索这些幻方数字的秘密。朱熹提出为什么“河图”、“洛书”皆以5居中的问题，并试破谜底。他说：

> 凡数之始一阴一阳而已矣。阳之象圆，圆者径一而围三；阴之象方，方者径一而围四。①

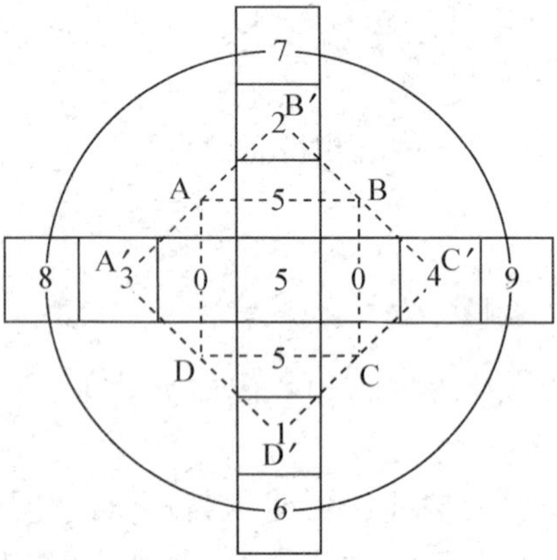

“河图”第二层和第三层按“方者，径一而围四”解，则“围四者，以二为一”，如以径为正方形边长（L），径一为5，则：围＝AB＋DC＝10，A'B'＋D'C'＝10。第一层按“圆者，径一而围三”的古圆周率解，以5为圆的半径，则周长为2×3×5＝30＝6＋8＋7＋9。这也符合古代天圆地方，天覆地载，圆中容方的观念。（见上图）

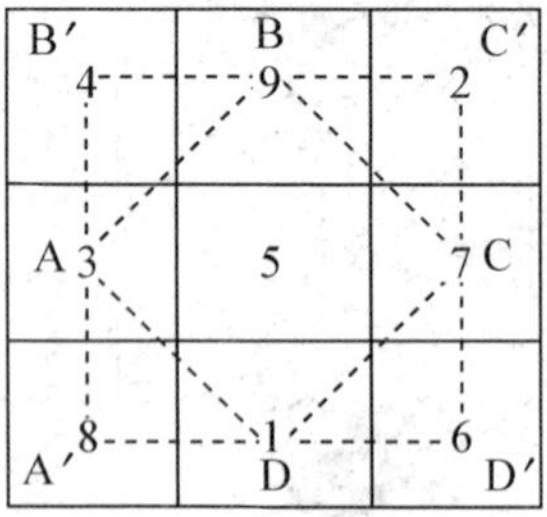

① 《本图书第一》，《易学启蒙》卷一。

“洛书”如按“方者，径一而围四”解，以径为正方形边长（L），以径为5，则围为 4L＝AB＋BC＋CD＋DA＝1＋3＋9＋7＝20，即奇数之和。偶数的和 4L＝A'B'＋B'C'＋C'D'＋D'A'＝2＋4＋6＋8＝20。（见上页图）

“河图”和“洛书”如何变化？他说：

> 谓一变生水而六化成之，二化生火而七变成之，三变生木而八化成之，四化生金而九变成之，五变生土而十化成之。[①]

“河图”、“洛书”之别是：“河图之一二三四各居其五象本方之外，而六七八九十者又各因五而得数，以附于其生数之外，洛书之一三七九亦各居其五象本方之外，而二四六八者又各因其类以附于奇数之侧。”[②]“河图”、“洛书”的这种变化，恰好构成了“五行”相生、相克的关系：

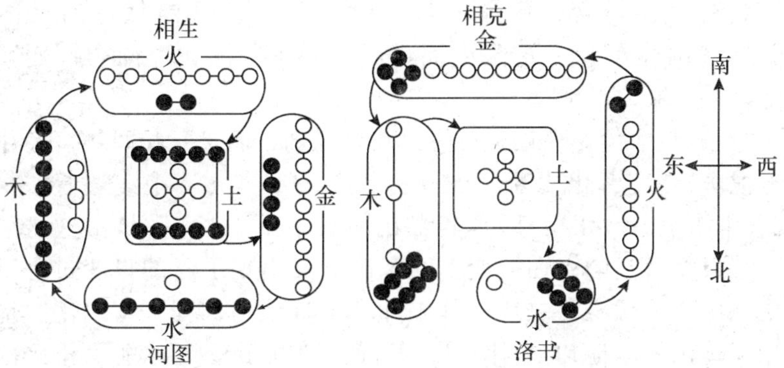

“河图”为五行相生，始于木生火，即从东开始运行，“左旋一周而又始于东也”；“洛书”为五行相克，“右旋一周而土复克水也”[③]。“相生”与“相克”都是“变”与“化”的一种形式。

何谓“变”与“化”？“化”有三义：其一，“化”是逐渐地不知不觉地化去。“化是逐旋不觉化将去”[④]，“凡物变之渐，不惟月变、日变，而时亦有变，但人不觉尔”[⑤]。事物渐化是不间断的、无时无刻不止的化。这种渐化，虽无时不在，但人却不知不觉。

其二，“化”是渐渐地消磨去。“化是自阳之阴，渐渐消磨将去，

---

① 《系辞上传》第九章，《周易本义》卷三。
② 《本图书第一》，《易学启蒙》卷一。
③ 《本图书第一》，《易学启蒙》卷一。
④ 《朱子语类》卷七十四。
⑤ 《朱子语类》卷七十一。

故谓之化。”[1] 渐渐消磨而不明显，为人所不注意。

其三，“化”是无痕迹的变化。“阳化为柔，只恁地消缩去，无痕迹，故曰化。”[2] 朱熹举例说：“化不是一日内便顿然恁地底事，人之进德亦如此，三十而立，不是到那三十时便立，须从十五志学，渐渐化去方到。”[3] 就是说，“化”是一种缓慢的、逐渐的、不显著的量变过程。

“化”一旦超出了一定的限度，就会引起性质的突变，朱熹称为“顿变”。所谓“变”，其义有三。其一，“变是倏忽之变”[4]。“变是自阴而阳，忽然而变，故谓之变。”[5] 就是迅速地“变”，突然发生的变。其二，“变是自微而著”[6]。“阴变而为阳，其势浸长，便觉突兀，有头面，故谓之变。”[7] 有形迹的、显著的“变”。其三，“变”是连续性的中断或截断。“变是顿断有可见处。”[8] “化是渐渐移将去，截断处便是变，且如一日是化，三十日截断做一月，便是变。”[9] “渐化”到一定限度而截断，即由“渐化”向“顿变”的转化。

“变”与“化”既互相对待、互相区别，而又互相联结、互相渗透。他说：“变者化之渐，化者变之成。”[10] “化”中渗透着“变”，“变”中渗透着“化”，即“变者化在其中”[11]。“变”是由“化”到了一定限度引起的；在“变”的基础上又出现了新的量变过程，因而说“化”是“变”之成。基于此，朱熹认为“变”与“化”是可以相互转化的。他以“刚、柔”为例：“刚柔变化，刚了化，化了柔，柔了变，变便是刚，亦循环不已。”[12]“柔”极转化为“刚”，“化”极转化为“变”，“刚”极转化为“柔”，“变”极转化为“化”，相互转化，循环不已。

朱熹“变”与“化”的思想是有其局限的。他承认有不变的存在，“变者下至上而止，不变者下便是不变之本，故以之为主”[13]。当他论述宗法制度的上下、君臣之间的伦理关系时，变化就是有限

---

①② 《朱子语类》卷七十四。

③ 《朱子语类》卷七十五。

④⑤⑥ 《朱子语类》卷七十四。

⑦⑧⑨ 《朱子语类》卷七十五。

⑩ 《乾·彖传》，《周易本义》卷一。

⑪ 《系辞上传》第二章，《周易本义》卷三。

⑫ 《朱子语类》卷七十四。

⑬ 《朱子语类》卷六十六。

度的了。这样，他便否认了“变”是一种普遍现象。

朱熹易学思想继承、综合、发展了邵雍和程颐的易说，而别开生面。如果说邵雍开宋明易学中“象数学”的规模，则程颐创“义理学”的基础。朱熹嫌邵、程各执一偏之弊，而熔象数、义理于一炉，使宋、明、清易学思想得到进一步发展。尽管明清之际的胡渭、黄宗羲、黄宗炎、朱彝尊对邵雍有所批评：“康节之为此书，其意总括古今之历学尽归于易。奈易之于历，本不相通。”① “乃有邵尧夫者，取黄冠之异说，以惑乱天下。”② 但也有一批象数学的继承者。然从朱熹易学以后，读“易”者很少不兼象数、义理，历史上虽对朱熹易学亦有争议，但其在宋明易学史上仍具很重要的地位。

全祖望说：“致广大，尽精微，综罗百代。”③ 此话颇有道理。从朱熹所完成的“理”——“气”——“物”——“理”哲学逻辑结构来说，其学术涉及文、史、哲、经、科技等领域，广大宏伟，其哲学概念范畴辨析之精详，剖析之透彻，发前人所未发，确为前所未见。

三、“性”和“心”的学说

（一）“性”论

朱熹继承了二程“性即理也”的性论思想。二程认为，“理”体现在人身上就是“性”。朱熹很赞扬二程和张载关于“性”的学说。他说：“伊川性即理也，横渠（张载）心统性情，二句颠扑不破。”④ 以俩人的性论为颠扑不破的真理。他兼采二程和张载把“性”区分为“天命之性”和“气质之性”的说法。他认为，从人物之性来讲，“理”构成人的性，具有“天理”的人性叫做“天命之性”；“气”构成人的形体，“理”与“气”相杂的人性叫做“气质之性”。因此说：“天下无无性之物，盖有此物，则有此性；无此物，则无此性。”⑤ 这就是朱熹“人人有一太极，物物有一太极”的形而上理本体论在

① 黄宗羲：《易学象数论》卷五。
② 黄宗炎：《周易寻门余论》。
③ 《晦翁学案》，《宋元学案》卷四十八。
④ 《朱子语类》卷五。
⑤ 《朱子语类》卷四。

人性论问题上的贯彻。在朱熹看来，“理”在化生万物的时候，必须借助于“气”，这样隐蔽的“理”才能显现，才有挂搭和附著的地方。

“天命之性”（或称“天地之性”）相当“理”，“理”是没有“形影”的。它只是一个净洁空阔的世界，于是，“性”也是没有“形影”的。“性毕竟无形影，只是心中所有的道理也。”① 因此，“天命之性”必须借助“气质之性”，才有安顿和挂搭的地方。他说：

> 所谓天命之与气质，亦相衮同，才有天命，便有气质，不能相离，若缺一，便生物不得。既有天命，须是有此气，方能承当此理，若无此气，则此理如何顿放。②

朱熹把人性区分为“天命之性”和“气质之性”，以为这样就最完满地解决了从春秋战国以来长期争论不休的人性善恶问题。他说：孟轲讲“性善”，是从本原上说的，但只知有“天命之性”，而不讲“气质之性”，因此不完备，不能从理论上说明“恶”从哪里来的问题。所以，一有“不善”，就说是“陷溺”。不过，从整体来说，孟轲的“性善”论，只是稍有欠缺而已。荀况讲“性恶”，扬雄讲“善恶混”，他们只讲“气质之性”，而不知有“至善”的“天命之性”；既不讲“天命之性”，所以就讲不明白人性的根源问题，反而以“恶”的人性蒙蔽了“天理”，这是害大事的。秦汉以来，关于“性善”、“性恶”的争论，只是“说梦”。唐代韩愈认为孟轲只从本原上说“性”是“善”的，荀况只看到不好的“恶”，扬雄看到半上半下的（“善恶混”）。因此，韩愈提出“性三品”说，企图综合前人关于“性善”、“性恶”的争论，但实际上还是讲“气质之性”。朱熹认为，如果把“气质之性”笼统地当作人性，那就不可以了。因为按照这个分法，何止分三品，分千百品都可以。后来，又有一种“无善无恶论”，他们由于不知“性之所以为性”，而认为“无善无恶”论高明，自以为“得性之真”。其实这是陷于佛教的说法。朱熹认为，张载、二程把性区分为“天命之性”和“气质之性”，这就化解了以往种种不同说法的冲突和缺陷。他以为张、二程的“天命之性”和“气质之性”这个说法一出来，上接孟轲，接得有首有尾，一齐完备了。如果张载、二程的“天命之性”和“气质之性”的说法早提出来，那么，什么“性善”、“性恶”、“善恶混”等等的争论就不会有

①② 《朱子语类》卷四。

了。从这个意义上说，张载、二程的说法一建立，其他各种说法统统都可以泯灭了。朱熹赞扬张、二程的性论是大有功于“名教”和“圣门”的。据记载：

道夫问：“气质之说，始于何人？”曰：“此起于张、程，某以为极有功于圣门，有补于后学，读之使人深有感于张、程。”①

朱熹发挥了张、程的人性论。他认为，“理”是最高、最完美的，它印证到具体事物中，也是完美的。因此，具备了“理”的“天命之性”，无疑是至善的，完美无缺的。“气”有清浊、昏明的差别，所以“气质之性”有“善”有“恶”。他说：

人之性皆善。然而有生下来善底，有生下来便恶底，此是气禀不同。且如天地之运，万端而无穷，其可见者，日月清明气候和正之时，人生而禀此气，则为清明浑厚之气，须做个好人；若是日月昏暗，寒暑反常，皆是天地之戾气，人若禀此气，则为不好底人，何疑！②

用自然气候的“和正”和“寒暑反常”，以及日月的“清明”、“昏暗”来说明人生时气禀的“浑厚”或“戾”，然后附会人性的“善恶”，无疑有其不合理之处。

朱熹进一步认为，人们不仅生下来就有“善恶”之分，而且由于人所禀受的“气”的“清浊”等的不同，所以人生来还有贤愚、贵贱、贫富、夭寿的区别。他说：如果这个人是由“清明之气”或“精英之气”形成的，他就禀气“清明纯粹”，而没有丝毫昏浊的混杂，这就是“得理之全”或“得理之正”，他就是“圣人”或“贤人”；禀气“清”而“高”者，就会“贵”；禀气“丰富”者，就会“富”；禀气长久，就“长寿”。反之，如果是禀“衰颓薄浊”之气，那就是愚昧无知的人、“不肖”的人。他们生来就会贫苦、下贱和短命。朱熹从人性论的角度论证了人在后天的贫富、贵贱、夭寿等是由“气禀”决定的。

朱熹并不否认气禀是可以变化的，但认为这是很难的。“人之为学，却是要变化气禀，然极难变化。”③ 一方面人不觉察气禀之害，以为气禀已定，而昏昏然过活；另一方面要勇猛直前，用功克治，气禀自消，就可以改变贫、贱、夭的气禀之害，而使人改恶从善。

---

①②③ 《朱子语类》卷四。

朱熹说“理”与“气”相杂，便是“气质之性”，这个“杂”，指的是“理”与“气”杂然并存。“理”在“清气”中，好比明珠在清水里，透底明亮；“理”在“浊气”中，好比明珠在浊水里，外面看不到明亮。要恢复明珠的明亮，就要下工夫把浊水中的明珠揩拭干净。这个揩拭的过程，就是《大学》里所说的“明明德”的过程，所谓“明明德”，也就是“灭人欲，明天理”的工夫。

（二）“道心”与“人心”

朱熹还用人性论为宗法社会伦理道德寻找理论根据，以便为宗法制度的合理性作辩护。他在“天命之性”和“气质之性”的基础上，又把“心”相应地区分为本体和作用两个层面：“心”的本体，叫做“道心”；“心”的作用，叫做“人心”。在朱熹看来，“性”只是“理”，所以“天命之性”是“善”的；“理”需借助“气”化生万物，由于“气禀”明暗、厚薄不同，有善有不善，所以“气质之性”有善与不善之别。

什么是精神性的“心”和形体性的“心”呢？朱熹以“知觉”、“神明”来形容精神性的“心”；以肝、肺等来形容形体性的“心”。他说：

> 人之一身，知觉运用，莫非心之所为，则心者固所以主于身，而无动静语默之间者也。①
>
> 心者，人之神明，所以具众理而应万事者也。②

这就是说精神性的“心”能“知觉运用”、“神明不测”，它不同于形体性的“心”。朱熹在回答“心”的形而上、下时说：

> 如肺肝五脏之心，却是实有一物。若今学者所论操舍存亡之心，则自是神明不测。③

这样，朱熹就把精神性的“心”说成是形而上的“心”，把形体性的“心”说成是形而下的“心”。于是，形而上的精神性的“心”主宰、决定形而下的形体性的“心”，形而上的精神性的“心”是形而下形体性的“心”的动静之根源。

---

① 《答张钦夫》，《文集》卷三十二。
② 《尽心上》，《孟子集注》卷十三。
③ 《朱子语类》卷五。

“道心”与“人心”有何区别？朱熹认为，“心”本来只有一个，有知觉的作用，但由于禀气的不同，所以有区别。来源于“性命之正”，而出乎“义理”的是“道心”；来源于“形气之私”，而出乎“私欲”的是“人心”。虽然两者截然不同，但隐蔽的“道心”只能通过“人心”而显现。“道心”在“人心”之中，所以难免要受“人心”私欲的牵累和蒙蔽，而难以显露出来。他说：

> 心之虚灵知觉，一而已矣。而以为有人心、道心之异者，则以其或生于形气之私，或原于性命之正，而所以为知觉者不同，是以或危殆而不安，或微妙而难见耳。然人莫不有是形，故虽上智不能无人心，亦莫不有是性，故虽下愚不能无道心。①

由于“道心”根源于“性命之正”，“人心”来自“形气之私”，因此，两者表现为“知觉者不同”。但由于具体的人是由“天命之性”和“气质之性”构成的，所以，上智的人也不能不具有“气质之性”，不能没有“人心”；下愚的人也不能不具有“天命之性”，不能没有“道心”。朱熹说：

> “人心惟危，道心惟微”，论来只是一个心，那得有两样？只就他所主而言，那个唤作人心，那个唤作道心。②

朱熹要人们通过修心养性，使“人心”转危而安，“道心”由隐而显。“人心”服从“道心”，顺从“道心”的制约。

这样，朱熹便逻辑地把“道心”、“人心”与“天命之性”、“气质之性”联系起来。他认为，“形气之私”就是指口、耳、鼻、目、四肢等的私欲。从追求和满足口、耳、鼻、目、四肢等欲望来说称为“人心”；从追求和实行“天理”来说叫做“道心”。“道心”是从纯粹的“天命之性”发出的，是至善的；“人心”是从“气质之性”立论的，所以有善有不善。具有“道心”的圣人，能“专一”于“天理”，做到“惟精惟一”，精心体察“道心”，而不被私心杂念所蒙蔽。因而，他的一言一行、一举一动没有丝毫差错而合乎“天理”。具有“人心”的众人，往往偏于耳目之私，而不合乎“天理”。在朱熹看来，宗法社会中一般人所具有的人性都是气质偏杂的，都是一些蔽于耳目之“私”的所谓“众人之性”。超凡入圣的工夫，就

---

① 《中庸章句序》，《文集》卷七十六。

② 《朱子语类》卷六十一。

是去掉耳目之私，不被外物所引诱，使人的一切思想、言论、行为都合乎宗法伦理纲常的要求。

朱熹呕心沥血地为宗法社会的长治久安作理论思考，建构“道学”哲学逻辑结构体系，可谓鞠躬尽瘁。朱熹作为从事哲学思辨的思想家，无论其战略眼光的远见，还是战术眼光的措施，都是那些从事实际活动的统治者所无法比拟的。他揭露过当时政治的腐败，抨击过当时社会的某些不合理现象，并提出过某些改革主张，这就触怒了皇帝，并遭到排斥、禁止和迫害。宁宗时，不仅“更道学之名曰伪学”，而且在庆元二年（公元1196年）下令禁止“道学”，降朱熹二官（秘阁修撰、提举南京鸿庆宫）；下诏：“伪学之党，勿除在内差遣。”① 即不准在朝廷做官。“选人余嚞上书，乞斩（朱）熹以绝伪学。”② 下诏要道学伪邪之徒“改视回听”，如再“遂非不悔”，“必罚无赦”。并订立《伪学逆党籍》。于是“伪学”便成了“逆党”，计有宰执4人，待制以上13人，余官31人，武臣3人，士人8人，共59人。③ 弄得朱熹的“门人故交，尝过其门凛不敢入”④。似乎朱熹与宗法社会的最高统治者之间存在着极大的对立。朱熹死后九年，宁宗于嘉定二年（公元1209年）便诏赐朱熹遗表恩泽，“谥曰文”，称“朱文公”⑤。过了一年，追赠朱熹为中大夫、宝谟阁学士。嘉定五年（公元1212年），“国子司业刘爚请以朱熹《论语集注》、《孟子集注》立学，从之”⑥。朝廷把《论语集注》和《孟子集注》列入学宫，作为法定的教科书。这样，宁宗就完全否定了他在1196年禁止“道学”的诏令。

此后，朱熹思想便越来越受到宗法社会统治的重视，其思想的理论价值随着时间的推移而愈显其重要作用。理宗在宝庆三年（公元1227年）下诏：

> “朕每观朱熹《论语》、《中庸》、《大学》、《孟子》注解，发挥圣贤之蕴，羽翼斯文，有补治道。朕方励志讲学，缅怀典刑，深用叹慕！可特赠太师，追封信国公。”旋改封徽国公。⑦

理宗是自觉地意识到朱熹思想的理论价值的统治者。所以，当朱熹

---

① 《道学崇黜》，《宋史纪事本末》卷八十。
② 《续资治通鉴》卷一五四。
③ 据明郎瑛：《七修类稿》卷十六；另参见《续资治通鉴》卷一五四。
④ 《庆元党》，《四朝闻见录》丁集。
⑤⑥ 《续资治通鉴》卷一五八。
⑦ 《续资治通鉴》卷一六四。

的儿子工部侍郎朱在讲“人主学问之要”时，理宗说：“卿先卿《中庸序》，言之甚详。”并宣谕说：

> 卿先卿《四书》注解，有补于治道，朕读之不释手，恨不与之同时。①

宋以后，朱熹的思想便成为中国宗法社会后期的官方意识形态。

四、历史地位和影响

朱熹是“道学”的集大成者。宋明理学发展到朱熹，便已趋成就阶段。与之同时的还有陆九渊的“心学”、张栻的湖湘学、陈亮的永康之学、叶适的永嘉之学及吕祖谦的婺学等等。他们之间，学术有同有异，由于能平等地、自由地相互切磋，因而形成了一个很好的学术氛围，促进了南宋理学百花齐放的繁荣景象。

南宋时期，对于朱熹的思想，就有两种截然不同的评价，监察御史沈继祖说：

> 剽张载、程颐之余论，寓以吃菜事魔之妖术，以簧鼓后进。②

以朱熹的学说是剽窃张载、程颐的余论，这是不公允、不正确的。朱熹的“道学”，继承、吸收了张、二程的学说，这是事实，但朱熹发展了程颐的“道学”，改造了张载的“气”一元论，从而建立了“道学”哲学逻辑结构，成为“理学”的集大成者。以剽窃之论简单否定朱熹思想，是不能为人类认知世界提供有益的思维经验教训的，至于“妖术”之说，与摩尼教相提并论，这便是谩骂和政治诬陷，就不需评说了。

嘉定四年（公元 1211 年）著作郎李道传上奏说：

> 孔、孟既没，正学不明。……至于本朝，河、洛之间，大儒并出，于是孔、孟之学复明于世。……近世儒者又得其说而推明之，择益精，语益详，凡学者修己接物，事君临民之道，本末精粗，殆无余蕴。诚使此学益行，则人才众多，朝廷正而

---

① 《续资治通鉴》卷一六四。

② 《庆元党》，《四朝闻见录》丁集。

天下治矣。往者权臣顾以此学为禁，十数年间，士气日衰，士论日卑，士风日坏，识者忧之。①

朱熹得到充分肯定，并将士气、士论、士风的日衰、日坏，归之于禁道学的结果。嘉定五年（公元1212年）国子司业刘爚“请以朱熹《论语集注》、《孟子集注》立学，从之”②。朱熹门人黄榦说：

道之正统待人而后传，自周以来，任传道之责者不过数人，而能使斯道章章较著者，一二人而止耳。由孔子而后，曾子、子思继其微，至孟子而始著。由孟子而后，周、程、张子继其绝，至熹而始著。③

他们站在道学家的立场，以朱熹为传孔、孟道统的闻人，并以“道学”为正朝廷、治天下的正学，而不是什么伪邪之学。宋以后，元、明、清三朝统治集团都倡导“道学”，“理学”成为官方哲学，朱熹注的《四书章句集注》成为学宫的教科书和科举考试的标准答案，朱熹的牌位也被抬进孔庙，成为从祀者。尽管从王廷相、李贽到王夫之、戴震等，对于朱熹的“道学”哲学均有所批评，但朱熹“道学”在思想界的意识形态地位，一直未被动摇。而元、明、清时期的统治者，无不取法于朱熹。清圣祖玄烨说：

惟宋之朱子注明经史……皆明确有据，而得中正之理，今五百余年，其一句一字莫有论其可更正者，观此则孔、孟之后，可谓有益于斯文，厥功伟矣。朕既深知之而不言其谁，言之朱子，宜如何表章崇奉……④

康熙以朱熹的“一句一字”为真理，因朱熹得中正之理，所以以朱子的是非为是非，以至非朱子之传义弗敢言，非朱子之家礼弗敢行。在明清时期，如果有人非议朱熹的言行，就被目为离经叛道。

五四运动，人们在打倒孔家店、批判专制主义的运动中，逐渐剥去了朱熹神圣的外衣，而把他还原为一个人，一个历史上有伟大成就的思想家。后来虽有人企图恢复对朱熹的崇拜，恢复“道统”，不过，历史是按自己的法则向前发展的，这种努力只能是有限度的。

---

① 《道学崇黜》，《宋史纪事本末》卷八十。

② 《续资治通鉴》卷一五九。

③ 《朱熹传》，《宋史》卷四二九。

④ 《清康熙壬辰年升祀朱子奏议》，《婺源县志》卷六十四。

朱熹的哲学思想，是时代精神的精华。他“综罗百代”，吸收儒家、道家、道教、佛教及当时自然科学思想，并解构了佛、道二教，而和合为理学，把中国哲学推向了一个新的高度。他在中国哲学史上，既是中国古代思想的集大成者，也是“道学”的集大成者。尽管朱熹以后，理学家辈出，但无论从思想的深度还是广度来看，超过朱熹者并不多。

朱熹对于中国宗法社会后期思想影响之深，是需要做出应有的历史评价的。他的“道学”哲学逻辑结构，在南宋和元、明、清还有一定的积极作用，其理学的哲学思辨提高了中华民族的理论思维水平，启迪以后哲学家从各个层面的思考，开拓了理论思维的路向。但随着中国宗法社会向后期推移和新的资本主义生产关系萌芽，朱熹的“道学”哲学在政治上和思想上的消极作用凸显出来。不过，五四运动以后，对朱熹思想持一概否定的态度，也是不科学的。朱熹的思想是中国哲学史发展过程中的一个重要环节。朱熹本人是一个渊博的大学者，他精通经史，重视自然科学，熟稔佛、道；他开办书院，讲学授徒，培养许多学者。这些历史事实，是永远值得铭记的。

朱子学的特殊贡献早已超越国界，成为东亚、东南亚的重要思想。高丽末安珦（1243—1306）引进程朱道学，他从元大都得到新刊《朱子全书》，并在国子监讲授程朱道学。郑道传倡明孔孟程朱之道，斥异端（佛），息邪学，明天理而正人心，是性理学理论探究的大家。作为“朝鲜之朱子”的李退溪（1502—1571）及李栗谷等朱子学群体的发展，使朱子学成为朝鲜王朝的官方意识形态。

朱子学于镰仓时期（1185—1333）传入日本，“五山”禅僧们在讲授佛典同时，研讨宋学、朱子学。当后醍醐天皇的宫廷开设宋学讲筵，日本史所说的“建武中兴”，就是以宋学作为其意识形态的理论基础。17 世纪初江户幕府把朱子学作为其意识形态，便不无原因了。这时期朱子学家有藤原惺窝（1561—1619）及门人林罗山，其后形成众多学派，大体可分为客体经验理派，以贝原益轩（1630—1714）为代表，主体道德理派以山崎暗斋（1618—1682）为代表。山崎门下人才辈出，日本朱子学发展成熟。

越南陈太宗在 1249 年设国子监，讲授《五经》、《四书》，朱子学得以传播，后黎太祖在各府、路置学宫，讲授《四书》、《五经》，到黎圣宗（1460—1497）时朱子学鼎盛。

中、日、朝、韩、越的朱子学，虽有其共性，但由于在传播国的生根、发展过程中，必然同传播所在国的传统文化、思维方式、风俗习惯以及社会需要相融合，因而出现各具特色的朱子学，即日本、韩国、朝鲜、越南各有自己的朱子学，它们体现了不同国家、民族自己的文化血脉和生命智慧。

第六章 象山学——陆九渊的心学思想

南宋时期，内忧外患十分尖锐，统治集团的腐败无能十分突出。当朱熹在建构道学哲学逻辑结构时，以陆九渊为代表的“心学”也在形成之中。朱、陆学术观点虽有某些不同，但在维护宗法制度、伦理纲常这个根本点上，则是相同的。黄宗羲说：

> 二先生（朱熹、陆九渊）同植纲常，同扶名教，同宗孔孟。即使意见终于不合，亦不过仁者见仁，知者见知，所谓“学焉而得其性之所近”，原无有背于圣人，矧夫晚年又志同道合乎！①

这里，同者三，不合者只不过“仁者见仁，智者见智”而已。因此，黄宗羲的儿子黄百家说：“愚深欲劝同志者，兼取两家之长，不轻相诋毁，就有未合，亦且置勿论，而力勉于吾之所急。”② 这说明“道学”与“心学”可以相反相成，互补互济。

一、身世、生平活动和著作

陆九渊字子静，后人尊称为象山先生，江西抚州金溪（今江西临川县）人。生于南宋高宗绍兴九年（公元 1139 年），死于光宗绍熙三年十二月（公元 1193 年）。③

---

① 《象山学案》按语，《宋元学案》；见《陆九渊集》，556 页。

② 同上书，567 页。

③ 据陆九渊门人杨简所作《象山先生行状》记载，陆九渊卒于绍熙三年十二月十四日（《慈湖先生遗书》卷五），值 1193 年 1 月 18 日。近几十年来出版的中国思想史、哲学史著作都以 1192 年为陆九渊卒年，这是应该纠正的。另见冯可镛、叶意深编辑的《慈湖先生年谱》卷一。

（一）陆氏家世

陆九渊在为其五哥陆九龄所作的《全州教授先生行状》中叙述了其家世：

> 其先妫姓，田敬仲裔孙，齐宣王少子通，封于平原般县陆乡，即陆终故地，因以为氏。通曾孙烈……自烈三十九世，至唐末为希声（陆九渊的八世祖）……晚岁相昭宗……次子崇，生德迁、德晟，以五代末，避地于抚之金溪。解橐中装，买田治生，赀高闾里。……德迁遂为金溪陆氏之祖。①

陆家在迁居金溪之初，“买田治生，赀高闾里”，属富有之家。但从陆九渊的高祖陆有程至其父亲陆贺都没有做官。到他父亲的时候，这个家族已经衰落。据陆九渊在《宋故陆公（九叙）墓志》中说：“家素贫，无田业，自先世为药肆以养生。”② 又说：“吾家素无田，蔬圃不盈十亩。”③ “家素贫”，基本上依靠开药店的收入来维持生活，可见这时已失去了富裕的经济地位。到了陆九渊兄弟开始经营家族产业的时候，经济状况有了好转，渐渐地置田治产，经济、政治地位逐渐上升。

陆氏家庭是一个典型的宗法式大家族。《宋元学案》卷五十七《梭山复斋学案》介绍陆九渊之兄陆九韶时说：

> 其家累世义居，一人最长者为家长，一家之事听命焉。岁迁子弟，分任家事，凡田畴、租税、出内（纳）、庖爨、宾客之事，各有主者。先生以训戒之辞为韵语。晨兴，家长率众子弟谒先祠毕，击鼓诵其辞，使列听之。子弟有过，家长会众子弟责而训之。不改，则挞之。终不改，度不可容，则言之官府，屏之远方焉。

这种宗法家规，与国家法律一样具有绝对权威。家族中的政治、土地、租税以至教育权都操控在家族长手中。家族成员都要严格遵守宗法家规，而不能逾越。陆九渊出身于这样一个家庭，并深受这个宗法家族家规熏陶，成为从这个家族中培养出来的哲学家。

---

① 《行状》，《陆九渊集》卷二十七，312 页，北京，中华书局，1980，以下不注版本。

② 《陆九渊集》卷二十八，322 页。

③ 《陆（九皋）修职墓表》，《陆九渊集》卷二十八，332 页。

（二）生平活动

据《象山先生行状》记载，陆九渊三四岁时，就曾问他的父亲，“天地何所穷际”？父亲笑而不答，“（陆九渊）遂深思至忘寝食”。这种早熟的性情，哲学思辨的追根究底精神，为高扬其道德主体精神打下了根基。8 岁的时候，“闻人诵伊川语，自觉若伤我者，亦尝谓人曰：‘伊川之言，奚为与孔子、孟子之言不类。’”① 也即是他从小就发现孔子讲天、讲仁，孟子继孔子讲心、讲性，程颐讲理的哲学分野，这不免流于传奇。不过，从这里也可以得见陆九渊的哲学是从“天地何所穷际”这个曾使他“深思至忘寝食”的问题开始，转而向内，并由内向外拓展，建立起“心学”哲学逻辑结构的。

绍兴二十年（公元 1150 年），抗战派遭到投降派高宗、秦桧的镇压和迫害，韩世忠罢职家居，闭门谢客，借读佛经，以避祸害。16 岁的陆九渊，年少气盛，读三国六朝史，“见夷狄乱华”②，很有感慨，“又闻长上道靖康之事”，便立志习武，以图复仇。他说：

> 曾读《春秋》，知中国夷狄之辨。二圣之仇，岂可不复？所欲有甚于生，所恶有甚于死。今吾人高居无事，优游以食，亦可为耻，乃怀安非怀义也。此皆是实理实说。③

陆九渊从“华夷”问题出发，来谈复仇，这种民族情感值得商榷。然而，反对金统治集团的侵扰，收复失去的故土，这是当时人民的愿望和要求。因此，他提出复二圣之仇，在当时社会是可接受的。他还以一些人处国家患难之际，而不忧国忧民，高居无事，优游以食为可耻，这就是“实理实说”。因此，他认为：“做得工夫实，则所说即实事。”④ 以实事实功为要务，而以苟且偷安为非“义”。

绍兴三十二年（公元 1162 年）陆九渊参加乡试，以《周礼》中举，考官为王景文；乾道七年（公元 1171 年）他再次参加乡试，以《易经》再中举。乾道八年（公元 1172 年），试南宫，中选，赐同进士出身。时考官为吕祖谦，杨简称赞吕有眼光，“能识先生之文，于数千人之中”⑤。陆九渊登进士第后，朝夕应酬问答，学者踵至，至

① 《陆九渊集》卷三十三，388 页。

② 《语录下》，《陆九渊集》卷三十五，469 页。

③ 同上书，457～458 页。

④ 同上书，457 页。

⑤ 《象山先生行状》，《陆九渊集》卷三十三，388 页。

不得寝，杨简问“如何是本心”，而拜陆九渊为老师。秋天回到金溪家乡，“远迩闻风而至，求亲炙问道者益盛”①，于是陆九渊便把家里的东偏房一槐堂辟为讲学的场所。

淳熙元年（公元 1174 年），陆九渊授迪功郎、隆兴府靖安县主簿，拜访吕祖谦。次年吕祖谦约陆九渊、陆九龄和朱熹于信州（今江西上饶）鹅湖寺企图调解朱、陆之间的分歧。《年谱》记载：“伯恭（吕祖谦）盖虑陆与朱议论犹有异同，欲会归于一，而定其所适从……伯恭盖有志于此语。”② 参加这次学术议论的，除他们四人以外，还有刘子澄、赵景明、赵景昭等七人③。这次争论，不仅没有统一朱、陆的学术思想，反而更明确了其分歧的所在。据朱亨道（泰卿）载：

> 鹅湖之会，论及教人，元晦之意，欲令人泛观博览，而后归之约。二陆之意，欲先发明人之本心，而后使之博览。朱以陆之教人为太简，陆以朱之教人为支离。此颇不合。④

在治学和道德修养工夫上，朱熹反对陆九渊兄弟的易简工夫，陆九渊则反对朱熹的烦琐支离，这次讨论只是两派论争的开始。尽管不欢而散，但在清初著名哲学家黄宗羲看来，鹅湖之会是一次学术上的自由讨论。他在《宋元学案》卷五十八《象山学案》中写道：

> 假令当日鹅湖之会，朱陆辩难之时，忽有苍头仆子，历阶升堂，捽陆子而殴之曰：“我以助朱子也。”将谓朱子喜乎不喜乎？定知朱子必且挞而逐之矣。

可见这次学术切磋创造了良好的思想氛围。从此后朱、陆的彼此交往、致函及论争来看⑤，黄宗羲的这个评论是有道理的。

淳熙六年（公元 1179 年），陆九渊调建宁府崇安县主簿。读书

---

① 《象山先生行状》，《陆九渊集》卷三十三，389 页。

② 《陆九渊集》卷三十六，491 页。

③ 据陈荣捷教授在《朱陆鹅湖之会补述》（《中华文化复兴月刊》，第 11 卷，第 10 期）中考证，除此七人外，尚有朱桴、朱泰卿、邹斌三人，则共十人。另潘叔昌及上饶人余正叔、余方叔和陈克斋，均朱熹大弟子，可能与会。参见陈荣捷：《鹅湖之会》，《朱子新探索》，565 页，台北，学生书局，1988。

④ 《年谱》，《陆九渊集》卷三十六，491 页。

⑤ 据陈荣捷教授考证，朱熹与陆九渊保持通信，鹅湖会散后约 42 封（其中朱熹函 21 封，陆九渊函 21 封），而决不仅限于现见之于《朱文公文集》和《象山全集》的九书。可见其密切。

讲学在崇安的滋泩。[1] 这时朱熹知南康军，并在庐山建白鹿洞书院，讲学授徒，宣扬“道学”。淳熙八年（公元1181年），陆九渊率门徒朱克家、陆麟之、周清叟、熊鉴、路谦亨、胥训等到南康访朱熹。朱熹亲率同僚诸生迎接，同至白鹿洞书堂，听陆九渊讲《论语》“君子喻于义，小人喻于利”章，提出“以义利判君子小人”。朱熹在《跋金溪陆主簿白鹿洞书堂讲义后》中赞扬道：“至其所以发明敷畅，则又恳到明白，而皆有以切中学者隐微深痼之病，盖听者莫不悚然动心焉。”[2] 因而，请陆九渊将其所讲书于简，以谂同志。尽管陆九渊以其“心学”与朱熹的“道学”相抗衡，但此时没有因此而影响私交，彼此还是相互尊重的。这年六月，丞相少师史浩推荐陆九渊为都堂审察，他没有赴任。

淳熙九年（公元1182年），陆九渊得荐为国子正，赴国学。讲《春秋》，享明堂，为分献官。次年继续讲《春秋》，诸生叩请，孜孜启谕，如家居教授，感发良多。此年冬天，迁敕令所删定官。淳熙十一年，在敕局春祀祚德庙为献官。由于陆九渊在敕局，因此，朱熹写信给陆九渊，认为律令中极有不合道理、不近人情之处，因随事改正得一二才好。

陆九渊同意朱熹设立“社仓”的奏札，以缓和高利贷剥削，并把这些奏札编辑一起。其兄陆九韶欲立“社仓”于浙江青田。还主张以“四物汤”（即“四君子汤”）医国。“四物”就是任贤、使能、赏功、罚罪。[3] 他在《删定官轮对札子》中提出：第一，君臣之间，可相与论辩，各极其意，而丝毫不“忌讳嫌疑”。如唐太宗和魏徵，君臣同德，一能如此，便能取得成效。第二，要复仇，目前版图未归，仇耻未复，生聚教训之实，可为寒心。第三，要知人任贤使能。他说：“臣尝谓事之至难，莫如知人，事之至大，亦莫如知人。人主诚能知人，则天下无余事矣。”[4] 譬如韩信被萧何发现，汉高祖拔于亡卒之中；又如诸葛亮，南阳耕夫而蜀先主枉驾顾之。而见其对任贤使能的重视。第四，君臣分工负责。陆九渊引荀况的话说：“主好要，则百事详，主好详，则百事荒。”“臣闻人主不亲细事”，“臣观今日之事，有宜责之令者”。如果天下“米盐靡密之务”，都由皇帝

① 参见《与包显道》，《陆九渊集》卷六，85页。

② 《朱文公文集》卷八十一。

③ 参见《语录上》，《陆九渊集》卷三十四，407页。

④ 《删定官轮对札子（三）》，《陆九渊集》卷十八，222页。

处理，那么，君主有什么时间来议“论道经邦”的事呢?[1] 主张以任贤使能、赏罚分明来医治国病，但他没有看到这种主张在当时的社会条件下是很难行得通的。

淳熙十三年（公元1186年）冬，主管台州崇道观闲职，归江西故里讲学。“时乡曲长老，亦俯首听诲”。“每诣城邑，环坐率一二百人，至不能容，徙观寺。县大夫为设讲坐于学宫，听者贵贱老少，溢塞涂巷，从游之盛，未见有此。”[2] 陆九渊的思想，在当时有一定影响。次年，在江西贵溪应天山讲学，四方学徒大集，建“精舍”，作为讲习的场所。淳熙十五年（公元1188年）改应天山名为象山。每年二月登山，九月末始归，中间往来无定。据《年谱》记载，他的象山书院犹似寺院，讲学犹如说法。

> 冯元质云：“先生常居方丈。每旦精舍鸣鼓，则乘山箨至。会揖，升讲坐，容色粹然，精神炯然。学者又以一小牌书姓名年甲……少亦不下数十百，齐肃无哗。首诲以收敛精神，涵养德性，虚心听讲，诸生皆俯首拱听，非徒讲经，每启发人之本心也。间举经语为证。……初见者，或欲质疑，或欲致辩，或以学自负，或有立崖岸自高者，闻诲之后，多自屈服，不敢复发。……虽盛暑，衣冠必整肃，望之如神。”[3]

维持一定的教学秩序，以使学生专心听讲，这是必要的。但严肃过了会使欲质疑、欲致辩的学生都不敢质疑、致辩，并不能解惑，也不能使学生独立思考，便不能教学相长。陆九渊居山五年间，来听讲者逾数千人。他还与朱熹书信往来，继续辩论“太极”、“无极”的问题。

淳熙十六年（公元1189年），孝宗内禅，光宗即位，诏知荆门军，陆九渊欲著书，未即赴任，他自认为续孟子之“道统”者，是他而不是朱熹。他在《与路彦彬》书中说：“窃不自揆，区区之学，自谓孟子之后，至是而始一明也。”[4] “至是而始一明”，即以自己为“道统”继承者自诩。

绍熙二年（公元1191年），陆九渊出于“愿鞭其绵力，以自效于昌时”[5] 的心愿，即行单骑赴任，但听见县丞说金人有南犯之意，

---

① 参见《删定官轮对札子（五）》，《陆九渊集》卷十八，224页。
② 《象山先生行状》，《陆九渊集》卷三十三，390页。
③ 《陆九渊集》卷三十六，501～502页。
④ 《陆九渊集》卷十，134页。
⑤ 《荆门到任谢表》，《陆九渊集》卷十八，225页。

便断然地说：

> 如此则荆门乃次边之地，某当挈家以行，未免少迟。若以单骑，却似某有所畏避也。①

为抗金侵犯，防守荆门次边之地，陆九渊不畏避强虏，决定改单骑速行为挈家以行。治荆实践，是他政治抱负的施展。然而，其志未售，任期未满，便去世了。他在荆门军短短的一年又三个月的时间里，做了这样几件事：一是严边防，二是改弊政，三是修郡学。

关于严边防。陆九渊从三方面着手。一方面，修筑城池。荆门虽为宋金攻守之要地，但无城郭。历任郡守企图修建，因苦于役费难筹，未能实践。陆九渊考虑到战备的需要，必须修城郭。他说："某窃谓郡无城郭，使在内地，尚且不可，况其在边？平居形势不立，扃钥不固，无以系民心，待暴客。脱有缓急，区区仓库之储，适足以启戎召寇，患害之致，何啻丘山。"② 如无城郭，一旦有虞，即使义勇强壮可用，亦无以守。城郭之筑，可使攻守有防，民心有赖，思患预防。由于民无边虑，于是商业毕集，国家税收日增。因筑城是当地人民的愿望，人心齐一，竭力功倍，二旬讫筑。原计划费用缗钱 20 万，结果仅花了 3 万。权衡利弊，确益多费少。

另一方面，修保伍，组织烟火队。他说：

> 境内盗贼绝少，有则立获，讼牒有无以旬计。……始至即修烟火保伍，贼盗之少，多赖其力。近忽有劫盗九人，劫南境村中软堰寺长生库③。迟明，为烟火队所捕。敌杀一人，生擒九人，皆勇悍之盗。义勇之外，烟火队今亦可恃。④

以烟火队配合义勇，维持地方治安，保卫人民生命财产，安定社会秩序。在特定的历史条件下，修烟火保伍亦有抗金的积极作用。他以建炎间史事为例："建炎间，盗贼蜂起，所在为保伍以自卫。郡每被寇，必檄以捍御。临川为寇冲，虏骑侵轶亦尝及城下，皆赖乡社以免。"⑤ 以"保伍自卫"，镇压盗贼，并直接抵抗金兵的进犯。

---

① 《语录上》，《陆九渊集》卷三十四，422 页。

② 《与庙堂乞筑城札子》，《陆九渊集》卷十八，225～226 页。

③ "长生库"，据《老学庵笔记》载："今僧寺辄作库，质钱取利，谓之长生库。"借为典当之称，即当铺。

④ 《与邓文范》，《陆九渊集》卷十七，217 页。

⑤ 《葛致政墓志铭》，《陆九渊集》卷二十八，329 页。

再一方面，整顿军队，严肃纪律，追捕逃卒。荆门为次边重镇，屯兵较多，逃卒问题很突出，这关系到巩固边防的大事。《年谱》载：“湖北诸郡军士多逃徙，视官府如传舍，不可禁止，缓急无可使者。”① 陆九渊为禁止士卒逃亡，采取了追捕逃卒措施。他说：

> 荆州（门）逃卒，视州郡为逆旅，周流自如，莫知禁戢。……丐与邻郡为约，以绝逃逸之患。适得公移，甚惬下意，即已行下巡尉义勇等，严其迹捕。近有襄阳逃卒投募在此，捕者寻至，即令擒去矣。敝邑自某入境，逃卒亦不少，有未获者，恐在府下，经差人迹捕。……倘蒙捕获，亦可惩后也。②

“逃卒”在当时是严重问题，涣散军心，亦使士卒无纪律、无战斗力。这样如何抵御金的犯境，保卫人民？因此，陆九渊采取断然措施，联合近邻各郡县，信捕获之赏，重逃窜之刑，进行追捕，并整顿军纪，防止逃卒；同时，抓紧训练，鼓励士气。后来，湖北路兵官按阅，独荆门整习，为他郡所无，可见陆九渊在一定程度上解决了“积弱”的问题。

关于改弊政。荆门军财政困难，“诸库日支，率多于所入”，“军资库尤为匮乏”③。这与陆九渊最初闻知的情况大不相同。“元章初交割时，公库缗钱万八千有奇，今才五千耳。”④ 出入很大。陆九渊为解决“积贫”问题，进行了改革：其一，“罢三门引，减援例”⑤。所谓“三门引”，就是“小吏伺商人于门，检货给引，然后至务，务唯据引入税，出门又复视。官收无几，而出入其费已多”⑥。层层勒索，虽政府收税不多，但商人化去费用已巨，增加了商人的负担。由于“罢三门引，减援例”⑦，荆门地方税收增加，财政匮乏有所缓和。其二，断然因民之请而尽罢税钱役钱纳铜钱之弊，而主张地方当输铁钱，以减轻民众在铁钱换铜钱时所受的损失，并进行救荒工作。其三，去专断，从所宜。他说：“事惟其宜，理惟其当，议论设施，不必在己，相期相勉，大抵以此。平居论事，始有未合，各献其宜，侃然自竭，反复之久，是非已明，伏义如响，人得所欲，殆

---

① 《陆九渊集》卷三十六，510页。

② 《与章德茂》，《陆九渊集》卷十六，203页。

③ 《与薛象先》，《陆九渊集》卷十五，198页。

④ 《与朱子渊》，《陆九渊集》卷十五，200页。

⑤⑥ 《象山先生行状》，《陆九渊集》卷三十三，392页。

⑦ “减援例”，系指正税之外多收且已成惯例的部分税收。

莫知初说焉谁主之也。”[①] 发表意见，不自以为是，以“事宜”与“理当”为标准。如果平常论事意见未合，则应各献己见，畅所欲言，让人把话说完，“侃然自竭”，反复议论，以求明是非。最后形成不以谁为主的，而是大家共同的意见。这是他治荆取得成绩的重要原因之一。

关于修郡学。《象山先生行状》记载：“朔望及暇日，诣学讲诲诸生。”[②] 通过教育，提高人民的知识水平和道德素质。荆门习俗，于每年正月十三上元节，郡府设醮黄堂，以酒祭神，这是荆楚人神互渗民俗文化。陆九渊改祭神为讲演会，为吏民讲《洪范》敛福锡民一章，以代醮事，发明人心之善，自求多福。官员、士人、吏卒、百姓听讲者五六百人，莫不感动，或为之泣下。其演讲内容是：

> 天之生斯民也，使先知觉后知，先觉觉后觉。……今圣天子重明于上，代天理物，承天从事，皇建其极，是彝是训，于帝其训，无非敛此五福，以锡尔庶民。郡守县令，承流宣化，即是承宣此福……即惟皇上帝所降之衷，今圣天子所锡之福也。若能保有是心，即为保极。[③]

把神权和皇权联系起来。说明皇帝是“代天理物，承天从事”的，天子代天锡福。

由于陆九渊在荆门政绩显著，“政行令修，民俗为变”[④]。于是诸司交章论荐，得到周必大的赏识，周必大说：“荆门之政，于以验躬行之效。”[⑤] 时人对陆九渊的荆门政绩评价很高。如周益公在给《傅子渊书》中说：“荆门之政，如古循吏，躬行之效至矣。”[⑥] 是有其据的。

从陆九渊生平政治活动和学术活动来看，一是提出了一套治国的方案和设想，尽管这些方案在宗法社会中是不能实行的；二是筑荆门城郭，整顿军纪，巩固次边之地的防御力量；三是在与朱熹的论争中，明确了各自的分歧，建构了“心学”哲学逻辑结构。

（三）著作

宁宗开禧元年（公元1205年），陆九渊的著作由其长子陆持之

① 《与章德茂（三）》，《陆九渊集》卷十六，204页。
② 《陆九渊集》卷三十三，392页。
③ 《荆门军上元设厅皇极讲义》，《陆九渊集》卷二十三，284页。
④ 《续资治通鉴》卷一五二。
⑤ 《陆九渊传》，《宋史》卷四三四。
⑥ 《年谱》，《陆九渊集》卷三十六，512页。

编《遗文》二十八卷，外集六卷，杨简作序。开禧三年（公元1207年）秋天，由抚州守、陆九渊的学生高商老（浙江括苍人）刊《陆象山文集》于郡庠。嘉定五年（公元1212年）陆持之“裒而益之”，合三十二卷，江西提举袁燮作序，刊于江西仓司。理宗嘉熙元年（公元1237年）陈埙刊《陆象山语录》，自为序。其后裔孙陆邦瑞刊于家塾“槐堂书斋”。《四部丛刊·象山先生全集》为影印明嘉靖四十年江西刊本，有袁燮、杨简的序，当为嘉定本三十二卷的复刻；其后四卷为谥议、行状、语录、年谱，合三十六卷。《四部备要》本《象山全集》则为清李穆堂评点本的重排，基本与《丛刊》本同，附录年谱略详。1980年中华书局出版点校本《陆九渊集》。

二、社会改革思想

（一）“民为邦本”说

陆九渊针对南宋社会矛盾的发展，为了维护宗法社会秩序，继承了孟轲“民为贵，社稷次之，君为轻”[①] 的思想，倡导“民为邦本”。他说：

> 天生民而立之君，使司牧之，张官置吏，所以为民也。“民为大，社稷次之，君为轻”，“民为邦本，得乎丘民为天子”，此大义正理也。[②]
>
> 今时郡县能以民为心者绝少。民之穷困日甚一日。抚字之道，弃而不讲，掊敛之策，日以益滋。甚哉！其不仁也。民为邦本，诚有忧国之心，肯日蹙其本，而不之恤哉？[③]

陆九渊所说的“民”，既包括宋代主户中的二三等中小地主，也包括主户中四五等的自耕农民。他把这样的大多“民”视为“邦本”，具有为民请命、为民谋利的意义。同时，他从“民为邦本”出发，借助于“天”的权威，说明“天生民”而立君主，使君主管理百姓，“天以斯民付之吾君，吾君又以斯民付之守宰”[④]，君主只有取得

① 《孟子·尽心下》。
② 《与徐子宜（二）》，《陆九渊集》卷五，69页。
③ 《与陈倅》，《陆九渊集》卷七，98页。
④ 《与宰苏（三）》，《陆九渊集》卷八，116页。

“民”的支持，才能成为天子，地方官只有以民为本，才能治理好地方。因此，不能使作为“邦本”的“民”，一日比一日穷困，无法生活而不加恤。如果“无以厚民之生，而反以病之，是失朝廷所以张官置吏之本意矣”①。陆九渊的国家学说，从其“天生民而立君”来看，仍然没有摆脱“君权神授”的神学藩篱；但从其关于国家设置官吏，是为了“民”这一提法来说，应该说是“民为贵”思想的张扬。

基于这种“民为邦本”的思想，陆九渊主张改革。他在当时以高宗赵构以及秦桧为首的投降派攻击王安石熙宁新法的时候，却独树一帜，赞扬王安石变法。

高宗曾把北宋的失败归咎于熙宁变法，因此，他不仅支持继续批判王安石，而且主张逐渐追赠原来被列入“元祐党籍”的官员。绍兴四年（公元 1134 年）由范祖禹的儿子范冲主管三修《神宗实录》，据蔡上翔《王荆公年谱考略》记载：

> 范祖禹、吕大防初修实录，既尽书安石之过，而绍圣反之。自绍圣至于绍兴，三十年间……范冲为祖禹之子，相为报复，则凡向时元祐采于《涑水纪闻》诸书，增添不知其几，划削朱墨新书所书安石之美者，又不知其几。②

可见，当时批判王安石变法的政治潮流还未结束，朱熹虽有时也认为王安石变法在当时是有道理的，但总的也是批判王安石变法的。他在《读两陈（陈瓘、陈师锡）谏议遗墨》中说：

> 天下有自然不易之公论，而言之者或不免于有所避就，故多失之。若诸公熙宁《日录》之辩是也。……盖尝即其书而考之，则凡安石之所以惑乱神祖之聪明，而变移其心术，使不得遂其大有为之志，而反为一世祸败之原者，其隐微深切，皆聚此书。……何幸其徒自为失计，出此真迹（指《日录》）以暴其恶于天下，便当摭其肆情反理之实，正其迷国误朝之罪，而直以安石为诛首，是乃所谓自然不易之公论。③

把王安石视为“迷国误朝”的罪魁祸首。特别是朱熹把一些批判王安石变法的言论编入《三朝名臣言行录》以后，其影响尤大。蔡上

① 《与宰苏（三）》，《陆九渊集》卷八，116 页。

② 《王荆公年谱考略》卷二十五，331 页，上海，上海出版社，1973。

③ 《文集》卷七十。

翔说：

安石得谤于天下后世，固结而不可解者，尤莫甚于《言行录》。……一经《名臣录》采入，于是元人修史，皆以大贤所录为可信，亦遂尽笔之于史，自是后人读史者只知国史为可信，而不知杂出于记载私书。①

朱熹《名臣言行录》约编于孝宗乾道八年（公元1172年），陆九渊却在淳熙十五年（公元1188年）一月作《荆国王文公祠堂记》，不顾当时人对王安石的攻击而赞扬王安石：

公畴昔之学问，熙宁之事业，举不遁乎使还之书。而排公者，或谓容悦，或谓迎合，或谓变其所守，或谓乖其所学②，是尚得为知公者乎？……英特迈往，不屑于流俗，声色利达之习，介然无毫毛得以入于其心。洁白之操，寒于冰霜，公之质也；扫俗学之凡陋，振弊法之因循，道术必为孔孟，勋绩必为伊周，公之志也。

熙宁排公者，大抵极诋訾之言，而不折之以至理，平者未一二，而激者居八九，上不足以取信于裕陵，下不足以解公之蔽，反以固其意，成其事，新法之罪，诸君子固分之矣。

而公以盖世之英，绝俗之操，山川炳灵，殆不世有，其庙貌弗严，邦人无所致敬。无乃议论之不公，人心之畏疑，使至是耶？③

从这段话可以看出，陆九渊对王安石是尊敬的，他赞扬王安石的“质”与“志”，而驳斥诋訾王安石新法的言论，指出这些攻击之辞既不讲道理，也不以理服人，因此，不能解决新法实行中的弊病，而只能“固”王安石推行新法之意志。

当时人们批判王安石变法的一个重要理由就是“祖宗之法不可变”。陆九渊却主张祖宗之法是可变的。他说：

尧舜三代虽有法度，亦何尝专恃此。又未知户马、青苗等法，果合尧舜三代否？当时辟介甫者，无一人就介甫法度中言其失。但云：“喜人同己。”“祖宗之法不可变。”夫尧之法，舜

---

① 《丹铅录瓘语之一》，《王荆公年谱考略杂录》卷二，356页。

② 《四部备要》本《象山全集》作“守”，系“学”字之误。

③ 《陆九渊集》卷十九，232～234页。

尝变之。舜之法，禹尝变之。祖宗法自有当变者，使其所变果善，何嫌于同？①

陆九渊指出，批判王安石变法的人，没有一个能够从王安石法度本身找出其过失的；只是抓住“祖宗之法不可变”，作为诋訾的根据。其实祖宗之法，从尧法舜变，到舜法禹变，历来是不断变更的，而使法愈变愈善。

陆九渊不仅称道王安石的变法，而且在《删定官轮对札子（四）》中还曾向孝宗皇帝提出变法的建议：

凡事不合天理，不当人心者，必害天下，效验之著，无愚智皆知其非。然或智不烛理，量不容物，一旦不胜其忿，骤为变更，其祸败往往甚于前日，后人惩之，乃谓无可变更之理，真所谓惩羹吹虀，因噎废食者也。②

“法”是可以变的，即使因方法不对，而产生不良后果，也不应该因噎废食。但陆九渊也反对骤变，他主张：一要恢复三代古制，二是用缓和的办法。他说：

然则三代之政，其终不复矣乎？合抱之木，萌蘖之生长也。大夏之暑，大冬之推移也。三代之政，岂终不可复哉？顾当为之以渐，而不可骤耳。有包荒之量，有冯河之勇，有不遐遗之明，有朋亡之公，于复三代乎何有？③

这种缓和的“渐变”，也许会被人们所接受，而收事半功倍之效用。

那么，如何恢复三代之法呢？陆九渊提出如下的具体设想。

（二）“损上益下”说

陆九渊企图用这种方法来解决土地过分集中的冲突。根据他对故里金溪等处土地情况的观察，发现土地大量被国家官庄、屯田和官户所占有，这是一个严重问题。他说：

今有屯田者，无非良农，入户有资陪之价，著令有资陪之文，立契有牙税之输，租课未尝逋负，郡县赖以供亿。一旦官复责括而卖之，则有是田者往往仅能自给，岂复能办钱以买此

① 《语录下》，《陆九渊集》卷三十五，441～442页。

② 《删定官轮对札子（四）》，《陆九渊集》卷十八，223页。

③ 同上书，223～224页。

田哉？……异时有钱以买者，必兼并豪植之家也。夺良农固有熟耕之田以资兼并豪植之家，而使之流离困穷，衔冤茹痛，相枕藉为沟中瘠，此何策也？

某虽不能周知一邑之版籍，以所闻见计之，此邑之民耕屯田者，当不下三千石，以中农夫食七人为率，则三七二十一，当二万一千人。抚万家之邑，而其良农三千户，老稚二万一千，一旦失职，凛凛有破家散业，流离死亡之忧也。①

“屯田”在宋代是指由政府掌握的官田的一种。它是唐代计口授田的均田法破坏以后出现的一种土地占有制。佃农占总户数的百分之三十。这种屯田的佃民，一旦失去了职业，无田可耕，就有破家散业、流离死亡的危险。佃民的官租很重，往往因缴不起官租而流亡，“故有租重之患，因而抵负不纳。或以流亡抛荒，或以侵耕冒佃，而公私俱受其害”②。所以，佃“屯田”的农户，有用“资陪”的名义出让土地的，但真正有钱买的，必是一些兼并豪植之家，是一些有权势的官僚地主。佃户辛辛苦苦地把政府的荒田开垦成熟田，结果却被豪植之家兼并去了。而这些兼并豪植之家，又往往是享有免除赋税等特权的官僚。陆九渊认为，这样一来，“公私俱受其害”。从“公”来说，收不到官租；从“私”来说，“民”丧失土地而流离。

依据这种情况，陆九渊建议“减租”。他说：“今以租重之故，致前数弊，议者方建减租之策，乃不能因而推行之，而复为出卖之说，可谓失于讨论矣。”③ 由此，他要求苏宰“详计其利病，陈之上府，列之计台，丐闻于朝，俾寝其议，以便邦计，以安民心，此必门下之所乐为也”④。

这种“减租”的方法，也就是陆九渊所谓“损上益下”的具体措施。他说：

张官置吏，所以为民，而今官吏日增术以朘削之，如恐不及。蹶邦本，病国脉，无复为君爱民之意，良可叹也！“百姓足，君孰与不足”，“损下益上谓之损，损上益下谓之益”，理之不易者也。⑤

---

① 《与苏宰（二）》，《陆九渊集》卷八，115～116页。

② 同上书，114页。

③④ 同上书，115页。

⑤ 《与赵子直》，《陆九渊集》卷五，70页。

《周易·益卦·彖传》曾说："损上益下，民说无疆"，陆九渊则对"损"、"益"的内容作了新解，认为不要剥削太甚，而有害"邦本"（即"民"），只有民足，君和国家才会富足。从此出发，他以为"益"就是"损上益下"，并把它作为不可改变的道理。

（三）"取予两得"说

陆九渊用这种方法，来解决赋税过分繁重的冲突。他依据农民在交纳赋税中被剥削的情况，认为赋税的折变以及地方官吏的加税是一个严重的问题。他说：

> 今岁抚虽小稔，而连雨阻获，损折者已十三四。今未获者尚多，已获者亦未得舂造，苗限自当有展，而州县殊无宽假之意。租税折变，著令以纳，月上旬时，估中价准折，而折谷折糯，侵民之直，至于再倍。①

当稻熟收获之时，遭逢连雨而受阻，损失了十之三四。但是州县官府毫不宽恤，却利用租税的折变，剥削人民，使农民负担增加了几倍。

更有甚者，一些兼并豪植之家与地方的吏胥相勾结，营私舞弊，或转移赋税，或加纳附加税，而使人民甚受其害。他说：

> 县邑之间，贪饕矫虔之吏，方且用吾君禁非惩恶之具，以逞私济欲，置民于囹圄、械系、鞭箠之间，残其支体，竭其膏血，头会箕敛，槌骨沥髓，与奸胥猾徒厌饫咆哮其上。巧为文书，转移出没以欺上府，操其奇赢，与上府之左右缔交合党，以蔽上府之耳目。田亩之民，劫于刑威……箠楚之惨，号呼吁天，隳家破产，质妻鬻子，仅以自免。②

又说：

> 下邑贱胥，然为蠹日久，凡邑之苛征横敛，类以供其贿谢囊橐，与上府之胥吏缔交合党，为不可拔之势。官寺囚械之具，所以禁戢奸恶，彼反持之以劫胁齐民，抑绝赴诉之路，肆然以济奸饱欲。③

---

① 《与赵子直》，《陆九渊集》卷五，70页。
② 《与辛幼安》，《陆九渊集》卷五，72页。
③ 《与陈倅（二）》，《陆九渊集》卷七，99页。

这些吏胥犹为虎狼，无恶不作，对于百姓，极其狠毒。他们或缔交合党，通同作弊；或瞒上欺下，无所不为；或接受贿赂，横征暴敛。他们“巧为文书”，把兼并豪植之家的赋税转移到“民户”身上，甚至任意加税，以至人民荡家破产，质妻卖子，无法生活。他们把搜刮来的财富，“供公上者无几，而入私囊者，或相十百，或相千万矣”①，绝大部分据为己有。因此，陆九渊指出：“今日为民之蠹者，吏也。民之困穷甚矣，而吏日以横。议论主民者，必将检吏奸而宽民力。”② 他虽然揭露了吏胥和官僚地主、兼并豪植之家勾结为害的情况，但不敢触及有权有势的大官僚免税免役的特权，更不敢抨击宗法政治的腐败，而只能寄希望于好官的吏治。他说：

> 民户秋苗，斛输斛，斗输斗，此定法也，常理也。抚之输苗，往年惟吏胥之家与官户有势者，斛输斛，斗输斗。若众民户，则率二斛而输一斛，或又不啻。民甚苦之……
>
> 有陈鼎者为临川知县，甚贤。……不问官、民户与吏胥之家，一切令二斛输三斛，谓之加五。令官斗子上米，民户自持斛概，见请概量，不得更有斛面③。百姓皆大欢呼，大为民户之利。④

这就是说，按照国家定法和常理是一斛算一斛、一斗算一斗的租税，后来州县假军粮、俸米等等名义，巧立名目，在额定租税以外增加附加税，这样一来，甚至要用二斛才能交纳一斛额定的租税。后来陈鼎把原来只给民户的附加税，不管官、民户还是吏胥统统以二斛额定租税缴三斛，取消了轻重和不均之弊，就得到百姓的欢呼。其实，州县的附加税并没有减少，赋税仍然是很苛重的。

在陆九渊看来，陈鼎解决赋税轻重、不均的方法，就是“官得以足，民亦不病”的“取予两得”的方法。他说：

> 取而伤民，非知取者也；予而伤国，非知予者也。操开阖敛散之权，总多寡盈缩之数，振弊举废，挹盈注虚，索之于人之所不见，图之于人之所不虑，取焉而不伤民，予焉而不伤国，

① 《与辛幼安》，《陆九渊集》卷五，72页。

② 《与陈倅（二）》，《陆九渊集》卷七，99页。

③ “斛面”，是当时为了支应地方费用而增加的一种附加税，它往往为地方官吏横征开方便之门。

④ 《与张春卿》，《陆九渊集》卷八，105～106页；另见《与赵子直》，《陆九渊集》卷五，69页。

岂夫人而能知之者哉？……①

《易》之理财，《周官》之制国用，《孟子》之正经界，其取不伤民，予不伤国者，未始不与（刘）晏同。②

取不伤民，予不伤国，这便是“取予两得”。在陆九渊看来，《周易》理财，《孟子》“正经界”，都是“取予两得”的治国办法。在宗法社会里，这种“取予两得”的想法，实际上是不能实现的。宗法社会的统治者，宁肯伤民而取，而不会伤国而予的。这个无法两得的矛盾，陆九渊是看到了。因此，他说：“当是时，顾国之匮而取之乎？必不恤民焉而后可也；顾民之困而予之乎？必不恤国焉而后可也。事之不两得孰有甚于此哉？”③ 这就是说，“取”、“予”两者不得而兼。而陆九渊的任务，是企图把两者统一起来兼而有之，为弥补宗法国家与赋税负担者之间的矛盾而出谋划策。

陆九渊基于对土地、赋税等社会经济问题的注意，而主张理财。他并不回避这个被当时道学家批评为“功利之学”的财政问题，他一方面大讲“义利之辨”，在白鹿洞书堂讲“君子喻于义、小人喻于利”时，使听众感动流涕；另一方面，他又讲理财，把理财与“仁义”统一起来。他说：

世儒耻及簿书，独不思伯禹作贡成赋，周公制国用，孔子会计当，《洪范》八政首食货，孟子言王政，亦先制民产、正经界，果皆可耻乎？④

《易》曰：“理财正辞，禁民为非曰义。”必指簿书期会为非吾所当务……今簿书不理，吏胥因为奸乱，为长吏者难于稽考，吏胥与奸民为市，使长吏无所窥寻其踪迹，此所当深思精考，核其本末，求其要领，乃所谓“理财正辞，禁民为非”者也。⑤

陆九渊假禹作贡赋，周公制国用，孔丘当会计，孟轲讲制民之产，说明理财不是“功利卑说”，而是“圣人之言”；不是与“义”相矛盾，而是合乎“义”，合乎三代之法的。如果说，把陆九渊上述关于理财的话与王安石“一部《周礼》，理财居其半，周公岂为利哉”相

① 《刘晏知取予论》，《陆九渊集》卷三十，353页。

② 同上书，355页。

③ 同上书，353页。

④ 《与赵子直》，《陆九渊集》卷五，70页。

⑤ 《与苏宰（三）》，《陆九渊集》卷八，116页。

比较的话，那么，就可看出其相通之处。不过，陆九渊没有也不可能像王安石那样提出一套变法的措施和办法。因此，陆九渊虽口谈变法，但从未像王安石那样付诸实行，甚至他根本没有想怎么实行。陆九渊所谓复三代之法，不过是一句空言而已。

从陆九渊的“民为邦本”思想和变法主张来看，他对于王安石的赞扬就不难理解了。过去有人总认为陆九渊对于王安石的颂扬是出于同乡之谊。通过上述分析，不难看出，这种看法是片面的。当然，同乡之谊也可能是陆九渊说王安石好话的因素之一。但那只能是次要的，首要的是他对于当时社会矛盾的体认，和由此而提出的救治社会的主张。

三、“宇宙便是吾心”的哲学思想

陆九渊向以继孟子之传统自诩。他说：“孟子云：‘尽其心者知其性，知其性则知天矣。’心只是一个心……心之体甚大，若能尽我之心，便与天同。”[①] 孟子“心”的内涵，主要是指仁、义、礼、智四端，而陆之“心”亦然。虽然，孟子的“心”有宇宙本体的意思，但表述得不太明确。陆九渊则明确以“心”为宇宙本体。并直接继承和发挥了程颢“心是理”的命题。而建立了以“心即理”为核心的“心学”哲学体系。

然而，陆九渊受佛教禅宗思想影响很深。唐大照和尚曾说：“心是理，则是心外无理，理外无心。”[②] 因此，朱熹曾经指出：“陆子静之学，自是胸中无奈许多禅何，看是甚文字，不过假借以说其胸中所见者耳。据其所见，本不须圣人文字得，他却须要圣人文字说者。此正如贩盐者，上面须得数片鲞鱼遮盖，方过得关津，不被人捉了耳。”[③] 朱熹的这个揭示，是就其陆九渊与禅学之间的关系说的，但其思想体系中孟子的所谓“圣人文字”与禅宗思想的关系，并不是如朱熹所说的私贩者盐担中的盐与鲞鱼片的关系，而是先秦思孟学派的心性之学和禅宗明心见性思想的融合，这两者构成了“心学”哲学逻辑结构。

---

① 《语录下》，《陆九渊集》卷三十五，444 页。

② 《大乘开心显性顿悟真宗论》。

③ 《朱子语类》卷一二四。

（一）“心即理”说

根据杨简《象山先生行状》记载，陆九渊 13 岁时，读到人们对“宇宙”二字的解释“四方上下曰宇，往古来今曰宙”时，便忽然“大省”，“宇宙内事，是己分内事。己分内事，是宇宙内事”①。意思是说，宇宙内的事，就是自己分内的事；自己分内的事，就是宇宙内的事。他由此得出结论说：

> 东海有圣人出焉，此心同也，此理同也。西海有圣人出焉，此心同也，此理同也。南海、北海有圣人出焉，此心同也，此理同也。千百世之上有圣人出焉，此心同也，此理同也；千百世之下有圣人出焉，此心同也，此理同也。②

东、西、南、北海，即“宇”，是指四方空间；千百世之上、之下，即“宙”，是指古今时间。宇宙之内，“此心”、“此理”是相同的。近世有学者认为，“此心”、“此理”为客体实存的东西，而非主体“心”。对此，陆九渊曾明确地说，“有圣人出焉，此心此理同也”。“此心”、“此理”虽同，但是，不能离开“圣人”的主体“心”而存在。《年谱》记述了同样的话，并说他在猛省之下，援笔书曰：“宇宙便是吾心，吾心即是宇宙。”③ 这句话《行状》不见，可能是《年谱》抄自《杂说》，是有资料依据的。从“圣人之心”到“吾心”，宇与宙的此心、此理也就圆融了。

“理”是当时朱熹等道学家关于宇宙本体和社会伦理道德的形而上学范畴。陆九渊在与朱熹等的辩论中，并没有否定“理”；相反，他袭用了朱熹等人关于“理”的一些说法。他说：

> 看晦翁书，但见糊涂，没理会。观吾书，坦然明白。吾所明之理，乃天下之正理、实理、常理、公理，所谓“本诸身，证诸庶民，考诸三王而不谬，建诸天地而不悖，质诸鬼神而无疑，百世以俟圣人而不惑者也”。学者正要穷此理，明此理。
>
> 天下正理，不容有二。若明此理，天地不能异此，鬼神不

① 《杂说》，《陆九渊集》卷二十二，273 页。

② 《象山先生行状》，《陆九渊集》卷三十三，388 页。

③ 《陆九渊集》卷三十六，483 页；另见《杂说》，273 页。

能异此，千古圣贤不能异此。若不明此理，私有端绪，即是异端，何止佛、老哉？①

尽管陆九渊说他的书“明白”，而朱熹书“糊涂”，这显然是从“易简”和“支离”立论的。但究其“理”所包含的内涵，即所谓“正理”、“实理”、“公理”、“常理”，则是指先在的自然物理和仁、义、礼、智等宗法伦理道德的法则。他说：

> 天复地载，春生夏长，秋敛冬肃，俱此理。②
>
> 此理塞宇宙，谁能逃之？顺之则吉，违之则凶。③
>
> 塞宇宙一理耳，学者之所以学，欲明此理耳。此理之大，岂有限量？程明道所谓有憾于天地，则大于天地者矣，谓此理也。④

这就是说，“理”既是“春生夏长”的自然法则，也是“顺之则吉，违之则凶”的绝对道德律。在这里，陆九渊对于“理”的规定与朱熹有相同之处，因为他们都把宗法伦理道德和自然万物之理概括、提升为普遍的“理”，使它成为凌驾于自然与社会之上的精神实体。朱熹哲学中“理”化生“气”，理便成为支配自然的东西。陆九渊的哲学并没有到此停步，这仅是在寻求世界精神价值本体过程中的一个中介。如果说朱熹在解决形上学本体理与主体心性的关系时，认为主体（“心”）是与本体（“理”）不离不杂的，“心”（主体）具有“理”，但“心”本身并不等于“理”，那么，陆九渊则是强调本体与主体的合而为一，“至当归一，精义无二”的和合结构，把“理”安置在主体（“心”）之中，主体即本体。由此出发，陆九渊提出与朱熹“性即理”、而“心”非“理”相对的“心即理”的哲学命题。他说：

> 盖心，一心也；理，一理也。至当归一，精义无二，此心此理，实不容有二。故夫子曰：“吾道一以贯之。”孟子曰：“夫道一而已矣。”又曰：“道二，仁与不仁而已矣。”如是则为仁，反是则为不仁。仁即此心也，此理也。……此吾之本心也。⑤

陆九渊以朱熹有析“心”与“理”为二之弊，而强调“心”与“理”

---

① 《与陶赞仲（二）》，《陆九渊集》卷十五，194页。

② 《语录下》，《陆九渊集》卷三十五，450页。

③ 《语录上》，《陆九渊集》卷三十四，418页。

④ 《与赵咏道（四）》，《陆九渊集》卷十二，161页。

⑤ 《与曾宅之》，《陆九渊集》卷一，4～5页。

的合一、一致。在“心”与“理”的“精义无二”、不可二分的过程中，来消除“理”的超越主体的性质。“人皆有是心，心皆具是理。心即理也。”① 心与理的关系是“心”能感而遂通，充塞宇宙，于是心具是理，与理相合。在这里，此心为主，以“心”统摄“理”，“心外无理”。他说：“心，只是一个心。某之心，吾友之心，上而千百载圣贤之心，下而千百载复有一圣贤，其心亦只如此。心之体甚大，若能尽我之心，便与天同。”② 他的“心”，朋友的“心”，千百世之前圣贤的“心”和千百年以后圣贤的“心”，都是这个“心”，“心”便是超越个体主体的“心”，而成为一个普遍的、永恒的“心”。陆九渊把“心”外化为精神实体，他紧接着说：“尽我之心，便与天同。”又把这个“心”，拉回到我的“心”中，不过这个“我”是大我，而非个体小我。在陆氏哲学逻辑结构中，大我与小我亦是归一无二的。

陆九渊改造了孟子“万物皆备于我”的观点。他说：“此心此理，我固有之，所谓‘万物皆备于我’。昔之圣贤先得我心之所同然者耳。”③ 把“心”与“理”，说成我所固有，而不是外物给的，就为“心”的独一无二性、至上性作了论证。同时，他在阐述孟子的“万物皆备于我”的观点时，尽管对这个“我”存在种种解释，但陆氏把“我”直接解释为“我心”或“吾之本心”。他说：

> 孟子曰：“所不虑而知者，其良知也；所不学而能者，其良能也。此天之所与我者，我固有之，非由外铄我也。”故曰：“万物皆备于我矣。反身而诚，乐莫大焉。”此吾之本心也。④

孟子是说，万事万物的道理我都掌握了，反身省悟这些道理，这是最大的快乐，并非说整个宇宙万物都在“我心”之中。此“我”，作“我心”解，亦有作“我之身”解，“且一人之身，而百工之所为备”⑤，即我的身体。陆九渊则明确地作“我心”来解释。为了体验“万物皆备于我”，还要其学生徐仲诚依据他的思想进行体验。《语录上》是这样记载的：

---

① 《与李宰（二）》，《陆九渊集》卷十一，149页。
② 《语录下》，《陆九渊集》卷三十五，444页。
③ 《与侄孙濬》，《陆九渊集》卷一，13页。
④ 《与曾宅之》，《陆九渊集》卷一，5页。
⑤ 《孟子·滕文公上》。

仲诚处槐堂一月。一日问之云："仲诚思得《孟子》如何？"仲诚答曰："如镜中观花。"答云："见得仲诚也是如此。"顾左右曰："仲诚真善自述者。"因说与云："此事不在他求，只在仲诚身上。"既又微笑而言曰："已是分明说了也。"少间，仲诚因问《中庸》以何为要语？答曰："我与汝说内，汝只管说外。"①

"如镜中观花"，这是徐仲诚在槐堂一月苦思冥想"万物皆备于我"的心得，从而得到陆九渊的极力赞扬，称其为"善自述者"。这段对话，生动地说明了陆九渊的哲学逻辑结构。在这个逻辑结构里，"心"和"物"的关系是"物"浮现在"心"中。当他把"万物"与"我心"，即客体事物与主体精神的关系比做"镜中观花"的时候，这时"镜"，即被确定为"吾心"，"花"即被确定为"万物"。人们在"镜"中所看到的"花"，却是"花"的幻象或影子，而不是客体实在的花；然而，世界万物的幻象便完整无缺地印到"吾心"之中。"吾心"犹如"明镜"，从"明镜"（"吾心"）中便可看到"花"（"万物"），即"花"（"万物"）通过"镜"（"吾心"）而显现出来，否则，"花"（"万物"）如何呈现？因而，对于"花"的体认，便不是向"镜外"求，而在镜内求，"在仲诚身上"求，即求之于"吾心"。若问《中庸》何为要语？《中庸》要语在《中庸》，这就"说外"了，而应该在我心上求，这才是"说内"，这就是"说内"不"说外"的意思。

既然万物都包罗在我的"心"中，陆九渊便逻辑地推导出"万物森然于方寸之间"② 的论断。"方寸"是形容"心"的。在这里，陆九渊似乎对于徐仲诚的"镜中观花"的命题有所损益，这个损益其实就是对神秀"身是菩提树，心如明镜台"③ 的微辞。如果徐仲诚用禅宗的思辨，把"镜"中的"花"作为幻象，那么，陆九渊则把这种幻象当作是存在于"方寸"之间的"万物"。因此，陆九渊接着说："满心而发，充塞宇宙，无非此理。"④ "吾心"的发育、扩张，便能充塞宇宙。这样一来，"心"就变成宇宙万物的根据。他说："心之所为，犹之能生之物，得黄钟大吕之气，能养之至于必达。使瓦石有所不能压，重屋有所不能蔽，则自有诸己至于大而化者，敬其本也。"⑤ 在

① 《语录上》，《陆九渊集》卷三十四，428 页。
② 同上书，423 页。
③ 《六祖法宝坛经》。
④ 《语录上》，《陆九渊集》卷三十四，423 页。
⑤ 《敬斋记》，《陆九渊集》卷十九，228 页。

这里，陆九渊终于赋予“心”以有作为、能化生万物的特性。这样，陆九渊在解决“心”与“物”关系问题时，以心智之“心”为形而上学的本体。

如果我们探究一下陆九渊的“心”所包含的内容和特征，就不难发现：

第一，“心”是一种知觉能力。他说：

> 来教谓：“容心立异，不若平心任理。”其说固美矣。然“容心”二字不经见，独《列子》有“吾何容心哉”之言；“平心”二字，亦不经见，其原出于《庄子》……
>
> “吾何容心”之说，即无心之说也，故“无心”二字，亦不经见。人非木石，安得无心？心于五官最尊大。《洪范》曰：“思曰睿，睿作圣。”《孟子》曰：“心之官则思，思则得之，不思则不得也。”①

“容心”、“平心”、“无心”之说，不见于儒家经典，而出于《列子》和《庄子》，是不足为据的。即使假托孔子，也实非其言。从儒家经典《洪范》、《孟子》来看，是承认有“心”的——“人非木石，安得无心”。把有否意识（“心”）活动作为区分人和木石的标志，是对的。因为意识活动是人“心”的特有功能。但他把“心”看成是五官中“最尊大”，这也是一个较普遍的主张，其实是想推崇意识（“心”）的作用。

第二，“心”是主体道德精神，是一切伦理道德规范的终极根源。他说：

> “人之所以异于禽兽者几希。庶民去之，君子存之。”去之者，去此心也。故曰：“此之谓失其本心。”存之者，存此心也。故曰：“大人者，不失其赤子之心。”四端者，即此心也；天之所以与我者，即此心也。②
>
> 良心正性，人所均有。不失其心，不乖其性，谁非正人，纵有乖失，思而复之，何远之有？③

他把“心”的“去”与“存”视为衡量“庶民”与“君子”的标准。在陆九渊看来，“庶民”或“小人”由于被“利欲”所蒙蔽，失掉了

---

①② 《与李宰（二）》，《陆九渊集》卷十一，149 页。

③ 《与郭邦瑞》，《陆九渊集》卷十三，172 页。

“本心”，这就是“去”；“君子”保有此“心”，即不失赤子之“心”，这就是“存”。因此，“心”的“去”与“存”便带有宗法社会的等级差别，也具有伦理道德的价值导向。他之所谓“四端者，即此心也”，就是指恻隐、羞恶、是非、辞让的四端。这是一种先天的道德价值原则。

第三，“心”是一种无形无体的主体精神。他说：

> 《书》云：“人心惟危，道心惟微。”解者多指人心为人欲，道心为天理，此说非是。心，一也，人安有二心？自人而言，则曰惟危；自道而言，则曰惟微。罔念作狂，克念作圣，非危乎？无声无臭，无形无体，非微乎！①

陆九渊不同意朱熹依照“十六字心传”把“心”区分为“人心”与“道心”。但他不否认“心”在道德层次上的差别，无论是“一人之心”与“天地之心”，抑或“人己之心”与道德心，都只是一个心，而非两个心，“心”在不同的时间、空间、人身，都是相同的。这个超时间、超空间的“心”既“无声无臭”，也“无形无体”，它是一个超越于自然现象与社会现象之上，而又不脱离“吾心”的主体精神。

陆九渊从心与木石、禽兽的比较中，得出了心为主体意志、思维活动和道德形上学等的内涵，如果说孟子所说的“心之官则思”，此“官”字若作器官来讲的话，那么，“心”是指思维器官。当然，思维器官本身不是意识、思想。陆氏对孟子“心”的解读，便是主体精神意志，是“吾心”。

陆氏心学形上学意境是“艮背行庭之旨”。他的学生傅子渊初来请教，“乞简省一语”，陆氏回答说：“艮其背，不获其身，行其庭，不见其人。”② 陆氏所回答的实是引《周易·艮卦·卦辞》的话。然却使傅子渊用了13年的体验，始悟得“艮背行庭，无我无物之说”③。比如说：“先生（陆九渊）与晦翁辩论，或谏其不必辩者。先生曰：‘女（汝）曾知否？建安亦无朱晦翁，青田亦无陆子静。’”④ 这两“无”即指无物（朱熹）、无我（子静）。《年谱》根据

---

① 《语录上》，《陆九渊集》卷三十四，395～396页。
② 同上书，406页。
③ 同上书，420页。
④ 同上书，399页。

《语录》卷三十四，还有这样一段记述：

> 复斋（陆九龄）尝于窗下读《程易》（即《周易程氏传》）至“艮其背”四句，反复诵读不已。先生（陆九渊）偶过其前。复斋问曰：“汝看程正叔此段如何？”先生曰：“终是不直截明白。‘艮其背，不获其身’，无我；‘行其庭，不见其人’，无物。”复斋大喜。①

“无我”、“无物”，与佛教“诸法无我”的两个义项，即“人无我”、“法无我”及禅宗不我执、不他执相似。陆氏把易学艮止之道与佛教定慧二学融突和合而成为“归一无二”的境界。这是宋明理学和儒、佛、道三教学说和合而达到的意境，从周敦颐的“无欲”，程颢的“无心”到陆九渊的“艮背行庭，无我无物”，再到王阳明的“心外无理，心外无物”说，都得益于佛道之学。

陆氏“艮背行庭”、“无我无物”说，是“此心”止于至善的道德修养工夫，是“此理”至于诚明的事业践履次序②，是“此道”内外合、体用备，是道德意境与诚明气象的圆融无碍。就此而言，陆氏走向心学之路是从伦理实践论走向道德价值论，从道德主体论走向价值本体论。

陆九渊虽然“无物”、“无我”，但作为其哲学的形上学本体“心”却在，他说：“千古圣贤若同堂合席，必无尽合之理。然此心此理，万世一揆也。”③“心”是一个不分时代、不分地区、不分人身，超时空、超人物的囊括“宇宙”、“万物”的惟一形上学本体。“无物”、“无我”，惟“心”万世一揆，亘古亘今，永远在。

陆九渊艮背行庭，无我无物之说，为他的学生杨简进一步发展成“心”外无“理”，“心”外无“道”的学说：

> 天地，我之天地，变化，我之变化。非他物也。④
>
> 天地人物之变化，皆吾性之变化。⑤

---

① 《陆九渊集》卷三十六，483页。

② 后来黄绾说：“吾学之要，在于知止。‘止’字之义，本于《易》之《艮》。《艮》之义，原于伏羲、文王，而发于孔子。孔子曰：‘艮其止，止其所也。’止知其所，则气理兼备，体用俱全，圣学之本在此矣。”（《明道编》卷一，2页）

③ 《语录上》，《陆九渊集》卷三十四，405页。

④ 《己易》，《慈湖先生遗书》卷七。

⑤ 《周易解序》，《慈湖先生遗书》卷一。

这就是说，天地万物以及天地万物的变化，都是我性的变化。离我性则无天地、无变化。我性，若承诺我在，却与“无我”有违。进而，杨简论证说：

> 天者，吾性中之象，地者，吾性中之形，故曰：“在天成象，在地成形。”皆我之所为也。①

天地与我是合内外的天人合一的道德形上学。

(二)“切己自反”论

陆九渊的体认论是建立在“吾心即是宇宙”的心学道德形上学基础上的。他以为人们体认的对象不是心外之物，而是“本心”。因为一切知识和真理都在我的“此心”中，是“此心”所固有的。他说：

> 仁，即此心也，此理也。求则得之，得此理也；先知者，知此理也；先觉者，觉此理也；爱其亲者，此理也；敬其兄者，此理也；见孺子将入井而有怵惕恻隐之心者，此理也；可羞之事则羞之，可恶之事则恶之者，此理也；是知其为是，非知其为非，此理也；宜辞而辞，宜逊而逊者，此理也；敬此理也，义亦此理也；内此理也，外亦此理也。……《孟子》曰：“所不虑而知者，其良知也；所不学而能者，其良能也。此天之所与我者，我固有之，非由外铄我也。”故曰：“万物皆备于我矣，反身而诚，乐莫大焉。”此吾之本心也。②

这是说，第一，一切知识和真理，包括伦理道德的知识，先知、先觉者的知识以及是非的标准，都具在我“本心”之中。第二，这些知识和真理以及法则，是先天就具有的，不是由体认心外之事获得的。它是一种“不虑而知”、“不学而能”的“良知”和“良能”。第三，如果进一步探求知识从哪里来，陆九渊只得归之于“天”，是“天”给予的：“此天之所以予我者，非由外铄我也。思则得之，得此者也；先立乎其大者，立此者也；积善者，积此者也；集义者，集此者也；知德者，知此者也；进德者，进此者也。”③ “得此”、

---

① 《己易》，《慈湖先生遗书》卷七。
② 《与曾宅之》，《陆九渊集》卷一，5页。
③ 《与邵叔宜》，《陆九渊集》卷一，1页。

"立此"、"集此"、"知此"、"进此"，这里所说的"此"，就是指"此心"，即"此吾之本心"。思得、立大、积善、集义、知德、进德的求知修德的工夫，都是"此吾之本心"的分内事。这是陆九渊"宇宙便是吾心"的心智哲学在知识论上的贯彻。

陆九渊在这里所谈"此理"，是指"本心"所具有的伦理道德原则和真理，它不在"本心"之外。这是与其"心即理"哲学相一致的。朱熹则不同，他以"理"为形而上本体，因此，体认"理"的方法不是专求"心"，而是通过"格物"以达到"穷理"；陆九渊以"心"为形而上本体，就毋需通过"格物"的途径去体认"心"，而只需反省内求，就可以自己体认"吾心"。如果说陆九渊也讲"格物"的话，那就是"格心"。他在解释"格物"时，有一段与学生的对话：

> 伯敏云："无个下手处？"先生（陆九渊）云："……欲正其心者，先诚其意，欲诚其意者，先致其知。致知在格物，格物是下手处。"伯敏云："如何样格物？"先生云："研究物理。"伯敏云："天下万物不胜其繁，如何尽研究得？"先生云："万物皆备于我，只要明理。然理不解自明，须是隆师亲友。"①

如果以"格物"的"下手处"，是"研究物理"的话，那么，就是循着程朱的路子走。其实，伯敏的质疑，也正是陆氏在鹅湖会上批评朱熹为支离的问题。但对格物这一儒家心性的重要问题，陆氏也不能回避，其"下手处"可不同。虽然陆氏从"研究物理"出发，在其哲学逻辑结构中谈了一些"见闻之知"的问题，即所谓"格物之方"。他说："《中庸》言博学、审问、慎思、明辨，是格物之方。"②"博学"、"审问"属于感性经验范围；"慎思"、"明辨"则属于理性知识范围。所谓"博学"，便是多闻博识。"君子虽多闻博识，不以此自负。"③ 多闻博识，只有依赖耳目等感觉器官，与外在世界相接触，而获得感性知识。"耳目之所接，念虑之所及，虽万变不穷，然观其经营，要其归宿，则举系于其初之所向。"④ 耳目作为感觉器官来说，具有感觉的功能，但其本身也是器官，从这个意义上说，耳

---

① 《语录下》，《陆九渊集》卷三十五，440页。

② 《语录上》，《陆九渊集》卷三十四，411页。另见《学说》，《陆九渊集》卷二十一，263页。

③ 《语录下》，《陆九渊集》卷三十五，452页。

④ 《毋友不如己者》，《陆九渊集》卷三十二，375页。

目感觉器官之所接事物，便属于“物”交“物”的状态。“然人之生也，不能皆上智不惑。……物交物，则引之而已。”[1] 讲“物交物”和见闻之知，就与知识的先在性和“我所固有”性有冲突，因为这种主张必须承认知识的获得靠后天“传习”。陆氏认为“传习”要谨慎，以免“传习”坏了。可见，其“所习”是讲后天的闻见之知。

所谓“审问”，便是请教师友，依赖他人的帮助，才能使自己获得知识，有所进步。陆九渊说：“自古圣人亦因往哲之言，师友之言，乃能有进。况非圣人，岂有自任私知而能进学者？然往哲之言，因时乘理，其指不一。……欲取其一而从之，则又安知非私意偏说？”[2] 这里，有两层意思。一是，古代圣人亦因听取往哲之言和老师、朋友的话，乃能有所进步，何况不是圣人，岂有不听取往哲和师友之言，而有所进步吗？二是，书上所记载的往哲之言，因有正伪之别，而需要选择。师友之言，也因有是非、当否的问题，而需要审察。既肯定书本知识和师友的传授，通过看书听课而获得感性知识，又要辨别真伪是非，而不能乱看盲从。

作为“格物之方”的“博学”、“审问”，陆九渊是讲感性体认的方法。他很强调知识过程的最初环节——“学”的重要。他认为，“学”是“开人之蔽”的妙术。“学所以开人之蔽，而致其知。学而不知其方，所反以滋其蔽。诸子百家往往以仁义道德为说，然而卒为异端，而畔于皇极者，以其不能无蔽焉耳。”[3] “学”不仅使人避免蔽于一曲，而且可推致其“知”。然而，学习方法的不对，反会滋长其蔽。同时，“学”也是“不背于道”的妙术。“人未知学，其精神心术之运，皆与此道背驰。”[4] 学而知是非，则能正精神“心术”的活动。

如果依着“博学”、“审问”的“格物之方”而行的话，那么，必然否定“吾心”所固有的“良知良能”说。这是陆九渊哲学逻辑结构的矛盾。然而，陆九渊“格物论”并不止于此。他从事“博学”、“审问”等感性知识活动的目的，在于“明理”、“求放心”。他说：

学者之为学，固所以明是理也。[5]

---

① 《主忠信》，《陆九渊集》卷三十一，374页。
② 《学说》，《陆九渊集》卷二十一，263页。
③ 《送杨通老》，《陆九渊集》卷二十，244页。
④ 《与廖幼卿》，《陆九渊集》卷十四，185页。
⑤ 《则以学文》，《陆九渊集》卷三十二，378页。

宇宙间自有实理，所贵乎学者，为能明此理耳。此理苟明，则自有实行，有实事。①

为学“明理”，才是“知学”。在陆九渊看来，学问之道，孜孜以求者，是“求放心”。

陆九渊的“格物论”兜了这样一个圈子以后，又回到了它的起点“吾之本心”。“格物”不是一物一事的去“穷格”，而是体认“心”中已有之“理”。因为“万物皆备于我”，自然毋需在我“心”之外去“格物”，而只要体认“本心”，万物之“理”便“不解自明”了。

既然“格物致知是下手处”②，“博学”、“审问”又是“格物之方”，那么，格物的内涵是什么？陆九渊这样说：

圣人之言自明白，且如弟子入则孝，出则弟，是分明说与你入便孝，出便弟，何须得传注。学者疲精神于此，是以担子越重。到某这里，只是与他减担，只此便是格物。③

“格物”不是被传注之书疲精神、所牵累，而是教人要实行“孝悌”等宗法伦理道德。通过“格物”可以加强伦理道德，朱、陆并无显著差别，因朱熹自谓“格物之论”是“穷天理，明人伦，讲圣言，通世故”④。自觉遵守宗法伦理纲常，讲习圣人之言，精通人情世故，而能穷尽“天理”。但朱熹主张一物一物、一件一件的“格”。他说：“愚按伊川先生尝言，凡一物上有一理，物之微者亦有理。……然后积习贯通，驯致其极，岂以为直存心于一草木器用之间。”⑤“格物”是一个由逐渐积累而至贯通的过程，这就是被陆九渊反对的所谓“积累有渐”的“支离”派。陆九渊认为体认的过程不是由部分的积累而至整体的贯通。整体并不是部分的综合，譬如计量，“石称丈量，径而寡失，铢铢而称，至石必谬，寸寸而度，至丈必差”⑥。尽管“寸寸而度”，逐渐积累，但“至丈必差”，部分的总和不完全等于整体，就是一木一草的“格”，也不能“穷理”。因

① 《与包详道》，《陆九渊集》卷十四，182页。

② 《学说》，《陆九渊集》卷二十一，263页；《语录上》，《陆九渊集》卷三十四，411页。

③ 《语录下》，《陆九渊集》卷三十五，441页。

④ 《答陈齐仲》，《朱文公文集》卷三十九。

⑤ 《杂学辨·吕氏大学解》，《朱文公文集》卷七十二。

⑥ 《与詹子南》，《陆九渊集》卷十，140页。

此说："急于辨析，是学者大病，虽若详明，不知其累我多矣。"① 急于辨析枝叶，是"疲精神"或累我"本心"的。

陆九渊批评朱熹为"支离"，朱熹则批评陆九渊为"务约"。他说："务约者，又谓反身而诚，则天下之物无不在我者，皆不是。"② 在体认路线上注重"反身而诚"，在治学上就重视"务约"，而讲直指"本心"的"顿悟"。朱熹认为，只有在积累基础上，才能豁然贯通。"惟今日而格一物焉，明日又格一物焉，积习既多，然后脱然有贯通处耳。"③ 因此，朱熹袭陆九渊"铢称"之例，辩驳说："必铢铢而较之，至于钧而必合；寸寸而度之，至于丈而不差，然后而得也。……世之有志于为己之学而未知其方者，其病每如此也。"④ 即以"至钧必合"和"至丈不差"驳陆九渊的"至石必谬"和"至丈必差"。

朱、陆"格物"宗旨不同，是与他们哲学逻辑结构的不同相联系的。

关于致知论，朱熹在《大学章句》中认为，"致知"就是推致我所固有的知识。它与"格物"的区别在于"致知是自我而言，格物是就物而言"，"格物以理言也，致知以心言也"⑤。"致知"就"自我"而言，即从"心之所知"来说的；"格物"就"物"而言，即从"穷理"来说的。尽管在承认知识为我所固有这一点上，朱、陆是相通的，但在所体认的形而上本体和工夫上却是不同的。如果说朱熹的"致知"是"理"的自我体认的话，那么，陆九渊的"致知"便是"心"的自我融合。陆九渊写道：

> 所谓格物致知者，格此物致此知也，故能明明德于天下。《易》之穷理，穷此理也，故能尽性至命。《孟子》之尽心，尽此心也，故能知性知天。⑥

"格此"、"致此"，都是指"此吾之本心"而言。所谓"知所先后"，就是"先穷理"、"尽心"，而后"尽性至命"、"知性知天"，这便是先本后末。只有先立本，即先立乎其大，体认"本心"，犹如木有

① 《与詹子南》，《陆九渊集》卷十，140页。
② 《朱子语类》卷十八。
③ 《大学或问》卷二，《朱子四书或问》。
④ 《答江彦谋》，《朱文公文集》卷六十四。
⑤ 《朱子语类》卷十五。
⑥ 《武陵县学记》，《陆九渊集》卷十九，238页。

根，水有源，才能有枝叶、有水流，否则便是本末颠倒，不是“去蔽”，而是“为蔽”，不是“致明”而是“累明”。只有先“穷理”、“明心”，本有所立，才能踏得实处。

陆九渊否认外在世界的现象是知识的泉源，认为吾所固有，而非外铄。但认知是怎样产生的？知识从何而来？对于这样的问题，他可以借助于“本心”，因为“本心”本身是先在的、本在的，它的外现就是相对于“本心”即知识对象。作为知识的“物”，只不过是被“致知”的对象。如何“致知”？在陆九渊看来，没有知识对象，既不可能“格物”，也不可能“致知”。而“致知”又必以“格物”为基础。他说：

> 盖学之不讲，物未格，知未至，则其于圣贤之言，必未能昭晰如辨苍素、数奇耦之审也。①

“格物”而后“知至”，自然“物未格”，“知”也未至。“格物”为先，“致知”继之。

尽管“物”是由“本心”所造起而供“本心”所体认，但“物”的化生自能给“本心”以影响，这便是“本心”与“物”交。他说：

> 是心之稂莠，萌于交物之初，有滋而无芟，根固于怠忽，末蔓于驰骛，深蒙密覆，良苗为之不殖。实著者易拔，形潜者难察，从事于敬者尤不可不致其辨，公其谨之。②

“心”之好坏，萌芽于物交之初。如果任凭坏的东西滋长而不除去，那么，怠忽和驰骛，坏根就会扎下来，枝叶就会蔓长，良苗不能繁殖。在这里，“物”对“心”的影响是很重要的。

如何“致知”？陆九渊认为，“学”是“致知”的一种方法。他说：“人之不可以不学，犹鱼之不可以无水。”③ 只有“学”，才能改变人的“气质”，“学能变化气质”④。如果为“学”不得法，或未掌握其法则，也不能解心之蔽，甚至不自知为蔽，只有得道，才能知其蔽。

在陆九渊看来，“学”的主要内容是读书。他说：“若有事役未得读书，未得亲师，亦可随处自家用力检点，见善则迁，有过则改，所谓心诚求之，不中不远。……所读书亦可随意自择，亦可商量程

---

① 《与彭飞寿》，《陆九渊集》卷七，91 页。

② 《敬斋记》，《陆九渊集》卷十九，228 页。

③ 《与黄循中》，《陆九渊集》卷十二，170 页。

④ 《语录下》，《陆九渊集》卷三十五，462 页。

度，无不有益者。”① 如果有事不能读书，未能拜师，自己也可以用力检点，改过迁善。当然，有暇而读书，那是有益的。因为“圣哲之言，布在方册，何所不备”②。然而，陆九渊所谓的读书致知，似有体认外在世界物理的味道。“所谓读书，须当明物理，揣事情，论事势。”③ 但其目的，仍是为了体认“本心”。正因为他强调要“先立乎其大”，而使朱门弟子或未入陆氏之门的弟子以为他只讲悟彻“本心”，而不主张读书为学。朱熹曾批评陆九渊：“子寿兄弟，气象甚好，其病却是尽废讲学，而专务践履。”④ 又说：“如今都教坏了后生，个个不肯去读书，一味颠蹷没理会处，可惜可惜。”⑤ 视陆专务“践履”，自是不对，以其尽废讲学，也与事实不符。后来朱熹弟子陈淳说：“象山之学，不读书不穷理，专做打坐工夫。”⑥ 所谓“专做打坐工夫”，便是朱熹所说的“专务践履”，在道学家眼里，就是宗教式的修养打坐工夫。

陆九渊不接受这个批评，他辩白说：

> 人谓某不教人读书，如敏求前日来问某下手处，某教他读《旅獒》、《太甲》、《告子》“牛山之木以下”，何尝不读书来？只是比他人读得别些子。⑦

朱、陆的分歧不在于教不教人读书，而在于“比他人读得别些子”。此“别些子”，是指“今之论学者，只务添人底，自家只是减他底，此所以不同”⑧。一为“添人底”，一为“减他底”。这就是陆九渊与朱熹的“别些子”的所在。在陆九渊看来，“添人底”，是指朱熹的“支离”事业，即“彼学不至道，其心不能无蔽，故其言支离”⑨；“减他底”，是指“易简”工夫，即“然则学无二事，无二道，根本苟立，保养不替，自然日新，所谓可久可大者，不出简易而已”⑩。“易简”而“理”得，这便是陆九渊认为“易简”所以胜“支离”的

① 《与曹挺之》，《陆九渊集》卷三，38～39页。
② 《与颜子坚》，《陆九渊集》卷七，92页。
③ 《语录下》，《陆九渊集》卷三十五，442页。
④ 《答张敬夫》，《朱文公文集》卷三十一。
⑤ 《朱子语类》卷一〇四。
⑥ 《答陈师复》，《陈北溪先生文集》卷一。
⑦ 《语录下》，《陆九渊集》卷三十五，446页。
⑧ 《语录上》，《陆九渊集》卷三十四，401页。
⑨ 《与赵咏道》，《陆九渊集》卷十二，159页。
⑩ 《与高应朝》，《陆九渊集》卷五，64页。

原因所在。

然而，强调“致知”以“格物”为基础，无疑与“心”——“物”——“心”的逻辑结构相矛盾，破坏其逻辑结构的完整性。因此，他又主张“道不外索”，只在“心”上求。他说：“诸公上殿，多好说格物，且如人主在上，便可就他身上理会，何必别言格物。”① 既然“格物”可就“他身上理会”，“致知”也可以就自身上理会了。所以，如果从其哲学逻辑结构出发，知识则是不待与外物接触就有的。若与外物接触，不仅不能获得知识，相反是对固有良知的损害。《语录》这样记载：

> 先生举《公都子问钧是人也》一章云：“人有五官，官有其职。某因思是便收此心，然惟有照物而已。”他日侍坐无所问。先生谓曰：“学者能常闭目亦佳。”某因此无事则安坐瞑目，用力操存，夜以继日，如此者半月，一日下楼，忽觉此心已复澄莹中立，窃异之，遂见先生。先生目逆而视之曰：“此理已显也。”某问先生：“何以知之？”曰：“占之眸子而已。”②

只要闭目塞听，终日静坐，冥思苦想，收拢此心，五官不去接触外物，便能达到“此心澄莹中立”的理想境界，获得对万物之理的体认。在这里，陆九渊又排拒了感性知识的必要，而宣扬直觉方法。

陆九渊主张“安坐瞑目”，注重理性的直觉。他说：“学苟知本，六经皆我注脚。”③ 所谓“本”，就是“本心”。“知本”就是“知本心”，这是为学的根本。《语录上》记载：“或问先生何不著书？对曰：‘六经注我，我注六经。’”④ 既然《六经》都是我“本心”的注脚，我“本心”又何必注《六经》？注释《六经》为发挥注释者的思想，才于思想有所发展。甚至他认为，书读得多，知识学问愈多，罪过愈多，犹如“假寇兵，资盗粮”⑤ 一样，帮助敌人做坏事。

如此，陆九渊所谓的“致知”，就是彻悟“本心”。当“本心”所外现的“物”返回到“本心”时，“致知”就是一种“一是即皆是，一明即皆明”⑥ 的顿悟工夫。它是脱胎于佛教禅宗的“若识自

① 《语录上》，《陆九渊集》卷三十四，404页。
② 《语录下》，《陆九渊集》卷三十五，471页。
③ 《语录上》，《陆九渊集》卷三十四，395页。
④ 《陆九渊集》卷三十四，399页。
⑤ 《语录下》，《陆九渊集》卷三十五，463页。
⑥ 同上书，469页。

性，一悟即至佛地。……智慧观照，内外明彻，识自本心。若识本心，即本解脱”①。陆九渊认为，“致知”彻悟到了内外无所牵累的境界，则“无事时，只似一个全无知无能的人，及事至方出来，又却似个无所不知、无所不能之人”。达到了“本心”与“物”的彻骨彻髓，相互圆通境界。

陆九渊主张先讲明，后践履来，他说：

> 《大学》言明明德之序，先于致知；孟子言诚身之道，在于明善。今善之未明，知之未至，而循诵习传，阴储密积，廑身以从事，喻诸登山而陷谷，愈入而愈深，适越而北辕，愈骛而愈远。②

如果“心之善未明”，“知之理”未到极至，就去从事、践行，那就好比登山而陷谷，愈陷愈深，要到南方反而往北走，愈走愈远，与原来的欲望适得其反。只有先“心明”、“知理”再去践履，才不会犯“适越而北辕”的错误。即知之在先、行之在后，这就是陆九渊所说的为学的本末次第。《语录上》这样记载道：

> 先生常言之云：“吾知此理即《乾》；行此理即《坤》。知之在先，故曰：《乾》知太始；行之在后，故曰：《坤》作成物。”③
>
> 先生与学者说及智圣始终条理一章，忽问松云：“智、圣是如何?”松曰：“知此之谓智，尽此之谓圣。”先生曰：“智、圣有优劣否?”松曰：“无优劣。”……松又曰：“智、圣虽无优劣，却有先后，毕竟致知在先，力行在后，故曰始终。”先生曰：“是。”④
>
> 博学、审问、慎思、明辨、笃行，博学在先，力行在后。吾友学未博，焉知所行者是当为，是不当为?⑤

“知之在先，行之在后”，“致知在先，力行在后”，“学”、“问”、“思”、“辨”在先，“笃行”在后，“知先行后”，这就有把“知”与“行”分作两截之弊。尽管陆九渊反对朱熹析“心”与“理”为二，而主张“心即理”，合“心”与“理”为一，可是他并没有把这个思

---

① 《般若品》第二，《六祖法宝坛经》。
② 《与胡季随》，《陆九渊集》卷一，7页。
③ 《语录上》，《陆九渊集》卷三十四，401页。
④ 同上书，421页。
⑤ 《语录下》，《陆九渊集》卷三十五，443页。

想贯彻到底，而在“知”与“行”的问题上，却采用了程朱的“先知后行”说，沿袭朱熹的思想路数。

自以为补陆九渊“知先行后”之弊，坚持“心即理”观点，而使勿有“纤毫之杂”的是王守仁。虽然王守仁直接继承陆九渊的“心学”，并以恢复陆学为职志，但他在这一点上却对陆九渊有所批评。他说：“象山之学，简易直截，孟子之后一人。其学问思辨，致知格物之说，虽亦未免沿袭之累。然其大本大原，断非余子所及也。”① 又说：“致知格物，自来儒者皆相沿如此说，故象山亦遂相沿得来，不复致疑耳，然此毕竟亦是象山见得未精之处，不可掩也。”② 王守仁在赞扬象山为“孟子之后一人”之余，仍然指出其学未免于“沿袭”和“未精之处”。这个“沿袭”，就是陆九渊重复了“知之在先，行之在后”的旧说，而为王守仁所不取，这就是王守仁继承陆九渊而超越陆九渊之所在。那种认为陆、王既为一个学派，而把王守仁的“知行合一”挂到陆九渊名下的说法，恐怕与事实不符。曾与王守仁过往甚密的黄绾就指出这一点，他说：

> 象山常与门人言曰：“吾知此理即《乾》，行此理即《坤》，知之在先，故曰：‘乾知大始。’行之在后，故曰：‘坤作成物。”近日朋友有为象山之言者，以为知即是行，行即是知，以知行为一事而无先后，则失象山宗旨矣！③

黄绾看到了陆九渊与王守仁在“知行”学说上的差异，并加以辩白，是有必要的。当然，王守仁的“知行合一”说，是以“知”“行”不二，有混“行”为“知”之弊。

陆九渊讲“知”、讲“行”，“知”是“明心”，“行”是践履。这个践履是指实行宗法伦理纲常所要求的伦理道德、行为规范。他说：“起居食息，酬酢接对，辞气、容貌、颜色之间，当有日明日充之功。”④ 按照宗法制“礼”的规定，待人接物，酬酢应用，容貌颜色，都不能有所违背。因此，这种对于宗法伦理道德、行为规范的践履，是当时社会所需要的。

陆九渊从“心即理”出发，以为知识就是体认“吾心”，那么，

① 《与席元山》，《王文成公全书》卷五。
② 《答友人问》，《王文成公全书》卷六。
③ 《明道编》，卷二。
④ 《与戴少望》，《陆九渊集》卷五，63页。

为什么有人“心明”而有人“心”不明？这就是要保有吾心中“固有良知”，而不为物欲所牵累。他说：

将以保吾心之良，必有以去吾心之害。何者？吾心之良，吾所固有也。吾所固有，而不能以自保者，以其有以害之也。

夫所以害吾心者，何也？欲也。欲之多，则心之存者必寡；欲之寡，则心之存者必多。故君子不患夫心之不存，而患夫欲之不寡，欲去，则心自存矣。①

由于“外物”的引诱，使人们产生“物欲”，从而损害和蒙蔽了固有的“良知”，只有去欲，才能“存心”。如果说朱熹提倡“存天理，去人欲”的话，那么，陆九渊在这里便是“存心去欲”，“天理”在陆九渊这里便是“本心”。陆九渊沿袭朱熹“人欲”多，则“天理”少，减得一分“人欲”，则增一分“天理”的话头，而说“欲”之多，则存“心”寡；“欲”之寡，则存“心”必多。于是“欲”之寡和不寡，是“存心”与否的关键。这样，陆九渊由“宇宙即是吾心”的本体哲学进入了“存心去欲”的道德价值本体哲学。

怎样才能“存心”、“去欲”，不为“外物”所移，而使“本心”不污染“尘埃”呢？其工夫就在于“切己自反”，“改过迁善”。就是反省内求、格除物欲。在陆九渊看来，“切己自反”的工夫，就是“剥落”的工夫。他说：

人心有病，须是剥落。剥落得一番，即一番清明。后随起来，又剥落，又清明，须是剥落得净尽，方是。②

这个不断“剥落”的工夫，就是不断去“物欲”的工夫。“剥落”净尽，才能恢复“本心”的清明。这实是佛教禅宗“时时勤拂拭，勿使染尘埃”③ 的工夫。如果达到“本心”完全清明之时，便达到“真能为主，则外物不能移，邪说不能惑”④ 的境界。

陆九渊“存心去欲”的道德学说是与其“切己自反”的体认相联系的。《语录上》记载：

先生居象山，多告学者云：“汝耳自聪，目自明，事父自能

① 《养心莫善于寡欲》，《陆九渊集》卷三十二，380 页。
② 《语录下》，《陆九渊集》卷三十五，458 页。
③ 《自序品第一》，《六祖法宝坛经》。
④ 《与曾宅之》，《陆九渊集》卷一，4 页。

孝，事兄自能弟，本无少缺，不必他求，在乎自立而已。”学者于此亦多兴起。①

是说“孝”、“悌”等伦理道德，已丝毫不欠缺地、先验地存在于“本心”之中，不必外求。如果存得“本心”，那么，“从事”、“接对”都会合乎伦理道德的要求。“若能保有是心，即为保极，宜得其寿，宜得其福，宜得康宁，是谓攸好德，是谓考终命。”② 如果保有“本心”而去做，则“寿”、“福”、“康宁”都能恰到好处。因此，人们只要做到“存心”、“正心”，便能行为得宜，变祸得福。他说：

凡尔庶民，知有君臣，知有上下，知有中国夷狄，知有善恶，知有是非，父知慈，子知孝，兄知友，弟知恭，夫义妇顺，朋友有信，即惟皇上帝所降之衷，今圣天子所赐之福也。身或不寿，此心实寿；家或不富，此心实富；纵有患难，心实康宁；或为国死事，杀身成仁，亦为考终命。

实论五福，但当论人一心。此心若正，无不是福，此心若邪，无不是祸。③

这就是说，一般老百姓都要知道君臣、上下宗法社会的等级差别，知道善恶、是非等伦理道德标准，履行慈、孝、友、恭、义、信等宗法伦理纲常。如果按照这些伦理道德去做，那么，人是能够得到“寿”、“富”、“康宁”的；倘若“不寿”、“不富”、“患难”，但其“心”实际上还是“寿”、“富”、“康宁”的。陆九渊把宗法伦理道德说成是普遍性的原则，是人人所共同具有的普遍道德，而得到“吾之本心”的形上学的支撑。

（三）朱熹与陆九渊的论争

朱熹与陆九渊同为理学家，因其一以“天理”为道德形上学，一以“本心”为道德形上学而有分歧。在孝宗淳熙二年（公元1175年），吕祖谦邀请陆九龄、陆九渊来上饶鹅湖寺相会。④ 在鹅湖会上，陆九龄作诗说明他的观点，诗说：

孩提知爱长知钦，古圣相传只此心。

---

① 《语录上》，《陆九渊集》卷三十四，408页。

②③ 《荆门军上元设厅皇极讲义》，《陆九渊集》卷二十三，284页。

④ 参见拙著：《走向心学之路——陆九渊思想的足迹》，212～225页，北京，中华书局，1992。

大抵有基方筑室，未闻无址忽成岑。
留情传注翻蓁塞，著意精微转陆沉。
珍重友朋相切琢，须知至乐在于今。[①]

诗念了一半，朱熹就对吕祖谦说："子寿（九龄字）早已上子静舡了也。"[②] 即陆九龄上了陆九渊"心学"的船了。诗罢，便进行辩论。陆九渊和陆九龄诗一首：

墟墓兴哀宗庙钦，斯人千古不磨心。
涓流滴到沧溟水，拳石崇成泰华岑。
易简工夫终久大，支离事业竟浮沉。
欲知自下升高处，真伪先须辨只今。[③]

其实，陆九龄在赴鹅湖会途中，就念此诗与陆九渊听，九渊指出第二句微有"未安"。其所以说"古圣相传只此心"，是因为要传圣人之心，就需读圣人之书，既传心要读圣贤书，就不免需"留情传注"，而陷支离之弊。陆九渊改为"斯人千古不磨心"，千古圣人心与今人的心，以及千百之后的心，都是同的，毋需"留情传注"，直从己心体认，这便是易简终久大的工夫。朱熹听了陆九渊的诗，大不高兴，讨论了三天，双方不欢而散。三年以后，朱熹和了陆氏兄弟一首诗，诗曰：

德业流风夙所钦[④]，别离三载更关心。
偶携藜杖出寒谷[⑤]，又枉篮舆度远岑。
旧学商量加邃密，新知培养转深沉。
只愁说到无言处[⑥]，不信人间有古今。[⑦]

这次历史上著名的"鹅湖之会"，是一次重要的无官方参与的民间哲学讨论会。辩论的中心是"为学之方"的问题，即如何体认道德形上学的问题。陆九渊以自己为"易简工夫"，讥笑朱熹为"支离事业"。陆氏兄弟认为，人们的体认途径，应该是"先发明人之本心，而后使之博览"[⑧]；朱熹的体认途径，则"欲令人泛观博览，而后归之约"[⑨]，即格物、读书，然后达到对"理"的体认。陆九渊以朱熹"教人为支离"，即

①②③ 《语录上》，《陆九渊集》卷三十四，427页。
④ 《朱文公文集》卷四，在《鹅湖寺和陆子寿》中第一句作："德义风流夙所钦"。
⑤ 同上书，在《鹅湖寺和陆子寿》中作"偶扶藜杖出寒谷"。
⑥ 同上书，在《鹅湖寺和陆子寿》中作"却愁说到无言处"。
⑦ 《年谱》，《陆九渊集》卷三十六，490页。
⑧⑨ 《年谱》，《陆九渊集》卷三十六，491页。

太烦琐；朱熹以陆九渊“教人为太简”，即似“禅学”。对这次辩论，黄宗羲在《象山学案》中是这样评论的：

> 先生（陆九渊）之学，以尊德性为宗，谓“先立乎其大，而后天之所以与我者，不为小者所夺。夫苟本体不明，而徒致功于外索，是无源之水也”。同时紫阳（朱熹）之学，则以道问学为主，谓“格物穷理，乃吾人入圣之阶梯。夫苟信心自是，而惟从事于覃思，是师心之用也”。两家之意见既不同……继先生与兄复斋会紫阳于鹅湖，复斋倡诗，有“留情传注翻榛塞，著意精微转陆沉”之句。先生和诗，亦云“易简功夫终久大，支离事业竟浮沉”。紫阳以为讥己，不怿，而朱陆之异益甚。①

尽管黄宗羲在《按语》中颠倒了“鹅湖之会”与朱、陆辩《太极图说》的时间，因此，在讲“朱陆之异”的程度上有不确切处外②，但其余的评论则是中肯的。

这次辩论“为学之方”，是与他们的本体论和工夫论相联系的。因而，也表现了朱、陆之间的基本分歧点，这就是“先立乎其大”。自古以来圣人相传的“道统”就只是“此心”。“此心”千古不磨，亘古皆同，离开“本心”犹如“无址”而“成岑”，没有地基而构筑房屋。陆九渊认为自己的“心学”终究要长久流传，并能发扬光大；而朱熹的“道学”则是“支离事业”，毕竟要肢解离散，这当然要使朱熹色变。朱熹经过三年的考虑，坚持了自己的学说，“旧学商量加邃密，新知培养转深沉”。而且以“无言”之说，讥陆氏兄弟否定古今，而坠于空疏。这次辩论虽然没有涉及更多的哲学形而上学问题，也没有达到吕祖谦“盖虑朱与陆犹有异同，欲令归一”③ 的初衷，但两家都明确了他们之间的分歧，正如黄宗羲所说：“朱陆之异遂显。”这就开后来“无极”与“太极”之辨的端始。

陆九韶、陆九渊和朱熹第二次直接辩论，是关于“无极”与“太极”之争。④

---

① 《象山学案》按语，《宋元学案》；《陆九渊集》，564页。

② 《象山学案》载：“逮后论《太极图说》……而朱陆之异遂显，继先生与兄复斋会紫阳于鹅湖……而朱陆之异益甚。”按：笔者以为应改为：“先生与兄复斋会紫阳于鹅湖……而朱陆之异遂显。逮后论《太极图说》……而朱陆之异益甚。”这样不仅在时间上是符合历史实际，而就朱陆之异的发展来说也是恰当的。

③ 《朱子年谱》卷二上。

④ 参见拙著：《走向心学之路——陆象山思想的足迹》，225～238页。

淳熙十三至十五年（公元 1186—1188 年），陆氏兄弟和朱熹就周敦颐的《太极图说》问题而展开的“无极”、“太极”之辨，实质上关系到道德形上学的论争。陆九韶依据《通书·理性命》章文本“二气五行，化生万物，五殊二实，二本则一，曰一曰中，即太极也”[①]，而没有在“太极”之上加“无极”二字；又《通书·动静》章文本，讲“五行”、“太极”、“阴阳”，也没有讲“无极”，从而怀疑《太极图说》不出于周敦颐之手，或者是其学未成熟时所作。即令是周敦颐所作，也是他少年时所作。《通书》晚于《太极图说》而不讲“无极”，而可证明周敦颐已经改变了他的观点。在这里，陆九韶是以心智之学反对朱熹性理哲学。据黄宗羲《梭山复斋学案》记载，九韶曾两度与朱熹通信，论争这个问题，但九韶的信已失佚，而不知其详了。据陆九渊在《与陶赞仲》书中说：

> 《太极图说》，乃梭山兄（陆九韶）辩其是非，大抵言无极而太极，是老氏之学，与周子《通书》不类。[②]
>
> 《通书》言太极[③]，不言无极；《易大传》亦只言太极，不言无极。若于太极上加无极二字，乃是蔽于老氏之学。……周子《通书》与二程言论，绝不见无极二字，以此知三公盖已皆知无极之说为非矣。梭山曾与晦翁面言，继又以书言之，晦翁大不谓然。[④]

陆九渊认为在“太极”之上加“无极”，不是儒学，而是受老氏之学的影响。朱熹在《答陆子美》书中，论述了周敦颐学说，以为“周先生之意，恐学者错认太极别为一物，故著无极二字以明之”[⑤]，肯定《太极图说》之“无极而太极”是周敦颐的本意。朱熹解释说：“不言无极，则太极同于一物，而不足为万化根；不言太极，则无极沦于空寂，而不能为万化根。”[⑥] 这正好说明了朱熹哲学思想体系。在朱熹看来，不能以“太极”别为一物，“太极”是为“有理”，“无极”即为“无形”，“无极而太极”，即为“无形而有理”，两者实为一物，并非在“太极”之上又有“无极”。陆九韶指出，这不符合周敦颐《太极图说》的原意。陆九韶与朱熹的这次辩论，由于“梭山

① 参见《梭山复斋学案》，《宋元学案》卷五十七。
② 《陆九渊集》卷十五，192 页。
③ “言”，《四部备要》本之《象山全集》误为“中”。
④ 《陆九渊集》卷十五，192 页。
⑤⑥ 《朱文公文集》卷三十六。

谓晦翁好胜，不肯与辩”[①]，便告一段落了。

但是，陆九渊认为“未可便以好胜绝之，遂尾其说，以与晦翁辩白”[②]。据顾諟说：“象山则以为道一而已，不可不明于天下后世，故代为梭山辩之。”[③] 这次辩论，陆九渊三书，朱熹二书。结果是“仁者见仁、智者见智”，各持己见而终。

陆九渊认为，“太极”之上不能加“无极”。他在《与朱元晦》书中说：

> 尊兄（指朱熹）向与梭山书云：“不言无极，则太极同于一物，而不足为万化根本；不言太极，则无极沦于空寂，而不能为万化根本。”夫太极者，实有是理，圣人从而发明之耳。非以空言立论，使后人簸弄于颊舌纸笔之间也。……《易大传》曰：“易有太极。”圣人言有，今乃言无，何也？作《大传》时，不言无极，太极何尝同于一物，而不足为万化根本耶？[④]

这就是说，朱熹以“无极”表示“理”是“万化的根本”，具有形而上性；如不讲“太极”，则“无极”就会沦于“空寂”，而与佛老无别。“无极而太极”，就是无形而实有“理”。陆九渊则认为《易大传》就没有讲“无极”，而只讲“易有太极”，圣人讲“有”，而你（朱熹）说“无”，显然违背圣人之言。

朱熹为了论证“理”的形而上的性质，借“无极”以说明“理”的无形，又假“太极”以说明“理”的实有。“理”即是“无形而实有”，它与“阴阳”、“气”、“器”的关系是形而上与形而下关系。陆九渊反对把“理气”、“道器”等关系分为形而上、形而下。他说：“《易》之《大传》曰：‘形而上者谓之道。’又曰：‘一阴一阳之谓道。’一阴一阳，已是形而上者，况太极乎？”[⑤] 既然“阴阳”（“气”）是形而上者，而何况“太极”？他认为“阴阳”与“太极”都是形而上。这就动摇了朱熹形而上与形而下的分别。朱熹写信辩白说：

> 至于《大传》既曰“形而上者谓之道”矣，而又曰“一阴一阳之谓道”，此岂真以阴阳为形而上者哉！正所以见一阴一阳

---

① 《与陶赞仲》，《陆九渊集》卷十五，192 页。

② 同上书，193 页。

③ 《象山学案》，《宋元学案》卷五十八。

④ 《陆九渊集》卷二，23 页。

⑤ 《与朱元晦》，《陆九渊集》卷二，23 页。

虽属形器，然其所以一阴而一阳者，是乃道体之所为也。故语道体之至极，则谓之太极；语太极之流行，则谓之道。虽有二名，初无两体。周子所以谓之无极，正以其无方所、无形状。以为在无物之前，而未尝不立于有物之后；以为在阴阳之外，而未尝不行乎阴阳之中；以为通贯全体，无乎不在，则又初无声臭影响之可言也。①

“一阴一阳之谓道”，并不是说“阴阳”是“道”，“阴阳”是形而上，而是“所以阴阳”者，是“道体”所为。“道”和“太极”乃是体一而名二。在这里，朱熹坚持了“道”（“太极”）为形而上，“阴阳”（“气”、“器”）为形而下的观点。如果“直以阴阳为形而上者，则又昧于道器之分矣”②。因此，就把“道”（“理”、“太极”）规定为既在“无物之前”、“阴阳之外”、“无乎不在”，而又“立于有物之后”、“行乎阴阳之中”、“无声臭之可言”的既超越又内在的形上学本体。从“道”（“理”、“太极”）在“阴阳之外”来看，“道”是形而上者，“阴阳”（“器”）是形而下者；从“道”（“理”、“太极”）行乎阴阳之中看，“道”（“理”）不等于“阴阳”，而是所以“阴阳”者。

朱熹之所以区分为形而上的“理”（“道”）世界和形而下的“气”（“器”）世界，则是其性理哲学逻辑结构所要求的。陆九渊认为，朱熹的弊病就在于把“道”与“器”、“理”与“气”对待起来，而他以为“道”与“器”、“理”与“气”同为形而上，是融合的。它们统一于一个“本心”世界。其实，朱熹是把“理”（“道”）形上化，使它成为世界万物（“器”）的本体和化生者；陆九渊则把“理”与“本心”融合起来，“心即理”，使“心”成为形而上者。他们的思辨秘密就在于：朱熹重在“性体”的“安顿”，将“理”客体化，构成以形而上的“理”为终极价值；陆九渊重在“心体”与“本体”的冥合，以构成“心体”为宇宙之源。

朱、陆反复辩驳，相当激烈，最后追溯到彼此的思想渊源上去。陆九渊批评朱熹说：“尊兄两下说无说有，不知漏泄得多少。如所谓太极真体，不传之秘，无物之前，阴阳之外，不属有无，不落方体，迥出常情，超过方外等语，莫是曾学禅宗，所得如此。”③ 以朱熹讲“无极”、“太极”是“超出方外”、“不落方体”，是从佛教禅宗那里

①② 《答陆子静》，《朱文公文集》卷三十六。

③ 《与朱元晦（二）》，《陆九渊集》卷二，30页。

贩买来的。朱熹回答说：

> 太极固未尝隐于人，然人之识太极者则少矣。往往只是于禅学中认得个昭昭灵灵，能作用底，便谓此是太极。而不知所谓太极，乃天地万物本然之理，亘古亘今，颠扑不破者也。[①]

所谓“昭昭灵灵，能作用底”，就是指“心体”。朱熹批评陆九渊所说的“太极”，乃是从佛教禅宗那里得来的那个“本心”，而不是天地万物“本然之理”。他们相互指责对方是禅学，这也确实说到了对方的痛处，揭示了对方思想援佛入儒的层面。“于是宗朱（熹）者诋陆为狂禅，宗陆者以朱为俗学，两家之学，各成门户，几如冰炭矣！”[②] 后来的朱陆之辩，情感成分多于理性的学术辩论，这是其弊，但在程朱官方意识形态的情境中，仍有朱陆之辩，仍不啻为学术思想僵化状态中的一丝生命活力。

四、历史地位和影响

从周敦颐无极、太极发端的朱陆之辩，显现了朱、陆二人在学术宗旨、立场、方法、思维路径、价值取向的分野。对当时在学术界颇成气候的程朱道学发起了针锋相对的挑战，建构了与程朱形而上理（太极）本体相对的形而上心本体。陆氏的心体从另一个意义上说是对于程朱理（太极）本体在“心体”上的安顿。因为作为“净洁空阔世界”的性理之体，若没有道德主体的践履，就会流入佛老的空虚之境，只有安顿在道德主体之中，理的道德价值本体才是实的，在这个意义上，理才是实理。有的哲学史书认为，朱陆之争，其目的就是在“道统”里争正宗的地位，这是有道理的，但却又过分注重了争论的政治意义，忽视了其哲学上的意义。朱、陆相互批评其哲学体系内部的问题，确实揭示了对方体系内部的一些矛盾，这对于理论思维发展是有启迪的。

如果说陆九渊在与朱熹的辩论中，反对朱熹“理”是“超出方外”、“不落方体”，即脱离万物的形而上的本体，主张“理气”、

---

① 《答陆子静》，《朱文公文集》卷三十六。

② 《象山学案》按语《宋元学案》；《陆九渊集》，564页。

"道器"无形上、形下之别，而是体一而名二的，那么从事物的合一、同一方面去探索、体认世界，批评朱熹把"道"与"器"、"理"与"气"对待起来，则是合理的，但朱熹也不否定其间的不离方面。

南宋中期，朱陆并峙，"天下并称之曰：朱陆"①。他们讲学授徒，一时学生雷动云从。朱陆去世后，门徒后学，党同伐异，交排互诋。但到了南宋末期，朱学兴盛，陆学衰微。刘壎说："晦庵殁，其徒大兴，其学大明，士大夫皆宗其说……而象山之学，反郁而不彰。"② 这非虚言。惟陆氏高足杨简、袁燮故地浙东四明高扬陆学，"故四明学者祖陆氏而宗杨、袁，朱子之学弗道也"③。后来黄震等在四明传播朱学，陆学便式微了。

陆学的式微，曾引起一些人的探索。宋元之际，或认为陆九渊不寿，朱熹年高；或以为陆氏简易不立文字，朱熹多著述；或以陆氏门人不大显，朱门多达官羽翼其教；等等。究其原因，主要有两方面。一是从陆学自身的发展来看，有流于禅的倾向。黄百家说："盖慈湖之下，大抵尽入于禅"④。全祖望亦曰坏陆学之教者，"实慈湖"，"一往蹈空，流于狂禅"⑤。此恐言过于实，但由此确影响了陆学的广泛传播和士大夫的信奉，亦影响了统治者对陆学的看法。二是官方意识形态的需要。宁宗时，朱学被目为"伪学"，朱学遭禁。不久理宗赵昀崇尚朱学，并认为"有补治道"，到理宗淳祐年间（公元1241—1252年）用朱学"取甲科者，四方翕然争售朱学"⑥。此时虽无诏令以朱学"取甲科"，但实际的选用，使"朱学盛矣，而陆学殆绝"⑦。言绝虽过，但传人实不多。元代，朱学被"定为国是"，便成为"正宗"。设科取士，非朱子之说者不用。陆学式微就是不言之中了。

明中叶，朱学由于成为科举取士的钦定的教科书和标准，所以朱学逐渐成为猎取功名的工具，渐渐僵化。这就孕育了王守仁心学的诞生。王守仁补两家之不足，不甘于陆九渊"心学"被朱熹"道

① 刘壎：《朱陆合辙序》，《水云村泯稿》卷五。

② 《朱陆》，《隐居通议》卷一。

③ 王祎：《送乐仲本序》，《王忠文公集》卷三。

④ 《静清学案》，《宋元学案》卷八十七。

⑤ 《慈湖学案》、《絜斋学案》：《宋元学案》卷七十四、七十五。

⑥ 戴表元：《于景龙注朱氏小学书序》，《剡源文集》卷七。

⑦ 吴莱：《石塘先生胡氏文钞后序》，《渊颖集》卷十一。

学”所淹没的境遇，而决心为之发扬光大。他说：

> 今晦翁之学，天下之人，童而习之，既已入人之深，有不容于论辩者。而独惟象山之学，则以其尝与晦翁之有言，而遂藩篱之。使若由赐之殊科焉则可矣，而遂摈放废斥，若碔砆之与美玉，则岂不过甚矣乎。……象山辨义利之分，立大本，求放心，以示后学笃实为己之道，其功亦宁可得而尽诬之。而世之儒者，附和雷同，不究其实，而概目之以禅宗，则诚可冤也已。①

替陆九渊辩诬，为人们把陆学说成禅学喊冤；赞扬陆氏的“心学”形而上哲学，把陆学的旗帜重新树立起来。

陆九渊心学形上学所强调的主体能动作用和注重思考精神，不啻为在笼罩着以程朱“道学”为官方意识形态的、犹如一潭死水的思想界投了一块石子，“一石击破水中天”，程朱“道学”的一统局面在漪涟中荡漾着。由此看来，它在客观上被利用为解放思想的工具，也就是可能的了。后来的思想家李贽以及近代的谭嗣同等都曾打着陆、王“心学”的旗号，批判君主专制，反对崇拜旧权威、旧教条，它合乎逻辑地被推上历史的舞台。除了陆九渊“心学”可与当时被奉为“正宗”的程朱“道学”相抗衡之外，“心学”道德价值本体还具备了以下几方面的价值：

一是强调“自立”、“自省”、“自重”、“自知”、“自有”、“自享”的主体精神。这不仅为敢于冲决旧权威、旧教条、旧规矩唤起了自觉的意识，而且为冲决种种网罗以精神的支撑和动力。

二是凸显“自作主宰”精神，发挥人的能动作用。“自作主宰”乃基于对人的价值的深刻体认。陆九渊强调：“天地人之才等耳，人岂可轻？人字又岂可轻？”② 既如此，便不会迷信旧权威、旧教条，也不会盲从传统形而上，而敢于独立思考，自立自重，而不“自暴、自弃、自屈”③，才能建构有别于程朱道学的哲学形上学。迷信旧权威、旧教条，就是扼杀自性、自我，也就无所谓新思路、新体系的建构。

三是注重实理实事实学，躬行践履。陆九渊学问与事功，都贯

① 《答徐成之（二）》，《王文成公全书》卷二十一。

② 《语录下》，《陆九渊集》卷三十五，463页。

③ 同上书，433页。

彻了其重实、践履的风格。它给予后世中国人纠正宋学空疏、汉学烦琐之风，以启迪和动力，适应经世致用的需要。到了近代，魏源、康有为、谭嗣同等都曾推崇“心学”，作为批判程朱道学、君主专制制度以及争取人权、冲决宗法纲常的有力武器。

第七章
阳明学——王守仁的心学思想

在程、朱“道学”已为正宗的明代，先前曾与程、朱“道学”相抗衡的象山之学，在长期“泯然无闻”之后，却被王守仁所继承和发扬。他敢冒“天下之讥”，一洗陆九渊“无实之诬”[①]，改变“是朱非陆”之“论定”[②]，使“于今且四百年”[③]的陆学恢复其“圣贤之学”的地位。由于王守仁的这种历史功绩，后人把他和陆九渊并称为陆王。其实，陆、王之间也是有差异的。因此，黄宗羲在《姚江学案·序》中说：

> 有明学术，白沙开其端，至姚江而始大明。盖从前习熟先儒之成说，未尝反身理会，推见至隐。所谓此亦一述朱耳，彼亦一述朱耳。……自姚江指点出良知，人人现在，一反观而自得，便人人有个作圣之路。故无姚江，则古来之学脉绝矣。[④]

黄宗羲不提陆、王的继承关系，可能是出于“是朱非陆，天下之论定久矣”的影响，抑或是鉴于当时论争的需要，姑且不论。但以王守仁指出了人人“作圣之路”，而使古来学脉不断绝，而具有与象山之学的不同特点，则是颇有见地的。当然，这种差异，只是同中之异而已。其实，王学的出现，标志着宋明理学在其演变过程中走向了解体阶段。

---

① 《答徐成之·二（壬午）》，《王文成公全书》卷二十一。

② 《答徐成之·一（壬午）》，《王文成公全书》卷二十一。

③ 王守仁在《答徐成之（二）》中说：“象山独蒙无实之诬，于今且四百年，莫有为之一洗者。”考陆九渊生于公元1139年，王守仁生于公元1472年，相距333年。四百年之说，恐是一个整数而已，并非精确计算。

④ 《明儒学案》卷十。

一、身世、生平和著作

王守仁，字伯安，浙江余姚人。生于明宪宗成化八年（公元1472年），卒于明世宗嘉靖七年（公元1529年①）。因曾筑室于会稽阳明洞，学者称为阳明先生。

（一）身世

王守仁的身世，据其高足钱德洪在《阳明先生年谱》中记载：

> 其先出晋光禄大夫览之裔，本瑯琊（今山东境内）人，至曾孙王右军将军羲之徙居山阴。又二十三世，迪功郎寿，自达溪徙余姚，今遂为余姚人。寿五世孙纲，善鉴人，有文武才。国（明）初诚意伯刘伯温荐为兵部郎中，擢广东参议，死苗难……高祖，讳与准，精《礼》、《易》，尝著《易微》数千言。……曾祖讳世杰，人呼为槐里子……祖讳天叙，号竹轩。……所著有《竹轩稿》、《江湖杂稿》行于世。封翰林院修撰。……父讳华，字德辉，别号实庵，晚称海日翁。尝读书龙泉山中，又称为龙山公。成化辛丑赐进士及第第一人，仕至南京吏部尚书，进封新建伯。②

其先世是否是王羲之已无可考，但王家却是一个世代为官的书香门第。这便决定他的人生道路就是读书和科举做官。

虽然后来王华思念山阴山水佳丽，而又由余姚迁往绍兴城内光相坊，但王守仁是在余姚瑞云楼出生的。钱德洪曾在《记瑞云楼》中说："吾师阳明先生降辰之地也。"该楼居余姚龙山之北麓③，所谓"瑞云楼"，是由于时人传说王守仁出生时，其祖母岑梦见神人衣绯玉云中送儿而得名的。这种传说无非是为了神化王守仁，而无可靠性。《年谱》记载王守仁五岁不言，但已默记祖父所读过的书。

王守仁生平的从政和学术都很突出。黄宗羲曾在《明儒学

---

① 王守仁卒于嘉靖七年十一月二十九日。（参见钱德洪：《阳明先生年谱》，《王文成公全书》卷三十四，《附录三》）如依公元计算，则应为1529年1月9日。各书均作1528年。应予更正。

② 《王文成公全书》卷三十二。以下《阳明先生年谱》简称《年谱》。

③ 参见《古迹》，《余姚县志》卷十四。

案·姚江学案》中，概述王守仁思想的演变和发展云：

> 先生之学，始泛滥于词章，继而遍读考亭（朱熹）之书，循序格物，顾物理吾心，终判为二，无所得入，于是出入于佛、老者久之。及至居夷处困，动心忍性，因念圣人处此，更有何道，忽悟格物致知之旨，圣人之道，吾性自足，不假外求。其学凡三变而始得其门。①

由"泛滥于词章"，到笃信朱熹格物之旨，再到出入于佛、老之学，这样"三变"而始入门。入门以后，又经"三变"，而达成熟。黄宗羲说：

> 自此之后，尽去枝叶，一意本原，以默坐澄心为学的。有未发之中，始能有发而中节之和，视听言动，大率以收敛为主，发散是不得已。江右以后，专提致良知三字，默不假坐，心不待澄，不习不虑，出之自有天则。盖良知即是未发之中，此知之前，更无未发，良知即是中节之和，此知之后，更无已发。……知之真切笃实处即是行，行之明觉精察处即是知，无有二也。居越以后，所操益熟，所得益化，时时知是知非，时时无是无非，开口即得本心，更无假借凑泊，如赤日当空，而万象毕照。是学成之后，又有此三变也。②

自居贵州修文县龙场驿，大悟"格物致知"之旨，而提出"知行合一"之说，到南昌倡导"致良知"之教，再到在绍兴从事讲学授徒，其学说日熟益操，这又是"三变"。现考其政治和学术活动，结合其思想的演变，分为两个时期：第一个时期，学无定质，未始入门；第二个时期，集"心学"之大成。其间依黄氏所说分为六个阶段。

（二）从"照着讲"到"接着讲"

这是王守仁的青少年时期，兴趣广泛，涉猎多方。

1. 泛滥于词章

明宪宗朱见深成化十八年（公元1482年），王守仁11岁，随祖父王天叙赴京师（北京）。途经金山寺，祖父与客饮酒赋诗，正沉吟之间，王守仁在旁先做成了。诗曰：

---

① 《明儒学案》卷十。

② 《姚江学案》，《明儒学案》卷十。

金山一点大如拳，打破维扬水底天。
醉倚妙高台上月，玉箫吹彻洞龙眠。

客大惊异，复出题命做蔽月山房诗。随口应曰：

山近月远觉月小，便道此山大于月。
若人有眼大如天，还见山小月更阔。

次年，在京师就读，豪迈不羁，其父甚担忧。他曾问塾师："何为第一等事?"塾师曰："惟读书登第耳。"他却说："登第恐未为第一等事，或读书学圣贤耳。"① 以"学圣贤"为头等理想，视科第为次。阳明读书宗旨和目的已十分明确和自觉。

成化二十二年（公元1486年），年15岁，出游居庸三关，纵观山川形胜，了解关外各部落的情况，慨然有经略四方之志。《年谱》记载："时畿内石英、王勇盗起，又闻秦中石和尚、刘千斤作乱，屡欲为书献于朝，龙山公斥之为狂，乃止。"② 他从小就有挽救时危，反对社会动乱的志向。但考石和尚（石龙）、刘千斤（刘通）的动乱爆发于英宗天顺八年（公元1464年），在房县海溪寺举旗造反③，分兵攻襄阳和汉中，得到了广大流民的支持。公元1466年刘通死。此时王守仁尚未出生，即使成化六年（公元1470年）原刘通、石龙部下的李原（李胡子）、小王洪、王虎等再举义旗，亦不久被平定，距《年谱》记载亦有17年之久，可见其误。但其时明朝阶级矛盾十分尖锐，社会动乱此起彼伏，连绵不断。王守仁欲献书于朝廷，则是有可能的。

年轻时，他对佛、道颇感兴趣。孝宗弘治元年（公元1488年），王守仁年17。外舅诸养和为江西布政司参议，七月，他亲自到洪都（时为江西南昌县）娶诸氏为妻。"合卺之日，偶闲行入铁柱宫，遇道士趺坐一榻，即而叩之，因闻养生之说，遂相与对坐忘归，诸公遣人追之，次早始还。"④ 洞房花烛夜竟然忘归，可见他对"学"的执著。在佛、道思想影响下，他开始好"心上学"。如他在外舅官署学书法，便生出体会："吾始学书，对模古帖，止得字形。后举笔不轻落纸，凝思静虑，拟形于心，久之始通其

① 《年谱》，《王文成公全书》卷三十二。
② 《王文成公全书》卷三十二。
③ 参见《明宪宗成化实录》卷三十一。
④ 《年谱》，《王文成公全书》卷三十二。

法。……乃知古人随时随事只在心上学，此心精明，字好亦在其中矣。”[①] 学书固然要“拟形于心”，但不实践，即使“此心精明”，也是写不好的。但两者结合，则确能收事半功倍之效。王氏注重“心”之作用，便在其思想中跳动着“心学”的萌芽。次年[②]十二月，他伴诸夫人归余姚，坐船至广信（今江西上饶），拜谒理学家娄谅。娄谅给王守仁讲“宋儒格物之学，谓圣人必可学而至，遂深契之”[③]。这与王氏“读书学圣贤”的思想很契合。

弘治三年（公元1490年），王华归余姚，命从弟、妹婿给王守仁讲析经义，习八股，以应开科考试。但王守仁日则随众课业，夜则搜取诸经子史，泛滥于词章。然在待人接物上，却由原来的“和易善谑”，而改为“端坐省言”，以仿“圣人气象”了。

2. 笃信朱学，循序格物

弘治五年（公元1492年），年21，在浙江乡试中举。《年谱》记载：“是年为宋儒格物之学。[④] 先生始侍龙山公于京师，遍求考亭遗书读之。一日，思先儒谓众物必有表里精粗，一草一木，皆涵至理。”[⑤] 于是便按朱熹“格物穷理”的方法，去格官署里的竹子。“因指亭前竹子令去格看。钱子早夜去穷格竹子的道理，竭其心思，至于三日，便致劳神成疾。当初说他这是精力不足，某因自去穷格，早夜不得其理，到七日，亦以劳思致疾，遂相与叹圣贤是做不得的，无他大力量去格物了。”[⑥] 王守仁面对竹子，不管早晚，殚精竭思，要学“圣贤”，去格物中的理。可是，他们真诚践行的结果，不仅竹子之“理”没有格出来，反而自己都病倒了。因此觉得这种体认“理”的途径走不通，又转而“随世就辞章之学”。

---

① 《年谱》，《王文成公全书》卷三十二。

② 《年谱》载，王守仁年十八，谒娄谅。《崇仁学案·广文娄一斋先生谅》中说：“文成年十七，亲迎过信，从先生问学，深相契也。则姚江之学，先生为发端也。”（《明儒学案》卷一）黄宗羲以王守仁十七岁去南昌亲迎诸氏时谒娄谅。《明史·王守仁传》也说：“守仁天姿（资）异敏。年十七谒上饶娄谅。与论朱子格物大指。”（卷一九五）《余姚县志》卷二十三在其年十七下，有一夹注：“案《年谱》作十八。”《年谱》以归余姚时谒娄谅，故作年十八。今从《年谱》。

③ 《年谱》，《王文成公全书》卷三十二。

④ 王守仁祖父竹轩公卒于弘治三年（公元1490年），王华归葬父庐居，至弘治六年（公元1493年）服洽，回京师，可能王守仁偕父同至京，参加进士考试。弘治五年守仁当为余姚，不可能在父官署格竹子。格竹子当为弘治三年以前的事。但究竟是哪年，待考，现暂置此。

⑤ 《王文成公全书》卷三十二。

⑥ 《传习录下》，《王文成公全书》卷三。

次年春，会试不第。弘治九年（公元 1496 年）再试，又不第。据《年谱》记载，为“忌者所抑”。虽两次不第，但并不心灰意冷，“同舍有以不第为耻者，先生慰之曰：世以不得第为耻，吾以不得第动心为耻。识者服之”①。后归余姚，结诗社于龙泉山寺。

弘治十年（公元 1497 年）夏五月戊辰，“小王子犯潮河川。己巳，犯大同”②。边报甚急，明王朝推举将才，莫不遑遽。王守仁感到：“武举之设，仅得骑射搏击之士，而不可以收韬略统驭之才。”③于是他留心武事，精究兵家秘书。“好言兵，且善射。”④ 每有宴会，便试以果核阵列阵势，为他后来平乱、平藩打下基础。次年，王守仁自念辞章艺能不足以通至道，想求师友于天下，又不能遇，心里甚惶惑不安。一日，读朱熹上宋光宗疏曰：“读书之法，莫贵于循序而致精。而致精之本，则又在于居敬而持志。”⑤ 乃悔以前探讨虽博，而未尝循序以致精，宜无所得。又一次遵循朱熹的理路，做穷理工夫，思得渐渍洽浃，然物理、吾心，两者终若判而为二，而未能合一。沉郁既久，旧疾复作。经格竹子的失败和循序致精而未使“物理、吾心”为一，王守仁便对朱熹道学的信奉发生了动摇。这种动摇得自亲身的体验。由此，王守仁便与朱学分道扬镳了。其问题的症结就在于：格物穷理与圣贤人格究竟有何关系？王氏体验不出两者必然的内在关联。即使穷理，又有何益！这个问题使王氏陷入困惑沉郁之中，以至旧疾复发。

3. 出入于佛、老

信仰上出现动摇，必使人陷入沉郁。尽管他恋于科举，而不得不习时文定式或四书五经。然思想却是空虚的，因此，而转入佛、老。《年谱》记载：“偶闻道士谈养生，遂有遗世入山之意。”⑥

弘治十二年（公元 1499 年），中举进士，赐二甲进士出身，观政工部。《年谱》记载，是年“时有星变，朝廷下诏求言。及闻达虏猖獗，先生复命上边务八事，言极剀切”⑦。考《明史·孝宗本纪》，此年并无“时有星变”，亦无边烽之事。这种情况，却见于十三年。《孝宗本纪》记载：“夏四月，火筛寇大同，游击将军王杲败绩于威

① 《年谱》，《王文成公全书》卷三十二。

② 《孝宗本纪》，《明史》卷十五。

③ 《年谱》，《王文成公全书》卷三十二。

④ 《王守仁传》，《明史》卷一九五。

⑤ 《甲寅行宫便殿奏札十二》，《朱文公文集》卷十四。

⑥⑦ 《王文成公全书》卷三十二。

远卫。……五月甲寅朔，日有食之。……癸亥，火筛大举入寇大同左卫，游击将军张俊御却之。……秋七月己巳，京师地震。冬十月戊申，两京地震。是月，小王子诸部寇大同。十二月辛丑，火筛寇大同，南掠百余里。是年，小王子部入居河套，犯延绥神木堡。”①这与王守仁《陈言边务疏》开章谓“迩者窃见皇上以彗星之变，警戒修省。又以虏寇猖獗，命将出师”② 之言相符。即此疏是针对上述情况有感而发。虽然在《陈言边务疏》下注“弘治十二年，时进士”，恐为传抄之讹。

王守仁在《陈言边务疏》中主张“易辕改辙”、“痛革弊源”。认为“今之大患，在于为大臣者，外托慎重老成之名，而内为固禄希宠之计；为左右者，内挟交蟠蔽壅之资，而外肆招权纳贿之恶。习以成俗，互相为奸”③。因而，沮抑正直之气，养成因循之风。于是谨陈八事：“一曰蓄材以备急，二曰舍短以用长，三曰简师以省费，四曰屯田以足食，五曰行法以振威，六曰敷恩以激怒，七曰损小以全大，八曰严守以乘弊。”④该奏章从选择、使用军事人材，精兵以省军费，军队参加生产以自给，到明赏罚和严军法，恤家属、励士卒，以及顾大局，严守以乘弊等，系统明确，是颇切时弊的。是年授刑部云南清吏司主事。

弘治十四年（公元 1501 年）八月，奉命审录江北囚狱案件。次年事毕，“多所平反”⑤，游九华山。⑥“闻地藏洞有异人，坐卧松毛，不火食。历岩险访之，正熟睡，先生坐傍抚其足。有顷醒惊曰：‘路险，何得至此？’因论最上乘。”⑦ 后再至，不见其人。而有“会心人远”之叹，即他们的心是相通的。他在《夜宿无相寺》诗中写道：

> 岩头金佛国，树杪谪仙家。
> 仿佛闻笙鹤，青天落绛霞。⑧

---

① 《明史》卷十五。

②③④ 《王文成公全书》卷九。

⑤ 《年谱》，《王文成公全书》卷三十二。

⑥ 《年谱》记载：“［弘治］十有四年辛酉，先生三十岁，在京师。奉命审录江北。先生录囚，多所平反。事竣，遂游九华，作游九华赋，宿无相、化城诸寺。是时道者蔡蓬头善谈仙，待以客礼。……［先生］问至再三。蔡曰：汝后堂后亭，礼虽隆，终不忘官，相一笑而别。”（《王文成公全书》卷三十二）然《全书》卷十九《九华山赋》下注“壬戌”（弘治十五年），另《九华山下柯秀才家》、《夜宿无相寺》、《无相寺三首》、《化城寺六首》诸诗都归于“归越诗三十五首（弘治壬戌年［十五年］以刑部主事告病归越并楚游作）”（《王文成公全书》卷十九）中，与《年谱》记载相抵牾。今据其思想上之以古诗文为无用虚文，与异人“会心”的情况，从《全书》卷十九诗中的夹注。

⑦ 《年谱》，《王文成公全书》卷三十二。

⑧ 《王文成公全书》卷十九。

流露出他避世的思想。在《题四老围棋图》中云：

世外烟霞亦许时，至今风致后人思。
却怀刘项当年事，不及山中一着棋。①

以刘（邦）项（羽）之事功为俗累，而有“谪仙家”、“闻笙鹤”之想。此诗的意境为超脱尘世。这两首诗的主调，与《化城寺》相似。诗曰：

钵龙降处云生座，岩虎归时风满林。
最爱山僧能好事，夜堂灯火伴孤吟。

仙骨自怜何日化，尘缘翻觉此生浮。
夜深忽起蓬莱兴，飞上青天十二楼。

山空仙骨葬全椁，春暖石芝抽玉芽。
独挥谈尘拂烟雾，一笑天地真无涯。②

起蓬莱之兴，觉尘缘浮生；怜仙骨何化，笑天地无涯。故有逃世入山之思。王守仁在京师厌倦于“学古诗文”，因而有“吾焉能以有限精神为无用之虚文”之感，遂告病归越。归越后，便在会稽山阳明洞中修炼，行神仙引导之术，久之，遂能“先知”。“一日坐洞中，友人王思舆等四人来访，方出五云门，先生即命仆迎之，且历语其来迹，仆遇诸途，与语，良合。众惊异，以为得道。”③ 久之，渐悟这是“簸弄精神”，不是真正得“道”，便摒弃了。他静坐久了，甚至想“离世远去”。但冲不破宗法伦常，因循不决。又觉悟说：“此念生于孩提，此念可去，是断灭种性矣。”④ 于是便从阳明洞里出来，复思用世。第二年，到钱塘西湖养病。有《西湖醉中漫书二首》，诗曰：

十年尘海劳魂梦，此日重来眼倍清。
好景恨无苏老笔，乞归徒有贺公情。⑤

如果此诗作于弘治十六年癸亥，那么弘治五年举浙江乡试，则恰劳魂十年了。但此时王守仁的心情与当年是不同的。在西湖时，仍常

---

①② 《王文成公全书》卷十九。
③④ 《年谱》，《王文成公全书》卷三十二。
⑤ 《王文成公全书》卷十九。

往来于南屏、虎跑诸寺庙间，时有禅僧坐关，三年不语不视。王守仁喝曰："这和尚终日口巴巴说甚么，终日眼睁睁看甚么。"① 僧惊起，即开视对语。问其家，对曰"有母在"。问："起念否?"对曰："不能不起。"因而，王守仁即指爱亲是人的本性，僧涕泣谢，第二天这僧就走了。由此，王守仁渐悟佛、老二氏遗弃人伦之非。

弘治十七年（公元 1504 年）秋应巡抚山东监察御史陆偁聘，主持山东乡试，他在《登泰山》诗中，仍然表露了脱尘逃世之想：

> 尘网苦羁縻，富贵真露草。
> 不如骑白鹿，东游入蓬岛。②

是年改兵部武选清吏司主事。明年，王守仁鉴于学者溺于词章记诵，而不复知有身心之学。因而首倡必先立为圣人之志，便有人愿执贽及门，王守仁便开始授徒讲学。虽有时仍留恋龙山云雨情趣，但却渐有倡明"圣学"之志。他在《赠阳伯》诗中曰：

> 阳伯即伯阳，伯阳竟安在?
> 大道即人心，万古未尝改。
> 长生在求仁，金丹非外待。
> 缪矣三十年，于今吾始悔。③

"长生在求仁"，援道入儒，以万古未改的大道来统摄人心。王守仁是年 34 岁，认为过去自己都错了，现在才开始悔悟。于是便和陈献章的学生湛若水一见定交，共同倡明"圣学"为志，而摒弃佛、老二氏之学。后来他回忆说："吾幼时求圣学不得，亦尝笃志二氏。其后居夷三载，始见圣人端绪，悔错用功二十年。二氏之学，其妙与圣人只有毫厘之间，故不易辨，惟笃志圣学者，始能究析其隐微，非测亿所及也。"④ 这便是王守仁出入佛、老的过程。

王守仁从泛滥于词章到笃信格物，由朱学而到佛、老，经此思想变化，渐入"心学"。后来湛若水概括王守仁这段经历说："初溺于任侠之习，再溺于骑射之习，三溺于辞章之习，四溺于神仙之习，五溺于佛氏之习。正德丙寅（公元 1506 年），始归于圣贤之学。"⑤可见王守仁思想经五溺而到倡明圣学为事的历程。

---

① 《年谱》，《王文成公全书》卷三十二。
②③ 《王文成公全书》卷十九。
④ 《年谱》，《王文成公全书》卷三十二。
⑤ 《阳明先生墓志铭》，《王文成公全书》卷三十七。

4. 龙场悟道

武宗朱厚照正德元年（公元 1506 年），是王守仁仕途和思想变化的关节点。朱厚照是个昏庸之辈，时刘瑾窃柄，朝政日非。南京给事中戴铣及御史薄彦徽等上疏切谏，瑾大怒，“逮系诏狱，廷杖除名。铣创甚，遂卒”①。王守仁抗疏救之。疏曰：

> 臣闻君仁则臣直。……铣等职居谏司，以言为责。其言而善，自宜嘉纳施行。如其未善，亦宜包容隐覆，以开忠谠之路。乃今赫然下令，远事拘囚。……则非惟无补于国事，而徒足以增陛下之过举耳。……伏愿陛下追收前旨，使铣等仍旧供职，扩大公无我之仁，明改过不吝之勇。②

疏入，刘瑾大怒，便下诏狱，廷杖王守仁 40 下，既绝复苏，即被谪往贵州龙场驿驿丞③，立迫就道。次年春，王守仁赴谪所至钱塘，刘瑾派人尾随盯梢，企图加害。守仁托言投江，甩掉尾巴。后附商船到舟山，但途遇飓风，漂到福建，夜宿野庙。遇尝认识于铁柱宫的道士，守仁打算从此隐遁不仕，道士对他说：“汝有亲在，万一瑾怒，逮尔父，诬以北走胡，南走粤，何以应之。”④ 因而用蓍草算了一卦，“得明夷（䷣）”，为卦下离上坤，明入地中。《彖传》曰：“明夷，内文明而外柔顺，以蒙大难，文王以之。”虽蒙大难，以后吉利。遂决计返，便道经武夷。是年十二月，经广信、袁州、长沙、沅州入贵州玉屏，再经镇远、黄平、清平、福泉、新添、龙里等地，

---

① 戴铣甥汪愈在《刻〈朱子实纪〉后序》中说：“正德丙寅（正德元年，公元 1506 年）编成。自为序。越二年而先生卒（正德三年，公元 1508 年），又五年乃今正德癸酉（正德八年，公元 1513 年），歙鲍雄以道氏始板行焉。”又说：“若先生《家谱》、《易志》，悉出一时之笔，其音校《五经》，批点《四书》，则成于丁卯（正德二年，公元 1507 年）废黜后。”（戴铣：《朱子实纪》）可见，并非如《戴铣传》所载，王守仁在廷杖后遂卒。戴废黜后他不仅写书，还校点《四书五经》。按：《明史》记载有误，汪愈《后序》可信。《戴铣传》，《明史》卷一八八。

② 《乞宥言官去权奸以章圣德疏》，《王文成公全书》卷九。

③ 王守仁谪官贵州时间，《年谱》为“正德元年二月”，《明史·王守仁传》作“正德元年冬”，《明史·武宗本纪》作“［正德］二年春正月……闰月庚戌，杖给事中艾洪、吕羽中、刘蕃及南京给事中戴铣、御史薄彦徽等二十一人于阙下。”《明史纪事本末》、《国榷》、《明通鉴》、《罪惟录》均作“正德元年十二月”。按：《武宗本纪》恐误，《年谱》恐是脱误“十”字。今从“正德元年十二月”之说。有王守仁《狱中诗十四首（正德丙寅年十二月以上疏忤逆瑾下锦衣狱作）》为证。《不寐》诗曰：“天寒岁云暮，冰雪关河迥。幽室魍魉生，不寐知夜永。”为冬天的情景。另在《岁暮》诗中有“兀坐经旬成木石，忽惊岁暮还思乡”之句。见《王文成公全书》卷十九。既是岁暮，当为冬天，而非次年春天。

④ 《年谱》，《王文成公全书》卷三十二。

于正德三年（公元1508年）春到达龙场驿。该驿“在布政司治城西北一百八十五里，驿丞一员，吏一名，马二十三匹，铺陈二十三副”①。即今贵阳西北的修文县境内。龙场驿在万山丛棘中，蛇虺魍魉，蛊毒瘴疠。王守仁“自计得失荣辱皆能超脱，惟生死一念，尚觉未化，乃为石椁自誓曰：‘吾惟俟命而已！’日夜端居澄默，以求静一”②，以超越生死的念头。他穴山麓之窝，玩《易》以澄思，由是而领会到：“精粗一，外内翕，视险若夷。……于是阳明子抚几而叹曰：‘嗟乎！此古之君子所以甘囚奴，忘拘幽，而不知其老之将至也夫！吾知所以终吾身矣。”③ 只有内外、精粗合一，才能视艰险如平安，甘死囚奴而不知老的到来。在此蛇虺遍地、瘴疠④流行的恶劣环境下和仕途坎坷、贬官谪居的苦恼中，王守仁不仅要为绝粮而忧虑，“及兹春未深，数亩犹足佃，岂徒实口腹，且以理荒宴”⑤。虽种田可实口腹，还需采蕨，“采蕨西山下，扳援陟崔嵬。游子望乡国，泪下心如摧”⑥。而且要亲自砍柴、浇园、做饭，《王文成公全书》卷十九即有《采薪》、《观稼》诗。这对出身于官宦之家的子弟，确是不可想象的。于是他在进行主观精神锻炼、发挥“心”（主观精神）的作用来克服客观困难环境的同时，还求助于在“心”中得到解救。由是入“心学”之门。

久之，胸中洒洒。“忽中夜大悟格物致知之旨，寤寐中若有人语之者，不觉呼跃，从者皆惊。始知圣人之道，吾性自足，向之求理于事物者，误也。乃以默记《五经》之言证之，莫不吻合，因著《五经臆说》。”⑦ 王守仁龙场“大悟”，使他否定了朱熹求理于事物，即如阳明少年格竹子之理，就是求理于心外的路线。他肯定了“吾性自足”，而“求理于吾心”，这便是“圣人之道”。

《年谱》记载：“思州守遣人至驿侮先生，诸夷不平，共殴辱之，守大怒，言诸当道，毛宪副科⑧令先生请谢，且谕以祸福。”⑨ 考当

---

① 《建置志·驿传》，《贵州通志》。

② 《年谱》，《王文成公全书》卷三十二；另见《宦迹志三·王守仁传》，《贵州通志》。

③ 《玩易窝记》，《王文成公全书》卷二十三。

④ 瘴，疟疾；疠，麻风病。

⑤ 《谪居粮绝请学于农将田南山永言寄怀》，《王文成公全书》卷十九。

⑥ 《采蕨》，《王文成公全书》卷十九。

⑦ 《年谱》，《王文成公全书》卷三十二。

⑧ 毛科，字应奎。余姚人，弘治十六年由云南来贵州任按察司宪副兼提学副使。（参见《宦迹七·毛科传》，《贵州通志》）

⑨ 《王文成公全书》卷三十二。

时思州守为高节，与王守仁无涉。《贵州通志》记载："巡抚王质遣人至龙场驿凌辱守仁，为夷人所困，使人反诉之质，质怒守仁弗谢。科与守仁同乡，乃贻书劝之。守仁答书科，卒为守仁调护。"① 此条记载较合情理。

王守仁"大悟格物致知之旨"之后，开始形成自己心学的哲学体系，并讲学授徒于"龙冈书院"。据载："诸夷以予穴居颇阴湿，请构小庐，欣然趋事，不月而成。诸生闻之，亦皆来集，请名龙冈书院。"② 书院以立志、勤学、改过、责善等为学规。由是颇获好名。贵州提学副使席书（元山），与王守仁论朱陆同异。王以"知行本体"为例，证明自己所悟之学。往复数四，席书"豁然大悟，谓圣人之学复睹于今日"③，便请王守仁到府城讲学。正德四年（公元1509年）十一月初讲学于"文明书院"。《年谱》记载："提学副使席书聘主贵阳书院。"考贵州府城，时谓"程蕃府"。隆庆三年（公元1569年）才改名"贵阳府"，当时只有"文明书院"④，而无"贵阳书院"。席书择州县子弟师礼之⑤，并至书院与王守仁论学，设问答疑或至深夜，贵州之士始知有心性之学，"从是风动于仁义道德之域，将肩摩而踵接矣"⑥。王守仁在这里始论"知行合一"之旨。从笃信朱熹格物穷理的"照着讲"，到中年大悟格物致知之旨的"接着讲"。王守仁从自己格竹子之理的失败中，孜孜追求，或出入释老，或泛滥词章，其生命的跃动，永不停息，终于经劳其筋骨、苦其心志的磨炼，而得来龙场悟道。

---

① 《宦迹七·毛科传》。

② 《龙冈新构》，《王文成公全书》卷十九。

③ 《年谱》，《王文成公全书》卷三十二。

④ 《贵州通志》记载："文明书院"在治城内忠烈桥西，即"元顺元路儒学"故址。本朝弘治间提学副使毛科建。嘉靖间提学副使蒋信重建，中为敬宪堂，左右为斋舍，后为厨。郡人徐节记：毛科弘治十七年，公于省城中因择忠烈桥西胡指挥废宅及四旁民居易得，遂官给以值，而开拓之，右为提学分司，左为书院。平治庭址间，偶得断碑一通为《重修顺元儒学记》，人多奇之……遗址内改建文明书院。十七年十月讫工，于正德元年七月书院成。参见《学校志三·书院》。

⑤ 《年谱》记载：席书"遂与毛宪副修葺书院，身率贵阳诸生以所事师礼事之"（《王文成公全书》卷三十二）。考毛科正德四年（公元1509年）四月告老还乡。王守仁在《送毛宪副致仕归桐江书院序》中说："正德己巳（公元1509年）夏四月，贵州按察司副使毛公承上之命，得致其仕而归。"（《王文成公全书》卷二十二）此年十一月王守仁讲学于文明书院，则毛科已离开贵州。

⑥ 《席书敦诸守仁训迪诸生书》，《黔记·宦贤列传》。

（三）从“接着讲”到“讲自己”

1. 默坐澄心

王守仁自龙场悟道以后，便默坐澄心，主“知行合一”之说，发“心学”之论。贵州士子中出现了如陈宗鲁、汤冔、蒋信的弟子马廷锡等“心学”学者。王氏于正德五年（公元 1510 年）初离开贵州，三月①到江西“升庐陵县知县”②。他为政“不事威刑，惟以开导人心为本”③。刘瑾伏诛，十一月王守仁到京入觐。时与黄绾、王舆庵论圣人之学和晦庵、象山之学，重逢湛若水。

正德六年（公元 1511 年）调吏部验封清吏司主事。他认为，朱熹和陆九渊，虽然其学若有不同，而都不失为圣人之徒。于是他决心为陆九渊辩诬，以发扬陆学为职志。十月，升文选清吏司员外郎。次年三月，升考功清吏司郎中。是年穆孔晖、顾应祥、徐爱等十九人受业。十二月升南京太仆寺少卿。时徐爱亦升南京工部员外郎，与王守仁同舟归省。途中王守仁给徐爱讲《大学》宗旨，其讲授记录整理为《传习录》的首卷。徐爱说：“爱因旧说汩没，始闻先生之教，实骇愕不定，无入头处。其后闻之既久，渐知反身实践，然后始信先生之学为孔门嫡传，舍是皆傍蹊小径，断港绝河矣。”④推王守仁“心学”为“孔门嫡传”，视程朱之学为傍蹊小径。

正德九年（公元 1514 年）四月，升南京鸿胪寺卿，五月至南京。自徐爱来南都，同志日亲。薛侃、马明衡、陆澄等 24 人同聚师门，“日夕渍砺不懈，客有道自滁游学之士，多放言高论，亦有渐背师教者”⑤。鉴于一些学者“渐有流入空虚，为脱落新奇之论，吾已悔之矣”⑥的情况，他要“学者存天理，去人欲，为省察克治实功”⑦，通过省察的工夫，以便“去人欲”，而“存天理”。

正德十年（公元 1515 年），时王守仁的“知行合一”之教，被目为“立异好奇”。于是他在举官留都南京的时候，取朱子之书而检求之。“然后知其晚岁固已大悟旧说之非……世之所传

---

① 《明史·王守仁传》记载：“[刘] 瑾诛，量移庐陵知县。”是说刘瑾被杀后，王守仁才升庐陵。考刘瑾诛为正德五年八月，“戊申，刘瑾伏诛”（《武宗本纪》，《明史》卷十六）。然王守仁在《庐陵县公移》中说：“正德五年三月十八日，本职方才到任。”（《王文成公全书》卷二十八）据此，则《明史》记载有误。

②③④⑤⑥⑦ 《年谱》，《王文成公全书》卷三十二。

《集注》、《或问》之类，乃其中年未定之说，自咎以为旧本之误，思改正而未及。"[①] 是以朱熹晚年为"心学"者。对此，后人论争颇烈。但王守仁的苦心似在于，假《朱子晚年定论》以调护其学与被朝廷奉为官方哲学之间的冲突，以便减少其传播"心学"过程中的阻力，便于为人们所接受。翌年，"汀漳各郡皆有巨寇，尚书王琼特举"王守仁，升为都察院左佥都御史，巡抚南赣、汀、漳等处，以镇压江西南部和福建汀州、漳州等地发生的农民暴动。

明中叶以来，南赣、汀、漳等地是官府剥削和土地兼并最残酷、最激烈的地区，农民起义十分活跃。在此之前，已有何积钦、陈福益、胡雷二、王浩八、王钰五等部揭竿而起，但均于公元 1513 年前后被镇压。此时的所谓"巨寇"，是指大庾的陈日能部，大帽山的詹师富部，郴州的龚福全部以及占据横水的谢志珊（称"征南王"[②]）部，据左溪的蓝天凤部，据桶冈的锺景部和据广东浰头的池仲容部。在赣、闽、粤、湘四省的边区，起义军相互呼应，威胁明王朝。王守仁虽认为起义农民"或是为官府所迫，或是为大户所侵"[③] 的缘故，但他坚持"必须尽杀尔等而后可"[④] 立场。到南赣以后，为平定农民暴动，他采取了几项措施。一是鉴于赣民"私通峯贼，而与之传递消息，窝藏奸宄"[⑤] 的情况，乃立"十家牌法"，凡遇"面目生疏"、"踪迹可疑"的人与事，"即行报官究理，或有隐慝，十家连罪"[⑥]，切断人民对农民军的支援。二是选民兵，编练地方武装。"案仰四省各兵备官，于各属弩手、打手、机快等项，挑选骁勇绝群、胆力出众之士，每县多或十余人，少或八九辈。……大约江西、福建二兵备，各以五六百名为率，广东、湖广二兵备，各以四五百为率。"[⑦] 他们的任务是"专以守城防隘为事"[⑧]。王守仁的这些措施在平定农民暴动中曾起作用。

正德十二年（公元 1517 年）正月，王守仁开始围剿漳南象湖山，杀农民军首领詹师富、黄猫狸、萧细弟、郭虎、温火烧等[⑨]

---

① 《朱子晚年定论序》，《王文成公全书》卷三。

② 《明史》卷一九五《王守仁传》作谢志山，今据王守仁的《攻治盗贼二策疏》、《议夹剿方略疏》改为谢志珊。

③④ 《告谕浰头巢贼》，《王文成公全书》卷十六。

⑤⑥ 《案行各分巡道督编十家牌》，《王文成公全书》卷十六。

⑦⑧ 《选拣民兵》，《王文成公全书》卷十六。

⑨ 参见《闽广捷音疏》，《王文成公全书》卷九。

"七千有奇"[1]。从五月至次年四月，先后杀农民军首领谢志珊、陈日能、蓝天凤、池大鬓（仲容）、黄秀玑等[2]，横水、左溪、桶冈、浰头的农民军均被平定，被杀农民军约 18 000 人。如上犹县白水峒、石路坑，南康县鸡湖的农民军"被兵四面放火进攻"，"烧死多数，天明看视，止存骸骨，头面烧毁莫辨"[3]。为了加强治理力度，王守仁一方面在农民军活跃的地区添设县治；另一方面，又在各地建立学校，以移风易俗，加强宗法伦理道德教育；再一方面是疏通盐法，用增收盐税来减轻军饷负担，缓和军民冲突。[4]

正德十三年（公元 1518 年）升为都察院右副都御史，荫子锦衣卫，世袭百户。他从平定农民军的实践中，深知"破山中贼易，破心中贼难"[5]，很注意从思想上铲除不利宗法统治的念头。这正是思想家比一般统治者"高明"之处。是年刻《古本大学》、《朱子晚年定论》，门人薛侃刻《传习录》，并修濂溪书院，同时"乃举乡约告谕父老子弟"[6]，其目的是安定社会秩序。

正德十四年（公元 1519 年）六月，奉敕勘处福建叛军，行至丰城，知县顾佖告以宁王朱宸濠反，遂返吉安。"督同知府等官伍文定等，调集兵粮，号召义勇。"[7] 准备起兵，上疏告变，并向各地发出檄文，要求发兵勤王。同时，劝诫武宗说："致宗室谋动干戈，冀窃大宝。且今天下之觊觎，岂特一宁王；天下之奸雄，岂特在宗室，言念及此，懔骨寒心。……伏望皇上痛自刻责，易辙改弦。……定立国本，励精求治，则太平尚有可图。"[8] 既表明他"急于君父之难"，拥护武宗政权，又要武宗"省愆咎己"，挽救明王朝的危急。

朱宸濠在南昌起兵，出鄱阳，下九江，直趋安庆，窥伺留都。王守仁抓住朱宸濠后方空虚之失，直取南昌。朱宸濠回援，激战于樵舍。最后生擒宸濠"并其世子、郡主、将军、仪宾及伪太师、国师、元帅、参赞、尚书、都督、都指挥、千百户等官"[9]，前后

① 《年谱》，《王文成公全书》卷三十二。
② 参见《攻治盗贼二策疏》、《类奏擒斩功次疏》，《王文成公全书》卷九。
③ 《南赣擒斩功次疏》，《王文成公全书》卷十。
④ 参见《疏通盐法疏》、《再请疏通盐法疏》，《王文成公全书》卷九、卷十一。
⑤ 《年谱》作此年。考王守仁《与杨仕德、薛尚谦》书为丁丑年，即正德十二年。
⑥ 《年谱》，《王文成公全书》卷三十三。
⑦ 《飞报宁王谋反疏》，《王文成公全书》卷十二。
⑧ 《奏闻宸濠伪造檄榜疏》，《王文成公全书》卷十二。
⑨ 《擒获宸濠捷音疏》，《王文成公全书》卷十二。

经43天①，平定了明王朝的内乱。但由于其内部的矛盾，宦官张忠的挑拨，王守仁遭武宗的猜疑，甚至被认为是朱宸濠同党。次年，又逮捕其门人冀元亨，想得到其师与宸濠勾结谋反的口供。王守仁采取“忍让”的态度，才得以渡过险难。

王守仁在这个阶段，从居龙场大悟“格物”之旨；默坐澄心，提出“知行合一”之说；辨朱陆同异，否定“是朱非陆”的定论，并在平定叛乱中，首论“破山中贼易，破心中贼难”主张。同时讲学授徒，宣扬他的“心学”思想。无论文治、武功，还是哲学思想，都是其一生的重要阶段。

2. 专提“致良知”之教

王守仁平藩功成，踌躇满志之日，也是他被张忠、许泰献谗言陷害之时。《年谱》记载，他这时常“中夜默坐，见水波拍岸”，甚至对门人说：“此时若有一孔可以窃父而逃，吾亦终身长往不悔矣！”② 王守仁似已心灰意冷，但忠于明王朝的赤诚之心，使他没有也不可能“长往”。

正德十五年（公元1520年）九月，泰州王艮来见王守仁，《年谱》记载：

> 服古冠服，执木简，以二诗为贽③，请见。先生异其人，

---

① 《明史》卷一九五《王守仁传》记载：“凡三十五日，而贼平。京师闻变，诸大臣震惧。”但考之王守仁的奏疏，并非三十五日。王守仁在《飞报宁王谋反疏（十四年六月十九日）》中说：“本月（六月）十五日，行至丰城县，地名黄土脑。据该县知县等官顾佖等禀称，本月十四日，宁府称乱。”（《王文成公全书》卷十二）即6月14日开始作乱。在《擒获宸濠捷音疏（十四年七月三十日）》中说：“［七月］二十六日，宁王方朝群臣……我兵遂执宁王……数百余人。……擒斩贼党三千余级，落水死者约三万余。……二十七日，及之于樵舍，大破之。又破之于吴城，擒斩千余首级，落水死者殆尽。”（同上）从6月14日至7月27日，共43天。

② 《王文成公全书》卷三十三。

③ “二诗”，其一：孤陋愚蒙住海滨，依书践履自家新。
谁知日日加新力，不觉腔中浑是春。

此首诗自诉经历。少时孤陋愚蒙，没有老师指点。虽依书去做，日日加新力，却不知真理就在自己的“腔中”，即“心”中。

其二：闻得坤方布此春，告违艮地乞斯真。
归仁不惮三千里，立志惟希一等人。
去取专心循上帝，从违有命任诸君。
磋磨第愧无胚朴，请教空空一鄙民。

诗意是，闻得王守仁在江西讲学，不惮三千里之路，远道而来，是为求做“一等”圣人的道理，望王守仁赐教于海滨的“鄙民”。

降阶迎之。既上坐，问："何冠?"曰："有虞氏冠。"问："何服?"曰："老莱子服。"曰："学老莱子乎?"曰："然。"曰："将止学服其服，未学上堂诈跌掩面啼哭也。"银色动，坐渐侧。及论致知格物，悟曰："吾人之学，饰情抗节矫诸外。先生之学，精深极微，得之心者也。"遂反服执子弟礼。先生易其名为艮，字以汝止。①

王艮是王守仁的高足。他对于王守仁的学说，有两方面的贡献："阳明先生之学，有泰州（王艮）、龙溪（王畿），而风行天下；亦因泰州、龙溪而渐失其传。"② 使王守仁学说在下层人民中得到传播；也使其说渐失其传统，而开出泰州学派。

是时，学者慕名而至者甚众，陈九川、夏良胜、万潮、欧阳德、魏良弼、李遂、舒芬、裘衍，日侍讲席。但巡抚御史唐龙、督学佥事邵锐，却守程朱之学，而相与辩论。王守仁说：

吾真见得良知人人所同，特学者未得启悟，故甘③随俗习非。今苟以是心至，吾又为一身疑谤，拒不与言，于心忍乎?④

王守仁以"良知"人人所同，而与程朱相异。程朱以"良知"为先在的伦理道德观念："爱亲敬长，所谓良知良能者也。"⑤ 由于王守仁以"良知"为形上学本体，而与当时笃守程朱之学的唐龙、邵锐相对，因此人多畏避，甚至被指为异物。独王臣、魏良政、魏良器、钟文奎、吴子金等挺然不变，相依而起者日众。

正德十六年（公元1521年），王守仁50岁，居南昌。是年始揭"致良知"之教。⑥《年谱》记载："自经宸濠、忠泰之变，益信良知真足以忘患难，出生死，所谓'考三王、建天地、质鬼神、俟后

---

① 《王文成公全书》卷三十三。杨起元之《证学编》卷三所载与《年谱》稍异。

② 《泰州学案》，《明儒学案》卷三十二。

③ "甘"，《王阳明全集》，世界书局1936年版作"耳"。如此，则此句应为："特学者未得启悟故耳"。

④ 《年谱》，《王文成公全书》卷三十三。

⑤ 《尽心章句上》，《孟子集注》卷十三。

⑥ 冯友兰在《中国哲学史》中说：王守仁"四十三岁时，'始专以致良知训学者'"（《陆象山王阳明及明代之心学》第十四章，《中国哲学史》第二编《经学时代》，948页）。查《阳明先生年谱》在其43岁时，无"始专以致良知训学者"的记载。《年谱》载，王守仁50岁，"是年先生始揭致良知之教"，既言"始揭"，则"始以致良知训学者"为不实。黄宗羲在《明儒学案·姚江学案》上说："江右以后，专提致良知三字。"江右即江西。王守仁43岁时初在滁州督马政，五月至南京，均不在江右。今依《年谱》。

圣'，无弗同者。"① "致良知"乃是经平朱宸濠乱和张忠、许泰之变而体会到的。因此，他这样说：

> 某于此良知之说，从百死千难中得来，不得已与人一口说尽；只恐学者得之容易，把作一种光景玩弄，不实落用功，负此知耳。②

自以"良知之说"得来不易。学者如不着实用功去做，而把它作为光景玩弄，那是有负"良知"之说的。因为"我此良知二字，实千古圣圣相传，一点滴骨血也"③，是乃真"道统"。

从孔孟道统出发，王守仁"录陆象山子孙"，他在《褒崇陆氏子孙》④ 公移中说：

> 看得宋儒陆象山先生兄弟，得孔孟之正传，为吾道之宗派。学术久晦，致使湮而未显。庙堂尚缺配享之典，子孙未沾褒崇之泽。仰该县官吏，将陆氏嫡派子孙差役，查照各处圣贤子孙事例，俱与优免。其间有聪明俊秀，堪以入学者，具名送提学官处选送学肄业，务加崇重之义，以扶正学之衰。⑤

既然陆九渊得"孔孟正传"，则继承陆学的王守仁也是"孔孟正传"了。以此使"心学"获得正宗地位。

是年三月武宗朱厚照死，四月世宗朱厚熜即位。五月，集门人于白鹿洞，使共明"心学"。在与邹守益书中说："进令开馆于白鹿。……圣天子新政英明，如谦之亦宜束装北上，此会宜急图之，不当徐徐而来也。"⑥ 王守仁估计世宗即位之后，自己必有重用，故想在离开江西前，"同门久聚，共明此学"⑦。六月赴内召，

---

① 《王文成公全书》卷三十三。

②③ 《年谱》，《王文成公全书》卷三十三。

④ 《王文成公全书》卷十七《褒崇陆氏子孙》公移下注"正德十五年正月"，而《年谱》将此记入正德十六年，但未作考证。按：正德十五年正月，据《年谱》载："[张]忠、[许]泰在南都谗先生必死，惟张永持正，保全之。武宗向忠等曰：'以何验反？'对曰：'召必不至。'有诏面见，先生即行。忠等恐语相违，复拒之芜湖半月。不得已，入九华山。每日宴坐草庵中，适武宗遣人觇之曰：'王守仁学道人也，召之即至，安得反乎？'"按从南昌到南京，约好几天，拒芜湖又半月，差不多一个月。他在那朝不保夕的情况下，哪有心思褒奖陆象山后代？

⑤ 《王文成公全书》卷十七。

⑥ 《与邹谦之（辛巳）》，《王文成公全书》卷五。

⑦ 《年谱》，《王文成公全书》卷三十三。

辅臣阻之[1]。上疏便道归省，升南京兵部尚书，参赞机务。十二月封新建伯，《年谱》载："制曰：江西反贼平……王守仁封新建伯[2]，奉天翊卫推诚宣力守正文臣，特进光禄大夫柱国，还兼两京兵部尚书，照旧参赞机务。岁支禄米壹千石，三代并妻一体追封。给与诰券，子孙世世承袭。"[3]《明史·王守仁传》载："然不予铁券，岁禄亦不给。"受杨廷和等人的忌能和排斥。次年以服父王华丧，不召，"免丧，亦不召"[4]。

王守仁回越后，"日与宗族亲友宴游，随地指示良知"。但乡中故老犹执王守仁往迹为疑，钱德洪[5]却深信"良知"之说，乃排众议，率二侄大经、应扬及郑寅、俞大本，因王正心通贽请见；随之，夏淳、范引年、吴仁、柴凤、孙应奎、诸阳、徐珊、管州、谷钟秀、黄文焕、周于德、杨珂等74人，受学王守仁。此后，钱德洪便成为王守仁的高足。

这个阶段，王守仁亲经平宸濠之乱和忠泰之变，而提出"致良知"之教。如果说在平定农民军中提出"破山中贼易，破心中贼难"的主张，主要是指被统治者的反抗活动和反抗意识的话，那么，朱宸濠之乱，则是统治阶级内部的冲突。从维护宗法制统治的正统来看，朱宸濠之乱也有"心中贼"的问题。围绕着如何解决"心中贼"问题苦苦思索，王守仁终于悟出了"致良知"之教。"先生自南都以来，凡示学者，皆令存天理、去人欲以为本。有问所谓，则令自求之，未尝指天理为何如也。间语友人曰：'近欲发挥此，只觉有一言发不出，津津然如含诸口，莫能相度。'久乃曰：'近觉得此学更无有他，只是这些子，了此更无余矣。'旁有健羡不已者，则又曰：'连这些子亦无放处，今经变后，始有良知之说。'"[6] 这个如鲠在喉、莫能相度者，便是"良知"，"致良知"便是王守仁哲学形上学

---

① 所谓"辅臣阻之"，《王守仁传》有一段记载较详："[世宗] 甫即位，趣召入朝受封。而大学士杨廷和与王琼不相能。守仁前后平贼，率归功琼，廷和不喜，大臣亦多忌其功。会有言国哀未毕，不宜举宴行赏者，因拜守仁南京兵部尚书。守仁不赴，请归省。"(《明史》卷一九五)

② 《世宗本纪》记载："丁巳，录平宸濠功，封王守仁新建伯。"(《明史》卷十七)

③ 《王文成公全书》卷三十三。

④ 《王守仁传》，《明史》卷一九五。

⑤ "钱德洪……王守仁平濠归越，德洪与同邑范引年……数十人会于中天阁，同享学焉。明年举于乡。四方之士来学于越者甚众，德洪与王畿先为疏通其大旨，而后卒业于守仁，一时称为教授师。"(《列传九》，《余姚县志》卷二十三)

⑥ 《年谱》，《王文成公全书》卷三十三。

逻辑结构进一步完善的标志。

3. 所操益熟，所得益化

在人言可畏、谤议不止的情况下，王守仁坚信“致良知”之教，泰然自若。时御史程启充、给事毛玉，“倡议论劾，以遏正学，承宰辅意也。陆澄时为刑部主事，上疏为六辩以折之，先生闻而止之，曰：‘无辩止谤。尝闻昔人之教矣，况今何止于是。四方英雄，以讲学异同，议论纷纷，吾侪可胜辨乎？……然则今日之多口，孰非吾侪动心忍性砥砺切磋之地乎？且彼议论之兴，非必有所私怨于我，亦将以为卫夫道也。……未可专以罪彼为也’”①。当时宰辅为杨廷和，程、毛是据杨的意思而倡议论劾。王守仁对谤议并不计较，甚至视之为学术异同。

但谤议并不由此而止，以至谤及王守仁的学说。嘉靖二年（公元1523年）南宫策士，以“心学”为问，阴以辟王守仁。顾炎武记载：

> 嘉靖二年，会试发策，谓朱陆之论终以不合，而今之学者，顾欲强而同之，岂乐彼之径便，而欲阴诋吾朱子之学欤？究其用心，其与何澹、陈贾辈亦岂大相远欤？至笔之简册，公肆诋訾，以求售其私见。礼官举祖宗朝故事，燔其书而禁斥之，得无不可乎！②

参加会试的门人或不答而出，或直发师旨，或下第而归。钱德洪下第而深恨时事之乖。王守仁喜而相接说：“圣学从兹大明矣！”德洪不解地问：“时事如此，何见大明？”他说：“吾学恶得遍语天下士，今会试录虽穷乡深谷无不到矣。吾学既非，天下必有起而求真是者。”③ 王守仁不仅自诩“吾学”即“圣学”，而且认为坏事能变好事，辟“吾学”也即是宣扬“吾学”，使得穷乡僻壤都知道有心学。

对于谤议，王守仁持这样的态度。一日，邹守益、薛侃、黄宗明、马明衡、王艮等侍，因言谤议日炽，究其故，有说王守仁势位隆盛，以忌嫉谤；有言学说日明，为宋儒争异同，以学术谤；有曰天下从游者众，以身谤。对于这些原因的分析，王守仁说：“三言者

① 《年谱》，《王文成公全书》卷三十四。

② 《朱子晚年定论》，《日知录》卷十八。

③ 《年谱》，《王文成公全书》卷三十四。

诚皆有之，特吾自知，诸君论未及耳。”众人请问，曰：“吾自南京已前，尚有乡愿意思。在今只信良知真是真非处，更无掩藏回护，才做得狂者，使天下尽说我行不掩言，吾亦只依良知行。”众人请问：“乡愿狂者之辨?”曰：“乡愿以忠信廉洁见取于君子，以同流合污无忤于小人，故非之无举，刺之无刺。然究其心，乃知忠信廉洁，所以媚君子也；同流合污，所以媚小人也。其心已破坏矣，故不可与入尧舜之道。狂者志存古人，一切纷嚣俗染，举不足以累其心，真有凤凰翔于千仞之意。一克念，即圣人矣。惟不克念，故阔略事情，而行常不掩；惟其不掩，故心尚未坏，而庶可与裁。”① 如果在举官南京之前还有乡愿意思，未完全入“圣人之道”，在此之后，王守仁则专讲“良知”，一克念即圣人了。虽然也借“乡愿，德之贼也”② 表示对谤议者的不满。既不以“忠信廉洁”求媚于“君子”，亦不以“同流合污”无忤于“小人”。只一“良知”，便是真理。

嘉靖三年（公元1524年），王守仁53岁，门人日进。郡守南大吉以座主称门生，四方从学如云。于是辟稽山书院③，聚八邑彦士，身率讲习以督之。时萧璆等来自湖广，杨仕鸣等来自广东，王艮、孟源、周冲等来自直隶，何泰等来自南赣，刘邦采等自安福，魏良政等自新建，曾忭等自泰和，“环坐而听者三百余人”，以至“宫刹卑隘至不能容”。王守仁在稽山书院“只发《大学》万物同体之旨，使人各求本性，致极良知，以至于至善。功夫有得，则因方设教，故人人悦其易从”④，即今存之《大学问》。是年八月中秋，月白如昼，设席于天泉碧霞池上，门人在侍者百余人，酒至半酣，歌声渐动，或投壶聚算，或击鼓，或泛舟，兴致盎然。王守仁见诸生兴剧，退而作诗。其一有：

肯信良知原不昧，从他外物岂能撄。
老夫今夜狂歌发，化作钧天满太清。⑤

---

① 《年谱》，《王文成公全书》卷三十四。

② 《论语·阳货篇》。

③ “在府城卧龙山西冈山阴地，宋朱晦庵尝司本郡常平事，讲学倡多士三衢马天骥建祠祀之。其后九江吴草因请为稽山书院，岁久堙废。明正德间张焕改建于故址之西，嘉靖三年知府南大吉增建明德堂，尊经阁，后为瑞泉精舍。……试八邑诸生选其尤者升于书院，月给廪饩。”（《学校志二·书院》，《绍兴府志》卷二十）

④ 《年谱》，《王文成公全书》卷三十四。

⑤ 《月夜二首（与诸生歌于天泉桥）》，《王文成公全书》卷二十。

诗意是，良知不昧，岂从外物；发狂歌而满太清，得意忘情。其二有：

> 影响尚疑朱仲晦，支离羞作郑康成。
> 铿然舍瑟春风里，点也虽狂得我情。①

王守仁以“吾与点也”的孔子自诩，而贬朱熹、郑玄，倡导“心学”，虽狂而得情。第二天，王守仁对诸生说：昔者孔子在陈，思鲁之狂士比之没溺于富贵声利之场的庸庸琐琐者不同，但其“未得于道，一也”。“今幸见此，正好精诣力造，以求至于道，无以一见自足，而终止于狂也。”② 要求终于“狂”，而至于“道”，即“良知”。在越讲学授徒，宣扬“良知”之教。嘉靖四年（公元 1525 年）十月在越城西郭门内光相桥东建阳明书院。

嘉靖六年（公元 1527 年）五月，王守仁在病中，朝廷命王守仁以原职兼都察院左都御史，征思田。思田之乱原为少数民族酋长的内乱，处理不当而发展成反明内乱。先是广西田州岑猛反，被提督御史姚镆平定，岑猛部属卢苏、王受，构众煽乱，攻陷思恩。姚镆复合四省兵征讨，弗克，故起用王守仁总督两广及江西、湖广军务。九月，王守仁从绍兴出发前，与门人钱德洪、王畿讲“四句宗旨”，即“无善无恶是心之体，有善有恶是意之动，知善知恶是良知，为善去恶是格物”之说。是月初八，德洪和王畿访张元冲于舟中，因论王守仁为学宗旨，王畿疑此四句教“未是究竟话头”？进而发挥为“四无”，钱德洪不同意。于是当晚请正于王守仁，王便移席天泉桥上，说：“二君之见，正好相取，不可相病。汝中须用德洪功夫，德洪须透汝中本体，二君相取为益，吾学更无遗念矣。”③ 以图调和钱、王之间的分歧。并叮咛说：

> 二君以后再不可更此四句宗旨。此四句，中人上下无不接着。我年来立教，亦更几番，今始立此四句。④

这便是后来被称为王门的“天泉证道”。

王守仁自钱塘，过衢县、常山、南昌、吉安、肇庆而至梧州，沿途吟诗、讲学，听者甚众。指出：“良知之妙真是周流六虚，变通不居。若假以文过饰非，为害大矣。”又叮嘱：“工夫只是简易真切，

---

① 《月夜二首（与诸生歌于天泉桥）》，《王文成公全书》卷二十。

②③④ 《年谱》，《王文成公全书》卷三十四。

愈简易，愈真切”①。次年二月，王守仁用招抚的办法，平定了思恩、田州酋长卢苏、王受之乱。立纪功碑曰：“新建伯王守仁，曷往视师，其以德绥，勿以兵虔，班师撤旅，信义大宣，诸夷感慕，旬日之间，自缚来归者七万一千，悉放之还农，两省以安。”② 并兴建思田学校、南宁学校，加强伦理道德教育。

思田平后，王守仁本可班师，但他认为土著民族的作乱“其可忧危，奚啻十百于二酋者之为患”③。于是应当地父老之请，不待诏令，自移师广西八寨断藤峡。这里本是百年来少数民族动乱的“根株渊薮”，两处山则夹江峻岭，下临不测深谷，非手援足蹑，不得施步。在这种深山峡谷间作战，实乃艰难之极。他在上疏中说：“皆偃旗息鼓，略无警备，遂皆怠弛，不以为意，至是突遇官兵四面攻围，各贼仓皇失措……崖谷之间，颠堕而死者不可胜计，臭恶薰蒸，不可复前，远近岩洞之中，林木之下，堆叠死者，男妇老少，大约且四千有余。”④ 老、少均不可免。平定两地之乱后，他进行了一些改革，以利长治久安。

是年（嘉靖七年，公元 1528 年）十月，以患咳痢之疾（即肺病）日益增剧，上疏告归。⑤ 十一月二十九日（1529 年 1 月 9 日）卒于归途的南安舟中。时年 57 岁。《年谱》载：临终，南安推官门人周积问何遗言，王守仁对他说：“此心光明，亦复何言！”⑥ 葬在山阴兰亭山。⑦

王守仁从龙场悟道的“接着讲”到经平宸濠之乱，忠、泰之变，历百死千难中得来“致良知”之教的“自己讲”，王守仁“心学”在“讲自己”中而达圆熟化境。

王守仁既卒，吏部尚书桂萼奏其擅离职守。帝大怒，下廷臣议。“萼等曰：‘守仁事不师古，言不称师。欲立异以为高，则非朱熹格物致知之论；知众论之不予，则为《朱熹晚年定论》之书。……传

① 《年谱》，《王文成公全书》卷三十四。

② 《田州立碑》，《王文成公全书》卷二十五。

③ 《赴任谢恩遂陈肤见疏》，《王文成公全书》卷十四。

④ 《八寨断藤峡捷音疏》，《王文成公全书》卷十五。

⑤ 参见《乞恩暂容回籍就医养病疏》，《王文成公全书》卷十五。

⑥ 《王文成公全书》卷三十四。门人黄绾《阳明先生行状》载：“家僮问何所嘱？公曰：他无所念，平生学问方才见得分数，未能与吾党共成之，为可恨耳。”（《王文成公全书》卷三十七）记载与《年谱》有异。

⑦ 参见《余姚县志》卷十五。

习转讹，背谬弥甚。……宜免追夺伯爵以章大信，禁邪说以正人心。'帝乃下诏停世袭，恤典俱不行。"① 王守仁的学说被当时居官方意识形态的程朱学派的官吏目为"邪说"、"伪学"而遭排斥。《年谱》记载："自师没，桂萼在朝，学禁方严，薛侃等既遭罪谴，京师讳言学。"② "且下诏禁伪学。"③ 世宗下谕："其学术令都察院通禁约，不许踵袭邪说，以坏人心。"④ 尽管王守仁"心学"和其事功都是以维护明王朝统治为宗旨，但并没有被当时统治者所尊崇和信奉。过了将近40年，到穆宗朱载垕隆庆元年（公元1567年）才诏赠新建侯，谥文成。二年予世袭伯爵。

王守仁的著作，正德十三年（公元1518年）八月，门人薛侃刻其《传习录》三卷于江西赣州，嘉靖三年（公元1524年）十月，门人南大吉续刻《传习录》，取先生论学书，增为五卷。嘉靖六年（公元1527年）四月，门人邹守益刻《文录》四册于广德。嘉靖十四年（公元1535年）二月，由钱德洪、王畿等搜猎逸稿，编辑续刻《文录》。嘉靖四十五年（公元1566年）刻《文录续编》。隆庆六年（公元1572年），浙江巡抚谢廷杰，汇王守仁著作刊刻成《王文成公全书》三十八卷（《传习录》三卷，《文录》、《别录》、《外集》、《续编》二十八卷，《年谱》、《世德纪》七卷）。近年来，王守仁著作在中国、日本不断有所发现，整理后发表于各刊物，笔者近年曾整理发表二篇，待汇集成册。⑤

二、"致良知"的本体工夫论

诚如在"绪论"中所述，王守仁哲学基本范畴间的内在联系，其哲学的逻辑结构是"心"（"良知"）——"物"——"心"（"良知"）。

当王守仁在构筑其哲学逻辑结构时，程、朱"道学"已成为不可动摇的、日显僵化的官方哲学。南宋时的朱、陆异同之争，久已

① 《王守仁传》，《明史》卷一九五。

② 《王文成公全书》卷三十五。

③ 《年谱》，《王文成公全书》卷三十四。

④ 《世宗实录》卷九十八。

⑤ 详见《张立文文集》三十二辑《儒学与人生》，332～342页，首尔，韩国学术信息出版社，2009。篇名为《王阳明思想资料的新发现·陈氏大成宗谱序》和《与周道通答问书》。

被“是朱非陆”所论定，陆学被湮没，似成历史的“陈迹”。然而，历史的发展却使已泯没无闻三百多年的“陈迹”复活起来。从形式上看来，这似乎是哲学思想发展的回归，而实是中国体认史上的一种发展形式。

历史的推移，认知的发展，使得“致广大，尽精微，综罗百代”的朱熹哲学逻辑结构渐露其破绽；也使这个在当时看来是严密的、思辨的哲学体系愈显其内在的冲突。这个破绽和冲突集中表现为理性本体与感性实在、抽象的超越现实的先在“理”与具体的去格的一件一件的“物”、伦常道德规范与人们践履行为之间。朱熹虽然也曾想修补这个形而上与形而下之间的裂缝，试图通过烦琐和费神地格一事一物，以求穷“理”的工夫，但“理”与“物”之间的融合，总是那样难于实现。到了王守仁之时，朱熹哲学逻辑结构的内在裂缝便愈来愈拉大了。鉴于这种情况，王守仁不得不解构朱熹哲学，构筑有别于朱熹的哲学逻辑结构。这大概是历史和思想发展的必然。

朱熹哲学逻辑结构的根本核心理念是注重“理”与“气”、“太极”与“阴阳”、“道”与“器”、“知”与“行”、“道心”与“人心”、“天理”与“人欲”、“天命之性”与“气质之性”等范畴的分二、对待，当然也注意这些范畴之间相互联系的不离层面①，这是其逻辑结构内在运行机制所需要的。形而上、形而下的区别在很大程度上被凝固了。王守仁哲学逻辑结构的根本核心观念是强调“道心”与“人心”、“知”与“行”、“心”与“理”、“形而上”与“形而下”等范畴的融合、合一。他把本来从具体的、现实的、感性中超越出来的抽象的、先在的、理性的“理”、“太极”、“道”等形而上本体，与具体的、现实的、感性的相合一，以化解朱熹哲学逻辑结构的破绽和矛盾。

依据王守仁思想的演变过程，以下将揭示其思想发展的脉络和其逻辑结构中基本范畴间的联系，以呈现王守仁哲学逻辑结构的本真。

(一)“心”与“理”

当王守仁在构筑其“心体”哲学逻辑结构时，面临着如何解构程、朱“道学”而为“心学”，即超越的道体与内在的心体如何为一，道体（理体）如何被心体所统摄的问题。在这点上，王守仁是

① 参见拙著：《朱熹思想研究》，第五章、第七章。

煞费苦心的。不如此，则不具备建立其哲学逻辑结构的前提条件。

有一种流行的看法认为，程、朱与陆、王思想的重要差异之标志在于，前者主张“性即理”，后者主张“心即理”。惟不知程、朱也曾讲“心即理”[①]。程颢说：“曾子易箦之意，心是理，理是心。”[②]“理与心一，而人不能会之为一。”[③] 朱熹也说：“理即是心，心即是理。有一事来，便有一理以应之。”[④]“仁者，心便是理。”[⑤]“吾以心与理为一。”[⑥] 王守仁亦讲“性即理”。“心之体，性也，性即理也。”[⑦] 又说：“心之本体即是性，性即是理。”[⑧] 因此，不能以此为简单区别标准。核心问题应是，程、朱以“理”为形而上本体，并以此为其哲学逻辑结构的核心话题；陆、王以“心”（“良知”）为形而上本体，并为其哲学逻辑结构的核心话题。超越的、外在的道体（理体）与内在的心体之别，这才是他们区别的关键点。

1. 何谓“心”

王守仁年轻时格竹子的失败，使他对原来所笃信的朱熹“格物穷理”之说发生动摇，萌发了解构朱熹哲学逻辑结构的念头。然而，如何穷得“理”？这个问题并未解决，于是他转而求诸释、老。佛教万象皆幻，以空为真，“万法唯识”，“一切唯心”和道教“以无生有”的思想，不能不对“出入于佛、老者久之”的王守仁发生影响。王守仁哲学的起点，就在于解决“心”与“理”的关系，即如何把“理”纳入“心”中。

由于朱熹不能，也不可能理解一般与个别、感性与理性、主体与客体的辩证关系，因而在理论上陷入了“理”与“气”、“太极”与“阴阳”、“道”与“器”、“格物”与“穷理”、“道心”与“人心”、“天理”与“人欲”的二分和对待之中。曾与朱熹“道学”相抗衡的陆九渊，尽管觉察到朱熹哲学逻辑结构中的这个矛盾，但在一些问题上仍然沿用程、朱观点，即使在论述“心”与“理”的关系中，也曾有把“心”与“理”并列的价值取向，这说明他还处在

---

① 参见拙著：《朱熹思想研究》，496、517 页的《心、性、情图》，及《走向心学之路——陆象山思想的足迹》，382～389 页。

② 《河南程氏遗书》卷十三，《二程集》，139 页。

③ 《河南程氏遗书》卷五，《二程集》，76 页。

④⑤ 《朱子语类》卷三十七。

⑥ 《朱子语类》卷一二六。

⑦ 《答顾东桥书》，《王文成公全书》卷二。

⑧ 《传习录上》，《王文成公全书》卷一。

一种未圆融之中。王守仁的任务，便是明确否定朱熹“理”与“心”二分之弊。他在《答顾东桥书》中说：

> 晦庵谓：“人之所以为学者，心与理而已。”心虽主乎一身，而实管乎天下之理，理虽散在万事，而实不外乎一人之心。是其一分一合之间，而未免已启学者心理为二之弊，此后世所以有专求本心，遂遗物理之患，正由不知心即理耳。夫外心以求物理，是以有闇而不达之处，此告子义外之说，孟子所以谓之不知义也。心一而已，以其全体恻怛而言，谓之仁；以其得宜而言，谓之义；以其条理而言，谓之理。不可外心以求仁，不可外心以求义，独可外心以求理乎？①

王守仁明确宣布，他的“心即理”说是针对朱熹以“心”、“理”为二之弊而发的，而其论题的着重点又是从格竹失败而来的。“朱子所谓格物云者，在即物而穷其理也。即物穷理，是就事事物物上求其所谓定理者也。是以吾心而求理于事事物物之中，析心与理而为二矣。”② 在他看来，朱熹“以吾心而求理于事事物物之中”，不仅分认识主体（吾心）和认识客体（事物之理），这样就把事物之理排斥在心外，无疑以心与理为二。王守仁企图使认识主体（“心”）与客体（“理”）合而为一，而主张“心即理”之说，抨击“外心以求物理”为告子的“义外”之说。

那么，在王守仁的哲学逻辑结构中，对“心”作如何规定呢？

第一，“心”是具有意识活动的精神实体。如果说孟子以“心之官则思”，此“心”除司思维之外，亦可理解为思维器官的话，那么，王守仁则明确反对心为思维器官之说。“心不是一块血肉，凡知觉处便是心。如耳目之知视听，手足之知痛痒，此知觉便是心也。”③ “心”既非一块血肉，便不是指古人以为具有思维功能的心脏器官，而是一种知觉活动。“心”这种知觉意识活动是对于客体世界的呈现，也是对耳目口鼻身的感觉器官所以视听言动的呈现。“耳目口鼻四肢，身也。非心安能视、听、言、动？心欲视听言动，无耳目口鼻四肢亦不能。故无心则无身，无身则无心。但指其充塞处言之谓之身，指其主宰处言之谓之心。”④ 耳目口鼻四肢，本身便具

① 《王文成公全书》卷二。

② 《答顾东桥书》，《王文成公全书》卷二。

③④ 《传习录下》，《王文成公全书》卷三。

有听、视、言、动等生理功能，它是不需要“心”去支配的，如果瞎掉眼睛，那么即使有意识支配，也视而不见。但如何视、听、言、动？视、听、言、动的对象、目的、范围等，却是由“心”（意识）支配的。所以他说：

> 心者身之主宰，目虽视而所以视者，心也；耳虽听而所以听者，心也；口与四肢虽言、动而所以言、动者，心也。①

“所以视”、“所以听”、“所以言、动”，是对视、听、言、动的追究，这种追究便把其最终的所以然者“心”凸显出来。王守仁所谓的“耳目之知视听、手足之知痛痒”的“知”，似指知觉，也似指手足具有知道痛痒的功能，在这里，他把知觉和耳目口鼻等感官相混淆，把认知和人体的各种器官的不同生理功能相混淆，以扩大“心”的作用。“心”不仅主宰身及各种器官，而且“心”便是“知觉”，便是认知。作为对事物认知的感觉，则是意识对外部世界的直接认知，知觉便是感觉的集合。感觉、知觉都是认知的感性形式。

第二，“心”是具有伦理道德的观念。“心”在不同的层面和状况下，其内涵可作不同的规定。如以“心”的全体恻怛而言，则称之为“仁”，以其得宜则为义，以其条理而说，则为“理”。忠、孝、仁、义，是“心”的重要规定性。他说：

> 且如事父，不成去父上求个孝的理；事君，不成去君上求个忠的理；交友治民，不成去友上民上求个信与仁的理。都只在此心，心即理也。②

从哪里去求事父事君、交友治民的“孝”、“忠”、“信”、“仁”之“理”？孝、忠、信、仁的理不是到施予孝、忠、信、仁的对象——父、君、友、民身上去求，而应该在施予者身上求。这个施予者即是吾心。王守仁认为孝、忠、信、仁之理都在吾心，“心即理”，“心”便具有仁、信、忠、孝等伦理道德。他将朱熹道德形上学的“理”，从“心”外移植到“心”内。于是，“心体”，便是“性”。“心之体，性也，性即理也。故有孝亲之心，即有孝之理；无孝亲之心，即无孝之理矣。有忠君之心，即有忠之理；无忠君之心，即无忠之理矣，理岂外于吾心邪？”③ 有无“孝亲之理”和“忠君之理”，

① 《传习录下》，《王文成公全书》卷三。

② 《传习录上》，《王文成公全书》卷一。

③ 《答顾东桥书》，《王文成公全书》卷二。

其根据是有无“孝亲之心”和“忠君之心”。“心即理”，“心”中便先验地具有忠孝之理。在王守仁看来，有无孝亲、忠君之心，是人的性。“性即理”，是说“心”纯乎天理之性，是至善的；无孝亲、忠君的性，便不是善的。有什么样的“心”，便有什么样的“理”。有忠、孝、信、仁之心，就有忠、孝、信、仁之性，便发为忠、孝、信、仁之理。“心”的内涵，主要是忠、孝、信、仁等伦理道德规范、原则、原理。

第三，“心”之本体是不动的，但蕴涵着发为事事物物的功能。他这样说：

> 心之本体，原自不动，心之本体即是性，性即是理，性元不动，理元不动，集义是复其心之本体。①

“心”即“性”，“性即理”。“性”、“理”原不动，则“心”亦不动。王守仁所谓的“不动”，即指无“动静”之分，“浑然一体”之意。“心之本体，固无分于动静也。理，无动者也。”② 因其浑然一体而无动，才能维护“心”的至高无上性及其终极的地位；又因其是万事万物的所以然，“不动”的“心”，如何与万物发生联系？王守仁为了解决自身的这个冲突，便赋予“心”寂然感通的性质，既“寂然不动”而又“感而遂通”，这便是个中之妙。在这里，王守仁自以为解决了道学家“本寂”而“感通”，形上学道德本体与万事万物之间的矛盾。其实，程、朱及其后学已意识到这个问题，并初步从寂然不动与感而遂通说明形而上学本体理的体用关系。王守仁进一步阐述了这个问题，使心兼具寂然不动与感而遂通的功能，而毋需在心外求。

上述规定，王守仁以“心”为意识活动、伦理道德以及不动等属性。这样“心”便是一种精神性的实体。它是王守仁哲学逻辑结构的出发点。

2. 何谓“理”

“理”在王守仁哲学逻辑结构中似是一个不和谐的东西，但却表现了王守仁如何克服朱熹之“理”的苦心，因而，它是其构筑体系的需要。他的“理”有这样几方面的规定：

第一，“理”为“心”之条理。“理”为“心”之所发，亦是“心”的呈现。他说：

---

① 《传习录上》，《王文成公全书》卷一。

② 《答陆原静书》，《王文成公全书》卷二。

理也者，心之条理也。是理也，发之于亲则为孝，发之于君则为忠，发之于朋友则为信。千变万化，至不可穷竭，而莫非发于吾之一心。①

“理”是“心”的条理节文，由于“理”之所发的对象不同，其呈现亦不同，故有忠、孝、信等区别或变化。尽管其间千变万化，不可穷尽，但归根到底，理作为心的条理，也不过是“吾心”之所发，这是王守仁与陆九渊之异，也是王守仁比陆九渊更彻底地贯彻“心即理”哲学逻辑结构的结果。

第二，“理”是伦理道德之“理”。在王守仁的哲学逻辑结构中，“理”具有伦理性，因而他以“理”为伦理道德的概括和宗法等级仪礼的升华。他说：

夫礼也者，天理也。天命之性，具于吾心，其浑然全体之中，而条理节目，森然毕具，是故谓之天理。天理之条理谓之礼。是礼也，其发见于外，则有五常百行，酬酢变化，语默动静，升降周旋，隆杀厚薄之属。②

礼为仪礼典章。“天理”的条理为“礼”，发于外便是仁、义、礼、智、信五常，君子于酬酢变化、语默动静之间，求尽其条理节目，便是求尽吾心的天理；于升降周旋、隆杀厚薄之间，求尽其条理节目，便是求尽吾心的天理。因此变化、动静、升降、厚薄等，是“理”的条理节文，是发之于外的形式。他解释说：“礼字即是理字。理之发见可见者，谓之文；文之隐微不可见者，谓之理，只是一物。约礼只是要此心纯是一个天理。要此心纯是天理，须就理之发见处用功；如发见于事亲时，就在事亲上学存此天理；发见于事君时，就在事君上学存此天理；发见于处富贵贫贱时，就在处富贵贫贱上学存此天理；发见于处患难夷狄时，就在处患难夷狄上学存此天理。至于作止语默，无处不然，随他发见处，即就那上面学个存天理，这便是博学之于文，便是约礼的功夫。”③ 把“理”规定为“礼”，礼作为外在形式，如仪礼制度，它是呈现的可见的，便是外在的文饰；隐蔽的、不可见的，则是内在的理。他把“理”发现而可见者和“文”隐而不可见者加以区别：以发现而见于“事亲”、“事君”

---

① 《书诸阳伯卷（甲申）》，《王文成公全书》卷八。

② 《博约说（乙酉）》，《王文成公全书》卷七。

③ 《传习录上》，《王文成公全书》卷一。

或处富贵贫贱、处患难夷狄，统称之为文饰、形式或呈现；形式或呈现隐而不可见的，则称为“理”。所以“文”与“理”的关系是形式和内容的关系，两者是“一物”。如事亲以“孝”、事君以“忠”，从形式到内容，都要合乎“理”的要求，以求达到“心纯是一个天理”的境界。学存天理就在事亲、事君处富贵贫贱中学，不能离此而学，否则便空了。

第三，“理”为自然法则。朱熹和陆九渊都曾以“理”为宇宙万物运动的法则，这恐怕是理学家所共同的。对于自然界运动的法则，王守仁也是承认的。他在解释《周易·恒卦》时说：“恒(䷟)之为卦，上震为雷，下巽为风，雷动风行，簸扬奋厉，翕张而交作，若天下之至变也。而所以为风为雷者，则有一定而不可易之埋，是乃天下之至恒也。”① 雷动风行，簸扬奋厉，犹如天下巨大的变化。为什么有这样的变化？则有一定的不可改变的法则(“理”)。譬如“天地之道，一常久不已而已。日月之所以能昼而夜，夜而复昼，而照临不穷者，一天道之常久而不已也；四时之所以能春而冬，冬而复春，而生运不穷者，一天道之常久不已也；圣人之所以能成而化，化而复成，而妙用不穷者，一天道之常久不已也……夫天地、日月、四时，圣人之所以能常而不已者，亦贞而已耳”②。日月的昼而夜，夜而昼，四时的春而冬，冬而春的运动变化，都有一个“常久不已”的法则。这个天地、日月、四时运动法则，亦可称之为“贞”。“贞，卜问也，从卜，贝以为贽；一曰鼎省声，京房所说。”③ 朱熹在《周易本义》训“贞”为“正而固也”④。王守仁则训“贞”即“常久之道也”⑤。这便承认天地、四时、日月各有其“贞”，即各有其“常久不已”的运动法则。他把圣人之所以成而化，化而成，也看成“常久不已”的，他认为自然界万物的运动法则和成圣的修养都有法则可循。从自然界必然性的法则，“常久之道”的“贞”，便可变成了圣人使“天下和平”的“至诚”。他说：“天地感而万物化生，实理流行也。圣人感人心而天下和平，至诚发见也，皆所谓贞也。观天地交感之理，圣人感人心之道，不过于一贞，而万物生，天下和平焉，则天地万

---

①② 《五经臆说十三条》，《王文成公全书》卷二十六。

③ 《说文解字》第三下。

④ 《乾卦》，《周易本义》卷一。

⑤ 《五经臆说十三条》，《王文成公全书》卷二十六。

物之情可见矣。”① 既承认万物化生，乃“实理流行”，肯定“理”之实在性；同时，以“天地交感之理”和“圣人感人心之道”都是一“贞”，“天道”与“人道”为一。在这合一过程中，“至诚”等伦理道德原则上升为法则，并以此去支配自然法则。

王守仁以“理”为“心”之条理，“理”便是一观念理性。如果说，陆九渊在构筑其哲学逻辑结构时，还没有完全、彻底地克服朱熹的“理”之客体实在性，给他的哲学带来混乱和矛盾的话，那么，王守仁则克服了陆九渊哲学的矛盾，较彻底地贯彻了“心即理”的观点。其重要的特点是，王守仁提出了“理”为“心”之条理的思想。他说：

> 《大学》所谓厚薄，是良知上自然的条理，不可逾越，此便谓之义；顺这个条理，便谓之礼；知此条理，便谓之智；终始是这条理，便谓之信。②

“心”之本体原不动，不动之“心”如何呈现为仁、义、礼、智、信？这就需通过“理”这个环节。“理”作为条理，由于其“不可逾越”、“顺条理”、“知条理”、“始终是”等特征，而有义、礼、智、信等伦理道德的蕴涵。但“心”随时随地统摄着“理”，避免了“心”与“理”之间的冲突。

3. “心”与“理”的关系

在王守仁哲学逻辑结构中，“心即理”是其“立言宗旨”。他说：

> 诸君要识得我立言宗旨。我如今说个心即理是如何？只为世人分心与理为二，故便有许多病痛。如五伯攘夷狄，尊周室，都是一个私心，便不当理；人却说他做得当理，只心有未纯，往往悦慕其所为，要来外面做得好看，却与心全不相干。分心与理为二，其流至于伯道之伪而不自知；故我说个心即理，要使知心理是一个，便来心上做工夫，不去袭义于义，便是王道之真，此我立言宗旨。③

“心即理”不仅是针对朱熹分“心”与“理”为二而言，而且是针对时病而发。明中叶的官吏、士子均尊奉程、朱“道学”。他们“外假仁义之名，而内以行其自私自利之实”。口里讲的和实际做的完全相

① 《五经臆说十三条》，《王文成公全书》卷二十六。

②③ 《传习录下》，《王文成公全书》卷三。

反。于是功利之徒假天理之近似以济其私，而以欺于人。王守仁认为，分“心”与“理”为二，是造成上述病痛的根源，他为解决心里想的与践履伦理之间的冲突，“当理”与“不当理”的不同体认以及对“王道”与“霸道”不同看法，而主张把“理”安置在人的“心”中，“心即理”。他以为这样便能消除冲突和王道与霸道、当理不当理的不同。

以“心即理”为“立言宗旨”，那么，如何才能“心即理”呢？

第一，“心”与“理”相即。“心即理”的“即”，《说文》：“即，食也。”徐锴曰：“即，就也。”《尔雅·释诂》：“即，尼也。”郭《注》：“尼，近也。”邢《疏》：“即今相近也。”便有不二的意思。他说：

> 夫物理不外于吾心，外吾心而求物理，无物理矣。遗物理而求吾心，吾心又何物邪。①
>
> 天下宁有心外之性，宁有性外之理乎，宁有理外之心乎？②

“心”就是“理”，“理”就是“心”；“理”是“心”中之“理”，“理”具于“心”中。外“心”求“理”，则无“理”；遗“理”求“心”，则无“心”。故“理”不在“心”外。因此，当徐爱问：“至善只求心，恐于天下事理，有不能尽？”王守仁回答说：“心即理也，天下又有心外之事，心外之理乎？”③ 所以，“心”与“理”合而为一，不分内外。“理一而已矣，心一而已矣，故圣人无二教，而学者无二学。”④若以心与理不离，实已分心与理为二。因其为二物，所以讲不离、不分。假如说陆九渊的“心即理”是指心感而遂通，与理相契合，那么，王守仁所说的“心即理”便是心理不二，心内在蕴涵理。

第二，“理”为“心”的安顿。“心”自己安顿自己，就是“理”。《传习录下》记载：

> 又问：“心即理之说。程子云：在物为理，如何谓心即理？”先生曰：“在物为理，在字上当添一心字。此心在物则为理，如此心在事父则为孝，在事君则为忠之类。”⑤

---

① 《答顾东桥书》，《传习录中》，《王文成公全书》卷二。

② 《书诸阳伯卷（甲申）》，《王文成公全书》卷八。

③ 《传习录上》，《王文成公全书》卷一。

④ 《博约说（乙酉）》，《王文成公全书》卷七。

⑤ 《王文成公全书》卷三。

程颐和朱熹都认为“人人有一太极，事事有一太极”，即人、物都有“理”，此“理”是心外之理，是离“心”而存在的。王守仁的门人便提出既然“在物为理”，“理”便与“物”相联系，岂能谓“心即理”？这便是理在心外，抑或理在心内之辨，王守仁为把在物之“理”内在化，泯灭心与理之间的界限，便断然地认为，“在物为理”的“在”字上应添一“心”字，成为“此心在物为理”，“理”之“在物”，乃“心”的安顿，这样一添，“心”便成为主语，“心即理”。

如果对“在物为理”需添一“心”字的话，那么，“心体”自身是毋需添一分的。他说：“夫万事万物之理，不外于吾心，而必穷天下之理，是殆以吾心之良知为未足，而必外求于天下之广，以裨补增益之，是犹析心与理而为二也。”① 若以“心”为未足，则必求“心”外之“理”、之物，其结果是分“心与理为二”，陷入程、朱之弊。因此，“心”在王守仁的哲学逻辑结构中，是完满的、自足的、至善的、不欠缺的终极范畴。“万理”具在“心”中，“心”毋需外求，求“理”于“心”中，“心即理”。

在王守仁“心”与“理”的关系中，虽然当“心”异化为自己的对待面——“物”时，“理”作为“心”的条理而呈现在事亲、事君等上面，似乎“万事万物之理”，是外于“吾心”的，而实际上，“心”与“理”是合一的。作为“心”的异化物之“理”，无疑是要复归到“心”的。事事物物之理回归于心，以便完成其“心即理”的学说。

(二)“心”与“物”

如果说，王守仁以“心”与道德律令及自然法则的关系，来表示“心即理”的话，那么，“心”与“物”的关系，在王守仁的哲学逻辑结构中，实是自我与非我、无与有的关系。作为自我“心”，从本质上说，便是主观意识。在他看来，人的自我“心”是惟一的存在，它既是理性，亦是意志；它具有无限的创造力和活动力。他强调自我“心”的能动性，凸显主体精神功能。然而，即使主张“心外无物”，也不能不设定自我“心”之外的非我——“物”，作为自我“心”的对待面。他在《答顾东桥书》中说：

① 《答顾东桥书》，《王文成公全书》卷二。

意之所用，必有其物，物即事也。如意用于事亲，即事亲为一物；意用于治民，即治民为一物；意用于读书，即读书为一物；意用于听讼，即听讼为一物。凡意之所用，无有无物者。①

以自我的主体意识“心”为体，以“物”为用，构成了“心”与“物”的体用关系。“体”有本体的意思，“用”是“体”的作用、功能、显现的意思。在这里，“事亲”、“治民”、“读书”、“听讼”等行为活动都为一物。实际上，王守仁训物为事，是以事为物的一种形式。从这个意义上说，世上是没有“无物”的。既然“有物”，便承认了“物”的存在，从而构成了“心”与“物”的关系。

1. 论“物”

在王守仁的哲学逻辑结构中，“心体”已如上述，对“物”他做了几方面的规定：

第一，“物”即是“事”。王守仁以“物”为“事”。“事”是人们的一种活动，它既是人们从事“事亲”、“事君”的践履活动，也是从事读书、写字等行为活动。他说：

物者，事也。凡意之所发，必有其事，意所在之事，谓之物。②

［徐］爱曰：“……爱昨晓思格物的物字，即是事字，皆从心上说。”先生曰：“然。身之主宰便是心，心之所发便是意，意之本体便是知，意之所在便是物。”③

训“物”为“事”，并非王守仁之独撰，而是采华严宗之“理事说”的思辨哲学。王守仁在“格物致知”说上反对朱熹的解释，但在训“物”为“事”这一点上，两者却无甚区别。朱熹说：“物，犹事也。穷至事物之理。”④ “格物二字最好。物，谓事物也。”⑤ “盖天下之事，皆谓之物。”⑥天下所有的“事”，都可称为“物”。然而，朱、王之异是在于，朱熹以“理”是一个“在无物之前，而未尝不立于有物之后”⑦ 的形而上本体。“物”是“理”借助于“气”而化生的

① 《王文成公全书》卷二。

② 《大学问》，《王文成公全书》卷二十六。

③ 《传习录上》，《王文成公全书》卷一。

④ 《大学章句》经一章。

⑤⑥ 《朱子语类》卷十五。

⑦ 《太极图说解》，《周子全书》卷一。

东西，即“物者，理之所在，人所必有而不能无者”①。“物”是“理”借以显现自己的外在形式。因而，程颐有时直训“物”为“理”：“格犹穷也，物犹理也，犹曰穷其理而已也。”②“格物”即是“穷理”。王守仁训“物”为“事”，以为是主体精神“心”之所发，“皆从心上说”。一从“理”上说，一从“心”上说，便是朱、王的根本分别。

若从“心”上说，王守仁从“心”、“意”、“知”、“物”不同方面说明了形而上“心体”，便解释了“意之所在便是物”的意蕴。他说：

> 如意在于事亲，即事亲便是一物；意在于事君，即事君便是一物；意在于仁民爱物，即仁民爱物便是一物；意在于视听言动，即视听言动便是一物。所以某说无心外之理，无心外之物。③

“物”离不开自我主体精神“心体”的活动，它是自我主体精神“心体”活动的不同方面和展开。但当自我主体精神——“心”异化为自己的对待方面非我——“物”的时候，“物”应具有其自身的实在性，而与“心”发生冲突。然而，在王守仁规定“物”为“事”之际，就已伏下了以自我主体精神去消融非我“物”的契机。因为王守仁所列举之“事”，都是属于人的社会活动、道德活动，它不离活动着的人及人的精神活动；离开人的“事亲”、“事君”、“仁民爱物”、“视听言动”是不可思议的。王守仁的思辨方法是，把人的社会活动与意识活动的联系（即把主体意识见之于事物的联结，如意在于事亲、事君、仁民爱物等）加以扩大，从而把人们的社会活动、道德活动等消融在主体意识之内，最终把“事”说成自我主体精神之所发。

第二，“物”便是事物。尽管在王守仁的哲学逻辑结构中，“物”只是自我主体精神“心体”的外化，但当其成为非我的事物之时，便具有一定的微弱的独立性。这种独立性便是在其逻辑结构的一定范围内或阶段中，争取某种独立于人的意识之外的存在的努力，使“事”、“物”成为不完全是主体精神的价值。如王守仁所说：

---

① 《朱子语类》卷十五。

② 《河南程氏遗书》卷二十五，《二程集》，316 页。

③ 《传习录上》，《王文成公全书》卷一。

> 食味之美恶，必待入口而后知，岂有不待入口，而已知食味之美恶者邪？必有欲行之心，然后知路，欲行之心即是意，即是行之始矣。路歧之险夷，必待身亲履历而后知，岂有不待身亲履历，而已先知路歧之险夷者邪？知汤乃饮，知衣乃服，以此例之，皆无可疑。①

如不承认其为“心”外之物，承认其有物的实在性的价值，岂不是食意识、饮思想？这种完全违背生活常识的谬误，是王守仁所不采纳的。因此，承认自我主体意识“心体”的异化物非我的存在，甚至非我“物”具有一定的实在性，这不仅是他构筑哲学逻辑结构的需要，而且也是他“聪明”之所在。正是在这点上，他把自己哲学同佛、老相区别。《传习录》记载：

> 或问：“释氏亦务养心，然要之不可以治天下，何也？”先生曰：“吾儒养心，未尝离却事物，只顺其天则自然就是功夫。释氏却要尽绝事物，把心看做幻相，渐入虚寂去了。与世间若无些子交涉，所以不可治天下。”②
>
> 彼释氏之外人伦，遗物理，而堕于空寂者，固不得谓之明其心矣。若世儒之外务讲求考索，而不知本诸其心者，其亦可以谓穷理乎？此区区之心，深欲就正于有道者。③

王守仁自以为未尝离却事物，而佛教讲四大皆空，万般俱幻，堕入空寂，而遗物理。一为“有物”（尽管此物为“心”所化生），一为“无物”，这是王学与佛教之重要区别。当然，王守仁所说的“有物”是就物上说的；就本体而言，“良知本体原来无有，本体只是太虚。太虚之中，日月星辰，风雨露雷，阴霾饐气，何物不有？”④ 良知本体是太虚，太虚中含日月等等，何物不有，即本体即存有，即太虚即物有。从这个意义上说，不能简单地目王学为禅学。王守仁在世时，即有人视之为禅学。

> 西安郑德夫将学于阳明子，闻士大夫之议者，以为禅学也，复已之；则与江山周以善者，姑就阳明子之门人而考其说。若非禅者也；则又姑与就阳明子，亲听其说焉。盖旬有九日，而

① 《答顾东桥书》，《传习录中》，《王文成公全书》卷二。

② 《王文成公全书》卷三。

③ 《与夏敦夫》，《王文成公全书》卷五。

④ 《年谱》，《王文成公全书》卷三十五。

后释然于阳明子之学非禅也，始具弟子之礼师事之。[1]

王守仁借此《序》而明示自己学说非禅，后来罗钦顺亦以为王守仁求内而遗其外，“禅学而已”[2]。王死后陈建撰《学蔀通辨》，从各方面论证陆九渊、王守仁为禅学。但王守仁这样一段话是值得重视的：“夫禅之学与圣人之学，皆求尽其心也，亦相去毫厘耳。圣人之求尽其心也，以天地万物为一体也。吾之父子亲矣，而天下有未亲者焉，吾心未尽也。……盖圣人之学，无人己，无内外，一天地万物以为心；而禅之学，起于自私自利，而未免于内外之分，斯其所以为异也。”[3] 王守仁以圣人之学自诩。虽然禅学和圣人之学，皆求“尽心”，是其同。但禅学离“事”以讲“心”，就有“遗事物”之失；并且“外人伦”，抛弃伦理纲常，而有自私自利之偏。由此，区别禅学与圣人之学的标志，不在于是否求“尽心”，而在于是否“外人伦，遗事物”，如是，“则诚所谓禅矣。使其未尝外人伦，遗事物，而专以存心养性为事，则固圣门精一之学也，而可谓之禅乎?”[4] 尧舜以心传心的“惟精惟一”的学说，便是区别王学与禅学关键点，不可不辨。

王守仁所谓的“物”，有两方面的含义：一是心理的，即“心”的显现，包括人们的事亲、事君等实存伦理道德行为；二是物理的，即能食、能穿的具有实存价值的事物。但是，一旦承认了能食、能穿事物的实存价值，自然给予“心体”制造种种障碍和病痛。尽管各个哲学家化解这个问题的方法方式不同，如朱熹最终求助于“理”，王守仁只得求助于“心体”（“良知”），这便引申出“心体”与“物”的关系。

2. “心”与“物”的关系

“心”与“物”关系，从实质上说，是自我主体精神“心体”与其自身异化的对待方面非我（“物”）的关系。因而，两者既有对待的一面，又有融合的一面。这即是一而二、二而一的关系。

第一，“心”为“物”之基础。世界万物归一于什么？王守仁说：

人者，天地万物之心也。心者，天地万物之主也。心即天，

---

① 《赠郑德夫归省序》，《王文成公全书》卷七。

② 《与王阳明书》，《困知记附录》，109页，北京，中华书局，1990。

③④ 《重修山阴县学记》，《王文成公全书》卷七。

言心则天地万物皆举矣，而又亲切简易，故不若言人之为学，求尽乎心而已。①

人为天地万物的心，即人为天地立心。天地本无心，以人之心为心。“心”为天地万物的主宰，“心”就是天，讲“心”，天地万物都总括无遗了。

然而，“心体”如何统摄杂多的事物呢？王守仁与学生有一段对话：

问：“人心与物同体，如吾身原是血气流通的，所以谓之同体；若于人便异体了，禽兽草木益远矣，而何谓之同体？”先生曰：“你只在感应之几上看，岂但禽兽草木，虽天地也与我同体的，鬼神也与我同体的。”请问。先生曰：“你看这个天地中间，什么是天地的心？”对曰：“尝闻人是天地的心。”曰：“人又什么教做心？”对曰：“只是一个灵明。”“可知充天塞地中间，只有这个灵明。人只为形体自间隔了。我的灵明，便是天地鬼神的主宰。天没有我的灵明，谁去仰他高；地没有我的灵明，谁去俯他深；鬼神没有我的灵明，谁去辩他吉凶灾祥。天地、鬼神、万物离却我的灵明，便没有天地、鬼神、万物了。我的灵明离却天地、鬼神、万物，亦没有我的灵明。如此，便是一气流通的，如何与他间隔得！”②

这段话强调心与物同体，即统一层面，有几方面的意思。一方面，学生的疑问提出了一个“心体”与物之间的要紧问题，即人心与物如何同体问题。如果理解为人心与身体各部分肌体的关系，则由于它们同处于一个个体之中，似乎是同体的。倘若我与别人或草木禽兽，则如何同体？即“吾心”与万物如何融合？王守仁的回答是“只在感应之几上看”。所谓“感应”，是外在事物对人心有所“感”，人心对外在事物有所“应”；“几”，《周易·系辞下传》云：“几者，动之微，吉之先见者也。”这样，“感应之几”，便是人心与外物发生感应的始端之时，这时正是人心的感觉通过感官与外物发生联系。由于人心与外物存在着这种联系，而使“人心”与草木、天地、鬼神具有同体性。另一方面，当进行进一步追究时，学生质疑：从“感应之几”上看，为什么同体？王守仁并没有作深入论证，而显露

① 《答季明德》，《王文成公全书》卷六。

② 《传习录下》，《王文成公全书》卷三。

了其哲学思辨的欠缺。于是，他采取以答为问的方法，来摆脱理论上的破绽。学生只得以“人是天地的心”，“心”是一个“灵明”为答。这样，在兜了一个小小的圈子后，问题又回到了“人者，天地万物之心也；心者，天地万物之主也”的前提下。由此，他对“灵明”作了发挥，说明“灵明”充塞天地中间，“我的灵明”是天地鬼神的主宰，又与天地、鬼神、万物“一气流通”，既宣布“我的灵明”是天地、鬼神的统摄基础，又表明“我的灵明”与天地、鬼神、万物同体。既以“感应之几上看”为同体，自然可“一气流通”。两者之间并无差分。再一方面，当王守仁在论证“我的灵明”与天地、鬼神、万物相互不离，互以对方作为自己存在的条件时，此时之“我的灵明”，已是一个哲学形而上学本体的范畴，已非感性的概念，即把我“心”提升为普遍的、超越的“心体”。因此，学生又问：

天地、鬼神、万物，千古见在，何没了我的灵明，便俱无了？①

这个问题包含两层意思：一是没有“我的灵明”之前，天地鬼神万物千古已存在了，何以天地、万物、鬼神离却我的“灵明”，便没有了天地、鬼神、万物了呢？二是“没了我的灵明”，天地、鬼神、万物是否俱无了？王守仁回答说：

今看死的人，他这些精灵游散了，他的天地万物尚在何处？②

在这里，王守仁把天地、万物的普遍性、超越性，换成“他的天地、万物”，即与他同体的；换言之，我的灵明的天地、万物。进而，把学生提出的“我的灵明”换成死人的“精灵”；然后借死人“精灵游散”，即失去了活人的“感应之几”，证明天地万物的不存在。其实，人死了，精灵游散了，天地万物依然存在着。

第二，“心体”为“万物”的逻辑化生者。如果说朱熹在化解“理”化生“物”的难题时，是采取援“气”入其哲学逻辑结构，作为沟通“理”化生“物”的中介环节的话，那么，王守仁便简单得多，他是采用“心体”自身运动的方法来化解的。他说：

位天地，育万物，未有出于吾心之外也。③

---

①② 《传习录下》，《王文成公全书》卷三。
③ 《紫阳书院集序》，《王文成公全书》卷七。

人人自有定盘针，万化根缘总在心。

却笑从前颠倒见，枝枝叶叶外头寻。①

“位天地”、“育万物”、“万化根缘”，都在“心体”。这样便赋予了“心体”以定位天地、化育万物的功能。王守仁讥笑朱熹等格物穷理，枝枝叶叶外头寻，颠倒了心与理的关系，以理在心外，外心以求理，结果是徒劳无功，不能穷得理。理在心内，心体位天地、育万物，而又超越万物。《传习录下》记载：

先生游南镇，一友指岩中花树，问曰：“天下无心外之物，如此花树在深山中自开自落，于我心亦何相关?”先生曰：“你未看此花时，此花与汝心同归于寂；你来看此花时，则此花颜色一时明白起来，便知此花不在你的心外。”②

友人质疑花树在深山中自开自落，与“我心”何关?说明花树不以我的“意之所在”与否为转移。王守仁认为，只有当你看见花树，此花的颜色便“明白”起来；此花树未被人看见时，则此花和你的心“同归于寂”。证明“心外无物”，此花不在“心”外。

所谓“寂”，《说文》释“无人声也”，《广韵》释“静也”，有“寂静”之意；佛教有“寂灭”之义。“寂灭”是梵语涅槃的义译。有本体寂静，离一切诸相的意思。佛教称死为涅槃或圆寂，有归真返本之意。在佛教看来，涅槃或圆寂，并不是不存在，而只是人的肉体死了，灵魂仍存。因此，“寂灭”只是说离相归真返本，而非不存在之义。“寂静”只是一种事物运动的特殊形态，亦非不存在之意。从“寂”的两种解释中，均得不出这一结论——当人没看到花时，人没有感觉到它，便不能认为花是存在着的。这与贝克莱的“存在就是被知觉”不同。因为花树的存在与不存在并不依知觉。“看”与“未看”的作用，是使花树进入人的视域与未进入人的视域，即是否进入相互关系之中。只有“我心”与“花树”共同进入这一关系，才会发生花树明白起来与否的问题。在这里并没有否定“物”现象的存在，才符合其“心”——“物”——“心”的哲学逻辑结构。尽管物存在着，却存在于“心”内。因为“心”是其哲学逻辑结构的形上学范畴，“物”当然不能超越于“心”外。

第三，“心”与“物”各司其职。“心”为五官等“物”的统摄

① 《咏良知四首示诸生》，《王文成公全书》卷二十。

② 《王文成公全书》卷三。

基础，“心”为五官等“物”的主宰者，当“心”、“物”有分以后，就需有一定的“分职”。《传习录上》载有：

> 问：“心要逐物，如何则可？”先生曰：“人君端拱清穆，六卿分职，天下乃治。心统五官，亦要如此。今眼要视时，心便逐在色上；耳要听时，心便逐在声上；如人君要选官时，便自去坐在吏部；要调军时，便自去坐在兵部。如此岂惟失却君体，六卿亦皆不得其职。”①

王守仁以君臣分职关系喻“心物”关系。君统臣，而又分职，才能治理好国家。“心”与五官的关系也是这样。这就是说，两者既统摄而又有分别。有分别就要有一定的独立性和自主性，不能眼要视时，“心”逐在色上，或要调军时，君亲自坐在兵部里。“心逐物”的结果是，既失君体又失臣职，就是说，既失作为其哲学形而上学“心体”的功能，又有失“物”的独立性、自主性。承认“物”的独立性、自主性，是为证明自我主体精神“心体”异化为其对待面——“物”的存在性；承认“心体”的形上性，则是说明“心”是“物”的统摄基础。

王守仁通过“心”与“物”关系的论证，解构了朱熹分“心”与“物”为二，而主张“心外无物，心外无事，心外无理，心外无义”②。物、事、理、义，都不在心外。无论是事物现象，还是义理道德，都在心内。此心为普遍、完满的人类精神。当然，心外无物、事、理、义，并非否定心外有物、事、理、义的存在，而是像山中的花树一样，无人心的感应，物、事、理、义都处于寂的状态，只有心的感应，才呈现出来。

（三）“知行合一”论

正德四年（公元1509年）王守仁在贵州修文县龙场受贵州提学副使席书之聘，讲学于“文明书院”，始揭“知行合一”之教。“知行”是中国哲学史上的重要范畴，曾被历代哲学家所关注。《尚书·说命中》有“知之非艰，行之惟艰”，这虽为《古文尚书》，但在《今文尚书》中亦有两处知行对举。③ 从先秦《左传》的“非知之实难，将在

---

① 《王文成公全书》卷一。

② 《与王纯甫书第二》，《王文成公全书》卷四。

③ 参见拙著：《中国哲学范畴发展史》（人道篇），604～605页，北京，中国人民大学出版社，1995。

行之”（昭公十年），道家的“不行而知”，到宋代程、朱的“知先行后”，再到王守仁的“知行合一”，是“知行”范畴发展的重要阶段。

王守仁倡“知行合一”说，虽宣布为针对朱熹“知先行后”之弊而发，实也受朱熹“知行常相须”① 相互联结，“知行互相发”②，相互促进③思想的启发。黄宗羲曾根据程颐的“人既能知见，岂有不能行”的话，案曰：“伊川先生已有知行合一之言矣。”④ 程、朱在讲“知行”关系时，已有一点“知行合一”的意思，但并未提出“知行合一”的命题。据《明儒学案·崇仁学案》记载，谢复便已提出“知行合一”命题：

> 叶畏斋问：“知?”曰：“行。”陈寒谷问：“行?”曰：“知。”未达。曰：“知至至之，知终终之，非行乎？未之能行，惟恐有闻，非知乎？知行合一，学之要也。”⑤

谢复于弘治十八年卒（公元1505年），王守仁正德四年（公元1509年）提出“知行合一”说，相隔四年。王守仁的观点是否直接脱自谢复，则无可考。

王守仁自认为他的“知行合一”是针对朱熹知行分二而言的。在《答顾东桥书》中说：

> 晦庵谓：“人之所以为学者，心与理而已。”心虽主乎一身。而实管乎天下之理；理虽散在万事，而实不外乎一人之心。……外心以求理，此知行之所以二也；求理于吾心，此圣门知行合一之教，吾子又何疑乎！⑥

从理论意义上讲，“知行”问题与“心理”关系相联结，王守仁认为，朱熹之失便在于分“心”与“理”为二，因而导致分“知”、“行”为二。于是“外心以求理”或“求理于吾心”，便是所以“知行”为二和“知行合一”的原因和理论根据。

然而，王守仁提出“知行合一”说，主要是因时而发，它是对当时人们的生活条件、社会关系和社会存在等现象的理论提升。明中叶社会动乱，危机此起彼伏，连绵不断。它不仅严重威胁着宗法

①② 《朱子语类》卷九。
③ 参见拙著：《朱熹思想研究》，第八章第五节。
④ 《伊川学案·语录》，《宋元学案》卷十五。
⑤ 《明儒学案》卷二。
⑥ 《传习录中》，《王文成公全书》卷二。

君主统治的巩固，而且冲击了宗法的伦理纲常。王守仁痛感“今天下波颓风靡，为日已久，何异于病革临绝之时。然又人是己见，莫肯相下求正”①。他以治天下之病的妙手自诩，冥思苦想，总想找到一个救治此病的方法。在他看来，人们想的与其做的、道德意识与道德实践应该是相符合的。如果“彻根彻底”地去掉人们对于宗法伦理纲常的违戾意识，就不会发生违反宗法伦理纲常的行为。如果把“知”、“行”分作两件来看，则对于消除违背宗法统治的意念是不利的。他说：

> 今人学问，只因知行分作两件，故有一念发动虽有不善，然却未曾行，便不去禁止。②

王守仁有鉴于此，而阐发“知行合一”说：

> 我今说个知行合一，正要人晓得一念发动处，便即是行了。发动处有不善，就将这不善的念克倒了，须要彻根彻底，不使一念不善潜伏在胸中，此是我立言宗旨。③

所谓“宗旨”，是指主要的旨趣或目的。王守仁出于救世的情怀和社会责任感，认为知行分二的弊端，是给不善的恶念以庇护和生存的地盘。于是他把“一念发动处”，说成“即是行了”，是为了克倒那不善的念头。王守仁举例说：“要晓得一念动处便是知，亦便是行。如人在床上思量去偷人东西，此念动了，便是做贼。若还去偷，那个人只到半路转来，却也是贼。”④ 他在《南赣乡约》中规定：“尔等父老子弟，毋念新民之旧恶，而不与其善。彼一念而善，即善人矣，毋自恃为良民，而不修其身；尔一念而恶，即恶人矣。人之善恶，由于一念之间，尔等慎思吾言，毋忽。”⑤ 他所说的“一念而善，即善人”，实与禅宗“放下屠刀，立地成佛”相似；“一念而恶，即恶人”，是指“犯上作乱”，或触犯宗法制法律而言。如“往往有因小忿，投贼复仇，残害良善，酿成大患”⑥。由一念之小忿，以致酿成动乱的大患，对此，只有“呈官诛殄”。若“阳为良善，阴通贼情，贩卖牛马，走传消息，归利一己，殃

---

① 《答储柴墟·二》，《王文成公全书》卷二十一。
②③ 《传习录下》，《王文成公全书》卷三。
④ 《阳明先生遗言录》上，载《中国文哲研究通讯》，第八卷，第三期，1998。
⑤ 《王文成公全书》卷十七。
⑥ 《南赣乡约》，《王文成公全书》卷十七。

及万民者”①，也要“呈官究治”。其实，“一念发动处”是善是恶，还是属于意念、意识范围，并未见之于行为活动，即并未构成善行与恶行。将“一念发动处”称为“即是行了”，那是王守仁的“知行合一”论的需要。

当然，王守仁的“知行合一”论，也是针对宦官、贪官、大官僚对于宗法伦理纲常的破坏而发的。明中叶政治腐败，阉宦专权，藩王贵戚、官僚地主不仅贪婪地吸取人民膏血，而且也肆无忌惮地违反宗法纲常伦理，这便加深了社会的危机，而于君主统治也有害而无利。王守仁说：

> 本地大户，异境客商，放债收息，合依常例，毋得磊算。或有贫难不能偿者，亦宜以理量宽。有等不仁之徒，辄便捉锁磊取，挟写田地，致令穷民无告，去而为之盗。今后有此，告诸约长等与之明白，偿不及数者，劝令宽舍，取已过数者，力与追还，如或恃强不听，率同约之人鸣之官司。②

一些为富不仁的“大户”，收取高利，兼并土地，欺压民众，致使贫苦农民生活无出路，而去“为盗”。王守仁从维护整个宗法制度出发，一方面限制一下“大户”的“不仁”，抑制土地兼并；另一方面也关心民众疾苦，不要“竭泽而渔”，逼民为盗，酿成“大患”。

在王守仁看来，有些宦官、藩王贵戚，口头上大讲“忠”、“孝”，实际上不忠不孝；表面上“仁义道德”，背地里“男盗女娼”。据黄绾在《阳明先生行状》记载：“濠既擒，众执见公（指王守仁），呼曰：‘王先生，我欲尽削护卫所有，请降为庶民可乎？’对曰：‘有国法在。’遂令送至囚所。”③ 他认为，朱宸濠既属皇帝宗室，也不是不知道“忠”，但不去行“忠”；不是不知道“孝”，但不去行“孝”。这样把“知”、“行”分为二，其危害很大。譬如《传习录上》曾载：

> 爱曰：“如今人尽有知得父当孝，兄当弟者，却不能孝，不能弟。便是知与行分明是两件。”先生曰：“此已被私欲隔断，不是知行的本体了。未有知而不行者，知而不行，只是未知。圣贤教人知行，正是安复那本体，不是着你只恁的便罢。”④

---

①② 《南赣乡约》，《王文成公全书》卷十七。

③ 《王文成公全书》卷三十七。

④ 《王文成公全书》卷一。

知“孝”而不能行，当“悌”而不能“悌”，是被“私欲”所隔断、所蔽的结果，也不符合圣贤所教的“知行本体”。这里本体是指本然而然的意思。如果把“知行”分为两件，那无疑为口头上讲“忠、孝、仁、义”，而行为上却“不忠不孝”、“男盗女娼”的现象提供理论辩护。王守仁把“一念发动”当作“便是行了”，也有劝诫、指摘宦官、藩王贵戚和官僚地主违背宗法伦理纲常的含义。王守仁之所以提出“知行合一”论，显然是为了医治社会这种种病症的。

在王守仁的哲学逻辑结构中，“心外无理”，故“心即理”；“知外无行”，故“知即行了”。如果“外心以求理”，就是把“心”与“理”析而为二，那么，“知”外以求“行”，也就把“知”、“行”分而为二了。只有“求理于吾心”，便是“心即理也”；也只有求“行”于“知”，便是“知行合一”。他说：“知犹水也，人心之无不知，犹水之无不就下也，决而行之，无有不就下者。决而行之者，致知之谓也。此吾所谓知行合一者也。”① 他把“知”喻为“水”，“水”向下流，是“水”的属性，犹“行”是“知”的属性一样。这样，他就把“知”看做“行”，“行”看做“知”了。

王守仁认为，人们之所以把“知行”分作两件看，那是“被私欲隔断”的缘故，“不是知行的本体”。所谓“知行本体”，他这样说：

> 《大学》指个真知行与人看，说如好好色，如恶恶臭。见好色属知，好好色属行；只见那好色时，已自好了，不是见了后，又立个心去好。闻恶臭属知，恶恶臭属行；只闻那恶臭时，已自恶了，不是闻了后，别立个心去恶。如鼻塞人，虽见恶臭在前，鼻中不曾闻得，便亦不甚恶，亦只是不曾知臭。……知行如何分得开？此便是知行本体，不曾有私意隔断的。②

这段话有几层意思。其一，“恶恶臭”、“好好色”等朱熹就已提到：“所谓诚其意者，毋自欺也，而继之曰如恶恶臭，如好好色，即是正言不自欺之实。”③ 这是“诚意”不自欺的表现。但作为“知行合一”说的论据，他认为看见美好的颜色是“知”，看见这美好的颜色而爱好它，就是“行”。这里所说的“知”与“行”，实是人们的思

① 《书朱守谐卷》，《王文成公全书》卷八。
② 《传习录上》，《王文成公全书》卷一。
③ 《答孙敬甫》，《朱文公文集》卷六十三。

维活动或心理活动，是思维活动连续过程中的两个层次。其二，这两个思维活动的连续过程几乎是同时发生的，没有什么阶段和实质上的区别，当看见那美好颜色的瞬间就已爱好了，不是看了以后又立个心去爱好。其三，被认知的对象，色、臭等的属性不是脱离主体感觉而存在的，当人们的鼻孔塞了，虽见到有臭东西在前面，也闻不到。正因为闻不到臭，所以“不曾知臭”，也即是说看到臭，并不知臭，因为闻臭是鼻子的功能；见臭是眼睛的功能，但见到臭并不知臭，因为眼睛不能辨别臭与不臭。其四，“知”、“行”是不可分的，“知”外无“行”，“知”即“行”，这就是“知行合一”的“本体”。

“行”是一种主观意念、意识见之于客观的行为活动；“知”是一种意识的主观的东西。当人们“见好色”而“好好色”，“闻恶臭”而“恶恶臭”的时候，不论是“见好色”、“闻恶臭”，还是“好好色”、“恶恶臭”都不是主观见之于客观的行动行为，而只是对好色、恶臭的一种主观意识活动或心理活动，属于“知”的范围。王守仁把本来属于主观思想、意识范围的意念、念头当成“行”。知的意念、动机也就是作为整个行的过程的开始而运作的，随着这个思想的逻辑运转，一念发动处便是行了，而不管这种一念发动的主观意识是否见之于客观行为活动。

如何达到“知行合一”的境界？王守仁认为，这是一个道德修养的过程。《传习录下》记载：

> 或疑知行不合一，以“知之匪艰”二句为问。先生曰：“良知自知原是容易的，只是不能致那良知，便是‘知之匪艰，行之惟艰’。”①

“知行”在其形而上本体“良知”（心体）中原是合一的，所以“良知”（心体）自己体认自己是很容易的。但因“心”被“私欲”所昏蔽，才产生“析心与理为二”、“知行分作两件”的问题。“行”就是“致那良知”的工夫，即是克倒“私欲”，以回复“知行合一”的本体“良知”。他说：“是非之心，人皆有之，即所谓良知也，孰无良知乎？但不能致之耳。《易》谓‘知至至之’，‘知至’者，知也；‘至之’者，致知也，此知行之所以为一也。”② 他教人

① 《王文成公全书》卷三。
② 《与陆原静二》，《王文成公全书》卷五。

把良知本体和修养工夫融为一体，即本体即工夫。认为人们的道德行为是“知”的体现，在良知本体和道德修养工夫上无“知”与“行”的分别。

如果说王守仁曾把“行”作为“致知”的工夫，以“行”来自“知”，那么，有时他则以“知”为“行”。他说：“知之真切笃实处便是行，行之明觉精察处便是知。若知时，其心不能真切笃实，则其知便不能明觉精察。不是知之时，只要明觉精察，更不要真切笃实也。行之时，其心不能明觉精察，则其行便不能真切笃实，不是行之时只要真切笃实，更不要明觉精察也。知天地之化育，心体原是如此。”① 所谓“知之真切笃实”或“行之明觉精察”，都是就本体“良知”说的。“知之真切笃实处即是行，行之明觉精察处即是知”，是说知与行相辅相成，互相渗透，互相包容。知之真切笃实与行之明觉精察是知行一体过程中所呈现的两个层面，具有知行辩证思维。不过王守仁所说的“知”，不是主观对客观的感知；他所说的“行”，也不是主观见之于客观的东西。对此，王夫之曾批评说：“陆子静、杨慈湖、王伯安（守仁）之为言也，吾知之矣。彼非谓知之可后也，其所谓知者非知，而行者非行也。知者非知，然而犹有其知也，亦惝然若有所见也。行者非行，则确乎其非行，而以其所知为行也。以知为行，则以不行为行，而人之伦、物之理，若或见之，不以身心尝试焉。”② “以知为行”，击中了王守仁“知行合一”的要害。但以陆九渊为“知行合一”论者，则于实不符③，“以不行为行”，也有简单化之嫌。

那么，王守仁“知行合一”论，有何合理性？可从以下几方面来看。

第一，王守仁突破了程、朱“先知后行”说教，从“知行合一”方面作了探讨，在一些问题上触及了真正意义上的“知”、“行”问题。

在王守仁之前，凡论“知”与“行”，基本上只注意其相对待的方面，而很少注意其“合一”、“同一”的方面。王守仁自认为他提出“知行合一”论，是为了补程、朱“先知后行”之偏，救“知行”分作两件之弊的。他说：

---

① 《答友人问》，《王文成公全书》卷六。

② 《说命中二》，《尚书引义》卷三，76页。

③ 参见本书第六章第三节第二个问题。

> 某今说知行合一，虽亦是就今时补偏救弊说，然知行体段亦本来如是。吾契但著实就身心上体履，当下便自知得。今却只从言语文义上窥测，所以牵制支离，转说转糊涂，正是不能知行合一之弊耳。①
>
> 知行合一之说，专为近世学者分知行为两事，必欲先用知之之功而后行，遂致终身不行，故不得已而为此补偏救弊之言。②

他抨击近世学者“知先行后”二分之说，为“支离”事业，转说转糊涂，而“知行合一”正是救此“偏弊”的药物。因为“分知行为两事”，便导致了知而不行、知行分裂的弊病。“今人却就将知行分作两件去做，以为必先知了，然后能行。……此不是小病痛，其来已非一日矣。某今说个知行合一，正是对病的药。”③ 他将“知行合一”论作为解决“先知后行”等病痛的灵丹妙药，自己也以救弊之良医自诩，无疑是为了抬高“知行合一”论在与“知先行后”论相抗衡中的地位和威力。于是，他便在“知行”合一方面进行了较深入的论述：

首先，“知行合一、并进”说。王守仁针对“知先行后”说，从“心理合一”出发，主张“知行并进”：

> 今吾子特举学问思辨以穷天下之理，而不及笃行，是专以学问思辨为知，而谓穷理为无行也已。天下岂有不行而学者邪？岂有不行而遂可谓之穷理者邪？……学至于穷理至矣，而尚未措之于行，天下宁有是邪？是故知不行之不可以为学，则知不行之不可以为穷理矣；知不行之不可以为穷理，则知知行之合一并进，而不可以分为两节事矣。④

在这里，他一方面说明“学”（“求知”）既要“思辨”，也应包括“行”，没有“不行”而“学”，也没有“不行”而“穷理”的道理。另一方面，他认为学问思辨和“笃行”是不能分离的，没有“行”就谈不上“学”和“穷理”。因而，“知行”并不是对待矛盾的，而是有“并进之功”的。如果说“知”离不开“行”，“求学”、“穷理”

---

① 《答友人问》，《王文成公全书》卷六。

② 《答周冲书五通·四》，《中国哲学》第一辑，320页，北京，三联书店，1979。

③ 《传习录上》，《王文成公全书》卷一。

④ 《答顾东桥书》，《王文成公全书》卷二。

都需要“行”，看到了“知行”并进、统一的方面，这无疑是合理的。不是学、问、思、辨之后才去行，而是学、问、思、辨即学即行。从功能上说，学、问、思、辨、行可分为五，从整合上说，五者为一。这就是“心理合一之体，知行并进之功”①。这便异于程朱，有别于后世之所在。

其次，“知”和“行”是相互依赖、相互联系的。他说：

> 某尝说知是行的主意，行是知的工夫；知是行之始，行是知之成。若会得时，只说一个知，已自有行在；只说一个行，已自有知在。古人所以既说一个知，又说一个行者，只为世间有一种人，懵懵懂懂的任意去做，全不解思维省察，也只是个冥行妄作，所以必说个知，方才行得是；又有一种人，茫茫荡荡，悬空去思索，全不肯着实躬行，也只是个揣摸影响，所以必说一个行，方才知得真。此是古人不得已，补偏救弊的说话。②

在这里，王守仁说明了四个问题。其一，知是行的主意，行是知的工夫。主意是指主见、指导，工夫是指实践。是说实践不离知的指导，知不离实践，两者相即不离，无时间先后之分，亦非前后相随，而是知行一体两面。其二，“知是行之始，行是知之成”。人们要去做事，必有一个计划、方案，然后去做，这个计划、方案是“行之始”，在整个“行”中有指导作用，也就是“行的主意”。当然，有计划、方案，并未完成。只有把计划、方案付诸“行”，才能实现这个计划方案，这便是“行”是“知”的完成的意思。其三，“知”有“行”在，“行”有“知”在；“知”中有“行”，“行”中有“知”，“知”、“行”各以其对方为自己存在的前提。“知”、“行”相互依存，相互联系，知行是统一过程的不同阶段。其四，没有“知”作指导的“行”，是“冥行妄作”，就不会“行得是”。反之，不肯着着实实地去“行”，也只是“悬空思索”，不会“知得真”。因此，“知”、“行”必须并进，不能偏废，王守仁由此强调了“知”、“行”相依不离的关系。当他讲“知”是“行”的指导的时候，他有重“知”的倾向，把“行”看成是“知”的体现。

再次，“不行不足谓之知”。王守仁说：

---

① 《答顾东桥书》，《王文成公全书》卷二。

② 《传习录上》，《王文成公全书》卷一。

未有知而不行者，知而不行，只是未知。……我如今且去讲习讨论做知的工夫，待知得真了，方去做行的工夫，故遂终身不行，亦遂终身不知。①

知之真切笃行处即是行，行之明觉精察处即是知，知行工夫，本不可离。只为后世学者分作两截用功，失却知行本体，故有合一并进之说，真知即所以为行，不行不足谓之知。②

其一，“知而不行，只是未知”，强调知在行中的地位和作用。“知而不行”的“知”，虽然也是“知”，但不是真知或知之甚浅，因此，不知如何去行？“知”了而不去“行”，无异于没有“知”，只有“知”了就“行”，才能“知”得真。就是说，必须说了就做，不要光说不做。其二，如果终身不去做，那么，终身就“不知”。这里似乎是说“行”比“知”更重要、更根本。只有通过“行”，才能获得“知”。其三，因此，不去“行”就不能说是获得了“真知”。从这个意义上说，“真知即所以为行”。这显然是与王守仁以“知”为“行”为特征的“知行合一”论相抵牾。

最后，“知”必依赖“行”。所谓“行”，是指“以求履其实而言，谓之行”③，是说实实在在地去践履实事实功就叫做“行”。如亲自吃一吃，亲自走一走，接触到了“知”是从直接经验发源的。因而，他说：“夫学、问、思、辨、行，皆所以为学，未有学而不行者也。如言学孝，则必服劳奉养，躬行孝道，然后谓之学，岂徒悬空口耳讲说，而遂可以谓之学孝乎？学射则必张弓挟矢，引满中的。学书则必伸纸执笔，操觚染翰。尽天下之学，无有不行而可以言学者，则学之始固已即是行矣。”④即是说，学“孝”，不能靠悬空讲说，而要去侍奉父母；学射箭必须拉弓放箭，射中靶子；学写字必须铺纸拿笔，不断地写。学任何事情，都离不开实践活动。因此，学的开始就是行开始，没有不行而可以讲学习的。尽管王守仁讲“知”必依赖“行”，但又讲“必有欲行之心，然后知路”，是说只有先有“行”的念头、意思，才去打听路知路。

第二，如何求“知”和如何传授“知”？王守仁突破了僵化的教条式教学法。他提倡根据学生的不同年龄，不同心理特点，循循善诱，因材施教，灵活简明，生动活泼。他说：

① 《传习录上》，《王文成公全书》卷一。

②③④ 《答顾东桥书》，《王文成公全书》卷二。

大抵童子之情，乐嬉游而惮拘检。如草木之始萌芽，舒畅之则条达，摧挠之则衰痿。今教童子，必使其趋向鼓舞，中心喜悦，则其进自不能已。①

少年儿童就像刚萌芽的草木，培养得好，就会“条达”，得到全面发展；如果摧残，他只会“衰痿”。教育方法应该善于诱导，引起他们学习的兴趣，才会不断进步。他举例说：“故凡诱之歌诗者，非但发其志意而已，亦所以泄其跳号呼啸于咏歌，宣其幽抑结滞于音节也；导之习礼者，非但肃其威仪而已，亦所以周旋揖让，而动荡其血脉，拜起屈伸，而固束其筋骸也；讽之读书者，非但开其知觉而已，亦所以沈潜反复而存其心，抑扬讽诵以宣其志也。凡此皆所以顺导其志意，调理其性情，潜消其鄙吝，默化其粗顽。”② 在这里，“诱之歌诗”、“导之习礼”、“讽之读书”等，撇开了旧式教学内容，根据儿童的心理特点，诱导儿童多方面的兴趣，使每门课程对于儿童意志、性情、身体、知识等诸方面培养、教育发挥巨大效果，无疑是合理的。

王守仁认为，倘若不根据儿童心理特点和接受能力，而进行传授知识，则其后果是很坏的。他说：“若近世之训蒙稚者，日惟督以句读课仿，责其检束，而不知导之以礼；求其聪明，而不知养之以善。鞭挞绳缚，若待拘囚。彼视学舍如囹狱而不肯入，视师长如寇仇而不欲见。窥避掩覆，以遂其嬉游；设诈饰诡，以肆其顽鄙。偷薄庸劣，日趋下流。是盖驱之于恶而求其为善也，何可得乎？”③ 反对教师每天只督促学生“句读课仿”，视学生如囚犯，动辄鞭挞。其结果，学生不仅视学校如囹圄，视教师如仇敌，造成学生与学校、教师的对立。而且学生为了玩耍，便欺骗隐瞒，弄虚作假，造成很不好的风气，坑害了学生。在这里，对于儿童的教学方法，确有借鉴的价值。当然，王守仁的教育目的，是以“孝弟忠信礼义廉耻为专务”④ 的。

第三，检验是非之“知”的标准，不是孔子和朱熹的言论，而是心体。因而要求之于心，学贵得心。他说：“夫学贵得之心，求之于心而非也，虽其言之出于孔子，不敢以为是也，而况其未及孔子者乎！求之于心而是也，虽其言之出于庸常，不敢以非也，而况其出于孔子者乎！”⑤ 求之于“心体”，认为是谬误（“非”），即使这句

---

①②③④ 《训蒙大意示教读刘伯颂等》，《王文成公全书》卷二。

⑤ 《答罗整庵少宰书》，《王文成公全书》卷二。

话是孔子说的，也不能认为是真理（“是”）；求之于“心体”，认为是真理（“是”），即使这句话出于平常人之口，也不能不承认其为真理（“是”）。从这个思想出发，王守仁认为，天下的“道”和“学”，不能由孔子和朱熹等一两个人来判断。他说：“夫道，天下之公道也；学，天下之公学也。非朱子可得而私也，非孔子可得而私也。天下之公也，公言之而已矣。故言之而是，虽异于己，乃益于己也；言之而非，虽同于己，适损于己也。”① 天下的“公道”和“公学”，不能成为孔子、朱熹的“私道”和“私学”。如果以“道”和“学”为“私”，就会限制“公言”；只有以天下为“公”，才有“公言”。这样，正确的言论虽然与自己不同，乃是有益于自己的；错误的言论即使与自己相同，恰恰是损害自己的。自己的正确态度不应该是“益于己者，己必喜之，损于己者，己必恶之”②，即不能文过饰非。王守仁把检验言论、理论的是非标准归结为“心”。在当时孔子和朱熹的言论被尊奉为法典神圣不可侵犯，被法定为科举考试的标准答案的形势下，王守仁敢于提出不以孔子和朱熹的言论为检验“知”的是非标准，提出“道”与“学”，“非朱子可得而私”，“非孔子可得而私”，客观上有其反对崇拜旧权威、旧教条的作用，对于凸显个体主体精神，解放思想禁锢也具有积极价值。

（四）“格物致知”说

宋明以来，各家各派都对“格物致知”作出了自己的诠释，凸显了中国古代诠释学通过吸取古典文本智慧来发展新的人文价值理念的风貌。王守仁致思的方法及所运用的范畴受《大学》的影响甚深。他年轻时笃信朱熹的“格物”之教，但有一曲折过程，到正德三年（公元 1508 年）在龙场“中夜大悟格物致知之旨”，则正式宣布与朱熹“格物”说决裂。《传习录》记载：“朱子所谓格物云者，在即物而穷其理也。即物穷理，是就事事物物上求其所谓定理者也。是以吾心而求理于事事物物之中，析心与理而为二矣。夫求理于事事物物者，如求孝之理于其亲之谓也；求孝之理于其亲，则孝之理其果在于吾之心邪？抑果在于亲之身邪？假而果在于亲之身，则亲没之后，吾心遂无孝之理欤。……以是例之，万事万物之理，莫不皆然，是可以知析心与理为二之非矣。夫析心与理而为二，此告子

---

①② 《答罗整庵少宰书》，《王文成公全书》卷二。

义外之说，孟子之所深辟之。务外遗内，博而寡要……谓之玩物丧志，尚犹以为不可欤。"① 他以"即物穷理"喻为"求孝之理于亲"。进而以亲没，吾心是否存有"孝之理"的诘难，说明朱熹"析心为理为二"之非，抨击这是"务外遗内"，"玩物丧志"，从而证明"心即理"为是。但这并不是对《大学》经典文本本身的否定，相反，他的《大学问》对《大学》文本作了创新的诠释，代表了中国古典诠释学的新形态。

王守仁提出了自己对"格物致知"的解释：

> 若鄙人所谓致知格物者，致吾心之良知于事事物物也。吾心之良知，即所谓天理也。致吾心良知之天理于事事物物，则事事物物皆得其理矣。致吾心之良知者，致知也；事事物物皆得其理者，格物也。是合心与理而为一者也。②

如果说朱熹的"即物穷理"是就事事物物上求所谓"理"，即从心外之物中体认形而上本体"理"的话，那么，王守仁则认为"吾性自足"，无须求"理"于事事物物；只要推致"吾心良知"于事事物物，"事事物物皆得其理"矣，即由心体内推致事物，即由内到外，即朱、王之异趣。

尽管朱熹哲学逻辑结构的形而上本体"理"亦属理念，但需通过外物来体认，所以从格物致知途径来看，与王守仁是有分别的。《传习录下》记载：

> 先生曰：先儒格物为格天下之物，天下之物如何格得？且谓一草一木亦皆有理，今如何去格？纵格得草木来，如何反来诚得自家意？③

此先儒，显然包括朱熹。他认为"众人只说格物要依晦翁，何曾把他的说去用"④，根据他着实去用而失败的结果来看，朱熹的"格物"之道是行不通的，天下之物如何格得理来？"及在夷中三年，颇见得此意思，乃知天下之物，本无可格者，其格物之功，只在身心上做。"⑤ "格物之功"，一在"物"上做，一在"身心上做"，这又是朱、王之异趣。

---

①② 《答顾东桥书》，《王文成公全书》卷二。

③ 《王文成公全书》卷三。

④⑤ 《传习录下》，《王文成公全书》卷三。

所谓“格物”，王守仁诠释说：

我解“格”作正字义，“物”作事字义。①

物者，事也。凡意之所发必有其事，意所在之事谓之物。格者，正也。正其不正以归于正之谓也。正其不正者，去恶之谓也；归于正者，为善之谓也。夫是之谓格。②

这两段话有两层意思。一是，释“物”为事，似与朱熹相似；然释“格”为“正”，则与朱熹有别。但训“格”为“至”也是有根据的。“格字之义，有以至字训者，如‘格于文祖’、‘有苗来格’，是以至训者也。然格于文祖，必纯孝诚敬，幽明之间，无一不得其理，而后谓之格。有苗之顽，实以文德诞敷而后格，则亦兼有正字之义在其间，未可专以至字尽之也。如‘格其非心’、‘大臣格君心之非’之类，是则一皆正其不正以归于正之义，而不可以至字为训矣。”③“格”兼有“至”和“正”二义，如“格于文祖”、“有苗来格”以“至”为训，“格其非心”、“大臣格君心之非”以“正”为训。“《书》言格于上下，格于文祖，格其非心，格物之格，实兼其义也。”④但是，朱熹训《大学》“格物”的“格”为“至”，则不通。如果训“至”，则必曰：“穷至事物之理，而后其说始通。是其用功之要，全在一穷字；用力之地，全在一理字也。若上去一穷字，下去一理字，而直曰致知在至物，其可通乎?”⑤如以“穷理”释“格物”，则不仅有混淆概念之嫌，而且有不通之弊。因为“穷理”，兼有“格”、“致”、“诚”、“正”之功，“格物”则兼举“致知”、“诚意”、“正心”。如以“格物”为“穷理”，便会以“穷理”属“知”，而谓“格物”未常有“行”，“此后世之学，所以析知行为先后两截，日以支离决裂，而圣学益以残晦者，其端实始于此”⑥。这便是分“知行”为二的根源，可见，“格”字不能以“至”字为训。

二是，“格”为“正”，“物”为“事”。“格物”，便是“格心之物”或“正心之物”。“故格物者，格其心之物也，格其意之物也，格其知之物也。”⑦如何要格“心”、“意”、“知”之物？因为意之所

① 《传习录下》，《王文成公全书》卷三。
② 《大学问》，《王文成公全书》卷二十六。
③ 《答顾东桥书》，《王文成公全书》卷二。
④ 《大学问》，《王文成公全书》卷二十六。
⑤⑥ 《答顾东桥书》，《王文成公全书》卷二。
⑦ 《答罗整庵少宰书》，《王文成公全书》卷二。

发有善有恶，人容易“动于欲，蔽于私”①，因此，“格物”就是“正”人们的行为或意念，即在主体自身上做工夫，以去“私欲”之昏，“胜私复理”②，从而达到去恶从善，“止于至善”的境界，这是一种道德修养的工夫。然而，在王守仁看来，事物是“心意”的所发或所在的呈现，因此，他所说的“格心之物”、“格意之物”、“格知之物”，就是指格“心”中的物或“意”中的物。由于“心之物”、“意之物”包括了“物欲”，所以他说：“正心者，正其物之心也；诚意者，诚其物之意也；致知者，致其物之知也。”③“正心”、“诚意”、“致知”是指正物心、诚物意、致物知而言。在这里，物心、物意、物知是指心、意、知在物的呈现。换言之，“正者正此也，诚者诚此也，致者致此也，格者格此也”④。这里的“此”是指吾心，即个体心意说的。

所谓“致知”，是以“格物”为条件的。他说：

> 格物是致知工夫，知得致知，便已知得格物，若是未知格物，则是致知工夫亦未尝知也。⑤

“格物”与“致知”不可分离，相互促进。

在“格物”、“正心”基础上的“致知”，便是对形而上本体“心”的体认。他说：“致者，至也，如云‘丧致乎哀’之致。《易》言‘知至至之’；‘知至’者，知也；‘至之’者，致也。致知云者，非若后儒所谓充广其知识之谓也，致吾心之良知焉耳。”⑥ 致是“至”的意思，亦有推极、扩充的意蕴。他的“致知”并不是扩大知识，而是“致吾心之良知”。所谓“良知”，即“心”的安顿，它是不待虑而知，不待学而能的，是众人与生俱来的天赋本性。他在诗中曰：

> 良知却是独知时，此知之外更无知。
> 谁人不有良知在，知得良知却是谁？
>
> 知得良知却是谁，自家痛痒自家知。
> 若将痛痒从人问，痛痒何须更问为。⑦

---

① 《大学问》，《王文成公全书》卷二十六。
② 《传习录上》，《王文成公全书》卷一。
③④ 《答罗整庵少宰书》，《王文成公全书》卷二。
⑤ 《启问道通书》，《王文成公全书》卷二。
⑥ 《传习录上》，《王文成公全书》卷一；另见《大学问》。
⑦ 《答人问良知二首》，《王文成公全书》卷二十。

“良知”人人具有，自家体认自家，而无须问人，“良知”是完满自足的。

由此，“格物致知”就是“正意念”、“去私欲”，而回复到自然“灵昭明觉”的“心”。这只不过是自我意识的自我体认，这个自我意识的自我体认过程，就如磨镜复明的过程。《传习录》记载：

> 心犹镜也。……近世格物之说，如以镜照物，照上用功，不知镜尚昏，在何能照？先生之格物，如磨镜而使之明，磨上用功，明了后亦未尝废照。①

心镜之喻是佛教所常用。“磨上用功”是就注重道德修炼工夫，使本体“心”明，而何处不照。

如果说此“心”是一人之“心”，则我所得之“知”，便是“一节之知”，如何能“知天知道”？《传习录下》载：

> 黄以方问：“先生格物之说，随时格物以致其知，则知是一节之知，非全体之知也，何以到得溥博如天，渊泉如渊地位？”先生曰：“人心是天渊，心之本体，无所不该，原是一个天，只为私欲障碍，则天之本体失了；心之理无穷尽，原是一个渊，只为私欲窒塞，则渊之本体失了。如今念念致良知，将此障碍窒塞，一齐去尽，则本体已复，便是天渊了。”②

原来“人心”就是“天渊”，天下万物是“心”的呈现，并在心中。所以心的本体，无所不该，天地万物都包容在心体中，无一例外。由于心被“私欲”障碍，如“昭昭之天”被许多东西遮蔽，以致不能“知天”，天之体丧失了。心的理是幽远的，由于被私欲窒塞了，丧失了本体，即失去“心体”。如撤去“私欲”的种种障碍和窒塞，就可恢复本体“心”，于是也就“知天”了。从这个意义上说：“便见一节之知，即全体之知；全体之知，即一节之知，总是一个本体。”③这样，由“知心则知道知天”④了。

无论是“知行合一”论，还是“格物致知”说，基本是讨论本体与工夫、道德本体与道德修养的关系问题，这是王守仁哲学的

---

① 《王文成公全书》卷一。

②③ 《王文成公全书》卷三。

④ 《传习录上》，《王文成公全书》卷一。

特点。由此，王守仁注重“事上磨炼”和“笃实之功”，即道德修养和伦理道德的践履，反对“着空”，倡导“实学”，这是“知行合一”和“格物致知”说的共同特色，也是王守仁道德形上学的需要。

（五）“致良知”说

“格物致知”范畴源自《大学》，学、问、思、辨、笃行范畴皆出自《中庸》，良知范畴则来自《孟子》，王守仁所依傍的经典与程朱并无二致，这就是王氏之所以属于宋明理学范围的原因之一。王氏特别重视对于《大学》这部经典文本的诠释，从年轻时格竹子之理到龙场大悟格物致知之旨，后又以《大学》重点改为诚意为本，而后又转移为致知，与良知相融合，圆融了其即本体即工夫的“致良知”的哲学逻辑结构。王氏自龙场“大悟”以后，思想沉潜，不断磨砺着自己。他说：

> 吾良知二字，自龙场以后，便已不出此意，只是点此二字不出。与学者言，费却不少辞说。今幸见出此意，一语之下，洞见全体，直是痛快！①

这种痛快，是豁然悟道，体贴自己哲学的精华的无限喜悦心情，是真实情感的流露。王氏从37岁龙场“大悟”到50岁始揭“致良知”之教，其间历十几年。它不仅表示着王守仁趋于成熟，而且标志心学哲学逻辑结构切实地把《大学》致知与《孟子》良知和合起来的形式。由此，他大讲“良知”：

> 某近来却见得良知两字日益真切简易。朝夕与朋辈讲习，只是发挥此两字不出。缘此两字，人人所自有，故虽至愚下品，一提便省觉。若致其极，虽圣人天地，不能无憾，故说此两字穷劫不能尽……近有乡大夫请某讲学者云：“除却良知，还有甚么说得？”某答云：“除却良知，还有甚么说得！”②

大有不讲“良知”，就没有什么可讲之势。“吾平生讲学，只是致良知三字。”③ 此三字的确揭出了王氏孜孜追求本体与工夫一齐收摄的简易

---

① 钱德洪《刻文录序说》，《王阳明全集》卷首。

② 《寄邹谦之·三》，《王文成公全书》卷六。

③ 《寄正宪男手墨二卷》，《王文成公全书》卷二十六。

贴切的表述形式。这就使其格物、知行合一虽为切要工夫，然未及心体；心外无理虽讲心体，而非工夫之失。致良知却使本体工夫一齐圆融，双双呈现。“合著本体，方是工夫；做得工夫，方是本体。”①

所谓“良知”，在孟子那里是指一种不经后天学习的先验是非标准和道德规范。王守仁则将“良知”作为融本体论、工夫论、人性论和道德论为一的范畴。它具有先验性、普遍性、直觉性。他是这样规定“良知”的：

第一，“良知”为“心之本体”。王守仁既以“心体”为其哲学逻辑结构的形上学范畴，那么，“心”与“良知”是什么关系呢？他说：

> 良知者，心之本体，即前所谓恒照者也。②
>
> 心者，身之主也。而心之虚灵明觉，即所谓本然之良知也。③

尽管王守仁反对朱熹析“心”与“理”、“知”与“行”、“道心”与“人心”为二的学说，但他从朱熹的分二中得到启发，而给出“心”以更抽象和更高的概括，把排除了“私欲”和外物干扰的“本心”及从“一块血肉”的人心升华为“良知”，“良知”便是“心”的形上本体，它处在虚灵明觉和恒照的状态。因此，作为超越具体“身心”特征的“良知”（“心”），便是超越了具体“器”的“道”。“夫良知即是道。良知之在人心，不但圣贤，虽常人亦无不如此。若无有物欲牵蔽，但循着良知发用流行将去，即无不是道。”④“良知即天道”⑤。在这里“良知”是离具体“身心”而又在“身心”之中的主体精神，但在王守仁的哲学逻辑结构中，主体在某种意义上即是本体。

第二，“良知”是造化的精灵。王守仁以为“心外无物”，“意之所在谓之物”的心体境界，但未及工夫，因而提出“良知”论，并由“良知”能“造化”的特性而构造了其万物化生论。这既为宋明理学家所乐道，亦是中国“心学”的特点。“良知”何以为造化的精灵，《传习录下》记载：

> 先生曰：良知是造化的精灵，这些精灵，生天生地，成鬼成帝，皆从此出，真是与物无对。人若复得他完完全全，无少亏欠。

① 《稽山承语》，水野实、永富青地整理，载《中国文哲研究通讯》，第八卷，第三期，1998。

② 《答陆原静书》，《王文成公全书》卷二。

③ 《传习录中》，《王文成公全书》卷二。

④ 《答陆原静书》，《王文成公全书》卷二。

⑤ 《惜阴说》，《王文成公全书》卷七。

自不觉手舞足蹈，不知天地间更有何乐可代。①

“生天生地，成鬼成帝”，脱胎自庄子的“神鬼神帝，生天生地”②。“良知”作为“造化的精灵”，它能生天生地，成鬼成帝，天地鬼帝都从“精灵”中造化出来。它与“心”不同，消除了与物有“对”的品格，是圆满无缺、无少亏欠的形而上范畴。

作为造化精灵的“良知”，是天地鬼帝的根源，离了“良知”，天地万物就无了根据。譬如草木瓦石无“良知”，便不可以为草木瓦石；天地没有“良知”，亦不可以为天地。这是因为，自然界的风雨露雷、日月星辰、禽兽草木、山川土石，原来是与人属于一体的。天地万物的发窍之最精灵处，便是人心的一点灵明。

“良知”既为造化精灵，便无所不在。它在发用流行造化过程中，无形象、无方所：

良知之虚，便是天之太虚；良知之无，便是太虚之无形。日月风雷，山川民物，凡有貌象形色，皆在太虚无形中发用流行，未尝作得天的障碍。圣人只是顺其良知之发用，天地万物，俱在我良知的发用流行中，何尝又有一物超于良知之外，能作得障碍！③

夫良知一也。以其妙用而言，谓之神；以其流行而言，谓之气；以其凝聚而言，谓之精，安可以形象、方所求哉？④

良知既虚又无。从虚而言，是天之太虚，由其虚故能包容万物，而为造化的精灵，天地万物才能在良知中发用流行，若良知非虚为实，天地万物何以在良知中发用流行；从无而言，因其无形，才能造化各种貌象形色，若已有形色，便会成为造化的障碍，无形才有形。从这个意义上说，无一物超于良知以外，良知虚无而无限。把“良知”规定为无形之“太虚”，“良知”的妙用是“神”，流行是“气”，凝聚为“精”。这里虽借用张载“太虚无形”及“神”、“气”、“精”之语，但王守仁并不认为“太虚即气”，而是“良知”存在之形态或其发用。他在这里只是以“太虚无形”说明一切凡有“貌象形色”都在其中流行，这便是说“良知”既无形象，亦无方所可求；它超越于万物而万物未

① 《王文成公全书》卷三。

② 《庄子·大宗师》。

③ 《传习录下》，《王文成公全书》卷三。

④ 《答陆原静书》，《王文成公全书》卷二。

尝在“良知”之外。

第三，“良知”统摄有无动静。如果说，朱熹的“理”是寂然不动，借“气”而动静、造化，则王守仁便来得简易得多，“良知”内蕴着动静的潜能，从良知本体说，“良知无动静，动静者，所遇之时也”①。动静是良知所遇的时机。无动静与有动静都为良知所统摄。从有动静说：

> 良知即是易，其“为道也累迁，变动不居，周流六虚，上下无常，刚柔相易，不可为典要。惟变所适”，此知如何捉摸得。②

“易”为变易，由于事物处于不断的运动过程中，因此，上下没有常规，刚柔相互转化。“天道之运，无一息之或停，吾心良知之运，亦无一息之或停。”③“运”即“良知”所遇的机运，“良知”即“天道”，“良知”的运行变化和“天道”一样，“无一息之或停”。

“吾心良知之运”，说明“良知”（“心”）蕴涵着运行的功能。尽管王守仁说过“良知”之“妙用”流行，此“妙用”即“良知”体用一源。他说：

> 天地之化是个常动常静的，何也？盖天地之化自始至终，自春至冬，流行不已者，常动常静。天地亘古亘今，不迟不速，未尝一患之违者，常动常静也。自其常静而言之谓之体，自其常动而言之谓之用。动中有静，静中有动，体中有用，用中有体。故曰动静一机，体用一源。推之事物，莫不皆然。④

“心（良知）不可以动静为体用”，与良知无动静义同。因将“动静”分“体用”，便有分“动静”为二之嫌。王守仁从体用的相互联系中说明“动中有静，静中有动”⑤，体在用，用在体，“无动无静，体用一源者也”⑥。静可现体，动可现用，动静只在这个意义上讲。王氏强调所遇之时的理念。“良知”是动静所遇的“时”与“定”，“定者，心之本体……动静所遇之时也”⑦。定是所遇之时一种呈现。

---

① 《稽山承语》。
② 《传习录下》，《王文成公全书》卷三。
③ 《惜阴说》，《王文成公全书》卷七。
④ 《阳明先生遗言录》下，载《中国文哲研究通讯》，第八卷，第三期，1998。
⑤ 《答陆原静书》，《王文成公全书》卷二。
⑥ 《阳明王先生语要》，《防卫大学校纪要》，第77辑。
⑦ 《传习录上》，《王文成公全书》卷一。

王守仁所说的“动静”，不仅是指日、月、风、雷等自然界事物，而且也指人的心理情感活动，即“未发”和“已发”。“良知即是未发之中，即是廓然大公，寂然不动之本体，人人之所同具者也。”① “良知”处在“未发之中”的寂然不动状态时，则“无前后内外，而浑然一体者也”②。“已发”便是感而遂通。然“未发”和“已发”也浑然一体，不可以“动静”分而为二。他认为“未发”与“已发”是相互渗透、相互包容。“未发在已发之中，而已发之中未尝别有未发者在；已发在未发之中，而未发之中未尝别有已发者存，是未尝无动静，而不可以动静分者也。”③这未尝无动静，而不可以动静分，便是辩证的思维。

动静“体用一源”，“未发”、“已发”浑然一体，此一源、一体，便是“吾心良知”，“人人自有定盘针，万化根缘总在心”④。动静、未发、已发都是良知所遇之时的当下呈现。“天地气机，元无一息之停。然有个主宰，故不先不后，不急不缓，虽千变万化，而主宰常定，人得此而生；若主宰定时，与天运一般不息，虽酬酢万变，常是从容自在，所谓天君泰然，百体从令；若无主宰，便只是这气奔放，如何不忙？”⑤ 天地事物千变万化，一息不停，但有一个主宰常定，它犹如“天君”，发号施令，而百体服从“天君”的命令。

第四，“良知”即天理。“良知即是天理，致良知即是当理。”⑥ 王氏“良知即是天理”命题的提出，较之“心即理”命题要完善，内涵要明确而不失于笼统。“明道云：‘吾学虽有所受，然天理二字却是自家体贴出来。’良知即是天理。体认者，实有诸己之谓耳。”⑦ 天理在《礼记·乐记》中与人欲对言，为人生道德准则，二程以天理为形而上价值本体。王氏以良知为价值标准，所以良知为天理，自然成理。

良知作为知，具有知觉的品格，因此讲良知的昭明灵觉。“良知是天理之昭明灵觉处，故良知即是天理。思是良知之发用，若是良知发用之思，则所思莫非天理矣。……若是私意安排之思，自是纷纭劳扰。……盖思之是非邪正，良知无有不自知者，所以认贼作子，正为致知之学不明，不知在良知上体认之耳。”⑧ 灵觉不是指认知意义上的知觉，天理的昭明灵觉是指道德自身所具有

①②③ 《答陆原静书》，《王文成公全书》卷二。

④ 《咏良知四首示诸生》，《王文成公全书》卷二十。

⑤ 《传习录上》，《王文成公全书》卷一。

⑥ 《王阳明与周道通答问书》，载《浙江学刊》，1996（5）。

⑦ 《与马子莘》，《王文成公全书》卷六。

⑧ 《答欧阳崇一》，《王文成公全书》卷二。

的道德自觉。“良知”既是“是非邪正”的价值标准，亦是伦理价值标准。他说：

> 盖良知只是一个天理自然明觉发见处，只是一个真诚恻怛，便是他本体。故致此良知之真诚恻怛以事亲，便是孝；致此良知之真诚恻怛以从兄，便是弟；致此良知之真诚恻怛以事君，便是忠，只是一个良知。①

“事亲孝”、“从兄弟”、“事君忠”，都是“良知”真诚恻怛的当下呈现。“孝”和“悌”，乃是“孟氏尧舜之道，孝弟而已者，是就人之良知发见得最真切笃厚，不容蔽昧处提省人，使人于事君、处友、仁民、爱物，与凡动静语默间，皆只是致他那一念事亲从兄真诚恻怛的良知”②。又说：“见父自然知孝，见兄自然知弟，见孺子入井自然知恻隐，此便是良知。”③ 把事亲从兄“孝悌”的“致良知”致之于“事君”、“处友”、“仁民”、“爱物”及一举一动伦理道德，即是良知的天理昭明灵觉处。

第五，“良知”为至善。“良知”无善无恶，实为至善。他说：

> 知者，良知也，天然自有，即至善也。④

依照“良知即天理”的理念，“善恶”是不能分二的。善恶只是一物，“良知”无善恶。然而，在现实生活中何以又有善恶？“心之发动不能无不善，故须就此处着力，便是在诚意。如一念发在好善上，便实实落落去好善，一念发在恶恶上，便实实落落去恶恶。……所谓人虽不知，而己所独知者，此正是吾心良知处。”⑤ 由于一念发在“善”上即“善”，“恶”上即“恶”，便需要“诚意”工夫，“故欲正其心在诚意……然诚意之本，又在于致知也”⑥。只有好善恶恶，便无有不“诚”，这样，吾心良知便无“私欲”之蔽，而为“至善”。

良知是内在道德评价的价值体系。良知作为指导、评价、判断的先验道德价值原则，故能知是知非，知善知恶，好善恶恶。“良知”既为“至善”，其于人性来说，即为“天命之性”。他说：“至善者，明德亲民之极则也。天命之性，粹然至善，其灵昭不昧者，此其至善之发见，是乃明德之本体，而即所谓良知者也。”⑦ “天命之

---

①② 《答聂文蔚二》，《王文成公全书》卷二。

③ 《传习录上》，《王文成公全书》卷一。

④⑤⑥ 《阳明先生遗言录》下，载《中国文哲研究通讯》，第八卷，第三期，1998。

⑦ 《大学问》，《王文成公全书》卷二十六。

性”是“至善”，是“明德”的本体，就是“良知”。以人性实质为“至善”，则与程朱无别。同时，他们均喜欢把“心、性”与“天理”、“天命”相联系。程颐说：“在天为命，在义为理，在人为性，主于身为心，其实一也。”① 朱熹的“天命之性”便是“天理”。王守仁则说：“性一而已，自其形体也，谓之天；主宰也，谓之帝；流行也，谓之命；赋于人也，谓之性；主于身也，谓之心。”②“命”既有“天命”之意，亦有“命定”之义。“天命于人，则命便谓之性。率性而行，则性便谓之道。”③如果说，朱熹的人性论得自“天理”，则王守仁得自良知。因此，王守仁把“天理”、“天命之性”统统纳入“吾心良知”之中。“夫礼也者，天理也。天命之性，具于吾心。”④ 这样“天”、“帝”、“命”、“性”、“心”为一，均是“吾心良知”。

第六，“良知”为是非之心。在王守仁哲学逻辑结构中，“良知”既是形而上范畴，又包罗万象，纳自然、社会、人生以及宇宙论、动静观、知识论、人性论、伦理观于其中，而展开多层次的论证。

王守仁以“良知”为先验是非准则。他说：

> 良知只是个是非之心。是非只是个好恶，只好恶，就尽了是非。⑤
>
> 良知者，孟子所谓“是非之心，人皆有之”者也。是非之心，不待虑而知，不待学而能，是故谓之良知，是乃天命之性，吾心之本体，自然灵昭明觉者也。⑥

“良知”作为是非之心，不仅人人都具有，而且是不待学和虑的先验“知能”论。在这里，“良知”既是道德价值，又是分辨是非的标准。“这些子看得透彻，随他千言万语，是非诚伪，到前便明。合得的便是，合不得的便非，如佛家说心印相似，真是个试金石、指南针。”⑦“这些子”是指“良知”而言，是非、善恶、真假，一放到“良知”面前来，便明明白白。合于“良知”的便真、善、是，不合“良知”的便是假、恶、非。良知便是判断、评价是非、善恶、真假

---

① 《河南程氏遗书》卷十八，《二程集》，204页。
②③ 《传习录上》，《王文成公全书》卷一。
④ 《博约说》，《王文成公全书》卷七。
⑤ 《传习录下》，《王文成公全书》卷三。
⑥ 《大学问》，《王文成公全书》卷二十六。
⑦ 《传习录下》，《王文成公全书》卷三。

的价值标准，其内涵是仁、义、礼、智、信等道德原则和规范。“良知之纯一无间是仁，得宜曰义，条理曰礼，用辨曰智，笃实曰信，和顺是乐，妙用是神。总只是一个良知而已。”① 良知只是一个，其功能多元呈现，这是良知的内在性，良知还具有普遍性，是人皆有之的，即自圣人至于凡人，都具有的。

此仅是良知内涵的大概，王守仁还规定良知是谓圣，“心之良知谓之圣”②。并且以良知为“独知”，他说：“良知无有不独，独知无有不良。”③独知是道德动机世界，这个世界个人自己能占有的，是道德评价的内在尺度。良知内涵丰富，完满自足。

第七，致良知说。良知是吾心之良知，也就是“致知”。以良知释致知之知，是对于《大学》致知的诠释。“致”是指至乎其极，是指向极至的运动过程。简言之，致良知即是“至极之良知”，是推致扩充良知到极点。

致良知，即本体即工夫，本体工夫和合。从良知本体推致的工夫。作为本体的良知，自然流行发用为工夫，流行发用的工夫是良知本体的呈现。良知流行发用的过程，是良知推致、扩充到事事物物，其间往往有物欲牵蔽，私欲窒塞，于是便需要克除私欲障碍，由工夫而良知本体。对于去欲、求放心，这是自家工夫。“自家工夫不可放过，不可影过，不可混过”④，只有这样才能做得工夫实。“做是工夫，方见本体”，“做工夫的，便是本体”⑤。由本体而至工夫，由工夫而至本体，生生不息，而达圣的境界。

致良知，即虚即实，虚实和合。“问：‘乾坤二象。’曰：‘本体要虚，工夫要实。’”⑥良知本体是虚而不实，工夫是实而不虚。本体良知若实，便不能造化、包罗万象；工夫若虚，便陷空疏。譬如克除私欲障碍、灭人私、求放心的工夫，必须实实在在地去做；孝亲、忠君等道德规范，必须切实地去做；学、问、思、辨亦必须踏踏实实地实行，来不得半点虚假。良知犹无形的太虚，工夫有形色的实功。致良知，使虚实的和合达到化境。

致良知，即知即行，良知与笃行和合。“良知也者，是所谓天下之大本也；致是良知而行，则所谓天下之达道也。”⑦ 人皆有良知，这是每个人毫无例外地先验具足的，但能致之与不能致之，却有极

① 《阳明先生遗言录》下，载《中国文哲研究通讯》，第八卷，第三期，1998。

②③④⑤⑥ 《稽山承语》，载《中国文哲研究通讯》，第八卷，第三期，1998。

⑦ 《书朱守乾卷》，《王文成公全书》卷八。

大的差分。致良知就是不要欺他，“实实落落依着他做去”[①]。良知是天下的大本，致良知而行，是天下的达道，无达道，大本不能行，无大本，达道无知指导，大本达道相即相合。只有依良知大本实实落落去行，这便是致的工夫，即达道工夫，以达知行和合境界。

致良知，惟精惟一和合。《尚书·大禹谟》中“人心惟危，道心惟微，惟精惟一，允执厥中”，被作为尧舜禹三圣的十六字心传。从朱熹到陆九渊都认为精为知，一为行，道心人心为二。王守仁以道心与人心为一，其别只在心未杂人欲与已杂人伪之分。“惟一是惟精的主意，惟精是惟一的功夫，非惟精之外复有惟一也。”[②] 惟一与惟精相即和合，主意与功夫，即本体与工夫。王守仁认为，精字从米，从米来说，要得到米的纯然洁白，是惟一的主意，必加以舂簸、筛拣的工夫，这是惟精工夫，使惟一主意得以实现。反之，舂簸、筛拣的精的工夫，在于使米纯然洁白。“惟精惟一，只是存此致此而已。”[③] 存此、致此的“此”，即指良知。惟精与惟一和合。

致良知的目的是为了达到圣人境界。“心之良知是谓圣，圣人之学，惟是致此良知而已。自然而致之者，圣人也；勉然而致之者，贤人也；自蔽自昧而不肯致之者，愚不肖也。愚不肖者，虽其蔽昧之极，良知又未尝不存也。苟能致之，即与圣人无异矣。”[④] 他把致良知自觉与不自觉状况分为三类，而达到三种不同的效果，不过他并不放弃第三类愚不肖者，认为只要他们改变自蔽自昧状况，自然而致之，也能达到成圣。从这个意义上说，“人人胸中有圣人”，即每个人的心中的道德是完满完善的，这是成圣的内在依据。所以王守仁认为，“满街都是圣人”，也就是人人致是良知，而达圣人境界。

三、伦理道德学说

（一）王门“四句教”

王守仁从他的“致良知”的主体精神出发，来营造他的道德形

① 《传习录下》，《王文成公全书》卷三。
② 《传习录上》，《王文成公全书》卷一。
③ 《稽山承语》，载《中国文哲研究通讯》，第八卷，第三期，1998。
④ 《书魏师孟卷》，《王文成公全书》卷八。

上学，他晚年提出的“四句教”，是其心学教言，即其思想精华的概括。

> 无善无恶是心之体，有善有恶是意之动，知善知恶是良知，为善去恶是格物。①

王守仁向钱德洪、王畿交待：“已后与朋友讲学，切不可失了我的宗旨。”②只有依四句教去践履，“以此自修，直跻圣位，以此接人，更无差失”③。这是自修为“圣”，接人无差的行动指南。

对于四句教，守仁弟子诠释有异，王畿认为，心、意、知、物皆无善无恶，即“四无”说，钱德洪主“四有”说，认为“至善无恶者心，有善有恶者意，知善知恶者良知，为善去恶者格物”。其实守仁“四句教”，既非四无，亦非四有，即四无即四有，统摄四无四有的无有和合体，是上根的人和下根的人都可接引，都可超凡入圣的教旨。黄宗羲便曾认为此四句不是王守仁思想，而是王畿的话。他在引《天泉证道记》后曾以“至善是心之体”与“无善无恶是心之体”相抵牾，而认为此四句非王守仁思想。此说理由不充足。④在王守仁的言论中，相似此两句话都还有其他记载：“至善者，性也。性元无一毫之恶。”⑤“人性皆善，中和是人人原有的，岂可谓无。”⑥“至善者，心之本体也。”⑦又载：“性无定体。……性之本体，原是无善无恶的，发用上也原是可以为善，可以为不善的；其流弊也原是一定善一定恶的。……孟子说性，直从原头上说来，亦是说个大概如此。荀子性恶之说，是从流弊上说来，也未可尽说他不是，只是见得未精耳。”⑧王守仁的逻辑结构是有层次之分的。“自本体上说”，形而上“心体”超越善恶，不受善恶影响，它处在“未发之中”，无善恶之分。此时人性完满自足，晶莹无瑕。心体是虚、太虚，是虚灵不昧的，从这个意义上说，心体即是无体，所以心体无善无恶。“自发用上说”，有了人“心”的意念活动，便有善恶的分别。这是就“心之体”的“体”与“用”之关系说的，即“体”为无善无恶，“用”为有善有恶。此其一。其二，从“源头”与“流

---

①② 《传习录下》，《王文成公全书》卷三；另见《天泉证道记》，《王龙溪全集》卷一。

③ 《传习录下》，《王文成公全书》卷三。

④ 详见《姚江学案》，《明儒学案》卷十。

⑤⑥ 《传习录上》，《王文成公全书》卷一。

⑦⑧ 《传习录下》，《王文成公全书》卷三。

弊”方面来看，“源头”为“至善”，“流弊”则有善有恶。在这里，王守仁所说的“心之本体”与“源头”、“发用”与“流弊”两者之间基本相当。“无善无恶”的“心之体”与“至善”的“源头”实不冲突。《传习录上》记载，学生薛侃以除花之间的杂草为喻设问，与王守仁有段对话：

> 少间，［先生］曰：“此等看善恶，皆从躯壳起念，便会错。”侃未达。曰：“天地生意，花草一般，何曾有善恶之分？子欲观花，则以花为善，以草为恶；如欲用草时，复以草为善矣。此等善恶，皆由汝心好恶所生，故知是错。”曰：“然则无善无恶乎？”曰：“无善无恶者理之静，有善有恶者气之动；不动于气，即无善无恶，是谓至善。”①

当“意气”未动，便是“未发”之时，即“无善无恶”相当于“至善”；“意气”之动，便是“已发”，即有善有恶。因此，不能把四句教中首句“无善无恶心之体”与“至善者，心之体”相对。“心体上着不得一念留滞，就如眼着不得些尘沙”②。着不得一念留滞，即无善无恶，因一念而善，一念而恶，善恶由一念而起，不着一念自无善恶。王守仁所说：“若见得怒时眼，就说未尝有喜的眼；见得看的眼，就说未尝有觑的眼，皆是执定，就知是错。”③不着就是不执定，执定犹眼着尘沙。心体不执定是太虚，所以无善无恶。

“有善有恶是意之动”，是讲善恶如何而来。他说：“心之发动，不能无不善，故须就此处着力，便是在诚意，如一念发在好善上，便实实落落去好善；一念发在恶恶上，便实实落落去恶恶。”④意有意念、意识等义。意之动就是意念的发动。发动就是有留滞、有执、有着。于是“意念”发在善上即善，恶上即恶。

“知善知恶是良知”，是讲“良知”能体认善恶。他说：“则凡所谓善恶之机、真妄之辨者，舍吾心之良知，亦将何所致其体察乎？”⑤辨真妄和善恶的微妙差异，惟有“吾心良知”，舍此无它。因而，他将良知喻为规矩。他说：“夫良知之于节目时变，犹规矩尺度之于方圆长短也。……毫厘千里之谬，小于吾心良知一念之微而察之，亦将何所用其学乎？是不以规矩而欲定天下之

① 《王文成公全书》卷一。

②③④ 《传习录下》，《王文成公全书》卷三。

⑤ 《答顾东桥书》，《王文成公全书》卷二。

方圆，不以尺度而欲尽天下之长短，吾见其乖张谬戾，日劳而无成也已。”① “良知”犹规矩尺度是检验方圆长短的标准一样，检验善恶。由于王守仁以“吾心良知”为标准，便突破了程、朱以古圣贤之教为标准的局限。他举例说：“夫舜之不告而娶，岂舜之前已有不告而娶者为之准则？故舜得以考之何典，问诸何人，而为此邪？抑亦求诸其心一念之良知，权轻重之宜，不得已而为此邪？武之不葬而兴师，岂武之前已有不葬而兴师者为之准则，故武得以考之何典，问诸何人，而为此邪？抑亦求诸其心一念之良知，权轻重之宜，不得已而为此邪？”② 舜之不告而娶是为有后，武之不葬而兴师是为救民，可被视为不孝不忠之大者。如果不精察“义理”于此“心”的变化，而“悬空”讨论的话，那么，“执之以为制事之本，以求临事之无失，其亦远矣”③。便会出现“制事之本”与“临事无失”的冲突。因而，必须以“吾心良知”为善恶标准，而不拘泥于“制事之本”。良知既是对善恶的自我体认，又是检验善恶的道德价值标准。

“为善去恶是格物”，是“致良知”的途径。朱熹按其理一元论的逻辑结构，以“理”为“至善”的“天命之性”，而提出“存天理，灭人欲”的主张。陆九渊以“理”为“心”，提出“存心去欲”的主张。王守仁依其“心外无理”，而提出“存天理，去人欲”主张。在这里，“存天理”，也就是“存心”，两者同一。“此心无私欲之蔽，即是天理，不须外面添一分。”④ “善念存时，即是天理，此念即善，更思何善，此念非恶，更去何恶。”⑤ “存善念”或“无私欲”，这两种情况都是“天理”，“天理”就是“良知”。如何为善去恶？这就需要格物工夫，格就是正。“格其不正以归于正”，格物即为格不正的私念、物欲以归于正。从这个意义上说，为善去恶是格物。

（二）“为圣之功”

那么，如何“存天理，去人欲”？即如何“为善去恶”？这亦是“作圣之功”。《传习录上》记载：

> 只要去人欲，存天理，方是功夫。静是念念去人欲存天理，

①②③ 《答顾东桥书》，《王文成公全书》卷二。

④ 《传习录下》，《王文成公全书》卷三。

⑤ 《传习录上》，《王文成公全书》卷一。

动时念念去人欲存天理。①

天理就是心无私欲之蔽。存天理工夫，就是去私欲之蔽的工夫。无论在“静”时，还是“动”时，都要念念不忘“去人欲，存天理”。此种工夫，归之于下：

第一，居敬与存养。《传习录上》记载：“曰：‘居敬是存养工夫，穷理是穷事物之理。’曰：‘存养个甚?’曰：‘是存养此心之天理。’曰：‘如此亦只是穷理矣。’”② “居敬”作为存养“天理”的工夫，它自身的含义，据王守仁解释，便是“主一”。“主一”并非如读书便一心在读书上，接事一心在接事上，这便是“逐物”，而不是“敬居”工夫。“敬居”之“主一”，此“一”便是“天理”。“主一是专主一个天理。”③ “一者天理，主一是一心在天理上。若只知主一，不知一即是理”④，便会犯有事时“逐物”，无事时“着空”的错误。倘若“一心皆在天理上用功，所以居敬亦即是穷理。……名虽不同，功夫只是一事”⑤。“居敬”主一就是“存天理”。“天理”存，“人欲”便去。

第二，省察与克治。《传习录上》记载：

> 省察克治之功，则无时而可间，如去盗贼，须有个扫除廓清之意。无事时将好色、好货、好名等私逐一追究，搜寻出来，定要拔去病根，永不复起，方始为快。常如猫之捕鼠，一眼看着，一耳听着，才有一念萌动，即与克去，斩钉截铁，不可姑容与他方便，不可窝藏，不可放他出路，方是真实用功，方能扫除廓清，到得无私可克，自有端拱时在。虽曰何思何虑，非初学时事，初学必须思省察克治，即是思诚，只思一个天理。⑥

这段话含有这样几层意思：首先，“省察”工夫，就是反身而诚的内省，静坐思虑，将好色、好货、好名等私欲逐一搜寻出来，找到病根。“其心本无昧，而欲为之蔽，习为之害，故去蔽与害而明复，匪自外得也。心犹水也，污入之而流浊；犹鉴也，垢积之而光昧。”⑦ “欲”和“习”就是蔽害的病根，“污”和“垢”是水浊、鉴昧的原因。这便是反省“省察”。其次，搜寻到了病因所在，便要拔除病根，这就是“克治”工夫，即“克己”工夫。他说：“人若真实切

①②③④⑤⑥ 《王文成公全书》卷一。

⑦ 《别黄宗贤归天台序》，《王文成公全书》卷七。

己，用功不已。则于此心天理之精微，日见一日；私欲之细微，亦日见一日，若不用克己工夫，终日只是说话而已，天理终不自见，私欲亦终不自见。……只管闲讲，何益之有？且待克得自己无私可克，方愁不能尽知，亦未迟在。”① 王守仁反对在“克治”中“只管闲讲”，而不脚踏实地去做。他要求“真实切己”，而非说空话。克己之私欲，就应该像猫捕老鼠那样，紧盯不放，既不姑容，亦不窝藏，使之无路可躲逃；犹如“剿盗贼”，扫除廓清为止。“克己须要扫除廓清，一毫不存方是，有一毫在，则众恶相引而来。”② 达到无私可克，永不复起，方始为快，这样便人欲去，天理存。再次，“去得人欲，便识天理”③。如何去人欲，识天理？必须在省察克治上用力。“天理人欲，其精微必时时用力省察克治，方日渐有见。”④ 这种省察克治工夫，就是思诚，以达去人欲，存天理的目的。此时，便是“人人自有，个个圆成。便能大以成大，小以成小，不假外慕，无不具足”⑤ 的境界。当然，“省察克治”的修养工夫具有普遍性。从君主、宦官、贵戚藩王到老百姓，都需要省察克治。这也是满街都是圣人的修养工夫的需要。

“克己”最后一关是生死观。他说：“学问功夫，于一切声利嗜好，俱能脱落殆尽，尚有一种生死念头毫发挂带，便于全体有未融释处。人于生死念头，本从生命根上带来，故不易去。若于此处见得破，透得过，此心全体方是流利无碍，方是尽性至命之学。”⑥ 在破除“声利嗜好”的物欲之私以后。还有一种生死念头挂带，它最终妨碍着人欲之彻底、干净的拔除，若于生死念头上“见得破，透得过”，那么，此“心之全体”便“流利无碍”了。只有修炼到无我、无“生死念头”的终极境界，才能彻底地无人欲，“存天理”。

第三，“事上磨炼”。孟子曾说：“天将降大任于是人也，必先苦其心志，劳其筋骨，饿其体肤，空乏其身。”⑦ 是指人要在困苦的事上磨炼自己的心性和意志。王守仁继承孟子，认为光有“省察克治”工夫还不够，还需要通过具体的、日常生活中的事，来加强自己道德修养的锻炼。他说：“人须在事上磨，方立得住，方能静亦定，动亦定。”⑧ 这便是“事上磨炼”。他举陆澄（原静）在鸿胪寺居住时，

---

①②③④⑤ 《传习录上》，《王文成公全书》卷一。

⑥ 《传习录下》，《王文成公全书》卷三。

⑦ 《孟子·告子下》。

⑧ 《传习录上》，《王文成公全书》卷一。

忽然接到儿子病危的信，而忧闷不堪之例说：

> 此时正宜用功。若此时放过，闲时讲学何用？人正要在此等时磨炼。父之爱子，自是至情。然天理亦自有个中和处，过即是私意，人于此处多认做天理当忧，则一向忧苦，不知已是有所忧患，不得其正。大抵七情所感，多只是过，少不及者，才过便非心之本体，必须调停适中始得。……非圣人强制之也。天理本体，自有分限，不可过也。人但要识得心体，自然增减分毫不得。①

所谓“事上磨炼”，就是要在碰到这等事时用功。儿子病危，做父亲的忧患，则是父子之情，“天理”当忧。但不可过，过便是“私意”了。不及亦是“私意”，只有到得“天理中和”处，便是“心之本体”，即“天理本体”。通过此类具体事情来磨炼，去掉“私意”，方能识得“天理”。

王守仁所说的“事上磨炼”，是指通过事来磨炼“吾心”。他曾和聋哑人杨茂的笔谈中说：“你如今于父母，但尽你心的孝。于兄长，但尽你心的敬。于乡党、邻里、宗族、亲戚，但尽你心的谦和恭顺。见人怠慢，不要嗔怪；见人财利，不要贪图。但在里面行你那是的心，莫行你那非的心，纵使外面人说你是，也不须听；说你不是，也不须听。（茂时首肯、拜谢。）你口不能言是非，省了多少闲是非；你耳不能听是非，省了多少闲是非。凡说是非，便生是非、生烦恼，听是非，便添是非、添烦恼。……我如今教你，但终日行你的心，不消口里说，但终日听你的心，不消耳里听。（茂时顿首再拜而已。）”② 王守仁认为聋哑人较之正常人省了很多是非，不仅于“去人欲，存天理”有益，而且也比别人快活自在。只要能按“作圣之功”去磨炼，即使“你口虽不如人，你耳虽不如人，你心还与人一般。（茂时首肯、拱谢。）大凡人只是此心，此心若能存天理，是个圣贤的心。口虽不能言，耳虽不能听，也是个不能言不能听的圣贤”③。王守仁的“存天理，去人欲”是“为圣之方”，做“圣”是其人生哲学的终极目的。

“居敬存养”、“省察克治”和“事上磨炼”，都属“为善去恶”的“格物”工夫。王门“四句教”是王守仁理论的精髓。因此有

---

① 《传习录上》，《王文成公全书》卷一。

②③ 《谕泰和杨茂》，《王文成公全书》卷二十四。

“区区所论致知二字，乃是孔门正法眼藏。于此见得真的，直是建诸天地而不悖，质诸鬼神而无疑，考诸三王而不谬，百世以俟圣人而不惑。知此者，方谓之知道；得此者，方谓之有德。异此而学，即谓之异端；离此而说，即谓之异说；迷此而行，即谓之冥行。虽千魔万怪，眩瞀变幻于前，自当触之而碎，迎之而解，如太阳一出，而鬼魅魍魉，自无所逃其形矣”①。“近来信得致良知三字，真圣门正法眼藏，往年尚疑未尽，今自多事以来，只此良知无不具足。”②所谓“正法眼藏”，乃是佛家语。《释氏稽古略》云：“佛在灵鹫山中，大梵天王以金色波罗华持以献佛，世尊拈华示众，人天百万悉皆罔措，独有迦叶破颜微笑。世尊曰：‘吾有正法眼藏涅槃妙心分付迦叶。’”“眼藏”的意思是，“眼”为明照一切事物，“藏”为包含万德。“正法”有此“眼藏”，为无上之正法。王守仁以“致良知”为孔门，即圣门的无上之正法。而这里所讲的“于此”、“知此”、“得此”、“异此”、“离此”、“迷此”之“此”，均是指“良知”而言，致良知是能明照一切，包含万德的无上正法。

当王守仁在讲“善”与“恶”、“天理”与“人欲”对待的时候，是从事物的意义上说的；在王守仁不满朱熹析“心”与“理”、“知”与“行”、“天命之性”与“气质之性”为二之弊时，是极力主张“心外无理”、“心外无物”、“知行合一”的，甚至是“心外无学”的，按此逻辑推衍，“心之体”便应无“善恶”之分、“天理人欲”之别，这是从心体意义上说的。王守仁认为“心之本体”是全体通明的，无渣滓的。而“心”外之“物欲”却能昏蔽“良知”（“心之体”），使“心之体”不明。“（良知）不能不昏蔽于物欲。故须学以去其昏蔽，然于良知之体，初不能有加损于毫末也。”③ 有人以此为王守仁体系的矛盾，其实它是自我圆融的。

（三）“气质”有分说

王守仁既企图消融“圣凡”之间的差分，如说：“良知良能，愚夫愚妇与圣人同。”④ 但又承认“圣凡”之间的这种差别。他接着

① 《与杨仕鸣》，《王文成公全书》卷五。
② 《年谱》，《王文成公全书》卷三十四。
③ 《传习录中》，《王文成公全书》卷二。
④ 《答顾东桥书》，《王文成公全书》卷二。

说："但惟圣人能致其良知，而愚夫愚妇不能致，此圣愚之所由分也。"[①] "圣愚"之分就在于能不能"致良知"。如果说，王守仁在形上学的"良知"世界，是强调其"合一"，而与朱熹相对的话，那么，在现实世界则又不得不讲"圣愚"之"分"，而为人们的道德价值修养指出目标。因此，消融"圣愚"之别，是出于理性的、形而上的"心之体"的要求；承认"圣愚"之分，则是感性的、现实的要求。换言之是即本体即工夫的要求。

但他不得不将"圣愚"之别的原因，归之于人生而来的"气质"的不同。他说：

> 圣人之所以为圣，只是其心纯乎天理，而无人欲之杂。犹精金之所以为精，但以其成色足而无铜铅之杂也。人到纯乎天理，方是圣；金到足色，方是精。然圣人之才力，亦有大小不同，犹金之分两有轻重。……人之气质，清浊粹驳，有中人以上，中人以下。[②]

一是"圣人"具有清明、精粹的"气质"，好比精金，成色很纯，而无杂质。即使才力有大小不同，"而纯乎天理则同，皆可谓之圣人；犹分两虽不同，而足色则同，皆可谓之精金"[③]。二是从"圣人"的"心"来看，和常人有别，"圣人心如明镜，常人心如昏镜"[④]。"圣人"之"心"如明镜，无灰尘的昏蔽，"无物不照"，是说其心没有"人欲"之杂，纯乎天理，不需要下磨刮镜子的工夫，而自然干净。"圣人之心，纤翳自无所容，自不消磨刮，若常人之心，如斑垢驳杂之镜，须痛加刮磨一番，尽去其驳蚀，然后纤尘即见，才拂便去，亦自不消费力，到此已是识得仁体矣。"[⑤] 所谓镜上之灰尘，就是凡人被"私意气习缠蔽"住了。只有时时勤拂拭，无处染尘埃。虽然他认为"愚夫愚妇"同"圣人"一样具有"天理"、"良知"，但由于被"人欲"所蒙蔽，不能使"天理"、"良知"显现出来，就需要下工夫去"人欲"，才能恢复"天理"。如果"愚夫愚妇"去掉了"邪思枉念"，"这里一觉，都自消融，真个是灵丹一粒，点铁成金"[⑥]，达到"圣人"的境界。他说：

---

① 《答顾东桥书》，《王文成公全书》卷二。

②③④ 《传习录上》，《王文成公全书》卷一。

⑤ 《答黄宗贤应原忠》，《王文成公全书》卷四。

⑥ 《传习录下》，《王文成公全书》卷三。

故虽凡人，而肯为学，使此心纯乎天理，则亦可为圣人；犹一两之金，比之万镒，分两虽悬绝，而其到足色处，可以无愧。故曰“人皆可以为尧舜者”以此。①

王守仁一方面说“愚夫愚妇”所禀“气质”不同，不能“致良知”，成不了“圣人”；另一方面又说，经过磨炼，众人都可以达到“圣人”境界，给人以安慰和希望，犹如佛教宣扬人人都可修炼成佛一样，给人以到达天国的安慰。

四、历史地位和影响

朱熹死后，他的思想很快就被统治者捧为官方哲学。元统治者在提倡佛教的同时，宣扬程朱道学，并以朱熹编纂的《四书集注》作为取士的法定程式，以维护元朝统治。但元王朝的酷政使各族人民陷入了水火。朱元璋在元末动乱中，推翻了元朝。明王朝在建国初期，一方面在经济上、政治上采取了一系列恢复和巩固的政策；另一方面，在思想上又以程朱道学为官方意识形态，并把朱熹的《四书集注》作为取士的标准答案，把对经义的解释，发展成为八股文，以束缚人们的思想。洪武二年（公元1369年）诏天下立学，遂命礼部传谕，立石于学，刊定十二款；第一款规定：“国家明经取士，说经者以宋儒传注为宗，行文者以典实纯正为主。今后务须颁降《四书》、《五经》、《性理》、《通鉴纲目》、《大学衍义》、《历代名臣奏议》、《文章正宗》及历代诰律典制等书，课令生员，诵习讲解，俾其通晓古今，适于世用。其有剽窃异端邪说，炫奇立异者，文虽工，弗录。”② 当时士子为迎合统治者的需要，诵习程、朱等《四书》、《五经》等的“讲解”，作为攀登仕途的捷径，而把程朱以外的书看做“异端邪说”。据陈鼎说：“我太祖高皇帝即位之初，首立太学……一宗朱氏之学。令学者非《五经》、孔孟之书不读，非濂、洛、关、闽之学不讲。成祖文皇帝，益张而大之，命儒臣辑《五经》、《四书大全》及《性理全书》，颁布天下。饶州儒士朱季友，诣阙上书，专诋周、程、张、

① 《传习录上》，《王文成公全书》卷一。
② 《松下杂钞》卷下。

朱之说，上览而怒曰：‘此德之贼也。’令有司声罪杖遣，悉焚其所著书。曰：‘毋误后人。’”① 这种严格排斥非程、朱之学为异端学说的做法，助长了文化专制主义，也促使程、朱道学成为士子们猎取功名利禄的工具，越趋僵化。

王守仁的“心学”，就是在程朱“道学”以及社会政治经济发展的需要情境下诞生的。《儒林传》记载：

> 原夫明初诸儒，皆朱子门人之支流余裔，师承有目，矩矱秩然。曹端、胡居仁笃践履，谨绳墨，守先儒之正传，无敢改错。学术之分，则自陈献章、王守仁始。……宗守仁者曰姚江之学，别立宗旨，显与朱子背驰，门徒遍天下，流传逾百年；……嘉、隆而后，笃信程、朱，不迁异说者，无复几人矣。②

学术之分，就是由王守仁等与朱学背驰而始。王守仁之学主要是为了挽救明王朝的社会危机，以及由于朱学的僵化而造成的社会政治、思想的弊端。王学作为宗法社会在野的意识形态，尽管与当权最高统治者或宦官有矛盾，甚至要求武宗“痛自刻责，易辙改弦，罢出奸谀”③，主张减轻军赋，赈济灾民；而王学也曾被当权者斥为“异端”之学。

但是，随着历史的发展，王守仁所处的时代毕竟与朱熹不同。尽管宗法社会后期的一切冲突日趋尖锐，大厦将倾，已经到了“病革临绝之时”④，然就在这个腐朽了的母体里孕育着新的生产方式的萌芽。宋代商品经济繁荣，明代便出现了资本主义因素。在城镇市民社会存在的情境下，在社会意识领域也有所呈现。作为社会存在较为敏感的文学领域，不仅摆脱了诗、词、赋等严格的格律的桎梏，而涌现了像《牡丹亭》、《三国演义》、《水浒传》、《西游记》、《金瓶梅》等较为通俗易懂的戏曲、话本、小说。文学的主题，已不是寓情于景，融人于自然，而是对人的价值的重视和对个人在社会中地位和作用的自觉，以及对于扼杀人的价值的伦理纲常的反抗、“失节事大”的蔑视等。与文学中的个体主体精神主题

① 《高攀龙传》，《东林列传》卷二。
② 《明史》卷二八二，7222页。
③ 《奏闻宸濠伪造檄榜疏》，《王文成公全书》卷十二。
④ 《答储柴墟二》，《王文成公全书》卷二十一。

相应，在哲学思想领域，凸显时代精神的王守仁的“心学”亦诞生了。

王守仁“心学”哲学的出现，就是对人的价值的日益觉醒。黄宗羲说：“自姚江指点出良知，人人现在，一反观而自得，便人人有个作圣之路。故无姚江，则古来之学脉绝矣。”① 王学指明了作圣的道路，有继往圣之绝学的贡献。自汉而宋，在董仲舒和朱熹的哲学逻辑结构中，其形而上范畴是“天”、“天命”、“天理”或“理”。“天”、“天理”不仅具有形上性，而且具有主宰、支配自然、社会、人事功能。人世间的君权、族权以及三纲五常等都是“天意”的体现、“天理”的流行。“宇宙之间，一理而已。……其张之为三纲，其纪之为五常，盖皆此理之流行，无所适而不在。”② 个人在这里完全是被动的、消极的，人的尊严、价值相对被忽视。王守仁把“吾心良知”作为哲学逻辑结构的终极范畴，“心即理”、“心外无理”，把“天意”、“天理”统摄、涵蕴在“吾心良知”之中，而成为“心之条理”；“吾心良知”便提升为形上学本体，这无疑解构了“天理”的一统局面，而使“吾心良知”得以确立形上学本体的地位，也是对主体精神作用的肯定。

“吾心良知”作为普遍的人性，是“圣人”与“愚夫愚妇”同一的。“良知之在人心，不但圣贤，虽常人亦无不如此。”③ “自己良知原与圣人一般，若体认得自己良知明白，即圣人气象不在圣人，而在我矣。”④ “人皆可以为尧舜”⑤，“满街人都是圣人”⑥，“人胸中各有个圣人”⑦，“良知之在人心，无间于圣愚，天下古今之所同也”⑧。这种冲决人性的品级等级的区别，主张在“良知”面前人人权利和成圣可能性的平等，对“愚夫愚妇”来说，有激励和慰藉作用。其意在于要人们“去私欲，存天理”，人人皆可为“圣人”，给出人们以到达“圣人”之境的门票。但奔驰的思想之马一经起程，有时是难以驾驭的。这种“个个人心有仲尼”⑨ 的思想逻辑，在一定意义上提高了“愚夫愚妇”的人格，有可能成为对伦理纲常的违逆，甚

---

① 《姚江学案》，《明儒学案》卷十。
② 《读大纪》，《朱文公文集》卷七十。
③ 《答陆原静书》，《王文成公全书》卷二。
④ 《启问道通书》，《王文成公全书》卷二。
⑤ 《传习录上》，《王文成公全书》卷一。
⑥⑦⑧ 《传习录下》，《王文成公全书》卷三。
⑨ 《咏良知四首示诸生》，《王文成公全书》卷二十。

至被用来作为反对专制制度的武器，这虽与王守仁初衷相背，但事实却无可辩驳地表明：王守仁“心学”的出现，是宋明理学的破坏或解体。因此，明世宗朱厚熜曾攻击王守仁说：

放言自肆，诋毁先儒。号召门徒，虚声附和。用诈任情，坏人心术。近日之士，传习邪说，皆其向导。①

这种批判带有强烈的政治压制的色彩，而不是学术批判。明清之际对王学批判，是对其学术流弊的梳理。陆陇其崇程朱而贬陆王，他说：

自阳明王氏倡为良知之说，以禅之实而托儒之名，且辑《朱子晚年定论》书，以明己之学与朱子未尝异。龙溪、心斋、近溪、海门之徒，从而衍之……其弊也，至于荡轶礼法，蔑视伦常，天下之人恣睢横肆，不复自安于规矩绳墨之内，而百病交作。②

陆氏以王学之弊是末学之弊，其所以风行天下：一是其学可纵肆自适；二是其学专以知觉为主。人身有生死，知觉无生死，其视天下为幻。王守仁思想影响确有二重性，既有其维护宗法纲常伦理的一面，也有其“荡轶礼法”、“蔑视伦常”的一面，因而历史上的进步思想家和保守统治者都曾取法于王守仁的思想。

王守仁哲学逻辑结构是人类理论思维发展中的重要一环。如果说程、朱道学形而上“理”本论，是超越人的主体精神之外的终极范畴、道德原理和自然必然性的描述，那么，王守仁的“良知”论则是对人的主体自身能动作用的描述。当王守仁以人的精神主体、“吾心良知”作为世界统摄性的基础时，“吾心良知”已不是具体的、感性的“一块血肉”，而是所谓主体就是本体。所以他提出了“天地万物本吾一体”③ 的观点，“盖天地万物与人原是一体，其发窍之最精处，是人心一点灵明”④。此“灵明”、“良知”与有形的“我”的关系是，有耳、目、鼻、口的“我”是“灵明”、“良知”借以表示的“躯壳”，而“灵明”、“良知”是超越有生死的“躯壳”的“真己”、“真心”。他说：

---

① 《春明梦余录》卷二十一。

② 《学术辨上》，《三鱼堂文集》卷二。

③ 《答聂文蔚》，《王文成公全书》卷二。

④ 《传习录下》，《王文成公全书》卷三。

这个真己，是躯壳的主宰。若无真己，便无躯壳。真是有之即生，无之即死。汝若真为那个躯壳的己，必须用着这个真己，便须常常保守着这个真己的本体。①

“躯壳的己”与“真己”的区别，便是个别与一般、具体与抽象的分别。那会仰、会俯、会辨的主宰天地、万物、鬼神的“灵明”，便是此“真己”，并非“躯壳的己”。而此“真己”亦并非如程、朱之“理”在事物之先之上，而是在此“躯壳的己”之中。因此说，离了灵明的“真己”，便没有天地、鬼神、万物，却并不说离了我的“躯壳的己”就没有天地鬼神万物。在这里，谓王守仁为唯我论的感觉论恐未妥。他是通过一般与个别的思辨来进行各个层面详尽论证的。

同时，其倡“天地万物本我一体”说，必然得出“视天下为一家，中国犹一人”。它一方面要人们肩负起维护宗法纲常伦理的责任；另一方面强调了“人”的自我道德责任，激发人们在民族危亡的时候挽救天下。但从总的方面来说，王守仁对于主体精神的论述是与人的价值的自觉相联系的。

在王守仁的品行中，有一种“狂者”的性格，而不免触犯当时神圣不可侵犯的传统和教条。而他的“良知”论的提出，在当时有振聋发聩的作用：“良知一振，群寐咸醒。”②“我阳明先师，倡明圣学，以良知之说觉天下，天下靡然从之。”③后来顾宪成亦评说：“当士人桎梏于训诂词章之间，骤而闻良知之说，一时心同俱醒，况若拨云雾而见白日，岂不快哉！”④顾宪成对阳明心学虽有批评，但对学术地位的肯定是合理的。

① 《传习录上》，《王文成公全书》卷一。

② 邹守益：《像赞》，《王文成公全书》卷首。

③ 王畿：《重刻阳明先生文录后语》，《王文成公全书》卷首。

④ 《小心斋札记》卷三。

第八章
船山学——王夫之的气学思想

明末的社会发展和思维发展都呈现出山雨欲来风满楼的形势。宗法社会没落，资本主义萌芽，社会和民族冲突空前尖锐，一个“天崩地裂不汝恤”[①] 的大变动时代就要开始了！这个时候，无论是社会冲突领域、还是思维冲突领域，都出现了一股巨大的潮流。一方面以李自成、张献忠等为主力的反对朱明王朝的冲突，在全国范围内蓬勃发展，最终推翻了朱明王朝。接着我国境内的清贵族与汉族大官僚吴三桂等相勾结，乘机入关，打败李自成、张献忠等反明势力，残余势力转而反清，霎时间，反清的民族斗争又达高潮；另一方面，在社会冲突和民族斗争的急流里，官吏地主内部急剧分化出了政治反对派，前有“东林”，继有“复社”，他们面对“天崩地裂”之势，忧国忧民，议论政事，抨击时弊，提出了拯救危亡的各种方案。后又呼号抗清，成为反清运动的中坚。在抗清运动失败以后，他们或退居山林，或出走异国，或遁入空门，冷静地反思和检讨明亡的历史教训，从而掀起了批判性地总结宋明理学的高潮。这两股社会思潮，影响和支配着明末清初一个时期。

宋明理学发展到明清之际，进入了一个全面、系统地批判总结的阶段。梁启超在《清代学术概论》中，称其为宋明理学的大反动时代，他说：“‘清代思潮’果何物耶？简单言之：则对于宋明理学之一大反动，而以‘复古’为其职志者也；其动机及其内容，皆与欧洲之‘文艺复兴’绝相类。而欧洲当‘文艺复兴期’经过以后所发生之新影响，则我国今日正见端焉。”[②] 把整个“清代思潮”视为“理学”的反动，

---

① 《放杜少陵文文山作七歌》，《王船山诗文集》，533 页，北京，中华书局，1962。以下简称《诗文集》。

② 梁启超：《清代学术概论》，3 页，上海，商务印书馆，1921。

只是看到一个方面，其社会主流思潮，即社会的统治意识形态，仍然是程朱理学。康熙特别推崇朱熹，经术取士，以宋儒所订《五经》、《四书》为准，以致社会和思想界非朱子之书不敢言，非朱子家礼不敢行。然其与欧洲“文艺复兴”相类，其根据似还不足。这不仅是由于中国清代资本主义萌芽微弱，而且梁启超所谓的“启蒙期运动”之代表人物，如顾炎武、胡渭、阎若璩等乃是在“理学家不复能系社会之信仰，炎武等乃起而矫之，大倡‘舍经学无理学’之说，教学者脱宋明儒羁勒，直接反求之于古经，而若璩辨伪经，唤起‘求真’观念，渭攻‘河洛’，扫架空说之根据，于是清学之规模立焉”①。以考据学去代替理学，以反求“古经”而唤起“求真”。似还是一种非近代因素，至少离“文艺复兴”的观念还有一段路程。王夫之思想虽具有一些早期启蒙思想的萌芽，但恐不是启蒙思想家。更贴切地说，他是一个出入于宋明理学，从而构筑了以张载为“正学”的气本论哲学形态，把中国古代哲学推向了又一个高峰。

一、家世、生平和著作

王夫之，字而农，号薑斋，湖南衡阳人。因晚年隐居于湘西蒸左石船山（今湖南衡阳市曲兰）②，故后人称其为船山先生。他生于明神宗万历四十七年（公元 1619 年），死于清圣祖康熙三十一年（公元 1692 年），年 74 岁。

（一）家世

王夫之出生在一个中小地主家庭，他的先祖是武官，《显考武夷府君行状》记述：

> 家世自太原受族以来，中衰无传。泝先君子而上，十世祖骁骑公③讳仲一，始可系述。骁骑公为直隶扬州府高邮州人。元末起兵，从高皇帝定中原，累功授世秩。骁骑公配冯宜人，生轻车公讳全，以靖难功，擢怀远将军轻车都尉，世衡州卫指

---

① 梁启超：《清代学术概论》，3 页。

② 石船山：距今湖南衡阳市 90 多公里，当湘江之西，蒸水之左，故称蒸左石船山。

③ 据《船山公年谱》记载：“王氏系出太原，元至正以前失谱不详，十一世祖讳仲一，扬州高邮人。”而王夫之以仲一为十世祖。今从王夫之自述。

挥同知，遂籍于衡。①

骁骑公王仲一原为高邮人，他儿子王全任衡阳卫指挥的时候，才迁居衡阳，因此说王氏“家世以武功显”②。到王夫之的太祖王震，既“掌卫事，戎兵”之事，“尤笃志经术理学”，从王震开始，王家便“束修文教，弦诵不衰”③。高祖王宁，则“以文墨教子弟，起家儒素焉”④，开始了由习武向学文的转变。王宁企望其子弟从师问道，通过科举考试的途径，进入仕途。曾祖王雍，不仅“以文名著南楚”⑤，而且由乡贡而“升江西南城县学谕”⑥，做起文官来。王夫之的八世孙王之春在《船山公年谱》（以下简称《年谱》）中说：“始以武勋，继以文德”，这是合乎事实的。

祖父王惟敬，“崇志节，尚气谊，隐处自怡，出入欬笑，皆有矩度”⑦，家教很严。在王惟敬督促下，其子王朝聘等人都成了饱学之士。王夫之的父亲王朝聘，字逸生，信奉朱熹“道学”。据载：“根极理要，宗濂洛正传。”⑧ 学者称为武夷先生。当士大夫们以依傍释、老为新奇的时候，朝聘不与佛、老人游，并终身不向佛、老像前施一揖。他“敦尚践履，不务顽空”⑨，从这一点看，他虽信奉朱熹，但已与朱熹“道学”的崇尚“性理之学”不相合。这种“尚践履而不务顽空”的踏实学风，对于王夫之是有影响的。

二叔王廷聘，字蔚仲；三叔王家聘，字子翼，“皆郡文学”。王夫之的长兄名介之，字石子，世称石崖先生，他潜心经学，颇有所得。著有《周易本传质》、《春秋四传质》、《诗传合参》、《春秋家说补》、《诗经尊序》⑩ 等书。二兄参之，字立三，研究文史，“为文婉转有风度”⑪。这样的家学渊源和学风，无疑熏陶和培育了王夫之。

但是，王夫之家庭经济生活并不富裕。如果说曾祖王雍时还是

---

① 《诗文集》，23～24 页。

②③ 《显考武夷府君行状》，《诗文集》，2 页。

④ 《家世节录》，《诗文集》，104 页。

⑤ 《显考武夷府君行状》，《诗文集》，24 页。

⑥ 《家世节录》，《诗文集》，105 页。

⑦ 《显考武夷府君行状》，《诗文集》，24 页。

⑧ 同上书，26 页。

⑨ 《家世节录》，《诗文集》，106 页。

⑩ 参见邓显鹤：《沅湘耆旧集》卷三十六。

⑪ 刘献廷：《广阳杂记》。

"颇务豪盛"① 的话，那么，到他祖父辈，家庭就衰落了。由于祖父"素不屑治家人产，及大故，囊不名一钱"，而且"称贷既广"②，因此，到他父亲的时候，已是"家徒壁立"③，只得清苦度日。这种经济地位，使王夫之能够体察人民的疾苦。

王夫之的生平经历，大致可分为三个时期。第一个时期，从明天启二年（公元 1622 年）到明崇祯十七年（公元 1644 年）明亡，王夫之从 4 岁到 26 岁，主要是读书，科举求仕。第二个时期，从清顺治二年（明福王弘光元年、唐王隆武元年、公元 1645 年）到顺治十四年（明桂王永历十一年、公元 1657 年），王夫之从 27 岁到 39 岁，主要从事抗清斗争。第三个时期，从顺治十五年（永历十二年、公元 1658 年）到康熙三十一年（公元 1692 年），王夫之从 40 岁到 74 岁，主要是隐居、著述，总结"理学"。现分述如下。

（二）读书、科举求仕

王夫之从小"颖悟过人"④，4 岁就与二哥参之入私塾，从长兄介之读书。天启六年（公元 1626 年），王夫之 8 岁便由私塾肄业。这年，他父亲王朝聘在北京国子监读书，候差达六年之久，才得到一个"正八品"官阶回到家乡。10 岁从父亲读《五经》经义，广泛地阅读古代哲学和史学典籍。崇祯五年（公元 1632 年），王夫之 14 岁，由于他才气横溢，赢得了乡里父老的称赞，湖广提学佥事王志坚⑤选拔他到衡阳县学深造。在县学的几年里，他饱览县学的藏书，专心致志钻研学问。两次县学考试都名列第一，得到当时著名学者、县学老师水佳允（向若）和王永祚（澄川）的赏识。15 岁便同他的哥哥介之和参之到武昌（今湖北武汉市）应乡试，没有考取，回来继续在县学学习。16 岁开始致力于四声音韵之学，凡《诗经》、《离骚》、汉魏《乐府》，以及晋、宋、齐、梁、陈和唐人的诗集都在他研究之列，读诗不下十万首⑥，可见其博学宏思。崇祯九年（公元 1636 年）夏天，18 岁的王夫之再次和两个哥哥到武昌应乡试，落第。

---

① 《家世节录》，《诗文集》，105 页。

② 《显考武夷府君行状》，《诗文集》，25 页。

③ 《显妣谭太孺人行状》，《诗文集》，31 页。

④ 参见潘宗洛：《船山先生传》。

⑤ 王志坚，字闻修，号弱生，昆山人，万历年间进士。

⑥ 《船山公年谱》。

尽管王夫之对科举并未灰心，但二次未中举，总归有一点茫然之感。他在一首《荡妇高楼月》的诗中写道："白云不觉飞，但见月东去。碧海漫迢遥，瞥眼多疑误。妾梦恋金微，君今在何处。"① 寄托了何时能中举的期盼。然而，国家的命运，更引起他的忧虑。高迎祥、张献忠等反明农民军十三家、七十二营大会荥阳，声势大震。特别是由高、张率领的东路军，直捣中都凤阳，朝野震动。明王朝不顾清贵族的威逼侵扰，急忙从辽东抽回主力，镇压农民军。崇祯十一年，清贵族乘虚而入，大举进关，接连攻陷山东、河北七十余城，明王朝内外交困。这时，年轻气盛的王夫之与一班青年朋友在一起，饮酒作诗，纵谈时事，感慨势危。

崇祯十二年（公元1639年），21岁的王夫之第三次和两个哥哥到武昌应乡试，再次落第。科举道路的坎坷，国家民族的危机，使他意识到自己必须担当起挽救国破家亡的责任。他以"东林"、"复社"为楷模，与郭季林（凤跹）、管冶仲（嗣裘）、文小勇（之勇）等志同道合的青年人组织了"匡社"②，作《匡社初集呈郭季林、管冶仲、文小勇》诗。

崇祯十五年（公元1642年），24岁的王夫之在取得衡阳县学的一等成绩后，四月与两个哥哥第四次赴武昌参加乡试。九月发榜，王夫之以《春秋》一门考第一，中了第五名。③ 长兄王介之中第四十名。④ 王夫之在候榜期间，寻朋访友，与沔阳章旷（于野）、长沙蔡道宪（元旦）"引为知己"，并以救国的志向和不屈的风节"互相砥砺"⑤。同时，他开始把自己几年写的诗编成一部题为《漧涛园》的诗集，次年刻版。他在《述病枕忆得》中写道："昔在癸未春，有

---

① 《忆得》，《诗文集》，511页。

② 有的著作称，王夫之和郭、管、文三人，"加入贵池吴应箕（次尾）所组织的'匡社'，……后来匡社合并于应社，应社再合并于复社"（《明末三大思想家》，三联书店，1955年，114页）。这是把两个匡社混淆了。吴应箕匡社在复社前。王夫之匡社在其后，地点也不类。崇祯二年（公元1629年），当时"贵池吴次尾应箕与吴门徐君和鸣时合七郡十三子之文为匡社。行世已久"（陆其仪：《复社纪略》）。朱彝尊说："浙西有间社，江北有南社……而吴门别有羽社、匡社……佥会于吴，统合于复社，始于戊辰，成于己巳。"（《静志居诗话》）己巳为崇祯二年，此时王夫之只有11岁，显然与吴应箕的匡社不是一码事。

③ 王敔：《薑斋公行述》。

④ 潘宗洛：《船山先生传》。

⑤ 《薑斋公行述》及《年谱》。

《漧涛园初刻》，亡友熊渭公为序之。乱后失其锓木，赖以自免笑悔。”①这本集子已佚，只是在晚年病中忆得几首，就是现收入其《诗文集》的《忆得》。冬天，他回到衡阳。十一月，奉父命和大哥北上，取道南昌去北京等候会试。到南昌以后，得知北上道路阻梗不通。只得在南昌城下船中，过了一个“寒雪透篷窗”的旧历年。崇祯十六年（公元1643年）正月，下诏会试改于八月举行。于是，他与介之决计回家。《江行代记·序》记载：“余历冬春，自袁入章江，至南昌而反，改由吉（江西吉安）涉云阳下洣水归。”②尽管科举受阻，但他更关心国家的命运。他写道：“中原多故，含意莫宣。”③“虏兵入卫气骄横，归路庐陵屡夜惊。取次渚宫成贼垒，萧条淮北尽空城。”④对人民的痛苦，寄予了同情。

崇祯十六年十月，张献忠的军队占领了衡阳。曾聘王夫之弟兄参加农民军，王夫之虽有抗清之志，却绝不与农民军合作。于是，农民军便逮捕他父亲王朝聘，以王夫之弟兄参加农民军为释放条件。王夫之竟自毁容颜、肢体，以示不与农民军合作之意。《家世节录》记载：

> 崇祯癸未……先君为伪胥所得，勒至郡城。伪吏故为软语，诱先君致夫之兄弟。先君张目直视，终不答。……夫之闻先君在系，乃残毁支体，舁箦到郡，守候彻夜，乃不果。明日遂以计脱遁。⑤

这件事，充分说明了王夫之代父受难、恪守忠孝道德信念和践履伦理的决心。

崇祯十七年（公元1644年）三月，李自成进入北京城，五月北京被清军占领。王夫之听到国变的消息，悲愤欲绝，不食者数日。⑥在这“鲜民衅耻之年，正故国天崩之日”⑦，作《悲愤诗》一百韵。此后，南明王朝每一政权的覆灭⑧，他都用原韵作《悲愤诗》，来寄托

① 《诗文集》，508页。
② 同上书，518页。
③ 《黄鹤须盟大集用熊渭公韵》，《诗文集》，515页。
④ 《江行代记·其八》，《诗文集》，520页。
⑤ 《诗文集》，112页。
⑥ 参见潘宗洛：《船山先生传》。
⑦ 《显考武夷府君行状》，《诗文集》，29页。
⑧ 公元1645年福王遇害，1646年唐王遇害，1662年桂王遇害。

他的忠诚和哀思。可惜，《悲愤诗》没有保留下来。

在这个时期，王夫之读儒家经典，学诗作文，四次赴乡试，以图通过科举而进入仕途，但明朝覆亡，山河破碎，这个愿望随之成了泡影。他为明朝的灭亡而悲愤，他为家庭的离散而忧患。忧国忧家，促使他早熟。

（三）厕身永历，抗清斗争

由于清贵族的入关，全国形势发生急剧变化。民族矛盾迅速上升为主要矛盾，王夫之曾经为抗清扶明而奔走呼号，但大势已去，便感到失望。

顺治二年（公元1645年），王夫之在家乡附近双髻峰中黑沙潭畔的“续梦庵”居住，有《续梦庵拈岸侧桃花示慈枝庵主》和《黑山访址》之诗作。并继续读书，开始注解《易经》，同时注意政治形势的发展。

在这两三年中，全国抗清形势变化很快。顺治二年在南京建立的福王政权，朝政操纵在阉党余孽马士英、阮大铖手中，他们只图排斥异己，不以抗清为意。仅仅一年即告覆灭。黄道周等在福州拥立的唐王政权也很快被灭。这两个政权的灭亡，使抗清形势受到了很大的挫折，但南明并未因此被消灭。就在顺治三年（公元1646年）十月，明朝遗臣宿将瞿式耜、何腾蛟、严起恒以及李自成部将李赤心等，拥立明宗室桂王称帝于广东肇庆，年号永历。这时，民间的抗清力量也纷纷组织起来。李自成、张献忠相继遇害后，这两支农民军都还保持了相当的实力，李自成的部将李过、高必正、郝摇旗拒绝了清朝的“招抚”，想主动与湖广总督何腾蛟和湖南巡抚堵胤锡联合抗清，但何、堵两人不仅对农民军存有猜忌，而且彼此也互不服气，团结不起来。面对这种形势，王夫之感到当务之急是联合农民军共同抗击清军。于是他满怀热情，自动赶到湘阴，向湖北巡抚章旷上书，恳求他调停何、堵之间的矛盾，以防溃变。但章旷不予重视，结果清军由江西进入湖南浏阳。这年王夫之写成《莲峰志》五卷，并遵照其父亲对《春秋》的见解，开始编《春秋家说》。

顺治四年（公元1647年），清军分两路进攻湖广，一路向两广，占肇庆、梧州，永历帝被迫退到了广西全州、武岗；另一路向湖南，占湘阴、长沙。何腾蛟只得退守衡阳。四月，29岁的王夫之闻知桂王在武岗，便和夏汝弼从湘乡徒步去武岗抗清。然而，淫雨连绵，他们被困在离湘乡西南 90 里的车架山中，不能前进。在这阴雨弥月的日子里，他仿照杜甫和文天祥作了《七歌》，抒发了抗清的意志，想起了父亲“虽死不辱犹生存”的离别叮咛，怀念死去不久的妻子和留下的孤儿，心情很不平静。

这年五月，清军攻陷王夫之的故乡衡阳，他十分悲愤，只得和夏汝弼躲到湘乡的白石峰上。六月[①]，二哥王参之病死。随之父亲亦病倒，他和大哥先后回到家里。其父不久病故在潜圣峰。临终时嘱言：“我即不起，当葬我此山之麓。无以榇行城市，违吾雅志，且以茔兆在彼，累汝兄弟数见诸不净事也。”[②] 他父亲断然放弃了传统的“正首邱”的思想，就地安葬，不要运柩回乡。父亲的遗言，更坚定了他抗清的意志。

在守丧期间，顺治五年（永历二年，公元 1648 年），他带参之的儿子王敉避居在莲花峰，继续研究《周易》，开始写《周易内传》。这年，由于明降将金声桓、李成栋愤恨清朝的猜忌，先后反清。何腾蛟在各地义军配合下，在两湖发动反攻，收复全州、常德、东安、道州，进兵武岗、宝庆、茶陵、郴州等地。八月，永历政权由浔州回迁肇庆，出现一次抗清高潮。在这种有利的形势下，十月，王夫之和他的“匡社”知己管嗣裘在衡阳举兵起义。尽管力量单薄且缺乏必要的支援，但他抱定“能与仇战，虽败犹荣”[③] 的决心，与清军战斗。结果“战败军溃”[④]，这年冬天，他到了肇庆，厕身永历小朝廷。他对这个政权曾经寄托很大的希望，很想有所作为，不料它表面上打着抗清的旗帜，但本质上仍是烂透了的明末君主专制政权。官场的腐败，派系之间的争权夺利，置抗清这件大事于不顾。看到这种情况，原来一腔美好的愿望被忧心忡忡所代替。他说：“戊子冬，既至行阙。所见尤为可忧，迟回再四，已复归楚，而情终系主。”[⑤] 堵胤锡推荐他为翰林院庶吉士，他以丁忧未满相辞。

顺治六年（公元 1649 年），他“春去肇庆，由梧州平乐，至于桂林”[⑥]。桂林是大学士瞿式耜防守的地区，抗清气氛较浓，但是，由于何腾蛟部将马进忠和堵胤锡的不和，而使两湖战局再度陷于被动，何

---

① 有的书误以为八月。

② 《家世节录》，《诗文集》，112 页。

③ 《章灵赋注》，《薑斋文集》卷八，《诗文集》，85 页。

④ 《年谱》。

⑤ 《章灵赋注》，《薑斋文集》卷八，《诗文集》，86 页。

⑥ 《年谱》。

腾蛟不幸被捕殉国。三月，王夫之的故乡衡阳再次被清军攻陷。夏天，他由桂林回到故乡南岳，整理残书《买薇稿》。接着赶赴肇庆，“己丑夏，复由间道赴阙”①。瞿式耜为王夫之和汪郊等请阁试，也以丧服未满相辞②。王夫之在桂林时，结识了著名学者方以智，二人交情深厚。

顺治七年（永历四年，公元1650年），王夫之32岁，服丧期满，就行人司行人的官职③。这时，清军攻下韶州，桂王只得离开肇庆走广西梧州。在这危急关头，永历政权内部，不是团结一致抗清，而是激烈党争内耗。东阁大学士王化澄勾结太监夏国祥为吴党，他们贪赃枉法，排斥异己，把朝政搞得乌烟瘴气。他们“结叛臣陈邦傅，下谏者金堡等于狱，几杖杀之”④。面对这样冤狱，王夫之挺身营救。他与中书舍人管嗣裘去见大学士严起恒，说明“‘诸君（金堡等五人）弃坟墓，捐妻子，从王于刀剑之下，而党人假不测之威而杀之，则君臣义绝而三纲斁，虽欲效南宋之亡，明白慷慨，谁与共之’，劝公匍匐为诸君请命”⑤。严听从他们意见，“匍匐泣谏”，桂王不听。这时，清军攻下全州，形势紧迫。四月，王化澄、雷德复等开始攻击严起恒，他们“备极诬蔑”⑥，必欲置严于死地。王夫之和行人董云骧上疏，要求“允辅臣之乞休”⑦，“勿使再中奸毒，重辱国而灰天下之心”⑧。吴党的万翺、鲁可藻要逮捕王夫之，由于“忠贞营”统帅高必正的力争，而未治罪。然王夫之为抗清而置生死于度外，“三上疏参化澄结奸误国，化澄恚甚，必欲杀之，其党竟致力焉”⑨。于是，他们假攸县人作百梅恶诗一帙，冒王夫之之名作序，诬陷王夫之，而将其构大狱。以至王夫之“愤激咯血”，因求解职，“时有忠贞营降帅高必正慕义营救之，乃得给假”⑩，得以免于死。这样，他只得离开永历朝廷。王夫之虽受此严重打击，但抗清意志丝毫未减。他立即到桂林，协助瞿式耜谋划抗清。不久，他得悉母亲病重，回乡探望，但路途险阻难行，第二年的春天才回到家，

---

① 《章灵赋注》，《薑斋文集》卷八，《诗文集》，86页。

② 《请终丧免阁试疏》，《龙源夜话》卷一，《诗文集》，643页。

③ 《年谱》。

④ 《章灵赋注》，《薑斋文集》卷八，《诗文集》，86页。

⑤ 参见王敔：《薑斋公行述》。潘宗洛：《船山先生传》。

⑥⑦ 《陈言疏》，《龙源夜话》卷一，《诗文集》，644页。

⑧ 《船山公年谱》。

⑨ 《船山先生传》。

⑩ 《薑斋公行述》。

母亲已于头年八月逝去。这时，桂林失守，瞿式耜牺牲，桂王奔南宁，严起恒又在南宁被孙可望所害。他希望再去永历朝廷从事抗清，然而，他看到孙可望挟持桂王，杀害严起恒，思量自己去了也不会有什么作为，便暂时屏迹幽居，遁于蒸水之原。

此后，李定国率大西军主力进攻湖南，收复衡阳，曾邀请王夫之。王夫之当然非常高兴，但他痛恨孙可望，“可望者，若巴蛇之饱，飏尾而游”①。认为孙可望像巴蛇吞象，三年才出其骨，异常狠毒。因而，对投奔李定国军举棋不定：

> 可望别部大帅李定国，出粤楚，屡有克捷，兵威震耳。当斯时也，欲留则不得干净之土以藏身，欲往则不忍就窃柄之魁以受命，进退萦回，谁为吾所当崇事者哉！②

李定国抗清获得胜利，却被孙可望所妒忌，孙召回李定国，妄图杀害。因此，抗清的大好形势很快又消失了。王夫之在此进退萦回之时，“筮得睽（䷥）之归妹（䷵）一卦”，故未去。次年，又有人邀王夫之去事桂王，又筮得睽（䷥）之归妹（䷵）。睽兑下离上，归妹兑下震上。睽的上九爻辞是说有一孤儿夜行，见猪背上有泥，众鬼乘车而至，孤儿拉弓欲射，走近一看，非鬼非寇贼，是迎亲的人来了，前去遇雨就吉。但归妹上六爻辞是说女子捧筐，筐中无物，男子刺羊而羊不出血，无所利。本卦虽吉，别卦无利，故辞不赴。《章灵赋题注》是这样写的：“壬辰（顺治九年，公元1652年）元日，筮得睽之归妹。明年癸巳（顺治十年），筮复如之。时孙可望挟主滇黔，有相邀赴之者。久陷异土，既以得主而死为歆。”③ 可见他自谓身处“异土”的苦闷。以卜决疑，在当时是较流行的，王夫之相信这次卜筮，是可能的。

李定国的大西军在衡阳只待了两个月，便战败退出衡阳。这时，清军下令“薙发”，当时一些具有气节的知识分子，为反对“薙发令”而出家，好友方以智便在江西青原做了和尚，并屡劝王夫之出家以避风险，王夫之予以婉拒。他既不“薙发”，又不出家，只得隐姓埋名，改易衣冠，颠沛流离在零陵、常宁的荒山野岭之间，自称瑶人，居瑶洞。在这生活极其困苦的情况下，他仍不放松研究学问。

① 《章灵赋注》，《薑斋文集》卷八，《诗文集》，80页。

② 同上书，87页。

③ 《诗文集》，83页。

顺治十二年（公元1655年）开始写作《周易外传》，八月写成《老子衍》，借《易》和《老子》阐发他的思想。次年，写成《黄书》，论述社会政治问题。顺治十四年（公元1657年），他结束了三年的颠沛流离、荒山瑶洞的生活，于这年夏天回到了家乡衡阳莲花峰下“续梦庵”。这年王夫之已39岁，他看到南明永历王朝的腐败，力量的消耗，已经不能担当起抗清复明的使命，自己也无力组织抗清，“既非所能为，则将退伏幽栖，俟曙而鸣”①，决心总结明亡的教训，从事思想哲学领域的创建。

（四）隐居著述，总结理学

这个时期的头几年，永历政权每况愈下，顺治十五年（公元1658年）清军攻下武岗、新宁，桂王奔永昌。顺治十八年（公元1661年），桂王被执，南明最后一个朝廷覆灭了。这时王夫之已由“续梦庵”迁居湘西金兰乡高节里，在茱萸塘编篾为壁，筑造小屋，取名“败叶庐”。诗曰：“败叶留不扫，钬铮扣哀弦。虫吟凄切外，秋色倍清喧。”② 康熙三年（公元1664年），王夫之46岁，这年夔东十三家农民军在荆襄、川东坚持抗清失败，李来亨粮尽援绝自杀。此时，欧大生拜王夫之为师。康熙七年（公元1668年）唐端笏来从学。这年秋天在“败叶庐”完成《春秋家说》。次年，王夫之给唐端笏“剖示学术源流”，使唐“知有朱陆异同及后来心学之误”③。冬天在茱萸塘又筑茅屋，南向开窗，名为“观生居”。此后几年，平时居此，夏秋居“败叶庐”④。康熙十年（公元1671年）方以智屡劝王夫之逃禅，王夫之答诗婉拒，诗云：“洪炉滴水试烹煎，穷措生涯有火传。哀雁频分弦上怨，冻蜂长惜纸中天。知恩不浅难忘此，别调相看更辗然。”⑤ 他决心继续留在“野塘边”战斗。因此，他在“观生居”题了“六经责我开生面，七尺从天乞活埋”⑥ 的名句。

康熙十一年（公元1672年），在哀悼友朋郭都贤因文字狱被害于江陵后，接踵而来的是方以智在泰和病死的噩耗，更增添了他无限的伤感：

---

① 《章灵赋注》，《薑斋文集》卷八，《诗文集》，92页。

② 《诗文集》，203页。

③④ 《船山公年谱》。

⑤ 《诗文集》，214页。

⑥ 《鹧鸪天注》，《船山鼓棹初集》，《诗文集》，546页。

一线不留夕照影，孤虹应绕点苍烟。
何人抱器归张楚，余有《南华》内七篇。

远游留作他生赋，土室聊安后死心。
恰恐相逢难下口，灵旗不杳寄空音。①

这种真挚深厚的情谊，衷心难言的悲伤，读来感人肺腑。

康熙十二年（公元1673年），清王朝看到藩王势力日益膨胀，严重威胁到清王朝中央集权的统治。于是便下令“撤藩”，命令三王离开统治区北移。平西王吴三桂企图割据云、贵，便在康熙十三年起兵反清，自称“总统天下水陆大元帅兴明讨虏大将军”，打着“北伐胡虏，恢复明朝”的旗帜号召天下，得到了平南王尚可喜父子和靖南王耿精忠的响应，这就是所谓“三藩之乱”。吴三桂在巩固云、贵之后，出兵四川、湖南。王夫之为避战祸和清朝的迫害，又开始流亡，往来于湖南、湖北、江西之间。康熙十四年（公元1675年）迁到离“观生居”二里许的石船山下，筑草堂而居，称为“湘西草堂”。石船山，“山之岑有石如船，顽石也，而以之名”②。王夫之在此度过了晚年17个寒暑。他在《船山记》中写道：

顾于此阅寒暑者十有七，而将毕命焉，因曰此吾山也。……而跼天之倾，蹐地之坼，扶寸之土不能信为吾有，则虽欲选之而不得。……老且死，而船山者仍还其顽石。③

他坚贞顽强，以顽石自比。在这“良禽过而不栖”的荒山，17年如一日，奋笔疾书，写下了许多不朽的著作。

康熙十五年（公元1676年），王夫之开始写作《周易大象解》，次年七月，写成《礼记章句》四十九卷。

康熙十七年（公元1678年），吴三桂僭号称帝于衡阳。原来，吴三桂以复明为号召，曾唤起一些真正渴望复国的故臣的幻想，此时便完全暴露了其复明为假、称帝为真的野心。当一些热衷于名利的人劝王夫之作“劝进表”时，他严词拒绝：“某本亡国遗臣，所欠一死耳。今汝亦安用此不祥之人哉！”④ 遂避入深山，作《祓禊赋》：

---

① 《闻报丸翁凶问，不禁狂哭。痛定辄吟二章》，《诗文集》，215页。
② 《船山记》，《薑斋文集》卷二，《诗文集》，40页。
③ 《船山记》，《诗文集》，40～41页。
④ 余廷灿：《王先生夫之传》。

思芳春兮迢遥，谁与娱兮今朝。意不属兮情不生，予踌躇兮，倚空山而萧清。阒山中兮无人，蹇谁将兮望春。①

他对吴三桂自然是“意不属”、“情不生”的。他盼望着真正的春天，然而又是那么遥远。清朝的迫害加上复明无望的伤感，“不欢”的心情怎能消失！八月，吴三桂战死，清军进衡阳。翌年，王夫之避乱石鸡村，著《庄子通》。在此期间，他遭监视。据《勘破窗纸者爰书·序》中载：

北窗久破，夜风袭枕，辄新糊之。甫逾夕而风自若，童子告曰：是复破矣。起而视之，乃锋刃之所触也，棂间无一完者，谁为之哉？莫知其人。②

对于这些人，他是很蔑视的。

康熙十九年（公元1680年），王夫之62岁，辑50岁以来“所作古近诗为《六十自定稿》”③。64岁作成《说文广义》和《噩梦》，66岁作《俟解题词》，67岁作《楚辞通释》十四卷和《周易内传》。68岁长兄王介之死，扶病去长乐乡奔丧。此后病魔缠身，渐入暮年，到康熙二十六年（公元1687年）69岁时，咳喘病日益严重。“春正月病益衰，伤心无泪，从游者渐少。”然而，他抱病顽强写作，写成《读通鉴论》这样一部阐述其社会政治思想的名著。此年九月以后，病在湘西草堂，“自此不复出户”④。但他仍写作不辍。70岁作《南窗漫记》，编《七十自定稿》并序。71岁作《识小录》，《序》中自称“船山病叟”。这年九月刘思肯来访，为王夫之画像，他自题画像《鹧鸪天》⑤：

---

① 《薑斋文集》卷八，《诗文集》，83页。

② 参见《湖南历史资料》，1959（3）。

③④ 《年谱》。

⑤ 王之春在作《船山公年谱》时，于《鹧鸪天》后，又引《家谱》自题影赞《念奴娇·薑斋影》收入《船山鼓棹二集》（《诗文集》，599～600页），并加按语说：“二词，前词语意激烈，似往年作，后词语意旷达，一派衰状，必末年作。然《行述》仅录前作，曰自题遗像云云，故并录于此。”王之春对于后词的说明是有道理的。王夫之在《薑斋影》的题注中说：“衰病弥月，一切尽遣。拥火拈坐，心无所寄。因戏作诸影词，引半缕活气，令不分散……”这年他在《又与我文侄》中说：“衰病老人，更能得几三岁，通一字于左右也。”（《薑斋文集》卷四，《诗文集》，54页）同称衰病，可见是一个时候的作品。但王之春对前词说是“似往年作”，则未必妥当。因《鹧鸪天》中王夫之自己也加了一个题注：“刘思肯画史为余写小像，虽不尽肖，聊为题之。”（《诗文集》，546页）可见，《鹧鸪天》是这时所作。

把镜相看认不来，问人云此是薑斋。龟于朽后随人卜，梦未圆时莫浪猜。　谁笔仗，此形骸，闲愁输汝两眉开。铅华未落君还在，我自从天乞活埋。①

他怀着明遗臣的忠诚，在将朽之时，还惦记着能“圆梦”，故国会恢复。

康熙二十九年（公元1690年），王夫之72岁，病体已经非常虚弱，但他还在评选古今各家诗文，写成《夕堂永日绪论》。在《夕堂永日绪论·序》中说：“阅古今人所作诗不下十万，经义亦数万首。既乘山中孤寂之暇，有所点定。”② 据王敔《行述》记载：王夫之“年七十三，久病喘嗽，而吟诵不辍”。康熙三十一年（公元1692年）正月初二，王夫之病逝于荒僻的船山下湘西草堂内，时年74岁。葬在衡阳金兰乡高节里大罗山。他《自题墓石》碑文：

有明遗臣行人王夫之，字而农，葬于此。其左则其继配襄阳郑氏之所祔也。自为铭曰：

抱刘越石（刘琨）之孤愤，而命无从致；希张横渠之正学，而力不能企。幸全归于兹丘，固衔恤以永世。③

铭文寄托了他在政治、思想上的宏愿和抱负。他要效法西晋时满腔孤愤、立志以颈血溅刘聪、石勒的刘琨，而命运使他无从实现；他仰慕张载的学说，而才力使他不能企及。这是王夫之对自己一生政治、思想上的总结。

王夫之潜居草堂17年，贫病交加，犹发愤著书，总宋明“理学”，有关这种坚韧不拔的精神，其子王敔在《行述》中写道：

自入山以来，启瓮牖，秉孤镫，读十三经、廿一史及朱（熹）、张（载）遗书，玩索研究。虽饥寒交迫，生死当前而不变。迄于暮年，体羸多病，腕不胜砚，指不胜笔，犹时置楮墨于卧榻之旁，力疾而纂注。……于《四书》及《易》、《诗》、《书》、《春秋》，各有《稗疏》，悉考订草木、鱼虫、山川、器服，以及制度同异，字句参差，为前贤所疏略者。④

① 《船山鼓棹初集》，《诗文集》，546页。

② 《年谱》。

③ 《薑斋文集补遗》，《诗文集》，116页。

④ 《大行府君行述》，《船山全书》第十六册，73页，长沙，岳麓书社，1996。

这种潜心研究、刻苦好学、力疾著述、死而后已的精神，是多么令人感动！

王夫之著述很多，共有百多种，四百多卷。生前都未刻印，故散佚很多。船山逝世后十多年，其子王敔曾整理遗著，刻了十几种。康熙四十四年（公元1705年）因湖广学政潘宗洛在《船山先生传》中述及王夫之著作，他才引起人们重视。乾隆三十八年（公元1773年）四库开馆后，对王夫之政治思想有所反映的《船山自定稿》、《夕堂永日绪论》、《夕堂戏墨》、《五言近诗》、《七言近体》等列为禁书，《夕堂永日绪论》版片被焚毁①；属于经籍训诂、名物考订的《周易》、《尚书》、《诗经》、《春秋》四种"稗疏"及《易经》、《诗经》两种"考异"，则予以著录。从道光十九年到二十二年（公元1839—1842年），王夫之后裔王世全刻其遗著共十八种，一百五十卷。但校刊者邹汉勋窜改较多。同治四年（公元1865年）曾国藩、曾国荃兄弟刊刻《船山遗书》，收五十七种，二百八十八卷。从民国十九年到二十二年（公元1930—1933年），上海太平洋书店出版《船山遗书》，共七十二种，三百五十八卷。1982年湖南成立"船山全书编辑委员会"，搜集各种版本、遗著、遗诗文，按四部分类排列。《船山全书》共16册，由岳麓书社于1988—1996年出齐，是目前国内最完备的文本。

二、社会政治学说

王夫之"抱刘越石之孤愤"，追问和总结明亡的教训，从而清算过去政治制度的利弊，揭露社会的矛盾，而"求安于心，求顺于理，求适于用"②，提出目的在于"致用"的理想政治。

（一）"尊君"及限制君权说

政治学说的核心是国家政权问题。王夫之为维护中央集权的君主专制国家，接受儒家的传统思想，主张"尊君"。他总结历代治乱的教训说：

① 陈乃乾：《禁书总目》。

② 《叙论三》，《读通鉴论》卷末，1111页，北京，中华书局，1975。

蔑上下之等，视天子若亭长三老之待食于鸡豚，则置之废之，奉之夺之，易于反掌者，亦缘此为致祸之源。何也？天子者，以绝乎臣民而尊者也。[1]

不维护宗法等级制度，削弱君主集权，这是造成国家祸乱的根源。因此，臣民对天子要绝对的尊敬。

由于破坏了上下等级关系，天子权力下移，以致“天子之下至于庶人，无堂陛之差也，于是乎庶人可凌躐乎天子，而盗贼起”[2]。为了巩固统治秩序，就必须“尊君”。他说：“原于天之仁，则不可无父子；原于天之义，则不可无君臣。”[3] 如果“人皆知有门户，而不知有天子”[4]，那么，贼臣乱子就会肆无忌惮。

天子“非但承天以理民之谓也，天下之民，非恃此而无以生”[5]。天子是承受“天”的命令来治理人民，而人民也赖此而生存。从这个观点来说，“人不可一日而无君，天佑下民，作之君，作之师，伪者愈于无，况崛起于厌乱之余以乂安四海者哉”[6]！无君，天下就不能维系，只有君天下，才能保天下。王夫之关于“尊君”思想的论证，自以为是对明亡教训的总结，其实不过是从维护君主专制的立场出发，以求长治久安。

王夫之以为，所谓“天子”，受天之命，只有他才是臣民的父母，否则自立为天子便是窃天之权，那是要不得的。他做过这样的论证：

况夫天子者，天之所命也，天下臣民所欲得以为父母者也。窃天之权，敛臣民之志欲，而曰我自立之，我可以受翼戴之赏，自以为功，而求天子之弗我功也，不可得也。[7]

天子是“天”所任命的，因此，天下的臣民应以天子为父母；天子的命令就是“天”的命令，具有“天命”的权威。篡天子之位、夺天子之权者，那是窃天之权，并不是“天”的任命，不能代表“天”的意志。这显然是针对当时李自成推翻明王朝而自立为天子而言的。王夫之站在正统儒家立场，孤忠故朝，他既仇恨农民军，而又不满

① 《读通鉴论》卷二十九，1047 页。
② 《读通鉴论》卷八，258 页。
③ 《读通鉴论》卷十一，345 页。
④ 《读通鉴论》卷二十六，915 页。
⑤ 《读通鉴论》卷十九，651 页。
⑥ 同上书，653 页。
⑦ 《读通鉴论》卷二十六，910 页。

于明末政治腐败。尽管“天子者，天下之望也。……而天下臣民固倚以为重，而视其存亡为去就”①，但是，也有不好的天子，以致国家不能久安。在这种情况下，一些大臣出来对付局面，然最终仍“受命于君”，而弗敢自专。在王夫之看来，尊君是宗法社会的根本原则。这是王夫之社会政治思想中的糟粕。

作为“尊君”论的补充，王夫之提出了限制君权论，以避免“天子”独断专行，肆虐臣民。

王夫之认为，天子不能以天下为私有，王位也非一姓之私。“以天下论者，必循天下之公，天下非夷狄盗逆之所可尸，而抑非一姓之私也。”② 又说：“不以一人疑天下；不以天下私一人。”③ 要摆正“天下之公”与君主之私的关系。只有以天下非私于一人，而认为王位是“可禅、可继、可革”④ 的，才能“承天理民”；反之，如果以“天下私一人”，那么，国运是不能维持长久的。王夫之以秦始皇为例说：

> 若夫国祚之不长，为一姓言也，非公义也。秦之所以获罪于万世者，私己而已矣。斥秦之私，而欲私其子孙以长存，又岂天下之大公哉！⑤

秦欲私天下为其子孙而至为万世，结果传二世就完了。赵宋之亡，也是由于“宋私天下而力自绌”，于是“一折而入于女直（真），再折而入于鞑靼”⑥。

王夫之既以“天子者，天之所命也”，而又以王位“可禅、可继、可革”，这看来是冲突的。为了消除这种冲突，王夫之提出了李泌曾倡导的“君相可以造命论”。他在《读通鉴论》中说：

> 君相可以造命，邺侯（李泌）之言大矣！进君相而与天争权，异乎古之言俟命者矣。乃惟能造命者，而后可以俟命，能受命者，而后可以造命，推致其极，又岂徒君相为然哉！⑦
>
> 若天之有私焉，若天之纤细而为蟪蛄争春秋焉。呜呼！何

---

① 《读通鉴论》卷二十二，784页。

② 《叙论一》，《读通鉴论》卷末，1107页。

③ 《黄书·宰制》，17页，上海，上海古籍出版社，1956。

④ 《黄书·原极》，3页。

⑤ 《读通鉴论》卷一，2页。

⑥ 《黄书·古仪》，6页。

⑦ 《读通鉴论》卷二十四，863页。

其不自揣度，而谓天之有意于己也！故邺侯之言非大也，非与天争权，自知其藐然不足以当天之喜怒，而天固无喜怒，惟循理以畏天，则命在己矣。[1]

在这里，君相可“与天争权”，可以“修身以俟命”[2]。就是说，可以发挥主观能动性，依照事物发展的客观规律（“循理”），修身养性，等待时机的到来。正是这种“造命论”打破了天下为一姓之私的观念，为王位的“可禅、可继、可革”提供了理论根据，为历代王朝的不断变迁做出了理论的说明。虽则可以造命的仍然不是凡人而是圣贤，“圣人赞天地之化，则可以造万物之命”[3]，但毕竟是对天子的一大威胁。王夫之说，李泌的“‘君相可以造命’一偏之说，足以警庸愚，要非知命之言也”[4]。“以警庸愚”一语，道出了王夫之“君相可以造命论”的本旨。

既然“君相可以造命论”是为给“庸愚”者以“天下私一人”的举动敲起警钟，那么，可以摆脱这种威胁的，即王夫之理想中的“天子”又是怎样的呢？

第一，天子要以虚静统天下，而不“任独断”。他说：“夫古之天子，未尝任独断也，虚静以慎守前王之法，虽聪明神武，若无有焉，此之谓无为而治。守典章以使百工各钦其职，非不为而固无为也。诚无为矣，则有天子而若无；有天子而若无，则无天子而若有。……以虚静而统天下，则不恃有贵戚旧臣以夹辅。”[5] 天子要无为而无不为。有天子若无，无天子若有，不要利用权势，独断专行，而要虚静、慎守。这显然是针对明末天子刚愎自用，恃权任势，横征暴敛，而使国破家亡的历史过程而发的。

第二，天子要“贵德贱功”。他说：“古之圣王，后治而先学，贵德而贱功，望之天下者轻，而责之身心者重，故耄修益勤，死而后已，非以为天下也，为己而已矣。为己者，功不欲居，名不欲立，以天子而无殊于岩穴之士。”[6] 天子不居功，不立名，不为己，这虽属不切实际，但是对当时居功争名、暴虐腐败政治的鞭挞。

第三，天子要因其故俗，“使民自陈”。他说：“天下之大，田赋之多，人民之众，固不可以一切之法治之也。有王者起，酌腹里边

---

①② 《读通鉴论》卷二十四，864页。

③④ 《君相可以造命论》，《薑斋文集》卷一，《诗文集》，8页。

⑤ 《读通鉴论》卷十三，403～404页。

⑥ 《读通鉴论》卷二十二，779页。

方、山泽肥瘠、民人众寡、风俗淳顽，因其故俗之便，使民自陈之，邑之贤士大夫酌之，良有司裁之，公卿决之，天子制之，可以行之数百年而不敝。”[①] 对于这样一个事务众多的大国，天子的职责是在于制订一个“行之数百年而不敝”的制度和政策。

具备上述条件的“天子”，就是不庸愚的，即王夫之的理想“天子”，这实是一个代表一姓国家整体利益的明主贤君。王夫之的理想“天子”是由其尊君思想所规定的，它较之黄宗羲以天子为“天下之大害”[②] 和唐甄以“帝王者皆贼也”[③] 的思想要保守得多。在批判君主专制制度方面，王夫之是不及黄宗羲、唐甄那样激烈而尖锐的。

王夫之的“尊君”是有条件的，理想“天子”的权力是有限制的。限制的办法是：实行天子与百官分权，中央与地方分权。

第一，天子与百官分权。他说：“合刑赏之大权于一人者，天子也；兼进贤退不肖之道，以密赞于坐论者，大臣也；而群工异是。”[④] 天子与大臣各行其权而各尽其责，才能治理国家。如果天子专权，而使宰相、大臣无权，那么，天下就乱。“宰相无权，则天下无纲，天下无纲而不乱者，未之或有。权者，天子之大用也。而提权以为天下重轻，则惟慎于论相而进退之。相得其人，则宰相之权，即天子之权，挈大纲以振天下，易矣。宰相无权，人才不由以进，国事不适为主，奚用宰相哉？”[⑤] 王夫之把君、相分权，宰相之权看得如此重要，是总结历代统治经验，特别是明亡经验的结果。

第二，中央与地方分权。他说：“州[⑥]牧刺史统其州者也，州牧刺史统一州而一州乱，故分其统于郡（隋、唐曰州，今曰府），郡守统其郡者也，郡守统一郡而一郡乱，故分其统于县。上统之则乱，分统之则治者，非但智之不及察，才之不及理也。”[⑦] “上统之则乱，分统之则治”这是一种规律，不是官吏的才、智可以改变的。

由此，天子和各级地方官吏要分别负责政务，而不能越俎代庖。

---

① 《读通鉴论》卷十六，537 页。

② 《明夷待访录·原君》。

③ 《潜书·室语》。

④ 《读通鉴论》卷八，256 页。

⑤ 《读通鉴论》卷二十六，944 页。

⑥ “州”，王夫之自注：“后世曰道，曰路，曰行省，曰布政使司，皆州之异名也。”（《读通鉴论》卷十六，528 页）

⑦ 《读通鉴论》卷十六，528 页。

“故天子之令不行于郡，州牧刺史之令不行于县，郡守之令不行于民，此之谓一统。”① 否则就会发生祸乱，“天子之令行于郡而郡乱”，“郡守之令行于民，而民乱”②。这就是所谓“上侵焉而下移，则大乱之道也”③。因为县令接近于“民”，可以知道“民”的甘苦而悉其情伪；郡守近于县令，可以察县令是否贪、廉、敏、拙，而督促其成功；州牧刺史近于郡守，可以察郡守为政的宽猛，而节其行政。而天子高高在上是不可能知道民、县、郡、州的甘苦、贪廉和宽猛的。

明代的政治多沿袭宋代，由于高度集权专制而任独断，不仅使中央政权腐败无能，而且使地方政权也疲惫无力。因此，他在从思想上批判宋明理学的同时，也在政治上批判“孤秦陋宋”，以为后起者之借鉴。

（二）“任法”和“任教”

王夫之总结明代“国是”问题的利弊，认为“任法”和“任教”这两个方面都存在问题。从“任法”方面来说，往往出现任法而不任人的弊端，就是说一切都仰仗于法，诉之于法，而忽略了人的选择、任用。他在《读通鉴论》中写道：

> 治之敝也，任法而不任人。夫法者，岂天子一人能持之以遍察臣工乎？势且仍委之人而使之操法。于是舍大臣而任小人，舍旧臣而任新进，舍敦厚宽恕之士而任徼幸乐祸之小人。其言非无征也，其于法不患不相傅致也，于是而国事大乱。④

他以为，明代的教训，就在于大杀功臣，而任小人、徼幸乐祸之人，遂使国事大乱。

王夫之认为，造成这种“任法而不任人”弊病的要害在于“求人”还是“求己”。他说：“居心之邪正，制行之得失，及物之利害，其枢机在求人求己之间，而君子小人相背以驰，明矣。”⑤ 因为“任法，则人主安而天下困；任道，则天下逸而人主劳”⑥。当然，明代

---

① 《读通鉴论》卷十六，529页。
② 同上书，528页。
③ 同上书，529页。
④ 《读通鉴论》卷六，166页。
⑤ 《宋论》，北京，中华书局，1964。
⑥ 《读通鉴论》卷一，5页。

皇帝是求己“安”而不求己“劳”的。可是，在此一安一劳之间，却关系到天下百姓的安逸和困苦。明中叶以后的皇帝，往往依赖宦官，耽酒嗜色，一二十年不见朝臣，造成“人主安而天下困”的局面。

当然，王夫之并不完全否定“法”的作用。他说：“法不可以治天下者也，而至于无法，则民无以有其生，而上无以有其民。故天下之将治也，则先有制法之主，以使民知上有天子、下有吏……其始制法也，不能皆善，后世仍之，且以病民而启乱。”① “法”虽然不可以治天下，但也不可以没有“法”，“法”是一个使老百姓知道有天子、百官而服从统治的东西，这是王夫之对国家、法律本质和作用的陈述。

从“任教”方面来说，王夫之认为天子应“任教”。他是这样论述的：

> 治天下以道，未闻以法也。道也者，导之也。上导之而下遵以为路也。封建之天下……天子不独富，农民不独贫，相仿相差而各守其畴。……上以各足之道导天下，而天下安之。降及于秦，封建废而富贵擅于一人。其擅之也，以智力屈天下也。②

“任教”就是教导人民，给下民指出应该遵守的道路。对统治者自己来说，则先学后治，先使自己受教，后治理天下。王夫之以为，如果“一倚于法，天下皆重足而立”③。他以赃吏为例说：“夫苟舍廉耻以纵朵颐，则白昼攫金而不见人，岂罪罟之所能禁乎？无道以止之于未淫，则察之愈密，诛之愈亟……以法惩贪，贪乃益滋，而上徒以召百官之怨讟，下益以甚穷民之朘削，法之不可恃也明矣。”④如果事先不教导于未淫之时，而一味以法来惩罚贪赃，那么，贪赃就会逐渐滋长。而以道德来教化百姓，则天下治，这是王夫之德治的政治理想。所谓人之德，一方面是靠“自修”，他说：“自修其不容已，而人见为德。”另一方面是各人根据自己才能的“大小纯驳，行乎其不容已，而己化矣”⑤。通过教化，使人知廉耻，而不去触犯

① 《读通鉴论》卷三十，1084 页。
② 《读通鉴论》卷五，125～126 页。
③ 《读通鉴论》卷二十六，941 页。
④ 同上书，941～942 页。
⑤ 《读通鉴论》卷十九，636～637 页。

"法"。王夫之重"教"轻"法"思想，是针对明代末期统治者重"法"轻"教"的弊病而发的，是从明亡的教训这个角度来总结的。其实明重法，是宦官等滥施法，以陷害忠良的手段和工具。

（三）"宽以养民"说

历代儒家都提倡"尊君爱民"。"尊君"，是为维护中央集权君主专制制度的统治；"爱民"，则是为保证国家财政经济的稳定和不致发生祸乱。从此出发，王夫之主张"宽以养民"。他说：

> 严者，治吏之经也；宽者，养民之纬也；并行不悖，而非以时为进退者也。……故严以治吏，宽以养民，无择于时而并行焉，庶得之矣。①
>
> 夫为政者，廉以洁己，慈以爱民，尽其在己者而已。②

"宽以养民"、"爱民"必须与"严以治吏"相结合，否则"养民"、"爱民"便是一句空话。因为"驭吏以宽，而民之残也乃甚"③。胥吏就会刻剥人民。人民无法生活，而起祸乱。王夫之认为，"宽"与"严"这两个方面必须并行，"养民"、"治吏"才有所得。如何养民、爱民？为政者廉洁，才有可能养民，若贪赃枉法，必然刻剥民，这是相辅相成。

王夫之的"宽以养民"，是针对历代官吏对待人民严刑峻法和土地兼并、赋役繁重而言的。他反对严刑峻法，主张"宽"。他说："夫曰宽、曰不忍、曰哀矜，皆帝王用法之精意，然疑于纵弛藏奸而不可专用。"④ 因此，他十分称赞唐代杨相如"法贵简而能禁，刑贵轻而必行。小过不察，则无烦苛；大罪不漏，则止奸慝"的话，以为这句话是既"不倚于老氏"，也不流于申韩的"知治道之言"⑤。

对于土地兼并和赋敛无尽，他也是深恶痛绝的。他在《噩梦》中这样写道：

> 三代以下之弊政，类曰强豪兼并，赁民以耕而役之，国取什一，而强豪取十五，为农民之苦。乃不知赋敛无恒，墨吏猾胥，奸侵无已。夫家之征，并入田亩，村野愚愞之民，以有田

① 《读通鉴论》卷八，239 页。

② 《读通鉴论》卷十九，637 页。

③ 《读通鉴论》卷八，239 页。

④⑤ 《读通鉴论》卷二十二，757 页。

为祸，以得有强豪兼并者为苟免逃亡、起死回生之计。……田不尽归之强豪不止，而天下之乱且不知所极矣！①

在赋税重、有司酷、里胥横的情况下，朴实的农民怎不以“有田为祸”呢？

在王夫之看来，土地兼并与赋役苛重是相互关联的：土地集中在强豪手中，则他们与墨吏猾胥相浮沉，而逃避赋役，把赋税转嫁到贫苦农民身上；赋税繁重，农民无法生活，只得到处流亡，强豪便可大肆兼并。他说：“兼并者，非豪民之能钳束贫民而强夺之也。赋重而无等，役烦而无艺，有司之威，不可响迩，吏胥之奸，不可致诘。……有司之鞭笞，吏胥之挫辱，迫于焚溺，自乐输其田于豪民，而若代为之受病。”② 社会的种种政治弊端，使得农民不得不放弃土地，而为豪强所兼并。

解决土地兼并的冲突，在于轻徭薄赋。改变“自乐输其田于豪民”和“以有田为祸”的情况，土地兼并者也就“无可乘以恣其无厌之欲，人可有田，而田自均矣”③。

王夫之鉴于明亡的历史教训，从国家整体观点出发，在如何处理统治集团内部君臣关系，国家的集权与分权以及统治集团与被统治集团之间的关系问题上，提出了一系列主张，其目的在于以明为前车之鉴，维护宗法主义之“天”。

三、哲学学说

王夫之在清算过去政治制度的同时，着重清算了宋明理学理论思维形态并追本溯源，对道家老、庄哲学，天人感应哲学，魏晋玄学，佛教、道教哲学，进行深入分析和仔细批判，把我国古代气本论推向了高峰。

(一)“诚气”、“道器”学说

1. “诚”论

王夫之鉴于程朱、陆王对于元气论的误解和元气论本身未摆脱

① 王夫之：《噩梦》，4～5 页，上海，上海古籍出版社，1956。

②③ 《宋论》卷十二，218 页。

“原始物质”观念的局限，试图从哲学的本然之全体上陈述生存世界、意义世界的实有性，把传统的“诚”、“气”等作为实有的概念，建构其哲学体系，并把“诚”视为最高的范畴。他说：

> 说到一个“诚”字，是极顶字，更无一字可以代释，更无一语可以反形。……尽天地只是个诚，尽圣贤学问只是个思诚。①
>
> 惟其然，故知此之言诚者，无对之词也。②

“诚”是其他范畴不可代替、代释的，也没有其他话语可以描述的极顶字。尽宇宙天地的天道，尽圣贤学问的人道，只是一个“诚”或“思诚”。

“诚”是什么？王夫之对“诚”的本质属性作了如下的规定：

第一，“诚”是“实有”。在王夫之看来，“诚”即实在性、实存性，是表示天地万物，天道人道是实有的。他在《尚书引义》中说：“夫诚者，实有者也。前有所始，后有所终也。”③ 所谓实有，就是没有妄想妄行，没有空想空行，就是“诚”。“无妄则诚矣。诚则物之终始赅而存焉。”④ “诚”通贯物的终始。实有是物的固有属性。“诚也者实也，实有之固有之也。无有弗然，而非他有耀也。若夫水之固润固下，火之固炎固上也。无所待而然，无不然者以相杂，尽其所可致，而莫之能御也。”⑤ 王夫之以水和火等客观事物为例，说明水具有“润下”的本性，火有“炎上”的本性，它不是有所待而然的，而是事物本身所具有的，是实有的，这便是“诚”。在这里，“诚”（“实有”）就是事物的实存和事物的固有本质属性。因此，王氏把“诚”与“不诚”作为区别“实有”与“实无”、实全与实欠的标准。“诚不诚之分者，一实有之，一实无之；一实全之，一实欠之。了然此有无、全欠之在天下，固不容有欺而当戒矣。”⑥ 既已作出实有与实无、实全与实欠之分，便不容有欺妄。

第二，“诚”作为“实有”，是能够为人的感官所感觉的。他说：“实有者，天下之公有也，有目所共见，有耳所共闻也。”⑦ 事物的实有是人们的耳目所“共闻”、“共见”的。共见、共闻之共即具普

---

① 《孟子》，《读四书大全说》卷九，605 页。

② 同上书，604 页。

③④ 《说命上》，《尚书引义》卷三，70 页，北京，中华书局，1976。

⑤ 《洪范三》，《尚书引义》卷四，116 页。

⑥ 《孟子·离娄上篇》，《读四书大全说》卷九，604 页。

⑦ 《说命上》，《尚书引义》卷三，70 页。

遍的认同性。然而，人们之所以能共见、共闻，是由于“诚”能够通过形象来彰显自身。“人能有恒，则曲能有诚而形著明矣。”① “有诚而形著明”，当然可以为人们所感觉。在一定的条件下，即使人们的耳目感官感觉不到，但“诚”还是实存着。他说：“诚则形，形乃著明，有成形于中，规模条理未有而有，然后可著见而明示于天下。故虽视不可见，听不可闻，而为物之体历然矣。”② “有形”而著明是“诚”存有的基本形态。从这个意义上说，“无形者，不诚者也”③。“诚”之所以应以有形来规定，就因其实有的缘故。

第三，“诚”是价值导向和天人之道，是表示世界有其自身固有的法则和运行规则。他说：“太虚，一实者也。故曰：‘诚者，天之道也。’用者，皆其体也。故曰：‘诚之者，人之道也。’”④ 又说：“‘诚者，天之道也’，天固然其无伪矣。然以实思之，天其可以无伪言乎？本无所谓伪，则不得言不伪，乃不得言不伪，而可言其道曰‘诚’。”⑤ 所谓“天之道”，就是宇宙运行的固有法则，它是实实在在而无伪的，所以，可以称其为“无伪者天之道”；所谓“人之道”，就是指人世间的典章制度、伦理道德规范，这也是确确实实的，所以可称其为“思无伪者人之道”⑥。天道、人道的实有性，所以称为“诚”。

王夫之把“诚”作为实有性范畴，并将提升为形而上本体，力图揭示主客观世界的本质属性，企图从传统的程朱陆王哲学中超越出来，而做出实有性的规定，这在我国哲学思维发展史上是一次可贵的尝试和积极的发展。

“诚”作为王夫之实有哲学体系的形上学范畴，王夫之又将它规定为“气”。气之运行，万物由生，这也就是“诚”。他以“非托虚寂以流幻妄”的实有之诚的观念批判不诚“无实”，“谓之空洞可矣”。然后说：

> 宇宙者，积而成乎久大者也。二气细缊，知能不舍，故成乎久大。二气细缊而健顺章，诚也。知能不舍而变合禅，诚之

① 《思问录·内篇》，24页，上海，上海古籍出版社，1956。
② 同上书，23页。
③ 同上书，24页。
④ 同上书，2页。
⑤ 《孟子·离娄上篇》，《读四书大全说》，604页。
⑥ 同上书，605页。

者也。①

诚者，则天之道也。二气之运行，健诚乎健，而顺诚乎顺；五行之变化，生诚乎生，而成诚乎成。终古而如一，诚以为日新也；万有而不穷，诚以为富有也。②

天道阳气刚健，阴气柔顺，阴阳二气细缊变化，刚健和柔顺的属性便彰显出来，积久成大，而成宇宙；阴阳五行变化，而化生万物，这就是"诚"。体认"诚"而不舍，便是"诚"之者的人道。"人者，生也。生者，有也。有者，诚也。"③ 人是有生命的存在；生命存在就是实有，实有就是"诚"。人以其"诚"的道而体贴天道之"诚"，"诚"是天人之道的共性。

王夫之认为，世界万物依赖"诚"（实有）而存有。他说："夫可依者有也，至常者生也，皆无妄而不可谓之妄也。……非蚁之仰行，则依地住；非螾之穴壤，则依空住；非蜀山之雪蛆不求暖，则依火住；非火山之鼠不求润，则依水住；以至依粟已饥，依浆已渴。其不然而已于饥渴者，则非人矣。"④ 从螾蚁、雪蛆、老鼠以至人类，都需要与自然事物相接触，依赖自然事物这个"实有"而获得各自的生存，从而说明世界的"实有"，而不是虚妄的。

王夫之基于"诚"（实有）的理念，化解中国哲学史中"有"与"无"的关系，批判了道家、佛家以及理学家周敦颐等所宣扬的"无"、"有"的关系。他说："人之所见为太虚者，气也，非虚也。虚涵气，气充虚，无有所谓'无'者。"⑤ 又说："《六经》总在虚无里，始信虚无不是无。"⑥ 太虚非无、非虚，虚蕴涵着气，气充塞着虚，因此说没有所谓无。

"有"与"无"的关系是中国哲学的重要范畴，其论争通贯终始。这里王夫之说明了"有"与"无"相对、绝对的关系。"言无者激于言有者而破除之也。就言有者之所谓有而谓无其有也。天下果何者而可谓之无哉？言龟无毛，言犬也，非言龟也。言兔无角，言

① 《思问录・内篇》，22页。

② 《四书训义》卷三。

③ 《思问录・内篇》，23页。

④ 《无妄》，《周易外传》卷二，52页，北京，中华书局，1962。

⑤ 《太和》，《张子正蒙注》，14页，北京，中华书局，1975。

⑥ 《为白沙六经总在虚无里解嘲》，《诗文集》，295页。

麋也，非言兔也。诸必有所立，而后成其说。”① 言无不过是否定谈有者所说的“有”，而不是说果真会有“无”。譬如人们说乌龟“无”毛，是相对狗“有”毛说的；讲兔“无”角，是相对麋“有”角说的。可见，世界实有，没有绝对的“无”。“有”与“无”相对。语言作为表达思想的中介，必须通过这种相对关系，而自圆其说。

2. “道器”说

王夫之从形而上“诚”的哲学出发，梳理了“道器”问题上的种种解释，别开生面地建立了他的道器说，从而在一般（“道”）和个别（“器”）的关系问题上，进一步丰富了“诚”（实有）的哲学逻辑结构。

在王夫之看来，“诚”为“实有”，“道”也“实有”，“诚”与“道”是异名而同实。他在《尚书引义》中这样写道：

> 诚与道，异名而同实者也。修道以存诚，而诚固天人之道也。奚以明其然邪？今夫道，古由之，今亦由之；己安之，人亦安之，历古今人己而无异者，惟其实有之也。施之一室而宜，推之一国而准，推之天下而无不得，概远迩逆顺而无不容者，惟其实有然也。②

“道”之所以能古今由之、人己安之而没有差分，推之一室、一国以至天下而皆合适，就因其“道”为“实有”。由此，王夫之提出了“天下惟器”、“道不离器”的思想。

如果说“诚”具有普遍的实有性和天地万物运行的规则性的含义，那么，“道”也具有这两方面的蕴涵。他说：“道者，物所众著而共由者也。物之所著，惟其有可见之实也；物之所由，惟其有可循之恒也。既盈两间而无不可见，盈两间而无不可循，故盈两间皆道也。”③ 这里所谓“两间”，是指象与形、阴与阳，两间皆阴阳，一阴一阳之谓道，所以两间皆道。“道”既是“物之所著”，为一切事物所共同彰显为可见的实有，又是“物之所由”，即一切事物所共同遵循的普遍规则。

所谓“器”是相对于“道”而言的，它也具有与“道”相对的两方面的意思。他说：“阴阳与道为体，道建阴阳以居，相融相结

① 《思问录·内篇》，11 页。

② 《尚书引义》卷五，130 页。

③ 《系辞上传第五章》，《周易外传》卷五，178 页，北京，中华书局，1977。

而象生，相参相耦而数立。融结者称其质而无为，参耦者有其为而不乱。”① 又说：“象日生而为载道之器，数成务而因行道之时。器有大小，时有往来，载者有量，行者有程。”②这里所讲的“器”，既是指阴阳融结而成的各种具体现“象”，也是指阴阳相参相耦而成的“数”，即具体法则。王夫之认为，各种具体现象是“道”的体现者或承担者（“载道”），承担的量之不同，就体现为具体事物（“器”）有大小的区别；具体法则是“行道”，是体现普遍规则的。

进而，王夫之论证了物质实体、普遍法则（“道”）和具体事物、特殊法则（“器”）的关系问题。

首先，王夫之提出了“道不离器”、“道器相依”的观念。他有这样一段精彩的论述：

> 天下惟器而已矣。道者器之道，器者不可谓之道之器也。
> 无其道，则无其器，人类能言之。
> 无其器，则无其道，人鲜能言之，而固其诚然者也。③

这段话包括这样几层意思。一是，“天下惟器”，“盈天地之间皆器”④。充塞天地之间的都是事物的现象，不存在什么空虚的物。二是，“道”是“器”的“道”，有事物现象，才存在事物的法则。有具体法则，才存在普遍法则，一般包含在个别之中，而个别并不能完全包含在一般之中。三是，“道”“器”相互依存，因此，“终无有虚县孤致之道”⑤，没有虚无、孤立的“道”。他举例说：“未有弓矢而无射道，未有车马而无御道，未有牢醴璧币、钟磬管弦而无礼乐之道。则未有子而无父道，未有弟而无兄道。道之可有而且无者多矣。”⑥ 没有弓箭，就不会有关于射箭的规则，没有车马，就不会有关于驾驭车马的规则，没有礼器、乐器，就没有礼、乐的规则……明确地说明了有某事物，才有某规则，否则就没有。规则是随着事物的变化而变化的。因此，他说：“据器而道存，离器而道毁。”⑦“器”变化，“道”也要变，所以说：“洪荒无揖让之道，唐、虞无吊

①② 《系辞上传第二章》，《周易外传》卷五，140页。
③ 《系辞上传第十二章》，《周易外传》卷五，203页。
④ 同上书，169页。
⑤ 《咸》，《周易外传》卷三，77页。
⑥ 《系辞上传第十二章》，《周易外传》卷五，203页。
⑦ 《大有》，《周易外传》卷二，37页。

伐之道，汉、唐无今日之道，则今日无他年之道者多矣。”[1]

其次，他借“形而上之谓道，形而下之谓器”的传统命题，论证了“道在器中”的观念。他在《思问录》中说：“统此一物，形而上则谓之道，形而下则谓之器，无非一阴一阳之和而成。尽器则道在其中矣。”[2] 这是说“道”与“器”两者是统一的，并不是相分离的。他改造了《易传》有关“一阴一阳之谓道”的命题，认为“道”与“器”都是一阴一阳和合而成的。天地间充满着具体事物（“器”），而“道”就寓于其中。

由此，他批判了朱熹以“形而上的虚，浑是道理”和“形器之本体，而离乎形器，则谓之道”[3] 的观念，进一步说明了“道在器中”。他说：“形而上者，非无形之谓。既有形矣！有形而后有形而上。……器而后有形，形而后有上。无形无下，人所言也。”[4] 由于“道”与“诚”是异名而同实，“道”是实有，从这个意义上说，“道”不是朱熹所说的“虚”，更不是“道”与“器”、“形而上”与“形而下”的分离，而是“道在器中”。因此，有事物而后有“形”，有“形”而后有“上”（“道”），“道”、一般只能寓于“器”、特殊之中，离开特殊（“器”），一般（“道”）也就不存在，王夫之由此揭示了“道”、“器”辩证关系。

3. “理气”说

在王夫之“诚”（“实有”）的哲学逻辑结构中，如果说“道”与“器”是指事物实体、普遍法则和具体事物、特殊法则而言的话，那么，“理”与“气”就是指事物实体和它的固有法则，两者既有联系而又有所差分。在理学家那里，“理”与“气”、“道”与“器”、“太极”与“阴阳”、“形而上”与“形而下”等范畴是倒过来的。王夫之则对这些范畴加以区别和澄清。

所谓“理”，王夫之认为，“诚”为实有，“道”为实有，“理”也为“实理”，他说：“至诚体太虚至和之实理，与细缊未分之道通一不二。”[5] 是说“诚”、“实理”、“道”是通一不二的。但不是说它们之间没有差分。王夫之是这样分别的：“道者，一定之理也。于理

① 《系辞上传第十二章》，《周易外传》卷五，203页。

② 《思问录·内篇》，29页。

③ 《朱子语类》卷七十五。

④ 《系辞上传第十二章》，《周易外传》卷五，203～204页。

⑤ 《太和》，《张子正蒙注》，18页。

上加‘一定’二字方是道。”① “道”是一定的“理”，“理”是一切事物的固有法则。他说：

> 理本非一成可执之物，不可得而见；气之条绪节文，乃理之可见者也。故其始之有理，即于气上见理。②
>
> 万物皆有固然之用，万事皆有当然之则，所谓理也。③

“理”就是“气”所固有的条理，万事万物的必然法则。它是实有的存在，而不是观念的臆造。

所谓“气”，是指阴阳变化的事物现象。他说：

> 阴阳具于太虚絪缊之中，其一阴一阳，或动或静，相与摩荡，乘其时位以著其功能，五行万物之融结流止、飞潜动植，各自成其条理而不妄。④
>
> 言太和絪缊为太虚……道之本体也。二气之动，交感而生，凝滞而成物我之万象，虽即太和不容已之大用，而与本体之虚湛异矣。⑤

这里，“絪缊”是指阴阳二气运动变化，“太和”是指阴阳二气和合未分。“太虚”充满了“气”，“气”是太和絪缊的“本体”。它是无形的，但它凝聚成“物我万象”。“气”是阴阳对待的和合体，是一切事物变化的源头。它与“万象”是“体”和“用”的关系。当然，不能把作为标志事物的“气”简单称之为某种具体事物。他企图修正张载有时把“气”看做“升降飞扬”的游气“野马”，对事物的体认没有摆脱实物性的局限，认为“气”具有普遍无限性。他说：“虚空者，气之量；气弥沦无涯而希微不形……凡虚空皆气也。”⑥ 又说：“‘生物以息相吹’之说非也，此乃太虚之流动洋溢，非仅生物之息也。”⑦ 充塞宇宙都是“气”，自然界形形色色的万物，都是“气”存在的各种不同形式。但“气”并不就是“生物之息”的空气。在这里，王夫之猜测到了具体事物的多样性与世界的统一性的辩证关系。

①② 《孟子·离娄上篇》，《读四书大全说》，601页。

③ 《四书训义》卷八。

④ 《太和》，《张子正蒙注》，17页。

⑤ 同上书，24页。

⑥ 《太和》，《张子正蒙注》，8页。

⑦ 同上书，12页。

基于此，王夫之论述了“理”与“气”的关系。首先，“理”不离“气”。他说：“理即是气之理，气当得如此便是理，理不先而气不后。”[①]“气者，理之依也。气盛则理达。天积其健盛之气，故秩叙条理，精密变化而日新。”[②]“气”是“理”之所依，“理”即“气”之“理”，“理”与“气”相依而不相离，具体事物的实存与其固有法则相互联系，离“理”无“气”，离“气”无“理”，“言气即离理不得”[③]，“理与气元不可分作两截”[④]。

其次，由“理气相依”，进而提出了“理在气中”的观念。他说：“理者理乎气而为气之理也，是岂于气之外别有一理以游行气之中者乎！……犹言气非即理，气以成形而理具也。”[⑤]既然“理”是“理”乎“气”，“气”之外没有别的理，那么，“理便在气里面”[⑥]，“理在气中”[⑦]。《读四书大全说·告子上篇》有这样一段精彩的论述：

> 理只是以象二仪之妙，气方是二仪之实。健者，气之健也；顺者，气之顺也。天人之蕴，一气而已。从乎气之善而谓之理，气外更无虚托孤立之理也。[⑧]

“理”是二仪（阴、阳）变化的妙用，“气”方是阴阳二仪的实有，因此，“理在气中”，“气外”更没有虚托孤立的“理”，说明“理”与“气”的辩证关系。

王夫之建立了“诚”（实有）的哲学逻辑结构，辩证地解释了“道器”、“理气”、“有无”、“心物”等关系；从形上学本体的高度，批判了老聃“有生于无”、佛教“万法唯心”、程朱“理先气后”以及陆王“心外无物”等种种形上学的观念，把中国古代哲学推到新的高度。他的哲学逻辑结构，不愧为我国古代哲学宝库中一颗光彩夺目的明珠。

（二）“动静”、“一两”说

中国古代辩证思维一直延续。到了宋明时期，尽管哲学学派纷

---

① 《孟子·告子上篇》，《读四书大全说》卷十，660页。

② 《思问录·内篇》，21页。

③ 《孟子·尽心上篇》，《读四书大全说》卷十，724页。

④ 《孟子·离娄上篇》，《读四书大全说》卷九，600页。

⑤⑥ 《孟子·告子上篇》，《读四书大全说》卷十，684页。

⑦ 《太和》，《张子正蒙注》，9页。

⑧ 同上书，660页。

纭，但众学者并不否认事物中存在着冲突，也不否定变化发展，辩证思维得到了发展。这时，论争的要点在于：冲突是始终存在的，还是到了一定时期才产生的？运动是事物本身固有的属性，还是到了一定时候由一个神秘力量推动的？运动是绝对的，抑或静止是绝对的？等等。王夫之继承了张载的“一物两体”和“运行不息”的辩证思维，综合时代所提供的体认成果，发展了古代辩证思维。

1.“动静”说

王夫之认为，运动是事物本身固有的属性。他说：“阴阳因动静而著……而动静者乃阴阳之动静也。”① “神化虽隐，变合虽赜，而皆本物理之固然。”② “动静”、“神化”、“变合”都是指阴阳的运动变化，运动是阴阳二“气”的运动，变化是物质（“气”）的固有属性。物质与运动是不可分割的。他说：“盖阴阳者气之二体，动静者气之二几，体同而用异则相感而动，动而成象则静，动静之几，聚散、出入、形不形之从来也。”③ “阴阳”与“动静”是“气”的“本体”与“作用”。“几”是阴阳运动变化的始端，聚散、出入、形不形等是事物变化的各种形式，都由此生。同时，“气”的聚散、升降、飞扬等运动都是“气”自身的必然性：“感遇则聚，聚已必散，皆升降飞扬自然之理势。”④ 事物的运动是“自然之理势”，是一种必然的现象。

事物是不灭的、永恒的，运动是事物的固有属性，于是，王夫之逻辑地推出运动是绝对的、永恒的结论。他说：“太虚者，本动者也。动以入动，不息不滞。”⑤ “太虚”本身不停地运动，而永不止息。同时事物的运动变化过程是无始无终的。“天地之生亦大矣。……故前无不生，后无不至。”⑥ “其始也，人不见其始；其终也，人不见其终。其不见也，遂以谓邃古之前，有一物初生之始；将来之日，有万物皆尽之终；亦愚矣哉！”⑦ 天地化生万物的变化过程是无终始的，那种认为在远古时代事物有开端，而将来事物有终结的说法，是道地的愚蠢之说，由此王夫子指出了事物运动在时间

① 《大易》，《张子正蒙注》卷七，242页。

② 同上书，240页。

③ 《太和》，《张子正蒙注》卷一，9页。

④ 同上书，13页。

⑤ 《系辞下传第五章》，《周易外传》卷六，219页。

⑥ 《复》，《周易外传》卷二，60页。

⑦ 《未济》，《周易外传》卷四，153页。

和空间上的无限性。

王夫之强调运动的绝对性，也承认相对的静止。于是，他提出了动静相依而不相离的思想："静以居动，则动者不离乎静，动以动其静，则静者亦动而灵。"① "动而不离乎静之存，静而皆备其动之理，敦诚不息，则化不可测。"② "动"不离"静"，"静"不离"动"，"动静"相互对待而又相互依存。他从动静相兼的思想出发，认为无论是只承认运动或者只承认静止的观点都是错误的："流俗滞于物以为实，逐于动而不反，异端虚则丧实，静则废动，皆违性而失其神也。"③ 动而不反静与静则废动，都是片面的。这就是说，只承认一方面而否认另一方面，把运动和静止分离开来，都是违反事物运动变化的本性和其神妙的。

当然，运动和静止在事物发展过程中的地位是不同的。王夫之认为，运动居于主导的方面。他说："动者，道之枢，德之牖也。"④ 运动是事物发展的枢纽，也是人们体认事物本质的门径。因此，"若其知天地之化育，则只在动处体会"⑤。要从运动中来体会、体认天地间的变化、发育等现象。

于是，王夫之从两个方面进行批判。其一，运动有开端论。周敦颐把动静分为三种形态。在诚的"寂然不动"和物的"动而无静、静而无动"中，割裂事物与运动，以"动静"是有开端的。王夫之说：

> 非初无阴阳，因动静而始有也。今有物于此，运而用之则曰动，置而安处之则曰静，然必有物也，以效乎动静。太极无阴阳之实体，则抑何所运而何所置邪？⑥

物的运用便是运动，安置便是静止，"动静"是事物在运动过程中的不同形式。他质问："太极"既是没有阴阳动静的实体，又有什么运动和静止？于是否定了"阳"由"动"生，"阴"由"静"生，"阴阳"由"太极"而生的说法。

其二，"主静"论。道学家以运动为相对，静止为绝对。《思问

① 《大易》，《张子正蒙注》卷七，272页。
② 《诚明》，《张子正蒙注》卷三，95页。
③ 《乾称下》，《张子正蒙注》卷九，329页。
④ 《系辞下传第一章》，《周易外传》卷六，207页。
⑤ 《孟子·公孙丑上篇》，《读四书大全说》，552页。
⑥ 《周易内传发例》。

录·内篇》批评说：

> 太极动而生阳，动之动也；静而生阴，动之静也。废然无动而静，阴恶从生哉！一动一静，阖辟之谓也。由阖而辟，由辟而阖，皆动也。废然之静，则是息矣。……何静之有？①

运动是绝对的。不管是“动而生阳”，运动过程中的运动；还是“静而生阴”，运动过程中的静止，都是运动的形式。绝对的静止，即所谓“废然无动而静”则是不存在的。如果有什么绝对的静止，则事物的运动就止息了。

在王夫之看来，静止只是运动的一种特殊的状态。他说：“静也，动之静也。”②“静者静动，非不动也。”③“静”实际上是“动之静”，“静动”是事物运动过程中的静止状态，是处在相对静止状态中的运动。因此，他说：“动、静皆动也，由动之静，亦动也。”④所以，静止不是绝对的。

不过，尽管运动居于主导地位，但也不能忽视静止在事物发展过程中的作用。他说：“静而有动，动留而生物，物生于俄顷之间，而其先皆有故也。一留而形成矣。知此，则能弗守其静，以听其动乎！静不倚则动不匮，其动必正，其留必成，其生必顺。”⑤相对静止是物质运动生物的必不可缺的前提，静止不偏于一边，不成为绝对的，那么运动就能正常进行，事物就能顺利生成。这里包含了静止是事物化生之条件的思想。

2.“变化日新”说

从“动静”的绝对、相对观念出发，王夫之提出了天地事物“变化日新”的概念。他说：“天地之德不易，而天地之化日新。今日之风雷非昨日之风雷，是以知今日之日月非昨日之日月也。”⑥天地的本性固然不易，而天地的变化却是日新的。今天的风雷不是昨天的风雷，所以知道今天的日月也不是昨天的日月，还可推知今天的身体也不是昨天的身体；江河的水，古今一样，但今天的水就不是过去的水；灯烛的光，昨日和今日一样，但今天的火光就不是昨天的火光。水

① 《思问录·内篇》，2～3页。
② 同上书，3页。
③ 同上书，12页。
④ 《孟子·告子上篇》，《读四书大全说》卷十，661页。
⑤ 《庄子通》，89页，北京，中华书局，1962。
⑥ 《思问录·外篇》，36页。

火变化在跟前，容易知道，日月变化较远，而难觉察。拿人来说，指甲、头发每日长出新的，是人所知道的，而肌肉每天新生和旧消，人们就不知道。他说："人见形之不变而不知其质之已迁，则疑今兹之日月为邃古之日月，今兹之肌肉为初生之肌肉，恶足以语日新之化哉！"① 人们只见自身形象的不变，而不知内部质体已变，竟认为今天的肌肉就是初生的肌肉，这就是不懂得日新变化的道理。

事物的发展有一个量变的过程。他举例说："生既非一次生，则始亦非一日始矣。庄子藏山、佛氏刹那之旨，皆云新故密移，则死亦非顿然而尽。"② 生和死都有一个量变的过程，没有"顿生"、"顿灭"之理。他说："方来之神，无顿受于初生之理；非畏、厌、溺，非疫厉，非猎杀、斩艾，则亦无顿灭之理。"③ 王夫之猜测到了事物生、灭有一个量变的过程，这是正确的，但他对于顿变、质变这个事物变化过程中的重要阶段却有所忽视。

3. "一"、"两"关系及其形式

事物运动、变化日新的原因是什么？王夫之认为，是在于事物内部冲突的互相作用。他说："易者，互相推移以摩荡之谓。……纯乾纯坤，未有易也，而相峙以并立，则易之道在，而立乎至足者为易之资。"④ 易的含义是指互相推移、互相摩荡。之所以能互相摩荡，是因为其内部相峙，即对待，如果是纯乾、纯坤，就没有变易了。"阴阳之消长隐见不可测，而天地人物屈伸往来之故尽于此。"⑤ 王夫之以为"阴阳"对立消长，是天地人物运动变化的原因("故")，这就排除了从事物外部寻找运动原因的可能。

事物冲突不仅互相对立，而且互相包含、互相渗透，即相互统一。他说："天下有截然分析而必相对待之物乎？求之于天地，无有此也；求之于万物，无有此也。"⑥ 一切对待方面都不是绝对对待的，天地万物都没有截然相对待的状况。对待方面既互相包含、渗透，而又互相转化："天尊于上，而天入地中，无深不察；地卑于下，而地升天际，无高不彻。其界不可得而剖也。进极于进，退者以进；退极于退，进者以退。……其局不可得而定也。"⑦ 在这里，

---

① 《思问录・外篇》，57 页。
② 《论语・先进篇》，《读四书大全说》卷六，358 页。
③ 《动物》，《张子正蒙注》卷三，84 页。
④ 《上经乾坤》，《周易内传》卷一。
⑤ 《太和》，《张子正蒙注》卷一，9 页。
⑥⑦ 《说卦传》，《周易外传》卷七，247 页。

天地尊卑、上下怎么能入地中、升天际而互察互彻？王夫之并未详说，难免给人以神秘之感。进退怎么会转化，其条件如何？也未涉及。这是王夫之理论的缺陷。但是，从基本上说，事物互相渗透，发展到一定限度就要向其反面转化，这在王夫之的理论中是清楚的。

王夫之从对待面相互渗透和相互转化论述了矛盾两端的自身统一性。他说：

> 两端者，虚实也，动静也，聚散也，清浊也，其究一也。实不窒虚，知虚之皆实。静者静动，非不动也。……而后知其一也，非合两而以一为之纽也。①

对待双方，追究到底是统一的，而这种统一是事物自身的统一，并不是以另外的东西为枢纽把对待面统一起来。

王夫之称对待面的相互作用为“感”。他说：

> 阴阳合于太和，而性情不能不异；惟异生感，故交相䜣合于既感之后，而法象以著。②

只有当对待着的对待双方交互参错，才发生交“感”作用，即“惟异生感”；也只有交“感”，才促使万物的化生。“天下者，万事万物之富有，而皆原天道自然之化，阴阳相感。”③ 又说：“一屈一伸，交相为感，人以之生，天地以之生人物而不息，此阴阳之动几也。”④ 万事万物的生成，乃是“阴阳相感”的结果。

王夫之基于对对待融合的体认，对其好友方以智在《东西均·三征篇》中提出的“交”、“轮”、“几”，“随”、“泯”、“统”的∴（音伊）图式有所微辞。他在赠诗中说：“哭笑双遮∴字眼，宫商遥绝断纹琴。”⑤ 他对宋明以来关于“一分为二”与“合二而一”关系的几种形式，提出了精到的见解。他说：

> 《易》曰：“一阴一阳之谓道。”或曰，抟聚而合一之也；或曰，分析而各一之也。⑥

对待面的“抟聚”，是合一之的“合二而一”；对待面的“分析”，是

① 《思问录·内篇》，12页。
② 《太和》，《张子正蒙注》卷一，21页。
③ 《有德》，《张子正蒙注》卷六，219页。
④ 《动物》，《张子正蒙注》卷三，89页。
⑤ 《寄怀青原药翁》，《五十自定稿》，《诗文集》，172页。
⑥ 《系辞上传第五章》，《周易外传》卷五，177页。

各一之的"一分为二"。接着，他解释说：

> 以为分析而各一之者，谓阴阳不可稍有所畸胜，阴归于阴，阳归于阳，而道在其中。
>
> 以为抟聚而合一之者，谓阴阳皆偶合者也，同即异，总即别，成即毁，而道函其外。①

统一物"分析"而为阴、阳对待双方（"各一"），就是"一为二"；"阴阳"、"同异"、"成毁"对待双方聚合而为一，就是"合二而一"。

王夫之还进一步论述了"一分为二"和"合二而一"关系的几种形式：

第一，"合二而一"是"一分为二"所固有。他说："盈天地之间皆器矣。器有其表者，有其里者，成表里之各用，以合用而底于成。……故合二为一者，既分一为二之所固有矣。……表里相待而二，二异致而一，存乎其人，存乎其德。"② 自然界事物都分为阴阳、表里两个方面，即"一分为二"；对待双方既对待，又统一，合表里而成"器"，就是"合二而一"。"分一为二"包含了"合二以一"。

第二，"合二而一"与"一分为二"是相互联系的过程。他说："夫阴阳之实有二物，明矣。自其气之冲微而未凝者，则阴阳皆不可见；自其成象成形言之，则各有成质而不相紊。自其合同而化者言之，则浑沦于太极之中而为一；自其清浊、虚实、大小之殊异，则固为二；就其二而统言其性情功效，则曰刚，曰柔。"③ 从"阴阳"变化浑沦于太极之中来看，是"合二而一"；从统一物中出现清浊、虚实、大小的对待来看，又是"一分为二"。因此，"合二而一"与"一分为二"是事物变化发展过程中所呈现的形式。

第三，"合二而一"与"一分为二"是"合"——"分"——"合"的过程。他说："道之流行于人也，始于合，中于分，终于合，以始终为同时同撰者也。"④ 又说："合者，阴阳之始本一也。而因动静分而为两，迨其成又合阴阳于一也。"⑤ 头一个"合"，即阴阳对待双方同处于一个统一体中，即"合二而一"；统一体因其动静的矛盾运动，又"分而为两"，即"一分为二"；结果，阴阳对待双方

① 《系辞上传第五章》，《周易外传》卷五，177页。

② 《系辞上传第十二章》，《周易外传》卷五，169页。

③ 《周易内传发例》。

④ 《系辞下传第四章》，《周易外传》卷六，214页。

⑤ 《太和》，《张子正蒙注》卷一，21页。

又合而于一，即“合二而一”。可见，“合”——“分”——“合”的形式，即是“合二而一”——“一分为二”——“合二而一”的形式。王夫之对于“合二而一”和“一分为二”关系的探索，比其前辈大大前进了。他把我国古代辩证思维发展到一个新的高度，为人们提供了十分丰富的理论思维的经验教训。

（三）“能所”和“知行”说

宋明时期，哲学家在关于人的知识的来源，体认的过程，也就是“知”与“行”关系问题上，进行了较为深入的探讨。王夫之批判了先验论，阐述了知识论。

1. “能”与“所”的关系

王夫之探索了主体的认知对象与客体世界的关系。他批判地继承了先行者的思想资料，改造了我国哲学史和佛教典籍中关于“所以知”（即“能”）、“所知”（即“所”）这一对范畴，提出了“能必副所”的思想。“所以知”（“能”），指主体的认知功能；“所知”（“所”），指客体的认知对象。佛教哲学认为“所”不能离开“能”，客体不能离开主体的认知功能而存在。王夫之则以实有论观点论述了主观（“能”）和客观（“所”）两者的关系。他说：

> 境之俟用者曰“所”，用之加乎境而有功者曰“能”。“能”、“所”之分，夫固有之，释氏为分授之名，亦非诬也。乃以俟用者为“所”，则必实有其体；以用乎俟用，而可以有功者为“能”，则必实有其用。体俟用，则因“所”以发“能”；用乎体，则“能”必副其“所”；体用一依其实，不背其故，而名实各相称矣。①

这是说，有待于主体的认知功能去体认的客体对象就是“所”，认知功能作用于外部客体世界而能取得功效就是“能”。“能”、“所”的区别一直就有。佛教分别定名，并不是无根据的，问题在于：作为主体认知的对象，必须有确实存在的物体；要发生认知作用，必须确实有认知功能；因此，强调由客体对象的引发而起认知作用（“因所以发能”），正确的认知必须符合客体对象（“能必副其所”）。王夫之这段话在主体认知功能（“能”）和客体认知对象（“所”）关系问题上，分辨了气本论认知论和佛教的区别。

---

① 《召诰无逸》，《尚书引义》卷五，141 页。

针对佛教抹杀“能”、“所”的实在性，而把客体归结为主体的问题，王夫之指出：

> 释氏以有为幻，以无为实，“唯心唯识”之说，抑矛盾自攻而不足以立。于是诡其词曰：“空我执而无能，空法执而无所。”然而以心合道，其有“能”有“所”也，则又固然而不容昧。是故其说又不足以立，则抑“能”其“所”，“所”其“能”，消“所”以入“能”，而谓“能”为“所”，以立其说，说斯立矣。①

佛教“三变”其论辩，以达到“以‘能’为‘所’”之说的成立。一变是把实有看做幻相，以无为实，对象世界都是“心”、“识”所生，否认对象世界的存在，但自相矛盾不能成立。于是，二变否定自我，否定对象世界，以致无“能”无“所”，“能、所双泯”，但认知主体和认知对象毕竟是否定不了的。因此，三变“能”其“所”，“所”其“能”，把对象世界消融在主体认知之中，把主体认知外化为客体对象。这就是王夫之所批判的“‘三界惟心’而‘心’即‘界’，‘万法惟识’而‘识’即‘法’”② 的观念。这样，整个世界、一切客体事物都是“心”和“识”的呈现，“心”、“识”就是对象世界、客体事物。通过这个三变的思辨过程，佛教建立了以“能”为“所”的唯心唯识论。

王夫之批判了佛教这种以“能”为“所”的理论。他说：“天下固有五色，而辨之者人人不殊；天下固有五声，而审之者古今不忒；天下固有五味，而知之者久暂不违。不然，则色、声、味惟人所命，何为乎胥天下而有其同然者?”③ 天下存在着五色、五声、五味，从古到今每个人对色、声、味的体认都没有差异，如果色、声、味是依每个人的意志而定，为什么大家的体认都一样呢？可见，色、声、味等认知对象是实存的。

王夫之进而探索了认知的来源问题。他认为，人们认知的产生，必须具备三个条件：“形也，神也，物也，三相遇而知觉乃发。”④ 主体的感觉器官（“形”）、思维活动（“神”）和客体事物（“物”）三者相结合，然后产生认知。他举例说：“耳与声合，目与色合，

① 《召诰无逸》，《尚书引义》卷五，141页。
② 同上书，142页。
③ 《顾命》，《尚书引义》卷六，171页。
④ 《太和》，《张子正蒙注》卷一，18页。

皆心所翕辟之牖也，合，故相知；乃其所以合之故，则岂耳目声色之力哉！”① 主体的感觉器官好比是接受外界事物的窗子，人的感性认知是外界事物和感觉器官相互接触而产生的。但主体的耳目见闻是有限的，还必须通过人们的思维活动（“神”）。王夫之强调感官、思维和客体事物相融合而后产生认知的主张，是一种从物到感觉和观念的路向。

2. “格物”与“致知”的关系

王夫之认为感觉经验和思维活动是有差异的。他说：“一人之身，居要者心也。……无目而心不辨色，无耳而心不知声，无手足而心无能指使，一官失用而心之灵已废矣。”② “心”是人身之要，但“心”没有耳目也不能辨色和知声。“心”的思维活动必须依赖于耳目感官。同时，没有“心”的思维活动，认知也不会深入。“声色之丽耳目，一见闻之而然，虽进求之而亦然，但为物所蔽而蔽尽于物。岂如心之愈思而愈得，物所已有者，无不表里之具悉（原注：耳目但得其表）。”③ 由耳目所获得对于事物的感性认知，是事物的表面现象；“心”则不蔽于物而愈思愈得，而达到认知事物的理性认知阶段。

王夫之利用和改造了“格物致知”这个传统的范畴，进一步论证了主体的认知过程。他说：

> 大抵格物之功，心官与耳目均用，学、问为主，而思辨辅之，所思所辨者皆其所学、问之事。致知之功则惟在心官，思辨为主，而学、问辅之，所学、问者乃以决其思辨之疑。“致知在格物”，以耳目资心之用而使有所循也，非耳目全操心之权而心可废也。④

主体认知分两个阶段：在认知的感性活动的“格物”阶段，是以“学、问为主”，即以主体的耳目等感官进行“学”和“问”等活动为主；在“致知”的阶段，是以理性思维的思辨活动为主。“学”“问”所得的感性资料，是思维活动所依循的基础。但并不是说可以取消思维活动，它们是相辅相成的，“二者相济”，不可偏废。他说：“非致知，则物无所裁而玩物以丧志；非格物，则知非所用而荡智以

① 《大心》，《张子正蒙注》卷四，124 页。
② 《毕命》，《尚书引义》卷六，176 页。
③ 《续春秋左氏博议》卷下。
④ 《大学》，《读四书大全说》卷一，12 页。

入邪。二者相济，则不容不各致焉。”① 如果没有“格物”，不接触外界事物，就会使认知陷入空想，走入歧途，这叫做“荡智以入邪”；没有“致知”，就会被各种事物的现象所迷惑，“玩物以丧志”。这是认知过程中所应避免的。

3. “知”与“行”的关系

王夫之在认知论上最突出的成就是建立了以“行”为基础的“知行”统一的观念。他说：

> 知行相资以为用，惟其各有致功，而亦各有其效，故相资以互用，则于其相互，益知其必分矣。同者不相为用，资于异者乃和同而起功，此定理也。不知其各有功效而相资，于是姚江王氏“知行合一”之说，得借口以惑世。盖其旨本诸释氏，于无所可行之中，立一介然之知曰悟，而废天下之实理，实理废则亦无所忌惮而已矣。②

“知”、“行”各有效用，而又相互为用，正因为两者相互为用，才知两者相互分别；由其相互分别，才能在认知过程中融合起来而显现其效用。同的就不能相互为用，这是一个定理。王守仁的“知行合一”说就不懂这个道理。

“知”、“行”既相互区别，而又相互融合。就其融合来说，第一，知行不相离。他说：“是则知行终始不相离，存心亦有知行，致知亦有知行，而更不可分一事以为知而非行，行而非知。”③ “知”、“行”是认知的统一过程，如果割裂“知”、“行”，“知而非行，行而非知”，那就要陷入“知先行后”说。第二，“知行并进”。他说：“惟其为致知、力行，故功可得而分。……可立先后之序，而先后又互相为成，则由知而知所行，由行而行则知之，亦可云并进而有功。”④ 由于“知行”有不同功用，故能相互促进，不断深化。由知而行，由行而知，知行并进不悖，而使认知“日进于高明而不穷”⑤。第三，“行”可以为“知”统一的基础，“知虽可以为行之资，而行乃以为知之实”⑥。在“行”的基础上“知行”统一。

① 《说命中二》，《尚书引义》卷三，76页。
② 《中庸》，《礼记章句》卷三十一。
③ 《中庸》，《读四书大全说》卷三，172页。
④ 《论语·为政篇》，《读四书大全说》卷四，207页。
⑤ 《思问录·内篇》，27页。
⑥ 《四书训义》卷二。

"行"为"知"的基础。他说:"离行以为知,其卑者,则训诂之末流,无异于词章之玩物而加陋焉。"① "知"不能离开"行",不"行"就得不到"知","君子之学,未尝离行以为知也必矣"②。知识从"行"来,依赖于行,来源于行,这是必然的道理;不仅如此,"行"可以"兼知"、"统知"。他说:"行可兼知,而知不可兼行。"③同时,"行"还是检验"知"的标准。王夫之说:"且夫知也者,固以行为功者也;行也者,不以知为功者也。行焉可以得知之效也,知焉未可以得行之效也。"④ "行"可得"知"的效验,"知"却不能得"行"的效验。"知"的目的在于实践:"知之尽,则实践之而已。实践之,乃心所素知,行焉皆顺,故乐莫大焉。"⑤ 以行为来检验"知"的标准的观点,是王夫之认知论中最具特色的思想。

王夫之所谓的"行",主要是主体"行于君民、亲友、喜怒、哀乐之间"⑥ 的"应事接物"的实践活动。虽然他把认知过程分为感性认知和理性认知两个阶段,但他没有注重由认知到实践这个重要方面。

四、伦理道德学说

王夫之基于"天地之化日新"的观念来考察人的社会本质和人类历史,提出了一些有价值的思想。

(一) 性命论

从天道而言命,从人道而言性,天道与人道的冲突融合,构成天命与人性的冲突融合,即性命对待统一范畴。命是一种客体的、外在的实在性、必然性;性是一种主体内在的实在性、本然性。性命相和合之际,即是主体向客体的转化,也是天道到人道的过渡之时。这就是《中庸》所说的"天命之谓性,率性之谓道"的意思。

性命与天人对称,是中国哲学中重要范畴。船山之天可差分为"天之天"与"人之天",前者开显为自然世界,后者展现为人类世

①②③ 《说命中二》,《尚书引义》卷三,68页。

④ 《说命中》,《尚书引义》卷三,78页。

⑤ 《至当》,《张子正蒙注》卷五,173页。

⑥ 《说命中》,《尚书引义》卷三,78页。

界。自然世界包含自然界土地物产、草木禽兽及其所以然之理；人类世界包含人的交往活动、交往活动的规范、道德原则、治国之道等。天人相合，天的秩序即人类社会的秩序，人类社会秩序显现了天的秩序。船山说："人伦之序，天秩之矣。顾天者，生夫人之心者也，非寥廓安排，置一成之刑于前，可弗以心酌之，而但循其轨迹者也。人各以其心而凝天，天生夫人之心而显其序。"① 由于天人融突会通，天人之序相对相关，人心凝天，天生人心，而显现它们的秩序。天无序，人失序，则天会发生灾异，人会出现动乱。人序与天秩的体验者在人，天道无心，以人心为心，惟人有心，能知人知天，参赞天地之化育，于是人便有了自身自主性，而草木禽兽便没有这种自主性。

1. 性与命释义

性命即天命与人性。"天命"之"命"有"令"的意思。命令是外在的，必须如此的。换言之，天的命令之天具有发号施令的支配者、主导者的地位；接受命令者便居于被动者、被支配的地位。"人之所性，皆天使令之，人其如傀儡，而天其如提弧者乎?"② 这样天便具有超自然力量的品格。船山认为，这种说法，有其欠缺之处，关键在于"何以知天人之际"，实际上是把天人关系割裂了。所谓天，便是阴阳五行流荡于天地之间，那有什么命令使之如此！"天以阴阳五行化生万物，气以成形而理亦赋焉，犹命令也。"③ 所谓命令，就是气化生生的过程，理亦寓于其中了。这样，性命范畴便与气理范畴内在地联系在一起了。

性的内涵，船山从两个层面上讲："天命之人者为人之性，天命之物者为物之性。今即不可言物无性而非天所命。"④ 天命之为人、为物，而分人性、物性。这就是说，人有人性、物有物性，都来源于天的阴阳五行化生过程中所赋的理。"人物之生，因各得其所赋之理，以为健顺五常之德，所谓性也"⑤，物之健顺之性，人之五常之性，都是所赋之理的呈现。船山用理气各"一半"的说法来诠释人物的健顺五常之命和穷通寿夭之命，这种定量理气价值论较之混沌

① 《续春秋左氏传博议》，《船山全书》第五册，543 页，长沙，岳麓书社，1993。
② 《读四书大全说》，《船山全书》第六册，454 页，长沙，岳麓书社，1991。
③ 《礼记章句》，《船山全书》第四册，1248 页，长沙，岳麓书社，1991。
④ 《读四书大全说》，455 页。
⑤ 《礼记章句》，1248 页。

理气价值论虽明确一些，但亦有机械性之失。其实，在理气冲突融合过程中，人与物不一定依“一半”说来构成。船山亦意识到这一点，因此他讲“多少分合”，由理来主持调剂，以取得理气的协调、和谐。

船山以凡命皆气，凡命皆理，这就把天命这个超自然、超社会的力量拉下来，安顿在世俗人生生命构成要素——理气的实有之上，并通过理气融突、和合化生的过程，而不断开显于日用层面各领域之中。健顺五常之命和寿夭穷通之命，虽或理或气，各有侧重，但理只在气上见，气皆有理在，两者相涵圆融；理者气之理，气者非无理之气，两者相即不离。

“命”是一种自然的必然性，它并不是超自然的力量，亦非弄神作怪的支配者，但它似乎在冥冥中起着某种作用。“生之、死之者，命也。命则有修短，有予有受，而旦与暮、天与人相对待，非独立无耦之真也。”① 命这种自然必然性，犹如生死，人人均不可逃。虽命之寿夭、人或得传染病或地震而死，表现为一种偶然现象或突然现象，但死的必然性寓于偶然性之中，通过偶然性而呈现死生的必然性。

船山肯定命有“予”与“受”，此“予”者并非指有意志、先在的神灵或人格神，而是阴阳五行的气化运动。“受”者人与物，亦非神灵或人格神的派生者，而是气化生生的和合体。阴阳五行之气，便是天。所谓天命，是指阴阳五行之气细缊生生的价值指令。他认为人与物有一个发生过程，这个过程亦是天命而人受的过程。“一真无妄”的真理为阴阳五行之气，由此化生万物，这就是天命之所指。

“命”是一种自然的真情性。人的生命必有所以生和所以死的真情，有生死的真情，必有命的真情。“命之情者，天命我而为人，则固体天以为命。惟生死为数之常然，无可奈何者，知而不足劳吾神；至于本合于天，而有事于天，则所以立命而相天者，有其在我而为独志，非无可奈何者也。”② 庄子以命是人无可奈何的必然性，就忽视了主体人的能动性。船山强调主体人的独立性，重视“我”或“在我”。惟由此而有我的独立意志，这种独立意志的呈现，便是“立命”；建立自我主体的命而相天。从这个意义上说，船山突破了

① 《庄子解》，《船山全书》第十三册，163页，长沙，岳麓书社，1993。

② 同上书，293页。

无可奈何之命的自然必然性，而从人生生命的真情审视“命”的价值。

天与命相联系，称之为天命；天与性相依，称之为天性，即“天命之性”。船山说：“天与性一也，天无体，即其资始而成人之性者为体。……尽其性而与天合矣。”① 性与天相合一。性与天合一，是通过主体人自身的体认，无此体认，亦难完成。“知性者，知天道之成乎性；知天者，即性而知天之神理。知性知天，则性与天道通极于一。”② 船山从天与性的合一中，追究性的价值之源。

对于性的价值之源的追究，船山并没有超越《中庸》“天命之谓性”的框架，而归结于天。这就是“继天成性”，或天命成性的思想。但船山的具体诠释则又与传统诠释有异。他以阴阳五行之实诠释天道或天的内涵。因此“性命于天”，也就是“天所命人而为性者，即以其一阴一阳之道成之”③。天命人为性的价值来源，实际是阴阳之道，亦即阴阳二气之理，理为气之理，归根到底是气，所以船山说：“人物同受太和之气以生，本一也。”④ 阴阳絪缊太和之气以生人物，同时形成人性和物性。从这个意义上说，人物受太和之气以成性，换言之，是人物受天命以成性，所以是“气者天，气禀者禀于天也”。

何谓“性”，船山的理解和诠释是：

第一，性为生之理。作为人的本质规定的人性，船山继承程朱道学的“性即理”说，但此理为气之理，在人为生理。他说：“盖性者，生之理也。均是人也，则此与生俱有之理，未尝或异；故仁义礼智之理，下愚所不能灭，而声色臭味之欲，上智所不能废，俱可谓之为性。”⑤ 人性作为“生之理”，是指人的生命生存的原则、原理。生存之理，是人之所以不断延续的基础，若无人的生命生存，人性也随人的消灭而灭，哪有什么人性？所以“生之理”是人性的基本内涵。

所谓“生之理”，是指人的自然生理和心理所需要的基本欲求的属性。人的生理器官及其机能是自然之质，是人的感性生命实体。即使从自然之质这个与禽兽最少差异的角度来看人性，亦有许多异

① 《张子正蒙注》，《船山全书》第十二册，130页，长沙，岳麓书社，1992。
② 同上书，120页。
③ 同上书，118页。
④ 同上书，221页。
⑤ 同上书，128页。

于禽兽的殊相。人的耳目口身及其功能视听言动，作为人的自然生理属性亦与犬牛等禽兽有异，其异就在于构成人的气之异。这样就把人的“生之理”之性与禽兽的自然生理属性区分开来。

人的生命的生存活动把主体与客体沟通起来，使自然界成为人工自然，即成为人的生存的物质、环境、能量交换的对象，人性也就在这种交换活动中得以呈现。“色、声、味固与人漠不相亲，何为其与吾相遇于一朝而皆不昧也！故五色、五声、五味者，性之显也。”① 性所开显的是人生命存在的形态。人性不能离色、声、味，无“色”何以人的自我再生产？无“味”何以人的生命得以维持？无“声”何以人际交往？君子小人之别仅是“度”的问题，而非排拒食色之欲的问题，因其为人的共性、普遍性，便是人性的体现。

第二，性为道德理性。船山认为“性者生也”，此生有生机与生理之别，生机是指人身的器官机能；生理是指人的生理活动的原理、原则。前者是眼耳鼻舌器官有视听臭味的功能，这是禽兽也具备的，即有其同，犬牛之眼能视，人之眼亦能视。但有其异，同一视觉运动中的对象物，犬牛与人不同。船山说：“夫性者何也？生之理也，知觉运动之理也，食色之理也。此理禽兽之心所无，而人独有也。”② 禽兽所无而人独有的理，是区别人与禽兽知觉运动的关节点，便是由此理而开显为“义”。从这个意义说，“生之理”是指人生存的社会人文环境，这个人生存的社会人文环境是理性化、道德化、秩序化了的。这样的社会人文环境，船山不是通过改变社会的典章制度来改善，而是靠道德理性来维持。因此，船山把“生之理”的“性”的内涵解释为自有其仁义礼智之性，仁义礼智之性发为四端之心，是禽兽所无，人所独有的特殊性，统言之为道德理性。

第三，性是仁义理智与声色臭味的互体。船山并没有把人性的生理、心理属性与道德理性分离开来，亦没有将两者作二元解释。人的“生之理”与仁义礼智是相互蕴涵、相互渗透、融合为一的。声色臭味作为满足人“厚生”的需要，仁义礼智作为人“正德”的需要，都与理相适应或相适宜。无声色臭味满足人的生理心理的需要，人的生命存在就不能延续而死亡，仁义礼智的道德理性

① 《尚书引义》，《船山全书》第二册，407页，长沙，岳麓书社，1988。

② 《四书训义》，《船山全书》第八册，676页，长沙，岳麓书社，1990。

就失去实现的载体。仁义礼智作为道德规范，是属于道德观念形态，道德观念只有通过社会主体人的交往活动或道德践履活动才得以体现。从这个意义上说，仁义礼智道德不离人的生命存在，换言之即不离声色臭味，以人的生理心理机能为体，或以声色臭味为体。

若无仁义礼智以正其德，人便丧失了道德理性或德性主义，人的声色臭味的欲望就会无限膨胀，人便会沦入声色狗马、灯红酒绿、放纵形骸之中，成为物化的人，而与禽兽无异。孟子曾认为，人与禽兽的区别只是"几希"，人跨过"几希"就会成为禽兽，只有物性而无人性。惟有以道德理性制约声色臭味，这才是人之所以为人的价值取向。从这个意义上说，人的生命存在不能离道，声色臭味必须以仁义礼智的道德理性为体。两者均不可偏废，相互为体。

这样，人性就是声色臭味与仁义礼智的融突结构，而不是二元结构。这种融突结构，亦称为互体结构，它同道器、理气互体结构一同贯穿于船山哲学体系的全过程。

第四，性为物性。船山认为，与人相对应的物亦有物性，物性是物的殊相的共相、共性，亦即共有之理。物性的价值根源，与人一样是气。"人有其气，斯有其性；犬牛既有其气，亦有其性。人之凝气也善，故其成性也善；犬牛之凝气也不善，故其成性也不善。"① 同来源于气的性，何以分为人性、物性？是因为凝气的不同，而有善恶之分。其实，以善恶分人物之性，是一个混然的说法，细分之人性中有恶的因素，物性中有善的因素，犬之义、牛之诚，是其善也。

气化生人物，并非对人有私心，而赋予善；对物有偏心，而赋予恶。气造物无心、无意识；所以不违天道的诚实。气造物虽无心，但万物自己禀气却不同，因其所禀之气不同，气别而作为气之理亦别，理别而后性别。阴阳生生之理，秉以为性。因阴阳之气有纯与杂，理亦有昏与明等分别，所以物性体现在各具体事物中，亦各不相同。

气的阴阳两极浑合，互相包容，阳非孤阳，阴非孤阴，阴阳"相函而成质"②。但因气之纯杂，而理之昏明、强柔，性各别。从

---

① 《读四书大全说》，《船山全书》，1054 页。

② 《张子正蒙注》，《船山全书》，54 页。

自然界的风雷水火等现象到动植物的生命现象，其所以其性不同，是由气和理不同质和性的相含浑合而成。这种事物的不同本质属性，构成事物彼此不同的区别。

第五，性为体性。“体性”是指气作为形上学本体，它本身所具有的性。船山说：“天以太虚为体，而太和之细缊充满焉，故无物不体之以为性命。”① 无物不体的性命，就是“阴阳实有之性”。太和是气存有的状态，气在细缊过程中，体现为一种必然性的次序或一以贯之的本质属性，这便是体性。

船山认为，体性是多元的。一是性是无生灭的。气聚气散，运行不息，或凝聚成人，或散归太虚，气的永恒的、稳定之本性就是无生灭。之所以无生灭，并不是不变化运行，相反，无生灭的性，正由于其运行不息。船山批评告子性随形而生灭的观点，形生、形灭是气聚散所表现的形态，并不是气的体性的生灭。他说：“性，体性也；太虚之体，细缊太和，是以聚散无恒而不穷于运。”② 体性有恒，而聚散无恒。

二是性有健顺动止。“气，其所有之实也。其细缊而含健顺之性，以升降屈伸，条理必信者，神也。”③ 气细缊便蕴涵着健与顺两方面的本性。刚健之性升而伸，柔顺之性降而屈。升—降、屈—伸的运动是有条理的。健顺相资，屈伸相感，升降相应，构成性的重要方面。

健顺之性蕴涵着升降、屈伸的运动变化，以及与动相对待的静的状态，这便是动静之性。刚健而动，浩然而发，为阳气的体性；柔顺而静，湛然而情，为阴气的体性。阴阳体性，动静不止。

船山论性，包含体性、人性、物性，是一个广泛的概念，即未分而分的范畴。

2. 性与命的关系

认知和把握了性与命的内涵，便可探索两者之关系。两者的关系，又具多重性：

第一，性命降与受。船山说：“命日降，性日受。性者生之理，未死以前皆生也，皆降命受性之日也。初生而受性之量，日生而受

---

① 《张子正蒙注》，《船山全书》，66页。

② 同上书，137页。

③ 同上书，76页。

性之真。”[1] 性作为人的生命生存的原理、道理，它受之于气。“受”即具有被动性，它不是自己主动的自由选择，而是被动地赋予，即生而俱有；“降”是给予、赐予，降不一定是有意识地降，也可以是无意识的自然而然地降。船山有一段对“人之所以有性”和性之为性有一精彩的论述：“太虚者，阴阳之藏，健顺之德存焉；气化者，一阴一阳，动静之几，品汇之节具焉，秉太虚和气健顺相涵之实，而合五行之秀以成乎人之秉夷，此人之所以有性也。原于天而顺乎道，凝于形气，而五常百行之理无不可知，无不可能，于此言之则谓之性。”[2] 这里明确说明了命降性受的内涵；所谓“命降”，就是秉承健顺相涵的太虚和气的实有，和合五行之秀气，构成人的稳定性的本质属性或常道。这是对性的来源的追根究底的回答，即“所以然”的回应；原天（即太虚和气、五行之秀）顺道，凝聚于形气之中，对于五常百行之理没有不知，无所不能的，这就是对性是什么的回答。从这两层面的回答中，人们可以明确地体验到，船山所说的“命降性受”的关系，实是阴阳五行之气细缊聚散生生不息的过程，是自然而生，自然而受的。同时，对于具体的个体人来说，生命存在的过程，即是“降命受性”的过程，并不是人一出生，“降命受性”便一次完成。船山认为，事实上人生之初是受性的量，日生日成，而受性之真。这就是说，成性是一个渐进的过程。

第二，性命一本万殊。船山说：“知性者，知天道之成乎性；知天者，即性而知天之神理。知性知天，则性与天道通极于一。”[3] 性与命可通极于一。性命合一，从诚明的意义上说，“诚者，天之实理，明者，性之良能，性之良能出于天之实理，故交相致，而明诚合一”[4]。天人合一，天命人性合一，诚明合一。

船山的性命合一，是在性命差分的基础上实现的。“在天者，命也；在人者，性也。命以气而理即寓焉，天也；性为心而仁义存焉，人也。”[5] 从天而言是天命，从人而言是人性；前者而言是气和理，后者而言仁义。这种差分是性命在现实社会人生生命中的体现。现

---

① 《思问录》，《船山全书》第十二册，413 页。

② 《张子正蒙注》，《船山全书》，33 页。

③ 同上书，120 页。

④ 同上书，372 页。

⑤ 《读四书大全说》，《船山全书》，1073 页。

实的存在，都可以说是天道本然所命，但只有得之于天道的人之所以为人的本质属性才称之为性，命之范围的要比性宽泛。

性命既差分万殊，又通极于一，这便一本而万殊。船山说："反之于命而一本，凝之为性而万殊。"① 一本是指性命同为阴阳健顺之实，即是性命的一般性、遍有性的共相；万殊是指人性、物性、体性之别，以及其各自的区别，即指性命的特殊性、分有性的殊相。人性、物性一本于天命，而又有人性、物性之殊。

第三，性命大小对待合一。船山说："命大，性小。在人者性也，在天者皆命也。既已为人，则能性而不能命矣。在人者皆天也，在己者则人也。既已为己，则能人而不能天矣。"② 人有类与个体之别，但都与天相对待。为什么命大性小？他说："天命大而性小（自注：统人物故大，在一己故小）。"③ 命统摄人与万物，性是就自己说的。就人性的角度看，人类的人性来源于命，既已为人之性，便不能命；就个体的人性看，有个体自己与他人的区分，己以整个他人的类为对待。若以己为人，既已个体自己有自己的性，便不能天。这是从性命的差分对待而言的大小之别。

从性命合一的角度而言，"达所性之德与天合德，则物无大小，一性中皆备之理。性虽在人而小，道虽在天而大，以人知天，体天于人，则天在我而无大小之别矣"④。性在人为小，命在天为大。人通过尽心知性而知天，人可以扩充自己而认知、把握天命；天命必须通过人自身。这样天人、性命相互包含、相互渗透，而无大小之别，性命为一："自天之与人者言之，则曰命；自人之受之于天者言之，则曰性。命者，命之为性；性者，以所命为性；本一致之词也。"性者命，性命合一的言词。

（二）人性"日生"、"可革"说

人性问题由先秦而至宋明，几乎受到每个思想家、哲学家的特别关注。自从北宋道学家张载、二程提出"天命之性"与"气质之性"以来，经朱熹的发展和完善，以为已经从理论上解决了"性善"、"性恶"、"性三品"等等人性问题。然而，张、程等人的二重

---

① 《读四书大全说》，《船山全书》，457 页。

② 《庄子通》，《船山全书》第十三册，512 页。

③ 《读四书大全说》，《船山全书》，468 页。

④ 《张子正蒙注》，113 页。

人性论，其实质仍然是先验论。不仅“天命之性”是先天的、纯善的“天理”的异化，而且“气质之性”也是人生来就禀有的。禀得“精英纯粹”之“气”，便是贤人，就“贵”、就“富”；禀得“衰颓薄浊”之气，便是愚人，就“贱”、就“贫”①。它既不是后天形成，亦非可变。王夫之虽然继承了张载“气”的思想资料，但于“天命之性”与“气质之性”却持批判立场。他说：

> 天命之谓性，岂但初生之独受乎？
>
> 形之恶也，倏而赘疣生焉；形之善也，俄而肌肤荣焉，非必初生之有成形也。气之恶也，倏而疢疾生焉；气之善也，俄而荣卫畅焉，非必初生之有成气也。②

不仅“天命之性”不能初生独受，而且“形之善恶”和“气之善恶”，亦非初生便有“成形”或“成气”。王夫之批判了“天命之性”和“气质之性”的先验性，提出了人性的“日生”性和“可革”性的主张。《太甲（二）》载：

> 夫性者生理也，日生则日成也。则夫天命者，岂但初生之顷命之哉！但初生之顷命之，是持一物而予之于一日，俾牢持终身以不失。天且有心以劳劳于给与，而人之受之，一受其成形，而无可损益矣。③

这段话含有三层意思。一层意思是，人性“日生”，即后天形成说。他说：“性者生也，日生而日成之也。”④“性”就是“生”的意思，日日新生，日日形成，人性便在此“日生”、“日成”中完善起来。人性之所以能“日生”、“日成”，是因为人生在自然界，由于“二气之运，五行之实，始以为胎孕，后以为长养，取精用物，一受于天产地产之精英，无以异也。形日以养，气日以滋，理日以成；方生而受之，一日生而一日受之。受之者有所自授，岂非天哉？”⑤人受胎之时，便取给予自然天地之“阴阳”二气和“五行”等资料以长养。然而，天地自然不断变化日新，人的身体、心理以及人性也随之变化日新，可见，人性是后天逐渐形成、完善的。

---

① 参见拙著：《朱熹思想研究》，第九章，488～489页。

② 《太甲（二）》，《尚书引义》卷三，65页。

③ 《尚书引义》卷三，63页。

④ 同上书，63～64页。

⑤ 同上书，63页。

第二层意思是，人性“可革”说。“革”，《说文》：“兽皮治去其毛，革更之象。”《玉篇》：“改也。”《尚书·尧典》：“鸟兽希革。”孔《传》：“革，改也。”含有改变、改造的意思。人性并非“气禀有定”。人性是随着人们的习惯或习性而改变的。他同意“习与性成”的说法：“习与性成者，习成而性与成也。”[1]“习”与“性”相互影响，相互促进：一方面是人的认知随着天地自然的变化和习惯的变化而变化，便渐成人性。他说：“举凡口得之成味，目得之成色，耳得之成声，心得之成理者皆是也。是人之自幼讫老，无一日而非此以生者也，而可不谓之性哉？”[2] 人们的眼、耳、口、心在与色、声、味、理的接触中，不断地反映着自然界变化及法则，而改变着人性。另一方面，随着人的生理机能的成长亦改变着人性。人自“幼而少，少而壮，壮而老”[3]，生理机能也逐渐成熟。“目日生视，耳日生听，心日生思，形受以为器，气受以为充，理受以为德。取之多，用之宏而壮；取之纯，用之粹而善；取之驳，用之杂而恶；不知其所自生而生。”[4] 人的感性认知和理性认知与日俱增，人性亦趋成熟。

当然，在人性的形成过程中，自然有“善”有“恶”。人性“可革”，便包括变“恶”为“善”，推故出新。“新故相推，日生不滞如斯矣。然则饮食起居，见闻言动，所以斟酌饱满于健顺五常之正者，奚不日以成性之善；而其卤莽灭裂，以得二殊五实之驳者，奚不日以成性之恶哉？”[5] 如果在日常生活、见闻言动中，都能符合“健顺”“五常”（仁、义、礼、智、信）之正，便是“善”，反之便是“恶”。人可变“恶”为“善”，没有一成不变的人性。他说：

> 未成可成，已成可革。性也者，岂一受成侀，不受损益也哉！[6]

“已成”善、恶之性，都是“可革”的。王夫之批判了先验论的不变论，“悬一性于初生之顷，为一成不易之侀，揣之曰：‘无善无不善’

---

① 《太甲二》，《尚书引义》卷三，63页。

② 同上书，64页。

③ 同上书，63页。

④ 同上书，64页。

⑤⑥ 同上书，65页。

也，'有善有不善'也，'可以为善可以为不善'也，呜呼！岂不妄与！"[①] 如果执初生一顷之间人性而论定"善恶"，且一成不变，岂不是胡乱揣测？

第三层意思是，所谓"天命"问题。尽管王夫之以人性"日生"、"可革"，批判了"气禀有定"、"一成不易"说，但亦留有先验道德论的痕迹。他说："初生之顷，非无所命也。何以知其有所命？无所命，则仁、义、礼、智无其根也。"[②] 人出生时，便具有了天赋的理性仁、义、礼、智，为其内在的根据。然而，假如没有后天的"日生日成"，"则年逝而性亦日忘也"[③]，随着年龄的增长而天赋的理性亦无所作为，因此，天赋的内在根据只有通过外缘才能起作用。

(三)"理"与"欲"

基于人性的"日生日成"是与自然天地现象和社会现象的变化和人的生理功能的成长相联系，王夫之便进一步探讨了目之于色、耳之于声等"声色"之欲与"天理"的关系问题。宋明以来的理学家，无论是程、朱"道学"，还是陆、王"心学"，都把"人欲"与"天理"对立起来，主张"存天理，灭人欲"，"天理"、"人欲"不可并立，犹如水火不容。王夫之反对这种分二，而着重从理欲的统一性、互渗性方面论述了两者的关系，提出了"私欲之中，天理所寓"[④] 的主张。他从两方面论述了"天理"与"人欲"的互渗性：

一方面，"天理"与"人欲"相依不离。他说：

> 人性之有礼也，二殊五常之实也。……是礼虽纯为天理之节文，而必寓于人欲以见（自注：饮食，货。男女，色）；虽居静而为感通之则，然因乎变合以章其用（自注：饮食变之用，男女合之用）。唯然，故终不离人而别有天（自注：礼，天道也），终不离欲而别有理也。[⑤]

所谓"人欲"，无非是饮食、男女之类。"天理"必通过"人欲"以

---

① 《太甲二》，《尚书引义》卷三，66页。
②③ 同上书，63页。
④ 《四书训义》卷二。
⑤ 《孟子·梁惠王下篇》，《读四书大全说》卷八，519页。

显现，离开“人欲”便无所谓“天理”，离开“天理”亦无所谓“人欲”；不可离“人欲”而另有“天理”，不可离“天理”而另求“人欲”。如果“离欲而别为理，其唯释氏为然。盖厌弃物则，而废人之大伦矣”①。离开人欲来论说天理，则流入佛教厌弃人、物所要求的饮食、男女的规则，而废弃、违背了君臣、父子、夫妇、昆弟、朋友的人之“大伦”，即“五伦”。故“离欲而别为理”，实则是没有“天理”。“天理”与“人欲”的关系只能是，“随处见人欲，即随处见天理，学者循此以求之”②。人欲中见天理，人欲便是合理的，而不是非法的。

另一方面，“人欲”即“天理”。他说：

> 若圣人，则欲即理也。③
>
> 圣人有欲，其欲即天之理。天无欲，其理即人之欲。学者有理有欲，理尽则合人之欲，欲推即合天之理。于此可见：人欲之各得，即天理之大同；天理之大同，无人欲之或异。④

“人欲”即是“天理”，“理”尽便与“人欲”相符合。“欲合乎理，性通于情”⑤，两者不可分离。满足各人各种不同的“人欲”，是同社会的需要相联系，便是“天理之大同”，就是说人们共同的物质欲望，可成为社会发展的杠杆。

“理”、“欲”相依不离，“欲即理”，说明“人欲”与“天理”的统一性、互渗性，这就在一定意义上批判了理学家“遏人欲而存天理”⑥ 的禁欲主义。王夫之认为，就是“遏欲”，亦不一定能做到“存理”。例如释氏讲“遏欲”，但“都未到存理分上”，这有两层意思：其一，“事境当前，却立著个取舍之分，一力压住，则虽有欲富贵、恶贫贱之心，也按捺不发。其于取舍之分，也是大纲晓得，硬地执认，此释氏所谓‘折服现行烦恼’也”⑦。强压好恶之欲，执认取舍之分，这便是佛教消除“现行烦恼”。其二，“一向欲恶上情染得轻，又向那高明透脱上走，使此心得以恒虚，而于富贵之乐，贫贱之苦，未交心目之时，空空洞洞著，则虽富贵有可得之机，贫贱

---

① 《孟子·梁惠王下篇》，《读四书大全说》卷八，519 页。

② 同上书，520 页。

③ 《论语·里仁篇》，《读四书大全说》卷四，246 页。

④⑤ 同上书，248 页。

⑥ 《梁惠王章句下》，《孟子集注》卷二。

⑦ 《论语·里仁篇》，《读四书大全说》卷四，237 页。

有可去之势，他也总不起念。由他打点得者心体清闲，故能尔尔，则释氏所谓‘自性烦恼永断无余’也”①。恒虚“此心”，“此心”清净，不起“欲富贵”、“恶贫贱”之念，便是佛教所谓的永断“自性烦恼”。尽管佛教讲“遏欲”，要断“现行烦恼”和“自性烦恼”，但“遏欲”并未与“存理”相结合，相反，其“遏欲”是与社会的“理”相违戾的。可见，“遏欲”也不能“存理”。只有以“欲”为“理”，“理”寓于“欲”之中，才是解决“理欲”之辨的路向。

“理欲”既不离，亦为不杂。“只理便谓之天，只欲便谓之人。饥则食，寒则衣，天也。食各有所甘，衣亦各有所好，人也。”② 饥饿欲食，寒冷欲衣，这是人“天性”，即人的自然本性就合乎“天理”；欲望吃好的，穿好的，这是“人”的奢求，即“人欲”。这种“理欲”之分是合理的，是以满足人的生理基本需要为标准的。他提出“饮食、男女，人之大欲共焉者也”③ 的命题，就是从生理与心理不同需要来说明人人都需要得到生存所必需的东西，这是共欲。

(四)“理势合一”学说

历史是前进的？还是退化的？朱熹认为：“古之圣人致诚心以顺天理，而天下自服，王者之道也。……汉宣帝自言：‘汉家杂用王霸’，其自知也明矣。”④ 夏、商、周三代，“天理”流行，是“王道”政治，社会光明、富裕；秦汉至唐，“人欲横流”，是“霸道”政治，社会黑暗、混乱。社会历史的发展是一个马鞍形。王夫之批判了这种历史观，探讨了历史的进化发展及其发展的理势，提出了“后胜于古”和“理势合一”的历史观。

1.“植立之兽”的猜测

王夫之认为，人类历史是从未开化到开化、从野蛮到文明的发展过程，并非退化。他说：

> 唐、虞以前，无得而详考也，然衣裳未正，五品未清，婚姻未别，丧祭未修，狉狉獉獉，人之异于禽兽无几也。⑤

唐尧、虞舜以前，衣服不完整，五伦、五常未分辨清楚，男女婚

---

① 《论语·里仁篇》，《读四书大全说》卷四，237页。

② 同上书，248～249页。

③ 《豳风》，《诗广传》卷三，67页，北京，中华书局，1964。

④ 《孟子或问》卷一，《朱子四书或问》。

⑤ 《唐太宗》，《读通鉴论》卷二十，693页。

姻未分别，与禽兽差不多，此时人类还处于野蛮的时代。到了三代时，“若夫三代之季，尤历历可征焉。当纣之世，朝歌之沈酗，南国之淫奔，亦孔丑矣”①。商纣整天荒淫无耻，肉林酒池，人民困苦，如置牢狱，那是什么“天理流行”的光明社会！“至于春秋之世，弑君者三十三，弑父者三，卿大夫之父子相夷、兄弟相杀、姻党相灭，无国无岁而无之，蒸报无忌，黩货无厌，日盛于朝野。”②弑君弑父，争权夺位，兄弟相杀，姻党相灭，没有哪一国哪一年是没有的。社会道德沦丧。社会历史发展到唐，则“伦已明，礼已定，法已正之余，民且愿得一日之平康，以复其性情之便，固非唐、虞以前茹毛饮血、茫然于人道者比也。以太宗为君，魏徵为相，聊修仁义之文，而天下已帖然受治，施及四夷，解辫归诚，不待尧舜汤武也”③。认为唐代“伦明”、“礼定”、“法正”，“仁义修”而天下治，人民的生活已非唐尧、虞舜时的茹毛饮血相比，道德水平亦非三代、春秋时所能及，从而否定了“今不如古”论，有力地论证了“今胜无古”。

王夫之基于对上古历史的考察，探讨了人类的起源问题。他否定了神创说、“天命论”等等传统的说法，提出了一个很有价值的天才的观点——人类起源于“植立之兽”说。他在《思问录·外篇》中写道：

> 考古者，以可闻之实而已。知来者，以先见之几而已。故吾所知者，中国之天下，轩辕以前，其犹夷狄乎！太昊以上，其犹禽兽乎！禽兽不能全其质，夷狄不能备其文。文之不备，渐至于无文，则前无与识，后无与传，是非无恒，取舍无据，所谓饥则呴呴，饱则弃余者，亦植立之兽而已矣。④

黄帝以前，人同夷狄一样，伏羲以前，人犹禽兽。禽兽不具备人的气质，夷狄没有文字，当然没有文明，对以前的东西没有认识，以后也没有承传，是非无定理，取舍无依据，这时的人饿了就呴呴地嚎叫，饱了扔掉多余食物，人类的祖先是“植立之兽”。在近代达尔文的进化论传入我国两个世纪之前，这种人由直立之兽进化来的观念，无疑是一个天才的猜测。

---

①② 《唐太宗》，《读通鉴论》卷二十，693页。

③ 同上书，694页。

④ 《思问录·外篇》，72页。

2. “理势合一”说

进而，王夫之探索了历史发展的法则。他依据“理随势易”的历史进化观点，把“理”与“势”结合起来，说明“势”是历史发展的趋势，“理”是历史发展过程中的规律。人们只能顺“势”，才能认识“理”。他说：

> 言理势者，犹言理之势也，犹凡言理气者，谓理之气也。理本非一成可执之物，不可得而见；气之条绪节文，乃理之可见者也。故其始之有理，即于气上见理；迨已得理，则自然成势，又只在势之必然处见理。①

“理”，历史发展的法则是不可得而见的，不是呈现的，而是隐藏的。它与哲学形上学中的“理”是气之“理”一样，“理”也是“势”之“理”，历史发展的固有法则（“理”）只有通过历史的必然趋势（“势”）而体现其法则性（“理”）。因此，他说：“理当然而然，则成乎势矣。”“势既然而不得不然，则即此为理矣。”② 历史的法则性表现为必然趋势，必然趋势亦表现为历史的法则性。所以“理”与“势”的关系，犹如“理与气元不可分作两截”一样，“理”与“势”亦不可分离。“理与气不相离，而势因理成……知理势不可以两截沟分。”③ 两者相依不离，不可外“势”以求“理”，亦不可外“理”以求“势”。他说：“势者事之所因，事者势之所就，故离事无理，离理无势。势之难易，理之顺逆为之也。理顺斯势顺矣，理逆斯势逆矣。”“权衡审于理，顺逆成于势，端举而委从，故曰理外无势也。”④ 在这里，王夫之强调了历史法则与必然趋势的统一性，从“理势合一”的角度考察历史的发展，权衡历史事件的得失。

譬如“封建”与“郡县”之争。王夫之认为，随着历史必然趋势的变化，历史法则也在变化。“势异而理亦异。”⑤ “势相激而理随以易。”⑥ 人类社会的初始阶段，人们生活在“草野”之间，为争夺生活资料而争斗，各部落推举有能力的人为首领，以解决争斗，部落首领又推一“天子”，便产生了“世及之理”的世袭分封制。它虽

---

① 《孟子·离娄上篇》，《读四书大全说》卷九，601页。
② 同上书，599页。
③ 同上书，601页。
④ 《武成》，《尚书引义》卷四，99～100页。
⑤ 《宋论》卷十。
⑥ 《秦始皇》，《读通鉴论》卷一，2页。

是愚蠢和残暴的制度，但比“草野”时代是个进步。既然分封制的产生是顺“势”合“理”的，那么，随着“势”的发展，郡县制代替分封制亦是顺“势”而合“理”的。因为历史发展到战国时期，“诸侯世国”、“大夫世官”的分封制，已经是“势所必滥”①，而“士有顽而农有秀，秀不能终屈于顽，而相乘以兴，又势所必激也”②，从而使得“封建毁而选举行，守令席诸侯之权”③，世袭的分封制就被郡县制所代替。分封制失去了其必然性，就成为不合理的了，顺应历史发展的必然趋势而出现的郡县制，就成为合理的了。“郡县之制，垂二千年而弗能改矣，合古今上下皆安之，势之所趋，岂非理而能然哉?”④

从这一历史事件中，王夫之还猜测到历史人物的主观动机和历史必然趋势之间的冲突。历史的必然趋势是不以人的私意为转移的，个人的意志对历史发展的必然趋势来说，也是无能为力的，既不能改变，也不能超越它。但历史常常是通过一些历史人物的意志和活动来呈现的。“秦以私天下之心而罢侯置守，而天假其私以行其大公，存乎神者之不测，有如是夫!”⑤ 秦始皇废分封行郡县，从他的主观意图来说，也许是为了“私天下”，而不是“公天下”。然而这一改革，在客观上却引起了历史的前进。就是说，郡县制这个历史必然趋势假秦始皇之“私”，得以实现其“大公”，秦始皇主观上的“私”，客观上实是历史发展法则在起支配作用。这种分析，是有见地的。

那么，这种历史的必然趋势是什么呢？王夫之认为是“理势合一”的“天”。他说：

> 是非有道之天唯理，而无道之天唯势，亦明矣。⑥
>
> “势”字精微，“理”字广大，合而名之曰“天”。……总将理势作一合说，曲为分析，失其旨矣。⑦

“天”是支配历史必然趋势和历史法则的动力，但“天”并非有意志的神，而是一种自然力。尽管王夫之不是从历史本身，而是从历史必然趋势和历史发展法则中去寻找这种动力，仍最终把它归结于

---

①②③ 《秦始皇》，《读通鉴论》卷一，2页。
④ 同上书，1页。
⑤ 同上书，2页。
⑥ 《孟子·离娄上篇》，《读四书大全说》卷九，600页。
⑦ 同上书，602页。

"天"，虽然"天"无意志，这就有可能导致外因论，也不能真正揭示历史的本质和历史发展的真正动力。这种局限性，乃是时代使然。

五、历史地位和影响

王夫之综罗百代，总结性地批判了宋明程朱、陆王哲学，发展了张载的气学，而成为我国古代气本体论的集大成者。

王夫之思想和宋明理学的关系，长期以来，见仁见智，各说其是，褒贬互见。清初刘献廷宣扬其为"圣学"。他说：

> 其学无所不窥，于《六经》皆有发明，洞庭之南，天地元气，圣贤学派，仅有此一脉，仅有此一线耳。①

高度褒扬其学术成就。但以其为"圣贤学派"，则是想把王夫之打扮成正宗的儒家学派。清唐鉴撰《国朝学案小识》，便直谓王夫之绍承理学程朱之正宗。他写道：

> 其为学也，由关而洛而闽，力诋殊途，归宿正轨。……先生之学宗程、朱于是可见矣。②

以王夫之为非王（王守仁）宗朱的正统派理学家，这个观点，便成为清以来传统的普遍的说法，并一直影响到近代。

梁启超在《中国近三百年学术史》中说："船山和亭林（顾炎武），都是王学反动所产人物。"③ 在非王（守仁）这一点上与唐鉴同，而在宗程、朱这一点上恐异。梁启超虽无明确说明王夫之不"宗朱"，但却称赏其"不但能破坏，而且能建设。拿今日的术语来讲，亭林建设方向近于'科学的'，船山建设方向近于'哲学的'。西方哲学，前此惟高谈宇宙本体，后来渐渐觉得不辨知识之来源，则本体论等于瞎说。于是认识论和伦理学，成为哲学主要之部分，船山哲学，正从这方向出发"④。称赞王夫之出入理学而创新哲学体系。可见，并非以王夫之宗程、朱。王闿运虽有称扬王夫之学术的话，但亦有这样的话：

---

① 《广阳杂记》卷二。

② 《翼道学案·衡阳王先生传》，《国朝学案小识》卷三。

③ 《饮冰室专集》，75页，上海，中华书局，1943。

④ 同上书，75页。

如船山之好奇兼爱，志欲包古今之述作矣。总其成书，亦杂家之流。①

以王夫之为杂家，这是从形式上着眼，而非从思想实质上观察。

依照哲学具有它自身的相对独立性这个特点，王夫之出入“理学”，是从宋明理学中脱颖出来，而又是宋明理学的批判者和总结者。就前者而言，他与宋明理学有着千丝万缕的联系；就后者而言，他是宋明理学的扬弃者。如果说宋明理学中的程朱“道学”是中国宗法社会后期官方哲学的话，那么，以王夫之既是理学家，又是启蒙思想家，恐不妥。这不仅是由于理学家与启蒙思想家具有相对的性质，而且还在于王夫之入宋明理学，而出宋明理学，但没有超越理学中气学范围，虽其思想在一定程度上表现了一些启蒙因素，但终究不是一个启蒙思想家。

如何脱颖和总结？首先，从王夫之思想入理学，即与宋明理学的联系来看，其所使用的范畴，基本上是理学家所讨论的范畴。朱熹门人陈淳在《性理字义》中将理学概括为25个范畴：“命”、“性”、“心”、“情”、“才”、“志”、“意”、“仁义礼智信”、“忠信”、“忠恕”、“诚”、“敬”、“恭敬”、“道”、“理”、“德”、“太极”、“皇极”、“中和”、“中庸”、“礼乐”、“经权”、“义利”、“鬼神”、“佛老”②，这些王夫之都沿用了，并对“理气”、“道器”、“有无”、“动静”、“新故”、“一两”、“能所”、“格致”、“知行”等范畴作了深入、多层次的论述，不仅丰富了这些范畴的内涵，而且在某些方面深入地、仔细地进行了探讨。如“道器”问题，程颢曾有“道亦器，器亦道”的思想，陆九渊在与朱熹辩论“无极”与“太极”时，认为“道器”不分形而上、形而下。朱熹亦有“道器”相依不离的思想，王夫之则在此基础上提出了“道者器之道”，“无其器则无其道”，“道在器中”和“有形而后有形而上”的思想，发展和完善了前辈的思想。在“理欲”等问题上他也阐述了其创见。朱熹曾认为“人欲”有“正”有“偏”，“正”与“天理”相合，是“善”，“偏”是“私欲”，是“恶”。王夫之则抛弃了其“存天理，灭人欲”，“天理人欲不可并立”的一面，而吸收其“理欲”相互联系的一面，提出了“理即欲”的理念。在这里继承、吸收，亦包含着对已有的、传统的范畴的改造。

---

① 《衡阳县志·艺文志》。

② 参见《性理字义》（上、下卷），康熙甲午岁新镌，赐书楼藏版。

其次，从王夫之出宋明理学，即对理学的批判来看，他对程朱、陆王在“理”与“气”、“道”与“器”、“心”与“物”、“太极”与“阴阳”等一系列问题上能融合两家之长，提出自己的创见，并对“动静”、“新故”、“格致”、“知行”等问题做出辩证的解释。在哲学宗旨上，他继承张载的“正学”，而与程朱、陆王殊异，这可从三个方面来说。一方面，如“理气”观，朱熹虽然也讲“人人有一太极，物物有一太极”，甚至讲“理在气中”，但朱熹以“万理”与“一理”关系，是“月映万川”的“一月”与“万川”的关系。王夫之批判了朱熹的“月映万川”，把“气”作为其哲学的形而上学，“理”是事物在运动过程中的一般法则。如果说，在朱熹体系中“理”营造“气”，“气者，理之气也”，那么，王夫之便是“理者，气之理也”。另一方面，周敦颐和程、朱均分离事物与运动的关系，以“静”为绝对，“动”为相对。王夫之则把运动与事物结合起来，认为运动是事物的运动，静是运动的一种特殊形式，“静者，动之静也”，以运动为绝对。再一方面，在人性论上，他批判了程、朱等人的“天命之性”与“气质之性”的先验论，认为“性日生日成”，是后天形成的，并提出了“性可革”论，即“性”是可以改变的，善可变恶，恶亦可变善。这便是王夫之出入宋明理学而做出的创新。

何谓王夫之对宋明理学的总结？所谓总结，大致包括三方面的含义：一方面，他纠正了以往哲学思想的错误或漏洞，即见其瑕，做出了比较合乎实际的诠释。他在当时历史条件、社会环境中对哲学形上学以及认知等问题在理论思维上做了合理的解决，譬如朱熹以为“太极”相似为“理”，陆、王以“太极”为“心”，王夫之则以为是“气”等等。另一方面，根据当时在理论思维水平和社会、自然知识方面所能达到的高度，总结以往理论思维的经验和教训，又把人类的认识提高到一个新的阶段，在认识史上做出了贡献。当然，王夫之的哲学逻辑结构及其成就，是时代精神的呈现，是他亲身参加抗清斗争，与南明王朝腐败现象作斗争的实践，以及自然科学成果的概括。同时，也是他对以往思想遗产采取了“入其垒，袭其辎，暴其恃，而见其瑕”① 的结果。他总结自己的治学方法说：“学成于聚，新故相资而新其故，思得于永，微显相次而显察于微。”②“学非有碍于思，学愈博而思愈远；思正有功于学，思之困

---

① 《〈老子衍〉自序》，13 页。

② 《系辞上传第五章》，《周易外传》卷五，183 页。

则学必勤。”① 因此，他继承和发展了从王充到张载的形上学“气”本体论，把自然天地概括为“诚”（实有）；吸取和丰富了从墨翟、荀况到王廷相的“知行”观，以及包含在整个“易”学系统中的辩证思维。对于各种宗教神学，则是“扬弃”；对于道家老、庄哲学，佛教和道教哲学等，则取“袭其辎”的方法，吸收其思想精华。他总结了古代尤其是宋明理学的思维经验教训，从而丰富和铸炼了自己的哲学思想。他通贯经史，反刍先行者的丰富而又复杂的思想资料，以“六经责我开生面”的胸怀，借传注的形式，推陈出新，发挥自己的思想智慧，创立了气本论学说。再一方面，他在总结中国哲学，特别是宋明理学的理论思维的基础上，而成为中国古代哲学思想之集大成者。一言以蔽之，总结就是继承、批判和创新。

总之，明清之际，一代巨人如黄宗羲、顾炎武、颜元等，他们的思想各具特色，各有贡献，从而相互补充，相得益彰，交织成我国古代明清之际思想哲学的绚烂花朵。王夫之的突出贡献是他在哲学上的成就。他比较完备地建构了气本论的哲学逻辑结构，丰富了古代自然观、知行观、性情观、价值观、历史观、文学观等。他具有夺目的辩证思维和“知之尽，则实践之”的实践理念。

但王夫之毕竟是一个效忠于明王朝的思想家，他的思想不能不受到传统思维方式和哲学范畴的束缚，特别是程朱“道学”的影响，这是历史使然，很难避免。

王夫之的思想给后人以巨大的影响，清以后，绝大多数进步思想家都从这座思想宝库中吸取养分和精华。戊戌变法的激进派谭嗣同说：“更以论国初三大儒，惟船山先生纯是兴民权之微旨。”② 从政治思想上继承王夫之“宽以养民”的思想，并接受王夫之的“道器”论。梁启超则在《清代学术概论》中称引谭嗣同的话说：“五百年来学者，真通天人之故者，船山一人而已。”章太炎则说：“当清之季，卓然能兴起顽儒，以成光复之绩者，独赖而农一家而已。”③ 王夫之学说成为近代中国启蒙思想运动的重要思想来源之一，并对戊戌变法和辛亥革命都发生过特殊的影响。

---

① 《四书训义》卷六。

② 《上欧阳中鹄十》，《谭嗣同全集》（修订本），464页，北京，中华书局，1981。

③ 《〈船山遗书〉序》。

第九章
结束语——对宋明理学的几点认识

从先秦诸子百家之学、两汉经学、魏晋玄学、隋唐佛学到宋明理学的兴起，后者的出现标志着我国古代哲学思维发展的重要飞跃，这就是从隋唐佛、道哲学演变为兼容并蓄儒、佛、道三教的“理学”形上学。

一、宋明理学是中国古代思想逻辑的发展

从中国古代理论思维自身内在逻辑发展来看，“理学”的兴起，是历史的必然。唐代寺院经济的高度发达，为佛教各宗派的形成提供了物质基础，使得一些佛教和尚已能够专习经论，因而形成了各有独特教义、教规以及传法世系的佛教宗派。但由于中央集权统治集团内部的冲突以及改朝换代的变化，各统治集团之间对于佛教各派的信仰和支持力度不同，而佛教各宗派也往往寻找某一最高统治者或某一贵族集团势力的支持，以便求得自身的发展，也使佛教各宗派判教的力度加强。虽然统一的唐王朝要求统一佛教，各宗派也在追求“圆融无碍”中“圆融”其他宗派，但仍自立门户。与此同时，道教也得到发展，李渊、李世民为借道教教主老子姓李来提高自己姓氏的门第，在三教并蓄中，把道教安置在佛教和儒教之上，以表示对道教的重视。佛、道虽有区别，如在生死观上，佛教主涅槃寂静，以求来世，道教主长生不死，以求今生；在形神观上，佛教倡灵魂不死，道教倡肉体飞升；在修持方法上，佛教主“养神”，修行，“顿悟”成佛，道教主“炼形”，吃药，羽化登仙，但都要超脱现实尘世，以便进入彼岸世界的佛国或仙境。

隋唐佛、道的发展，给社会造成了三方面的后果：一是唐末至五代的长期混乱、分裂，社会失序；二是宗法伦常的丧绝，道德的失落；三是价值理想的迷失，精神家园的空虚。“理学”担当了拯救这种失序、失落和迷失的责任。“理学”的实质是把佛、道“养神”、“修身”引向“齐家”、“治国”、“平天下”。如果说佛、道通过“修身”而达到脱离苦海红尘的现实世界，到达成佛成仙的彼岸虚幻世界，则“理学”是要通过“修身”，而达到实现圣人之治的此岸现实世界。把佛、道的出世引入儒家“治国、平天下”的入世，此其一。其二，佛、老的教理在某些方面是与儒家纲常名教相违戾的。唐代佛、老的盛行，冲击和削弱了宗法伦理道德，以至出现五代伦常败坏的情况。理学家体认到，要结束分裂混乱的局面，建立稳定的长治久安的统治，必须重整儒教伦理纲常。所谓重整，除法定的条文以外，重要的是给予伦理纲常以形而上学的哲学理论的论证，既使之神圣不可侵犯，又使之深入人心，人人遵而行之。其三，佛、道的社会理想和人格理想，是超越现象的空虚世界，以四大皆空、万象皆无，而求彼岸的佛国和仙境，而与儒教的三代王道乐土社会理想异趣；儒教圣人的理想人格，亦与出世的成佛成仙迥异。圣人有先天下之忧、后天下之乐的社会担当，佛、老只图自身清修，而社会责任意识淡薄；理学给出“天理”的价值理想，给予人以安身立命之所和精神家园。因而，“理学”起而代替隋唐佛、道，乃是古代理论思维自身内在逻辑发展的必然结果。

二、宋明理学是中国哲学上的一次飞跃

“理学”是中国哲学发展史上的一个新阶段，是理论思维的一次飞跃。一般说来，人们对于宇宙的体认，就是考察宇宙是什么，世界是由什么构成的，有没有神灵、造物主，自然和社会是不是神的安排或赐予，等等，这是对于自然和社会现象背后的、隐藏的追根究底问题。从人类认识史的角度来说，便表现为人们往往首先探讨宇宙的构成论、生成论，即对宇宙的结构，世界的图式进行探索，然后进入到对自然现象、社会现象背后的“所以然之故”的探讨，即现象世界背后有没有一个更根本的本体的探索。

关于宇宙生成论或宇宙图式论，在中国古代有“阴阳五行”说，

“精气”说，“天人感应”、“人副天数”论，“天论”和“水地”论等宇宙生成论以及“道生一，一生二，三生万物”和“太极生两仪，两仪生四象，四象生八卦”的宇宙生成的图式论等等。隋唐时的道教除承袭老子的“道生一……”的思想外，亦发挥了《周易·系辞传》中的“太极生两仪……”的思想，而构成宇宙生成的图式论，这在本书周敦颐《〈太极图〉的来源》一节中，已可窥见佛教哲学虽具有较高的思辨性，但归根到底承认彼岸涅槃世界的存在。小乘佛教认为圆道成佛的释迦牟尼是宣教师，大乘佛教则把释迦牟尼说成是全知全能的神，特别是有宗认为，现实世界的物质现象、精神现象都是空的，这点与空宗相似，然又强调最高精神实体（佛、相当于神）不是空的，而是有的。“理学”至少在形式上不承认有人格神的存在，否定对超自然的神灵的崇拜和信仰，理学家所谓的“自然现象、社会现象背后或之上的哪个形而上本体“理”，是“无情意、无计度、无造作”[①] 的，“理则只是个净洁空阔底世界，无形迹，他却不会造作。气则能酝酿凝聚生物也。”[②] 既“无情意”、“无计度”、“无造作”，恐难说“理”是一个有意志的人格神。从这个意义上说，“理学”不能简单地等同于宗教，亦不能与体制化的佛教、道教相并列。但它又具有宗教的情操和宗教的关怀，是精神化宗教。

从本质上说“理学”，是一种理性思维，是哲学的理论思维形态。它从理论上超越了儒家传统的“天命论”以及董仲舒的“天人感应”论。程颐批判说：“儒者有两说：一说，天生禽兽，本为人食，此说不是。岂有人为虮虱而生耶？一说，禽兽待人而生，杀之则不仁，此说亦不然。”[③] 朱熹在总结历史上“天”的演变过程时说：“要人自看得分晓，也有说苍苍者，也有说主宰者，也有单训理时。”[④]《诗经》有“悠悠苍天”，即指自然之天；《春秋繁露·郊祭》有“天者，百神之大君也”，即主宰者之天，二程则训为“理”。这就是说理学家在复兴儒学时，不是重复以往儒家“天命论”，而是采纳儒家伦理纲常、道德名教；不是把形而上本体“理”与有意志、有人格的“天”相混同，而是对超自然的信仰的超越。因为从理论思维上说，“天命论”以“天”为“有”，便有使精神本体等同于某

---

①② 《朱子语类》卷一。

③ 《河南程氏外书》卷第八，《二程集》，399 页。

④ 《朱子语类》卷一。

一事物现象之失，还逗留于宇宙生成论阶段。

“理学”尽管援道教的宇宙生成论和佛教的思辨哲学入儒，但仍保持儒家重生轻死的观念。在生死观上，始终与佛、道有别，并对佛、道有神论的神不灭论持批判态度。朱熹和吕祖谦共同编撰的道学入门之书《近思录》第十三卷便是讲辟佛、道“异端之害”。这卷里摘录了张载和二程抨击佛教“死生流转”和道教的“白日飞升”的宗教理论。张载说：

> 浮图（屠）明鬼，谓有识之死受生循环，遂厌苦求免，可谓知鬼乎？以人生为妄，可谓知人乎？……今浮图（屠）极论要归，必谓死生流转，非得道不免，谓之悟道可乎？①

程颢说：

> 释氏本怖死生为利，岂是公道，唯务上达而无下学，然则其上达处，岂有是也。……或曰释氏地狱之类，皆是为下根之人设此怖令为善。先生曰：至诚贯天地，人尚有不化，岂有立伪教而人可化乎？②

张、程均批判佛教的流转轮回之说，佛教认为，一个人不能求得解脱，就要在天、人、阿修罗、地狱、饿鬼、畜生这“六道”中轮回。《心地观经》说：“有情轮回生六道，犹如车轮无始终。”这六处便是众生轮回之道途。佛教生死流转轮回，无疑在民众中有很大影响。

对道教神仙之说，二程批判说：“若说白日飞升之类则无，若言居山林间保形炼气，以延年益寿则有之。”③明确反对长生不老、白日飞升的理论。

从汉唐经学、隋唐佛学到宋明理学，是理论思维形态逐渐完善的过程。如果说宇宙生成论、宇宙图式论是回答宇宙是什么，世界是哪些材料构成的，是谁构成的话，那么，形而上学本体论是探讨世界是怎样存在的，本质是什么，终极原因是什么，就是要从理论上回答世界的本质、世界的终极根据问题。所以，从宇宙生成论、宇宙图式论进到了宇宙本体论，在中国哲学认识史上可谓是一次跃进。

---

① 《近思录》卷十三；另见《正蒙·乾称篇》第十七，《张载集》，64页。

②③ 《近思录》卷十三。

三、宋明理学是中国哲学系统中的重要阶段

黑格尔在《哲学史讲演录》中说："我认为：历史上的那些哲学系统的次序，与理念里的那些概念规定的逻辑推演的次序是相同的。我认为：如果我们能够对哲学史里面出现的各个系统的基本概念，完全剥掉它们的外在形态和特殊应用，我们就可以得到理念自身发展的各个不同的阶段的逻辑概念了。"① 黑格尔认为哲学系统的次序、即理念范畴自身发展，是与概念、范畴逻辑推演的次序相符合的，也就是说，是分阶段的，这是黑氏对哲学史的诠释。

哲学思想的发展史就是整个人类思想螺旋式上升的历史，从人类认知运动的角度来考察，凡是在哲学思想发展史上产生过影响、做出过贡献或具有一定历史地位的，都有其历史的价值和具有构成每个阶段链的作用。作为宋元明清时期的整个"理学"思潮，无疑是中国哲学思想发展史上的一个重要阶段。

第一个阶段链是孔子——子思、孟子／老子、庄子／墨子、后期墨家——荀子、韩非

从春秋到战国，是我国社会、思想大变革时期。在此期间，道（天道、地道、人道）是哲学思想上争论的中心问题，原来居主导地位的"以德敬天"的思想，开始动摇。天的神圣权威逐渐失落，天道出现了自然化倾向，在对世界的体认上，人道思潮逐渐掀起。春秋时期出现了怨天、骂天的思潮，孔子怀疑鬼神，主张"尽人事"而"待天命"，"敬鬼神而远之"，表示了人们企图从绝对"天命论"中解脱出来的一种努力，也是对人的自我力量的自觉。墨子与孔子相对，主张"非命"、"尚力"，但又讲"天志"、"明鬼"。孔子从人道出发，对鬼神持怀疑态度，而墨子从经验论出发，又论证了鬼神的存在。老子讲玄之又玄的"道"，用"道"来代替"上帝"或"天道"，以"道"的自然"无为"来否定孔子的"天命"和墨子之有意志、有人格的"天"或鬼神；在"古今"、"礼法"、"天人"、"名实"、"知行"之辩中用"道"来否定礼法、刑政、功利等。孔子尊

① 黑格尔：《哲学史讲演录》，第一卷，34页，北京，三联书店，1956。

重人的理性和能动作用，墨子重视感觉经验、非命尚力，老子致力于事物有生于无的根底的探索。他们各自从不同方面对人类哲学的发展繁荣做出了贡献。

孔子死后，儒分为八，子思、孟子为儒家正统，子思发展孔子的“中庸”思想，孟子发挥“仁”的人道思想，而提出“四端”、“仁政”、“性善”；并发挥其人道论，而提出“良知良能”、“尽心”、“知性”、“知天”，而否定墨子的先验的经验论。老子死后，庄子以其睿智深化老子的“道”，建构了天、地、人和合的道论；稷下学派从“气”的层面发展老子的“道”，宋钘、尹文等把“道”解释为“气”。墨子死后，墨家分化成很多派别。后期墨家扬弃了“天志”、“明鬼”，克服了狭隘经验论，着重研究了认知论和论辩规则的逻辑思维，批判了惠施的“合同异”和公孙龙的“离坚白”，建立了很高智慧的完整逻辑学体系。

孟子、庄子虽不再讲“天”有意志，孟子讲人道，强调主体人的能动作用，庄子否定孟子，而讲主体人的自然无为。后期墨家化解了庄子主体人的有限生命与知识无限的冲突，认为人不仅具有体认能力，通过感觉获得感性知识，而且“心”有察辨作用，注意了感性知识和理性知识的结合。

荀子和韩非是先秦哲学的总结性人物。他们对“天道人道”关系、“物我”、“形神”、“力命”、“名实”、感性和理性、“知行”、“动静”、“和同”、“消长”、“生死”等一系列范畴作了总结。荀子对各家兼容并蓄，建立了自然论哲学体系。他否定了“天命论”和消极“无为”思想，提出了“天人相分”和“制天命而用之”的思想。重视发挥主体人的能动性，否定了老庄哲学。荀子以人有知之性，物有可知之理，否定庄子可知的相对性；以“学至于行”的“知行”观，否定老子“不行而知”论；以“虚壹而静”为“解蔽”，评判各家学说得失；以“制名以指实”的逻辑观，否定名家的“离坚白”、“合同异”；以性恶论与孟子的性善相对待。韩非继承荀子自然之天，改造了老子的“道”，吸收墨子的“非命”，“循名实”而定是非，因“参验”而审言辞。荀子在对先秦哲学的总结中，把人道落实到礼法上，把天道落实到自然上，和合各家思想，而具有集其成的性质。

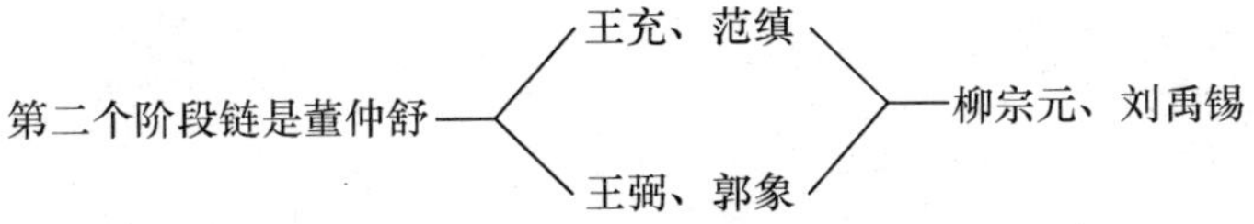

从汉到唐，是中国宗法社会的前期，亦是由统一的中央集权君主国家到分裂再到统一的过程。哲学思想的发展，中经两汉经学、魏晋玄学、隋唐佛学等几个阶段，其间主要是围绕着天人、有无、佛性关系而展开的。所谓天人关系，是指究天人之际“自然”与“名教”的关系问题，其中包括天是什么，人是什么以及天的本体与作用，人的形体与精神等关系问题。

第一个阶段链是与第二个阶段链相衔接的，后者是以前者为基础或出发点的。董仲舒以“天人相与之际”为首务，主张“天人感应”、“天人合一”。这一方面是对荀子“天人相分”、“制天命而用之”的否定；另一方面亦企图弥补荀子之“不足”，荀子以“天有其时，地有其财，人有其治，夫是之谓能参”①。“参”即是参与、配合，实乃三者并列。先秦天、地、人三道，即三才，主要论述三道是什么，以及其地位与作用。特别是在汉统一中国后，对三道之分，需要感应、感通，因此董仲舒提出贯通三道的“王”的概念。他说：“古之造文者，三画而连其中谓之王。三画者，天地与人也。而连其中者，通其道也，取天地与人之中以为贯而参通之。”② 三画上为“天”。中为“人”，下为“地”，“贯而参通”便成“王”，“王”即“王道”。董仲舒说：“道，王道也。王者，人之始也。”③“王道”即“人道”，便是三画之中的中间一画。然而，人是“天”的副本，“人之形体，化天数而成。人之血气，化天志而仁。人之德行，化天理而义”④。譬如“天以终岁之数，成人之身，故小节三百六十六，副日数也；大节十二分，副月数也。内有五藏（脏），副五行数也，外有四肢，副四时数也”⑤。因此，“王道”便是“天道”，“人”便是“天”。“为人者，天也。人之为人，本于天，天亦人之曾祖父也。”⑥这样三画之间由于“｜”而贯通起来，而为“天人感应”、“天人合一”作了论证。从形式上看，这似乎是向商周“天人合一”论的复归，但从内容上看来，已大不相同了，它是一种螺旋式上升的进程。这不仅是因为董仲舒“天人感应”论比之周人的“天人合一”论要丰富、细密，而主要是董仲舒吸收了当时哲学、自然科学的成果，

---

① 《天论》，《荀子新注》，270页。

② 《春秋繁露·王道通三》。

③ 《春秋繁露·王道》。

④ 《春秋繁露·为人者天》。

⑤ 《春秋繁露·人副天数》。

⑥ 《春秋繁露·为人者天》。

援入了“阴阳”、“五行”、“气”等范畴，作为“天人感应”的中间环节，而具有时代精神的气质。就是其“天人感应”体系中所表述的“天人”、“名实”、“古今”、“常变”、“一两”、“善恶”、“相生相克”、“阳尊阴卑”等命题来看，亦成为前期宗法社会思想哲学家们所关注的问题。

如果说对于周人“天人合一”论的否定，是“天道远，人道迩，非所及也”① 的话，则对董仲舒“天人感应”的否定，便不像子产那样简单、直观的“非所及也”了，而是来自两个方面的否定：一是王充的“元气”自然论，二是王弼的“天道”自然无为论。

王充以元气自然论否定董仲舒的天人感应论。“夫天者，体也，与地同。”②“天乃玉石之类。”③“天平正，与地无异。”④“天”的性质与“地”一样，是“玉石之类”的东西，说明“天”是无意志、无目的、无人格的自然物体。所谓“自然”，便是自然而然，既否定董仲舒的有意志、有目的之“天”，“何以知天之自然也？以天无口目也。案有为者，口目之类也”⑤。复“天”以物体的原貌。同时，又否定“天地故生人”⑥ 的目的论。他说：“天地合气，万物自生，犹夫妇合气，子自生矣。”⑦ 夫妻不故生子，可以知道天地不故生人。人和万物都是“偶自生”的，即无意志、无目的自然而然地融合而生。王充在否定董仲舒哲学中，发展了中国古代“元气”说，明确以“气”作为世界万物的根据和哲学形上学的范畴，恐前无古人。但是，王充不了解自然规律与社会规律、人的本质和动物的区别，把“人偶自生”、“物偶自生”⑧ 的偶然论搬入社会领域，认为社会现象如人之地位的贵贱、财产的多寡、命运的吉凶都是偶然自生的，并把这种偶然性看成无法摆脱的命运的安排，把偶然性夸大为必然性，而陷入了命定论。从而忽视了人的主体能动性，人便成为命运的奴仆。

董仲舒的天人感应论，以客观的自然的异己力量支配社会人世，使人的主观能动性窒息。王充的自然命定论，同样窒息了人的主观

① 《左传》昭公十八年。
② 《祀义》，《论衡》，388 页。
③ 《谈天》，《论衡》，165 页。
④ 《说日》，《论衡》，171 页。
⑤ 《自然》，《论衡》，277 页。
⑥ 《物势》，《论衡》，47 页。
⑦ 《自然》，《论衡》，277 页。
⑧ 《物势》，《论衡》，47 页。

能动性，这两种理论都遇到了内在危机的折磨，需要新的理论来代替。于是，王弼在以“天道”自然无为否定“天人感应”论的同时，亦否定了董、王对人的主观能动性的桎梏，强调人的思想的自由发展。王弼所探讨的“有无”、“体用”、“本末”、“一多”、“动静”、“言意”、“自然名教”等问题，如果剥去其外在的形式，那么其实质仍然是“天人”关系问题。何劭在《王弼传》中说：

> 于时何晏为吏部尚书，甚奇弼，叹之曰：“仲尼称后生可畏，若斯人者，可与言天人之际乎!”①

玄学家以“天人之际”为议论的重要问题，并赋予其新的内容和含义。王弼在形式上似乎是老子“自然无为”、“有生于无”的复归，因老子曾以无为的“常道”否定“天”有意志论，王弼则“以无为本”论否定董仲舒的目的论和王充的自然命定论。王弼企图通过本体与现象、运动与静止、“天道”与“人事”的研究，以便寻求隐藏于现象世界背后那个玄妙的本体（本质），从而把“天”转化为“天道自然无为”，把“人”归结为社会“礼法名教”，这样既排除了“天人感应”作用和自然命定论，亦打通了被董仲舒和王充堵塞了的通向体认的道路。当然，王弼所谓的本体，是一种纯粹的理念，它无形象、无名称、无任何规定性，“凡有皆始于无，故未形无名之时，则为万物之始”②。“无形无名者，万物之宗也。”③ 此“无”是一种共性或万物统一性的根据。王弼通过一系列范畴，揭示了自然与社会现象的种种冲突，然后将其净化为现象与本体的冲突，这便为发挥主体人的能动性开辟了天地。从一定意义上说，人们可以在纯粹理性中自由游荡。这种“以无为体”的本体论，从抽象思辨的角度来说，较之董仲舒的天人感应论和王充的元气自然论，在理论思维的水平上高出一筹。这便是玄学之所以能否定两汉经学的原因所在。

东晋以后，玄学与佛教相结合。南北朝时期，佛教随着寺院经济的发展而发展。如果说，佛教由东晋至宋孝武帝间，在玄学、儒学、道教相制下，还不能独占鳌头的话，那么，至梁武帝宣布惟佛为“正道”，老子、孔子为如来佛的“弟子”，佛教便横居儒、道之上。儒、佛的辩论，以神灭、神不灭为其焦点，其实质是生

---

① 《钟会传·附》，《三国志》卷二十八，795页，北京，中华书局，1959。

② 《老子道德经注·第一章》，《王弼集校注》，1页，北京，中华书局，1980。

③ 《老子指略》，《王弼集校注》，195页。

死问题。儒家原旨重生不重死，“未知生，焉知死”，“未能事人，焉能事鬼”[①]，重在如何“为圣”和人与人之间关系及治国、平天下的问题，对死后的终极关怀问题，不太注重。佛教在理论上恰好弥补了儒家的这个不足，以“无生”为宗，轻生重死，专为终极关怀设计“来生之计”，以超脱生死轮回之苦。神不灭论是佛教理论的根本，是“因果报应”和“三世轮回”的载体和承担者，否则“轮回”、“报应”都要落空。梁武帝时，范缜抓住这个佛教理论的根本问题发起进攻。他一方面克服了以往批佛者桓谭“烛火之喻”[②]和王充的“天下无独燃之火，世间安得有无体独知之精”[③]的缺陷；另一方面汲取“体用”范畴，提出“质”与“用”这对新范畴，以说明形神关系。他说：“形者神之质，神者形之用，是则形称其质，神言其用，形之与神，不得相异也。”[④]“形”是“神”赖以存在的载体，“神”是“形”的作用或属性。二者和合而不离，是和合体的两个方面。并用“刀刃”与“锋利”的关系，进一步说明精神与形体是神为形所生、形亡而神灭、舍刃而无利的关系。“神即形也，形即神也。是以形存则神存，形谢则神灭也。”[⑤]形神是既冲突又融合的和合体，从而批判了佛教“形神相异”的神不灭论。在“形神”关系的理论上，达到了当时所能达到的高度。

唐代佛教高度发展，创造性地生出了中国化的佛教，出现一批伟大的宗教家，大大完善了佛教各宗各派的理论，成为当时世界佛教的中心。然而这个阶段链的完成者却是柳宗元、刘禹锡。他们学贯儒、佛、玄、道，融会诸子，试图总结自汉以来的“天人”关系之辩。柳宗元继承了自荀子、王充以来的“气”一元论的思想，提出“元气自动”说，由于“阴阳”二气的相互作用，而产生自然现象，“阴与阳者，气而游乎其间者也。自动自休，自峙自流”[⑥]。既批判“阴阳”二气之外有神秘的动力，又否定在“元气”之上有一个有意志的天。刘禹锡著《天论》三篇，发挥柳宗元的《天说》，提出了“天人交相胜”、“还相用”的思想。他说：“天，有形之大者也；人，动物之尤者也。天之能，人固不能也；人之能，天亦有所不能也。”[⑦]天人各

① 《论语·先进篇》。

② 见《新论·形神》。

③ 《论死》，《论衡》，317页。

④⑤ 《神灭论》。

⑥ 《非国语·三川震》，《柳宗元集》卷四十四，1269页。

⑦ 《天论上》，《刘宾客文集》卷五，畿辅丛书本。

有所胜，如“天”能生殖万物，是人所不能；人能制定治国的法制，是“天”所不能。“天”不是有意识的胜人，乃是其自然而然的特性的表现。“天”是无意志的，这便批判了“天”是有目的、有意志的观念；人之“胜天”，乃是自觉地对“天”的改造、利用，注重了主体人的自觉能动性。“交相胜，还相用”，即既注重客体的法则性，亦不忽视主体能动性。这样便克服了王充、范缜等人在“天人”关系问题上的缺陷，从其对待与统一、冲突与融合等关系的角度作了回应。

由董仲舒开始的前期宗法社会的哲学理论思维发展的阶段链，便以柳宗元和刘禹锡的《天说》、《天论》而完成，它在形式上似乎是向荀子的《天论》的复归，而实际上是理论思维的上升运动。当然，这是就大的范围而言的，实际上每一社会思潮都可以构成一个小的阶段链。

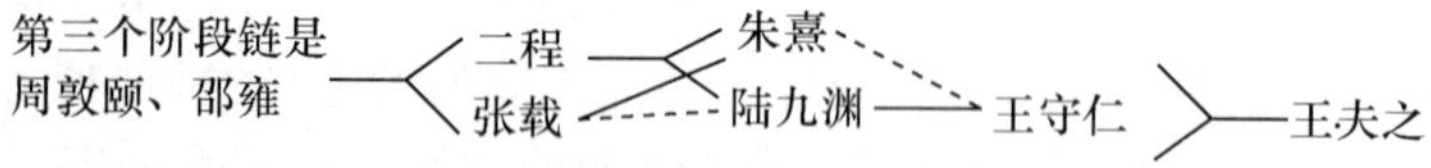

从宋到明清之际，是中国宗法社会的后期。哲学上所探讨的中心，“天人”关系亦为其一。如周敦颐《太极图说》引《周易·说卦传》称：“立天之道曰阴与阳，立地之道曰柔与刚，立人之道曰仁与义。”① 邵雍亦曰：“学不际天人，不足以谓之学。”② 但其所呈现的内容、形式以及范围则十分广泛和复杂。这个阶段链的起点和完成以及演变的整个进程，便是“理学”的开创、奠基、集大成、解体、总结等整个行程，这里就不再赘述。但需要说明的是，宋明理学为何是中国古代哲学发展系统中的重要一环呢？

其一，第三个阶段链既是第一、二两个阶段链的发展，又是中国古代哲学理论思维行程的完善。在此期间，尽管宗法社会的性质没有改变，但在明清之际，新的资本主义的萌芽已在宗法社会内部孕育。人们认知发展的历史随着社会历史的行程而进入了新的也是古代最后的阶段。中华民族乃是世界上最重视、也是最善于理论思维和总结历史经验教训的民族，它不仅有二十四史这样宏大的著作，而且在宋代，历史学方面有司马光的《资治通鉴》等，农业科学方面有陈旉的《农书》、秦湛的《蚕书》、曾安止的《禾谱》等十多种，

① 《周子全书》卷二。

② 《心学》第十二，《观物外篇》，《皇极经世绪言》卷八下。

其中关于研究总结茶叶方面的专著有丁谓的《建安北苑茶录》、宋子安的《东溪试茶录》等十多种。园艺学方面专著有张宗诲《名花木录》、张峋的《洛阳花谱》等三十多种。在水利、军器、建筑、农具等各方面，也都有专著。综合性科学著作如沈括的《梦溪笔谈》，是对长期工农业生产及科学实验经验的总结。宋明理学即是在这样各学科丰富的科学技术史专著的基础上兴起，它具有了较之前人所无可比拟的全面而系统的自然科学知识的基础以及社会历史科学知识的条件。因此，可以在更高水平上进行概括和总结，从而孕育了较高理论思维水平的理学——具有批判的总结性哲学体系和较之前两个阶段链更高境界的理论形态，而完备了中国古代哲学思维形态发展系统。

其二，第三个阶段链是中国古代哲学思维形态上升的又一个阶段链，也是上升的最高的一个阶段链。螺旋式前进的每一个阶段链与阶段链之间以及每一个阶段链自身内在的逻辑概念、范畴发展，都是按一定逻辑推演次序演化的。宋明理学合自然、社会、人生为一体，熔政治、哲学、伦理、人性、教育等于一炉，继承、改造并利用发挥了以往哲学几乎所有的范畴，并提出了一些新的范畴，对这些范畴不仅进行综合的研究，亦进行细密的辨析。黄宗羲说："独于理学，前代之所不及也。牛毛茧丝，无不辨晰，真能发先儒之所未发。"① 这虽是就明代的理学而言的，但于整个理学，从某种意义上来看，亦可作如此评说。这种"牛毛茧丝"亦予辨晰，虽有其烦琐之弊，亦有其精密之得。从哲学逻辑结构的庞大和探讨问题的深入，理论思维水平的提高和论证的细密，都超越前代。如这个阶段链中构筑了像朱熹那样"致广大、尽精微、综罗百代"的唯"理"的哲学理论体系，有像王守仁那样"无姚江，则古来之学脉绝矣"②的唯"心"的哲学思辨体系，也有像集古代气本论和辩证法思维之大成的王夫之的哲学，都可谓是古代哲学思维的较高形态。

其三，第三个阶段链既是对前两个阶段链的否定，亦是在更高的起点上迈进。前两个阶段链主要是围绕道与天人关系而展开，从孔子的"天命"、墨子的"天志"到荀子的明"天人之分"，又从董仲舒的"天人感应"论到刘禹锡的"天人交相胜，还相用"。宋明理学从总体上说已不滞留在探讨"天"是什么，"天"是否有意志，而是探讨世界的本体与现象、隐藏的与呈现的，即"在场"与"不在场"的关系问

① 《凡例》，《明儒学案》卷首。

② 《姚江学案》，《明儒学案》卷十。

题，甚至对传统“鬼神”概念也给予新解，以屈伸变化这种运动形式来代替拟人化的鬼神，否定“神不灭”论。这样，探讨问题的广度、深度都开辟出新的天地。它不仅总结了古代哲学思想的成果，而且启迪了“近代新学”的兴起，为“近代新学”的产生开拓了道路。所以说宋明理学是中国古代哲学理论思维形态发展系统中的不可缺少的一环，若是没有宋明理学，中国古代哲学的发展就是不完善的，欠缺的。

四、宋明理学中主流派与非主流派的差分和联系

宋明理学中有主流派和非主流派，其区别就在于其作用和影响不同，社会效果不同。所谓主流、非主流，是指是否起主导作用或居重要地位。濂、洛、关、闽，周（敦颐）、程（程颢、程颐）、张（张载）、朱（朱熹），加之邵雍、司马光、张栻以及陆九渊、王守仁等为主流派；王安石、苏轼、苏辙、吕祖谦、陈亮、叶适等为非主流派。主流派中又分出正统派，则为周敦颐、张载、二程、朱熹及门弟子等。其图式如下：

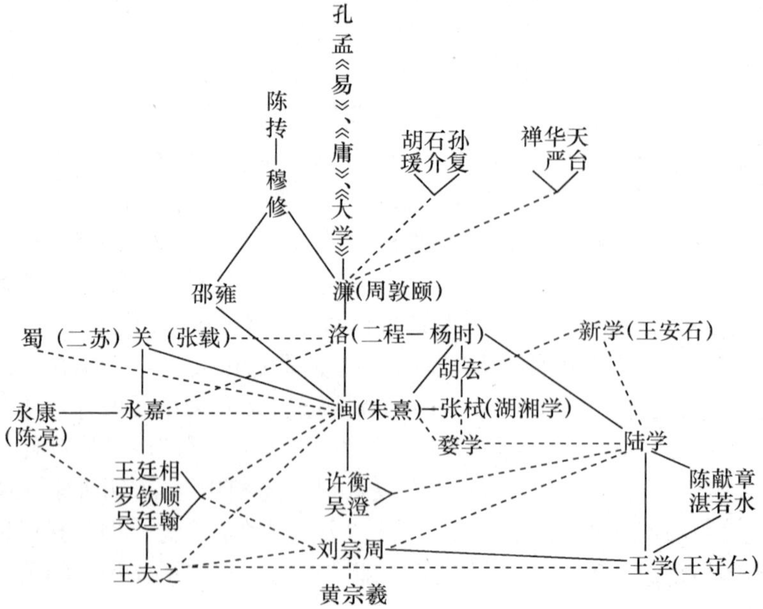

从这个图中，可以得见：

第一，从人类认识史的角度来考察，全祖望等以胡瑗、孙复、

石介为宋代学术的先河，是有道理的。“宋世学术之盛，安定泰山为之先河，程朱二先生皆以为然。”① 然而，他们的作用仅是矩范，而开创还是周敦颐。黄百家说：“孔孟而后，汉儒止有传经之学，性道微言之绝久矣。元公崛起，二程嗣之，又复横渠诸大儒辈出，圣学大昌。故安定、徂徕卓乎有儒者之矩范，然仅可谓有开之必先。若论阐发心性义理之精微，端数元公之破暗也。”② 以“心性义理”之学，为周敦颐所“破暗”而明。同时，朱震《汉上易解》肯定周敦颐与陈抟的关系，认为陈抟以《先天图》传种放，种放传穆修，穆修以《太极图》传周敦颐。

第二，濂、洛、关、闽一脉相承，为“理学”中的正统派，即以为得“道统”之正。其实陆、王也是正统派，他们都是以直接孟子“道统”自诩，而排斥程朱的，特别是朱、陆死后，其门弟子各立门户，互为水火。只是因为历代王朝奉程朱为正统，且在后期宗法社会成为居主导地位的意识形态，强烈支配和影响上层建筑的各个领域，故在主流派中分出正统派。

第三，闽学作为宋代“道学”的集大成者，朱熹绍承和发展了濂、洛、关学的哲学理论，同时亦汲取了欧阳修的疑经观，王安石的“道器”论，二苏的“道”的思想。融合诸家，综罗百代之长。是时永嘉学派叶适、永康学派陈亮以倡“功利”之学与程朱“心性”之学相对待，而陆九渊以主“心学”颉颃其间，学术界出现百家争鸣的气氛。

第四，婺学代表吕祖谦鉴于学术不一，力图调和朱熹与陆九渊之间的冲突，并吸收永嘉、永康学派的经世致用之学，而被朱熹目为“杂博”③。但从总体上看，吕氏主要倾向于“心学”。他说：“心即天也，未尝有心外之天；心即神也，未尝有心外之神，乌可舍此而他求哉。心由气而荡，气由心而出。”④ “心”即“天”即“神”，宇宙万物及其变化不能存于“心”外。“心”的一念之发，可以流金铄石，奔雷走霆。天象的变异，山川的鸣沸，“皆吾心之发见”⑤。因此，他得出了“万物皆备于我”的结论。“圣人之心，万物皆备。”⑥ 万物

① 《宋元儒学案序录》，《宋元学案》卷首。

② 《濂溪学案》，《宋元学案》卷十一。

③ 《朱子语类》卷一二一。

④ 《楚武王心荡》，《东莱左氏博议》卷五。

⑤⑥ 《齐桓公辞郑大子华》，《东莱左氏博议》卷十。

如何皆备于“我”，亦沿用了陆九渊“镜中观花”之喻。从其“心即天”、“气由心出”等命题来看，吕与陆九渊的“宇宙便是吾心，吾心即是宇宙”相类。然而，有时他亦讲“理之在天下，犹元气之在万物也”①，而与朱熹“天下只是一个理”相似。具有游离于朱、陆之间的特性。

第五，永嘉、永康之学与朱、陆鼎足而三。他们上承张载实事实功的思想，反对空谈“心性”。在“道”与“事”、“理”（道）与“物”等范畴上与程、朱异趣，认为道是事物的根据，又以道不离器，道在物中，批评道学家在“道”之外求宇宙根据，便是“自贻蔽蒙”②。“气”的思想由张载而叶适，经明中叶王廷相、罗钦顺、吴廷翰的发挥，而由王夫之总其成。

第六，明代陈献章由宗朱而转为宗陆。黄宗羲说：“有明之学，至白沙始入精微……至阳明而后大。”③ 由陈白沙至湛甘泉到王守仁成为“心学”的集大成者，并成为理学在野的主流派。刘宗周为明末之大师。其学推本于周、程，得源于王守仁，而与朱、王皆异。他开始了王学自身的反省，以“慎独为宗”，针砭王学各派的王畿、罗汝芳、王艮等；他承朱熹之道德伦理，舍空谈而趋道德之实践。并以“盈天地间皆气也，其在人心一气之流行”④，而得其实。具有综合各派学术思想的性质。黄宗羲赞扬说：“识者谓五星聚奎，濂、洛、关、闽出焉；五星聚室，阳明子之说昌；五星聚张，子刘子之道通。”⑤其后王夫之汲取其合理的部分，而成为古代气本论的集大成者。

理学各派与其他学派的发展，是互动、互渗、互济的，既互相冲突，又互相融合，在冲突、融合，再冲突、再融合中建构了新理论思维形态的新和合体。

五、宋明理学的范畴体系

哲学范畴是我们体认和掌握自然社会现象之网的纽结。由于范

---

① 《颍考叔争车》，《东莱左氏博议》卷三。

② 《子华子·阳城胥渠问》，《习学记言序目》卷十六，220页，北京，中华书局，1977。

③ 《白沙学案》，《明儒学案》卷五。

④⑤ 《蕺山学案·忠端刘念台先生宗周》，《明儒学案》卷六十二。

畴是现实世界各种现象和体认的最一般的和最本质的特征、方面和关系的呈现。因而在不同的时代，呈现存在的基本样式的范畴也有所不同。从这个意义上说，范畴区分过程中的小阶段，表现为两个方面：一是哲学范畴之间的联结、结合的方式的不同，便构成各不相同的哲学逻辑结构，而构成各个不同的哲学体系；二是范畴既是社会思潮的本质特征和关系的呈现，又通过思潮来表现，不同的范畴表现了不同的社会思潮，而显现了阶段上的区别，从而构成了哲学思维发展的阶段链上的各个不同的阶段。

范畴是帮助人们在体认和掌握自然、社会现象之网的纽结，因此，对于范畴的研究，不能光滞留在对范畴的论证，即范畴是什么上，而应该着重于范畴之间的联结、结合方式的不同上，即注重网上的纽结方面。每一不同的小阶段的网和网上纽结，便构成了各不相同的哲学逻辑结构。哲学逻辑结构既呈现了范畴之间的联结性，即“网”的观念，又呈现了最本质的特征，即“结”的观念，它是范畴联结的整体结构。这个整体结构既可以表述为整个社会思潮，亦可表述于每个哲学体系。宋明理学范畴便可构成一个表现宋明时期最一般和最本质特征的逻辑结构或存在的基本样式的体系。用图式表述如下页。

这个宋明理学逻辑结构的体系，是一个初步的设想。它试图说明：

第一，以“理”（“道”、“太极、”“心”）与“气”（“器”、“阴阳”、“物”）这对范畴为网上的中心纽结，而伸向各个方面。无论是自然界的、社会的存在及其形式，还是人存在的价值意义和对于自然、社会的体认，都是由这中心纽结展开的。二程重“理”，张载重“气”，朱熹合“理”与“气”，由此形成核心范畴。程、朱倡“性即理”，以“理”为形而上范畴；陆、王倡“心即理”，以“心”为形而上范畴，而分“道学”和“心学”。王安石讲“道”与“五行”，二苏倒置“道”与“五行”，而成“新学”和“蜀学”。程、朱由“理气”，陆、王由“心物”，而展开了本体与现象、“天道”与“人道”、太极与阴阳的关系的新论证。从而构成自然体系和社会体系，由是有“格物”与“穷理”、“道心”与“人心”、“天命之性”与“气质之性”、“天理”与“人欲”、“三纲”与“五常”以及义利、公私、王霸等范畴的联结。这些范畴也是网上纽结，因此，又各自与其他范畴相联结，从而结成整体结构。

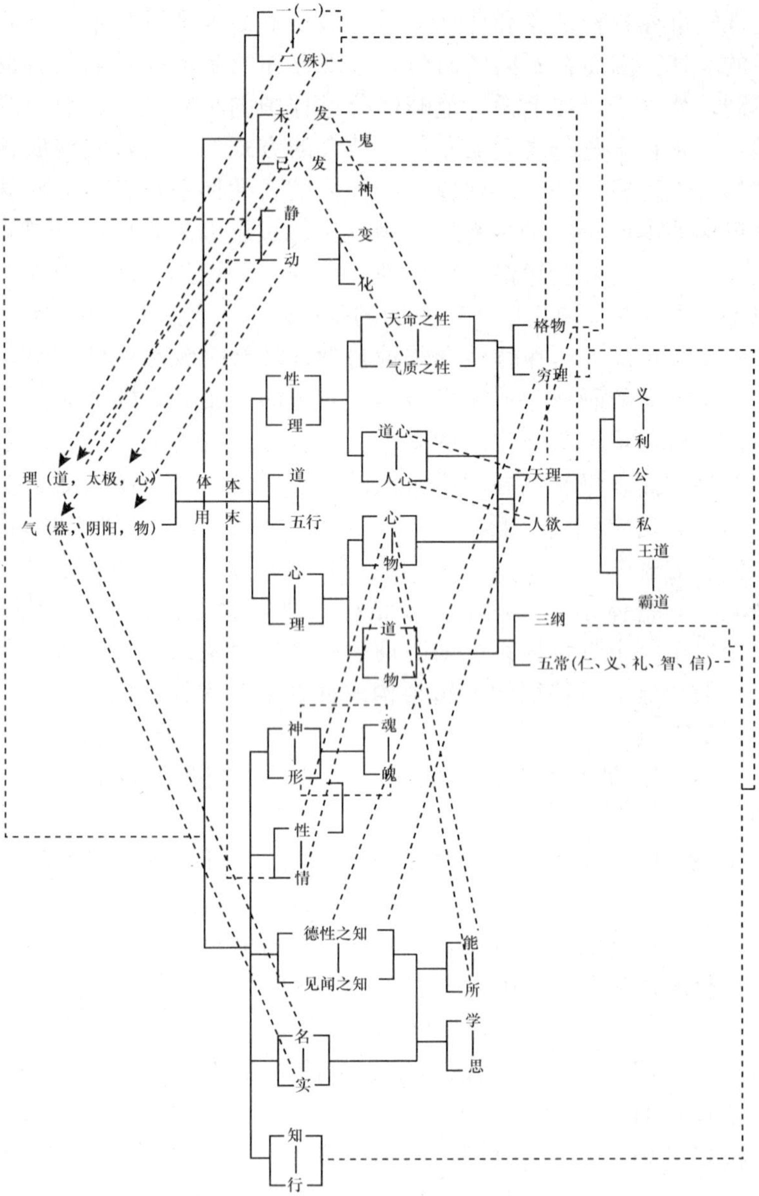

第二，由“理”与“气”、“道”与“器”、“太极”与“阴阳”、“心”与“物”而展开“静”与“动”、“未发”与“已发”、“一(一)”与“二（殊)”的联结，论证了存在的形式问题。宋明理学由邵雍开始论述“一分为二”，朱熹将其纳入“理”——“气”——“物”——“理”逻辑结构中，作为“气”——“物”的运动形式，

论述了对待和统一、冲突与融合的问题。由于朱熹注重“分二”，尽管他在论述“理气”、“太极阴阳”、“道器”、“心理”、“天命之性”、“气质之性”、“天理人欲”、“道心人心”等范畴关系中，说明了其不离不杂的关系，但更强调它们之间的“形而上、形而下”，“体用”、“本末”之分，这在陆、王看来都是“为二”的。陆、王从此入手而批判程、朱哲学，他们以程、朱哲学“分二”为弊病，因而导致格物致知、“知行”、“心理”等的分离。主张“心即理”、“知行合一”。一个注重“合一”，一个注重“分二”，这是程、朱与陆、王哲学理论思维的显著特点，也是两者的区别之一。由陆、王“合一”，而启迪了方以智的“合二而一”论，至王夫之总结“一分为二”与“合二而一”，以两者既分又合，达到了新的高度。“未发”与“已发”，是说明本体“理”、“道”、“太极”、“性”等所蕴涵的一种潜在功能，或“动静”的根源。“未发”是本体的本然状态，“寂然不动”；“已发”是本体所显现的作用或表现，“感而遂通”。如“性”为“未发”，“情”为“已发”。“动”与“静”这对范畴，理学家虽论述了两者的辩证关系，但更加注重“静”，如周敦颐的“主静”，二程的主“敬”，朱熹的“静主动客”等。譬如“性”为“静”，则“情”为“性”之“动”。只有到了王夫之才辩证地化解动静关系，把静作为运动的一种特殊形态，“静者，动静”。“未发”与“已发”、“动”与“静”不仅贯穿理学家各自逻辑结构的各个方面，也贯穿于“理学”发展演变的整个行程。“动”又分为“变”（顿变）与“化”（渐化），从张载到朱熹都对运动所采取的两种形态作了探讨。特别是对“鬼神”这对范畴作了新解，认为是一种“阴阳之气”的“屈伸”、“往来”等运动的情状，从而否定了传统的“鬼神”概念。

第三，圣人的价值，在宋明理学中得到了特殊的重视，把“人道”与“天道”并列，以天地万物本我一体，并成为“性”、“情”问题的基础。理学由“理气”而展开“心”、“性”、“情”问题的探讨，“性情”便成为其伦理学的核心。自先秦以来，关于“性”的善恶问题成为哲学家所关注和争论不休的问题，如“性善”论、“性恶”论、“善恶混”、“无善无不善”以及“性静情动”和“性善情恶”等。自从张载、二程提出“天命之性”、“气质之性”，经朱熹发挥，后者便自以为解决了人性善恶的根源、条件及“性”与“情”的关系问题。张载又提出“心统性情”，于是发挥“道心”与“人心”，“道心”相当于“天理”，是“善”的；“人心”相当于“欲”，有“善”有“恶”。“道心”可制约、改造“人心”，便改恶迁善，而超凡入圣，其方法便是通过主体道德修养，而达“存天理，灭人欲”的目的，这是讲为“圣”和怎样为“圣”的境界问题。

第四，宋明理学家尽管追求自然现象、社会现象背后隐藏莫显的形而上本体，但都认为人具有体认的能力，本体“理”是可穷究的，其“能”与“所”的关系，相当于认识主体与认识客体的关系，以认识客体是可知的。因此，提出了“格物穷理”、“即物穷理”等命题和“知”与“行”的关系。在注重道德形而上学与伦理践履的后期宗法社会，“知行”关系亦包含了对道德形而上学与伦理价值本体的体认和践履的关系问题。程、朱、陆都主张“先知后行”，这在王守仁看来，似有把对道德形而上学与伦理的体认及其践行分开之嫌，而倡导“知行合一”。从“分二”与“合一”两方面探讨了“知”与“行”的关系，这启迪了王夫之以道德践“行”为基础来统一“知”与“行”。

宋明时期的范畴体系或逻辑结构，凸显了宗法社会理论思维的水平和特点，表现了人们在体认和掌握世界现象之网上纽结方面，到达了一个新的阶段。

六、宋明理学对宗法社会的作用和影响

如何估价宋明理学对宗法社会的作用和影响？无疑是一个很大的题目，在此实无力述其详。但对此应与评价其他历史现象一样，需遵循“一分为二”的原则，既要肯定其应有的历史作用，亦要看到其消极方面。

第一，宋明理学逐渐趋为宗法社会发展的惰力。宋末至元初，“理学”的理论价值和现实社会的意义开始被统治集团所体认，元仁宗在皇庆二年至延祐二年（公元1313—1315年），复科举，“理学”特别是朱子之学列为科场程式，始为钦定官方意识形态。明初，朱元璋、朱棣父子都尊崇“理学”，以朱熹《四书集注》和理学家注释的《五经》命题试士，“理学”便成为统一全国意识形态的官学。后朱棣敕胡广等纂修《四书大全》，《性理大全》，辑宋元理学诸儒之说，《四书集注》被目为科举取士的法典，《四书》及理学家注释被经典化，并使儒家思想经一千七八百年之久，而获得真正的、普遍的、法定的

"独尊"地位。顾炎武在《日知录》引礼部尚书冯琦上书：

> 臣窃惟国家以经术取士，自《五经》、《四书》、《二十一史》、《通鉴》、性理诸书而外，不列于学官，而经书传注又以宋儒所订者为准。此即古人罢黜百家，独尊孔氏之旨。……

上曰：

> 祖宗维世立教，尊尚孔子，明经取士，表章宋儒。①

以"理学"为标志的儒学的一尊地位就由此绝对确立了，其他思想均被目为"异端邪说"，而遭压抑、排斥，其结果是思想界的情势日益恶化。一是，促使思想愈来愈僵化，成为中央集权君主专制国家钳制思想的武器，因而墨守师说、陈陈相因，众人一口，千篇一律，严重桎梏了人们的思想。李贽说："儒先亿度而言之，父师沿袭而诵之，小子朦聋而听之。万口一词，不可破也；千年一律，不自知也。"② 而使思想界陷入了一潭死水的境地，官场、知识界被那种愚昧、迂腐的习俗牢牢羁络，而无一点生气。二是，《四书》、《五经》一旦成为科举试士的标准答案，人们便把它当作教条，朝野只准遵守，不准怀疑。士子们以它为猎取功名利禄的工具，而不敢标新立异。原典的生命智慧、学术慧命被削弱了，其自身生命力亦被窒息了。这样不仅有利于中央集权的君主专制制度的文化专制主义的实行，而且有益于宗法社会的稳定。

由"理学"而使"儒学"独尊地位的确立，它不仅渗透和支配了我国意识形态的各个领域，而且影响社会生活的各个方面。它制约和桎梏了社会经济的发展，排斥和阻碍了接受外来新科学技术知识及成就，扼杀和阻挠了自身资本主义的萌芽和发展，从而成为社会前进的惰力。

第二，宋明理学从思想解放的思潮，逐渐转化为束缚人民思想的绳索。宗法社会统治集团在加强中央集权的同时，也加强了以宗子和族长为中心的宗法制度，而成为巩固宗法等级制度的社会基础。在以宗子和族长为统治的一宗族内，组织严密，法规森严，以至掌握着族人的生杀之权，这便是"族权"。统治者把君主专制主义的"政权"与宗法制度结合起来，便形成了等级统治秩序。被理学家系

---

① 《日知录集释》卷十八，660～661页，长沙，岳麓书社，1994。

② 《题孔子像于芝佛院》，《续焚书》卷四，102页，北京，中华书局，1975。

统化和强化了的“三纲五常”，便是维系宗法关系的主要链条。“父为子纲”，“夫为妻纲”，就是以父子和夫妻为中心的宗族关系，它是以血缘关系为基础而建构起来的等级关系，即“族权”、“父权”和“夫权”。“君为臣纲”，则是以父子为中心的宗法关系的延续和扩大，即“政权”或“皇权”。这样便构成了以君臣、父子、夫妇等级关系为主轴，以宗法关系为基础的政治制度。“五常”便是这种关系的体现和保证这种关系实行的伦理道德行为规范。理学家把“三纲五常”之伦理哲学化，将其升华为“天理”，使它既具有至高无上的绝对性、永恒性，又具有普遍性，人、物、禽兽都无逃乎“三纲五常”之外，由此巩固中央集权君主专制的统治。宗法社会统治集团，把以“三纲五常”为主要链条的宗法家族制度作为巩固宗法统治的重要手段，用“族权”、“夫权”、“政权”（皇权）这三大绳索紧紧地捆绑着人民的手脚和束缚着人们的思想，“以言《诗》、《易》，非朱子之传义弗敢道也；以言《礼》，非朱子之《家礼》弗敢行也”①。又说：“言不合朱子，率鸣鼓百面而攻之。”②起着延续宗法君主专制主义寿命的作用。

第三，宋明理学给宗法社会造成巨大的祸害和损伤。这种祸害主要有两方面。一方面是文字狱的大兴。君主专制的统治者片面利用、强化理学家的“存天理，灭人欲”的理念，从一本书、一首诗、一篇文章，甚至一个字中罗织罪名，残杀具有所谓违“理”的人，株连所及，九族和师弟子均无例外。戴震曾抨击说：“尊者以理责卑，长者以理责幼，贵者以理责贱，虽失，谓之顺；卑者、幼者、贱者以理争之，虽得，谓之逆。”③ 这就是所谓“理”。在此“理”下，文字惨案不断发生，杀人毁书不计其数，其残酷之状，不可言说。是其文化专制主义，桎梏思维的创造。另一方面是节妇、节孝、节烈之事愈演愈烈。“饿死事极小，失节事极大”，在宗法道德的极力倡导下，不知残害了多少年轻女子，那一座座用血和泪凝聚成的贞节牌坊、烈女牌坊，说明了由“存天理，灭人欲”所强化了的礼教，具有残杀之具的消极作用。

---

①② 《道传录序》，《曝书亭集》卷三十五，光绪十五年刊，寒梅馆藏版。

③ 《理》，《孟子字义疏证》卷上，10页，北京，中华书局，1961。

附录一
学术小传

张立文，1935 年生，浙江温州人。中小学的寒暑假就读于私塾。1960 年中国人民大学中共党史系毕业留校，在哲学系中国哲学教研室任教，1984 年经国务院学位委员会特批为教授。享受政府特殊津贴。现任中国人民大学一级教授，哲学院博士生导师。中国人民大学国学研究院院长、孔子研究院院长、学术委员会主席、中国传统文化研究中心主任，曾任中国人民大学和合文化研究所所长。兼任中国周易研究会副会长、国际儒学联合会顾问、国际易学联合会理事、国际退溪学会理事、中国炎黄文化研究会理事、日本东京大学客座研究员（1988 年）、中国文化书院导师等。

长期从事中国哲学、中国文化的教学和研究。1980 年出版《周易思想研究》，实现三点要求：(1) 实事求是地恢复《易经》本来面目；(2) 明辨《易经》与《易传》是两个不同历史时期与思想体系的著作，并与甲骨文作了比较研究；(3) 明确中国哲学理论思维的端始，与宗教占卜的联系。率先从文字、音韵、训诂切入，撰写《帛书周易注译》。1981 年出版《朱熹思想研究》。香港《镜报》月刊（1983 年第 7 期）评该书“是散发着浓郁的中国芬芳的著作，在中国哲学史、思想史重点人物的研究中，开拓了新的蹊径”。该书的特点是“企图使哲学基本概念的研究，不仅仅停留在对主要范畴的论证上，而着重于范畴之间的连接及结合方式的不同研究，说明由此构成各不相同的哲学逻辑结构或哲学体系，能还各个哲学体系的本来面目”。因此受美国学术联合会、亚洲太平洋研究中心联合召开的“国际朱熹学术会议”主席陈荣捷教授之邀，与冯友兰、任继愈、邱汉生、邓艾民、李泽厚、冒怀辛诸教授，于 1982 年 7 月 5 日至 15 日在夏威夷东西方研究中心参加会议，在大会宣读《朱熹易学思想辨析》，受到日本著名学者岛田虔次教授好评。在《宋明理学研究》中率先提出理学哲学思潮是一次思想解放运动，是“疏不破注”到“疑经改经”、训诂之学到义理之学的转变。理学思潮可分为主流派与非主流派，而不是理学与反理学派。由宋明理学而推及朝鲜朝朱子学与日本朱子学的研究，在大陆率先发表《李退溪哲学逻辑结构探析》，出版《李退溪思想研究》、《退溪哲学入门》（韩文）、《朱熹与李退溪比较研究》专著。在《和合与东亚意识》中提出“东亚价值”是东亚意识的体现，包括主体意识、忧患意识、危机意识、批判意识、反省意识、多元意识等。并与日本沟口雄三教授、韩国李楠永教授共同主编《亚文》，弘扬东亚文化。

中国哲学史的教学研究，主旨是以“我注六经”式地代古人发言，画古人思想之画。在此基础上升华度越，建构独具个性化的、生命智慧的、智能创新的理论思维体系。这是由《中国哲学逻辑结构论》、《传统学引论》、《新人学导论》、《和合学概论》、《和合哲学论》等著作构成的。“所谓中国哲学逻辑结构，是指研究中国哲学范畴的逻辑发展及诸范畴间的内在联系，是中国哲学范畴在一定社会经济、政治、思维结构背景下所构筑的相对稳定的逻辑思维形态”。创造性地建构了中国哲学研究方法论的“和合范畴解释学”。从具体的表层结构、义理的深层结构、真实的整体结构的句法、语义、网状、时代、历史、统一等六层面的诠释，以揭示哲学范畴的本意、义理蕴涵和整体本质。对中国哲学范畴概念追根究底分析，多角度、多层面把握其含义，并广泛运用于中国哲学史研究，撰写了《中国哲学范畴发展史》（天道篇、人道篇），主编《中国哲学范畴丛书》，成为目前中国哲学研究的重要方法论。

1986年在《光明日报》发表《论传统和传统学》一文，把传统、传统学从文化、文化学中分出来，使传统学成为独立学科。所谓传统是指人类创造的不同形态的特质经由历史凝聚而沿传着、流变着的诸文化因素构成的有机系统。所谓传统学是指研究传统发生、成长、发展的规则、原理与其各要素间相互关系的学问，是传统变异性与稳定性、内在性与外在性、殊相性与共相性的融突和合的学说。在梳理文化学与传统学中，明其同异，叙其体现的主体精神、研究对象、内涵风格、神韵、意境、心理的异趣。传统学体系，横向结构包含传统的价值系统、心气系统、知识系统和语言符号系统；纵式结构是传统无意识，即由历史凝聚而延传下来的潜在文化心理指向。传统学以纵横互补律、整体贯通律、混沌对应律为研究方法。传统学的宗旨是体认、继承、度越、创造传统，以适应现代化需要，化解传统与现代的冲突。传统学归根到底是人学。人是哲学研究的永恒主题。人在历史上经二次自我发现，当代面临把人从现代信息机制控制下和生态危机的灾难中解放出来的第三次自我发现。人只有能自我创造，才能改造世界、创造世界，因此把人规定为“人是会自我创造的和合存在”。否定了卡西尔把人规定为“人是符号的动物”。因为狗、桌子都是一个符号，它们没有人性、创造性、主体性、意识性。《新人学导论》从自我发现论、自我塑造论、自我规范论、自我创造论、自我关怀论、自我和合论，阐述了新人学的理论思维体系。提出和合型和优美型人格，以自由为基础和出发点，依据现代社会状况和需要提出人生五大境界说，即生命超越境、知行合一境、情景互渗境、圣王一体境、道体自由境，作为现代新人学的价值导向。

通过长期的中国哲学教学研究，以反思的怀疑和批判的创新精神，发现了中国哲学理论思维形态创新的三条“游戏规则”，即核心话题的转生、诠释文本的转换和人文语境的转移。核心话题体现特定时代哲学思潮的意义追寻和价值创造，先秦为道德之意，两汉是天人相应，魏晋是有无之辩，隋唐是性情之原，宋明是理气心性；诠释文本是智慧觉解的文字报告，先秦为“五经”，两汉为《公羊春秋》，魏晋是“三玄”（《老子》、《庄子》、《周易》），隋唐是佛经，宋明理学是“四书”（《论语》、《孟子》、《大学》、《中庸》）；人文语境是中华民族精神、生命智慧历史变迁的集中体现。它为中国哲学创新阐明路径和操作依据。在此基础上，建构了当代中国哲学理论思维创新体系的和合学。

所谓和合，是指自然、社会、人际、心灵、文明中诸多形相无形相互相冲突、融合，与在冲突、融合的动态过程中各形相无形相和合为新结构方式、新事物、新生命的总和。和合学是指研究在自然、社会、人际、人自身心灵及不同文明中存在的和合现象，并以和合的义理为依归，是既涵摄又超越冲突、融合的学问。和合是人文精神、哲学智慧，是民族精神生命智慧转生的转生者，是中国文化整体性、结构性、有机性转生的载体。和合学承接新人学而建构了和合三界：生存世界的生存和合学、意义世界的意义和合学，可能世界的可能和合学。和合学为中国哲学发展路径的落实提供理论支援和方法资源。

在中西思维方法比较分析中，创造性地提出和合方法论，中国哲学是和合生生法、创新法和意境法，即新生命、新事物不断化生。其价值目标、终极标的，并不追求一个惟一、绝对、至极的形上本体，不追求一个否定多样、多极的中心。创新是“万物并育而不相害，道并行而不相悖”的和合互补法、双赢法。意境法，是人文价值的创造学和自由境界的建筑学，它度越主客二元分裂结构，而与西方哲学的求一法、对立法、写实法异趣。和合学是时代精神的体现，是对于当前人类所共同面临的五大冲突（人与自然、社会、人际、心灵、文明）和五大危机（生态、社会、道德、精神、价值）的化解之道，提出化解的五大原理，即和生、和处、和立、和达、和爱。在此基础上建构和合形上学，以“和合起来”为元哲学，以和合历史哲学、语言哲学、价值哲学、艺术哲学为和合生生道体的理论思维体系，以“人对宇宙、社会、人生之道的道的体贴和名字体系”为中国哲学的规定。

道的道是指一种道理、原理的所当然的所以然之故，名是指概念，字是对概念意义的解释。这一规定既是对哲学研究问题普遍性的把握，又体现中国哲学的主体意识。惟有自己依据中国哲学实践的实际规定中国哲学，才能从西方哲学中心论中摆脱出来，度越照着西方哲学之所谓哲学讲中国哲学，建构融突而和合的“中国哲学研究范式”，其宗旨是自己讲自己的哲学，走自己的中国哲学之路，建构中国自己的哲学理论体系、范式和方法，才能在世界多元哲学中具有其价值和地位。这就是中国哲学的“自己讲，讲自己”。它度越了照着、接着西方哲学讲中国哲学的范式，而突出了中国哲学自身主体性、自觉性基础上讲述中国哲学自己对“话题本身”的重新发现、对时代冲突的艺术化解、对时代危机的义理解决和对形而上之谓道的赤诚追求；它是哲学“问题”与个性的统一。

哲学发展史是对哲学史上的各种“问题”、“话题”反思化解的历史，各个哲学家对“问题”、“话题”的体认差分，建构了不同的哲学体系，体现了哲学个性。和合学在坚持中国哲学主体性的前提下，主张中西学的交流、互动、融通，既坚持世界哲学、哲学系统的问题、话题的普遍性，又兼顾民族哲学、哲学体系的问题意识和话题诠释的个性，以创新中国哲学体系。和合学以“和合”为核心话题，以《国语》为诠释文本，以人类所共同面临的五大冲突和危机，以及和平、发展、合作为人文语境，而与以往哲学理论思维异，它是当代中国哲学理论思维的一种形态。

附录二
邵雍的先天之学

朱熹编纂《伊洛渊源录》，以阐述周敦颐、程颢、程颐、张载、邵雍[①]等道学之源流。程颢述邵雍为学之道统说："昔七十子学于仲尼，其传可见者，惟曾子所以告子思，而子思所以授孟子者耳。其余门人，各以其材之所宜为学，虽同尊圣人，所因而入者，门户则众矣。况后此千有余岁，师道不立，学者莫知其从来。独先生之学为有传也……先生淳一不杂，汪洋浩大，乃其所自得者多矣。然而名其学者，岂所谓门户之众，各有所因而入者与？语成德者，昔难其居。若先生之道，就所至而论之，可谓安且成矣。"[②] 意谓虽入门的门户众多，但可殊途同归。邵雍的学脉，是承接孔子、孟子以来的道统。又"明道谓周纯明曰：'昨从尧夫先生游，听其议论，振古之豪杰也。惜其无所用于世。'周曰：'所言何如？'曰：'内圣外王之道也'"[③]。既是内圣外王之道，怎又无所用于世，岂非对外王的否定？也许由于二程推尊邵雍，所以坊间在刊刻《伊洛渊源录》时增邵雍，而朱熹在编纂《伊洛渊源录》时未列邵雍，也有其考量。他把程颐与邵雍作了比较，"伊川之学，于大体上莹彻，于小小节目上犹有疏处。康节能尽得事物之变，却于大体上未有莹彻"[④]。程颐在大体上是极光亮透明的，在小节上有所疏漏；邵雍在大体上未能晶莹透亮，在事物之变化上却能尽得。朱熹对邵雍之学的价值评价

---

① 《伊洛渊源录》朱熹在世时为未定稿本。但被"后生传出"，刻印出售。朱熹发现坊间刻本有擅加之处。《朱子语类》卷六十，1447 页载："问：'《渊源录》中何故有《康节传》?'曰：'书坊自增耳。'" 若如是，则朱熹编纂时无邵雍，究竟为何人所增？为什么而增？现不可考。但程颢为其作《墓志铭》则无疑。

② 《邵尧夫先生墓志铭》，《河南程氏文集》卷四，《二程集》，503 页。

③ 《百源学案下·附录》，《宋元学案》卷十，《黄宗羲全集》第三册，568 页，杭州，浙江古籍出版社，2005。

④ 同上书，574 页。

犹对韩愈的评价，他说：韩愈“虽有以识夫大用之流行，而于本然之全体，则疑其有所未睹”①。邵雍在本然之大体上未彻晶莹，但朱熹又因“二程所以推尊康节者至矣，盖以其信道不惑，不杂异端，班于温公、横渠之间，则亦未可以其道不同而遽贬之也”②。二程极力推尊邵雍，尽管邵雍与二程其道有不同，但处在司马光与张载之间，而不能贬低邵雍之学。据此，邵雍可归作理学主流派。

（一）太极、道的安身立命之所

邵雍（1011—1077）字尧夫，号康节。其学特点是“尊先天之学”，他“观于天地之运化，阴阳之消长，以达乎万物之变，然后颓然其顺，浩然其归”③。以先天象数的衍算推演，运用《周易》卦象阴阳生成的消长理论，重新设计了宇宙、社会、万物演变的规则和过程，而“别为一家”④。所谓先天之学的先天与后天，朱熹曾说：“据邵氏说，先天者，伏羲所画之《易》也；后天者，文王所演之《易》也。伏羲之《易》初无文字，只有一图以寓其象数，而天地万物之理、阴阳始终之变具焉。文王之《易》即今之《周易》，而孔子所为作传者是也。”⑤ 这就是说，先天是伏羲所画的《易》，没有文字，只有一图以寓象数。后天是文王《易》，是孔子据以作传的《周易》。学者误以为文王所演的《易》就是伏羲始画的《易》，因此就不去向前追根问底。“必欲知圣人作《易》之本，则当考伏羲之画，若只欲知今《易》书文义，则但求之文王之经，孔子之传足矣。两者初不相妨，而亦不可以相杂。”⑥ 伏羲所画的《易》，是《易》之本。求《易》之本，必追究伏羲所画的先天《易》。换言之，“盖自初未有画时说到六画满处者，邵子所谓先天之学也。卦成之后，各因一义推说，邵子所谓后天之学也”⑦。这就是邵雍所说的先天之学与后天之学不相杂，之所以不相杂，乃是两者的时空、内容、性质有别，先天所画之《易》有图寓象数而无文字，因而邵雍开出先天

① 《与孟尚书》，《昌黎先生考异》卷五，71页，上海，上海古籍出版社，1985。

② 《百源学案下·附录》，《宋元学案》卷十，《黄宗羲全集》第三册，564页。

③ 程颢：《邵尧夫先生墓志铭》，《河南程氏文集》卷四，《二程集》，503页。

④ 全祖望：《百源学案上》按语，《宋元学案》卷九，《黄宗羲全集》第三册，440页。

⑤⑥ 朱熹：《答袁机仲》，《晦庵先生朱文公文集》卷三十八，《朱文公全书》第二十一册，1665页，上海古籍出版社、安徽教育出版社，2002。

⑦ 同上书，1664页。

象数学，统摄天地万物之理和阴阳始终的衍变，而直通伏羲之《易》。

邵雍先天之学，深得朱熹的赏识，其《易学启蒙》，实乃发邵雍先天之学的微言妙旨。阳枋说："有以见夫《启蒙》之作，首《河图》以著道之全体，次《洛书》，次伏羲、文王卦图，孔子《易》书，而明之以康节诸儒之说，以尽《易》之妙用。"① 朱熹基于其对邵雍先天之学的推崇，而将其挂在圣人孔子名下，"然此非熹之说，乃康节之说；非康节之说，乃希夷之说；非希夷之说，乃孔子之说。但当日诸儒既失其传，而方外之流阴相付受，以为丹灶之术。至于希夷、康节，乃反之于易，而后其说始得复明于世"②。这样既为邵雍，也为自己的先天之学的合理性、权威性作论证。

关于邵雍先天之学的渊源，朱震说："陈抟以《先天图》传种放，种放传穆修，穆修传李之才，之才传邵雍。"③ 程颢亦说："先生（指邵雍）得之于李挺之，挺之得之于穆伯长，推其源流，远有端绪。"④ 虽程颢没有点出陈抟传种放，种放传穆修一节，但这个传承系统是清楚的。朱熹也认同邵雍发明《先天图》，原图传自陈抟（希夷）。

邵雍先天之学理论思维的主旨，是指"先天之学，心法也，故图皆自中起，万化万事生乎心也。图虽无文，吾终日言，而未尝离乎是，盖天地万物之理尽在其中矣"⑤。此"心法"之心，可谓象性、实性、虚性概念的和合体。

第一，心为中心之心。如《伏羲八卦图》、《伏羲八卦方位图》、《伏羲六十四卦方位图》，都与《河图》五、十居中，虚合四生四成，而各因以起数相准。中以宅心生极，法贯于一，起于心，生于心。从《伏羲六十四卦方位图·圆图》来看图法，自复至乾，自姤至坤，从临至师，从遯至同人，阴阳横直分界，皆起于中，中为主体，象数森齐，统乎一中。中即中心之中，心为中心之心。"《先天图》者，

---

① 阳枋：《赵使君汝廪刊〈易学启蒙〉于涪属予为跋》，《易学启蒙·附录》，《朱子全书》第一册，319页。

② 朱熹：《答袁机仲》，《晦庵先生朱文公文集》卷三十八，《朱文公全书》第二十一册，1668页。

③ 《汉上学案》，《宋元学案》卷三七，《黄宗羲全集》第四册，540页。

④ 程颢：《邵尧夫先生墓志铭》，《河南程氏文集》卷四，《二程集》，503页。

⑤ 《观物外篇·先天象数第二》，《皇极经世书》，331～332页，郑州，中州古籍出版社，1993。

环中也。自下而上谓之升，自上而下谓之降。升者，生也，降者，消也。”① 上下升降以中心为衡量的尺度，不离中心。“天地之本，其起于中乎？是以乾坤屡变，而不离乎中。人居天地之中，心居人之中。日中则盛，月中而盈，故君子贵中也。”② 乾为天，坤为地，本起于中，子复午姤、临、泰、壮、夬而乾，皆天根于中。人为天地之心，居天地之中。心为人身之主，居人之中心。心的作用，像日月那样，日中则盛，太阳悬午当空，君子探天地之本，考日月之度，心乎中为贵。这样就把中心之心提升为形而上本体，是支配人身、天地的根据，也是人的精神安身立命之所。

第二，心具精神运行妙合而凝的功能。“神统于心，气统于肾，形统于首。形气交而神交乎中，三才之道也。”③ 神、气、形分别统摄于心、肾、首。形首居乾为上，气肾居坤为下，形气交合，神心居中，犹天上地下，人居其中，三才之道具一身之中。神心运于中，使天地同运，上下圆融。若神守于肾，静而藏伏，为坤道。神守于首，动而运行，为乾道。藏伏便妙合而凝，运行便周流不息。“天之神栖乎日，人之神发乎目，人之神寤则栖心，寐则栖肾，所以象天，此昼夜之道也。神者，人之主将，寐在脾，熟寐在肾，将寤在肝，正寤在心。天之大寤在夏，人之神则存乎心。”④ 天之神日出便神光四照，日入便神敛而夕。人神的寐寤犹日的出入，醒时神停留在心，心照物理，睡时神停留在肾，保合元命。人的形气，以神为主，一寐一寤，犹一昼一夜之道。形气交合，大化流行，生生不息。

第三，心为太极。“心为太极，人心当如止水则定，定则静，静则明。”⑤ 太极动极而静，静极而动，动静互以太极为根。太极于天为天心，于人为道心，在这个意义上说，心为太极，而众理万事之所以运行不止。就人的心而言，当主一而存太极之本体，心不杂妄念、私念，犹止水而定、定而无物欲的外诱，心静澄明，天心道心圆通无碍。这样神明之心就无所不在，无处不照。“神无所在，无所不在。至人与他心通者，以其本于一也。道与一，神之强名也。以神为神者，至言也。”⑥ 神妙万物，犹至人之心通乎他人他物之心，

① 《观物外篇·先天圆图卦数第三》，《皇极经世书》，333页。

② 同上书，336页。

③ 《观物外篇·声音唱和万物通数第十》，《皇极经世书》，405页。

④ 同上书，406页。

⑤ 《观物外篇·心学第十二》，《皇极经世书》，425页。

⑥ 《观物外篇·声音唱和万物通数第十》，《皇极经世书》，417页。

心与心相通，而本于一，道与一，即神，是神无可名而强名之的。不假于强名，即心无所不在。在这里，心、道、一、神乃异名而圆通，或道、一为心、神的强名。然心为太极，一为太极。“太极一也，不动生二，二则神也。神生数，数生象，象生器。”① 太极一动一静之间，动而生阳，静而生阴，动静阴阳为二。然静而接动，乃一而涵二的极枢，而为不动生二。天地当坤、复之交，中以为极，统变化生成的数，浑合阴阳刚柔之四象，寓乾坤六子之器物，数由神生，象由数生，器由象生，数象器皆生神，神生于不动之一涵二的太极。在这里，邵雍把心、太极、一、道、神视为不同变化时空阶段妙合而凝中的名称，实乃异名同实。

心为中心之心，心具精神交合运行的功能，心为太极，此二义以释“先天之学，心法也”，“先天之学，心也”。以明何谓先天之学，进而可释静一的太极。《周易·系辞上》曰：“易有太极，是生两仪，两仪生四象，四象生八卦。”

邵雍诠释说：“太极既分，两仪立矣。阳上交于阴，阴下交于阳，四象生矣。阳交于阴，阴交于阳，而生天之四象。刚交于柔，柔交于刚，而生地之四象，于是八卦成矣。八卦相错，然后万物生矣。是故一分为二，二分为四，四分为八，八分为十六，十六分为三十二，三十二分为六十四。故曰‘分阴分阳，迭用柔刚，故易六位而成章’也。”② 太极分动静，而阴阳两仪立，一分为二。阴阳互相上下交错，而生太阳、少阳、太阴、少阴四象，为二分为四。邵雍依《周易·说卦传》称：“立天之道曰阴与阳，立地之道曰柔与刚。”以阴与阳互交所生四象属天，柔与刚互交所生四象属地，而成乾、坤、坎、离、震、兑、艮、巽八卦，为四为八。八卦互交，相错成卦。卦有六位，每位一画，位分阴阳，画有刚柔，故六位成章，而成六十四卦，是生万物。合之为一，即太极，衍之为万，即万物、万殊，犹理一分殊，一实万分，即一而万、万而一的逻辑思维理路。

太极是易学最根本、最崇高的形而上范畴，也是邵雍先天学最根本性的范畴。太极为心，太极一也，太极为元。“元有二，有生天地之始者，太极也。有万物之中各有始者，生之本也。”③ 元为始，会、运、世都以元为始。从生天地的端始来说，为乾元、坤元，所

---

① 《观物外篇·阙疑第十一》，《皇极经世书》，424 页。

② 《观物外篇·先天象数第二》，《皇极经世书》，321 页。

③ 《观物外篇·以元经会大小运数第七》，《皇极经世书》，362 页。

以说元有二。乾由复始，天阳生，坤应以姤，地阴生。这个生天生地的元始者，就是太极。换言之，太极是化生天地万物的元始、根源。在天地大元始中，万物又各各分之为元，犹物物各有一个太极，“万物各有太极，两仪、四象、八卦之次，亦有古今之象”①。天地万物的生成，类皆始于一元的太极，太极动静分阴阳两仪，交互成四象，衍成八卦。既生而成为今，已成而毁为古，今古迭运，而成万物生成的序次。

乾为阳，为奇数，坤为阴，为偶数。“诸卦不交于乾坤者，则生于否、泰。否、泰，乾、坤之交。乾坤起自奇偶，奇偶生于太极。”②《否》卦坤下乾上，《泰》卦乾下坤上。《周易·泰·象传》曰：“天地交而万物通也，上下交而其志同也。内阳而外阴，内健而外顺，内君子而外小人，君子道长，小人道消。”③《泰》卦乾阳上行，坤阴下行，乾坤阴阳交感，奇偶交合。然而《否》卦坤阴下行，乾阳上行，所以《否·彖传》曰：“天地不交而万物不通也，上下不交而天下无邦也。”《否·象传》亦曰：“天地不交，否。君子以俭德辟难，不可荣以禄。”④《泰》卦为乾坤相交，《否》卦为乾坤不交，但为奇偶相合而成卦。乾阳生于太极的动仪，坤阴生于太极的阴仪。乾阳为奇，坤阴为偶，所以说，“奇偶生自太极”。太极是天地万物之所以生成的本原、本根，太极便具有形而上本根的品格，这也就是《易》的道，道为太极。“生者性，天也；成者形，地也。生而成，成而生，《易》之道也。以天地生万物，则以万物为万物，以道生天地，则天地亦万物也。道为太极。”⑤ 从生数来说，乾以一始，性之本乎天；从成数来说，坤以二成，形之本乎地。变易无方，道寓其中，所以说道是天地万物的宗主。道是什么？道就是太极。《易》有太极，统摄天地万物于其中。

道为太极，太极为天地之本，道亦为天地的本根。“道为天地之本，天地为万物之本。以天地观万物，则万物为万物。以道观天地，则天地亦为万物。道之道，尽之于天矣；天之道，尽之于地矣。天地之道，尽之于万物矣。”⑥ 太极为一元之道，而为天地之本。从天

---

① 《观物外篇·声音唱和万物通数第十》，《皇极经世书》，408页。

② 《观物外篇·先天方圆卦数第四》，《皇极经世书》，337页。

③ 《泰·彖传》，《周易正义》卷二，《十三经注疏》，28页，北京，中华书局，1980。

④ 《否·象传》，《周易正义》卷二，《十三经注疏》，29页。

⑤ 《观物外篇·河图天地全数第一》，《皇极经世书》，319页。

⑥ 《观物内篇之三》，《皇极经世书》，253页。

地来“观”，与以道来“观”，其观的层级不同，对被观的对象的体认亦不同。道能全观，包括天地万物；而天地不能全观，只能观万物。这是为什么？因为“天由道而生，地由道而成，物由道而形，人由道而行。天地人物则异矣，其于道一也。夫道也者，道也。道无形，行之则见于事矣。如道路之道坦然，使千亿万年行之，人知其归者也”①。天地物人都由道而生、而成、而形、而行，天地人物虽异，总归于道。道本身是形而上的本根、本体，是无形象的，只有在运行中体现于事物。“天地尚由是道而生，况其人与物乎！人者，物之至灵者也。物之灵，未若人之灵。物尚由是道而生，又况人灵于物者乎？是知人亦物也，以其至灵，故特谓之人也”②。天地人物尽管都是道之所生，在道看来，人也是物，但人是万物的最灵者。道、太极作为形而上本根，人的安身立命之所，其本身具有度越形声等形而下形相的特性。“一阴一阳之谓道，道无声无形，不可得而见者也。故假道路之道为名。人之有行，必由于道，一阴一阳天地之道也。物由是而生，由是而成也。”③ 道无声无形，不能见，为使人知道，以道路之道称谓它，万物由道生成。这里，道是一个虚性概念，正由其无声无形，所以能生长成育各种有声有形的万物，而具有无限性。邵雍认为形而上无声无形的道，必须体现为形而下事物，才能由虚性转为实性。如乾道、坤道、自然之道、君子之道、小人之道、王道、霸道等等。就为政治国之道、治乱兴衰之道而言，“至于三代之世治，未有不治人伦之为道也。三代之世乱，本有不乱人伦之为道也。后世之慕三代之治世者，未有不正人伦者也。后世之慕三代之乱世者，未有不乱人伦者也。自三代而下，汉唐为盛，未有不由治而兴，由乱而亡。况其不盛于汉唐者乎？其兴也，又未始不由君道盛，父道盛，夫道盛，君子之道盛，中国之道盛。其亡也，又未始不由臣道盛，子道盛，妻道盛，小人之道盛，夷狄之道盛。噫！二道对行，何故治世少而乱世多邪？君子少而小人多邪？曰：岂不知阳一而阴二乎”④！伦理纲常有道，就是君有君道，父有父道，夫有夫道。君子之道，中国之道盛，国家就治理兴盛；反之，臣、子、妻、小人、夷狄之

① 《观物内篇之九》，《皇极经世书》，279 页。

② 同上书，281 页。

③ 《观物外篇·后天〈周易〉理数第六》，《皇极经世书》，356 页。

④ 《观物内篇之九》，《皇极经世书》，280 页。

道盛，国家就会动乱灭亡。换言之，君臣、父子、夫妻、君子小人，中国、夷狄之道盛，便有伦与不伦、治与不治、兴与亡的分别，所以，为政治国要合乎道。

总而言之，“太极道之极也，太元道之元也，太素色之本也，太一数之始也，太初事之初也，其成功一也”①。以太元、太素、太一、太初的元、本、始、初喻太极为道之极。天地人三才之道，推象数于三方，未分判之先为道的太元。青赤黄黑白五色本于素，天玄地黄，色不离素，素为色的本色。数有十百千万，都始于一、终于一，天参地两，数不离一，所以讲太一为数的始。事情的成败得失的发端起于初始，事情千变万化，但不离初，所以讲太初为事的初。虽然色、数、事各各不同，但都统归于其初始，这是其同。从思维理路而言，都是顺向思维，而通达一，这便是终极，即安身立命之终极境界。

（二）观以体认安身立命

太元、太素、太一、太初之所以是“道”、色、数、事的元、本、始、初，是因其形而上的根据和安身立命之所为太极、道、心等，然而太极、道、心是无声无形，不可得而见的，是虚性的、隐性的，只有转虚性为实性，转隐性为显性，才能体认虚性、隐性的太极、道、心。邵雍依《周易·系辞下传》：“古者包牺氏之王天下也，仰则观象于天，俯则观法于地，观鸟兽之文，与地之宜，近取诸身，远取诸物，于是始作八卦，以通神明之德，以类万物之情。”② 可分为仰观天、俯观地、观鸟兽，多视域、多层次的观察；观象、观法、观文，多对象、多内容的观察。由观必发生观者与被观者、我与他、能观者与所观者的关系，通过多渠道的观，以通神明之德，体认形而上虚性、隐性的太极、道、心。邵雍把观分为两大类，即观内与观外。所谓观物，邵雍说：“夫所以谓之观物者，非以目观之也。非观之以目，而观之以心也。非观之以心，而观之以理也。天下之物，莫不有理焉，莫不有性焉，莫不有命焉。所以谓之理者，穷之而后可知也。所以谓之性者，尽之而后可知也。所以谓之命者，至之而后可知也。此三者，天下之真知也，虽圣人无以

① 《观物外篇·心学第十二》，《皇极经世书》，427～428页。

② 《周易正义》卷八，《十三经注疏》，86页。

过之，而过之者，非所以谓之圣人也。”[1] 邵雍在这段话里阐明了三种观法以及获得真知的三种途径。

其一，以目观物。目作为主体能观的感觉器官，以此去观物，只能获得所观客体的外在形象，属感性体认。譬如“飞者有翅，走者有趾，人两手翅也，两足趾也。飞者食木，走者食草，人皆兼之”，“天有四时，地有四方，人有四肢”[2]。（这里所说的飞者食木，走者食草，是大体而言，也有例外，飞者、走者均有肉食者。）以目观物，只知其然，而不知其所以然；只知其表，而不知其里；只知其一，而不知其二。其视野狭，视线短，未能全观、遍观、深观、心观、理观。

其二，以心观物。由于人是万物之灵，有思想、有意识，是能思之物，以心观物，属知性体认，因此能破除感性以目观物的局限。“人之所以能灵于万物者，谓目能收万物之色，耳能收万物之声，鼻能收万物之气，口能收万物之味。声色气味者，万物之体也。目耳鼻口者，万物之用也。体无定用，惟变是用；用无定体，惟化是体。体用交而人物之道于是备矣。”[3] 人之所以为万物之灵，是因为人具目耳鼻口之全有，收声色气味之万有。物以群分，分而万物有不同的体；人以灵运，万物之用不同。群分不拘于用，变通而周遍，灵运不执著体，化而裁之圆通其体，体用交通，物道人道，处于动态变化之中。

此心观物的人之思，思而易假设虚拟，无所不止，无物不观。“能以一心观万心，一身观万身，一物观万物，一世观万世者焉。又谓其能以心代天意，口代天言，手代天工，身代天事者焉。又谓其能以上识天时，下尽地理，中尽物情，通照人事者焉。又谓其能以弥纶天地，出入造化，进退古今，表里人物者焉。”[4] 一以观万，通于万而会于一心、一身、一物、一世。何以一通于万，万会于一？那是心思的功能，心智的作用。由此，其心想象为天心，代天之意；口想象为天口，代天之言；手想象为天手，代天之工；身想象为天身，代天之事。又能仰观天时运行的规律，俯察地理环境的变迁，中观事物情况的变化，所以能与天地相弥纶，造化出入，进退古今，

---

① 《观物内篇之十二》，《皇极经世书》，295 页。

② 《观物外篇·声音唱和万物通数第十》，《皇极经世书》，405 页。

③ 《观物内篇之二》，《皇极经世书》，250 页。

④ 同上书，251～252 页。

表里人物。但这种想象、联想，也有可能陷入虚妄。“凡言知者，谓其心得而知之也；言言者，谓其口得而言之也。既心尚不得而知之，口又恶得而言之乎？以心不可得知而知之，是谓妄知也。以口不可得言而言之，是谓妄言也。吾又安能从妄人而行妄知妄言者乎！”[①] 知是讲心得而知，言是指口得而言，心、口不可得而知而言，那是妄知、妄言，便设想“天地之外，别有天地万物，异乎此天地万物”。（邵雍以此为妄知、妄言，如果邵雍能穿过时空隧道而到当代，就不会认为天地之外别有天地万物为妄知、妄言了。）《伊川击壤集》云：“人生天地后，心在天地先。天地自我出，其余何足言。”既然天地自我出，能知主体与所知客体融通为一，天地只不过是主体我的异化。所知、所言，实乃自我对自我的知与言而已。

其三，以理观物。以感性、知性的目观、心观，并未达到对天地万物不显现的本性、本质、规律的体认。以理观物就是对天地万物追根究底的本质、本性、规律的体认，是属于理性的观。尽管天地万物本质、本性规律是不显现的，但天下之物，莫不有理、有性、有命，既然所知客体有理、性、命，能知主体便可以穷之、尽之、至之，这才是天下的真知。邵雍以理观物比喻为以镜子照物，“夫鉴之所以能为明者，谓其不隐万物之形也。虽然鉴之能不隐万物之形，未若水之能一万物之形也。虽然水之能一万物之形，又未若圣人能一万物之情也。圣人之所以能一万物之情者，谓其能反观也。所以谓之反观者，不以我观物也。不以我观物者，以物观物之谓也。既能以物观物，又安有于其间哉！”[②] 能知主体犹如能照物的镜子，使物明亮地显现出来，即将所知客体由隐形转为显形。但由于镜子的制作质量、工艺不一，比不上水的影物清澈明显，肖物惟一。然而水只能照表而不能影里，且微有所干扰，物形就乱了，因而水也不能照出所照之物的本质、本性、规律，只有圣人观物，无一物之障，表里洞彻，观照无余，以一观万，万物之情，万皆如一，体认所知客体的本质、本性、规律。为什么圣人能体认到如此境域？就在于圣人能改变正观方法，而以反观体认观照所知客体。所谓反观，就是以物观物，破除“以我观物”的能知主体的囿见、偏见的固执，又排除种种外在的物障和遮蔽。在以他平他、以物观物的同一个平台上观照，就能真切地体认物的本质、本性和其必然性的规律。

---

① 《观物内篇之二》，《皇极经世书》，252页。

② 《观物内篇之十二》，《皇极经世书》，295～296页。

邵雍所谓反观，是指不以我观物，而以物观物。所谓以物观物，是将能观主体之我消融于物中，把人的以我为中心、为主导的观照，彻底地排除，使能观主体之我亦转换为所观之物，使物与物都置于平等的理性法庭上。“是知我亦人也，人亦我也，我与人皆物也。此所以能用天下之目，为己之目，其目无所不观矣。用天下之耳，为己之耳，其耳无所不听矣。用天下之口，为己之口，其口无所不言矣。用天下之心，为己之心，其心无所不谋矣。”① 我与人皆物，这就把能观主体之我从我的束缚中解放出来，能观主体我之目、耳、口、心便与天下之目、耳、口、心，融突和合而为一，把可能的世界人文价值理想建构在以理观物的基础上，以通达安身立命之所的境域。

（三）理性命与安身立命

邵雍的反观，以理观物，以物观物，其本旨是追究事物不显现的隐性本质、本性、规律，那么其本质、本性、规律究竟是什么？这就需要做出回应。邵雍说：“《易》曰：‘穷理尽性以至于命。’所以谓之理者，物之理也；所以谓之性者，天之性也；所以谓之命者，处理性者也。所以能处理性者，非道而何？”② 物之理，就是物的原理、原则，即是物的本质理则，穷理就是要追根究底地穷尽物理；物性，天命之谓性，是指天赋予物的本性，物各有性，性各不同，尽性就是毫不遗留地体认尽各不相同的物的本性，如此，才能按各物的本性来实践。命是物的一种必然的指向或趋势，或曰规律性，只有掌握物的必然的规律性，才能对物的本质理则和物的本性有了真知，而能依物的本质理则和本性去实践。穷之而理无不贯，尽之而性无不全。而至于命，即通达终极命的境界，换言之，即安身立命境界。若违反物的本质理则和本性，不遵照物的必然趋势的规律性，便会导致国乱而亡。“《易》之为书，将以顺性命之理者，自然也。孔子绝四从心，一以贯之，至命者也。颜子心齐屡空，好学者也。子贡积多以为学，意度以求道，不能刳心灭见，委身于理，不受命者也。《春秋》循自然之理而不立私意，故为尽性之书也。”③《易》讲顺性命之理，就是遵循自然。孔子知天命，从心所欲而不逾

---

① 《观物内篇之十二》，《皇极经世书》，296 页。

② 同上书，253 页。

③ 《观物外篇·心学第十二》，《皇极经世书》，435 页。

矩，所以无意、必、固、我，而贯于一，一就是太极，命所由立。颜回好学，心不违仁，屡空而安身立命，无间于道。子贡学务多积，道在意中，不能刬灭私见，委身任性命之理，有违自然。孔子作《春秋》，循理而讲私意，任其自然，所以《春秋》乃讲性命之书，与《易》旨趣相同。这与王安石以《春秋》为“断烂朝报”，其价值评价截然不同。

穷理之理，或曰天理。天理是造化自然的机枢。“能循天理动者，造化在我也。得天理者，不独润身，亦能润心；不独润心，至于性命亦润。循理则为常，理之外则为异矣。”① 天理贯通身心性命，遵循天理动克，造化在我。润乎身心，心旷神怡，润于性命，各正性命，保合太和。若自外于天理，便是对天理的违背。人生之乐，莫若得天理。“若得天理真乐，何书不可读，何坚不可破，何理不可精。”② 发于自然的内心真乐，是天理真乐。邵雍屡讲天理，这对于宋明理学的奠基者程颢所谓“天理二字却是自家体贴出来”，是有启发作用的。

理作为能穷的所穷者，是天地间普遍存在的，它无所不在，无处不有。“事无巨细，皆有天人之理，修身，人也；遇不遇，天也，得失不动心，所以顺天也。行险侥幸，是逆天也。求之者人也，得之与否天也。得失不动心，所以顺天也，强取必得，是逆天理也。逆天理者，患祸必至。”③ 天下的事情不分巨细，都具有天人之理。天有天理，人有人理，天有天学，人有人学。天人各有其性、其能，不能替代，人主修身、安身，天主命运、机遇，修身、安身做到得失不动心，即对外在利欲不动心，便是顺从天理；行险侥幸以求利欲，是逆天理。顺天理修身，而天应之，逆天理强求，祸患必至。顺逆天理，后果殊别。“变从时而顺天下之理，不失义之大权者，君子之道也。”④ 变通趋时，经权随事，顺理而不失义，便是时中君子之道。

理为数理之理。邵雍讲先天象数之学，他认为数出于理。“象起于形，数起于质，名起于言，意起于用。天下之数出于理，违乎理，则入于术，世人以数而入于术，故不入于理也。”⑤ 象起于拟诸其形

① 《观物外篇·心学第十二》，《皇极经世书》，426 页。
② 同上书，437 页。
③ 同上书，434 页。
④ 《观物外篇·后天〈周易〉理数第六》，《皇极经世书》，357 页。
⑤ 同上书，354 页。

容。参天两地而倚数，数起于物生有质，天一、地二、天三、地四，以纪数。名当辨物，卦各有名，杂而不越，起于名言，意不可见，是不显现的，立象以尽意，起于刚柔互用，出入都适宜。究意、言、象各得而皆通于数。数出于理，数若违理而徒任乎数，则入于术数，就不入于理数了。理数是属于《易》的内象，内象是一种定理定数，不更改，与其相对应是外象，外象各指定一物，如《屯》卦乘马，《蒙》卦纳妇、克家，象皆外指，拟诸形象，为外象。然而，"圣人知天下万物之理，而一以贯之"①。不仅意、言、象一以贯之，而且天理人理，物理义理，天学人学，统统一以贯之，圆融无碍。

如何穷理？修身、安身是人之事，"至理之学，非至诚不至"②。穷理尽性而至于命，性命之理，诚可至，若诚有未至，那么，就不能尽性致命。所以，至理之学，惟有至诚能达到。《中庸》既讲诚者与诚之者的天道与人道，又讲自诚明与自明诚的性与教。邵雍解释说："资性得之天也，学问得之人也。资性由内出者也，学问由外入者也。自诚明，性也；自明诚，学也。"③ 由至诚而明德，是人的天性，天命之谓性，天由内出，诚无不实，明无不照。由明德而实践诚的道德理念，是后天的教化和学习的结果，由教化和学习而明诚的，是外入的，而非内出的。朱熹讲诚，便是真实无妄、天理之本然的意思。邵雍解诚，便规定为："诚者，主性之具，无端无方者也。"④ 诚而无妄，天道在我，继善成性，诚以主之，所讲诚为主性的器具，欲求其端始和方所，无端始可寻，无方所可究，作为天道的诚，神妙不息。

"自诚明"的性，资于天，"万物受性于天，而各为其性也。在人则为人之性，在禽兽则为禽兽之性，在草木则为草木之性"⑤。"乾道变化，各正性命"，所以说，"不知乾，无以知性命之理"⑥。乾为天道，元亨利贞，理无不贯。不知乾，就不能知道穷理尽性。万物受性于天，人与禽兽草木各各禀受其性，由于人与禽兽草木所受的本性不同，因此，各自相分别。从这个意义上说，"言性者必归于天，言体者必归于地"⑦。性为天命，其禀有质，质纯粹而性得以

① 《观物外篇·后天〈周易〉理数第六》，《皇极经世书》，360页。
②③④ 《观物外篇·心学第十二》，《皇极经世书》，426页。
⑤ 《观物外篇·声音唱和万物通数第十》，《皇极经世书》，408页。
⑥ 《观物外篇·后天〈周易〉理数第六》，《皇极经世书》，350页。
⑦ 《观物外篇·声音唱和万物通数第十》，《皇极经世书》，404页。

形成，刚柔为性所具有，阴阳之质有分，“神无方而性有质”①。性质的变化神妙不测，不可方物。

性是内在的，是未发的，其已发便是情，是外在的、显露的。所以有性便有情。从性情终极本根说，“性情形体者，本乎天者也”②。天有阴阳，“阳性而阴情，性神而情鬼。阴者，阳之影；鬼者，人之影也”③。“太极不动性也。发则神，神则数，数则象，象则器，器则变，复归于神也。”④ 太极本体，寂然不动，感而遂通感发则神，性神而情鬼，阴随阳，阳有形，而阴为阳的影，鬼为阴，随于阳，为人的影。由太极不动之性，推衍发为神、数、象、器、变，复归于神。这就是“发于性则见于情，发于情则见乎色，以类而应也”⑤。发根于内，由静而动；见于外，由微而著。发性见情，发情见色；发阳见阴，应阳阴显。阳性不发、阴情不见，以类相应。犹“月者日之影也，情者性之影也。心性而胆情，性神而情鬼”⑥。以性情的关系，为影者与其影的关系，是不可相离的，犹人与人的影子，永远相随。

邵雍不仅将性情关系喻为影者与影，而且也将其喻于言、意、象、数关系。“夫意也者，尽物之性也。言也者，尽物之情也。象也者，尽物之形也。数也者，尽物之体也。”⑦《渔樵问答》有相同的话：“可以意得者，物之性也；可以言传者，物之情也；可以象求者，物之形也；可以数取者，物之体也。用也者，妙万物为言者也，可以意得而不可以言传。”⑧ 意、言、象、数为物的性、情、形、体。意是为穷尽物的本性，言要把物的情感完全表达出来，象要尽量像物的形象，数尽取物的体。意、言、象、数四者关系，邵雍说：“君子于《易》，玩象、玩数、玩辞、玩意，有意必有言，有言必有象，有象必有数。象生则言彰，言彰则意显。象数则筌蹄也，言意则鱼兔也。得鱼兔而忘筌蹄，可也，舍筌蹄而求鱼兔，则未见其得也。”⑨ 筌是捕鱼

① 《观物外篇·后天〈周易〉理数第六》，《皇极经世书》，356页。
② 《观物内篇之十一》，《皇极经世书》，289页。
③ 《观物外篇·后天〈周易〉理数第六》，《皇极经世书》，359页。
④ 同上书，358页。
⑤ 《观物外篇·声音唱和万物通数第十》，《皇极经世书》，409页。
⑥ 同上书，410页。
⑦ 《观物内篇之四》，《皇极经世书》，260页。
⑧ 《渔樵问答》，《百源学案上》，《宋元学案》卷九，《黄宗羲全集》第三册，460页。
⑨ 《观物外篇·后天〈周易〉理数第六》，《皇极经世书》，353页。

的工具，蹄是捕兔的工具。《庄子·外物》载："筌者所以在鱼，得鱼而忘筌；蹄者所以在兔，得兔而忘蹄。"捕到鱼兔，就可忘掉捕鱼兔的工具，王弼循此思维理路，将鱼、兔、筌、蹄四者关系喻为意、言、象的关系，他说："夫象者，出意者也。言者，明象者也。尽意莫若象，尽象莫若言。言生于象，故可寻言以观象；象生于意，故可寻象以观意。意以象尽，象以言著。故言者，所以明象，得象而忘言；象者，所以存意，得意而忘象。犹蹄者所以在兔，得兔而忘蹄；筌者所以在鱼，得鱼而忘筌也。"① 王弼以义理解《易》，属义理派，故不讲数，只讲得意，得象忘言，得意忘象，得到意，言象者可以忘弃。邵雍是《易》学象数图书派，他不仅将鱼兔筌蹄四者喻为意、言、象、数，比王弼多了一个"数"，而且将其喻为性、情、形、体四者关系。邵雍不同意王弼得意忘弃言象，得鱼兔而抛弃筌蹄，而认为欲舍象数之筌蹄，求言意之鱼兔，无由而得的。意谓即使得到言意，求言意的象数也是不可丢弃的。

邵雍又把与意、言、象、数相对应的性、情、形、体，推衍为道、德、功、力以及与仁、礼、义、智相对应的化、教、劝、率。"尽物之性者谓之道，尽物之情者谓之德，尽物之形者谓之功，尽物之体者谓之力。"② 又说："仁也者，尽人之圣也。礼也者，尽人之贤也。义也者，尽人之才也。智也者，尽人之术也……尽人之圣者谓之化，尽人之贤者谓之教，尽人之才者谓之劝，尽人之术者谓之率。道德功力存乎体者也，化教劝率存乎用者也。体用之间，有变存焉者，圣人之业也。"③ 性情形体与仁礼义智其所构成尽物的道德功力与化教劝率关系，是体与用的关系。体依用显，用依体立，体用不离，不可或缺。其间的权变，是昊天化生万物和圣人教率万民，为此，需要权变以应万物万民。民物一道，权变一机。道德功力和性情形体为体，性自然为体，"性非体不成，体非性不生。阳以阴为体，阴以阳为性。动者性也，静者体也。在天则阳动而阴静，在地则阳静而阴动。性得体而静，体随性而动，是以阳舒阴疾也"④。性情形体，性统情，体合形，性体相须，而成性。性主动，体主静。在天，动属阳，静属阴；在地，阳反处静，阴处动。性阳本动，得

① 《周易略例·明象》，《王弼集校释》，609页。

②③ 《观物内篇之四》，《皇极经世书》，260页。

④ 《观物外篇·阙疑第十一》，《皇极经世书》，422～423页。

体的阴而静；体阴本静，随性之阳而动，性体相资，动静相须，是为权变性情、阴阳、动静。

邵雍以道德功力为体，化教劝率为用。体以用显，如何显用？以善显用。“善化天下者，止于道而已；善教天下者，止于尽德而已；善劝天下者，止于尽功而已；善率天下者，止于尽力而已。以道德功力为化者，乃谓之皇矣。以道德功力为教者，乃谓之帝矣。以道德功力为劝者，乃谓之王矣。以道德功力为率者，乃谓之伯矣。”① 善化、善教、善劝、善率，四者止于道德功力，与之相对应的运用者是皇、帝、王、伯。以化教劝率为道德功力的，与之相应的经典文本为《易》、《书》、《诗》、《春秋》，此四者与天地相始终。若以善化教劝率天下，天下就能行善，这是安身立命的进路。

人性善恶在人的言行中能表现出来，“凡人之善恶，形于言，发于行，人始得而知之。但萌诸心，发于虑，鬼神已得而知之矣。此君子所以慎独也”②。善恶形发于言行，是显现的，但善恶发萌于心虑，是隐微的。人只能看到显现的，鬼神能知隐微的，所以人要慎独。为什么要慎独？邵雍认为善恶是会报应的。“人积善而阳多，鬼益畏之矣。积恶而阴多，鬼不畏之矣。大人者，与鬼神合其吉凶，夫何畏之有！”③ 人积善阳多，而有余庆，吉；积恶阴多，而有余殃，凶。鬼神据人的积善积恶，而予以吉凶祸福。基于此，邵雍要人“良药不可以离手，善言不可以离口”④。良药利病，善言利行。“敛天下之善为善，则广矣”⑤。广积善，利天下。

广积善之方，目的就在于去利欲。“为学养心，患在不由直道。去利欲，由直道，任至诚，则无所不通。天地之道直而已，当以直求之。若用智数由经以求之，是屈天地而徇人欲也，不亦难乎！”⑥ 为学养心的要旨，就在于去利欲。去利欲当由直道而行，以至诚的态度去做，没有不能去利欲的。如果利用私智计谋以求去利欲，是达不到修身养性的要旨的。为学养心安身的工夫就是内圣的修养。邵雍认为养心安身的内圣与利欲的外物，是内重抑或外重的问题。“人必内重，内重则外轻。苟内轻必外重，好利好名，无所不至。

① 《观物内篇之五》，《皇极经世书》，261页。

② 《观物外篇·心学第十二》，《皇极经世书》，430页。

③ 《观物外篇·后天〈周易〉理数第六》，《皇极经世书》，360页。

④ 《观物外篇·心学第十二》，《皇极经世书》，439页。

⑤ 同上书，432页。

⑥ 同上书，433页。

义重则内重，利重则外重。”道义为内，名利为外，义利之辨，审乎内外，较乎轻重。“夫义者，让之本也。利者，争之端也。让则有仁，争则有害，仁与害，何相去之远也！尧、舜亦人也，桀、纣亦人也，人与人同，而仁与害异尔。仁因义而起，害因利而生，以利不以义，则臣弑其君者有焉，子弑其父者有焉，岂若路人之相逢，一日而交袂于中逵者哉！”① 义是仁爱谦让之善性的表现，利是争端害人的根源，是恶的表征。前者如尧、舜，后者如桀、纣，以利不以义，便发生臣弑君、子弑父等叛道逆伦等罪恶。邵雍以重义轻利为积善养心安身之方，提升人的仁义道德内圣，以完善人的善性。

明穷理尽性而至于命的“命”，邵雍认为命有四命。“所以自古当世之君天下者，其命有四焉：一曰正命，二曰受命，三曰改命，四曰摄命。正命者，因而因者也；受命者，因而革者也；改命者，革而因者也；摄命者，革而革者也。因而因者，长而长者也；因而革者，长而消者也；革而因者，消而长者也；革而革者，消而消者也。”② 用因、革、消、长，以释正、受、改、摄四命。正命是继天之命开始治理天下；受命是受终继承王位；改命是吊民伐罪，救民于水火，改朝换代而为王；摄命是诸侯擅权、篡权而王。因者长，革者消，因而因，命为正，长而长，为千世之事业；因而革，命为受，其帝之德，长而消，为百世的事业；革而因，命为改，其王之功，消而长，为十世之事业；革而革，命为摄，其伯之力，消而消，为一世的事业。因、革、消、长，是以知皇、帝、王、伯之事业的长短，由此可体认、把握事物变化的必然趋势或规律性。邵雍以四命阐明不同事物、情况、性质、时间，便有不同之命，即有不同的必然趋势和规律性，亦即有不同的安身立命。

理、性、命是邵雍哲学的核心话题，亦是宋明理学的核心话题。“天使我有是之谓命，命之在我之谓性，性之在物之谓理。穷理而复知性，性尽而后知命，命知而后知至。”③ 命自天曰命，我受天命为性，物各得之谓之理，理为物的本质原理、原则。所以说理不可不穷，穷物理以知我之性；性不可不尽，尽性以知天命。天命既知，

① 《渔樵问答》，《百源学案上》，《宋元学案》卷九，《黄宗羲全集》第三册，462页。

② 《观物内篇之五》，《皇极经世书》，262～263页。

③ 《观物外篇·后天〈周易〉理数第六》，《皇极经世书》，358页。

便可缘理通性，缘性知命，为知的至极。穷理尽性以至于命，是由物理——心性——天命不断度越的形而上的安身立命路线，也即物理的生存世界——心性的意义世界——天命的可能世界的终极关切路线。如果说邵雍是《易》学象数图书派，那么，周敦颐便是《易》学义理图书派，他们从《先天图》和《太极图》的阐释中为往圣继绝学，从佛教强势文化中，续中华学说之血脉，承中华学说理性命与安身立命之道统，共同开启了宋明理学之端始。

（四）世界精神的人文关怀

如果说由物理——心性——天命，是一种不断度越的形而上的安身立命路线，那么，由元、会、运、世构成的世界图式则是一种预设未来的形而下实践路线。邵雍的天地（宇宙、世界）与其他万物一样，都是有终始的，这是万物自身内在的必然性规则，也是太极大化流行、化生万物的世界精神的体现。其《易》学的主旨是推天道以明人事，因而他把《周易》“自《乾》、《坤》至《坎》、《离》，以天道也；自《咸》、《恒》至《既济》、《未济》，以人事也”①。后天理数上经讲天道，下经讲人事。《乾》、《坤》为首，《坎》《离》为中，坎水、离火，水火相交而《既济》，不交而《未济》于终，而合于天。天道具元亨利贞四德，人道以吉凶悔吝相应。“元亨利贞，变易不常，天道之变也；吉凶悔吝，变易不定，人道之应也。元亨利贞之德，各包吉凶悔吝之事。虽行乎德，若违乎时，亦或凶矣。天变而人效之，故元亨利贞，《易》之变也；人行而天应之，故吉凶悔吝，《易》之应也。”② 天道四德不常而屡变，人道吉凶悔吝四占，不定而随变。天变人效，天道变人道应。变中有应，天道；应中有变，人事。变则凶，应则吉；变则吝，应则悔。天以元亨为变，利贞为应，元变亨应，利变贞应，为天道变中之应。人以吉凶为应，悔吝为变，变凶应吉，变吝应悔，为人事应中有变，天人互变互应，变变应应，应应变变。天人应变相合。

天人应变、变应均以四为基数，而构成天地人事随变所应、大化流行的逻辑规则。“物之大者无若天地，然而有所尽也。天之大阴阳尽之矣，地之大刚柔尽之矣。阴阳尽而四时成焉，刚柔尽而四维成焉。夫四时四维者，天地至大之谓也，凡言大者，无得而过之也。

① 《观物外篇·后天〈周易〉理数第六》，《皇极经世书》，347 页。

② 同上书，348 页。

亦未始以大为自得，故能成其大，岂不谓至伟者与!”[1] 天地之大，尽于阴阳刚柔。立天之道曰阴与阳，分之太阳、少阳、太阴、少阴，而成四时，天之大尽于此。立地之道曰柔与刚，分之太柔、少柔、太刚、少刚，而成四维，地之大尽于此。四时运而天行不息，四维具而地势不虚。一动一静交，而天地之道尽，一阴一阳交，而天之用尽，一刚一柔交，而地之用尽。太阳为日，太阴为月，少阳为星，少阴为辰，四者交而天之体尽。太柔为水，太刚为火，少柔为土，少刚为石，此四者交而地之体尽。

为什么邵雍的《皇极经世书》舍金木水火土而用水火土石？邵雍的儿子邵伯温诠释说：“日月星辰，天之四象也；水火土石，地之四体也。金木水火土者，五行也。四象四体，先天也；五行，后天也。”[2] 两者为先天、后天的分别。这是依《先天图》太极、两仪、四象而推衍天道人事，乃是自然的道理。朱熹对此解释说：“康节以四起数，叠叠推去，自《易》以后，无人做得一物如此整齐，包括得尽。想他每见一物，便成四片了。”[3] 朱熹认为，邵雍体认到以四起数有一过程：“康节其初只是看得‘太极生两仪，两仪生四象’，心只管在那上面转，久而理透，想得一举眼便成四片。其法，四之外又有四焉。”[4] 只有体认得透彻，才能从《周易·系辞》所说的“太极生两仪，两仪生四象”中度越出来，领悟到“《易》是卜筮，《经世》是推步，是一分为二，二分为四，四分为八，八分为十六，十六分为三十二，又从里面细推去”[5]。这种加一倍法，以“四”为基数的“推步”，构成整体演化的世界图式路线。

邵雍认为，“《易》之数，穷天地终始。或曰：天地亦有始终乎？曰：既有消长，岂无始终。天地虽大，是亦形器，乃二物也”[6]。《易》数无穷，其穷也，与天地之数相始终。天数 36，地数 24，合成 60，总始六六，天两其三，地三其两，六而合之，则 12 日，12 时，年 12 月，运 12 世，元 12 会，往来古今，无不包括。从时推日，日推月，月推年，年推 129 600 全数，不外月 30 日，世 30 年，

① 《观物内篇之一》，《皇极经世书》，246 页。

② 《观物内篇》，《百源学案上》，《宋元学案》卷九，《黄宗羲全集》第三册，444 页。

③ 《朱子语类》卷 100，2546 页。

④ 同上书，2546 页。

⑤ 同上书，2547 页。

⑥ 《观物外篇·以运经世观物理数第九》，《皇极经世书》，393 页。

会30运，周60甲子而衍申。这就是天地始终之数，而见《易》数穷变之理。天地（宇宙、世界）始终推演的算法是："日经天之元，月经天之会，星经天之运，辰经天之世。"① 以元、会、运、世与天的日、月、星、辰相当。一日有12时，一月有30日，一年有12月，一时有30分。一元有12会与一年有12月配，一月有30运与一月有30日配，一运有12世与一日有12时配，一世有30年与一时有30分配。这就是朱熹所说的"一元统十二会，十二会统三十运，三十运统十二世，一世统三十年，一年统十二月，一月统三十日，一日统十二辰，是十二与三十迭为用也"②。其元、会、运、世的数是：一元十二会（1×12＝12），一会三十运（1×12×30＝360），一运十二世（1×12×30×12＝4 320），一世三十年（1×12×30×12×30＝129 600）。这为一元之数，是世界的初始时期，是元与元会运世次第相交乘，再由会与元会运世、运与元会运世、世与元会运世再次第交乘，至世之世，共为55 987.2万年。元会运世如此次第相交乘，循环往复，以至于无穷。这就是邵雍所推步的世界年谱路线图。

邵雍世界年谱路线图的元会运世与其相当的日月星辰，虽然是时间概念，但亦蕴涵着空间的意蕴。既渗透着世界精神，亦包含着人文关怀。他认为以第一元日甲来说③，一元第一会为月子，一阳初起，开天于子，如复卦；一元第二会为月丑，二阳已起，辟地于丑，如临卦；一元第三会为月寅，已起三阳，三阳开泰，人物生于寅，如泰卦；一元第四会为月卯，第五会为月辰，第六会为月巳，阳已全盛，如乾卦所象征，是人类文明的全盛期，中华历史的唐尧盛世。一元第七会为月午，一阴已起，如姤卦，是中华历史上的夏、殷、周、秦、两汉、两晋、三国、南北朝、隋唐、五代；一元第八会为月未，二阴起，如遯卦；一元第九会为月申，三阴起，如否卦；一元第十会为月酉，四阴起，如观卦；一元第十一会为月戌，五阴起，为剥卦，万物被剥，是为"闭物"；一元第十二会为月亥，阴全盛，为坤卦，阴消阳，天地临终，一元十二会的日甲之数终结。旧天地灭，新天地生，日乙又开始十二会的运行，周而复始，循环无限。

---

① 《观物内篇之十》，《皇极经世书》，281页。

② 《朱子语类》卷一〇〇，2547页。

③ 参见邵雍之子邵伯温的《经世一元消长之数图》，转引自《性理大全》卷八。

从一元第六会到第七会，即从唐尧以后的人类文明历史形成了皇、帝、王、伯四期。“自羲轩而下，祖三皇也。自尧舜而下，宗五帝也。自文武而下，子三王也。自桓文而下，孙五伯也。祖三皇，尚贤也。宗五帝，亦尚贤也。三皇尚贤以道，五帝尚贤以德。子三王，尚亲也；孙五伯，亦尚亲也。三王尚亲以功，五伯尚亲以力。呜呼！时之既往，亿千万年。时之未来，亦亿千万年。仲尼中间生而为人，何祖宗之寡，而子孙之多耶？所以重赞尧舜至禹，则曰吾无间然矣。”① 孔子忧患地感叹，人类历史的演化，祖三皇、宗五帝的尚贤的道德愈来愈少，而子三王、孙五伯的尚亲的功力却愈来愈多。孔子回顾既往的历史经验，展望未来的历史发展，认为应重新弘扬、赞赏三皇五帝尚贤的政治哲学和道德的伦理规范，以使子三王、孙五伯奉行尚亲的政治哲学和功力的强力思维有所借鉴和收敛。

邵雍从四时、四德、四经、教化、政治、言意等各个层面来阐明皇、帝、王、伯的价值。如昊天的四府，春夏秋冬、阴阳升降；圣人的四府，《易》、《书》、《诗》、《春秋》，礼乐污隆；观春知《易》所存，观夏知《书》所存，观秋知《诗》所存，观冬知《春秋》所存；三皇同意、同仁、同性、同圣而异化，五帝同言、同礼、同情、同贤而异教，三王同象、同义、同形、同才而异劝，五伯同数、同智、同体、同术而异率。“同意而异化者，必以道。以道化民者，民亦以道归之，故尚自然。夫自然者，无为无有之谓也。”② 三皇以自然无为作为为政治国的政治原则，无为非不为而能广，无有非不有而能大，广大悉备，所以能以道化天下。

五帝“同礼而异教者，必以德。以德教民者，民亦以德归之，故尚让。夫让也者，先人后己之谓也”③。以伦理道德教化百姓，百姓也会讲伦理道德，社会礼让有序。礼让就是讲先人后己，能知天下为天下人之天下，非己的天下。

三王“同形而异劝者，必以功。以功劝民者，民亦以功归之，故尚政。夫政也者，正也，以正正夫不正之谓也。天下之正莫如利民焉，天下之不正莫如害民焉。能利民者正，则谓之王矣。能害民者不正，则谓之贼矣。以利除害，安有去王耶！以王去贼，安有弑

---

① 《观物内篇之六》，《皇极经世书》，265～266页。

② 《观物内篇之四》，《皇极经世书》，257页。

③ 同上书，258页。

君耶！是知王者正也。能以功正天下之不正者，天下亦以功归焉”①。三王以功劝百姓，百姓崇尚政治。政就是正的意思，正的政治哲学价值，就在于以正纠正不正；天下正就利民，不正就害民，能利民者为王，害民者为贼。如果能做到以利除害，哪里会有去除王的事件发生，以王去贼，哪能会有弑君的叛逆之事呢！

五伯“同术而异率者，必以力。以力率民者，民亦以力归之，故尚争。夫争也者，争夫利者也。取以利，不以义，然后谓之争。小争交以言，大争交以兵。争夫强弱者也，犹借夫名焉，谓之曲直名也者，命物正事之称也。利也者，养人成务之具也。名不以仁，无以守业，利不以义，无以居功。利不以功居，名不以业守，则乱矣，民所以必争之也。五伯者，借虚名以争实利者也。帝不足则王，王不足则伯，伯不足则夷狄矣”②。讲霸力、强力，崇尚竞争、斗争、争霸。争就是为争利，重利忘义。小争为言语要争，大争以兵戎相见。争强弱之名，名不仁不能守业，利不义无以居功，天下就动乱了。五伯借虚名以争实际利益，就会沦于夷狄了。

邵雍从三皇、五帝、三王、五伯的异化、异教、异劝、异率中论述其政治价值理想、为政治国的政治哲学原则、政治导向、政治措施，以及如何化民、教民、劝民、率民等，有一个整体性政治设计。不过，这种政治设计需要理论思维的支撑，经典文本的依据，才能具有合理性、合法性和权威性。“以化教劝率为道者，乃谓之《易》矣。以化教劝率为德者，乃谓之《书》矣。以化教劝率为功者，乃谓之《诗》矣。以化教劝率为力者，乃谓之《春秋》矣。此四者，天地始则始焉，天地终则终焉，始终随乎天地者也。”③ 因此，以化为道，兼教与劝率，称其为《易》。以教为德，兼化与劝率，称其为《书》。以劝为功，兼化教与劝率，称其为《诗》。以率为力，兼化教与劝率，称其为《春秋》。四府天人递用，一以备四，始终往复。

邵雍政治设计的合理性、合法性、权威性，还在于天人时经之道。“春夏秋冬者，昊天之时也。《易》、《书》、《诗》、《春秋》者，圣人之经也。天时不差，则岁功成矣；圣经不忒，则君德成矣。天有常时，圣人有常经，行之正则正矣，行之邪则邪矣，邪正之间，

① 《观物内篇四》，《皇极经世书》，258页。

② 同上书，259页。

③ 《观物内篇五》，《皇极经世书》，261页。

有道存焉。行之正则谓之道，行之邪则谓之邪道。邪正由人乎！由天乎！”① 昊天四府，天时不差，春夏秋冬岁功成，圣人四府，圣经没有差错，而君德成。天与人都有常时常经，行为活动的正邪，有道存其间。天人常时常经，便是正道，正道符合天人四府，便达天人合一的境界。这样其政治设计便是天人合一价值理想的实现，也是其世界精神的人文情怀的体现。

邵雍的天学与人学的圆融无碍，使其先天象数推步之学与后天理性命人文之学得以妙凝和合，为宋明理学开出线路，具有筚路蓝缕的历史价值。邵雍之所以如此，是与其人格、心胸、精神分不开的。朱熹《语录》载：“问：‘近日学者有厌拘检，乐舒放，恶精详，喜简便者，皆欲慕邵尧夫之为人。’曰：‘邵子这道理，岂易及哉！他腹里有这个学，能包括宇宙，始终古今，如何不做得大？放得下？今人却恃个甚后敢如此！’因诵其诗云：日月星辰高照耀，皇王帝伯大铺舒。可谓人豪矣。”② 由此可体认邵雍思想世界的大气，价值理想的幽远，人文情怀的崇高，以及安身立命的关切。

① 《观物内篇九》，《皇极经世书》，279页。

② 《朱子语类》卷一〇〇，2542页。

附录三
张栻为湖湘学的集成

胡宏的传人是张栻（1133—1180），他与朱熹、吕祖谦并称“东南三贤”。他系统阐述了湖湘学理论思维，为宋明理学的发展做出了重要贡献。其父张浚是抗金名将，曾任丞相。张栻从小便受“仁义忠孝之实”的家教，终于成就其学。他之所以成为“东南三贤”，黄宗羲有一说明：“南轩之学，得之五峰，论其所造大要，比五峰更纯粹，盖由其见处高，践履又实也。朱子生平相切磋得力者，东莱、象山、南轩数人而已。东莱则言其杂，象山则言其禅，惟于南轩，为所佩服。一则曰敬夫见识卓然不可及，从游之久，反复开益为多；一则曰敬夫学问愈高，所见卓然，议论出人表。近读其语，不觉胸中洒然，诚可叹服。然南轩非与朱子反复辩难，亦焉取斯哉，第南轩早知持养是本，省察所以成其持养，故力省而功倍。朱子缺却平日一段涵养工夫，至晚年而后悟也。”① 一是张栻学说比胡宏纯粹，见高履实，胡宏的湖湘学得张栻而光耀。二是与朱熹频繁切磋学术，为朱熹所佩服。在互相切磋中，亦互相吸收。三是朱熹赞扬张栻见识卓越，受益良多，学问高，议论精。

（一）太极之所以生生

如果说胡安国、胡寅有将北宋以来心理二分而加以融突和合的萌觉，胡宏又有将道性融突和合的觉解，那么张栻与朱熹、吕祖谦、陆九渊、杨万里等交友论学，书信往返，答问切磋，意深义重。此时朱陆两派，学术观点分歧已显，张栻克继湖湘学的“心与理一”、“道与性一”的思想路线，企图将周敦颐以来道学各派理论思维核心

① 《南轩学案》，《宋元学案》卷五十，《黄宗羲全集》第四册，981页。

范畴如太极、理、性、心等加以融突和合，而开出新内涵、新思维。然而由于其中年谢世，而未能完成其新思维的理论体系建构。他死后，由于内外形势的影响，湖湘学派呈离析之势。这一方面是朱、陆和浙东永嘉、永康学派理论思维的盛行，使湖湘学派边缘化；另一方面是湖湘学派失去了领军的思想大家，而“无一人得其传”①，后继无大家，是其学术地位日落的主因。

之所以讲张栻未完成其新思维的理论体系的建构，一是他未能把道学所论述的太极、理、心、性等范畴融突而和合为一统摄的核心范畴，即构成以某一范畴为核心的逻辑结构；二是未能从逻辑序列上构成核心范畴与诸多范畴的统摄关系；三是未能高屋建瓴地在清理朱、陆、永嘉、永康学派理论思维基础上，彰显湖湘学的理论思维之独特性、个体性。统而言之，其吸收道学各派核心范畴的理论成果多，而自己的独创性弱，这是其弊。

张栻尊崇周敦颐的《太极图说》，认为自秦汉以来，言治者溺于五霸功利之说，求道者沦于异端空虚之说，周敦颐在这个情境下，“崛起于千载之后，独得微旨于残编断简之中，推本太极，以及乎阴阳五行之流布，人物之所以生化，于是知人之为至灵，而性之为至善，万理有其宗，万物循其则，举而措之，则可见先生之所以为治者，皆非私知之所出，孔孟之意于以复明”②。以周敦颐为继孔孟之绝学，是使道统复明的人，而与程颐讲程颢为道统复明者并列。周敦颐复明道统之功，是于残编断简之中，推本太极，以阴阳动静、五行流布，人物化生。由立太极至立人极，人得无极之真，二五之精，妙合而凝，而最灵，五性感动而善恶分，万物万理便有其宗其则。张栻对太极作了规定：

其一，太极为所以生生者。“太极之说，某欲下语云：《易》也者，生生之妙也；太极者，所以生生者也。曰《易》有太极，而体用一源可见矣。”③ 天地万物生生不息，太极是所以生生的根据，是万物生生的形而上者。作为天地万物所以生生的本根、本体，程朱等一般将其规定为寂然不动、感而遂通的。张栻依周敦颐《太极图说》之“太极动而生阳”、“静而生阴”的思想，直接赋予太极动的

---

① 黄宗羲语，《南轩学案》，《宋元学案》卷五十，《黄宗羲全集》第四册，982页。

② 《南康军新立濂溪祠记》，《南轩集》卷十，《张栻全集》，706页，长春，长春出版社，1999。

③ 《答吴晦叔》，《南轩集》卷十九，《张栻全集》，825页。

功能，换言之，赋予理以动的功能，化解了朱熹人骑马之喻的理、太极所以生生的困境。太极如何生生？“太极动而二气形，二气形而万物化，生人与物俱本乎此者也。”① 太极动，阴阳二气形成；二气形，万物化生，人与物都以太极为本根。“太极混沦，生化之根，阖辟二气，枢纽群动。”②《易》有创生的神妙，太极是生命流动的根源，是开合二气、群动万物的总枢纽。

阴阳二气，即是两仪。“夫自太极既判，两仪肇焉，故阖户之坤所以包括万物而得阴也；辟户之乾所以敷生万物而得阳也。即乾坤之一阖一辟，所以谓之变；即乾坤之往来不穷，所以谓之通。”③ 太极的分判，而生两仪，乾坤的开合、敷生，包括万物而得阴阳；乾坤的开合往来，构成其变通化生流行形态。这构成了万物的逻辑结构，回应了太极如何化生万物以及化生万物的程序话题。

开合 乾阳 变
太极——两仪——{ }——
往来 坤阴 通

其二，太极为中道。他说：“《易》有太极者，函三为一，此中也。如立天之道曰阴与阳，而太极乃阴阳之中者乎！立地之道曰柔与刚，而太极乃刚柔之中者乎！立人之道曰仁与义，而太极乃仁义之中者乎！此太极函三为一，乃皇极之中道也。”④ 太极是天地人三道的阴阳、柔刚、仁义之中，它统摄天地人三道，包含三者为一。换言之，是天地人三道的阴阳、刚柔、仁义融突为中而和合为中道。显然，这是对太极是什么、太极的本质如何表述的追问。如果与张栻的中和之辩相联系，那么，中和之辩的形而上追寻，就是太极中道，或曰皇极中道。太极之所以为中道，“圣人作《易》，所谓六爻者乃三极之道，故三才皆得其中，是乃顺性命之理也”⑤。是因为《易》每个卦有六爻，六爻象征天地人三极之道。穷理尽性而至于命，中是对理性命的把握和体贴。

其三，太极为道器、有无相即。彭子寿问“无极而太极”，张栻

① 《存斋记》，《南轩集》卷十一，《张栻全集》，719 页。
② 同上书，722 页。
③ 《系辞上》，《南轩易说》卷一，《张栻全集》，11 页。
④ 同上书，11～12 页。
⑤ 同上书，12 页。

答："此语只作一句玩味。无极而太极存焉，太极本无极也。若曰自无生有，则是析为二体矣。"① 无极与太极不能离析为二体。之所以会产生"自无生有"误解，是由于对周敦颐《太极图说》中"太极本无极也"的诠释。张栻认为，若把无极作为太极的本根讲，就会导致"自无生有"说，这样必然得出无极与太极为二体的结论。无极而太极，是即无极即太极。如果以无极为无，太极为有，或者以无极为道，太极为器，都会导致以无极与太极为二体之弊。

太极即道即器，即有即无，道器不离，有无相依。张栻说："道不离形，特形而上者也；器异于道，以形而下者也。试以天地论之，阴阳者形而上者也，至于穹窿磅礴者，乃形而下者欤！离形以求道，则失之恍惚，不可为象，此老庄所谓道也，非《易》之所谓道也。《易》之论道器，特以一形上下而言之也。"② 《周易·系辞传》说："形乃谓之器"，道不离形，即道不离器。张栻从道不离形出发，批评老、庄离形求道，而陷惟恍惟惚，不可察识，与《易》所讲的道不离形异趣。朱熹曾与陆九渊辩论道器的形而上下问题。陆九渊认为，"一阴一阳之谓道"，阴阳即是道，阴阳为形而上者。朱熹则认为"形而上者谓之道，形而下者谓之器"，阴阳为形而下者，而非形而上者，其所以阴阳者，道也。道是阴阳的所以然者。张栻则"以一形而上下"，即以道器、形而上下为一，而与朱熹异，亦与陆九渊殊。陆氏以道器形而上下不分，张栻以道器形而上下相即、不离相依。"是故形而上者之道托于器而后行，形而下者之器得其道而无弊"③。道器形而上下只有相依不离，才能举措天下。

道器相即相依，而推之有无关系。他说："圣人悟《易》于心，觉《易》于性，在道不泥于无，在器不堕于有，微妙并观，有无一致。故化而裁之者明乎道器，穷而能变也；推而行之者察乎道器，便而能通也。"④ 圣人对心性体认，是由于对《易》的觉悟，由此而推致道器无有的不泥不堕。道泥于无而不有，器堕于有而无无，这就偏离道器有无相即相依的原则。若以微妙并观的观法，即兼观方法，便可体认道有无的一致性。张栻以化而裁之和推而行之的实践，沟通形而上之道（无）的玄妙性、虚无性、普遍性与形而下之器

① 《答彭子寿》，《南轩集》卷三十一，《张栻全集》，983页。

② 《系辞上》，《南轩易传》卷一，《张栻全集》，16～17页。

③④ 同上书，17页。

（有）的具体性、形象性、特殊性，使形而上玄虚的道（无）与形而下日用的器（有）融突而和合，体现了张栻对百姓日用的关切，“乃推其道器举而措之天下，而世之人指之为事业也”①。

其四，太极体用一源。张栻认为，太极“体用一源，显微无间，其太极之蕴欤！所谓‘太极天地之性’，语意亦未圆，不若云天地亦形而下者，一本于太极”②。太极有体有用，体用一源，显微无间，形而上天地，亦即形而下者，形而下之天地，一本于太极。“《易》也者，生生之妙也；太极者，所以生生者也。曰《易》有太极，而体用一源可见矣。”③ 由此可见，道器、形而上下、有无都可归约为太极之“体用一源”。这种“体用一源”是承认有差分的一源。

太极为所以生生者的天地万物本根；太极为皇极中道最高范畴；太极为道器、有无相即不离，沟通形而上下的融突和合；太极为体用一源。张栻对太极的这种规定，使太极既具有形而上的本根性，天地万物的根据，又具有融合形而下形器的圆融性，构成体用一源的思维活动。

（二）理为事物的所以然

张栻体用一源的思维结构，是以太极为核心话题来推演、圆融理、性、心等范畴，展开其哲学逻辑结构。太极与理的关系。他说：“是乃顺性命之理也。爰自太极既判，乃生两仪者，在天为阴阳，在地为柔刚，在人为仁义。”④ 顺性命之理，是指太极既判的天地人三极之道的阴阳、柔刚、仁义之理，以太极三极之道的阴阳、柔刚、仁义的原理、道理为指导、为价值标准，来评价、分析事物。“以其穷理之奥，而天下之好恶取舍，从违去就，揆之以理，莫不一以贯之而无所遗也。”⑤ 衡量天下的好恶，取舍事物的违就，都以理为准则，并一以贯之。如果说太极是天地万物之所以生生的本根，那么，理是太极判别天地万物是非好恶和选择天地万物取舍的准则。基于此，张栻对理作了规定。

---

① 《系辞上》，《南轩易传》卷一，《张栻全集》，17页。
② 《答吴晦叔》，《南轩集》卷十九，《张栻全集》，822页。
③ 《答吴晦叔又》，《南轩集》卷十九，《张栻全集》，825页。
④ 《系辞上》，《南轩易说》卷一，《张栻全集》，12页。
⑤ 同上书，7页。

其一，理为所以然的天理。张栻说："在天有理，惟顺以循其理，则天必眷顾而不违；在人有心，惟信以结其心，则人必归往而来辅。"① 事物只要顺从、遵循天理，而不违背，天就会眷顾它。在天有理犹如在人有心，以诚信来聚结人心，则人必来归辅。换言之，理犹如天地事物之心，所以只有遵循理而不可违。这是因为理是事物的所以然者。"事事物物，皆有所以然，其所以然者，天之理也。思其所以然而循天理之所无事，则虽日与事物接，而心体无乎不在也。"② 所以然者是指事物终极的原因、根源、根据，它是隐藏在事物之内或度越于事物之外的所以然者。"天下之事，莫不有所以然，不知其然而作焉，皆妄而已。圣人之动，无非实理也，其有不知而作者乎？"③ 事物之所以作为事物而存在，必然有其所以然存在的理，这所以然实存之理，是事物之所以存在的根据，"本然之理，非人之所得而为也。有是理则有是事，有是物"④。有理便有是事是物，理是事物的根源、本体。不知此，便是迷妄。

其二，万理在万物。张栻说："天下之生久矣，纷纭轇轕，曰动曰植。变化万端。而人为天地之心。盖万事具万理，万理在万物，而其妙著于人心。一物不体则一理息，一理息则一事废。"⑤ 天下万事万物纷纭交错，变化万端，然万事万物具有天理，万理是万事万物的生命，是这一事与物的性质的体现者，是这一物分别于某一物的标志，一理息灭了，这一事就废了；一物不体现理，理亦息灭了。万理与万事万物相依不离。理在事物，万理在则万事万物在，这是就理遍在万物的普适性的万殊之理说的。但作为万物万事所以然之理而言，它是万事万物之所以存在的根据，而具有度越的形而上性，是一而非万殊。"大本者，理之统体。会而统体，理一而已。散而流行，理有万殊。若曰大本即此理而存，达道即此理之行，却恐语意近类释氏。万殊固具于统体之中。"⑥ 这是张栻对学生彭龟年问《中庸》有关"中也者，天下之大本也；和也者，天下之达道也"的回答。他认为，所谓大本，就是指理的统体，会聚统体为理一，这与朱熹解"大本者，天下之理皆由此出"稍异。理一发散流行而为万

① 《系辞上》，《南轩易说》卷一，《张栻全集》，14 页。
② 《告子上》，《孟子说》卷六，《张栻全集》，442 页。
③ 《述而篇》，《论语解》卷四，《张栻全集》，125 页。
④ 《离娄下》，《孟子说》卷四，《张栻全集》，384 页。
⑤ 《敬斋记》，《南轩集》卷十二，《张栻全集》，724 页。
⑥ 《答彭子寿》，《南轩集》卷三十一，《张栻全集》，981 页。

殊，万殊又具于理一的统体之中。他指出彭龟年解“大本者即此理之存，达道者即此理之行”[①]，其语意近似佛教的说法。大本与达道的中和，不是理存与理行的关系，而是理一万殊的关系。“其所以万殊者，固统乎一，而所谓一者，未尝不各完具于万殊之中也。”[②] 万殊统摄于一理，一理又完全具于万殊之中。在这里理一与万殊不是整体与部分、普遍性与特殊性关系，而是理一完整地具于万殊之中。这样犹如月印万川，江河湖海中的月亮，不是天上月亮的部分，而是整个地印在万川之中。张栻批评其学生彭龟年“语意近类释氏”，其实自己亦吸收佛教思想，这是理学家的共性。但与朱熹直接引用佛教“月印万川”之喻不同，张栻是依儒家推己及人及物的推理方法展开。“理一而分殊者，圣人之道也。盖究其所本，则固原于一，而循其所推，则不的不殊。”[③] 他把理一分殊，提升为圣人之道。追究其所本，原于理一。由理一而推至万殊。譬如君子对于物没有不爱的，爱是普施的，没有不同。然而物与人有分，人为万物之灵，天地间的至贵者，因此人与物其品性不同。“仁民爱物”，仁有仁爱的意思，人须仁，如老其老，幼其幼；物则爱，这是天叙天秩使然，不可混乱，“过与不及，皆非天之理矣。亲亲而仁民，仁民而爱物，由一本而循其分，惟仁者为能敬而不失也”[④]。遵循天理，便是无过无不及的中庸，即恰如其分。理一分殊，万理在万物，理既具与万事万物相依不离性，又有度越万事万物，而成万事万物之所本，理一便具有形而上性，它是所以一者。“盖道一而已，其所以一者，天之理也。”[⑤] 天理是道的所以一者。

其三，理为化私欲而为天理之理。张栻在理欲观上与朱熹等道学家同，认为天理人欲不两立。仁作为“人之所以为人”的基本道德人性，是人必须守住的。他说：“仁与不仁，特系乎操舍之间，而天理人欲分焉。天理存则人欲消，固不两立也，故以水胜火喻之。然用力于仁，贵于久而勿舍，若一暴而十寒，倏得而复失，则暂存之天理，岂能胜无穷之人欲哉？……天理寖明，则人欲寖消矣。及其至也，人欲消尽，纯是天理，以水胜火，不其然乎？”[⑥] 必须坚持

① 《答彭子寿》，《南轩集》卷三十一，《张栻全集》，981页。
② 《尽心上》，《孟子说》卷七，《张栻全集》，480页。
③ 同上书，492页。
④ 同上书，493页。
⑤ 《离娄下》，《孟子说》卷四，《张栻全集》，367页。
⑥ 《告子上》，《孟子说》卷六，《张栻全集》，444页。

不懈地用力于仁的道德修养工夫，否则，就不能胜无穷的人欲。天理人欲，犹如水胜火，人欲消尽，纯是天理。

为什么人会产生人欲？是因为“人有是身，则知其皆在所爱，爱之则知其皆在所养，而无尺寸之肤不及也。然人知有口腹之养而已，而莫知其所受于天，盖有所甚重于此者可不知所以养之乎”①！人都爱护自己的身体，爱护自己的身体，必须满足身体的生理需要，如人的口腹之养的欲望，人为了满足口腹之欲，而忘了有比人的口腹之欲更重要的天理。“人惟不知天理之存，故憧憧然独以养其口腹为事。自农工商贾之竞乎利，以至于公卿大夫士之竞乎禄仕，是皆然也。良心日丧，人道几乎息，而不自知。”② 不知天理之存，而独只顾口腹之欲，这是人欲产生的缘由。人既有己便有私，私也不是不合理的。“人惟有己则有私，故物我坐隔，而昧夫本然之理。己欲立而立人，己欲达而达人，于己而譬，所以化私欲而存公理也。”③化解私欲而存公理方法，就在于立己立人、达己达人的为仁之方。

张栻探讨了人欲之所以产生的原因，虽主张消尽人欲，纯是天理，但他不完全否定人的口腹之欲，若不如此，则人的生命就不能维持，消尽人欲，岂不要人饿死渴死。因而他认为，“人饥渴而饮食，是亦理也，初何罪焉？然饮食之人，人所为贱之者，为其但知有口腹之养，而失其大者耳。如使饮食之人而不失其大者，则口腹岂但为养其尺寸之肤哉！固亦理义之所存也”④。饥食渴饮，这是天理，而非人欲。如果只知口腹之欲的需要，而丧失其大者的天理，这便陷溺于人欲了。甚于此，张栻要人先立乎其大，因为人欲横流，口腹之欲无穷，人就离禽兽不远了。所以人要“天理明，则一饮一食之间，亦莫不有则焉，此人之所以成身而通乎天地者也，然则可谨其源哉”⑤！如果“天理不明，而人欲莫之遏矣”⑥。张栻哲学在天理人欲关系上，其价值评价的基本精神是明天理，遏人欲。“《孟子》当战国人欲横流之时，发挥天理，遏止人欲，深切著明，拨乱反正之大纲也。”⑦ 以《孟子》书是在战国人欲横流之时，发挥天理，遏止人欲的拨乱反正的大纲。

---

①② 《告子上》，《孟子说》卷六，《张栻全集》，441 页。

③ 《雍也篇》，《孟子说》卷三，《张栻全集》，116 页。

④⑤ 《告子上》，《孟子说》卷六，《张栻全集》，441 页。

⑥ 同上书，429 页。

⑦ 《孟子讲义序》，《南轩集》卷十四，《张栻全集》，754 页。

其四，理为伦理道德的理。四德之道为仁。“所以谓‘仁，人心者’，天理之存乎人也。‘义，人路也’，天下之所共由也。仁义立而人道备矣……故君子造次克念，战兢自持，‘非礼勿视，非礼勿听，非礼勿言，非礼勿动’，所以收其放而存之也。存之久则天理寖明，是心之体将周流而无所蔽矣。”① 放其仁心而不求，舍其义路而不走，人与鸡犬又有什么分别呢！学问之道，以求放心为主。仁心不远于人，君子若能造次克服妄念、欲念，做到非礼勿视、听、言、动，就能求其放心，而天理寖明而无所蔽。孔子讲道洙泗，教人求仁的方法，“盖仁者天地之心，天地之心而存乎人，所谓仁也。人惟蔽于有己，而不能以推，失其所以为人之道，故学必贵于求仁也”②。如果说孟子以“仁，人心也”，那么张栻将其提升扩充为天地之心，仁便成为天地人之心的总和，是天地之心存于人，便是所谓仁。若仁为爱人，则天地与人一样具有仁爱之心，仁就具有博大性、泛爱性、普适性。

天理中之仁的内涵扩充，便使理由事事物物所以然的形而上本根、本体，转换为形而下的社会生活的伦理道德活动，这不是天理的堕落，而是天理的安顿。这种安顿在仪礼典章上，便是以理为礼。他说：“所贵乎知者，为其明见理之是非也。僭上失礼之事，而处之不疑，则其昧于理孰大于是。”③ 知为体认理的是非。若僭上失礼而泰然处之不疑，就是对理最大的愚昧。昧于理而失礼，就必须“克尽己私，一由于礼，斯为仁矣。礼者，天则之不可逾者也，本乎笃敬，而发见于三千三百之目者，皆礼也”④。礼是天的规则，必须遵循而不能逾越的。克尽己私而复礼，这就是仁。非礼勿视、听、言、动，是克己复礼的条目。克己复礼的工夫，从始学而至于成德，贯彻于成人成德的整个过程。“夫惟大人者，己私克尽，天理纯全，非礼之礼、非义之义，有所不萌于胸中矣。”⑤ 胸中无非礼、非义的礼义，就不会做出非礼非义的事。理为礼，礼是讲别，礼的分别是依宗法伦辈、贵贱等级、社会人际差等的规则和制度来别，以维护社会秩序，安定社会。

---

① 《告子上》，《孟子说》卷六，《张栻全集》，439页。

② 《洙泗言仁序》，《南轩集》卷十四，《张栻全集》，752页。

③ 《公冶长篇》，《论语解》卷三，《张栻全集》，103页。

④ 《颜渊篇》，《论语解》卷六，《张栻全集》，165页。

⑤ 《离娄下》，《孟子说》卷四。《张栻全集》，371页。

张栻把社会的有序、道德的有范、人心的善良，寄望于主体自觉克己复礼的工夫上。“惟其涵养纯熟，天理昭融，于过之所形，无藏介之滞，其化也如日之销冰，然则奚贰之有？是二者，盖克己复礼，心不违仁者之事也。”① 主体人要以克己复礼、修身为本。天理昭融，“崇德辩惑，修身切要之务也。以忠信为主，而见义则徙焉，则本立而日新，德之所以崇也。不主忠信，则无徙义之实；不能徙义，则其所主亦有时而失其理，二者盖相须也”②。提高人的品德，辨别迷惑，最切要的是以忠诚信实为主，惟义是从，这是崇德之本，本立而日新。不主忠信，不惟义是从，就是失理。张栻在诠释《论语·颜渊篇》“自古皆有死，民无信不立”时认为，诚信比人的生命更重要。“生则有死，人之常理。至于无信，则欺诈倾夺，无复人理，是重于死也。夫食与兵固为急务，然信为之本。”③ 人有生必有死，这是自然的道理。若人不讲诚信，就丧失了道德理性。对于人来说，失去诚信是比死还重要的事。张栻即是把道德作为人之所以为人的最基本、最重要的先决条件。

理是事事物物的所以然者，理一万殊，万理在万物，理化私欲为天理，理为伦理道德，理融突天地万物所以然形而上本根之理与社会典章、百姓日用形而下交往活动之理。这个理无论是形而上的，抑或是形而下的，其基本倾向是心外之理，而未达到心消融理，或理消融心的程度。但就理的本能来说，是“贯乎古今，通乎万物者也。众人自昧之，而是理也何尝有间断？……盖公天下之理，非有我之得私”④。他批评佛教以为万法皆吾心所造，皆自吾心所生，“是昧夫太极本然之全体，而返为自利自私，天命不流通也，故其所谓心者是亦人心而已，而非识道心者心”⑤。佛教既不能识太极本然之全体，又昧于人心而不识道心，人心蔽于人欲，而不明道心之天理。

（三）性的善与不善

天下之公理与太极本然之全体相贯通。作为事事物物所以生生的太极和理，流行到事事物物，物物有一太极。万理在万事，流

① 《雍也篇》，《论语解》卷三，《张栻全集》，108 页。

② 《颜渊篇》，《论语解》卷六，《张栻全集》，168 页。

③ 同上书，167 页。

④ ⑤ 《答胡季立》，《南轩集》卷二十五，《张栻全集》，900 页。

行到人，便是人性，在事物便是物性。张栻说："太极不可言合，太极性也。惟圣人能尽其性，太极之所以立也。"① 以性规定太极，太极因性而立。太极便具有了自己的品性。尽管以性定太极之性，但性毕竟以太极之本。"论性之本，则一而已矣，而其流行发见，人物之所禀，有万之不同焉。盖何莫而不由于太极，何莫而不具于太极，是其本之一也。"② 太极为一，理为一，性也可说为一。太极、理、性均具有流行的功能，在流行中而万有不同，这便是理一万殊。然何不由于太极？何不具于太极？最终均归一于太极。

太极、性如何流行？如何万殊、万有不同？张栻说："然有太极则有二气五行，絪缊交感，其变不齐，故其发见于人物者其气禀各异，而有万之不同也。虽有万之不同，而其本之一者亦未尝不各具于其气禀之内，故原其性之本一，而察其流行之各异；知其流行之各异，而本之一者初未尝不完也，而后可与论性矣。"③ 太极的二气五行，互相絪缊交感，变化不同，人物的气禀也各异而万不同。然原性本于一，其万不同，是流行各异。在这里本一之性与气禀之性，虽都是太极絪缊交感、流行变化的实现，但与太极的体用相关联。"盖论性而不及气，则昧夫人物之分，而太极之用不行矣；论气而不及性，则迷夫大本之一，而太极之体不立矣。用之不行，体之不立，焉得谓之知性乎！异端之所以贼仁害义，皆自此也"④。无论是讲性不及气，抑或是讲气不及性，都是一偏，要么是太极之用不行，要么是太极之体不立。太极之体用不立不行，便导致迷失大本或昧于人物之分的偏颇。

之所以讲昧于人物之分，因为人为天地之精英，五行之秀气，所以为人，大体不异。然而就人身来说，参差不齐，如有刚柔缓急的禀性，有上智生知和愚昧昏笨者，人毕竟与禽兽草木不同类，但"太极一而已矣，散为人物而有万殊，就其万殊之中而复有所不齐焉，而皆谓之性。性无乎不在也，然而在人有修道之教焉，可以化其气禀之偏，而复全夫尽己之性，尽人之性，尽物之性，其极与天地参，此人所以为人之道，而异乎庶物者也"⑤。太极是一，分散流行为人与物，而有万殊，万殊而所以不齐，是由于各各物性的不同。人可通过修道教化，而变化气质、气禀，由尽己之性——尽人之

① 《答周允升》，《南轩集》卷三十一，《张栻全集》，976 页。

②③ 《告子上》，《孟子说》卷六，《张栻全集》，427 页。

④⑤ 同上书，428 页。

性——尽物之性，而与天地参，这是人与物的不同所在。从这个意义说，“有太极则有物，故性外无物；有物必有则，故物外无性。斯道也，天下之所共有，所共由，非有我之得私也”①。这是张栻对《孟子·告子上》所引《诗》之“天生蒸民，有物有则”及孔子所解之“为此诗者，其知道乎！故有物必有则”的理解。他认为不仅有物有规则，人的言行和情感也有一定的规则。如视听言动、喜怒哀乐，有视听言动、喜怒哀乐的规则，这些具有普遍性、必然性、共有性、共由性。因为有太极便有物，太极或理的流行，人物便具有人性和物性，所以讲性外无物，无无性之物；有物必有物的规则，所以讲物外无性。所谓规则，即是天之所命，又是极恰当而不过头，即无过无不及的意思。有太极则有物，物所具有的规则性，故性外无物，物外无性，并无以性为宇宙本体、性为物的造作者的意蕴。

明太极与性的关系，再讲理与性的关系。张栻说：“实然之理具诸其性，有是性，则备是形以生。性无不善也，凡其所为，视听言动莫不有则焉，皆天之理也，性则然矣。”② 人的诞生受之天地，本于父母，不以事天之道事奉父母，就不是孝子；不以事奉父母之道事奉天，就不是仁人，事天事父母，这是实然的理。实然的理具有其性，有性就具备了形生，性是善的。其视听言动都有规则，这便是天理。“凡有是性者，理无不具是，万物无不备也。”③ 人与万物都具是性是理，物虽具有是理，但为气质所蔽，而不能像人那样推己及人及物，人能反身而诚，“推己及人，以克其私，无欲既克，则廓然大公，天理无蔽矣”④。人性物性作为太极、天理在人物上的体现，性是太极、天理流行的一种存在形态，以便达到“心与理一”的境域，这是对胡安国、胡寅“心与理一”的发扬。

是性是理，性必合乎理，才是孝子仁人。“盖人之生，其爱之理具其性，是乃所以为人之道者。惟其私意日以蔽隔，故其理虽存，而人不能合之，则人道亦几乎息矣。惟君子以克己为务，己私既克，无所蔽隔，而天理睟然，则人与仁合而为人之道矣。”⑤ 人的诞生，爱的理便具于性中，这是人之所以为人之道，但由于私意蔽隔，理

① 《告子上》，《孟子说》卷六，《张栻全集》，432页。
② 《洁白堂记》，《南轩集》卷十三，《张栻全集》，738页。
③ 《尽心上》，《孟子说》卷七，《张栻全集》，466页。
④ 同上书，467页。
⑤ 《尽心下》，《孟子说》卷七，《张栻全集》，502页。

虽存而人道几乎窒息了。君子克己之私，消除蔽隔，天理清明，人与仁合而为人道。“原人之性，其爱之理乃仁也，知之理乃知也。仁者视万物犹一体，而况人与我同类乎。”① 人与仁合之所以为人道，是因为爱之理为仁，又“事亲之道，人人具于其性”② 的缘故。

性是什么？就人性来说，“人之性，仁、义、礼、智四德具焉；其爱之理则仁也，宜之理则义也，让之理则礼也，知之理则智也。是四者虽未形见，而其理固根于此，则体实具于此矣。性之中只有是四者，万善皆管乎是焉”③。人性具有仁义礼智四德，体现了爱、宜、让、知的理。虽然四德之性没有显现出来，但爱宜让知的理根存于四德。如爱之理是天地生物的心，所以仁为四德之首，兼其四者。四德发动而见于情，便是恻隐、羞恶、是非、辞让四端。人由于被己私所蔽，而失掉性之理而为不仁，只要克去己私，廓然大公，爱之理无所蔽，就可以与天地万物血脉贯通。

仁义是人性的核心内涵，“有太极则有两仪，故立天之道曰阴与阳，立地之道曰柔与刚，立人之道曰仁与义。仁义者，性之所有，而万善之宗也。人之为仁义，乃其性之本然……若违乎仁义，则为失其性矣”④。仁义是人的本然之性，是万善之宗。自亲亲和长长而推之至于仁义，都是顺其本然之性，而非取于外。假如违背仁义，就是丧失人性。他把仁义本然之性的立人之道，与天道、地道并立，既证明仁义之性先在固有性和不可动摇性，又说明仁义之性的合理性和普遍性。由道德人性的进路对生存世界的存在作道德理性的诠释。

仁义之性的本质内容，是万善之宗，这就是说，人性是善的。张栻说：“原物之始，亦岂有不善者哉！其善者天地之性也。而孟子道性善，独归之人者何哉？盖人禀二气之正，而物则其繁气也。人之性善，非被命受生之后，而其性旋有是善也。性本善而人禀夫气之正，初不隔其全然者耳。若物则为气所昏，而不能以自通也。惟人全夫天地之性，故有所主宰，而为人之心所以异乎庶物者独在于此也。”⑤ 追寻物的原始，没有不善的，善是天地的性，宇宙间天地

① 《颜渊篇》，《论语解》卷六，《张栻全集》，172 页。
② 《离娄上》，《孟子说》卷四，《张栻全集》，366 页。
③ 《仁说》，《南轩集》卷十八，《张栻全集》，803 页。
④ 《告子上》，《孟子说》卷六，《张栻全集》，425 页。
⑤ 《存斋记》，《南轩集》卷十一，《张栻全集》，719～720 页。

万物都是性善，而与孟子异。为什么孟子把性善独归属于人？一是因人禀阴阳二气的正气，物禀繁杂的气，所以人一生来其性就善，即性本善。二是人全部具备天地之性，而没有界隔；物为气禀所昏蔽，界隔而不能自通。三是人能自作主宰，人心所以与庶物不同。这就是人具有主体意识、价值评判，而物不具备，这就是人性与物性的差分。张栻认为人和物共同具有善性，人的始生，无恶可萌，由此而推，“何独人尔，物之始生，亦无有不善者”①。在性善面前，人和物的始生都是平等拥有的，这是天命之谓性的一视同仁。

人和物元生性固善，为什么有不善呢？他说：“然人之有不善，何也？盖有是身，则形得以拘之，气得以汩之，欲得以诱之，而情始乱，情乱则失其性之正，是以为不善也，而岂性之罪哉！”② 人有身体生命，维持身体生命就需要衣食住行的供给，于是人受形气、欲的拘之、汩之、诱之，在这种情境下，人情不定而乱，情乱就丧失性的正；失性之正，就有不善，这不是性本身的罪过。意谓人之所不善，是情乱而失性之正的结果。在这里张栻作了分疏：从始生而言，性固善，不善是始生后受形气情欲的执著和牵累所造成；从性情关系看，性善情乱，情乱而后使性失正，形成不善；性固善，不善非性之罪，也就为性开脱了罪责。

然而，“程子谓善固性也，恶亦不可不谓之性也，然则与孟子有二言乎？曰：程子此论，盖为气禀有善恶言也……谓恶亦不可不谓之性者，言气禀之性也”③。把孟子的性善、荀子的性恶融突为善恶都是性，张栻认为，程颐是把性分别为天命之性与气禀之性。“天命之性，纯粹至善，而无恶之可萌。”④ 气禀之性有善恶。道学家对性的这种差分，虽为遏人欲之恶而复天理之善的实践工夫和修身养性的道德教化开拓了空间，然气禀之性既然善恶兼存，可并行不悖；又水火不容，两者互相消长，因此，气禀之性的善恶便处于不稳定的混乱之中。

张栻对性善论有其自己的思议。他说：“伊川先生曰：荀子之言性，杞柳之论也；扬子之言性，湍水之论也。盖荀子谓人之性恶，以仁义为伪，而扬子则谓人之性善恶混，修其善则为善人，修其恶则为恶人，故也。告子不识大本，故始譬性为杞柳，谓以人性为仁

①② 《告子上》，《孟子说》卷六，《张栻全集》，426 页。

③ 同上书，427 页。

④ 同上书，426 页。

义；今复譬性为湍水，谓无分于善不善。夫无分于善不善，则性果何物耶？沦真实之理而委诸茫昧之地，其所害大矣。”① 告子、荀子、扬雄论争的问题，不是有无性的问题，而是性的本质是否为善？善是人性固有的或是后天教化的？道德的来源与道德价值是什么？等等。荀子以性为杞柳，无论是顺着杞柳本性，还是损害杞柳本性来制成杯盘，都不能盛液体，以否定人性为善，以仁义为后天人为，而与张栻“善固性也”异趣。扬雄以性为湍水，修善为善人，修恶为恶人，犹湍水决之东则东流，决之西向西流，性善恶混而无定性，也在一定程度上否定了性善。告子始喻性为杞柳，又喻性为湍水，性不分善与不善，这就陷入逻辑悖论。张栻认为三人都否定了性善说，为害甚大。人性善恶是修齐治平的基础和出发点，是价值观念、伦理道德的基石。正由此，中国历代思想家都十分关注人性善恶的探索。

如果以“善固性也”，那么恶从何来？张栻认为，论性之本，太极有二气五行的䌷缊交感，人与物其气禀各异。人也由于其气禀不同，而有气禀之性，气禀之性有善有恶，但可以化恶为善。“气禀之性可以化而复其初，夫其可以化而复其初者，是乃性之本善者也。”② 回复到其原初的性本善。张栻以天命之性与气禀之性讲人性，是乃继张载、二程之说，朱熹曾称赞张、二程天命之性与气质（禀）之性的观点，是“极有功于圣门，有补于后学”③ 的发明。

（四）心为万物主宰

孟子讲尽心、知性、知天和存心、养性、事天。张栻在诠释时将孟子由内到外、由下至上的度越，化为由外到内、由上而下的流行，即由太极、理、天命至性、心。他说：“理之自然，谓之天命，于人为性，主于性为心。天也，性也，心也，所取则异，而体则同。尽其心者，格物致知，积习之久，私意脱落，万理贯通，尽得此生生无穷之体也。尽得此体，则知性之禀于天者，盖无不具也。”④ 天（太极、理）——性——心，取异体同。张栻虽颠倒孟子所说的心、

---

① 《告子上》，《孟子说》卷六，《张栻全集》，426页。

② 同上书，427页。

③ 参见拙著：《宋明理学研究》（修订本），68～74页，北京，人民出版社，2002。另见《中国哲学范畴发展史（人道篇）》，423～441页。

④ 《尽心上》，《孟子说》卷七，《张栻全集》，464页。

性、天的次序，但仅是切入的次序，而非本质的差分，其终极的境域都是通达天（太极、理）。“主于性为心”，是对于胡宏《知言》中“心也者，知天地，宰万物，以成性者也”的修改。朱熹称：“‘以成性者也’，此句可疑，欲作‘而统性情’，如何?”张栻说：“统字亦恐未安，欲作‘而主性情’如何?”即心主性情。朱熹赞扬张栻“所改‘主’字极有功”①。心主性，因此，还需从尽心起，心经格物致知，积习久了，私意脱落，万理贯通，知性知天。

张栻予心以规定，他说：“心也者，贯万事，统万理，而为万物之主宰也。致知所以明是心也，敬者所以持是心而勿失也。”② 心既具贯通万事、统摄万理的功能，又具主宰万物的地位。“盖心宰事物，而敬者心之道所以生也，生则万理森然，而万事之纲总摄于此。”③ 心主宰万物，格物致知的价值目标是为了明心，居敬工夫是为了持守本心而不放失。万理森然繁密有序，万事纲举目张，都总统摄于心。怎样总摄于心？“事有其理而著于吾心，心也者，万事之宗也。惟人放其良心，故事失其统纪。”④ 凡事都有其理，其理显著于心，心为万事的宗主，由于人放失其心，所以万事失其统纪。

心既是道德主体意识，又是总摄万物的本体。“夫人之心，天地之心也，其周流而该遍者本体也。”⑤ 人心即天地之心，而具有普遍性。然人心如何提升为天地之心，张栻无说明，只有结论而无逻辑论证的进路，是其弊。心作为周流而该遍的本体，必须通过存心养心工夫而不使放失。今“人之所以私伪万端，不胜其过失者，梏于气，动于欲，乱于意，而其本体以陷溺也”⑥。救此本体陷溺的工夫，就在于“其于是心也，治其乱，收其放，明其蔽，安其危，而其广大无疆之体可得而存矣”⑦。治、收、明、安是心的乱、放、蔽、危，广大无疆的本体的心就可存养。“存者，颠沛造次必于是也，养者，全之而弗害也。存之养之，是乃所以事天也……然在学者则当求放心而操之。其操之也，虽未能尽其体，而体亦固在其中矣。用力之久，则于尽心之道有所进，而存养之功寖得其所施矣。”⑧ 存心养心，

---

① 《胡子知言疑义》，《晦庵先生朱文公文集》卷七十三，《朱子全书》第二十四册，3555页。

② 《敬斋记》，《南轩集》卷十二，《张栻全集》，724页。

③ 《敬简堂记》，《南轩集》卷十二，《张栻全集》，732页。

④ 《静江府学记》，《南轩集》卷九，《张栻全集》，678～679页。

⑤⑥⑦ 《桂阳军学记》，《南轩集》卷九，《张栻全集》，685页。

⑧ 《尽心上》，《孟子说》卷七，《张栻全集》，464～465页。

以尽心知性；尽心知性，就在于求放心而操存之。操存涵养的工夫，就是居敬工夫。张栻说："伊川先生曰：'主一之谓敬。'又曰：'无适之谓一。'嗟乎，求仁之方，孰要乎此！"由此他写了《主一箴》："惟学有要，持敬勿失，验厥操舍，乃知出入。曷为其敬，妙在主一。曷为主一，惟以无适。居无越思，事靡它及。"① 居敬主一无适，就是指视听言动，不离存心养心；饥食渴饮、朝作夕息、夏葛冬裘，亦不离存心养心。心要谨守或保持绝对专一，不为物所牵累，这便是主一；心无旁骛，无越思妄想，这便是无适。主一无适的居敬工夫，是主体内心自我道德修炼，是主体自觉遏欲存心工夫。这种道德觉解，张栻注重主体能能性、主宰性。以明心之蔽和安心之危。

居敬主一无适为存心，然人由于内外因缘，而放其心便需要收放心。人往往放其心而不知求，人就沦于与普通的事物无分别了，这便是物化人，人被物所化。张栻认为："是以学问之道，以求放心为主。"② 放心便使人心危机加剧，其害无穷。求放心就是收其放而存其本心、良心。求（收）放心的实践，就是造次之间克服私念，战兢谨守自持，非礼勿视、听、言、动，这样便能收其放而存心养心。放心与收放心，操舍存亡，有疑以为心有出入。张栻认为："心本无出入，言心体本如此。谓心有出入者，不识心者也。孟子之言，特因操舍而言出入也。盖操之则在此，谓之入可也；舍则亡矣，谓之出可也，而心体则实无出入也。此须深自体认，未可以语言尽之耳。"③ 心的本体本无出入，心被物牵累，并非心出；放心，乃心之逐物，都非讲心的本体，而是心用。

张栻的太极、理、性、心是以太极为核心而展开，然而未能将此四个范畴逻辑层次和结构关系梳理完成，若将四范畴均为天地万物的所以然者、统摄者，还为主宰者、宗主者，互不统属，则犹四味良药未分君臣佐使，各自为君，乃是将前人对此四范畴的论点，加以陈述而已，而未融会贯通，圆融无碍，也许这与其英年而逝有关。

（五）中和之辩

张氏虽未能建构其完整的理论思维体系，但其在当时思想界影

① 《主一箴》，《南轩集》卷三十六，《张栻全集》，1048 页。

② 《告子上》，《孟子说》卷六，《张栻全集》，439 页。

③ 《答游诚之》，《南轩集》卷三十二，《张栻全集》，995～996 页。

响甚大。乾道三年（1167）朱熹访问张栻，两人论学，“相与讲明其所未闻，日有问学之益，至幸至幸。敬夫学问愈高，所见卓然，议论出人意表。近读其语说，不觉胸中洒然，诚可叹服”①。可见朱熹对张栻的学问见识，赞扬备至。然后双方多次通信，探索《中庸》“喜怒哀乐之未发谓之中，发而皆中节谓之和”的未发已发的中和问题。朱熹师承李侗，从杨时到李侗的道南一脉，把静中体悟中和，作为其学宗旨。它要求体验者个体意识活动转化为心性的直觉，在极大限度内排除妄念，以进入无意识状态，然后便会豁然使主体意识与外部世界获得圆融贯通的体验，这是其提高心性修养和道德境界的方法。但朱熹从李侗受《中庸》之书，“求喜怒哀乐未发之旨，未达而先生没。余窃自悼其不敏，若穷人之无归”②。在这种犹如穷人无归的情境下，听说张栻得胡宏之学，往而问学，“退而沉思，殆忘寝食。一日，喟然叹曰：‘人自婴儿以至老死，虽语默动静之不同，然其大体莫非已发，特其未发者为未尝发尔。’自此不复有疑，以为《中庸》之旨果不外乎此矣。后得胡氏书，有与曾吉父论未发之旨者，其论又适与余意合，用是益自信”③。朱熹经深思熟虑后，接受了张栻的观点，认为人从婴儿到老死，虽有语默动静的不同活动形式，但大体都为已发，其未发就是未尝发，便无未发的体验。后来他与曾吉父讨论未发之旨，更坚定了自己的看法，即使与程颐之说有不合的地方，也认为是恐程颐之说有失传的可能。

朱熹接受湖湘学派张栻的什么观点呢？朱熹在与张栻信中说：“人自有生，即有知识，事物交来，应接不暇，念念迁革，以至于死，其间初无顷刻停息，举世皆然也……学者于是致察而操存之，则庶乎可以贯乎大本达道之全体而复其初矣。不能致察，使梏之反覆，至于夜气不足以存而陷于禽兽，则谁之罪哉！”④ 此书朱熹自注：“此书非是，但存之以见议论本末耳。”⑤ 该信的要旨是接受了张栻“先察识而后存养”的工夫论。信中讲述“未发之中，寂然不动”，验之日用之间，感而通，触而觉，浑然全体应物不穷，而其寂然本体却未尝不寂然，别无不应物处存养，即是从心的已发处用功，

① 《与曹晋叔书》，《晦庵先生朱文公文集》卷二十四，《朱子全书》第二十一册，1089页。

②③ 《中和旧说序》，《晦庵先生朱文公文集》卷七十五，《朱子全书》第二十四册，3634页。

④⑤ 《与张敬夫》，《晦庵先生朱文公文集》卷三十，《朱子全书》第二十一册，1315～1316页。

这与朱熹老师李侗的“静中体验未发”异趣。

随着中和参究的深入，朱熹关于中和未发已发的思想发生转折。乾道五年（1169）在与蔡元定讲论中，忽然自疑，“复取程氏书，虚心平气而徐读之，未及数行，冻解冰释，然后知情性之本然，圣贤之微旨，其平正明白乃如此。而前日读之不详，妄生穿穴，凡所辛苦而仅得之者，适足以自误而已”①。朱熹经探赜反思，推倒了其中和旧说，即先察识而后存养的湖湘学派的主张，而提出了中和新说：以心之体用说否定“心为已发，性为未发”的中体和用或性体心用说；心通贯未发已发，心性圆融不二；以心为主，贯通性情之德，中和之妙；未发性之静不能不动，已发情之动而必有节，心寂然感通，体用不离。从而回到先涵养而后察识上来。于是体认到湖湘学派有缺平日涵养一段工夫之失，李侗则有重静坐的直觉体验之偏，他自觉担当圆融二者，在程颐“涵养须用敬，进学则在致知”的形式下，在心统性情、心有体用、性情未发已发体认中，建构了以心贯通未发已发、体用、性情的理论思维体系，标志着他度越道南学派而直承程颐的思维理路，又有越程颐而综合纵贯与横摄当时学术思想成果的意味，体现一个学者无私求真的胸怀和其学术生活的活力。②

张栻坚持“先察识而后存养”的心性修养工夫，而不取道南学派从主静中体验未发的寂然不动气象，以中体和用的分析范式，体认已发流行过程中主一居敬之功。先察识，即是指心性已发状态和流行中的日用酬酢处用功修养。“道德性命，初不外乎日用之实，其于致知力行，具有条理，而诐淫邪遁之说，皆无以自隐。”③ 道德性命的初始存在于日用之间，在致知力行日用之实中获得察识。操舍存亡，“方其存时，则心之本体固在此，非又于此外别寻本体也。子约又谓当其存时，未能察识而已迁动，是则存是一心，察识又是一心，以此一心察彼一心，不亦胶扰支离乎”④！心外别无心本体，心本体固在心，不是存养是一心，察识又是一心，察识存养是一心本体。若将心本体支离为二，这是谬误。先察识而后存养是心本体流

① 《中和旧说序》，《晦庵先生朱文公文集》卷七十五，《朱子全书》第二十四册，3635页。

② 参见拙著：《中和论》、《未发已发论》，见《中国哲学范畴发展史（人道篇）》，167～171、450～460页。

③ 《道州重建濂溪周先生祠堂记》，《南轩集》卷十，《张栻全集》，699页。

④ 《答朱无晦秘书》，《南轩集》卷二十，《张栻全集》，830页。

行的不同的体段，而非以此心察彼心。

何以先察识而后存养？张栻说："物之感人，其端无穷。人为物诱，欲动乎中。不能反躬，殆灭天理。圣昭厥猷，在知所止……四端之著，我则察之。岂惟虑思，躬以达之。工深力到，大体可明。"① 未发之中是不显现的，已发之和而发现，人们只有在日用酬酢处察识，才能"达见本根"。因为物能感人，人若不能反躬而诚，天理殆灭；若能反躬察识四端之心的发见处，其未发的心的大体便可彰明。在察识过程中，"毋忽事物，必精吾思。察其所发，以会于微。忿欲之萌，则杜其源。有过斯改，见善则迁。是则天命，不遏于躬"②。察识已发，精思忿欲的萌蘖，改过迁善，存养天命。

湖湘学与闽学在中和未发已发的问题上之分歧在于：前者以先察识而后存养，后者则涵养用敬，进学致知，意蕴先涵养后进学；前者在已发处用功体认，后者在未发处用功体认。其实，两家只是对未发和已发的体认进路不同，然殊途同归，其终极的目标都是达到对天下大本达道的中和的体认。朱熹晚年成书的《中庸章句》里，把性情世界的中和转换为德性世界的中庸。他说："喜怒哀乐，情也。其未发，则性也，无所偏倚，故谓之中。发皆中节，情之正也，无所乖戾，故谓之和，大本者，天命之性，天下之理皆由此出，道之体也。达道也，循性之谓，天下古今之所共由，道之用也。此言性情之德，以明道不可离之意。"③ 将未发之中的大本诠释为道体，天下之理皆由此出，道体之中便蕴涵着理出之动，已发之和的达道，解为道用。容受了湖湘学派的中体和用之道的观点，两家趋向圆融。

① 《艮斋铭》，《南轩集》卷三十六，《张栻全集》，1039页。
② 《敬斋铭》，《南轩集》卷三十六，《张栻全集》，1040页。
③ 《中庸章句》，《四书章句集注》，《朱子全书》第六册，33页。

附录四
叶适为永嘉学的集成

集“永嘉学”之成者为叶适（1150—1223），能与理学主流派朱熹、陆九渊鼎足而三[①]，即说明他是一个善于独立思考，具有卓越见识和敢于创新的思想家、哲学家。其间叶适曾反对兵部侍郎林栗参劾朱熹，认为林栗与朱熹由对《周易》不同的见解而以政治方法弹劾朱熹不当，出而为朱熹和道学辩护，被目为朱熹同党。后又被打入“伪学逆党籍”，被劾罢官。

（一）生存命运的关怀

叶适一生忧国忧民，视人生命运与国家、民族命运的生存状态息息相关。尽管人的命运有其自主性、能动性，但也有其依赖性、受动性，即主体人有能把握、支配自己命运的方面，也有不能把握、支配自己命运的方面。这就是说，人的命运是人与其生存环境互相作用中形成的一种人生生存状态。正因为这样，叶适对于人的命运的思议，是与当时社会生存环境融合一起来思考的。“盖万物与人生于天地之间，同谓之命。”[②] 体认到人的命运与外在天地万物的命运的联系性、共同性。但也看到了它们之间的差分。“降命而人独受则遗物，与物同受命，则物何以不能率而人能率之哉？盖人之所受者衷，而非止于命也。”[③] 降命是指天降命，程颐说：“自天的赋与万物言之谓命。”天是人与万物生命的价值根源，这是两者之同，其异就在于人能率而万物不能率。汉唐以至朱熹训“率”为循，但叶适这里所用的“率”有统率的意思，引申为支配的含义，即人有支配命的主动性功能，而物不具备支配命的自主性功能。

---

① 全祖望说：“乾淳诸老既殁，学术之会，总为朱、陆两派，而水心龂龂其间，遂称鼎足”（《水心学案》卷五十四，《黄宗羲全集》第五册，106页）。

②③ 《礼记·中庸》，《习学记言序目》卷八，107页，北京，中华书局，1971。

由于人的命运是生命主体与生存诸环境因素互动融突和合的结果，当时南宋积贫积弱，外有金的侵扰，内有腐败求和，国家、民族的危亡面临严峻挑战。因此，叶适把完善人的命运与其生活于其中的国家的命运及民族的命运融合起来，提出改革南宋弊政、富国强兵、抗金雪耻、加强边防等主张，以完善生存环境。

第一，改革弊政，节流增收。叶适认为，“今事之最大而当极论之，论之得旨要而当先施行者，一财也，二兵也”①。财用竭，国必弱，弱必败。“财用，今日大事也，必尽究其本末而后可以措于政事。”② 财、兵两事，关系富国强兵，国不富而弱的原因，是由于冗兵、冗官、岁币太滥、太重的缘故，便出现两个“为甚”：一是财用之急，自古以来以今为甚；二是财乏不继，以今为甚。在这种情势下，一旦边境受金侵犯，赋敛辄增。赋敛既增，就不会减少。这样有增无减，百姓不堪负担。特别是经总制钱、折帛、和买、茶盐之患，最为病民。叶适认为，“经总制钱不除，一则人才日衰，二则生民日困，三则国用日乏”③。不仅生民的生存得不到保障，国家民族的生存也发生危机，叶适指出，靖康之难，生民涂炭，国家灭亡，便是最直接的证明。

叶适从人民命运、国家民族命运的人文关怀出发，提出减轻赋税，免除苛杂等。他在《上宁宗皇帝札子》中说：“伏乞陛下特诏大臣，使国用司详议审度，何名之赋害民最甚，何等横费裁节宜先，减所入之额，定所出之费，不须对补，便可蠲除；小民蒙自活之利，疲俗有宽息之实。”④ 只有减赋节费，才能使百姓“自活”下去，使人民获得生存权利，生命获得延续。假如赋税有增无已，加上“贪官暴吏，展转科折，民既穷极，而州县亦不可为矣。以此自保，惧无善后之计；况欲规恢，宜有大赉之泽”⑤。人民“穷极”不能自保，国家亦不能自保，哪有能力雪靖康之耻，“规恢”失地？

再是贪官暴吏，乘征经总制钱、折帛、和买、茶盐赋税之机，横征暴敛，“用十数爪牙吏，百计罔民，如月消削”⑥，致使过去壮县富州，亦变成弱县贫州。

---

① 《兵总论一》，《水心别集》卷十一，《叶适集》，779 页，北京，中华书局，1961。

② 同上书，770 页。

③ 《经总制钱一》，《水心别集》卷十一，《叶适集》，776 页。

④⑤ 《上宁宗皇帝札子三》，《水心文集》一，《叶适集》，8 页。

⑥ 《经总制钱二》，《水心别集》卷十一，《叶适集》，776 页。

加之富豪不断兼并土地，百姓生活更艰难。“今之所谓富人者，皆其智足以兼并，与县官抗衡，及衣冠势力之家在耳。若夫齐民中产，衣食仅足，昔可以耕织自营者，今皆转徙为盗贼冻饿矣。”① 有权有势的富家，激烈兼并土地，县官亦奈何不得，过去中产之家，仅够衣食，至于自给自足的农户，受冻挨饿，不得已而为盗贼。

基于对人民、国家命运的忧患，人民、国家生命存在的责任，他提出改革弊政的主张：“今欲变而通之，莫若先削今额之半，正其窠名之不当取者罢去，然后令州县无敢为板帐、月椿以困民，黜其旧吏刻削之不可训诲者，而拔用恻怛爱民之人，使稍修牧养之政。”② 削减现在赋税额的一半，这是大胆的建议，但现实确实已到了不削减不能化解生民困乏、州县破坏的境地，只有除经总制钱，才能化解人才日衰、生民日困、国用日乏的冲突。同时罢除“和买”、“折帛”及宽减茶盐。选拔爱民人才，以振国用。这样人才不衰、生民不困、国用不乏，一举而定天下。

第二，改革兵制，由募还农。积贫是与积弱相联系的，要富国强兵，不仅要改革国家赋税制度和弊政，而且要改革兵制，消除无战斗力的冗兵，减少兵费开支，否则兵费过大，百姓赋税增重，便促使国贫，而陷入恶性循环的紧张。南宋实行募兵制，士兵的“家小口累，仰给于官”，增加了兵费，然而“养兵以自困，多兵以自祸，不用兵以自败，未有甚于本朝者也”③。之所以如此，是由于四屯驻大兵之患和州郡厢、禁、土兵弓手之患。四大兵而困民财，四都副统制因之而侵刻兵食，兵食不足，致使士兵“怨嗟嗷嗷闻于中外”。同时久无战事，老成消耗，新补惰偷，能战士兵十无四五，兵势懦弱。除国家养四屯驻大兵外，州郡又养厢、禁、土兵，这样国家和州郡财政都很匮乏。叶适惊呼：“今奈何尽耗于三十万之疲卒，袭五六十年积弊，以为庸将、腐阉卖鬻富贵之地，则陛下之远业，将安所托乎?”④ 若如此，国家危矣。

为了化解募兵的自困、自祸、自败的冲突，叶适建议实行改革。他将兵分成四类，针对不同兵种进行不同的改革。“边兵者，因其地，练其民，不待内地之兵食而固徼塞也。”就地练兵，减少从内地募兵。宿卫兵，“因都邑所近之民，教成而番上，与募士杂，国廪其

---

①② 《经总制钱二》，《水心别集》卷十一，《叶适集》，777页。

③ 《兵总论二》，《水心别集》卷十一，《叶适集》，782页。

④ 《四屯驻大兵》，《水心别集》卷十二，《叶适集》，784页。

半而不全养也”。大将屯兵，“悉用募士而教其精锐，全养之而已”。州郡守兵，“以州郡之人守之而不以州郡之力养之也”。这样既减少了国家财政的支出，又训练了精锐的兵种，故“进则能战，退则能守，而不受侮于夷狄”①。便可改变进不可战，退不可守，夷狄侵侮而不可禁的被动挨打的局面。

叶适进一步提出“屯田”的主张。州郡县守卫的士卒，“给田力耕”；边关捍御，亦“尽须耕作，人自为战”，“由募还田”。譬如说江淮、襄汉、川蜀关外等地，由于屡经兵火，未耕之田和闲种之山甚多，由屯驻大兵来垦殖，这样不仅可节省兵费和减轻国家的赋税，而且提高了军队的素质和战斗力。做到守可以固，战可以克。

改革弊政和改革兵制，以改变积贫积弱的状态，促使富国强兵，不仅能保卫人民的生命财产，而且也可赢得国家的安定，社会的有序，人民的安居乐业，离三代“王道”之治不远矣。这不仅是对个人自身命运的思考，而且是对群体、国家民族命运的关怀。

叶适以忧国忧民的强烈情怀，对现实社会致贫致弱的原因进行揭示：“今日之患，不患人主之不求言也，而患其求之而不及用；不患天下之不敢言也，而患其尽言而无所用……而其效止于若此，此岂可不为之深忧其故欤!”② “不及用”、“无所用”，即使最完美、最英明的建议，也只是一纸空言而已，叶适要求言必行。

第三，工商价值，货币流通。叶适生长在东南沿海商品经济发达的温州永嘉，这种社会经济生存环境，使他体认到工商业生产对社会国家的重要价值。因此他批评传统的重农抑商、厚本抑末的思想及其政策。他说：“夫四民交致其用，而后治化兴，抑末厚本，非正论也。使其果出于厚本而抑末，虽偏，尚有义。若后世但夺之以自利，则何名为抑?”③ 士、农、工、商四民，既是社会经济活动发展所必然产生的社会分工，也是百姓生存活动的需要。四民交致为用，互动互补，互通有无，才能民富国强，天下大治。假如厚本抑末，就破坏了四民交致其用的互动，便不是正论，是不符合社会发展和百姓生存需要的言论。

叶适认为，从历史视域来考察，重农抑商并非一贯政策。“春秋

① 以上引文均见《兵总论一》，《水心别集》卷十一，《叶适集》，780 页。

② 《序发》，《水心别集》卷一，《叶适集》，632 页。

③ 《史记·书》，《习学记言序目》卷十九，273～274 页。

通商惠工，皆以国家之力扶持商贾，流通货币，故子产拒韩宣子一环不与，今其词尚存也。汉高祖始行困辱商人之策，至武帝乃有算船告缗之令，盐铁榷酤之入，极于平准，取天下百货自居之。”① 若要继绝学，那么，春秋时的通商惠工应予继承，国家应扶持工商业的发展，厚本抑末乃是汉高祖开始实行的政策，是不值得重蹈覆辙的。

随着商品生产的发展，商业经济的活跃，商品交换的频繁，工商价值得以提升，货币需要已成必然。叶适说：“壅天下之钱，非上下之所欲也，用楮之势至于此也。赍行者有千倍之轻，兑鬻者有什一之获，则楮在而钱亡，楮尊而钱贱者，固其势也。”② 楮树皮是制造桑皮纸和宣纸的原料，这里的楮是指纸币。在商品的交换中钱重携带不便，纸币有千倍之轻，所以通用纸币是必然的趋势。这是商品经济发达的需求。“大都市肆，四方所集，不复有金钱之用，尽以楮相贸易，担囊而趋，胜一夫之力，辄为钱数百万，行旅之至于都者，皆轻出他货以售楮，天下阴相折阅，不可胜计。”③ 纸币的使用，促使商品交换、销售更加方便和繁荣。叶适看到了纸币的使用是固然之势，不过也心存疑虑，忧虑使用纸币的结果是钱藏而执一纸空券。

叶适上述三方面的主张，都是为了使人的生存命运有一个较好的社会、政治、经济、文化的外部环境。人的外部生存世界的改善，便促使人的内部心灵世界的完美；人的心灵世界的完美，就能改变人的生存命运。

（二）学术命运的关照

主体人对于自身命运的思议和关注，是与主体人所生存于其中的社会政治、经济的生存世界不可分，也与社会文化学术、哲学思维的生存世界相联系。叶适若想与其在政治、经济上有所改革主张一样，在文化学术、哲学思维上有所创见，就必须清理以往和现存的文化学术、哲学思维的生存世界。这个清理比较集中地体现在其《习学记言序目》之中，书中凸显了他的学术批判精神和勇敢度越前说精神。《四库全书总目》评曰：“所论喜为新奇，不屑

① 《史记・书》，《习学记言序目》卷十九，273页。

② 《财计中》，《水心别集》卷二，《叶适集》，661页。

③ 同上书，660页。

摭拾陈语。”① 陈振孙也说：“自‘六经’、诸史子以及《文鉴》，皆有论述，大抵务为新奇，无所蹈袭。”② 由于叶适评说“六经”、诸子、诸史是以永嘉学为指导思想，所以被《四库全书总目》列入杂家类，其按语说：“其他谈理而有出入，论事而参利害，不纯为儒家言者，亦均附此类。”③ 其实这一分类并不科学，因《四库全书总目》将叶适的《水心集》列入《集部·别集类》，与儒家著作一起。并说：“适文章雄赡，才气奔逸，在南渡卓然为一大宗。”④ 并不以其为杂家著作。且不管其著作列入什么类，但叶适“不屑摭拾陈语”，“大抵务为新奇”的批判精神和创新精神为人所称道。

第一是对“六经”之首《周易》的怀疑和批判。两宋理学，无论是主流派还是非主流派都研究《周易》。尽管他们诠释有异，但其一些重要范畴、命题，以至思维逻辑架构，都与《周易》相关并受其启迪。叶适指出：“按班固用刘歆《七略》记《易》所起，伏羲、文王作卦重爻，与《周官》不合，盖出于相传浮说，不可信。”⑤ 之所以不可信，一是出于相传浮说而无据；二是与《周礼》记载不合。《周礼·大卜》记载：“掌三易之法：一曰《连山》，二曰《归藏》，三曰《周易》，其经卦皆八，其别皆六十有四。”叶适认为：“详此，则《周易》之为三易，别卦之为六十四，自舜禹以来用之矣。而后世有伏羲始画八卦，文王重为六十四，又谓纣囚文王于羑里，始演《周易》，又谓河出图有自然之文。学者因之有伏羲先天，文王后天之论，不知何所本始?”⑥ 对伏羲画八卦与文王重卦，以及邵雍以来大肆宣扬的先天与后天之说，他认为都是无据的浮说，是“神于野而诞于朴，非学者所宜述也”⑦。基本上推倒了传统的和理体学主流派的观点，有着解构的价值。

汉以来《易传》均被认为是孔子所作，虽欧阳修在《易童子问》中曾怀疑《易传》的《系辞》和《文言》为孔子所作的传统定论，但理体学主流派的道学家对其无怀疑。叶适则提出：“言‘孔氏为之

① 《习学记言》，《子部·杂家类》，《四库全书总目》卷一一七，1012页。
② 《直斋书录解题》，《习学记言序目·附录二》，767页。
③ 《习学记言》，《子部·杂家类》，《四库全书总目》卷一一七，1013页。
④ 《水心集》，《集部·别集类》，《四库全书总目》卷一六〇，1382页。
⑤ 《周易·上下经总论》，《习学记言序目》卷三，35页。
⑥ 《周礼·春官宗伯》，《习学记言序目》卷七，88页。
⑦ 《周易·系辞》，《习学记言序目》卷四，39页。

《彖》、《象》、《系辞》、《文言》、《序卦》之属'，亦无明据。"[①] 他把《十翼》文义、辞意与《论语》作了比较，认为"《彖》、《象》辞意劲厉，截然著明，正与《论语》相出入，然后信其为孔氏所作无疑。至所谓《上下系》、《文言》、《序卦》，文义复重，浅深失中，与《彖》、《象》异，而亦附之孔氏，妄也"[②]。又说，由于"象数之学胜，道益以茫昧难明，孔子将以义理黜之，故别为《彖》、《象》，专本中正，不用象数，所以合文王、周公之本心"[③]。据其分析之理，而将《十翼》作者加以分别。为什么叶适作这样的分别？他进一步从思维的旨趣上讲，"孔子独为之著《彖》、《象》，盖惜其为他异说所乱，故纳之中正以明卦爻之指，黜异说之妄以示道德之归。其余《文言》、《上下系》、《说卦》诸篇，所著之人，或在孔子前，或在孔子后，或与孔子同时。习《易》者会为一书，后世不深考，以为皆孔子作也"[④]。《彖》、《象》既确立中正原理以明卦爻辞的要旨，又示以道德旨归以黜异说，合乎文王、周公本心，也与孔子思想主旨符合，而"《文言》与《上下系》、《说卦》、《序卦》之说，嘐嘐焉皆非《易》之正也"[⑤]。为什么说"非《易》之正"？叶适以《系辞传》为例说："学者于孔氏无所得，惟《大传》以下之为信。虽非昔之所谓淫诬怪幻者，然而依于神以夸其表，耀于文以逞其流，于《易》之道犹曰出入焉而已。"[⑥] 又说："惟《序卦》最浅鄙，于《易》有害。"[⑦] 颠覆了除《彖》、《象》外皆为孔氏所作的观点。既然《易传》等非圣人之言，就无神圣不可侵犯的光环，也即消除了学者批判其思想的心理负担和思想障碍。

然而，《易传》作为对《易经》的义理解释，与宋代道学家对元典文本的义理解释的旨趣和方法有其共识。《易传》的诸多范畴概念如太极阴阳、理性命、变化生生、刚柔健顺等以及象数逻辑结构，为宋明理学的范畴体系、逻辑结构提供了充足的资源和解释空间，亦为其融合佛道思想资源十字打通。

如果说叶适从《周易》的时代、作者等的考订中，启发人重新体认《周易》，那么，这种考订并未深入《周易》内在的范畴逻辑体

---

①② 《周易·上下经总论》，《习学记言序目》卷三，35页。

③ 《毛诗·总论》，《习学记言序目》卷六，80页。

④ 《皇朝文鉴·序》，《习学记言序目》卷四十九，740页。

⑤ 《周易·乾·坤》，《习学记言序目》卷一，1页。

⑥ 《周易·系辞》，《习学记言序目》卷四，39页。

⑦ 《周易·序卦》，《习学记言序目》卷四，50页。

系。若如此，这种批判也只是表面的，不及本质的。于是，他抓住《周易·系辞传》中被道学家津津乐道而又反复争论、诠释的形而上本体范畴及被道学家目为“宗旨秘义”的太极，批判说：“‘易有太极’，近世学者以为宗旨秘义。按卦所象惟八物，推八物之义为乾、坤、艮、巽、坎、离、震、兑，孔子以为未足也，又因《彖》以明之，其微兆往往卦爻所未及。故谓乾各正性命，谓复见天地之心，言神于观，言性于大壮……独无所谓太极者，不知《传》何以称之也？自老聃为虚无之祖，然犹不敢放言……至庄、列始妄为名字，不胜其多，故有‘太始’、‘太素’、‘未始有夫未始有无’茫昧广远之说，传《易》者将以本原圣人，扶立世教，而亦为太极以骇异后学，后学鼓而从之，失其会归，而道日以离矣。又言‘太极生两仪，两仪生四象’，则文浅而义陋矣。”① “太极”这一范畴在《易经》中没有，不知《易传》何以称之的。它比老子的虚无，庄子、列子的太始等概念犹为茫昧广远。道学者以其本原圣人、扶立世教来骇异后学，其实离道日远，其说文浅义陋。

尽管叶适的批判有其合理性，但太极作为中国哲学逻辑结构中的虚性范畴，具有无限解释空间、开发义理余地和充实价值内涵的作用。它可以任意设定函项，道学家就曾以太极与道、理、太虚等范畴异名同实，理学家以其与心、性、气等范畴名异实似。宋明主流派理学家无不以其作为其构建哲学思维逻辑结构重要范畴。朱熹正是从体认“无限而太极”的其虚性范畴中将二程的“天理”与张载的“太虚即气”融突和合起来，而集道学之大成。叶适、陆九渊及后来的王廷相、王阳明、王夫之等人，从太极自身及其与其他范畴的融突中发现了程朱道学的破绽，叶适的批判正预示着宋明理学即将出现分化和解构的趋势。

由“太极”而“皇极”，叶适借诠释《尚书·洪范》中皇极而讲极的含义。“极之于天下，无不有也。耳目聪明，血气和平，饮食嗜好，能壮能老，一身之极也；孝慈友弟，不相疾怨，养老字孤，不饥不寒，一家之极也；刑罚衰止，盗贼不作，时和岁丰，财用不匮，一国之极也；越不瘠秦，夷不谋夏，兵革寝伏，大教不爽，天下之极也……是故圣人作焉，执大道以冒之，使之有以为异而无以害异，是之谓皇极。”② 极是指人的耳目、血气、饮食、壮老、家庭之间孝

① 《周易·系辞上》，《习学记言序目》卷四，47页。

② 《进卷·皇极》，《水心别集》卷七，728页。

慈友弟等，国家的时和岁丰、刑罚衰、盗贼止，天下无战争、夷夏和等，即从人身到天下的最和合的至极境界。这种极的境界不离具体事物的状态、功能、现象以及活动，这就与道学家以太极为虚无茫昧相对待，换言之，是将度越的形而上虚无太极转换为存在于形而下事物和日常生活之中的极或太极。这种转换，使极无不有也，是有物而非无物，在物之中，是物之极而非物外有极。“而后皇极乃可得而论也。”①

第二是对《诗》、《书》的考订和批判。叶适怀疑孔子删《诗》之说，他称：“周以《诗》为教，置学立师，比辑义类，必本朝廷，况《颂》者乃其宗庙之乐乎！诸侯之风，上及京师，列于学官，其所去取，亦皆当时朝廷之意，故《匪风》之思周道，《下泉》之思治，《简兮》思西方之人，皆自周言之也。孔子生远数百年后，无位于王朝，而以一代所教之诗，删落高下十不存一为皆出其手，岂非学者随声承误，失于考订而然乎?”② 周代以《诗》为教化，《诗》的意义价值和功用价值都已确定，孔子既在数百年之后，又不在东周王朝的朝廷任职，不可能参与宗庙之乐的选择。在孔子以前，“六经”大义，源深流远，取舍予夺，要有所承，荒废讹杂，皆非孔子所取舍。后来“鲁、卫旧家往往变坏，文物残缺……《诗》、《书》残乱，礼乐崩逸，孔子于时力足以正之，使复其旧而已，非谓尽取旧闻纷更之也。后世赖孔子一时是正之力得以垂于无穷，而谓凡孔子以前者皆其所去取，盖失之矣，故曰《诗》、《书》不因孔子而后删”③。他从孔子距周王室东迁数百年之后，不在朝廷任职，孔子之先“六经”已有等方面，考定《诗》、《书》不因孔子而删，推翻了自《史记》记载古《诗》三千余篇，孔子取三百零五篇以来，孔子删《诗》的传统成说，也排除了孔子在“六经”成书中的价值地位。《四库全书总目》评说：“读《诗》者专溺旧文，不得诗意，尽去本序，其失愈多。”④ 而认为确有见地。

关于《尚书》，叶适认为，以《书》为孔氏之书，《书序》为孔子所作，其说本于班固。其实《尚书》为古圣贤择以为法言，“尊于朝廷，藏于史官，孔氏得之，知其为统纪之宗，致道成德之要者也，何所不足而加损于其间，以为孔氏之书欤?《书序》亦由旧史所述，

① 《进卷·皇极》，《水心别集》卷七，728页。

②③ 《毛诗·总论》，《习学记言序目》卷六，80页。

④ 《习学记言》，《子部·杂家类》，《四库全书总目》卷一一七，1013页。

明记当时之事以见其书之意，非孔子作也”[1]。否定了自班固以来的成说。并批判道学家泛杂无统的诠释：“近世之学，虽曰一出于经，然而泛杂无统，洄洑失次，以今疑古，以后准前，尊舜、文王而不知尧、禹，以曾子、子思断制众理，而皋陶、伊尹所造，忽而不思，意悟难守，力践非实。”[2] 道学家之失在于其价值标准是“以后准前”，而发生种种弊端，也妨碍了对尧、禹、皋陶、伊尹正确地、求实地体认和评价。《四库全书总目》认为叶适“斥汉人言《洪范》五行灾异之非，皆能确有所见，足与其雄辩之才相副”[3]，赞叶适有见地。

第三是对《左传》和《国语》的考订和怀疑。“汉儒以左氏为不传《春秋》，刘歆缘此移书责让。以其书考之，以理揆之，史文与国始终者也……则此书固为《春秋》而作耳，谓之不传《春秋》者，汉儒守师说之陋也。”[4] 推倒汉儒以《左传》不传《春秋》之说。考订《左传》书，揣度其书的道理，可知《左传》为《春秋》传。相传孔子作《春秋》，叶适认为，“《左氏》首篇发明书法，皆策书旧义，其后随事著见，大抵鲁史本文，如称‘书’、‘不书’、‘先书’……之类，杜预所谓变例者，往往非孔子意也。其卓然出于孔子者，《左氏》必明载之”[5]。对《春秋》中哪些是鲁史本文与哪些是孔子所作，都有所明载。所以叶适说：“孔子之于《春秋》，盖修而不作。”[6] 这个说法比较公允而合事实。从而认为孟子讲“《春秋》鲁史记之名，孔子所作以代天子诛赏”[7]，为不实。

对于《春秋》三传中的《公羊传》和《穀梁传》，叶适持批判的态度。“然则《左氏》虽释经兼有其说，而犹述传各有其文，亦安得谓其如《公》、《穀》之专意释经，而特以实事分高下乎？然则所以有贵于左氏之书者，以其足以质传闻之谬，订转易之讹，循本以知末，因事以明意而已。彼《公》、《穀》之妄为区区，乌在乎较是非而角胜负哉！”[8] 他以《左传》注重经文，贯通本末，自为经纬，释经兼说，《公羊传》和《穀梁传》以微言大义释经，妄为区区。叶适之所以这样评价《公羊》、《穀梁》，是与其经制事功、反对浮虚的价

---

① 《尚书·书序》，《习学记言序目》卷五，51 页。

② 《尚书·总论》，《习学记言序目》卷五，60 页。

③ 《习学记言》，《子部·杂家类》，《四库全书总目》卷一一七，768 页。

④⑤ 《左传·总论》，《习学记言总目》卷十一，162 页。

⑥⑦ 《春秋》，《习学记言序目》卷九，117 页。

⑧ 《左传·总论》，《习学记言序目》卷十一，163 页。

值观相关联。

叶适认为《国语》与《左传》的作者不是一个人。“以《国语》、《左氏》二书参较，《左氏》虽有全用《国语》文字者，然所采次仅十一而已。至《齐语》不复用，《吴》、《越语》则采用绝少，盖徒空文，非事实也……而汉魏相传，乃以《左氏》、《国语》一人所为，《左氏》雅志未尽，故别著外传。余人为此语不足怪，若贾谊、司马迁、刘向不加订正，乃异事尔。”①

第四是对于《中庸》、《大学》的考订和训释。宋明理学特别尊崇《大学》、《中庸》，将其从《礼记》抽出来，加以章句诠释，与《论语》、《孟子》合为“四书”，作为其理论思维核心话题依傍的经典诠释文本，其经典的价值度越“五经”，而总谓“四书五经”，不仅以“四书”为“六经”的阶梯，而且是终生受用不尽的经典。朱熹认为《中庸》“乃孔门传授心法，子思恐其久而差也，故笔之于书，以授孟子”②。然而叶适并不特别推崇《中庸》、《大学》，而将还原为《礼记》的两篇，以恢复其本有的价值地位。

叶适对《中庸》作者的考订，与宋明理学家异。朱熹说：“《中庸》何为而作也？子思子忧道学之失其传而作也……子思惧夫愈久而愈失其真也，于是推本尧舜以来相传之意，质以平日所闻父师之言，更互演绎，作为此书，以诏后之学者。”③ 子思是孔子之孙，受学于曾子，明确肯定其书作者为子思。叶适对此提出了否定的意见，他说：“汉人虽称《中庸》子思所著，今以其书考之，疑不专出子思也。”④《中庸》不是子思一人专作。“《中庸》未必专子思作，其徒所共言也”⑤，是子思与其徒共同所作，也非一时之作。

由于叶适以其事功的价值观诠释“中庸”之义，而与程朱以天理价值观诠释“中庸”含义异。程颐训“中庸”曰：“不偏之谓中，不易之谓庸。中者，天下之正道；庸者，天下之定理。”⑥ 以不偏的正道为中，不易的定理为庸。中庸即不偏不易的正道定理。朱熹训“中者，不偏不倚，无过不及之名，庸，平常也”⑦。把庸诠释为不可变易的定理，便赋予“庸”度越性、形上性，以及平常性、普遍

① 《国语·总论》《习学记言序目》卷十二，173页。

② 《中庸章句序》，《四书章句集注》，《朱子全书》第六册，32页。

③ 《中庸章句》，《四书章句集注》，《朱子全书》第六册，29～30页。

④ 《礼记·中庸》，《习学记言序目》卷八，110页。

⑤ 《荀子·总论》，《习学记言序目》卷四十四，654页。

⑥⑦ 《中庸章句》，《四书章句集注》，《朱子全书》第六册，32页。

性，同时赋予“中”以不偏的中正性、尺度性和正道性。叶适认为，程朱的中庸观是离物而架空中庸，不合自古以来的训释：“庸字古称‘弗询之谋勿庸’。‘自我五礼有庸哉’，‘生生自庸’，‘庸庸祇祇’……《丧服四制》‘此丧之中庸’，大抵为用、为利、为实、为常之义。《周官》‘以乐德教国子，中、和、祇、庸、孝、友’，然则中庸之为德，岂其此类也欤!”① 中庸不仅体现和存在于事物、活动之中，而且是教化国子的德目。换言之，离开事物的活动效用、利益和教化的德目，就无所谓中庸。因此，他批评“后世无所据执而以意言之，虽服膺拳拳，不敢失坠，而以义理为空言之患未忘也，此亦学者之所当思也”②。意谓虽程朱等对《中庸》服膺拳拳，但患义理为空言之病。

关于《大学》，叶适与程朱的体认有异。一是朱熹以《大学》为“古之大学所以教人之法也”③。叶适认为，不能将其看做教人的方法。“所谓大学者，以其学而大成，异于小学，处可以修身齐家，出可以治国平天下也。然其书开截笺解，彼此不相顾，而贯穿通彻之义终以不明。学者又逐逐焉章分句析，随文为说，名为习大学，而实未离于小学，此其可惜者也。”④ 大学是学其大成，是为修身、齐家、治国、平天下，而朱熹将其章分句析，彼此不相顾，义理不贯通，名为大学而实行小学之教，甚为可惜。二是对《大学》八条目之要的体认不同。朱熹曾认为“格物、致知比治国、平天下，其事似小”⑤。叶适认为，“致知格物在心，意之先，为大学之要”⑥，又说：“此篇以致知格物为《大学》之要，在诚意正心之先，最合审辨。”⑦ 为什么以致知格物为要？叶适说：“《中庸》曰：‘诚者物之终始，不诚无物。’是故君子不以须臾离物也。夫其若是，则知之至者，皆物格之验也。有一不知，是吾不与物皆至也；物之至我，其缓急不相应者，吾格之诚也。”⑧ 这不仅是因为八条目之端始是格物致知，而且因为须臾不离物，离物就不能演绎其他条目。即使是致

---

① 《礼记·中庸》，《习学记言序目》卷八，111页。
② 同上书，112页。
③ 《大学章句序》，《四书章句集注》，《朱子全书》第六册，13页。
④ 《礼记·大学》，《习学记言序目》卷八，115页。
⑤ 《大学·经下》，《朱子语类》卷十五，312页。
⑥ 《大学》，《水心别集》卷七，《叶适集》，731页。
⑦ 《大学》，《习学记言序目》卷八，113页。
⑧ 《大学》，《水心别集》卷七，《叶适集》，731页。

知也不离物，致知是由格物检验，知与不知是物至我与不至我。这就是说，能知主体我与所知客体物能否相互感通、交感。而后内而意诚心正，外而家齐国治天下平，一切不离物。

第五是对先秦诸子的批判。其一，关于《孟子》。孟子及其书，是宋明理学家所尊崇和依以为经典诠释文本的根据。他针对理学家的心性核心话题批评说："盖以心为官，出孔子之后，以性为善，自孟子始。然后学者尽废古人入德之条目，而专以心性为宗主，致虚意多，实力少，测知广，凝聚狭，而尧舜以来内外交相成之道废矣。"① 理学家专以心性为宗主，既废古人所说格物致知入德的条目，又废自尧舜以来内外交感相成的道理，即主体认知内心与客体认知外物相交感、感通而成入德成圣的道理。

其二，关于老子和庄子。叶适认为，司马迁《史记》记载孔子见老子后，叹其为龙，《庄子》"亦言孔子赞其为龙，则是为黄老学者借孔子以重其师之辞也。二说皆涂引巷授，非有明据"②。孔子称赞老子为龙，乃是道听途说的话，不可信。《史记》又载孔子问礼于老子，叶适说："然则教孔子者必非著书之老子，而为此书者必非礼家所谓老聃，妄人讹而合之尔。"③ 亦是妄人以讹传讹之言。

叶适批判老子的仁义道德价值观。他说："老子谓因废道德有仁义，因智慧有大伪，而谓国家之乱亦由忠孝者致之，故欲绝焉。噫！未有不察事而可以知道者，是恣其私说而以乱益乱，非亡灭不止，悲夫。"④ 老子说："大道废，有仁义。慧智出，有大伪。六亲不和，有孝慈。国家昏乱，有君臣。"⑤ 叶适驳斥说，哪有不和不治是由于忠孝导致的呢？譬如舜以孝对待父母，箕子以忠侍君，难道是不和不治所致吗？察事而知道，哪有大道废而有仁义？老子那是恣肆其私说而使乱益乱，是亡灭不止之论。老子的这种人道观是负面的逆反人道观，其天道观亦如是，"老子私其道以自喜，故曰'先天地生'，又曰'天法道'，又曰'天得一以清'。且道里混成而在天地之先乎？道法天乎？天法道乎？一得天乎？天得一乎？山林之学，不稽于古圣贤，以道言天，而其慢侮如此……然则从古圣贤者畏天敬天，而从老氏者疑天慢天，妄窥而屡变，玩狎而不忌，其不可也比

① 《孟子·告子》，《习学记言序目》卷十四，207页。

②③ 《老子》，《习学记言序目》卷十五，209页。

④ 同上书，216页。

⑤ 《老子》，十八章。

矣”[①]。以儒家的价值观而言，是畏天敬天，老子疑天慢天，是所不容。然而老子天道观认为，道是天、地、人四大中最大、最高的度越的形而上的“常道”，它是天地万物的终极的根据，这是中华民族在“轴心期”哲学觉醒的标志，限于时代的认知，叶适对老子之道做出的是符合其儒家价值观的批判。

叶适摘出《老子》数十章，均予以批判。最后总论说：“呜呼！使其为藏史之老聃欤？则执异学以乱王道，罪不胜诛矣。”[②] 其实，学术观点不同，价值观相左，何来罪过之说？然而自中国古代以至现代，都有以学术观点不同而被目为异端邪说、“伪学逆党”而被诛灭，甚至株连九族。这是中华民族的悲哀。

关于庄子，叶适说：“庄周之书，祸大而长存……是故人道之伦颠错而不叙，事物之情遗落而不理，以养生送死，饥食渴饮之大节而付之于傥荡不羁之人，则小足以亡其身，大足以亡天下矣，可不惧哉！盖周之书大用于世者再，其极皆为夷狄乱华父子相夷之祸，然则杨、墨、申、韩之害，曾不若是之远已。”[③] 视《庄子》如洪水猛兽，同样是言过其实也。

第六是对程朱道统论的批判。叶适认为道统始于尧，次舜、次禹、次皋陶、次汤、次伊尹、次文王、次周公、次孔子，“然后唐虞三代之道赖以有传”[④]。这里较韩愈、程、朱道统说多出了皋陶和伊尹。对孔子以后道统传承，理学家认为孔子传之曾子，曾子传子思，子思传孟子。叶适认为，曾子不得孔子的独传，“曾子没后语不及正于孔子，以为曾子自传其所得之道则可，以为得孔子之道而传之，不可也”[⑤]。因为曾子与孔子的众多学生一样，对孔子之学，各有所得，即自传其所得，是可以的，但以为尧、舜、禹、汤、文、武、周公、孔子之所以一者，“而曾子独受而传之人，大不可也”[⑥]。为什么说“大不可”？叶适说：“孔子自言德行颜渊而下十人，无曾子，曰‘参也鲁’。若孔子晚岁独进曾子，或曾子于孔子后殁，德加尊，行加修，独任孔子之道，然无明据。又按曾子之学，以身为本，容色辞气之外不暇问，于大道多所遗略，未可谓至。”[⑦] 抽掉曾子，子

---

① 《老子》，《习学记言序目》卷十五，213 页。

② 同上书，217 页。

③ 《庄子》，《水心别集》卷六，《叶适集》，712～713 页。

④ 《皇朝文鉴三》，《习学记言序目》卷四十九，738 页。

⑤ ⑥ 《论语・泰伯》，《习学记言序目》卷十三，188 页。

⑦ 《皇朝文鉴三》，《习学记言序目》卷四十九，738～739 页。

思与孟子传承孔子的道统就脱节了，由此否定了道统论，意味着对道学家的批判，也正由于如此，而使其处理学非主流价值地位。

然而，道统论是相对于佛教法统而提出的，佛教作为外来的异族文化却成为中国的强势文化，构成对中华民族几千年来文明的极大冲击。换言之，中华民族文化被遮蔽了，特别是隋唐一流知识精英被佛教的般若智慧和涅槃境界所吸引，对佛教趋之若骛。尽管佛教在中国文化过程中出现如禅宗这样中国化佛教，但中国化的佛教仍然是佛教，而不是中华民族几千年来的道统、学统的正传、正统，若以佛教强势"法统"文化为中华民族的正统文化，那么，中华民族的尧、舜、禹、汤、文、武、周公、孔、孟道统文化就断裂了，这正是从韩愈到宋明理学家最大的忧患。宋明理学家之所以能强劲地登台，演绎道统论，是为自己道体学的合理性作论证；他们高举道统论，是试图唤起中华民族文化自觉，寻回中华民族传统文化自我。"为往圣继绝学"，就是强烈的文化自我认同意识、文化自觉意识。就此而言，薛季宣、叶适等质疑道统论虽有其学理上依据和理由，但就文化的传承来说，理学主流派坚持道统论也有其深刻的缘由。当元明清时，理学成为官方意识形态，道统论也发生了异化，具有了独断性、排他性、独裁性的品格。可见，一种学术随其自身地位变化与时代变迁，其性质与效用价值也随之而变，所以说，没有永恒不变的绝对真理，即使是一种宗教，在历史上随时空的变换而不断分化、变化，也是无法阻挡。

（三）生命价值的意义

与人的生存命运的人文关怀相联系，主体人同样关注自身的生存意义的反思，人生在世，犹如朝露，人们叹息生命的苦短；人的生命，事实上是一次性的支出，消耗完就没有，并不会有第二次。生命的这种短暂性、紧迫性、一次性，促使人对于生命意义的追求，即在有限的生命时空内，如何以及怎样生存得更有意义？也就是说，如何突破有限生命，而获得无限的意义生命。这是与意义世界相联系的。

叶适认为，关注主体人的生存命运意义，首先是对于主体人的尊重，若把人不当人看，以人为奴役的对象，自然不会关注人的生存命运意义，因为他连作为人而生存的权力都没有。叶氏以人民为国之根本："国本者，民欤？重民力欤？厚民生欤？惜民财欤？本于民而后为国欤？昔之言国本者，盖若是矣。”[①] 这种“重民力”、“厚民生”、“惜民财”，体现了一种民本精神。叶适认为这种古代民本主义的人文精神，还需要进一步加以诠释，“臣之所谓本者，本其所以为国之意而未及于民，臣非以民为不足恃也，以为古之人君非不知爱民，而不能爱民者，意有所失于内，则政有所害于外也”[②]。以民为国之本，必须爱民，不爱民何以体现为国本。以往的“人君”知民为国本而不实行，知爱民而不能爱民，致使失于内而害于外。建立国家于天地之间，必有兴亡，如何延续国命就在于“人君”是否以民为国本。这个责任在于“人君”，“人君”应发挥主体的能动作用，实现“人君”的生存命运意义。

人生存于天地之间，都有其意义，问题在于主体人如何体认和把握生存命运意义。譬如汉高祖起于细微，挺剑臂指天下，建置宗庙而立其典法，以垂后世。之所以得天下，一是“合天之心”，二是“顺民之心”，并非是偶然自得的。这就是说，主体人的生命价值是与外在自然理势、社会民心相关联，在这个关联中呈现出的生存状态和生命价值。汉武帝“失其意则乱”，光武帝“复得其意则兴”，这种“乱”、“兴”也呈现了他们的生存状态和生命意义。

“人君”要实现自己的生命价值，就要做到人君像人君的样子。譬如说“古者民与君为一，后世民与君为二”[③]。如何为一？就是古代君主既养民，又教民，然后治民。君直授田于民，室庐、器用、服食、百工的需要，虽不是君主直授，但由君设置官吏加以教导，“君臣上下皆出于一本”。后世人君对民不养不教，专事治民，使民与君分裂为二，而造成国家的动乱或灭亡。在叶适看来，这就是君不像君，即人君未能实现自己的生命价值。

叶适认为，人君要做到君像个君，实现自身的生命价值，首先要自己加强自我的修身养性，这便是要讲“君德”。所谓“君德”，就指“君道”，“人君必以其道服天下，而不以名位临天下”[④]。臣民之所以顺从而不敢反抗，是由于尊重君之名和君之位，人君利用自己的名位，操生杀之权，“权者上之所独制，而不得与臣下共之者也，故杀之足以为己威，生之足以为己惠，而天下之事自己而出者

---

①② 《进卷·国本上》，《水心别集》卷二，《叶适集》，644页。

③ 同上书，651页。

④ 《进卷·君德一》，《水心别集》卷一，《叶适集》，633页。

谓之君”①。权之“独制”，生杀以显示自己的“威”与“惠”。权力的“独制”，便导致有权就有一切，肆意妄为，又必将导致国家的动乱和灭亡。

人君必须正心修身，以行君道，不能徒恃名位以治天下，人君自己正心诚意，便能行仁爱于臣民，而且明道而可计功利。如唐太宗那样，“利在仁义则行仁义，利在兵革则用兵革，利在谏诤则听谏诤，惟所利而行之”②。这样天下之人，愿毕力而为之所用，即使敝精罢力而至于死，亦不后悔。这样“真意实德充塞于人主之身而施之于天下，是故其高厚可以配天地，其明察可以并日月，顺阴阳之序，遂万物之性，裁成辅相以左右民，鼓舞动荡，运转阖辟，则令不期而信，权不制而尊，法不严而必，兵强国富。而讨除残暴不顺之夷狄，何向而不济!”③ 这样“人君”便实现了自己的生命价值，超超了自己有限的时空生命，而名垂青史，获得无限的意义生命。

古代君与臣的关系是建立在一个上下、尊卑、贵贱、治与受治的不平等关系基础上，这是由当时政治、经济体制和典章制度所决定的。臣如何实现自身的生存意义？只能在这样一个外在生存状态的框架内来思考和把握。叶适曾明确体认到这一点：“其于群臣百官也，真见官各有守，才各有宜，畀之以事而不相易也，非贵其所贱，亲其所疏，而要之以报己也，而况于姑使之充位而自用也!”④ 臣为君所用，报君之恩。但现实的君并不喜欢听臣下指出其过言、过行而害天下，也不庆幸臣下的忠言，而是可听而置之。

臣像个臣的样子，应该“名以致实，实以致名”⑤，名实相符。臣应该“刚毅无私，能为人主守法，而天下通以为贤人君子者，不过曰能抑天下而已”⑥。然而仅是抑亦会产生弊端，抑的结果会使得者不以为恩，失者必以为怨；反之，纵的弊病亦很大。臣作为国家公共事务的制法者和执行者，不能陷入抑久必纵、纵久复抑的恶性循环之中，而应该纵抑结合，使纵抑获得平衡、和谐。臣不仅要正心诚意，修身养性，为国为民，一本于公心而行公利，而且要以君子贤臣要求自己，而决不能做佞臣、小人；使人君能

① 《进卷·君德一》，《水心别集》卷一，《叶适集》，633 页。

② 同上书，634 页。

③ 《进卷·君德二》，《水心别集》卷一，《叶适集》，636 页。

④ 同上书，636 页。

⑤ 《进卷·官法上》，《水心别集》卷三，《叶适集》，666 页。

⑥ 《进卷·官法下》，《水心别集》卷三，《叶适集》，671 页。

亲君子、贤臣而远小人，恶谀而好匡救。这便是国家之福，这便是臣的生存意义。

叶适批判惟利无行、嗜功无责的士和官吏，他说："臣观今天下之士，惟其嗜利无行者，乃或扣阁投匦，妄论形势，更易风云之阵，疏释孙、吴之言，请对便殿，条画边要，指心誓日，以功名自诡。及其宠异逾等，尊用过望，乃始徐托罪咎，引身而去。"① 这种对国对民毫不负责的势利小人，与"先天下之忧而忧，后天下之乐而乐"的君子，形成鲜明的对比。只图当前功名利禄，而欺上瞒下，不择手段，其生命有何意义？

叶适以自己实际行为活动，实现了作为一个贤臣的生命价值。他以忧国忧民的悲愿，为国为民，鞠躬尽瘁。淳熙元年（1174），年轻的叶适向签书枢密院事叶衡上书，畅论天下大势，要求改革旧制，实现由弱变强之道。叶适中进士第二名（榜眼）后入仕途。面对宋金冲突，抗战与妥协斗争激烈之时，他力主抗战，反对妥协。认为"今日堤防之策乃在内而不在外"是错误的。后屡次上疏，抗金复仇，以暂安东南为今日之大患。然韩侂胄专权，排斥异己，叶氏被罢官。开禧二年（1206）被召回朝廷，连呈《上宁宗皇帝札子》，反对韩侂胄的冒进，主张"备成而后动，守定而后战"②。审敌我强弱之势，而后"修实政，行实德"，实现国势由弱向强的转变。这年五月王师决定北伐，叶适认为条件不成熟，韩氏想借叶适之名草出师诏，叶氏坚辞。未久，宋军各路溃败，金兵入淮南，建康紧迫。在此生民涂炭、国难当头之际，叶适抱病赶赴前线，接受知建康府兼沿江制置使的重任，在金兵大举南下，"江南震动，众情惶惑"的情况下，叶适命左领卫中郎将门人厉仲方破定山之敌，解六合之围，建康人心始定。又"损重赏，募勇士"，夜晚渡江劫金营，凡十数次，生俘和斩得金兵首级送来江南，士气稍振，金军在无所获的情况下北撤。叶适由于操劳过度，旧疾添新病，但在金兵初撤，百事需整顿的情况下，他带疾视事部署，并兼任江淮制置使。他采取守淮以固长江之防的战略，允许淮民守土自卫的要求，在江淮之间，大修堡坞③，团结军民，措之屯田，边耕边战，江淮前线暂时获得安定。这些是在叶适"背病半年，呻吟宛转"中，力疾督促中完成

① 《进卷·治势下》，《水心别集》卷一，《叶适集》，642 页。

② 《上宁宗皇帝札子二》，《水心别集》卷一，《叶适集》，6 页。

③ 《定山瓜步石跋三堡坞状》，《水心别集》卷二，《叶适集》，12～14 页。

的。然投降派史弥远诬陷叶适，终被罢出朝，宋金达成和议。

叶适以他的卓识，受命于危难之时，不顾自己的疾病，终致转败为守；并在战争中体认了蕴藏在人民里的无穷的抗金力量，主张军民团结，共同抗金，获得了成功。叶适也在此期间，实现了他作为一个人臣的生存意义、生命价值。

（四）价值理想的终极关切

叶适虽然没有从宗教意义上回应终极关切的问题，但他提出了自己的价值理想，这是属于和合可能世界的终极人文关怀。主体人对于自身生存意义的思考，激发了人对价值理想的追求，主体人的生存意义，既在人自身与外在生存环境互动的事功中得到实现，也需要在人自身的价值理想中获得安顿。

叶适可能世界的终极人文关怀是求道，“道之极也，圣人之终事也”①。在求道这一点上，叶适与北宋周敦颐、邵雍、张载、二程，乃至南宋朱熹、张栻等没有很大的差别，其异是对道的不同诠释。周氏以道为“无极而太极”，程朱以道为“太极”为“理”，即形而上之道，有超度形器的意蕴。“道超于形器而备于全体，犹之水焉，在方而方，在圆而圆。”② 就超越形器的道体而方且圆而言，有其同，但叶氏在表述道体时从不离“用”，于是他接着说：“大用之天下则天下治，小用之一国则一国治。”“且道之在人，犹江河之泽，而一世之用道者，如饮水于河，随其量之所受，而各适其欲。”③ 道体只有通过“用”，才能呈现自己的功能和作用，以及其效果和表现的形态。这样道才是既超越，又内在的。

作为超越意蕴来看，“道在天下，散之六合，不为有余，敛之一毫，不为不足，以弦歌而牧养诸民，诚余事也”④。道在动态过程中的散与敛，都是完满的，既非有余，亦非不足。道分体与用，道体便有超用的层面，道用便是器物层面，“道之统纪体用卓然，百圣所同”⑤。无度越的道体层面就不可能统纪，无道用的器物层面，就要陷入悬空。“道统纪体用”概念，是被普遍接受的。

---

① 《进卷·春秋》，《水心别集》卷五，《叶适集》，701页。

②③ 《君子学道则爱人》，《圈点龙川水心二先生文粹》，见周梦江：《叶适年谱·附录三·叶适的佚文佚诗》，205页，杭州，浙江古籍出版社，1996。

④ 同上书，206页。

⑤ 《礼记·中庸》，《习学记言序目》卷八，108～109页。

道之所以具有度越层面的品格，是因为道体是普遍的。“此道常在，无阶级之异，无圣狂、贤不肖之殊。”① 换言之，道体对不同阶级、等级、圣者、狂者、贤者、不肖者都一视同仁，没有分殊和差异。它体现在各各之中，常在于人物之内，由于道体没有被某一个别、特殊的事物所拘限，因而能无所不在，无处不存。而具有度越某一个别、特殊事物的品格，此其一。

其二，道体因其度越器物，所以“道不可见”②，这就是说，道体是不显露的，它往往隐蔽在事物的背后，是“不在场”的。不显露、不在场，并不是说不存在，它犹如《中庸》所讲的“未发”状态。“盖于未发之际能见其未发，则道心可以常存而不微；于将发之际能使其发而皆中节，则人心可以常行而不危；不微不危，则中和之道致于我，而天地万物之理遂于彼矣。”③ 《中庸》讲喜怒哀乐的“未发”，叫做“中”，“中”是天下之大本。“未发”即“未发动”的“寂然不动”状态。“已发”即已发动的感而遂通状态。“已发”而合乎中节，称为和，和是天下的达道。叶适指出：“弃和取同，史伯以是为幽王致寇之本，晏子亦陈和同之异甚详。”④ 说明和在治乱存亡中的价值。叶适把“未发”与“已发”同《尚书·大禹谟》中的“道心惟微”、“人心惟危”相联系。“微”是指道心难明而易昧，与“未发”之义相近，因而以“未发”与“道心”相对应，说明道是具有未发的、难明易昧、寂然不动的品格，正是这种品格而使其具有度越性。

叶适作为永嘉之学的集成者，是“永嘉之学教人就事上理会，步步著实，言之必使可行，足以开物成务”⑤。黄宗羲的这个评估是中其肯綮的。由于叶适关注“开物成务”，所以重道用层面。他在论述道体的形而上度越层面时，总不离的是形而下道用。形而上道体作为叶适的价值理想，终极的关切，道用是道体的体现或功效，即其价值理想在现实世界的呈现。在这里叶适并不想把道体悬置起来，而在与体用的互动、互渗中，使价值理想趋于真善美。譬如叶适讲“道不可见”，接着陈述说：“在唐、虞、三代之世者，上之治谓之皇

① 《礼记·中庸》，《习学记言序目》卷八，109页。
② 《进卷·总述》，《水心别集》卷七，《叶适集》，726页。
③ 《礼记·中庸》，《习学记言序目》卷八，109页。
④ 《国语·郑语》，《习学记言序目》卷十二，171页。
⑤ 《艮斋学案》，《宋元学案》卷五十二，《黄宗羲全集》第五册，56页。

极，下之教谓之大学，行之天下谓之中庸，此道之合而可名者也。其散在事物，而无不合于此，缘其名以考其实，即其事以达其义，岂有一不当哉!”① 叶适预设唐、虞、三代为理想社会，其上治、下教、行天下，都符合于规范，可以通过缘名考实，即经以事达义的工夫，达到验证，而与道体相合。

叶适吸收薛季宣的道器论，明确了薛氏语焉不详的道之体用论。薛氏说：“上形下形，曰道曰器，道无形埒，舍器将安适哉！且道非器可名，然不远物，则常存乎形器之内。昧者离器于道，以为非道，遗之，非但不能知器，亦不知道矣”②。一方面说明道器互渗，器不可舍道，道亦不可舍器，舍器道将无所安适，道亦存乎形器之内；另一方面说明道器不离，离器于道为非道，遗道不能知器亦不知道。叶适更加注重道不离器，道在物中的层面“按古诗作者，无不以一物立义，物之所在，道则在焉，物有止，道无止也，非知道者不能该物，非知物者不能至道；道虽广大，理备事足，而终归之于物，不使散流，此圣贤经世之业，非习为文词者所能知也”③。物在道在。换言之，物不在，道即不在，道依物而在，道不离物而在。之所以说物在道在，不仅在于终归于物，而且在于不使道散流。虽道不离物而在，但毕竟有异：一是物道存在“有止”与“无止”，即有限与无限之别；二是道广大，理备事足，虽终归于物，但作为物而言，因其有止，而不可能具有广大和理备事足的性质和功能。这亦说明道具有既度越又内在的品格。

叶适依据“物在道在”，道不离物而在的思想，进而对道不离器进行思议。“其道在于器数，其通变在于事物”④，道作为事物规则或数律，是不能离开事物的。“无验于事者其言不合，无考于器者其道不化，论高而实违，是又不可也。”⑤ 他批评高谈阔论而与事实不符的言论，主张言论要经事实的检验，道要通过器物的考证，这就是离器无道的意思。叶氏又说：“道者，所当行之路也，虽乡人，苟知路，未有须臾离者。”⑥ 把道诠释为应当走的道路，就把抽象的道还原为具体的事物，主体人知路行路，而不可离道。这是从另一个

---

① 《总述》，《水心别集》卷七，《叶适集》，726页。

② 《答陈同父书》，《薛季宣集》卷二十三，298页。

③ 《皇朝文鉴一·四言诗》，《习学记言序目》卷四十七，702页。

④ 《总义》，《水心别集》卷五，《叶适集》，693页。

⑤ 同上书，694页。

⑥ 《论语·雍也》，《习学记言序目》卷十三，182页。

侧面说明器亦不离道，道器互动、互相不离的意蕴。

对于“离器无道”，叶氏举礼乐与玉帛、钟鼓的关系说：“按《诗》称礼乐，未尝不兼玉帛、钟鼓……然礼非玉帛所云，而终不可以离玉帛；乐非钟鼓所云，而终不可以舍钟鼓也。”① 这是叶氏借孔子所说“礼云礼云，玉帛云乎哉！乐云乐云，钟鼓云乎哉”而发，孔子感叹当时人对于礼乐“具其文而实不至”，只徒具形式，而无实质的状况而发。尽管礼并非由玉帛等礼物来说明，乐亦非由钟鼓等乐器来说明，但礼与乐终不可离玉帛与钟鼓。假如“离玉帛而言礼”，“舍钟鼓而言乐”，那就无所谓礼与乐。因为礼与乐需要通过玉帛和钟鼓来表现。中国传统文化以礼乐来统摄，礼乐文化在中国传统文化中具有重要地位。礼乐文化的真善美，便是中国社会文化的价值理想。

叶氏又以言与行比喻礼乐与玉帛、钟鼓的关系。“言与行，如形影不可相违也，离言以为礼，离行以为乐。言与行不相待，而寄之以礼乐之虚名，不惟礼乐无所据，而言行先失其统。”② 中国传统文化讲言必行，言行一致，言行如形影不离不违。若离言离行以为礼乐，那么，礼乐无所依据，言行亦失其统绪。从道有体用而言，礼乐与玉帛、钟鼓，言与行，都是体用一源的。

道究竟是什么？叶氏有自己的诠释。他说：“道原于一而成于两。古之言道者必以两。凡物之形，阴阳，刚柔，逆顺，向背，奇耦，离合，经纬，纪纲，皆两也。夫岂惟此，凡天下之可言者，皆两也，非一也。一物无不然，而况万物；万物皆然，而况其相禅之无穷乎！交错纷纭，若见若闻，是谓人文。”③ 道作为可能世界的价值理想和价值来源，它原于一，这是指元道体而言；就其形成而言，如“一阴一阳之谓道”，“立天之道曰阴与阳”，“立地之道曰柔与刚”，这便是指“成于两”，天下万物之形亦成于两，天下可言说的都是两，这是一种普遍现象，并永远“相禅”下去。叶适强调两，只有两或两个以上的东西，才能冲突、融合而和合成新事物、新东西。如“天地絪缊，万物化醇，男女构精，万物化生”，天地、男女便是两，即阴阳、刚柔。由两极的冲突融合，才絪缊化生新和合体（如新生儿）。在这个絪缊化生过程中，冲突和融合都保持着一定张力，又调适为“中庸”和“中和”的状况，“然则中庸者，所以济物

①② 《礼记·仲尼燕居》，《习学记言序目》卷八，106 页。

③ 《中庸》，《水心别集》卷七，《叶适集》，732 页。

之两，而明道之一者也，为两之所能依，而非两之所能在者也”[1]。“中庸”就是调剂事物两方面，而达明道的一；它是两的依靠，并非两之所在。“中庸”在“道原于一而成于两”中起调剂的作用，而使道的“原”和“成”得以实现。

叶适依据“古之言道者必以两”，就避免了执著于“道一”的偏颇，给道以“两”，即相反相成的空间以及“言道”的多元、多样的氛围。据此他批评：“天下不知其为两也久矣，而各执其一以自遂。奇谲秘怪，蹇陋而不弘者，皆生于两之不明。是以施于君者失其父之所愿，援乎上者非其下之所欲，乖迕反逆，则天道穷而人文乱也。”[2] 中国自建构中央集权的统一君主专制政体以后，便思考一统话题，于是有“罢黜百家，独尊儒术”，“独尊”就排斥了“两”。两宋道学家，凡理本、心本，都以理、太极、心为一。在这种天无二日、人无二主、道无二元的环境下，不知两而执一已很长久了。正由于执一不知两，社会、人伦间各种弊端、乖迕反逆，人文混乱的情况便不断出现，破坏了社会的有序，导致道德的沦丧，理想的失落，人生的迷惘，结果造成“人文乱”，即人文精神的丧失。事实上，只有依“言道者必以两”这个“万物皆然”普遍原则，遵循“交错纷纭”的多样性、多元性冲突融合的道理，人文精神才会获得呈现和发扬，这就是叶适讲的“是谓人文”，亦是他对《中庸》的创新性诠释。

叶适讲道求道，是其终极人文关怀，与周、程、张、朱等有其同，亦有其异。叶适针对张载学生范育所作的《正蒙序》，就其称张载“与尧、舜、孔、孟合德乎数千载之间”[3]，继尧、舜、孔、孟之道统，而作“总述讲学大指”，对“道统”作了自己的诠释。叶氏对“道统”的新诠释蕴涵了对价值理想（包括理想社会和理想人格）的终极追求；“三代”是儒家特别是两宋道学家的理想社会，尧舜禹汤等圣王是道学家所追求的理想人格。在这点上，叶适价值理想的追求与道学家在总体上并无很大差异。其差异是孔子以后的“道统”，叶适认为孔子以后的曾子并非孔子的正传。“周、张、二程出焉，自谓出入于佛老甚久……不足以入尧舜之道，皆本于《十翼》，以为此吾所有之道，非彼之道也。及其启教后学，于子思、孟子之新说奇

①② 《中庸》，《水心别集》卷七，《叶适集》，732页。

③ 《正蒙·范育序》，《张载集》，5页。

论，皆特发明之。”[①] 道学家以佛教思想诠释子思、孟子和《十翼》新说奇论，而“不悟《十翼》非孔子作，则道之本统尚晦，不知夷狄之学本与中国异”[②]。否定了张载以来道学家继尧舜至孔孟的道统，明确把子思、孟子排斥于道统之外，道统只到孔子为止。若承认子思与孟子，那么《大学》、荀子系统如何安置，也是问题。叶适把道统断止为孔子，有其个人的体认及自设的标准。

两宋道学家均自谓继往圣之道统，张载谓“为往圣继绝学”。这里的“往圣”是指从尧舜到孔孟，包括孟子在内。朱熹推崇二程时说：“二先生倡明道学于孔孟既没千载不传之后，可谓盛矣。”[③] 朱熹、陆九渊也谓“继绝学”于孔孟。然而叶适对此持批判态度，他认为张载、二程虽攻斥佛、老，但其立场是坐在佛、老之病处这一边的。张、程所言，“皆老、佛、庄、列常语也。程、张攻斥老、佛至深，然尽用其学而不自知者……且佛老之学所以为不可入周孔圣人之道者，盖周孔圣人以建德为本，以劳谦为用，故其所立能与天地相终始，而吾身之区区不与焉。佛老则处身过高，而以德业为应世……未有自坐佛老病处，而揭其号曰‘我固辨佛老以明圣人之道者’也”[④]。张载、二程以排佛、老为名，其实是坐在佛、老的病处方面，以附会子思、孟子的思想，这样怎能说他们是继尧舜至周孔以来之道统呢？

叶适所追求之道，在其“总述讲学大指”[⑤] 中作了说明：道是指始于尧，次为舜、禹、皋陶、汤、伊尹、文王、周公到孔子的道统，子思、孟子的“新说奇论”，“失古人本统”。道的内涵，是指“以建德为本，以劳谦为用”的本（体）用说，“建德”的价值理想和终极关切与“劳谦”的功利价值和效用呈现，两者圆融会通，便成为和合可能世界的终极人文关切。

①② 《皇朝文鉴三·序》，《习学记言序目》卷四十九，740页。

③ 《程氏遗书后序》，《晦庵先生朱文公文集》卷七十五，《朱子全书》第二十四册，3624页。

④ 《皇朝文鉴四·序》，《习学记言序目》卷五十，751～752页。

⑤ 《皇朝文鉴三·序》，《习学记言序目》卷四十九，735～739页。

附录五
戴震发狂打破宋儒《太极图》

王夫之的外在自我主体生活在明清易代之际，“天崩地裂”的时代，这极大地刺激了其内在自我主体的忧患心灵，他在思议明之所以亡国的原因时，便把自己的生命智慧投入哲学思维的反思和创作，以立言而不朽。戴震的外在自我主体所面临的是“文字狱”横行，文化恐怖威胁有识之士的身家性命，以及设科取士，“非朱子之说者不用”的情境，亦强烈地激发了其内在自我主体的危机意识。他试图通过批判作为主导意识形态的程朱形而上学理体学的桎梏，以获得主体精神的自由。就王夫之与戴震而言，他们外在自我主体的境遇有异，但内在自我主体的感受有其相同之处，其哲学思想的倾向亦大体可归为气体学范围。

（一）以理杀人

一个思想家，只有深入体认时代冲突，准确把握时代精神，提出化解冲突的度越理念，就能有功于这个时代。

对于把握时代精神，化解冲突理念，戴震最大成就是其《孟子字义疏证》。他在临终前一月给段玉裁书中说：“仆生平论述最大者，为《孟子字义疏证》一书，此正人心之要。今人无论正邪，尽以意见误名之曰理，而祸斯民，故《疏证》不得不作。”① 他假孟子的权威，通过训释“字义”的形式，以“正人心之要”为价值目标，来化解作为主导意识形态的理体学所造成的祸国殃民的时代冲突和危机，这就是他为什么说《孟子字义疏证》不得不作的原因。这就是说，此书是他对于时代冲突有深切的体认，对时代精神有真实的把握，而确立以“正人心”为化解时代冲突和危机的要旨。他以其忧

① 《与段茂堂第十札》，《戴震全书》第六册，543页，合肥，黄山书社，1995。

患的意识、智勇的精神，把批判的矛头直指被康熙誉为“立亿万世一定之规”① 的程朱理体学，试图度越理体为气体化育流行的过程论。

如果说王夫之在反思宋明理学，批评程朱、陆王哲学理论思维的理体学与心体逻辑结构时，仍然沿袭程朱、陆王形而上学本体论哲学思维理路、方法、模式，颠倒程朱的理本气末，改造陆王的心外无理，建构了形而上学气真体论，没有自觉地从朱程、陆王的哲学理论思维的理路、方法、模式中度越出来，那么，戴震批评程朱在建构其哲学理论思维逻辑结构时，也没有舍弃老、庄、佛教形而上学本体论思维方法和模式。他说：“盖其学借阶于老、庄、释氏，是故失之。凡习于先入之言，往往受其蔽而不自觉。在老、庄、释氏就一身分言之，有形体，有神识，而以神识为本。推而上之，以神为有天地之本，遂求诸无形无迹者为实有，而视有形有迹为幻。在宋儒以形气神识同为己之私，而理得于天。推而上之，于理气截之分明，以理当其无形无迹之实有，而视有形有迹为粗……其以理为气之主宰，如彼以神为气之主宰也。以理生气，如彼以神能生气也。”②

戴震认为，程朱理体学的形而上学思维，受老子、庄子、释氏形而上学本体论思维的遮蔽而不能自觉。老、庄、释氏本体论思维的奥妙和路线，是把一身分为形体与神识两部分，然后以神识为本，再往上推，以神识为天地万物的根本、本根，即以神识为形而上本体。宋儒程朱等虽以形气神识同为自己所有，但以得之于天的理是外在的，非己所有，往上推，截然把理与气二分，然后以理为本，这种二分的思维方法，是为建构度越形体、形气的形而上本体的需要。此其一。其二，由形体与神识、理与气的二分，进而便可推致有形体、形迹的现象世界为幻妄，为假象，而其背后的隐藏的无形无迹者为实有的真实世界。宋儒程朱以理为无形无迹的形而上实有的真实世界，视有形有迹为粗糙、粗浅的现象世界。其三，由形迹与无形迹的真实世界与现象世界的二分，即形而上与形而下的二分，便推致度越形迹的无形无迹的神识与理主宰有形迹的形体与气。作为主宰者的神识与理具有化生气的功能，即具有造物的价值。

戴震从理论思维方式的奥妙与前提上揭露老、庄、释氏形而上

① 玄烨：《御制朱子全书序》，《朱子全书·附录》第二十七册，845 页。
② 《天道》，《孟子字义疏证》卷中，《戴震全书》第六册，178～179 页。

本体论建构的推致，是一追根究底的哲学思议，这一思议，一下子把宋儒程朱等的哲学理论思维的基本架构、世界模式、思维规范、思维路线推前到了春秋时期的老子那里。尽管从老子以降，或以道、天、无、气、理为形而上本体，或以水、火、物为本根，但就其基点上看，还停留在老子哲学的基点上，而与西方哲学停留在柏拉图哲学那里一样，没有根本改变，只不过是不断改变其称谓而已。① 于是戴震宣称要"发狂打破宋儒家中《太极图》耳"②，这就是说要打破周敦颐《太极图》和《太极图说》所开启的宋儒理学中理体学、心体学、气体学的思维方法和世界模式。然而由于时空及内外因缘的限度，戴震最终并没有从宋元明清理学的网罗中冲决出来，而只是有所修正地走向气体学，亦没有建构起"发狂打破"后的新哲学理论思维体系，综而言之，他破也不彻底，立也无真哲学体系的建构。

戴震基于其"发狂打破宋儒家中《太极图》"的精神，直把其理论批判的矛头指向宋明清儒之"存天理，灭人欲"的观念。程朱等道学家以理（天理）为宇宙、社会、人生的形而上本体和终极的伦理道德原则。由于这个理是通过"格物穷理"而得来的惟一的真理，是放之四海皆准的，违反理（天理）就是非圣枉法、异端邪说。这样理便具有了绝对性、惟一性、独断性、排他性，理（天理）这种性格被意识形态强化以后，便成为衡量宇宙、社会、人生一切思想行为、伦理道德的是非、善恶、贵贱的标准。"尊者以理责卑，长者以理责幼，贵者以理责贱，虽失，谓之顺。卑者、幼者、贱者以理争之，虽得，谓之逆。于是下之人不能以天下之同情、天下所同欲达之于上，上以理责其下，而在下之罪，人人不胜指数。"③ 这就是说尊、长、贵者以理斥责卑、幼、贱者即使不对，也是通顺合法的，反之卑、幼、贱者的争论即使是合理的，也是逆反且不合法的。理（天理）在现实社会生活中与政治、伦理相融合，成为意识形态、政治原则、道德规范、生活方式的裁决者、判断者，理便成为一切事物的审判者。

---

① 参见拙著：《戴震》，台北，东大图书公司，1991。收入《张立文文集》（中文版）第25辑，《戴震哲学研究》，韩国学术信息出版社，2009。

② 段玉裁：《答程易田丈书》，《戴震全书·附录之二》，《戴震全书》第七册，143页，合肥，黄山书社，1997。

③ 《理》，《孟子字义疏证》卷上，《戴震全书》第六册，161页。

在此惟一的、绝对的、独断的理的统摄下，理便度越了国家法律、典章制度、百姓日用，而具有了杀人的性质、功能和作用。“其所谓理者，同于酷吏之所谓法，酷吏以法杀人，后儒以理杀人，浸浸乎舍法而论理，死矣，更无可救矣。”① 酷吏以法杀人，有法可依，以断案判刑。后儒以理杀人，既无依于法，亦无判断的标准，而是依理学家或统治者意志来裁决。这里的理，实乃心包万理的理，是理学家主体意志或意见。他说：“程朱以理为‘如有物焉，得于天而具于心’，启天下后世人人凭在己之意见而执之曰理，以祸斯民。更淆以无欲之说，于得理益远，于执其意见益坚，而祸斯民益烈。”② 既然理得于天而具于心，那么世俗中的每个人都可以依照自己的意见，并以自己意见就是理，以此来祸害人民，执著自己主观意见以为是理越坚决，其祸害人民更厉害。这样“后儒以理杀人”，实乃以自己主观意见杀人。“人死于法，犹有怜之者，死于理，其谁怜之！”③ 法与理的分野在于，法是外在的他律，理是内在心理道德的自律。法是强制人，主体人是被动接受的，理是伦理道德的自觉。就这个意义上说，犯法有人可怜、怜悯，死于理，没有人可怜或同情。这就是说，死于理比死于法更残酷、更可悲。

理作为一个哲学思维的概念范畴，为什么会转化为“杀人”的工具呢？主要是统治者假理（天理）作为其意识形态指导思想的理论基础。康熙通过为《朱子全书》作序，以法定的形式，确定以程朱理体学为官方统治思想。于是“非朱子之传义不敢言”，话语权被朱熹思想所垄断，以朱熹的话语为真理，如有违背者，非朱熹之言者，便是“大逆不道”，“异端邪说”，罪之、杀之也就是合理的，在这种情况下，理便转变为统治者手中杀人的工具。戴震在释权时说：“不寤意见多偏之不可以理名，而持之必坚；意见所非，则谓其人绝于理。此理欲之辨，适成忍而残杀之具，为祸又如是也。”④ 理学家、统治者以自己意见为理，以理杀人，名之为自绝于理，理便成为其残杀人的工具。历史上凡是以思想意识罪之、杀之者，大体上都是如此，李贽就是一例。

从理（天理）自身思维逻辑而言，也具有被理学家、统治者用

① 《与某书》，《戴东原先生文》，《戴震全书》第六册，496 页。

② 《答彭进士允初书》，《东原文集》卷八，《戴震全书》第六册，362 页。

③ 《理》，《孟子字义疏证》卷上，《戴震全书》第六册，161 页。

④ 《权》，《孟子字义疏证》卷下，《戴震全书》第六册，216 页。

来作为杀人工具的可能性。这种可能性是由于理是普遍度越的形而上学本体，它是由普遍地“格物穷理”或“即物穷理”而得来的绝对真理，这个绝对的、惟一的真理是真实的、至善的、完美的，无一点假、恶、丑；它具有至上性，神圣性。正由于如此，理便有排他性、独裁性、独断性的品格，也正是这种品格，使其具备了被理学家、统治者用来作为杀人工具的可能。这就是形而上学理体学的历史命运。

（二）道之实体与气化不息

戴震自觉运用哲学批判功能，试图促进理论思维前提的转化。他在批判“以理杀人”中，体认到形而上学本体的实体化、绝对化的祸害，因此要发狂打破它，他以道的道路之道的初义，引申为人物所必从的道理、必恪守的原则、事物运动变化的过程等意蕴。作为与程朱理体学的绝对性、惟一性、实体性相区别，并突出道的运动变化过程的品性，批判朱熹为维护理体形而上的实体性，而以理体自身是不动的观点。

戴震把作为人们行为活动导向的道路的道，诠释为运动变化的阴阳五行之气。“阴阳五行，道之实体也。”① 这个实体既与西方哲学中不可分的世界万物基础不同，戴震所说实体是可分的，他说：“有实体，故可分，惟分也，故不齐。”② 亦与程朱绝对性、实体性的理不同。他说：“道，犹行也；气化流行，生生不息，是故谓之道。《易》曰：‘一阴一阳之谓道。’《洪范》曰：‘五行：一曰水，二曰火，三曰木，四曰金，五曰土。’行亦道之通称。”③ 道就是行的意思，就是阴阳五行之气的气化流行，生生不息。这种气化思想，戴震曾表示承自张载。“独张子之说，可以分别录之，如言‘由气化，有道之名’，言‘化，天道’，言‘推行有渐为化，合一不测为神’，此数语者，圣人复起，无以易也。”④ 既然道的名称内涵就是气化，这是圣人再起也不可改易的，那么戴震哲学理论思维的基础，便是以此为气化的气体学。

尽管戴震说“阴阳五行，道之实体”，但道实是阴阳五行的气化流行，兼实体和属性范畴。“大致道之名义于行尤近。谓之气者，指其实体之名；谓之道者，指其流行之名。”⑤ 称谓其为气、为道，是

①②③ 《天道》，《孟子字义疏证》卷中，《戴震全书》第六册，175 页。
④ 《理》，《孟子字义疏证》卷上，《戴震全书》第六册，170 页。
⑤ 《孟子私淑录》卷上，《戴震全书》第六册，37 页。

从实体与流行不同视域来思议的，这种多视域的思议，对道的体认更全面，但实是一体的两面或多面，就其是一体而言，即道即气，气即道，道即气。

道既气化流行不已，又生生不息。“流行不已”是从气化运动变化的无限性、无边性说的，“生生不息”是从连续的、不断的化生天地万物说的。戴震以前者为天道，后者为天德。天德是天道的属性和内涵。天德生生不息的连续性，使得天地万物既不断地化生，又是气化的流行不已。天道与天德，流行不已与生生不息，实是道的气化流行不息的统一过程。换言之，道为流行不已，阴阳五行之气为生生不息，两者不可分离。

在戴震的哲学理论思维结构中，道既是天地万物的“实体”，又是天地万物化生、形成的流行不已过程；阴阳五行之气既是万物存在的形态，又是化生万物生生不息的质料。两者是一源的。从道未形成形质的实体之时，此道与阴阳五行之气为一体，道即阴阳五行之气，当其形成形质以后，两者又有差异。戴震接续朱熹与陆九渊关于《周易·系辞传》中“一阴一阳之谓道”、“形而上者谓之道，形而下者谓之器”的论辩，他批评朱熹以形而上下为道与阴阳之气的区别，改造了王夫之以形诠释形而上下。对《周易·系辞传》中的话作了重新诠释：“问《易》曰：‘形而上者谓之道，形而下者谓之器。’程子云：‘惟此语截得上下最分明，元来止此是道，要在人默而诚之。’后儒言道，多得之此。朱子云：‘阴阳，气也，形而下者也；所以一阴一阳者，理也，形而上者也。道即理之谓也。’朱子此言，以道之称惟理足以当之。今但曰‘气化流行，生生不息’，乃程朱所目为形而下者。其说据《易》之言以为言，是以学者信之，然则《易》之解可得闻欤！”①

戴震对程朱的观点作了分析和回应。他认为以一阴一阳为道，不合圣人的立言。“气化之于品物，则形而上下之分也。形乃品物之谓，非气化之谓。《易》又有之：‘立天之道，曰阴与阳。’直举阴阳，不闻辨别所以阴阳而始可当道之称，岂圣人立言皆辞不备哉！一阴一阳，流行不已，夫是之谓道而已。”② 这里“品物”是指万物。阴阳五行的气在形成有形万物的生生不息的过程中，才有形而下与形而上的差分。形是指有形的万物，与气化含义有别。《周易·

① 《天道》，《孟子字义疏证》卷中，《戴震全书》第六册，175～176 页。

② 同上书，176 页。

说卦传》直接举道的内涵，就是阴阳。圣人立言是完备的，阴阳交感，流行不止，这就叫道。他否定了形而上与形而下是本体道与形质器（阴阳五行）的差分，认为其乃是有形质与其自身流行气化的差异，即品物与品物自身气化。这就是说气化流行是品物的属性，是品物存在的形式。

戴震进而从语法的规范上分析了"一阴一阳之谓道"的"之谓"与"形而上者谓之道"的"谓之"的差分。他说："古人言辞，'之谓'、'谓之'有异：凡曰'之谓'，以上所称解下，如《中庸》'天命之谓性，率性之谓道，修道之谓教'，此为性、道、教言之，若曰性也者天命之谓也，道也者率性之谓也，教也者修道之谓也。《易》'一阴一阳之谓道'，则为天道言之，若曰道也者，一阴一阳之谓也。"① "之谓"是讲以上面的词解释下面的词，即以一阴一阳解释道，换言之，以阴阳规定道。如《中庸》第一章是讲天的命令叫做性，顺着本性去做叫做道，修养道叫做教。也就是说，性是天命的称谓，道是率性的称谓，教是修道的称谓，道是阴阳的称谓。

戴震接着说"谓之"。"凡曰'谓之'者，以下所称之名辨上之实。如《中庸》'自诚明谓之性，自明诚谓之教'，此非为性教言之，以性教区别'自诚明'、'自明诚'二者耳。《易》'形而上者谓之道，形而下者谓之器'。本非为道器言之，以道器区别其形而上形而下耳。"② "谓之"是讲以下面词说明上面词的内涵，即以道与器解释形而上与形而下的内容。譬如《中庸》第二十一章是讲性是天赋的诚而明，教是后天修养而明诚。以性与教来分别"自诚明"与"自明诚"两者。同理，《周易·系辞传》以道器来区别形而上下，并非在讲道器，以形而上下来区别道器。

如果"之谓"、"谓之"的分别，是讲上词解下词或下词释上词的空间视域而言，那么，形的前后，便是就时空视角而言的。他说："'形'谓已成形质，'形而上'犹曰形以前，'形而下'犹曰形而后。（如言'千载而上，千载而下'。《诗》：'下武维周。'郑笺云：'下，犹后也。'）阴阳之未成形质，是谓形而上者也，非形而下明矣。器言乎一成而不变，道言乎体物而不可遗。不徒阴阳是非形而下，如五行水火木金土，有质可见，固形而下也，器也；其五行之气，人物咸禀受于此，则形而上者也。"③ 形而上下的差分即是形以前与形

---

①②③ 《天道》，《孟子字义疏证》卷中，《戴震全书》第六册，176页。

以后的分别，其意是形的前后，形之前并非超越形，形之后即成形之后。这就是说形而上是成形以前的状态，形而后是成形以后的状态，由是戴震排除了形而上为本体，形而下为形质的观点。

戴震对形而上与形而下、道与器、阴阳与道的关系的分疏，可从两个层面来看。从未成形的阴阳五行之气的存在形式而言，道即阴阳五行的气，两者融合，同为形而上；从已成形的阴阳五行的气状态而言，阴阳五行的气为器，器为形而下，道与阴阳五行的气不完全相同，而相分。两者既同又异，既合又分。同与合是从未成形的源头上说的，异与分是从成形后的器物之间多样差分说的。

（三）自然之气与必然之理

程朱等以形而上与形而下、道与器、理与气、太极与阴阳的相对相关范畴是相当的，道、理、太极属形而上本体世界，器、气、阴阳属形而下的器物世界。戴震"发狂"从周敦颐《太极图说》切入，辨析太极与阴阳的关系的实质。他自我设问："问：后儒论阴阳，必推本太极。云：'无极而太极，太极动而生阳，动极而静，静而生阴；静极复动。一动一静，互为其根。分阴分阳，两仪立焉。'朱子释之云：'太极生阴阳，理生气也。阴阳既生，则太极在其中，理复在气之内也。'又云：'太极形而上之道也，阴阳形而下之器也。'今既辨明形乃品物，非气化，然则太极、两仪，后儒据以论道者，亦必傅合失之矣。自宋以来，学者惑之已久，将何以解其惑欤！"① 戴震为解周敦颐《太极图说》太极动静生阴阳思维逻辑，以及朱熹解太极生阴阳为理生气，既生阴阳和气后，太极和理复在阴阳和气之中，这就是太极和理为形而上的道，阴阳和气是形而下的器。当下既已辨析明白形而上下的形是指"品物"（万物），并不是气化，那么，后儒据此来论证太极、两仪（阴阳）为形而上下的道器，便有附会的缺失了。

戴震认为，"后世儒者纷纷言太极，言两仪，非孔子赞《易》太极两仪之本旨也"②。孔子讲"《易》有太极，是生两仪"，是根据《周易》的两仪、四象、八卦而言，并非讲气化的阴阳得两仪、四象的名称。由八卦经重叠而成六十四卦。孔子的本旨，是指"孔子以太极指气化之阴阳，承上文'明于天之道'言之，即所云'一阴一

---

①② 《天道》，《孟子字义疏证》卷中，《戴震全书》第六册，177 页。

阳之谓道'，以两仪、四象、八卦之《易》画。后世儒者以两仪为阴阳，而求太极与阴阳之所由生，岂孔子之言乎"①！太极是孔子所讲的阴阳二气的气化生生。这就是明道的'一阴一阳之谓道'的道。其所说两仪、四象、八卦是讲卦画，并没有以太极为形而上之道。阴阳的气为形而下的意思，也没有太极生阴阳，理生气的意思。这就是说，程朱等以太极生阴阳、理生气是有违孔子的本旨的。

之所以说程朱的太极生阴阳、理生气是违背孔子的本旨，是因为程朱不仅假孔子未说之言为已说之言，并借其语以饰自己的话，这是诬圣和欺骗学者的行为。而且援老、庄、释氏"神能生气"为理能生气，太极生阴阳，这便是程朱失孔子本旨的原因所在。

戴震批评程朱理生气说失孔子本旨，那么，理与气是一种什么关系？他认为阴阳二气的气化运动是自然而然的过程，理是气化运动过程中不易变易的必然趋势。他为推倒程朱等"目阴阳五行为空气，以理为之主宰"② 的观点，他说："非也。阴阳流行，其自然也。精言之，期于无憾，所谓理也。理非他，盖其必然也……语阴阳而精言其理，犹语人而精言之至于圣人也。"③ 以气与理为自然与必然的关系，必然寓于自然之中，理寓于气之中，阴阳五行之气的精粹为理，犹人之精粹者为圣人，圣人是人中的精粹，理为阴阳中的条理。圣人不离人，理不离阴阳。

必然虽寓自然之中，但自然由必然来条理，也就是说，阴阳二气的自然而然的气化运动，必须依其内在的条理、规则来气化，不依必然之理的气化，便丧失自身的特性。从这个意义上说，必然的量度愈大，自然的程度就愈高，阴阳二气在自然气化运动中，必须毫无差错地符合必然之理的规则；没有自然之气的必然之理，就成为孤悬的、无安顿的理，而丧失其存在的价值。两者融合，"由血气之自然，而审察之以知其必然，是之谓理义。自然之与必然，非二事也。就其自然，明之尽而无几微之失焉，是其必然也。如是而后无憾，如是而后安，是乃自然之极则。若任其自然而流于失，转丧其自然，而非自然也；故归于必然，适完其自然"④。由自然而审察体知必然，由必然使自然气化运动有条理而导向一定方向。自然气

① 《天道》，《孟子字义疏证》卷中，《戴震全书》第六册，177～178 页。

② 《绪言》卷上，《戴震全书》第六册，86 页。

③ 同上书，87 页。

④ 《理》，《孟子字义疏证》卷上，《戴震全书》第六册，171 页。

化运动依理而无丝毫之失，就是必然。这样无憾而后安，这便是自然气化的最高的规则和境界。假如放任自然气化，而流于放纵有失，就丧失自然、不是自然。就此而言，自然必须守必然的规则、原理，自然才是完备的。所以，自然与必然一而非二，换言之，自然的气与必然的理一而不二。

戴震从自然之气与必然之理关系中否定了程朱的理生气说，然而人物所由生，也是需要做出回应的。他说："天地间百物生生，无非推本阴阳。《易》曰：'精气为物。'曾子曰：'阳之精气曰神，阴之精气曰灵，神灵者，品物之本也。'因其神灵，故不徒曰气而称之曰精气。"① 天地万物的生生，以阴阳的气为本原、本根，或曰以阴阳的精气为本根。老、庄、释氏的分歧始于此，戴震以神灵就是阴阳精气，是万物的本原，老、庄、释氏内神外形，神识与形体二分，以神为虚静无欲无为的自然，"老、庄、释氏徒见于自然，故以神为已足"②。程朱有见于六经和孔孟所讲的理义，归于必然，不可变易，以必然之理为本根。戴震认为，老、庄、释氏和程朱都有其偏颇，或执著自然，或执著必然，而不能融通自然与必然。

天地万物生生，推本阴阳。然天地间万物千差万别，各成其性，戴震认为，这是一个不断分的过程。"气化生人生物以后，各以类孳生久矣。然类之区别，千古如是也。循其故而已矣。在气化，分言之曰阴阳，又分之曰五行，又分之则阴阳五行杂糅万变，是以及其流形，不特品类不同，而一类之中又复不同。"③ 气化流行，又阴分阳；阴阳两端冲突交感而分五行；阴阳五行分合融突，杂糅万变，而化生和形成有形质的万物。因为在气化流形中，各各禀受的差分，而成各具不同特性、特质的不同类万物，在同类万物中又各各不同。他举例说："分于道者，分于阴阳五行也。一言乎分，则其所受有偏全、厚薄、昏明之不齐，不特品类不同，而一类之中又复不同是也，各随所分而见于一，各成其性也。"④ 万物之不同，同类万物又各各不同，是由于各自禀受的偏全、厚薄、昏明的不同，而形成不同的特性、本性。这就是"人物之生，分于阴阳气化，据其限以所分谓之命，据其为人物之本始谓之性"⑤。分命是指限度于所分的厚薄、

---

①② 《理》，《孟子字义疏证》卷上，《戴震全书》第六册，170页。

③ 《绪言》卷上，《戴震全书》第六册，90页。

④ 同上书，91页。

⑤ 《孟子私淑录》卷上，《戴震全书》第六册，37页。

昏明、清浊的多少、偏全的分别；本始之性是指生人物的阴阳五行气化为本始所成的性。“人物分于阴阳五行以成性，舍气类更无性之名”①，人物的本性、性质是阴阳五行在气化流行过程分给人与物的，人与物禀受所分的偏全、厚薄而各成各的本性和性质。

虽然阴阳五行气化生人、生物，但是人与物在本性、性质上有分别。人作为万物之灵，不仅其形体不同生物、非生物，而且人是有思想、有智慧、有心知。“人之得于天也，虽亦限于所分，而人人能全乎天德。以一身譬之，有心，有耳目鼻口手足，须眉毛发，惟心统其全，其余各有一德焉。故《记》曰：‘人者，天地之心也。’”② 人与物一样限于分，但人人能全乎天德。天德是指人在阴阳五行气化过程中，天所赋予人与生物、非生物不同的方面。如人具有耳目鼻口能感知声、色、臭、味的功能，以及心知的作用，这就是人的本性、性质。

戴震讲分，不能不讲合，阴阳五行气化生人生物是一凝合、聚合的过程，各有各的性质、本性是分别、差分的过程。“凡有生即不隔于天地之气化。阴阳五行之运而已，天地之气化也，人物之生本乎是，由其分而有之不齐，是以成性各殊……本受之气及所资以养者之气，必相得而不相逆，斯外内为一。其得于天地之气本一，然后相得不相逆也。”③ 凡生生都是阴阳五行的气化运行，这是人与物化生的本根、本原。由于气化生生过程中的分别是不齐一的，所以人物的性质、本性亦有差分。尽管千差万别，但内外为一，因为人与物都本原于同一的气。在这里“本受之气”和“所资以养者之气”是融合的，即作为分于阴阳五行而成形体的气与作为维持生存和繁殖的气两者相资相成、相得相收，而不相逆相背。

所谓内外为一，内指“本受之气”，外指“所资以养者之气”。“其本受之气，与所资以养者之气则不同。所资以养者之气，虽由外而入，大致以本受之气召之。五行有生克，遇其克之者则伤，甚则死，此可知性之各殊矣。本受之气及所资以养者之气，必相得而不相逆，斯外内为一，其分于天地之气化以生，本相得，不相逆也。”④ 本受之气与所资以养者之气既相分冲突，又融合为一，无论

① 《孟子私淑录》卷中，《戴震全书》第六册，54页。

② 《答彭进士允初书》，《东原文集》卷八，《戴震全书》第六册，357页。

③ 《孟子私淑录》卷中，《戴震全书》第六册，55页。

④ 《性》，《孟子字义疏证》卷中，《戴震全书》第六册，182～183页。

是相分，还是合一，都是阴阳五行气化自然而然的过程。

（四）体民之情，遂民之欲

阴阳五行气化生人生物，便赋予人有人性，物有物性，成性各殊。戴震说："性者，分于阴阳五行以为血气、心知、品物，区以别焉，举凡既生以后所有之事，所具之能，所全之德，咸以是为其本，故《易》曰：'成之者性也。'"① 性是什么？是指分于阴阳五行的血气、心知、品物，及生以后所有、所具、所全的事、能、德，都以性为根本。所谓血气，"凡血气之属皆知怀生畏死，因而趋利避害。虽明暗不同，不出乎怀生畏死者同也"②。血气虽是分于阴阳五行的气化，但人与禽兽有差分，禽兽只知怀生畏死，趋利避害，限于知母不知父的知觉，而人讲仁讲义，其知觉亦不同，性也殊。再者，"凡有血气者，皆形能动者也。由其成性各殊，故形质各殊。则其形质之动而为百体之用者，利用不利用亦殊"③。人物之性虽都有血气，形质都为能动，但禽兽不能利用，譬如鸡鸣为辰时，是感而觉，觉而声应而已。人能利用扩充其知，以止于神明，仁义礼智是心神明的所止，知极其量，这是禽兽的物性与人性的差分。

所谓分于阴阳五行的心知之性。戴震说："性者，血气心知本乎阴阳五行，人物莫不区以别焉是也，而理义者，人之心知，有思辄通，能不惑乎所行也……然人之心知，于人伦日用，随在而知恻隐、知羞恶、知恭敬辞让，知是非，端绪可举，此之谓性善。于其知恻隐，则扩而充之，仁无不尽；于其知羞恶，则扩而充之，义无不尽……"④ 人与禽兽心知差分，就在于人能不惑乎行善。因人心知理义，在人伦日用的交往活动中，随时随地能体现仁义礼智的恻隐、羞恶、恭敬辞让、是非的道德四端的心，这是善心，是善性的呈现。这是人之所以为人而与禽兽差分的标志。

"血气心知，性之实体也。"⑤ 凡实体是可分的，是与世俗人伦日用、感情欲望相联系的。具体而言，"人之血气心知，原于天地之化者也。有血气，则所资以养其血气者，声色臭味是也。有心知，

① 《性》，《孟子字义疏证》卷中，《戴震全书》第六册，179页。

② 同上书，181页。

③ 同上书，183页。

④ 同上书，183～184页。

⑤ 《天道》，《孟子字义疏证》卷中，《戴震全书》第六册，175页。

则知有父子、有昆弟、有夫妇，而不止于一家之亲也，于是又知有君臣、有朋友。五者之伦，相亲相治，则随感而应为喜、怒、哀、乐。合声色臭味之欲，喜怒哀乐之情，而人道备。"① 资养血气的是声色臭味之欲。心知是知父子、昆弟、夫妇而推致君臣、朋友五伦，五伦之间既互相亲爱，又互相治理，人随感而有喜怒哀乐的情感。五伦之间的这种情感与声色臭味的欲望相融合，人道就完备了。由阴阳五行气化而分有血气心知，由血气心知而分有成性各殊的品物。

与物性相对的人性话题，由于是人从事政治、经济、文化交往活动的出发点，是价值判断、伦理道德、审美情趣、行为方式的基点，从先秦以来便论争不止，两宋道学家张载、二程、朱熹等在凸显形而上道德理性的"天命之性"时，对人的现实感性存在的生存需要的"人欲"予以边缘化。虽然也讲"气质之性"，但却是恶的来源。戴震是把被道学家边缘化了的"人欲"超拔出来，认为"人之为人，舍气禀气质，将以何者谓之人哉!"② 人禀受阴阳五行的气化而成形，为气禀；已形成形质而具有与其相应的本质气象为"气质之性"，并与"天命之性"相对应。

戴震把性与人性加以差分。"性者，飞潜动植之通名。性善者，论人之性也。如飞潜动植，举凡品物之性，皆就其气类别之。人物分于阴阳五行以成性，舍气类，更无性之名。"③ 性是共相，是天上飞的、水中潜的、地上动植物的普遍通用的名称；人性是殊相，是专就人的性善而言的。就其通名而言的共相，人与物都分于阴阳五行以成性，无气，便无性的名称。性不离气，离气无性。

戴震认为，欲是人的本性，而与宋明理学家的"存天理，灭人欲"相对立。他说："欲根于血气，故曰性也，而有所限而不可逾，则命之谓也。仁义礼智之懿不能尽人如一者，限于生初，所谓命也，而皆可以扩而充之，则人之性也。谓犹云'藉口于性'耳……由此言之，孟子之所谓性，即口之于味、目之于色、耳之于声、鼻之于臭、四肢于安佚之为性；所谓人无有不善，即能知其限而不逾之为善，即血气心知能底于无失之为善；所谓仁义礼智，即以名其血气心知，所谓原于天地之化者之能协于天地之德也。此荀、扬之所未达，而老、庄、告子、释氏昧焉而妄为穿凿者也。"④ 既然"欲"根

① 《性》，《孟子字义疏证》卷中，《戴震全书》第六册，193 页。

②③ 同上书，190 页。

④ 同上书，193～194 页。

源于血气，血气作为性的内涵，那么，欲便自然是性的内涵。这就是说，人性也具有根源于血气的声色臭味等各种欲望。然而，人的欲望要有一定的限度而不可逾过，这就是命。譬如仁义礼智等美德，不能所有人都一样，是由人初生时所禀受的气质所限定的，这就是命。尽管有这种限定，但人可以扩充它，这便是人性。宋明理学家不审察孟子立言的旨意，而产生性非性、命非命的弊端。由此，可以体认孟子所讲的性包含口、目、耳、鼻和四肢的味、色、声、臭、安逸等欲望的需求。以证人性欲望的合理性、合法性。人所以异于禽兽，就在于人有道德理性，不会借口欲望是人性便放纵自己；也不会因为仁义礼智是人初生时限定了的，知道节制自己的欲望符合其一定限度就是善；正确处理情感欲望的需求而不偏差，这才是善。这是原于阴阳五行天地的气化自然，赋予善以度越的意义。从这个意义上说，荀子、扬雄没有达到这样的体认，老、庄、告子、释教于此暗昧而妄为穿凿。

承诺欲望是人性的内涵，必然涉及宋明理学所思议的核心话题，即天理与人欲的关系。假如要否定"存天理，灭人欲"的成说，而视天理与人欲为融突关系，就需对天理做出重新规定。戴震认为，离情无理，天理不在情欲之外，天理是情欲的天理。他自设问答："问：'古人之言天理，何谓也？'曰：'理也者，情之不爽失也。未有情不得而理得者也。'"① 理就是情欲的不差失，换言之，情不差失，理才不差失，情得理才得。

什么是"情不爽失"？"'问：以情絜情而不爽失，于行事诚得其理矣。情与理之名何以异？'曰：'在己与人皆谓之情，无过情、无不及情之谓理。'"② 情欲得到适当的满足而无差失，情既无过头，情也无不及，达到中庸、中和的状态，就是天理。古圣贤所说的天理，就是百姓日用生活言行的物事。"物者，事也。语其事，不出乎日用饮食而已矣。舍是而言理，非古圣贤所谓理。"③ 所谓"行事"，就是指行饮食男女之事，这是人日常生活中合乎自然情欲的道理，圣贤也不例外，舍弃此来讲理，就不是圣贤所讲的理。

所谓理是情之不爽失，他说："理者，尽夫情欲之微而区以别焉。使顺而达，各如其分寸毫厘之谓也。"④ 人的情欲即使很微小，

---

① 《理》，《孟子字义疏证》卷中，《戴震全书》第六册，152页。

②③ 同上书，153页。

④ 《答彭进士允初书》，《东原文集》卷八，《戴震全书》第六册，359页。

也要加以分别，使其各各恰如其分，而不能有丝毫的差错，这就是天理。这就是说，情欲的合理性在于无过无不及的恰到好处，恰到好处在于对情欲细微处的仔细区别体认，做到没有毫厘之差。在这个意义上说，天理不外情欲，情欲即是天理。这样，戴震把理学家奉为至高至上、形而上度越的天理，拉回到现实百姓日用生活活动中的情感欲望之中，在人的实存情欲中得到了天理与人欲融突的基础。

戴震对天理重新规定，以情欲絜天理，颠覆了“存天理，灭人欲”的教条，对情欲他亦重新诠释。他认为“人分于阴阳五行以成性，而其得之也全。喜怒哀乐之情，声色臭味之欲，是非美恶之知，皆根于性而原于天”①。情感、欲望、知识根源于性，而性来源于天的阴阳五行的气化。“性原于阴阳五行，凡耳目百体之欲，血气之资以养者，皆由中达外，性为之本始。”② 性既为情感、欲望、百体之欲的本始，情欲便为人的本性。欲既为人的本性，便具合理性和普遍性。“欲出于性，一人之欲，天下人之所同欲也，故曰‘性之欲。’”③ 欲由性出，为性之欲，欲是人的本性的体现。它不是一人的情欲，情欲不分贵贱、贫富、贤愚，普遍具有，是普天之下人所同欲。

欲是什么？“欲者，有生则愿遂其生而备其休嘉者也。情者，有亲疏、长幼、尊卑感而发于自然者也。”④ 欲是人活着希望生存下去，而且具备有满足人的美好人际关系和生活环境的需要。情是指生活在亲疏、长幼、尊卑伦理道德关系中所自然感发出来的情感。情欲是每个人活下去的需要，也是人之所以能活下去的动力，因此，它是合理的。但欲不能过头，一个人的欲望往往是无穷无尽的，若只想满足自己无穷的私欲，而不顾及他者，那么，此人其心便是沉迷不悟的，其行为是邪恶的。“欲，不患其不及而患其过。过者，狃于私而忘乎人，其心溺，其行慝，故孟子曰‘养心莫善于寡欲’。情之当也，患其不及而亦勿使之过。”⑤ 每个人要修养心身，修养心身最好的方法就是寡欲。减少欲望的修养，慢慢就可使心悟行正而不

---

① 《绪言》卷上，《戴震全书》第六册，103页。

② 同上书，102页。

③ 《理》，《孟子字义疏证》卷上，《戴震全书》第六册，152页。

④ 《答彭进士允初书》，《东原文集》卷八，《戴震全书》第六册，358页。

⑤ 同上书，359页。

过。情的表现要正当、恰当，若未正当、恰当，务必反省吾身以补过失。欲与情两者恰好相反，欲是患其过，情是患不及，为什么？因为欲是自我的获得，获得的欲望无穷尽，利己损人，所以要防止过；情感是自我的付出，付出要牺牲自我利益，利人不一定利己，所以要防止不及。

基于对欲与情的患过与患不及的体认，戴震提出："遂己之欲，亦思遂人之欲，而仁不可胜用矣；快己之欲，忘人之欲，则私而不仁。"[①] 又说："欲遂其生，亦遂人之生，仁也；欲遂其生，至于戕人之生而不顾者，不仁也。"[②] 他引《礼记·礼运》的"饮食男女，人之大欲存焉"，来论证欲的合理性。在天地生生的生养之道的思维前提下，认为满足自己的欲望，亦要想到满足他人的欲望；自己欲望生存，亦要满足他人的生存欲望，这是仁爱的表现，反之戕害他人的生存，就是不仁。心中要有他者的存在，尊重他者，这是仁者爱人理念的体现，是对孔子"己所不欲，勿施于人"的正面诠释。如果仅痛快地满足自己的欲望，而不顾他人的欲望，那么，便是私己之欲，为欲不仁。"欲不流于私则仁，不溺而为慝则义，情发而中节则和，如是之谓天理。"[③] 做到仁、义、和，就是要人的欲望不流于私，心不沉迷、行不邪恶，喜怒哀乐之情发而符合节度，这就是仁义和，这就是天理。

天理与人欲，是宋明理学家所探索的核心话题之一，他们大体强调两者不可调和的对立，戴震则讲两者的融突。戴震自设答问。问者说："是理者，存乎欲者也？"[④] 理存欲中，理欲相依。他回答说："古之言理也，就人之情欲求之，使之无疵之为理。今之言理也，离人之情欲求之，使之忍而不顾之为理。此理欲之辨，适以穷天下之人尽转移为欺伪之人，为祸何可胜言也哉！"[⑤] 古人以理欲融合，即理即欲，在人的情欲中求理，理在人的情欲之中。情欲无毛病就是理。当今理学家讲理，却远离人的情欲求理，不仅理成空悬之理，而且使人成为欺伪的人，为祸很深。离人情欲求理，实乃老、释的言语思想。这是戴震对理学家天理与人欲为二的批判。

---

① 《原善》卷下，《戴震全书》第六册，27 页。

② 《理》，《孟子字义疏证》卷上，《戴震全书》第六册，159 页。

③ 《答彭进士允初书》，《东原文集》卷八，《戴震全书》第六册，359 页。按："不溺而为慝则义"句，与上下文及上下句不协，应改为"不溺而不慝则义"。

④ 《理》，《孟子字义疏证》卷上，《戴震全书》第六册，159 页。

⑤ 《权》，《孟子字义疏证》卷下，《戴震全书》第六册，217 页。

戴震批判理学家的“存天理，灭人欲”，其要旨是“体民之情，遂民之欲”① 的诉求，以实现圣人王道之治的政治理想世界。“圣人治天下，体民之情，遂民之欲，而王道备。”② 体贴百姓的情形、情感，满足百姓的欲望需求，这是圣人治理天下，实行王道世界重要内容，是为政治国的根本原则。“圣人之道，使天下无不达之情，求遂其欲而天下治。”③ 使天下百姓没有不能表达、通达的情感、情势，满足百姓欲望的需求，这就是圣道。戴震的体民遂欲思想，是其民本理念的体现，是把民作为他者来尊重的人道主义原则的实践。“遂己之欲者，广之能遂人之欲；达己之情者，广之能达人之情。道德之盛，使人之欲无不遂，人之情无不达，斯已矣。”④ 推己及人，遂己遂人，达己达人，体现了一种仁爱之心。他认为每个人都有满足情欲的需求，在获得和享受情欲的权利和机会上，应该是普遍均等的，所以遂己广之遂人之欲，达己广之达人之情，而使每个人的欲望得到满足，情感得到通达。假如欲失为私，私便会贪邪；情失于偏，偏就会乖戾。那么，不私就是仁，就符合礼义；不偏，情和合平恕。

戴震“体民之情，遂民之欲”思想后面所隐藏的社会意识，乃是涌动着的中国古代社会意识向近代社会意识转型的潮流。戴震对于“存天理，灭人欲”的批判，既是人性在天理禁锢下的解放，亦是在禁欲主义桎梏下情欲的高扬。他对于人作为人生存所必需的情欲的价值重估，蕴涵着社会意识的嬗变。然而，戴震虽有“遂欲达情”的呼喊，但他无力回天，最终怀着痛苦而悲愤的心灵在北京死去。死后，京师人士共制挽词：“孟子之功，不在禹下；明德之后，必有达人。”⑤ 段玉裁认为，戴震之学无愧于此语的评价。自清以降，虽对戴震之学褒贬不一，但其影响深远，“以理杀人”一语，乃有振聋发聩之效，启迪了五四时激进士人对吃人礼教的控诉。

① 《权》，《孟子字义疏证》卷下，《戴震全书》第六册，217 页。
② 《理》，《孟子字义疏证》卷上，《戴震全书》第六册，161 页。
③ 《与某书》，《戴东原先生文》，《戴震全书》第六册，496 页。
④ 《才》，《孟子字义疏证》卷下，《戴震全书》第六册，197 页。
⑤ 刘师培：《戴震传》，《戴震全书》第七册，87 页。

当代中国人文大系

文学

论二十世纪中国文学　谢　冕

新世纪的太阳
——二十世纪中国诗潮　谢　冕

中国反封建思想革命的一面镜子
——《呐喊》《彷徨》综论　王富仁

嬗变
——辛亥革命时期至五四时期的中国文学（修订版）　刘　纳

性格组合论　刘再复

中华古代文论的现代阐释　童庆炳

维纳斯的腰带
——创作美学　童庆炳

中西比较诗学（修订版）　曹顺庆

文学的维度　南　帆

修辞论美学
——文化语境中的20世纪中国文艺　王一川

众神狂欢
——世纪之交的中国文化现象（最新版）　孟繁华

历史学

古文献丛论　李学勤

楚史　张正明

夏商西周的社会变迁　晁福林

《周礼》主体思想与成书年代研究（增订版）　彭　林

简帛数术文献探论（修订版）　刘乐贤

秦史稿　林剑鸣

秦汉交通史稿（增订版）　王子今

汉代婚姻形态　彭　卫

察举制度变迁史稿　阎步克

唐、吐蕃、大食政治关系史　王小甫

唐代藩镇研究（增订版） 张国刚
唐五代敦煌寺户制度（增订版） 姜伯勤
宋朝阶级结构（增订版） 王曾瑜
宋代地方财政史研究 包伟民
宋夏关系史 李华瑞
元代大都上都研究 陈高华 史卫民
明清土地契约文书研究（修订版） 杨国桢
在国家与社会之间
——明清广东地区里甲赋役制度与乡村社会 刘志伟
市场机制与社会变迁
——18世纪广东米价分析 陈春声
明清福建家族组织与社会变迁 郑振满
近五百年来福建的家族社会与文化 陈支平
清代社会的贱民等级 经君健
江南的早期工业化（1550—1850）（修订版） 李伯重
中国的社与会（修订版） 陈宝良
近代中国社会的新陈代谢 陈旭麓
十九世纪后半期的中国财政与经济 彭泽益
太平天国的历史和思想 王庆成
离异与回归
——传统文化与近代化关系试析（增订版） 章开沅
二十世纪初中国政治改革风潮
——清末立宪运动史 侯宜杰
中国近代会党史研究（增订版） 蔡少卿
章太炎思想研究 姜义华
寻求历史的谜底
——近代中国的政治与人物 杨天石
胡适新论 耿云志
国学与汉学
——近代中外学界交往录 桑 兵
西学东渐与晚清社会（修订版） 熊月之
晚清政治革命新论（增订版） 郭世佑
美国的奠基时代（1585—1775）（修订版） 李剑鸣

哲学

哲学与主体自我意识	高清海
走向历史的深处	陈先达
理论思维的前提批判（第2版）	孙正聿
为马克思辩护	杨　耕
论黑格尔的逻辑学（第3版）	张世英
海德格尔思想与中国天道（修订新版）	张祥龙
走进分析哲学	王　路
现象学的始基（内外编）	倪梁康
论可能生活（第2版）	赵汀阳
生命伦理学	邱仁宗
激动人心的年代	李醒民
现代科学与伦理世界（第2版）	张华夏
希腊空间概念	吴国盛
中国佛教与传统文化	方立天
进化主义在中国的兴起（增补版）	王中江
中国伊斯兰探秘	金宜久
多元化的上帝观（增订版）	何光沪
宗教哲学研究（增订版）	张志刚
心学之思	杨国荣
孟子性善论研究（修订版）	杨泽波
《周易》经传与易学史新论（修订版）	廖名春
情感与理性	蒙培元
从物质实体到关系实在	罗嘉昌
因果观念与休谟问题	张志林
科学活动论	刘大椿
中西美学与文化精神	张　法
现代西方伦理学史（上、下卷）	万俊人
庄子哲学及其演变（修订版）	刘笑敢
黄老与老庄	王葆玹
唯物主义的现代形态	萧前　杨耕　等
善的历程	杨国荣
思辨哲学新探	王树人
斯宾诺莎哲学研究（修订版）	洪汉鼎
明代哲学史（修订版）	张学智
价值论（第3版）	李德顺

逻辑哲学研究 陈　波
人活动的效率（修订版） 郭　湛
中国的儒学统治 刘绪贻
亚里士多德关于本体的学说 汪子嵩
宋明理学研究（增订版） 张立文

图书在版编目（CIP）数据

宋明理学研究/张立文著. ——增订本. —北京：中国人民大学出版社，2016.3
（当代中国人文大系）
ISBN 978-7-300-22240-0

Ⅰ.①宋… Ⅱ.①张… Ⅲ.①理学-研究-中国-宋代②理学-研究-中国-明代 Ⅳ.①B244.05②B248.05

中国版本图书馆 CIP 数据核字（2015）第 296599 号

当代中国人文大系
宋明理学研究（增订版）
张立文　著
Song-Ming Lixue Yanjiu

出版发行	中国人民大学出版社		
社　　址	北京中关村大街 31 号	邮政编码	100080
电　　话	010－62511242（总编室）		010－62511770（质管部）
	010－82501766（邮购部）		010－62514148（门市部）
	010－62515195（发行公司）		010－62515275（盗版举报）
网　　址	http://www.crup.com.cn		
	http://www.ttrnet.com(人大教研网)		
经　　销	新华书店		
印　　刷	北京东君印刷有限公司		
规　　格	155 mm×235 mm　16 开本	版　　次	2016 年 3 月第 1 版
印　　张	41.5 插页 2	印　　次	2016 年 3 月第 1 次印刷
字　　数	644 000	定　　价	98.00 元